Zuflucht zwischen Zeiten

1794-1803

Kölner Domschätze in Arnsberg

Impressum:

© Arnsberger Heimatbund e.V. / Stadt Arnsberg, Stadtarchiv

Herausgegeben im Auftrag des Arnsberger Heimatbundes e.V. und der Stadt Arnsberg von M. Gosmann
Arnsberg, September 1994

(Städtekundliche Schriftenreihe über die Stadt Arnsberg 19, 1994)

Gestaltung: Stefanie Klanke; Michael Gosmann

Titelgestaltung: Werner Ahrens, Petra Ohlmeyer

Gesamtherstellung:
F.W. Becker GmbH
D-59821 Arnsberg

ISBN 3-928394-11-8

Der Druck dieses Katalog- und Beitragbandes wurde durch die Nordrhein-Westfalen-Stiftung Naturschutz, Heimat- und Kulturpflege, den Hochsauerlandkreis und den Landschaftsverband Westfalen-Lippe gefördert.

Umschlagvorderseite:
Stirnseitenansicht des Engelbertschreines von 1633 aus der Kölner Domschatzkammer mit Anbetung der Hl. Drei Könige

Umschlagrückseite:
Verkaufsurkunde der Grafschaft Arnsberg vom 25. August 1368 (Historisches Archiv der Stadt Köln, Domstift Urkunde K/ 1260)

KATALOG

Redaktion:
Michael Gosmann
Dr. Ottilie Knepper-Babilon

Texterfassung:
Werner Fahl
Elmar Kettler
Petra Krutmann
Jasmina Velovska

Gesamtkorrektur:
Heinrich Josef Deisting
Michael Gosmann
Dr. Ottilie Knepper-Babilon

AUSSTELLUNG

Konzept: Michael Gosmann

Architektonische Beratung: Werner Hille

Aufbau: Reinhold Appelhans, Werner Becker, Siegfried Göppert, Günter Häusler, Sven Helmberger, Manfred Känzler, Martin Schlinkmann u.v.a.

Beratung und Hilfe gewähren:
Prof. Dr. Klaus Bußmann, Münster
Dr. Juan Antonio Cervello-Margalef, Köln
Dr. Horst Conrad, Münster
Dr. Manfred Groten, Köln
Dr. Reimund Haas, Köln
Dr. Ulrich Helbach, Köln
Dr. Geza Jaszai, Münster
Ties Karstens, Münster
Dr. Helmut Knirim, Münster
Dr. Rolf Lauer, Köln
Dr. Rudolf Lenz, Köln
Dr. Ernst Heinrich Rehermann, Arnsberg
Prof. Dr. Arnold Wolf, Köln;

DIDAKTISCHE BEGLEITMATERIALIEN:
Dr. Ottilie Knepper-Babilon

Inhaltsverzeichnis

Geleitwort 4
Grußwort 5
Einführung 6

Zuflucht zwischen Zeiten
Gedanken über ein nicht nur historisches Thema, *Hans-Josef Vogel* 7

Zeit und Raum um 1800
Das Kölner Domkapitel und die Hl. Drei Könige im Sauerland, *Günter Cronau* 19
Das Alte Reich, die Französische Revolution und der Kölner Kurstaat, *Harm Klueting* 25
Das Herzogtum Westfalen um 1800, *Sabine und Peter M. Kleine* 41

Die Stadt Arnsberg um 1800
Die Verhältnisse in Arnsberg zur Zeit des letzten Kölner Kurfürsten, *Carl-Matthias Lehmann* 53
Arnsberg in Beschreibungen aus der Zeit um 1800, *Michael Gosmann* 59
Das Kloster Wedinghausen 1794-1803, *Norbert Höing* 75
Die Hessen besetzen Arnsberg, *Walter Wahle* 81

Domkapitel, Domschätze und kurkölnische Behörden im Sauerland
Das alte Kölner Domkapitel, *Ottilie Knepper-Babilon* 89
Die Wahl des letzten Kurfürsten von Köln, Anton Viktor, in Arnsberg, *Heinz Pardun* 99
Der Tod Maximilian Franz' und die Wahl Anton Viktors im Arnsberger Intelligenzblatt 107
Die kurkölnische Hofkammer in Brilon, *Gerhard Brökel* 117
Attendorn und Kloster Ewig, *Otto Höffer* 127
Neheim - eine kurkölnische Landstadt in der Umbruchzeit, *Gerd Schäfer* 131
Schicksalsjahre für Olpe, *Manfred Schöne* 139
Das Schicksal des Domschatzes, *Markus Wild* 145
Das Schicksal der Kölner Dombibliothek (1794-1867), *Carl-Matthias Lehmann* 153
Das Schicksal der Archive des Domkapitels, Erzstiftes und Generalvikariates, *Joachim Oepen* ... 159
Fluchtwege und Fuhrleute - Wege der Kölner Domschätze im Sauerland, *Michael Gosmann* ... 173
Der Kölner Dreikönigenschrein, *Rolf Lauer* 179

Lebensbilder
Geheimrat Caspar Josef Biegeleben (1766-1842), *Michael Gosmann* 187
Generalvikar Johann Hermann Josef Freiherr von Caspars zu Weiß (1744-1822), *Michael Schmitt* ... 189
Franz Adam d'Alquen, hessischer Aufhebungskommissar (1763-1838), *Heinrich Josef Deisting* ... 191
Cäcilia Dietz - letzte Priorin in Oelinghausen († 1825), *Werner Saure* 193
Archivar Simon Stephan Bartholomäus Dupuis (1769-1816), *Joachim Oepen* 197
Hofkammerrat Reiner Josef Esser (1747-1833), *Michael Gosmann* 199
Franz Fischer - letzter Wedinghauser Abt (1740-1806), *Michael Schmitt* 203
Ludewig I. Großherzog von Hessen-Darmstadt (1753-1830), *Christiane Vollmer* 205
Gerichtspräsident Clemens August von Lombeck-Gudenau (1734-1817), *Günter Cronau* 209
Maximilian Franz von Österreich, Kurfürst von Köln (1756-1801), *Michael Gosmann* 213
Geheimrat Jakob Tillmann Joseph Maria von Pelzer (1738-1798), *Michael Gosmann* 217
Maria Franziska Peters - letzte Priorin in Rumbeck (1747-1830), *Fritz Timmermann* 219
Oberst Johann Georg Freiherr von Schaeffer-Bernstein (1757-1838), *Michael Gosmann* 223
Augustinus Schelle - der letzte Propst des Klosters Oelinghausen (1726-1795), *Norbert Höing* ... 225
Hofkammerpräsident Franz Wilhelm von Spiegel (1752-1815), *Günter Sandgathe* 229
Landdrost Clemens Maria von Weichs zur Wenne (1736-1815), *Horst Conrad* 233
Hofgerichtsdirektor Joseph Wurzer (1770-1860), *Günter Cronau* 237

Katalog 241
Literatur 283
Autoren, Leihgeber, Danksagung, ... 287
Index, Verzeichnis der Abbildungen und Karten 288

Geleitwort

Zuflucht zwischen Zeiten ist der Titel dieses Beitrag- und Katalogbandes und der entsprechenden Ausstellung, die vom 18. September bis zum 20. November 1994 in Arnsbergs Sauerland-Museum stattfindet. Der Arnsberger Heimatbund e.V. und die Stadt Arnsberg haben in enger Zusammenarbeit mit der Propsteigemeinde St. Laurentius diese Ausstellung vorbereitet, die ohne freiwilliges, ehrenamtliches Engagement und vielfältige Hilfe und fachwissenschaftliche Betreuung nicht hätte realisiert werden können. Die Ausstellung präsentiert dem Besucher in ausgesuchter Weise bedeutende Stücke der Kölner Domschätze des 9.-19. Jahrhunderts, die vor 200 Jahren vor den französischen Revolutionstruppen nach Arnsberg in Sicherheit gebracht wurden. Einzigartige, unersetzbare Schätze sowie die Reliquien der Hl. Drei Könige fanden im kurkölnischen Sauerland Schutz vor Vernichtung und Entehrung. Daß es noch heute möglich ist, diese bedeutenden Zeugnisse einer tausendjährigen historischen und kulturellen Entwicklung zu bestaunen, ist auch ein Verdienst ihrer Rettung ins Westfälische, in das kurkölnische Sauerland.

Die Ausstellung soll uns nicht nur die Exponate, sondern gleichzeitig die Geschichte der vielfältigen Beziehungen zwischen dem kurkölnischen Herzogtum Westfalen und dem rheinischen Teil des Kölner Kurstaates vermitteln. Zudem verdeutlicht sie die aufregende „Zwischenzeit" der Jahre 1794-1803, in der die mittelalterliche Ordnung des „Hl. Römischen Reiches Deutscher Nation" unter den französischen Revolutionstruppen zusammenbrach. Die Säkularisation der geistlichen Staaten (1803) und eine neue staatliche Ordnung revolutionierten das Leben in Deutschland und im Sauerland.

Der vorliegende Katalog- und Beitragband soll helfen, die Ausstellungsexponate zu erläutern. Gleichzeitig dient er dazu, Zeit, Raum und handelnde Personen der Umbruchphase um 1800 vorzustellen und Forschungsergebnisse, die bei den vorbereitenden Recherchen anfielen, allgemein zugänglich zu machen.

Wir danken an erster Stelle dem Metropolitankapitel der Hohen Domkirche zu Köln, das die Zustimmung zur Ausleihe dieser unersetzlichen Stücke gegeben hat und Herrn Dompropst Bernard Henrichs, der unser Anliegen immer hilfreich unterstützte. Eine ganz besondere Ehre ist es, daß der Kölner Erzbischof Joachim Kardinal Meisner dieser Ausstellung sein hohes Patronat gewährt.

Wir bedanken uns darüber hinaus bei den übrigen Leihgebern der Exponate, die durch ihre Kooperation die Ausstellung erst ermöglichen. Unser Dank gilt der Nordrhein-Westfalen-Stiftung, dem Hochsauerlandkreis, dem Landschaftsverband Westfalen-Lippe sowie dem Arbeitsamt Meschede und privaten Sponsoren, die durch Zuschüsse zum Druck des Bandes bzw. zur Realisation der Ausstellung beitrugen.

Wir wünschen der Ausstellung das ihr angemessene Interesse und erhoffen für den Besucher viele neue Erkenntnisse und Eindrücke.

Arnsberg, im September 1994

Karl-Gerd Kopshoff
Propst der Propsteigemeinde
St. Laurentius Arnsberg

Alex Paust
Bürgermeister
Stadt Arnsberg

Friedhelm Ackermann
Vorsitzender des Arnsberger
Heimatbundes e. V.

Hans-Josef Vogel
Stadtdirektor
Stadt Arnsberg

Grußwort

Der Einmarsch der französischen Revolutionstruppen in die kurkölnische Residenz Bonn und die freie Reichsstadt Köln, den Sitz des den Kurstaat mitregierenden Domkapitels, bedeutete ein einschneidendes Ereignis für die Geschichte des kölnischen Staates, ihres Erzbischofs und seiner Kirche, vor allem aber für die betroffenen Menschen. Erzbischof und Kapitel mußten fliehen, letzteres mit Domschatz, Archiv und vor allem den Reliquien der Heiligen Drei Könige, und zwar ins westfälische, aber seit Jahrhunderten kurkölnische Arnsberg.

Ausländische Truppen hatte das Rheinland schon häufiger erdulden müssen, was zunächst wie eine Episode bis zum Abschluß eines Friedensvertrages erscheinen konnte, war in Wirklichkeit der Beginn einer Zeitenwende, die viele schon früh spüren mochten, die sich freilich erst seit 1801 für alle deutlich abzeichnete. Damals starb der letzte Kurfürst, Max Franz, dessen Tod den Weg für die politische und kirchliche Neuordnung endgültig freimachte. In den sieben Jahren dazwischen hatten viele gehofft, daß Althergebrachtes, Vertrautes, Bewährtes und Gewachsenes in Staat, Gesellschaft und Kirche erhalten bleiben möge und die Auswirkungen des Neuen, Unbekannten und gewaltsam sich Anbahnenden nicht zu einschneidend sein möchten. Andere hatten wenig Schwierigkeiten, sich auf das Kommende einzustellen; teils war ihnen die Reformbedürftigkeit in vielen Bereichen bewußt, teils fügten sie sich mit Ergebenheit in ihre neuen Aufgaben und Pflichten. Auch im Domkapitel, das sich zum geringen Teil noch in Köln befand, waren diese unterschiedlichen Motive spürbar, konnten sogar deutliche Spannungen nicht ausbleiben.

Die weiteren Ereignisse folgten zu rasch, als daß die Repräsentanten der alten Kölner Kirche noch Einfluß darauf hätten nehmen können. Mit der offiziellen Ablösung der alten Gesellschafts- und Staatsordnung sowie der bisherigen Kirchenstruktur wurde die Entwicklung unumkehrbar. Den Schlußpunkt dieser Umbruchphase bildete 1803 für Köln die Auflösung des Kapitels, für die alte Ordnung insgesamt das wenig später folgende Ende von Reich und Kaisertum.

Nur selten zeigt sich der Gegensatz zwischen Altem und Neuem, Gewachsenem und sich Veränderndem, Tradition und Fortschritt in so deutlicher Weise wie in der Umbruchphase ab 1794. Trotz aller damit einhergehenden Orientierungssuche im Großen ist aber gerade „vor Ort", in den Pfarreien, das kirchliche Leben in vieler Hinsicht ungebrochen weitergegangen. Ja, gerade für die Seelsorge sollte sich die Zeitenwende bald als erheblicher Gewinn herausstellen, nicht zuletzt, weil die Bischöfe sich nun - frei von ihrer Bürde als Territorial- und Reichspolitiker - ganz der Sorge für die Kirche und das Seelenheil der ihnen anvertrauten Gläubigen widmen konnten.

Ich begrüße es sehr, daß die Stadt Arnsberg, in Verbundenheit mit ihrer Geschichte, aber auch mit ihrer alten Kölner Bischofskirche, der sie in schwieriger Lage Zuflucht geboten hat, der bewegten Zeit zwischen 1794 und 1803 in einer Ausstellung gedenkt. Kontinuität und Wandel lenken unseren Blick auf die Gegenwart und Zukunft. Ihr untrennbares Zusammenwirken kann unserem Handeln Mut für den ungewissen Verlauf der Zukunft machen. Auf Gott vertrauend sollten wir stets bedenken, daß jede Zeit in Ihm ihre Zielsetzung und letzte Sinngebung findet.

+ Joachim Kard. Meisner
Joachim Kardinal Meisner

Einführung

Michael Gosmann

Zum 200. Mal jährt sich 1994 die Flucht des Domkapitels mit dem Schrein und den Reliquien der Hl. Drei Könige, dem Domschatz, der Dombibliothek, den Domarchiven von Köln und die Flucht der kurfürstlichen Behörden von Bonn ins Westfälische. Hintergrund bildete das Vordringen französischer Revolutionstruppen seit 1792. Der Bonner Hofrat nahm Quartier in Recklinghausen, die Hofkammer zog nach Brilon. Arnsberg als Hauptstadt des Herzogtums Westfalen wurde Sitz des Domkapitels, des Generalvikariats und des Oberappellationsgerichtes.

Im Jahre 1801 wählte das Domkapitel in Arnsberg den Kaiserbruder Anton Viktor zum neuen Kurfürsten. Dieser trat jedoch das Amt nicht mehr an. Ein Jahr später besetzte Landgraf Ludewig X. von Hessen-Darmstadt das Herzogtum. Die jahrhundertealte Verbindung des rheinischen Erzstiftes mit dem kurkölnischen Sauerland, das seit der Belehnung mit dem Titel eines Herzogs von Westfalen (1180) und der Übertragung der Grafschaft Arnsberg (1368) von Kölner Kurfürsten regiert worden war, zerbrach.

Die Umbruchphase von 1794 bis 1803 führte zu einer gewaltigen Umgestaltung Deutschlands. Westfalen war ganz besonders betroffen. Hier dominierten geistliche Gebiete, die rund 2/3 seiner Fläche einnahmen. Das Herzogtum Westfalen stellte das flächenmäßig zweitgrößte Territorium dar.

Die Ausstellung *"Zuflucht zwischen Zeiten 1794-1803. Kölner Domschätze in Arnsberg"* zeigt hauptsächlich ausgewählte Stücke, die nach Arnsberg geflüchtet worden sind. Daneben wird die „Zwischenzeit" des Zusammenbruchs des mittelalterlichen Reiches und der Installierung einer neuen Ordnung, thematisiert.

Des weiteren veranschaulichen die Exponate die enge Verbundenheit zwischen dem Rheinland und dem Sauerland. Dazu eignen sich Stücke aus den geflüchteten Schätzen der Domschatzkammer (Engelbertschrein, Prunkmonstranz, etc.), der Dombibliothek (Pergamentcodices, Frühdrucke, etc.) und den Archiven (Urkunden, Akten, etc.). So erzwang z. B. Erzbischof Friedrich I. 1102 eine Teilung der Grafschaft Arnsberg (Friedrich-Lektionar, H 1), wurde Erbischof Engelbert I. in Auseinandersetzungen mit westfälischen Grafen 1225 bei Gevelsberg ermordet (Engelbertschrein, K 1) oder die Grafschaft Arnsberg an Köln übertragen (Urkunde von 1368, H 2). Zudem läßt sich die Verehrung der Hl. Drei Könige in Westfalen nachweisen (Dreikönigsreliquiar, F 3; Dreikönigsdarstellungen, E 1ff.).

Der Zwang, die Schätze in eine nur schwer zu verändernde Dauerausstellung integrieren zu müssen, erforderte Kompromisse bei der Präsentation. Es ergeben sich aber auch vielfältige landesgeschichtliche Bezüge zu den Dauerexponaten, die über die Geschichte des Raumes informieren. Ein dreizackiges Krönchen weist die eigentlichen Ausstellungsexponate aus.

Der Begleitband enthält Beiträge, die sich unter verschiedenen Aspekten mit dem Ausstellungsthema auseinandersetzen. Sie vermitteln einen Überblick über die Zeit und den Raum, informieren über Arnsberg und andere kurkölnische Städte, gehen den Schicksalen des Domkapitels und der Domschätze nach und stellen Personen vor, die von der Umbruchphase um 1800 betroffen waren oder diese mitgestalteten.

Reich bebildert und mit einem Katalog aller Exponate versehen, dokumentiert der Band die Ausstellung dauerhaft. Er bewahrt Forschungs- und Rechercheergebnisse und soll mit Hilfe des Index als Informationsquelle und verläßlicher Begleiter durch die Ausstellung dienen.

Die Anmerkungen der Texte wurden in der von den Verfassern vorgegebenen Form übernommen, auf eine Angleichung wurde verzichtet. Anhand des Literaturverzeichnisses können mehrfach oder abgekürzt zitierte Werke nachgeschlagen werden.

Neben dem Katalog wurden didaktische Materialien zur Ausstellung erarbeitet. Sie sind separat zu beziehen und werden für alle Schulstufen angeboten. Mit ihrer Hilfe lassen sich nicht nur vielfältige Anregungen gewinnen, die für den Unterricht genutzt werden können, sondern sie verdeutlichen kulturhistorische Aspekte, die einen allgemeinen Teil unserer Bildung ausmachen.

Zuflucht zwischen Zeiten

Gedanken über ein nicht nur historisches Thema

Hans-Josef Vogel

Zuflucht zwischen Zeiten sind überschrieben Ausstellung und begleitende Publikationen über die Flucht der kölnischen geistlich-weltlichen Fürstenherrschaft mit Domkapitel, Domschatz, Archiven und Bibliothek sowie den Reliquien der Heiligen Drei Könige nach Arnsberg und ihr Aufenthalt im dortigen Kloster Wedinghausen von 1794 bis 1803.

In Arnsberg sollten nicht nur die Heiligen Drei Könige, die mittelalterlichen Prototypen christlich-weltlichen Herrschertums vor der physischen Vernichtung durch die heranrückenden französischen Revolutionstruppen gerettet werden. In Arnsberg suchte die geistlich-weltliche Fürstenherrschaft und damit ein konstitutiver Teil des Heiligen Römischen Reichs Deutscher Nation selbst Schutz vor den Auswirkungen der Französischen Revolution, vor der greifbaren Moderne und wählte hier seinen letzten Repräsentanten, zugleich Erzbischof und Landesherr in einer Person.

In Köln dagegen wurde auf Druck der französischen Revolutionstruppen der Kölner Dom zum Heeresmagazin und Gefangenenlager umfunktioniert, alles Religiöse aus der Öffentlichkeit ausgeschaltet und den Geistlichen eine Loyalitätserklärung abverlangt, die lautete: *„Ich anerkenne, daß die Gesamtheit der Bürger die Souveränität innehat und ich verspreche Unterwerfung unter die Gesetze der Republik"*.[1]

„Zuflucht zwischen Zeiten" ist eine nicht ungeschickte Überschrift. Sie fragt nicht nur nach der revolutionären Zeitenwende der damaligen Zeit. Sie spielt zugleich auf die Gegenwart an. Unsere Zeit wird von ihren eigenen Diagnostikern - oder sind es nur Prognostiker ? - zu Recht oder Unrecht ebenfalls als Wendezeit, als Zeitenwende oder als Zwischenzeit beschrieben. Andere wiederum stellen heute unter Anspielung auf die Ergebnisse der Zeit des Ausstellungsthemas das Ende der Geschichte fest. Mit dem Sozialismus sei, nach dem Nationalsozialismus, die letzte machtvolle Alternative zum modernen liberalen Staats- und Gesellschaftssystem gescheitert.

„Zuflucht zwischen Zeiten" - also nicht nur ein historisches Thema. Erinnern wir uns daran, was seit Hegel viele gesagt haben. Geschichtliche Erkenntnis ist Gegenwartserkenntnis. Sie erhält von der Gegenwart ihr Licht und ihre Intensität und dient im tiefsten Sinne nur der Gegenwart, weil aller Geist nur gegenwärtiger Geist ist.[2]

Diese Erinnerung weist zugleich auf die Unzulänglichkeit unserer historischen Begriffe hin, die an unserer Zeit gebildet und damit an unsere Zeit gebunden sind.

Unzulänglich muß bleiben, wenn das Mittelalter mit Begriffen unserer Zeit beschrieben wird. Dies gilt insbesondere für den Begriff des Staates, der an die Moderne gebunden und kein Allgemeinbegriff ist.[3]

Unsere konkrete, an eine bestimmte geschichtliche Epoche gebundene Begrifflichkeit erschwert schließlich den Versuch, in Zeiten zwischen Zeiten die Zwischenzeit festzustellen und zu beschreiben. Hier liegt der eigentliche Grund für die *„post quem"* - Ausdrücke unserer Zeit: *„posthistoire, postindustriell, postrevolutionär, Postmaterialismus, Postkommunismus, Postmoderne"* usw. Zugleich kann aber auch die Inflation solcher Ausdrücke Indiz dafür sein, daß wir tatsächlich in einer Wendezeit leben, in einer Zeit noch **ohne** Adresse, sozusagen in einer *„postlagernden Zeit"*.[4]

Was also bedeutet in einem grundsätzlichen Sinne das *„Zwischen den Zeiten"*? (I.) Um welche Zeiten handelt es sich, zwischen denen die kirchlich-weltliche Herrschaftsordnung in Arnsberg Zuflucht nahm? (II.) Welche Ergebnisse brachte die Zuflucht hervor? (III.) Leben wir heute *„Zwischen Zeiten"* und was können Gründe dafür sein? Wird der Zeitenumbruch durch den Zusammenbruch des Sozialismus konstituiert oder geht es um ein ganz anderes Thema? Gibt es heute wieder eine Zuflucht zwischen Zeiten? (IV.)

I. Zwischen den Zeiten ist nicht Zwischen den Jahren

„Zwischen Zeiten" meint den grundlegenden Wandel der Zeiten. Das heißt: den grundlegen-

den Wandel von Leitidee und Grundstrukturen politischer Herrschaft auf breitester Ebene, der alle Bereiche des Lebens umfaßt, insbesondere auch die Sprache.

„Zwischen den Zeiten" bedeutet keine Verschnaufpause, wie sie „Zwischen den Jahren" eingelegt wird. Es geht auch nicht um die Geschichten einzelner Völker und Regionen, nicht um Ereignisgeschichte, sondern im Kern um die Geschichte selbst.

Wie der Begriff „Zwischen Zeiten" bereits signalisiert, erfolgen der Wandel oder der Umbruch nicht durch ein einmaliges Ereignis. Er ist auch nicht als konkreter Schritt über die Schwelle in die andere Zeit zu beschreiben. Es geht um langwierige, vielschichtig abgefächerte geschichtliche Prozesse, die sich auch bei anderen Ereignissen durchgesetzt hätten, allenfalls teil- oder streckenweise beeinflußt worden wären.

So finden wir Wurzeln der radikal neuen Ideen und Grundstrukturen politischer Herrschaft bereits in der vorherigen Zeit, wie auch Traditionsbestände gebrochen oder ungebrochen in die nachfolgende „neue" Zeit weit hineinreichen. Ungleichzeitige Strukturen bestehen so lange Zeit nebeneinander.

Schwierig ist es deshalb, die Zeit zwischen Zeiten genau zu erfassen. Dies haben auch die Macher von Ausstellung und Publikationen zum 200. Jahrestag der „Zuflucht zwischen Zeiten" gesehen, weil sie gerade nicht von „Zuflucht in der Zwischen- oder Wendezeit" sprechen.

Die Zwischen- oder Wendezeit selbst kann gedacht und festgestellt werden, wenn die historisch beispiellosen Veränderungen höchste Akkumulation erreichen und über einzelne Impulse weit hinausgehen.

Dabei gilt es zu unterscheiden, ob eine solche Zeit nachträglich beobachtet und beschrieben oder bereits in der Zeit als solche begriffen wird.

Um eine Antwort zu der Zeit des Ausstellungsthemas vorwegzunehmen:[5] Heute wird die Zeit von 1750 bis 1850 als Epochenschwelle zur Neuzeit, zur Moderne gesehen.[6] Schon Hegel führte in seiner Vorlesung am 18. September 1806 aus:
„Wir stehen in einer wichtigen Zeitepoche, einer Gärung, wo der Geist einen Ruck getan, über seine vorige Gestalt hinausgekommen ist und eine neue gewinnt.
Die ganze Masse der bisherigen Vorstellungen, Begriffe, die Bande der Welt sind aufgelöst und fallen wie ein Traumbild in sich zusammen. Es bereitet sich ein neuer Hervorgang des Geistes. Die Philosophie hat vornehmlich seine Erscheinung zu begrüßen und ihn zu erkennen, während Andere, ihm ohnmächtig widerstehend, am Vergangenen kleben, und die meisten bewußtlos die Masse seines Erscheinens ausmachen. Die Philosophie aber hat, ihn als das Ewige erkennend, ihm seine Ehre zu erzeigen."[7]

Und Goethe hatte am Abend des 20. September 1792 nach der Kanonade von Valmy gesagt:
„Von hier und heute geht eine neue Epoche der Weltgeschichte aus, und ihr könnt sagen, ihr seid dabeigewesen."[8]

Im Kern ging es damals um die endgültige Umsetzung der Wende von der mittelalterlichen zu modernen Welt.

Wie lassen sich nun Mittelalter und Neuzeit, im Englischen „modern times", kennzeichnen?

II. Zur Signatur von Mittelalter und Moderne

Die grundlegenden Merkmale von Mittelalter und Neuzeit, die als Moderne figuriert, lassen sich an dieser Stelle und auch anderswo kaum umfassend beschreiben. Es können nur weite allgemeine Umrisse, nur kurze Stichworte zu Weltbild und Ordnungsprinzipien sein, die die „Zeiten" vorher und nachher kennzeichnen.

Und diese Stichworte wiederum sind auszuwählen. Sie ergeben sich hier aus der Episode der Zuflucht in Arnsberg von 1794 bis 1803. In deren Mittelpunkt steht einerseits die alte geistlich-weltliche Ordnung in ihrer schon überkommenen Form der kurkölnischen Herrschaft als Teil des alten Reichs mit dem mittelalterlichen Symbol der Heiligen Drei Könige als geistliche und weltliche Herrscher in einem. Andererseits agieren die französischen Revolutionstruppen, die die alte Ordnung radikal abbauen und die neuen, revolutionären Ordnungsideen der Moderne durchsetzen wollen, wie sie beispielhaft in der Deklaration der Menschen- und Bürgerrechte von 1789 und der Verfasssung von 1791 ihren Ausdruck finden. Schließlich geht es um das Verhältnis von Religion und politischer Herrschaft.

1. Mittelalterliche Welt: Weltbild und Ordnungsprinzipien

Der mittelalterliche Mensch erfährt die Welt als gottgewollt.[9] Gott, der Schöpfer und Lenker aller Dinge, hat die Ordnung der Welt vorgegeben, nicht aufgegeben, wie es modernem Denken entspräche. Die Ordnung der Welt wird interpretiert, nicht gestaltet. Der Mensch nimmt die Ordnung an, verfügt aber nicht über sie. Alle Ziele und Lebensäußerungen - auch Wissenschaft und Kunst - sind auf Gott hin ausgerichtet und Gott zugeordnet. Die Freiheit des einzelnen Menschen besteht darin, seine Wesensbestimmung zu erfüllen und auf Gott hin zu leben.

Dadurch wird die universale Einheit der mittelalterlichen Ordnung geformt. Sie ist ein aristotelisch-thomistischer Kosmos, in dem alle Wesenheiten ihren Platz finden und sich gemäß ihren auf Gott ausgerichteten Zielen entfalten. Eine Einheit der Lebenswelt besteht und wird erfahren. Es ist die gemeinsame Überzeugung, daß im Sein des Menschen ein Sollen liegt, daß der Mensch Moral nicht aus Zweckmäßigkeitsberechnungen erfindet, sondern im Wesen der Dinge vorfindet.[10]

Es ist eine umfassende Einheit, die den Menschen in seinen Daseinsbeziehungen integriert, zugleich aber auch menschliches Handeln begrenzt.

Diese Einheit ist eine Einheit der Lebenswelt, eine Einheit von Sacerdotium und Imperium, von geistlicher und weltlicher Herrschaft, von religiöser und politischer Form, eine Einheit von Gesellschaft und Staat. Gesellschaft und Staat sind als Kategorien politischer Ordnung in der mittelalterlichen Welt noch nicht bekannt, weil sie noch nicht auseinandergetreten sind. Gesellschaft und Staat bilden ein in sich homogenes Herrschaftsgefüge.[11]

Die Einheit bildet der eine Glaube, repräsentiert durch die eine Kirche. Diese Einheit des Mittelalters ist in sich herrschaftlich-politisch geformt. Sie überwölbt Imperium - repräsentiert durch den Kaiser - und Sacerdotium - repräsentiert durch den Papst - sowie die vielen inneren unstaatlichen Herrschaftsformen, Beziehungen und territorial noch unabgeschlossenen Herrschaftssphären[12]. Der mittelalterliche Kampf zwischen Papst und Kaiser findet demnach im System statt. Er stellt im Verständnis der beiden Repräsentanten die Einheit nicht in Frage. Diese Auseinandersetzung ist kein Konflikt zwischen Staat und Kirche im Sinne eines Kulturkampfes und auch kein Klassenkampf.

Die mittelalterliche Einheit bedeutet keine zentralisierte Machtkonzentration in der Hand eines Menschen oder einer wie auch immer gearteten Partei. Sie erhebt auch keinen Ewigkeitsanspruch, sondern lebt im Angesicht des eigenen Endes und des Endes der Zeit. Geistliche und weltliche Entscheidungsträger sind Interpretationsautoritäten - von Gott eingesetzt und für ihren jeweiligen Bereich in seinem Namen tätig. Sie geben Gottes geoffenbarten Willen weiter und entscheiden, was aus der Offenbarung heraus wichtig und nötig ist. Nicht Willkür bestimmt dabei - so das mittelalterliche Modell -, sondern die Ableitung der Entscheidung aus dem Willen Gottes.

Sichtbare Träger von religiöser und weltlicher Ordnung derselben Einheit sind Papst und Kaiser. Beide dienen auf ihre Art demselben göttlichen Auftrag. Aufgrund ihres höheren Heilsauftrags ist die Kirche der weltlichen Herrschaft sittlich übergeordnet.

Die Herrschaftsgewalt des Mittelalters selbst ist plural, unterschiedlich und territorial verschwommen organisiert. Es gibt keine einheitliche Staatsgewalt im modernen Sinne. Es existieren unterschiedliche Herrschaftsbefugnisse sowie verschiedene Träger; es gibt Teil- und Zwischenherrschaften, verschiedene feudale, territoriale, ständische und kirchliche Herrschaftsformen. Entsprechend gibt es Frieden nicht als einen allgemeinen Begriff, sondern als Reichsfrieden, Landfrieden, Stadtfrieden, Burgfrieden, Marktfrieden usw. Das Römische Reich Deutscher Nation, dessen geistlich-weltliche Kurkölner Herrschaft in Arnsberg Zuflucht sucht, hat diese mittelalterliche Situation am längsten - im Ergebnis bis zu seinem eigenen Ende 1806 weitergeschleppt. In dieser Zeit besteht es aus 314 großen und kleinen Territorialherrschaften und 1475 freien Rittersitzen, also aus selbständigen Obrigkeiten ohne Ende.[13] Es gibt keine umfassende Landeshoheit, an der die Stände hätten mitwirken können. Landesherr und Stände haben eigene Herrschaftsbefugnisse. Die Stände schließen politische Verträge vielfältiger Art ab mit anderen Ständen, mit eigenen oder fremden Landesherren über die Gewährung von Privilegien, über die Beschränkung und Kontrolle fürstlicher Macht und sogar über das Recht zum bewaffneten Widerstand. Die Menschen selbst finden sich wieder in einer Vielzahl von Herrschaftsbeziehungen, in einer Vielzahl von feudal-korporativen Bindungen und damit verbundenen konkreten Lebensordnungen.

2. Moderne Welt: Weltbild und Ordnungsprinzipien

Der moderne Mensch erfährt die Welt als weltlich, rational.[14] Die Ordnung der Welt ist für ihn keine *„übernatürliche"* religiöse Wirklichkeit, sondern eine *„natürliche"* weltliche Gegebenheit des Menschen selbst.

Hegel formuliert klar und unmißverständlich: *„Solange die Sonne am Firmament steht und die Planeten um sie herumkreisen, war dies nicht gesehen worden, daß der Mensch sich auf den Kopf, d. h. auf den Gedanken stellt, und die Welt nach diesem erbaut."*[15] Mit diesem Weltverständnis ermächtigt sich der moderne Mensch selbst, die Welt zu ordnen. Oder um es in Abgrenzung zum theonomen, also gottbezogenen Weltbild des Mittelalters zu sagen: Der Mensch erhebt den Anspruch, sich selbst zu erlösen, indem er seine eigene Vernunft zur neuen „Göttin" macht. Theonomie wird durch Autonomie des Menschen ersetzt.

Zweck und Aufgaben der Ordnung bestimmen sich nicht aus der Religion, sondern von weltlich-vernünftigen Zielen der Individuen her. Die Fragen politischer Ordnung werden so beantwortet, daß die Gottesfrage – und was aus ihr folgt – offenbleiben und dahinstehen kann. Alle Ziele stehen im Horizont irdischer Zweckrationalität. Insofern ist das moderne (allerdings nur noch sektorale) Bewußtsein nicht theozentrisch, sondern anthropozentrisch.

Zugleich wird die universale Einheit des mittelalterlichen Denkens und Ordnens und damit auch die einheitliche Lebenswelt zerschlagen.

Zunächst: Die Religion ist nicht mehr das Band der Einheit. Sie wandert aus, schafft oder findet einen eigenen Bereich: die Gesellschaft.

Aus der geistlich-weltlichen Einheit des Mittelalters entstehen zwei neue „Welten": die Gesellschaft auf der einen, der Staat als „reine" politische Einheit des Volkes auf der anderen Seite. Karl Marx stellt schroff fest: Die Religion sei nicht mehr der *„Geist des Staates"*, sondern der *„Geist der bürgerlichen Gesellschaft", „der Sphäre des Egoismus, des bellum omnium contra omnes* [des Krieges aller gegen alle]. *Sie ist nicht mehr das Wesen der Gemeinschaft, sondern das Wesen des Unterschieds."* (...) *„Sie ist unter die Zahl der Privatinteressen hinabgestoßen und aus dem Gemeinwesen exiliert."*[16]

Des weiteren: Die Einheit des Mittelalters zerfällt auch, weil die moderne Betrachtungsweise, die Vernunft, auf den Menschen selbst, d. h. auf das einzelne Individuum und seine Bedürfnisse ausgerichtet ist.[17] Im Mittelpunkt steht der einzelne Mensch, seine Freiheit, sein Recht, seine Bedürfnisse. Von hier wird die neue politische Ordnung gedacht.

„Die Freiheit besteht darin, alles tun zu können, was einem anderen nicht schadet. Die Ausübung der natürlichen Rechte eines jeden Menschen hat nur die Grenzen, die dem anderen Gleichen der Gesellschaft den Genuß der gleichen Rechte sichern", heißt es in Artikel 4 der Erklärung der Menschen- und Bürgerrechte von 1789. Die Ausrichtung auf das einzelne Individuum beinhaltet zugleich die Gleichheit der Individuen.

In ihrer Freiheit, Selbstbestimmung und ihren Bedürfnissen sind die Menschen gleich. Es gibt nicht von Natur oder Bluts wegen hoch und niedrig, oben und unten. *„Die Menschen werden frei und gleich an Rechten geboren und bleiben es"*, heißt es in Artikel 1 der Erklärung von 1789.

Die Menschenrechte ebnen die ständischen Unterschiede ein, beseitigen die Zwischengewalten und schaffen ein unmittelbares Verhältnis zwischen Staat und Individuum.

Damit üben bestimmte Privatpersonen keine (politische) Herrschaft mehr über Privatpersonen aus, nicht ein Stand (Adel) über einen anderen (Bauern), sondern alle Menschen unterstehen gemeinsam nur einer staatlichen Gewalt. Im übrigen sind sie frei.

Grundlegendes Kennzeichen der Moderne ist ihr Fortschrittsdenken.[18] Nicht der Gedanke des Fortschritts ist modern, sondern der Gedanke der Notwendigkeit und der Grenzenlosigkeit des Fortschritts. Der Fortschrittsbegriff ist inhaltslos. Sein Ziel ist unbestimmt. Aber der Weg soll immer weiter und höher führen. Es geht also um Quantitäten. Fortschrittszwang bedeutet dann Zwang zum wirtschaftlichen Wachstum. Alle Menschen sollen Freiheit, Gleichheit und Wohlstand erhalten. Ralf Dahrendorf formuliert es handfest: *„Die Moderne steht vor allem für zweierlei, Bürgerrechte und Wohlstand und beides für alle."*[19] Sie verspricht Lebensglück durch lastenfreie Entfaltung des Individuums.

Der Fortschritt wird zum „Muß", findet kein begrenzendes Maß in einem wie auch immer gearteten Begriff eines guten Lebens. Im Gegenteil. Alte religiös legitimierte oder begründete Grenzen werden überschritten. Und Fortschritt wollten auch die totalitären Diktaturen dieses Jahrhunderts, Kommunismus und Nationalsozialismus.

Heinrich Heine hat dieses moderne Fortschrittsdenken ironisch betrachtet:
„Ein neues Lied, ein besseres Lied,
O Freunde, will ich Euch dichten!
Wir wollen hier auf Erden schon
Das Himmelreich errichten."[20]

Grundlegendes Ordnungsprinzip für die politische Herrschaft in der Moderne ist der moderne Staat. Er bezeichnet das heute weltweit anerkannte Modell politischer Herrschaft.[21] Der moderne Staat tritt in die Geschichte ein, als die Einheit der (christlichen) Religion zerbricht, auf der die mittelalterliche Ordnung selbstverständlich gründet. In der religiös-politischen Einheitswelt bedeutet die Glaubensspaltung automatisch politische Spaltung und politische Zwietracht, d. h. den offenen oder latenten Bürgerkrieg. Dies zählt zu den geschichtlichen Ursachen der Entstehung des modernen Staates.[22] Daraus folgen seine Legitimation und seine Grundstrukturen. Der Staat, der aus der Lage der grauenvollen konfessionellen Bürgerkriege des 16./17. Jahrhunderts gedacht und konzipiert wird, aus ihr entsteht und sich zur Vollkommenheit entwickelt, überwindet den Bürgerkrieg dadurch, daß er sich vom Kampf um die religiöse Wahrheit zurückzieht und so die Gottesfrage entpolitisiert oder einklammert, daß er alle aktuellen und potentiellen Bürgerkriegsparteien entwaffnet und die Kompetenz legitimer physischer Gewalt ausschließlich sich selbst vorbehält.

Damit stellt er ein irdisches Ziel über alle anderen: den Frieden unter den Bürgern. Den Leitgedanken dieses säkularen modernen Staates sprach schon der Kanzler des Königs von Frankreich, Michel de L'Hopital, im Conseil des Königs am Vorabend der Hugenottenkriege (1562) aus: Nicht darauf komme es an, welches die wahre Religion sei, sondern wie man beisammen leben könne.[23] Der moderne Staat ist eine Zweckschöpfung der politischen Vernunft. Er ist zweckrationale Organisation. Damit wird er verfügbar und machbar. Er ist - wie der Fortschrittsgedanke - zielindifferent. Ihm ist Despotie und freiheitlicher Verfassungsstaat eigen. Er ist eben nicht wie die mittelalterliche Ordnung vorgegeben, sondern aufgegeben. Deshalb bedarf er auch der Verfassung, die ihn begrenzt. Strukturmerkmale des modernen Staates sind Friedenseinheit, Entscheidungseinheit und Machteinheit.

Als politische Einheit ist er für die in ihm lebenden Menschen zunächst Friedenseinheit. Er sorgt, daß Gegensätze in der Gesellschaft nicht zu Freund-Feind-Fronten sich steigern, Konflikte nicht militant werden und der Bürgerfriede gesichert ist.

Um diese Friedenseinheit herzustellen und zu erhalten, muß der Staat Entscheidungseinheit sein. Er entscheidet politische und rechtliche Konflikte. Dieses Strukturmerkmal tritt im freiheitlichen Verfassungsstaat zurück hinter den Freiheitsrechten, den politischen Einwirkungs- und Mitwirkungsrechten der Bürger, hinter der Kompetenz- und Verfahrensdifferenzierung innerhalb der Staatsgewalt, hinter den Vorkehrungen von Kontrolle und Rechtsschutz. Dennoch kommt auch im Verfassungsstaat einer Instanz das Recht *„des letzten Wortes"* zu.[24] Die Freiheit zum kritischen Diskurs bleibt.

Die Notwendigkeit des Staates als Entscheidungseinheit erfordert seinen Charakter als Machteinheit. Der moderne Staat ist organisierte Macht, die im Innern allen gesellschaftlichen Kräften überlegen und nach außen unabhängig ist. Stehendes Heer und Polizei, Verwaltungs- und Justizapparat, eine gut arbeitende hierachisch geordnete Bürokratie und die Steuer als reguläre Finanzierungsquelle zählen dazu. Aber damit wird auch die Verfügbarkeit des Staates deutlich, die schon Thomas Hobbes gesehen hat: Wer stark genug ist, alle zu schützen, ist auch (potentiell) stark genug, alle zu unterdrücken.[25]

Mit dem modernen Staat entstehen auch moderne Strukturprobleme. Wie wird der Umschlag in den Totalitarismus vermieden, der schon in der Französischen Revolution in Form der Jakobiner-Herrschaft hervortrat und im 20. Jahrhundert mit Kommunismus und Nationalsozialismus eine unendliche Schreckensspur mit nicht zu zählenden Opfern legte? Wie können Freiheit und rechtliche Gleichheit, die für alle gelten sollen, auch für alle realisiert werden (Soziale Frage)? Wie wird verhindert, daß der Staat zum *„Besitz"* gesellschaftlicher, d. h privater (organisierter) Gruppen und Interessen wird (Neue Soziale Frage)? Wie schafft der moderne Staat über die differenzierte Gesellschaft hinweg Einheit und Gemeinsamkeit? Tatsächlich durch Glauben an die Nation? Tatsächlich durch den Glauben an grenzenloses Wirtschaftswachstum? Worauf stützt sich der Staat am Tag der Krise? Ist der freiheitlich säkularisierte Staat nicht doch auf sittliche und religiöse Energien verwiesen, deren Quellen in einem ihm unzugänglichen und unverfügbaren Bereich liegen, im Bereich des religiösen Glaubens und Hoffens seiner Bürger?[26]

III. Die Zuflucht und ihre Ergebnisse

Die Zuflucht alter überkommener Institutionen – hier der weltlich-geistlichen kurkölnischen Herrschaft – *„zwischen Zeiten"* darf eigentlich vom Ergebnis nicht gelingen, wenn die Zwischenzeit als grundlegende Wendezeit (I.) verstanden wird. Die mittelalterliche Zeit und die moderne Zeit unterscheiden sich auf breiter Ebene radikal voneinander. Es sind tatsächlich zwei Welten, wie ihre ausgewählte stichwortartige Signatur (II.)

zeigt. So ist das Ergebnis der Zuflucht in Arnsberg auf den ersten Blick dann auch tatsächlich negativ.

Dieser erste Blick betrifft die Institutionen, die Zuflucht gesucht haben. Während der Zuflucht in Arnsberg wählte das Kölner Domkapitel im Jahre 1801 mit Erzherzog Anton Viktor von Österreich noch einen neuen Erzbischof und Kurfürsten, nachdem Kurfürst-Erzbischof Maximilian Franz zuvor verstorben war. Doch der Gewählte trat sein Amt nicht mehr an. Der Kaiser erklärte im Dezember 1802 vor dem Reichstag, daß Erzherzog Anton Viktor auf seine durch die Wahl erworbenen Rechte verzichtet habe. Die mittelalterliche Verbindung von weltlicher und religiöser Herrschaft wird ein Jahr später aufgehoben. Sie hatte das Römische Reich Deutscher Nation über Reformation und Glaubensspaltung hinaus erhalten. Die Institution der kurkölnischen geistlichen-weltlichen Gemeinschaftsherrschaft wird gleichzeitig aufgelöst.

Diese geistliche Fürstenherrschaft verschwindet gänzlich. Nach kurzer hessischer Regierungszeit (1802-1816), in der auch das Kloster Wedinghausen, die provisorische Zentrale des Domkapitels in der Zufluchtzeit, aufgehoben wird, werden 1816 Arnsberg und das kurkölnische Sauerland preußisch, d. h. der modernen preußischen Staatsgewalt unterstellt. Preußen errichtet zugleich in Arnsberg eine Bezirksregierung, um den Willen der zentralen Macht auch in der neuen südwestfälischen Provinz bürokratisch um- und durchzusetzen. Interessant: die Zufluchtstätte für die mittelalterliche Herrschaft wird Regierungsstätte moderner Zeit. Doch schon die Herstellung von Einheit und Gemeinsamkeit in Preußen und durch Preußen gelingt nur unzureichend. Zurück bleiben in Arnsberg mit der klassizistischen Neustadt die baulichen und architektonischen Zeugen dieser Zeit, die Tradition der Regierungsstadt, in der heute eine Bezirksregierung des Landes Nordrhein-Westfalen zu Hause ist. Die alte kirchliche Organisationsform des bald 1500 Jahre alten Erzbistums Köln wird aufgelöst, der äußere Rahmen des religiösen Lebens zerschlagen. Die katholische Kirche wird im gesamten ehemaligen Reich neu geordnet. Die Zufluchtstätte Arnsberg wird von den Hessen zunächst als Bischofssitz in Erwägung gezogen, dann aber wegen der Entfernung zur Landeshauptstadt Darmstadt und wegen fehlender Gebäude in Arnsberg fallengelassen. Arnsberg und die Grafschaft Arnsberg - im Jahre 1368 vom Arnsberger Grafen Gottfried IV. an Köln vermacht - kommen zusammen mit dem gesamten kurkölnischen Sauerland 1821/23 an das Erzbistum Paderborn. Mit der Auflösung der kirchlich-weltlichen Kurkölner Herrschaft und des alten Kölner Erzbistums verschwinden auch die institutionellen Beziehungen von Arnsberg und Sauerland zu Köln. Heute werden sie nur noch oder trotzdem noch als Traditionen gepflegt, finden sie ihren Niederschlag im Begriff des kölnischen Sauerlandes, aber auch im (rheinischen) Karneval, den man ansonsten im Sauerland nicht vermuten würde.

Allerdings: die Reliquien der Heiligen Drei Könige werden durch die Zuflucht in Arnsberg bewahrt; Domschatz, Dombibliothek und Archive bleiben trotz nicht unerheblicher Verluste bestehen. Das darin verkörperte kulturelle Erbe wird gerettet. Damit bleibt der Kölner Dom in der modernen Zeit, was er schon im Mittelalter war: eine der bedeutendsten Kathedralen der Welt.

Wie aber steht es um das geistige Verhältnis von (katholischer) Kirche zum modernen Bewußtsein, zur Moderne? War hier die Zuflucht in Arnsberg - sinnbildlich gesprochen - erfolgreich? Was also besagt der zweite Blick?

200 Jahre nach der Zuflucht in Arnsberg schreibt der Rom-Korrespondent der Frankfurter Allgemeinen Zeitung am 30. Juli 1994 in einem Leitartikel zum Thema *„Kirche und moderne Gesellschaft"*: *„... wo die Grenzen zwischen der Moderne und dem Christentum verlaufen. Das ist das theologische Thema der nächsten Zeit."* Dauert die Zuflucht der Kirche vor der Moderne bis in unsere heutige Zeit und darüber hinaus?

Zunächst: die Kirche hat die Herausbildung der modernen Welt selbst mitbefördert. Ein Faktum, das auf allen Seiten oft übersehen wird.[27] An erster Stelle ist die Herausbildung der Unterscheidung und Trennung von *„geistlich"* und *„weltlich"* in den Auseinandersetzungen zwischen Kaiser und Papst im Investiturstreit (1057 - 1122) zu nennen. Sie bedeutete gegenüber der religiöspolitischen Einheitswelt den ersten großen Säkularisationsvorgang, der aus innerkirchlichen Antrieben hervorging und legitimiert wurde. Betrachtet man die *„unterirdischen"* Verbindungen zur Wende in die Moderne, wurde hier tatsächlich die religiös-weltliche Einheitswelt erstmals aufgebrochen, auch wenn dies erst später bewußt wurde und sich erst später darstellte. Politik wurde als eigener, aus dem Begründungszusammenhang christlicher Geschichtstheologie und Endzeiterwartung gelöster Bereich konstituiert, der damit einer weltlich-rationalen Begründung fähig wie bedürftig war.

Von herausragender Bedeutung für das moderne Bewußtsein ist des weiteren die christlich-kirchliche Begründung der Subjektstellung und Personenwürde des einzelnen. Der christliche Glaube besitzt seinem Wesen nach eine personale Struktur. *„Er ist die Antwort der Person auf einen persönlichen Anruf Gottes"*, wie Joseph Kardinal Ratzinger einmal formuliert hat.[28] Indem die christliche Schöpfungslehre den einzelnen Menschen als Ebenbild Gottes begreift und ihm eine unsterbliche, von Gott geschaffene Seele zuerkennt, hat sie dem Menschen einen unverlierbaren Status um seiner selbst Willen verliehen. Hegel bringt es auf den Punkt. Das Prinzip der Subjektivität, die Subjektstellung und Unverfügbarkeit des einzelnen sei mit Jesus Christus in die Welt gekommen.[29]

Die Kirche hat aber auch Abwehrpositionen gegenüber der Moderne eingenommen. Zunächst entstehen eindrucksvolle Lehrbastionen gegen den liberalen Freiheitsentwurf und für den Vorrang der Wahrheit. Die differenzierteste und philosophisch tiefste Kritik enthält die Enzyklika *„Libertas praestantissimum"* Leos XIII. von 1888. Erst langsam lernt die Kirche, sich den Freiheitsrechten anzunähern und sich mit ihnen auszusöhnen. Das letzte der klassischen Menschenrechte, mit dem die Römische Kirche ihren Frieden macht, ist die Religionsfreiheit. Im Rahmen des Zweiten Vatikanischen Konzils von 1965 wird die Religionsfreiheit anerkannt.

Johannes Paul II. hat eine neue Richtung eingeschlagen, die sich durch einen positiven Einsatz für die Menschenrechte auszeichnet. Der Kampf für die Menschenrechte ist Teil der kirchlichen Botschaft und damit Teil der politischen Theologie dieses Papstes. Sein Programm[30] und seine Person - ein Pole, der beide totalitären Diktaturen dieses Jahrhunderts erlebte - leisten ihren Beitrag zum gewaltlosen Abbruch des Kommunismus. Zugleich betont dieser Papst die Wahrheit der Kirche gegen Willkürlichkeit, moralischen Relativismus und moralische Entgrenzung, gegen die *„Zivilisation des Todes"*.[31]

Die katholische Kirche besitzt bis heute ein differenziertes Verhältnis zur Moderne bei Anerkennung ihrer positiven Errungenschaften wie Menschenrechte und Rechtsstaat. Sie betont auch in Abgrenzung zur Moderne den Vorrang der Ethik vor der Technik, den Primat der Person über die Dinge, die Überordnung des Geistes über die Materie. Deshalb und unter diesen Gesichtspunkten durchleuchtet die Kirche jede einzelne Etappe des Fortschritts und ist sich zugleich bewußt, daß dies neue Anklagen gegen die Kirche selbst hervorruft.[32]

Differenziert ist auch das Verhältnis des modernen Staates zur Religion. Die Emanzipation des Staates von der Religion, von der Französischen Revolution gewollt und von Karl Marx als eine Absolute angesehen, beschränkt sich in Wirklichkeit nur auf die rechtliche und institutionelle Seite des Staates. *„Unterirdisch"* bleiben aber Beziehungen des modernen Staates zur Religion. So fragen Staatslehrer unserer Zeit, ob nicht auch der säkularisierte Staat letztlich aus jenen inneren Antrieben und Bindungskräften leben muß, die der religiöse Glaube seinen Bürgern vermittelt.[33]

Die Ergebnisse der Zuflucht in Arnsberg - im übertragenen Sinne - bleiben also differenziert, müssen nach ihrer institutionellen und ihrer geistigen Seite unterschieden werden. Wird nun das differenzierte Verhältnis der Kirche zur Moderne zur Chance, einen Beitrag zur Überwindung der oft diagnostizierten Krise der Moderne selbst zu leisten? Zum Beispiel ist im christlichen Denken angelegt, daß die Natur nicht beliebiges Material, sondern dem Menschen anvertraut ist, auch zur Pflege und Erhaltung für nachfolgende Generationen. Seinen Ausdruck findet dies im Denken der Erde als Schöpfung Gottes.

IV. In einer neuen Wendezeit?

Leben wir heute in einer neuen Wendezeit, in einer neuen Zwischenzeit?

Viele meinen, das Ende des Sozialismus[34] habe unsere Welt verändert. Das ist sicherlich richtig. Das Jahr 1989 hat welthistorische Bedeutung und Auswirkungen bis weit in das nächste Jahrhundert. Aber bedeutet dies auch eine grundlegende Epochenwende, eine ganz neue Zeit? Zunächst ist festzustellen, daß die sozialistische Ordnung auch eine Ordnung der Moderne war. Sie war wachstums- und fortschrittsorientiert, um den Anspruch des Menschen auf Glück mittels Darbietung von irdischen Gütern zu befriedigen. Der Wettbewerb der Systeme von West und Ost, vom liberal-sozialen System mit dem sozialistisch-marxistischen System, wie er durch Chruschtschow Ende der 50er Jahre ausgerufen worden war, war ein Wettbewerb darum, wer Fortschritt und Wachstum besser organisieren könne. Eine grundlegende Zeitenwende fand 1989 auch deshalb nicht statt, weil die Überwindung des Kommunismus in Mittel- und Osteuropa für die Menschen dort eine *„Rückkehr nach Europa"*, d. h. eine Rückkehr zu einem bestehenden Vorbild war, zum freiheitlichen Verfassungsstaat und zur Bürgergesellschaft. Keine grundlegend neue Ordnung, beruhend auf einer radikalen neuen Sicht der Welt, war das Ziel, sondern eine bereits bestehende, im Sinne des Fortschritts erfolgreiche Ordnung wurde angestrebt. Im übrigen wird die 70jährige kommunistische Herrschaft im Unterschied zur über 1000jährigen Ordnung des Mittelalters eine geschichtliche Randnotiz darstellen - erwähnenswert allein wegen der unzähligen Opfer.

Die Frage nach der Wendezeit erfolgt also nicht aus der Krise des Sozialismus und seines Zusammenbruchs, sondern aus der Krise der Moderne insgesamt, wie sie vor dem Zusammenbruch des Sozialismus auch im Westen analysiert wurde. So hielt beispielsweise Romano Guardini schon 1950 Vorlesungen in Tübingen und München ab über *„Das Ende der Neuzeit".*[35] Die Selbstgewißheit des modernen Westens - gewonnen aus der Konkurrenz mit dem sozialistischen Osten - wird gerade jetzt in Frage gestellt, vor allem weil alle in Europa heute nach westlicher Ideologie leben wollen. Die Krise der Moderne tritt jetzt umso schärfer hervor, weil eine der letzten, wenn auch modernen Alternativen keine Strahl- und damit auch keine Ablenkungskraft mehr besitzt.

Die Lage ist heute nicht unübersichtlich, sondern klar. Die Krise der Moderne scheint auch in der Sache begründet, wird zur *„Baustelle der Postmoderne".*[36] Was sind die Ursachen? Der *„Glaube an den Fortschritt"* ist an seine Grenzen gestoßen. Vieles spricht dafür, daß er in unserer Zeit einem ähnlichen Säkularisierungs-Vorgang unterliegt, wie der es war, dem er selbst seine Entstehung verdankte. Das Fortschrittsdenken der Moderne, d. h. der Zwang zum Fortschritt, hat Gefahren hervorgerufen, deren Abwehr unsicher erscheint. Die despotische Herrschaft des modernen Menschen über die Natur bedroht den Menschen selbst. Umweltgefährdung ist global geworden. Sie ist nicht mehr an den Ort ihrer Entstehung gebunden. Es gibt keine Schutzräume, keine ökologischen Nischen mehr. Eine Entwicklung ohne jedes historische Beispiel.

Auch die technischen Errungenschaften der Moderne bedrohen den Menschen, sei es in seinem Überleben, sei es in seiner Identität.[37] Sie bedrohen damit die Moderne selbst. Nuklearwaffen, unzureichend gesicherte zivile Nuklearreaktoren, die moderne Bio-Technologie, also die integrierte Anwendung von Bio-Chemie, Mikrobiologie, Genetik und Verfahrenstechnik sind Stichworte. Der Naturwissenschaftler Erwin Chargaff berichtet über *„mörderische Versuche, die Krankheit zum Tode zu heilen"* und verweist auf die in den USA vorgenommenen wissenschaftlichen Experimente an Menschen.[38] *„Der Verbrauch des Menschen als einer Sache und das Spiel mit dem göttlichen Geheimnis seines Wesens ist nach wie vor im Gang."*[39] Kann dies der Mensch auf Dauer in seiner Identität, in seinem Wesen aushalten? Die Antwort der Moderne in Form von Ethikkommissionen an Krankenhäusern werden offensichtlich unzureichend bleiben.

Das Versprechen der Moderne kann wohl auch nicht mehr erfüllt werden, daß eines Tages alle Menschen die Lebenschancen der Moderne genießen werden, d. h. den Wohlstand, den die Moderne zur Bedingung für ein menschenwürdiges Leben und damit für die Freiheit und Gleichheit erklärt hat.[40] Als diesseitige Problemlösung beansprucht die Verwirklichung des Versprechens materielle Ressourcen und dies in ständig wachsendem Umfang. Die notwendigen materiellen Ressourcen stehen offensichtlich selbst Westeuropa kaum mehr zur Verfügung, um den Schaden des Sozialismus in ganz Mittel- und Osteuropa mittelfristig zu überwinden. Noch weniger reichen sie dann aus, wenn es um die universelle Verwirklichung der Moderne geht. Es geht also um die Frage, ob und für wie lange wir in der durch die modernen Medien verbundenen einen Welt einen Lebensstandard aufrechterhalten können, der weit über denen aller Völker liegt. Zwar waren die Reichen immer schon erfinderisch, wenn sie ihren Reichtum verteidigen mußten; aber: Wie lange können wir als reiche Länder in einem Meer von Not leben, ohne daß die Moderne selbst korrumpiert wird? Die Wagenburg der Moderne ist Symbol ihrer Niederlage geworden, stellt Ralf Dahrendorf fest. Sie bedroht gerade die Menschen, die in der Wagenburg Zuflucht vor dem Ansturm der Millionen von Armen suchen.

Der Individualismus der Moderne bedroht sich auch selbst vor dem Hintergrund der Geburtenarmut moderner Gesellschaften. Die extreme Betonung der Interessen des einzelnen gegenüber der Gemeinschaft hat zu dieser Geburtenarmut geführt. Die daraus folgende Bevölkerungsschrumpfung und -vergreisung der modernen Gesellschaften kann dazu führen, daß individualistische Gesellschaften nur noch bedingt lebensfähig sind. Sie werden durch Menschen anderer Kulturen (Zuwanderer) verdrängt oder verzichten weitgehend auf ihren Individualismus und ordnen die Institutionen von Gesellschaft und Staat neu.[41]

Aber auch die subjektive Freiheit des Individuums, der Emanzipationsgedanke, ist krisenbehaftet. Ausdruck seiner Krise sind Rufen und Suchen nach „Werten" oder „Grundwerten". „Werte" und „Grundwerte" müssen aber ganz abstrakt bleiben. Sie besitzen deswegen keine konkrete Normierungs- und Orientierungskraft.[42] Freiheit, die nur bei der Freiheit verbleibt, nicht auch zu neuen Möglichkeiten der Verantwortung und damit der Bindung und Identifikation führt, bringt im Ergebnis nicht individuelle Selbstverwirklichung, sondern gefährdet sie gerade. Die Emanzipation von der Emanzipation wird das Problem, weil es das moderne Freiheitsbewußtsein anfällig für Ideologien unterschiedlicher Art macht.

Auch der moderne Staat ist in die Krise geraten, gerade aufgrund der globalen Herausforderungen. Er ist offensichtlich handlungsunfähig angesichts weltweiter Probleme. Er ist aber auch handlungsunfähig im Inneren, wenn und soweit ihn organisierte Interessen oder gar die Technik selbst besetzt haben.

Führt diese Krise der Moderne zur Postmoderne? Der Begriff der Postmoderne - wir haben es schon oben gesehen - muß unscharf bleiben. Unter Postmoderne wird vieles verstanden: die zeitgemäße Fortsetzung der Moderne, die Überwindung der Moderne, eine durch Moral und Religion zu ergänzende Moderne oder die Verabschiedung von den „großen Erzählungen", beispielsweise über den grenzenlosen Fortschritt für alle.

Leben wir nun „Zwischen Zeiten" wie vor 200 Jahren? In einer Zeit, in der sich ein neues grundlegend anderes Weltbild und grundlegend neue politische Ordnungsprinzipien durchsetzen? Zum Beispiel der „Weltstaat", der nur noch eine Weltpolizei kennt, die den sozialen Ausgleich zwischen Nord und Süd, zwischen Reich und Arm weltweit durchsetzt?

Oder leben wir „Zwischen Jahren", in einer Verschnaufpause, in der man für das nächste Jahr wieder gute Vorsätze faßt, die eigenen Ansprüche zu begrenzen - im eigenen Interesse. Dies wäre dann wohl das Ende der Geschichte im grundlegenden Sinne, was das Weiterbestehen des modernen Weltbildes und ihres Ordnungssystems angeht.

Die Frage nach dem Charakter unserer Zeit mag dahinstehen. Vorrangig ist die Analyse der Krise(n) der Moderne und der Beiträge zu ihrer Überwindung. Die Krise ist im Kern Krise der Entgrenzung menschlicher Möglichkeiten. Die Aufgabe ist, daß der moderne Mensch sich selbst begrenzt. So führt der Anspruch der „Selbsterlösung" zur Aufgabenstellung der Selbstbegrenzung. Die Selbstbegrenzung muß der moderne Mensch aus sich heraus leisten. Frei, ohne Zwang und ohne Erfahrung. Zeit, aus negativer Erfahrung zu lernen, bleibt nicht. Die Begrenzung kann nicht durch Technik und Materie geleistet werden. Technische Begrenzungen können schnell wieder durch neue Technik überwunden werden. Die Selbstbegrenzung ist ein kultureller, ein religiöser Vorgang, der neue Institutionen schaffen, vor allem aber alte Besitzstände auflösen wird. Bleibt die Frage, welche Position heute Kirche und Staat, Religion und Politik, jeder einzelne einnimmt. Sucht er Zuflucht vor den Herausforderungen, die sich aus der Krise der Moderne ergeben, oder gestaltet er sie?

Zuflucht jedenfalls scheint heute nicht mehr möglich zu sein. Denn eines ist klar: Wir werden weder eine Hoch- noch eine Postmoderne haben, wenn wir uns schon mit Mitteln der Moderne selbst ausrotten.[43]

Anmerkungen:

1 Zit. nach Hegel, Eduard, Geschichte des Erzbistums Köln, 4. Bd., Köln 1979, S. 488.

2 Vgl. Schmitt, Carl, Das Zeitalter der Neutralisierungen und Entpolitisierungen, in: ders., Der Begriff des Politischen, 3. Aufl. der Ausgabe von 1963, Berlin 1991, S. 79 bis 95 (79).

3 So: Böckenförde, Ernst-Wolfgang, Die Entstehung des Staates als Vorgang der Säkularisation, ders., Staat, Gesellschaft, Freiheit, 1. Aufl. Frankfurt 1976, S. 42-64 (42 f.); vgl. dazu Isensee, Josef: Staat und Verfassung, in: ders./Kirchhoff (Hrsg.): Handbuch des Staatsrechts der Bundesrepublik Deutschland, Band 1, Heidelberg 1987, S. 591(608 f.) mit weiteren Nachweisen.

4 So: Meier, Christian, Vom „fin de siècle" zum „end of history"? in: Merkur, Heft 10/11, 1990, S. 809 (812); vgl. auch die interessante Studie von Niethammer, Lutz, Posthistoire. Ist die Geschichte zu Ende?, Hamburg 1989.

5 Allerdings entspricht diese Antwort einer eurozentrischen Sichtweise.

6 Vgl. Koselleck, Reinhart (Hrsg.), Studien zum Beginn der modernen Welt, 1. Auflage, Stuttgart 1977; Nipperdey, Thomas, Deutsche Geschichte 1800-1866, 6. Aufl., München 1993, S. 11.

7 Zit. nach Fukuyama, Francis, Das Ende der Geschichte, München 1992, S. 75.

8 Goethe, Johann Wolfgang von, Kampagne in Frankreich 1782, in: Autobiographische Schriften III, Berlin 1978, S. 67 (117).

9 Vgl. zum Folgenden: Guardini, Romano, Das Ende der Neuzeit, 2. Aufl., Würzburg 1950, S. 13 - 38; Isensee, Josef, Die katholische Kritik an den Menschenrechten, in: Böckenförde, Ernst-Wolfgang/Spaemann, Robert (Hrsg), Menschenrechte und Menschenwürde, Stuttgart 1987, S. 138 - 167 (148 f.).

10 Vgl. Ratzinger, Joseph, Wendezeit für Europa, 2. Aufl., Freiburg 1992, S. 20.

11 Vgl. auch zum Folgenden: Böckenförde, Die sozialen und politischen Ordnungsideen der Französischen Revolution, in: Michalski, Krzysztof, Europa und die Civil Society, Stuttgart 1991, S. 103 - 117 (103).

12 Wie der moderne Staat sich aus diesen Herrschaftsbeziehungen und -ordnungen des Mittelalters herausgebildet hat, beschreibt erstmalig in einer neuen prägenden Sichtweise Brunner, Otto, Land und Herrschaft, 3. Aufl., Brünn 1943.

13 Vgl. Schnabel, Franz, Deutsche Geschichte im 19. Jahrhundert. Die Grundlagen der neueren Geschichte, Freiburg 1964, S. 109f.

14 Vgl. zum Folgenden: Böckenförde, Kirche und modernes Bewußtsein, in: Koslowski Spaemann Löw,(Hrsg.),Moderne oder Postmoderne?, Weinheim 1986, S. 103 - 129 (103 f.).

15 Hegel, G. W. F., Vorlesungen zur Philosophie der Geschichte, Teil 4, 3. Abschnitt, Kapitel 3, Ausg. lit, Stuttgart 1961, S. 593.

16 Marx, Karl, Zur Judenfrage, 1843, zitiert nach Landshut (Hrsg.), Die Frühschriften, Stuttgart 1953, S. 183, 179.

17 Vgl. zum Folgenden: Böckenförde, Die sozialen und politischen Ordnungsideen der Französischen Revolution, a. a. O., S. 105.

18 Vgl. zum Folgenden: Spaemann, Robert, Ende der Modernität?, in: Koslowski/Spaemann/Löw (Hrsg.), Moderne oder Postmoderne, a. a. O. S. 19 - 40 (22 f.);Böckenförde, Kirche und modernes Bewußtsein, a. a. O. S. 107 f.

19 Dahrendorf, Ralf, Eine große universelle Sicht. Die Entzauberung der Moderne, in: Spiegel Spezial, Die Erde 2.000, Hamburg 4/1993, S. 7 - 12(8).

20 Zit. nach: Isensee, Josef, Die Säkularisierung als Gefährdung der Säkularität des Staates, in: Hunold, Gerfried W. / Korff, Wilhelm (Hrsg.), Die Welt für morgen, München 1986, S. 164 - 178 (165).

21 Dazu und zum Folgenden: Isensee, Staat und Verfassung, a.a.O. S. 591-661, Rn. 41 - 101; Böckenförde, Die Entstehung des Staates als Vorgang der Säkularisation, in: a.a.O.; ders., Der Staat als sittlicher Staat, Berlin 1978.

22 Vgl. Schnur, Roman, Die französischen Juristen im konfessionellen Bürgerkrieg, 1962.

23 Zitiert nach Ranke, Leopold von, Französische Geschichte (Ausgabe Andreas, Band 1) Wiesbaden 1957.

24 Im Staat des Grundgesetzes ist dies das Bundesverfassungsgericht.

25 Vgl. Hobbes, Thomas, Elementa philosophica des cive, Cap. VI, 13 Annotatio.

26 So: Böckenförde, Die Entstehung des Staats als Vorgang der Säkularisation, a.a.O., S. 60 ff., Isensee, Die Säkularisierung der Kirche als Gefährdung der Säkularität des Staates, a.a.O, S. 175.

27 Vgl. zum Folgenden: Böckenförde, Kirche und modernes Bewußtsein, a.a.O., S. 108 - 115; ders.: Zum Verhältnis von Kirche und moderner Welt, a.a.O.S. 159 - 167; zur Bedeutung des Investiturstreits vgl. auch Kantorowicz, Ernst H., The King's two Bodies – A Study in Mediaeval Political Theology, Princeton 1957, S. 90, 93.

28 Ratzinger, a.a.O., S. 79.

29 Vgl. Hegel, G.W.F., Vorlesungen über die Philosophie der Geschichte, Ausgabe Glockner, 3. Aufl., 1949, S. 409 - 430 (427 ff.); ders., Grundzüge der Philosophie des Rechts, Ausgabe Glockner, 3. Auflage, 1952, S. 185, 266.

30 Vgl. z.B. die „Regierungserklärung" von Johannes Paul II: Enzyklika „Redemptor hominis", 04. März 1979.

31 Vgl. ebenda und z.B. Enzyklika „Veritatis splendor", 06. August 1993; letztere Enzyklika stellt im Ergebnis eine „Verteidigung des Menschen gegen unbegrenzte Zumutungen" (Robert Spaemann) dar; vgl. Spaemann, in: L'Osservatore Romano, 21.01.94, S. 9.

32 Vgl. „Redemptor hominis", Ziffer 16.

33 Vgl. Hegel, G.W.F., Encyklopädie der philos. Wissenschaften, 1830, § 552; vgl. auch oben Anmerkung 26.

34 Treibende Kraft war neben dem materiellen Versagen des kommunistischen Systems die Menschenrechtsbewegung und die Religion. Die Religion war für die Menschen Instanz der Freiheit. Sie trat insbesondere durch den polnischen Papst als öffentliche Kraft hervor, die durch die modernen Medien vervielfältigt wurde.

35 Guardini, Romano, a.a.O.

36 Koslowski, Peter, Die Baustellen der Postmoderne - Wider den Vollendungszwang der Moderne! In: Koslowski/Spaemann/Löw: Moderne oder Postmoderne?, a.a.O., S. 1 - 16.

37 Vgl. Böckenförde, Kirche und modernes Bewußtsein, a.a.O., S. 121.

38 Chargaff, Erwin, „Mörderische Versuche, die Krankheit zu Tode zu heilen",F.A.Z. 28.03.1994, S. 29, Chargaff berichtet: „So geht man z.B. zu einem Internat für geistig Zurückgebliebene und schlägt der Direktion Untersuchungen des Stoffwechsels von Hafergrütze und anderer Frühstückskost vor, verheimlicht jedoch, daß radioaktive Substanzen beigemischt würden. Die Kinder essen das Zeug, später verlassen sie die Schule; niemand scheint sich dafür interessiert zu haben, was mit ihnen geschehen ist." „Es kann nicht geleugnet werden, daß die enge Zusammenarbeit zwischen Kriegsführung und Naturforschung, wie sie heute gang und gäbe ist, schreckenerregende Mißgeburten hervorbringen muß. Diese Zusammenarbeit geschieht fast immer unter dem Vorwand von seiten der Wissenschaft, die erwarteten Ergebnisse würden der Menschheit zum Wohl gereichen. Die Ärzte und Biophysiker, die die jetzt aufgedeckten Bestrahlungsversuche am Menschen ausführten, behaupteten, diese seien notwendig, um zu lernen, welche Schäden bei Katastrophen in Atomkraftwerken zu erwarten seien und wie man derartige Schäden medizinisch behandeln könne." Abschließend stellt der Autor fest: Die Wissenschaften seien jetzt damit befaßt, „den Menschen das normale Kinderkriegen abzugewöhnen und endlich den unverwüstlichen High-Tech-Menschen zu erzeugen. Er wird keine Bedenken haben, den mit der Atombombe eingeschlagenen Weg fortzusetzen." Testart, J., Le désir du gène, Paris 1993, S. 122 spricht schon über eine „Biokratie oder Biotechnokratie" des Menschen über Menschen. Vgl. auch: Kimbrell, Andrew, Ersatzteillager Mensch. Die Vermarktung des Körpers, 1994.

39 Ratzinger, a.a.O. S. 72.

40 So und zum Folgenden: Biedenkopf, Kurt Hans, Einheit und Erneuerung,Stuttgart 1994, S. 37; Dahrendorf, a.a.O., S. 9.

41 So die Studie von Miegel, Meinhard/Wahl, Stefanie, Das Ende des Individualismus. Die Kultur des Westens zerstört sich selbst, München 1993.

42 Vgl. Böckenförde, Kirche und modernes Bewußtsein, a.a.O., S. 121.

43 So: Maurer, Reinhart, Moderne oder Post-Moderne?, in: Koslowski/Spaemann/Löw, a.a.O., S. 277 - 282 (282).

Zeit und Raum
um 1800

„Anbetung der Heiligen Drei Könige" (nach 1803)

Holzrelief im Marienaltar der Propsteikirche zu Arnsberg. Geschenk des Kölner Domkapitels an die ehemalige Wedinghauser Klosterkirche.

Das Kölner Domkapitel und die Hl. Drei Könige im Sauerland

Günter Cronau

Wegen der Verehrung, die die drei Weisen aus dem Morgenland unter den Gläubigen der christlichen Konfessionen genießen, war es schon ein bedeutsames Geschehen, als vor 200 Jahren ihre Reliquien mit dem prächtigen Dreikönigenschrein aus dem Kölner Dom herausgeholt und nach Arnsberg in Sicherheit gebracht wurden. Wie kam es dazu?

Als sich nach anfänglichen Erfolgen der im ersten Koalitionskrieg verbündeten Österreicher, Preußen und Engländer das Kriegsglück zugunsten der jungen französischen Republik wendete, drohte auch dem Kurfürstentum Köln Gefahr. Um ihr zu entgehen, beschloß am 18. Juni 1794 das Kölner Domkapitel unter ausdrücklicher Zustimmung des Kurfürsten Maximilian Franz, eines Sohnes der österreichischen Kaiserin Maria Theresia, bei weiterem Vorrücken der Franzosen seinen Sitz nach Arnsberg zu verlegen. Ein Sieg über die Österreicher bei Fleurus am 26. Juni 1794 machte den französischen Revolutionstruppen den Weg nach Belgien und zur Maas frei. Ein Aufruf des kaiserlichen Heerführers Prinz Coburg an „die deutschen Brüder zwischen Maas und Rhein" vom 30. Juli, zur Verteidigung des Vaterlandes einen Landsturm zu bilden, verhallte trotz Unterstützung durch den Kölner Kurfürsten Maximilian Franz ungehört. Darüber tief enttäuscht, legte Prinz Coburg das Kommando nieder. Nach dem, was über die Geschehnisse während der Französischen Revolution von 1789 bekannt geworden war, mußte die Kirche um ihre wertvollen Schätze fürchten. Das gleiche galt für den geistlichen Landesherrn, den Kurfürsten von Köln mit seinem Sitz in Bonn. Kurfürst und Domkapitel sahen sich daher veranlaßt, rechtzeitig Vorsorge zu treffen, um ihre Institutionen und die wichtigsten Gegenstände in rechtsrheinische Gebiete des Kurfürstentums zu verlagern.

Als am 12. August 1794 Trier eingenommen wurde, ließ das Domkapitel durch den Fuhrmann Bergmann auf westfälischem Fuhrwerk die Archive des Domstiftes und der Dreikönigskapelle, Silberwerk und die besten Sachen der Muttergotteskapelle nach Arnsberg schaffen. Am 10. September beschloß es, seine Bibliothek einzupacken und ebenfalls nach Arnsberg bringen zu lassen. Diesen Transport begleitete am 29. September der Domarchivar Anton Joseph Wallraff. Über die Vorbereitungen gab er später zu Protokoll: *„Zweiunddreißig zweispännige Fuhren reichten nicht hin, um alles wegzubringen, und die Zeit war aller möglichen Anstrengung ungeachtet zu kurz, um die hierzu erforderlichen Vorbereitungen zu treffen, und weitere Fuhren waren für keinen Preis mehr zu haben. Ein Teil der Bibliothek blieb also zurück, jedoch ein solcher Teil, den ich zuvor schon von den übrigen schätzbarsten Werken mit Vorsicht abgesondert hatte, und in alten Mess- und Chorbüchern bestand."*[1]

Am 20. September traf die Nachricht ein, daß der linke Flügel der kaiserlichen Armee bei Lüttich geschlagen worden sei. Nun veranlaßte das Domkapitel, alles für einen Abtransport der noch vorhandenen Kostbarkeiten und Effekten sowie der Reliquien der Hl. Drei Könige und der Hl. Märtyrer Felix, Nabor und Gregor von Spoleto vorzubereiten. Am 21. September wurden die Gebeine der Heiligen aus ihren Gräbern herausgenommen. Vom 21. bis 25. September fertigte Schreinermeister Claudy in Köln zwei Kisten *„für den oberen und unteren Teil des hl. drei Königen-Kastens".*[2] In seiner letzten Sitzung in Köln am 24. September beschloß das Domkapitel einstimmig, daß keiner, der in Köln zurückbliebe, irgendwelche Entscheidungsbefugnis über den Schatz oder über die sonstigen Güter des Kapitels besitze. Am 30. September war es schließlich soweit, daß auch die Reliquien der Hl. Drei Könige auf den beschwerlichen Weg nach Arnsberg geschickt werden konnten. Die dramatische Abreise ist wie folgt geschildert worden:

„Der Allendorfer Fuhrherr Simon vermittelte einen lebhaften Handelsverkehr zwischen dem Sauerland und den rheinischen Städten. Einst, als sein Knecht wieder mit sechs oder sieben Wagen in Köln war, wurde derselbe von einem unbekannten Herrn aus der Wirtschaft gerufen und gebeten, nachts um zwei Uhr zu einem wichtigen Transport an der Schiffsbrücke mit zwei Wagen zu halten. Zur genannten Stunde erschien der Unbekannte, ein Domherr, mit

Leuten, die den heiligen Schrein trugen. Jetzt wurde der Knecht eingeweiht und zu strengstem Schweigen und größter Vorsicht verpflichtet. Noch hatte er die Mitte der Schiffsbrücke nicht erreicht, als bereits französische Kugeln an seinem Kopf vorbeipfiffen. Eilends hieb er auf die Pferde ein und erreichte glücklich Deutz. Nun verlief die Fahrt ohne Störungen, und nach einigen Tagen langte das Fuhrwerk vor Wedinghausen an. Der Abt lohnte den Knecht, indem er ihm so viele Kronentaler in den aufgehaltenen blauen Kittel warf, als er tragen konnte."[3]

Der Legende nach soll es sich bei dem Knecht um den Fuhrknechtsmeister Ludger aus Salwey gehandelt haben.

Noch am 4. Oktober 1794 gelang dem kurfürstlichen Ökonom Splinter die Flucht mit wertvollen Gegenständen des Kölner Priesterseminars, bestehend aus Geld, Leinwand, Paramenten, Silberwerk und dem Archiv. Auch sie wurden im Auftrag des Kurfürsten nach Arnsberg gebracht.

Bereits am Nachmittag des 3. Oktober war Kurfürst Maximilian Franz von seiner Residenzstadt Bonn aus auf die rechte Rheinseite nach Deutz und dann nach Mülheim geflohen[4], *„um sich über Recklinghausen nach Münster und von dort in seine Deutsch-Ordens-Residenz nach Mergentheim zu begeben"*. Rechtzeitig vor der endgültigen Einnahme Kölns durch die Franzosen am 6. Oktober setzte sich auch das Domkapitel ab.

Prälaturgebäude hinter dem Hirschberger Tor

Über den Weg, den die Fuhrwerke des Allendorfer Fuhrherrn Simon mit den Gebeinen der Heiligen und dem zerlegten Dreikönigenschrein von Köln nach Arnsberg nahmen, liegen keine verläßlichen Angaben vor. Dies ist verständlich, weil Fluchtweg und Versteck dieses kostbaren Schatzes streng geheimgehalten werden sollten. Nach späteren Berichten aus seiner Familie benutzte Friedrich Clute-Simon, wie er, der in das Simonsche Haus eingeheiratet hatte, wirklich hieß, entweder die Strecke Köln/Deutz-Wipperfürth-Meinerzhagen-Allendorf-Arnsberg oder die Strecke Köln/Deutz-Wipperfürth-Lüdenscheid-Balve-Arnsberg. Bei einer Fahrtdauer von 3 Tagen sind als Übernachtungsorte überliefert worden: der Nierhof bei Valbert für die erste Nacht und das Haus des Clute-Simon in Allendorf sowie der Bailerhof bei Hövel für die zweite Nacht. Es gibt daher die Theorie, daß aus Sicherheitsgründen die Reliquien auf der einen und die Teile des Dreikönigsschreins auf der anderen Strecke transportiert worden seien. Vieles spricht dafür, daß jedenfalls die Reliquien die Nacht vor ihrer letzten Etappe bis Arnsberg in Allendorf verbrachten.[5] Darauf weist dort noch heute eine Gedenktafel am Hotel-Restaurant Clute-Simon hin, wie sie früher am *„Alten-Simons-Haus"* hing. Die Inschrift lautet: *„In bewegter Zeit von Köln nach Wedinghausen flüchtend, standen hier die Gebeine der Hl. Drei Könige in der Nacht vom 17.-18. Januar 1794."* Statt 17.-18. Januar müßte es allerdings richtig heißen 17.-18. Oktober 1794.[6]

Ziel des Kölner Domkapitels und aller nach Arnsberg geschickten Fuhren war das am Südrand der Stadt am Aufgang zum Eichholz gelegene Prämonstratenserkloster Wedinghausen. Abt war seit 1781 Franz Josef Fischer, der aus Calle stammte und in Wedinghausen ausgebildet worden war. Auf Anordnung des Kurfürsten mußte er sein ganzes Haus dem geflohenen Kölner Domkapitel zur Verfügung stellen. Er selbst beschränkte seine Wohnung auf zwei Zimmer. Schon am 13. Oktober, also noch vor der Ankunft der Reliquien und des Dreikönigsschreins, trat das Domkapitel im Obergeschoß des Prälaturgebäudes zu seiner ersten Sitzung zusammen.

Als die Kisten mit der Dombibliothek ankamen, wurden sie *„sogleich vorzugsweise von dem Domherrn von Hillesheim, auch sonst als das fähigste und umsichtigste Mitglied des Domkapitels bekannt, in Obhut genommen und in der Abteibibliothek zu Wedinghausen so verborgen, daß nur der Abt Fischer darum wußte".*[7] Am 11. Oktober traf der kurfürstliche Ökonom Splinter ein und lieferte die Gegenstände des Kölner Priesterseminars „*in die nahe bei der Stadt gelegene Prämonstratenserabtei Wedinghausen ab, wo sie zu dem Eigentum des Domkapitels verschlossen wurden*".[8] Das Fuhrwerk mit den Gebeinen der Heiligen Drei Könige müßte, wenn die Tagesangaben am Haus Clute-Simon in Allendorf zutreffen, am 18. Oktober in der Abtei Wedinghausen angekommen sein.

Nicht alle Mitglieder des Domkapitels waren nach Arnsberg geflüchtet. So ließen sich am 1. November 1794 Domdechant Karl Aloys Graf zu Königsegg-Rothenfels und Franz Karl Josef Freiherr von Hillesheim von der Residenzpflicht in Arnsberg entbinden. Seine Absicht, sich aufzulösen und Mergentheim zum Ort eines künftigen Generalkapitels zu wählen, ließ das Domkapitel wieder fallen, als es am 18. Februar 1795 erfuhr, daß Kurfürst Maximilian Franz dringend davon abgeraten hatte. Am 17. Mai wurde durch ein Zusatzabkommen zum Baseler Sonderfrieden die Ruhr Demarkationslinie zwischen Frankreich und Preußen. Anfang 1796 forderten Domkapitulare, die wieder in Köln waren, das Domkapitel in Arnsberg zur Rückkehr auf. Am 14. Januar 1798 starb in Baldern der verdienstvolle und in Köln beliebte Dompropst Franz Wilhelm Graf zu Oettingen. Nachdem am 9. Februar 1801 der Frieden von Luneville geschlossen worden war, hatte der Kurfürst gegen eine Rückkehr des Domkapitels nach Köln nichts mehr einzuwenden. Doch bereits am 26. Mai 1801 starb Maximilian Franz. Damit fiel für die Zeit der Sedisvakanz die Regierung des Erzstiftes dem Domkapitel zu. Als neuer Kurfürst war Erzherzog Anton Viktor von Österreich vorgesehen. Am 3. September sprach sich der Kaiser dafür aus, die Wahl in Arnsberg zu vollziehen. So wählte denn nach Ankunft des kaiserlichen Wahlkommissars das Domkapitel am 7. Oktober 1801 Erzherzog Anton Viktor. Bis zum 25. Oktober zogen sich die anschließenden Dankgebete und Feierlichkeiten hin. Doch am 30. Dezember 1801 traf die Nachricht ein, daß Anton Viktor die Regierung nicht übernehmen könne und das Domkapitel die Regierung fortsetzen möge. Am 16. Januar 1802 sah sich das Domkapitel gezwungen, auf die linksrheinischen Metropolitan- und Diözesanrechte zu verzichten. Nach der Verkündung des Konkordats mit Frankreich am 8. April mußte es auch noch hinnehmen, daß der Kölner Dom seinen Charakter als Kathedralkirche verlor und zuständige Bistumskirche der Aachener Dom wurde. Am 8. September 1802, noch bevor der Reichstag den durch den Frieden von Luneville vorgesehenen Übergang des Herzogtums Westfalen auf den Landgrafen von Hessen-Darmstadt bestätigt hatte, rückten in Arnsberg hessische Truppen ein. Am 12. September erschien ein hessischer Okkupationskommissar in Begleitung eines bewaffneten Soldaten in einer Sitzung des Domkapitels im sogenannten Honcampschen Haus und verkündete die Inbesitznahme des Landes durch hessische Zivilbehörden. Gleichzeitig wurde die Abtei Wedinghausen unter Zwangsverwaltung gestellt und von hessischen Beamten besetzt.[9] Damit endeten die weltlichen Befugnisse des Kölner Domkapitels in Arnsberg. Wie aus einem Schreiben des Generalvikars von Caspars an Großherzog Ludewig von Hessen-Darmstadt hervorgeht, befand sich im Juni 1804 nur noch ein Domkapitular in Arnsberg.

Ebenso umstritten wie der Fluchtweg nach Arnsberg ist der Ort, an dem die Gebeine der Heiligen Drei Könige in Arnsberg versteckt gehalten wurden. „*Nur der Generalvikar von Caspars soll darum gewußt haben.*" So hat der Arnsberger Heimatbund am Honnigschen Hof in Arnsbergs Altstadt ein Schild mit folgendem Hinweis angebracht: „*Dem Volksmund zufolge sollen hier von 1794-1803 die Gebeine der Hl. Drei Könige im kostbaren Schrein ein sicheres Versteck gefunden haben.*" Alle schriftlichen Belege deuten aber auf die Klosterkirche Wedinghausen, die heutige Propsteikirche, hin. Dort sollen sie entweder unter dem Kreuzaltar oder unter dem Dreikönigsaltar in der Sakristei gestanden haben.

Am 21. Januar 1795 beschloß das Domkapitel, „*die wertvollsten Stücke des Besitzes über Frankfurt nach Bamberg in die Benediktinerabtei Michelsberg zu schaffen*". Als man erfuhr, daß die Franzosen bis Olpe vorgerückt seien, bemühte man sich im Juni 1796 „*um Fuhren für den Abtransport der Arnsberger Effekten*". Von Bamberg wurden 54 Kisten mit Büchern nach Prag und die Wertgegenstände nach Hessen-Kassel geschickt. Da Paderborn eine Aufnahme ablehnte, brachte man einen Teil der Wertgegenstände zum Dominikaner- und Minoritenkloster in Soest und den anderen Teil zurück nach Arnsberg. Der „*heilige Sarg*", also der Dreikönigsschrein, kam zurück nach Arnsberg und wurde „*in der Abteikirche beigesetzt*". In der ersten Augusthälfte 1802 ließ das Domkapitel 16 Kisten mit den in Arnsberg verwahrten Teilen, darunter den Dreikönigsschrein und den Engelbertschrein, nach Frankfurt zu dem Scholaster des Bartholomäusstiftes, Molinari, bringen. Die Reliquien selbst blieben jedoch in „*besonderem engeren Holzverschlusse im Hochaltar der Abtei verborgen*". Den Inhalt von 5 Kisten verkaufte Molinari gemäß

Anweisung des Domkapitels vom 7. August. Wie eine Öffnung der verbliebenen 11 Kisten vom 19. bis 23. April 1803 ergab, befanden sich darin alle Wertsachen, die heute den Kölner Domschatz bilden. Am 3. Juni 1803 wurden die Kisten auf ein Mainzer Schiff gebracht, das sie mit nach Köln nahm.

Mit Schreiben an das Domkapitel und an die „Hochfürstlich Hessische angeordnete Kommission" in Arnsberg vom 5. August 1803 berichtete der vom Bischof in Aachen ernannte und vom ersten Konsul der französischen Republik, Napoleon, bestätigte Pfarrer des Kölner Doms, Dr. Marx, daß der sogenannte Domschatz „überliefert worden" sei, sich bei seiner Untersuchung aber herausgestellt habe, „daß die drei Königen Kaste ganz leer und ohne die sonsten darin aufbewahrten Körper und Häupter der heiligen drei Könige sein". Er bat deshalb, die der Domkirche gehörenden „Effekten und h. Reliquien" zurückzuschicken. Diesem Ersuchen trug das Domkapitel Rechnung. Zur Empfangnahme trafen am 9. Dezember 1803 der ehemalige Domvikar Heinrich Nettekoven und der Rektor der Domschule Friedrich Joseph Richarz in Arnsberg ein. Über die Geschehnisse am 10. Dezember hat der Sekretär des Generalvikars und Protonotar Matthias Joseph Leinen folgendes berichtet: *„Ungefähr um 9 Uhr wurde vor den Augen des hochwürdigsten und erlauchten Herrn Johannes Hermann Joseph de Caspars, des Kapitularvikars der Kölner Domkirche und Generalvikars der Kölner Erzdiözese, und in Gegenwart als Zeugen des Herrn Darmstädter Kommissars Franz Adam d'Alquen, des Herrn Pfarrers von Arnsberg Friedrich Adolph Sauer und Philipp Hellingers der hölzerne Schrein aus der Sakristei nach dem Archivzimmer gebracht und zwischen brennenden Wachskerzen abgestellt. Nach Entfernung des oberen Deckels der Kiste wurde eine zweite hölzerne Kiste gefunden, wohlversiegelt mit zwei aufgedrückten Siegeln des erlauchten Herrn Weihbischofs und Kölner Dekans Karl Aloys Graf von Königsegg-Aulendorf. Diese Siegel wurden von allen noch unverletzt vorgefunden. Darauf wurden die Siegel erbrochen und die Kiste geöffnet. Man fand darin die Häupter der Hl. Drei Könige in drei kleineren Kästchen, ihre übrigen Gebeine in einem vierten größeren und schließlich die Gebeine des hl. Felix, hl. Nabor und hl. Gregor aus Spoleto in einem fünften größeren Kästchen eingeschlossen. Der Herr Vikar und Sakristan Nettekoven, mit Chorrock und Stola bekleidet, zeigte ehrerbietig die Gebeine allen oben Erwähnten und mehreren anderen, die hinzukamen, und legte sodann die einzelnen Reliquien an die früheren Plätze in derselben Ordnung, wie sie gefunden wurden. Darauf wurde der Kasten wiederum verschlossen und mit einem zweifachen Siegel, nämlich dem des erlauchten Fürsten von Darmstadt sowie des hochwürdigsten, obenerwähnten Generalvikars, versiegelt."*[10] Anschließend bestätigten Richarz und Leinen, vom darmstädtischen Archivrat Dupuis die Reliquien richtig erhalten zu haben.

Bereits am 11. Dezember 1803 schickte man den Fuhrherrn Clute-Simon mit den Reliquien auf die Reise nach Köln. Dieser übernachtete vom 11. zum 12. Dezember in Balve im Haus des Bürgermeisters Glasmacher. Wie ein Lauffeuer verbreitete sich unter der Bevölkerung die Nachricht von der Ankunft der Hl. Drei Könige. So gab man ihnen beim Auszug am nächsten Morgen das entsprechende feierliche Geleit. Nach zwei weiteren Übernachtungen traf das Fuhrwerk am 14. Dezember in der Deutzer Abtei ein, wo die Reliquien vorerst in der Hauskapelle des Abtes aufbewahrt wurden. Am 4. Januar 1804 war es dann soweit, daß sie feierlich nach Köln überführt werden konnten. Am 12. Januar erhielten sie vorübergehend einen Platz in der neu ausgestatteten alten Dreikönigen-Kapelle. Erst am 8. Januar 1808 konnten sie festlich in dem nach langer Arbeit wiederhergestellten Dreikönigsschrein beigesetzt werden.

Nach einer um 1805 gefertigten Abschrift hat am 5. Januar 1614 der Dominikanermönch Casparus Albanus folgendes prophezeit:

„Eintausendsiebenhundertachtzigneun wird ein großes Volk schrecklich rebellieren und durch die Revolution die Welt erschüttern... In den 1790er Jahren kömmt eine große Zahl Volks nach Köln, ... und wird auch Meister davon bleiben... 1804 werden die ausgewanderten Heiligen Drei Könige zur größten Freude des Volkes in ihre Vaterstadt zurückkehren. Auf einer diesen Gegenstand angemessenen Feierlichkeit werden sie empfangen, unter dem Donner der Kanonen und begleitet von einer zahlreichen großen Prozession werden sie auf der fließenden(?) Rheinbrücke zu Deutz von dieser kölnischen Geistlichkeit überliefert und während dem Geläute aller Glocken zur Berührung des versammelten Volkes im hohen Dom auf ihre ehemalige Stätte wieder gesetzt."[11]

Anmerkungen:
1 Frenken, a.a.O., S. 98f.
2 Witte, Schicksale, a.a.O., S. 146.
3 Féaux, Gesch. Arnsbergs, a.a.O. S. 479f.
4 Braubach, Max Franz, a.a.O. S. 308f., in der Autobiographie Josef Wurzers (AEK Nachlaß Wurzer, Akte 20 Teil 1) wird der 2. 10. 1794 als Fluchttag angegeben.

5   Vgl. u.a. Boos, a.a.O., Koppel, Wennigloh, a.a.O. S. 149ff., Padberg, a.a.O., S. 23ff.; Senger, a.a.O., S. 105ff., Glasmacher, a.a.O.

6   Die bei Padberg, a.a.O., S. 60, abgebildete Tafel gibt dementsprechend nicht den Oktober, sondern ein falsches Datum, den 17.-18. Januar 1794, an. Vgl. dazu auch Senger, a.a.O., S. 108.

7   Frencken, a.a.O., S. 55f.

8   AEK Bestand Priesterseminar, vorl. Nr. 911: Karl Unkel: Geschichte des Kölner Priesterseminars (Manuskript), S.171ff.

9   Frencken, S. 5ff.

10 Gedruckt bei Nowak, a.a.O., S. 138.

11 AEK, DOM A II 40.

D 25

Berührungsreliquie und Dankschreiben an den Balver Bürgermeister, Köln, den 12. März 1807

Im sogenannten „Honningschen Haus" hinter dem Glockenturm, ehemals Sitz des Landschreibers des Herzogtums Westfalen, sollen nach der Legende die Reliquien der Hl. Drei Könige bzw. der Domschatz zumindest zeitweise aufbewahrt worden sein.

Das Alte Reich, die Französische Revolution und der Kölner Kurstaat

Politische Hintergründe der Auflösung des Kurfürstentums Köln und des Herzogtums Westfalen als geistliche Territorien

Harm Klueting

Am Vorabend der Französischen Revolution war die politische Organisationsform Deutschlands noch immer das Heilige Römische Reich deutscher Nation, das aus dem Mittelalter überkommen war und in der Reichsreform des 15. und 16. Jahrhunderts die Gestalt erhalten hatte, mit der es über den Westfälischen Frieden von 1648 hinaus bis an das Ende des 18. Jahrhunderts bestand.

An der Spitze des Reiches stand der Kaiser, dessen Herrscherstellung seit dem Mittelalter ein Wahlamt war, wobei der Gewählte auf Lebenszeit amtierte. Durch die Bestimmungen des Westfälischen Friedens war der Kaiser in allen wichtigen Fragen an die Zustimmung der Reichsstände, also der Fürsten und Grafen des Reiches, gebunden. Als Reichsoberhaupt besaß der Kaiser daher keine Regierungsgewalt. Dennoch war der Kaiser aufgrund seiner Herrschergewalt in seinen Hausmachtterritorien auch im Reich ein mächtiger Fürst. Von 1438 bis 1806 waren, mit einer Ausnahme, alle Kaiser habsburgische Fürsten und Landesherren der österreichischen, seit dem 16. Jahrhundert auch der böhmischen Länder. Die Ausnahme waren die Jahre 1742 bis 1745, in denen der Kurfürst Karl Albrecht von Bayern, der ältere Bruder des Kölner Kurfürst-Erzbischofs Clemens August von Bayern († 1761), als Karl VII. die Kaiserwürde innehatte.

Die habsburgischen Kaiser beherrschten mit Österreich, Böhmen, Mähren, Tirol und Teilen Südwestdeutschlands als Landesherren bedeutende Teile des Reiches. Dazu kamen seit dem späten 17. und dem Anfang des 18. Jahrhunderts als Ergebnis der siegreichen Kriege gegen die Türken und des 1713/14 beendeten Spanischen Erbfolgekrieges auch noch ganz Ungarn mit Kroatien, der Slowakei (Oberungarn) und Siebenbürgen, die österreichischen Niederlande (Belgien und Luxemburg) und wichtige Teile Italiens, vor allem die Lombardei mit Mailand, außerdem als Ertrag der ersten Teilung Polens von 1772 der Süden des alten Polen, das sog. Königreich Galizien und Lodomerien mit der heute ukrainischen Stadt Lemberg und schließlich die 1775 gewonnene Bukowina mit der Stadt Czernowitz, die heute ebenfalls zur Ukrainischen Republik gehört. Der Kaiser, der als Oberhaupt des Reiches in den letzten anderthalb Jahrhunderten seines Bestehens keine Regierungsgewalt ausüben konnte, war also nicht nur der mächtigste Fürst unter den zahlreichen Fürsten des Reiches, sondern auch der Herrscher einer europäischen Großmacht, die im 18. Jahrhundert kurz „das Haus Österreich" - „la Maison d'Autriche" - genannt wurde.

Kaiser war bei Ausbruch der Revolution in Frankreich Joseph II., der älteste Sohn Maria Theresias und ihres Gemahls, des Kaisers Franz I. (Franz Stephan von Lothringen), und Bruder des Kölner Kurfürst-Erzbischofs Maximilian Franz von Österreich. Joseph II. starb am 20. Februar 1790. sein Nachfolger wurde sein Bruder Leopold II., der am 1. März 1792 starb. Danach gingen die römisch-deutsche Kaiserwürde und die Herrschaft in den Ländern des Hauses Österreich auf Leopolds Sohn Franz II. über, der 1804 als Franz I. den Titel eines erblichen Kaisers von Österreich annahm.

Gewählt wurden die Kaiser von den Kurfürsten. Das waren seit der „Goldenen Bulle" von 1356 ursprünglich sieben, seit 1648 acht, seit 1692 neun und seit 1778 wieder nur acht Fürsten, nämlich die drei Erzbischöfe von Mainz, Trier und Köln, der König von Böhmen, d. h. der habsburgische regierende Erzherzog von Österreich als Herrscher Böhmens, außerdem die Kurfürsten von Brandenburg, Sachsen, Bayern, der Pfalz und Hannover, von denen der Brandenburger seit 1701 die auf das nicht zum Reich gehörende Herzogtum Preußen (Ostpreußen) gegründete preussische Königswürde besaß, während der Kurfürst von Hannover 1714 König von Großbritannien und Irland geworden war. In der hierarchischen Rangordnung des Reiches standen die Kurfürsten an der Spitze, doch entsprach

25

Kaiser Joseph II. (1741-1790, rechts) und sein Bruder und Nachfolger Leopold II. (1747-1792)

diese Rangordnung längst nicht mehr den tatsächlichen Machtverhältnissen. Fürsten wie der Landgraf von Hessen-Kassel oder der Herzog von Württemberg hatten aufgrund ihrer militärischen Kräfte ebenso wie hinsichtlich der Einwohnerzahl, der wirtschaftlichen Potentiale und der Steuerkraft ihrer Länder weit größeres Gewicht als ein Kurfürst von Mainz.

Alle Reichsstände waren im Reichstag organisiert, der zu Beginn der zweiten Hälfte des 17. Jahrhunderts entscheidende Wandlungen erfahren hatte und seit 1653 als „Immerwährender Reichstag" in Regensburg tagte. Der Reichstag setzte sich aus den Reichstagsgesandten der einzelnen Reichsstände zusammen und war in die drei Kurien der Kurfürsten (Kurfürstenkollegium), der Fürsten (Fürstenrat) und der Reichsstädte geteilt. Die Kurie der Reichsstädte vereinigte kurz vor der Französischen Revolution noch 51 reichsunmittelbare Städte, darunter eine Großstadt wie Hamburg mit gegen Ende des 18. Jahrhunderts bereits rd. 130.000 Einwohnern, aber auch winzige Gebilde fast dörflichen Zuschnitts wie Gengenbach oder Zell am Harmersbach. Im Umkreis des Kölner Kurstaats gab es drei Reichsstädte: Aachen, Köln und Dortmund. Dem Fürstenrat gehörten 35 geistliche Fürsten, also Bischöfe, und 59 weltliche Fürsten an. Hinzu kamen 99 Reichsgrafen und 42 Reichsprälaten, d. h. Äbte oder Äbtissinnen bedeutender Klöster wie der Reichsabtei Werden oder des Fürststiftes Essen, die auf dem Reichstag innerhalb des Fürstenrates sechs Kuriatstimmen (gemeinschaftliche Stimmen) hatten, also deutlich hinter den Fürsten mit ihren Virilstimmen (Einzelstimmen) zurückstanden.

Die wichtigste politische Kraft im Reich neben dem Haus Österreich war Preußen, dessen Kerngebiet von der Markgrafschaft Brandenburg um Berlin gebildet wurde, an der die Kurwürde haftete. 1609/14 hatte der Kurfürst von Brandenburg im Westen des Reiches durch Erbschaft das Herzogtum Kleve und die Grafschaften Mark und Ravensberg und 1618 im Osten auf demselben Wege das Herzogtum Preußen erworben. Seitdem erstreckte sich der spätere brandenburg-preußische Staat mit seinen verschiedenen, räumlich getrennten und von Territorien anderer Fürsten umgebenen Bestandteilen „von der Maas bis an die Memel" über ganz Norddeutschland. Wie die habsburgischen Territorialbesitzungen in Ungarn, so lag auch das Herzogtum Preußen außerhalb der Reichsgrenzen. Doch dehnte sich als Folge der preußischen Königswürde der Name „Preußen" von Ostpreußen aus im Laufe des 18. Jahrhunderts auf alle Territorien des Kurfürsten von Brandenburg aus, die durch den Westfälischen Frieden und ein halbes Jahrhundert später durch die oranische Erbschaft weiteren Zuwachs erfahren hatten, u. a. um Hinterpommern, das Herzogtum Magdeburg, das säkularisierte Hochstift Minden, die Grafschaft Lingen und das Fürstentum Moers. Wie das Haus Österreich, so war auch Preußen endgültig mit den Kriegen Friedrichs des Großen gegen Österreich aus dem Rahmen deutscher Reichsstände herausgewachsen, also mit den beiden ersten Schlesischen Kriegen 1740-1742 und 1744 und mit dem Siebenjährigen Krieg 1756-1763. In diesen Kriegen hatte Preußen das bis dahin mit der Krone Böhmen verbundene und damit zu Österreich gehörende Schlesien erobert und behauptet. Seitdem gehörte Preußen dem Kreis der europäischen Großmächte an und stand als fünfte und jüngste Großmacht neben Großbritannien, Frankreich, Österreich und Rußland.

Nach dem Tod Friedrichs des Großen 1786 hatte dessen Neffe Friedrich Wilhelm II. die Nachfolge als König von Preußen übernommen, der bis zu seinem Ableben 1797 regierte. Auf ihn folgte sein Sohn Friedrich Wilhelm III.

Im Gegensatz zu Preußen gehörte der Kölner Kurstaat nur zu den territorialstaatlichen Gebilden mittlerer Größe. Das von Bonn aus regierte Kurfürstentum war ein geistliches Territorium mit dem jeweiligen Kölner Erzbischof als Landesherrn und somit wie alle geistlichen Territorien, darin dem Reich ähnlich, eine Wahlmonarchie. Der Kölner Kurstaat setzte sich aus drei räumlich getrennten Bestandteilen zusammen, von denen sich das rheinische Erzstift Köln, an dem die Kurwürde haftete, ganz überwiegend auf der linken Rheinseite von Nürburg in der Eifel und von Andernach am Mittelrhein bis nach Rheinberg am Niederrhein erstreckte. Dazu kamen als westfälische Nebenländer das Vest (Grafschaft) Recklinghausen zwischen der Emscher und der Lippe im Norden des heutigen Ruhrgebietes und das Herzogtum Westfalen im Sauerland und Hellwegraum vom Rothaarkamm im Süden bis an die Lippe im Norden.

Für die politische Organisation des Kurstaates wichtig war, neben dem Kurfürst-Erzbischof, das in der Reichsstadt Köln und somit außerhalb der Landesgrenzen residierende Kölner Domkapitel, das sich, wie alle Domkapitel der Reichskirche, durchweg aus Adeligen zusammensetzte. Das Kölner Domkapitel war das exklusivste im Reich. Ihm gehörten nur Reichsgrafen an, die im 18. Jahrhundert aus Süddeutschland kamen. Hinzu traten einige zumeist bürgerliche Theologen oder Kanonisten als sog. Priesterherren, im 18. Jahrhundert oft aus vornehmen stadtkölnischen Familien. Das Domkapitel wählte den Erzbischof, übte in der Zeit der Sedisvakanz nach dem Tod eines Erzbischofs und vor dem Amtsantritt seines Nachfolgers die landesherrlichen Rechte aus und bildete den ersten Stand der Landstände und des Landtags des rheinischen Erzstifts. Die anderen Stände des erzstiftischen Landtages waren die Herren (Grafen), die Ritter und die Städte.

Auch im Vest Recklinghausen und im Herzogtum Westfalen gab es Landstände. Während sich die vestischen Landstände mit den erzstiftischen verbunden hatten, führten die Landstände des Herzogtums Westfalen ein Eigenleben. Der Landtag setzte sich hier aus den beiden

Friedrich Wilhelm II. König von Preußen

Ständen der Ritter und der Städte zusammen. Hinzu kamen zwei Deputierte des Kölner Domkapitels. Der Landtag kam in Arnsberg, dem Sitz von „Landdrost und Räten" als Regierungs- und Verwaltungsbehörde des Herzogtums Westfalen, zusammen. „Landdrost und Räte" hatten sich lange großer Selbständigkeit erfreuen können, bis sie 1739 faktisch dem kurfürstlichen Hofrat in Bonn und 1787 auch der Bonner Hofkammer unterstellt wurden.

Nach dem Tod des Kurfürsten Clemens August von Bayern, der neben dem Erzbistum Köln auch die Fürstbistümer Münster, Paderborn, Osnabrück und Hildesheim in seiner Hand vereinigt hatte, war der schwäbische Reichsgraf Maximilian Friedrich von Königsegg-Rothenfels zum Erzbischof von Köln gewählt worden, der dem Wittelsbacher auch im Fürstbistum Münster folgte. Bei dieser Verbindung des Kurfürst-Erzbistums Köln mit dem Fürstbistum Münster blieb es, als 1784 nach dem Tod des Kurfürsten Maximilian Friedrich der jüngste Sohn Maria Theresias, der Kaiserbruder Erzherzog Maximilian Franz von Österreich, Kurfürst-Erzbischof von Köln und Fürstbischof von Münster wurde.

In der politischen Organisation Deutschlands gab es zur Zeit der Französischen Revolution also beides: das ehrwürdig-altertümliche Heilige Römische Reich deutscher Nation und - das Reich überlagernd und zunehmend aus dem Reich herauswachsend - die beiden deutschen Großmächte Österreich und Preußen, die für damalige Verhältnisse moderne Staaten und um 1790 die stärksten Militärmächte des Kontinents waren. Zugleich gab es das Nebeneinander dieser Großmächte, mittlerer Territorialstaaten wie des Kölner Kurstaates und kleiner, nach außen hin gänzlich machtloser Territorien wie der im Umkreis des Herzogtums Westfalen gelegenen beiden Grafschaften Wittgenstein-Berleburg und Wittgenstein-Wittgenstein, der Grafschaft Waldeck mit ihrem 1711 in den Reichsfürstenstand erhobenen Grafenhaus und der Grafschaft Limburg des reichsgräflichen Hauses Bentheim-Tecklenburg. Hinzu kam das Nebeneinander geistlicher und weltlicher Territorien und das - durch den Augsburger Religionsfrieden von 1555 und den Westfälischen Frieden von 1648 geregelte - Nebeneinander der katholischen und der beiden protestantischen Konfessionen (Luthertum und Reformiertentum), schließlich das Nebeneinander zahlreicher großer und kleiner politischer Zentren, zahlreicher großer und kleiner fürstlicher Residenzen, zahlreicher Universitätsstädte als Zentren des intellektuellen Lebens und ebenso zahlreicher Zentren des Handels und des Verkehrs wie Hamburg, Leipzig oder Frankfurt am Main. Diese Vielfalt bedeutete gleichzeitig Mangel an Zentralität, was weder durch Wien als kaiserliche Residenz und mit rd. 247.000 Einwohnern damals größter Stadt des Reiches noch durch die preußische Hauptstadt Berlin wettgemacht werden konnte. Selbst das Reich als politische Institution besaß mehrere Zentralorte: Wien als Residenz des Kaisers, Sitz des Reichsvizekanzlers und des Reichshofrats, eines hohen Gerichts, Regensburg als ständiger Tagungsort des Reichstages, Frankfurt am Main als Wahl- und Krönungsort der Kaiser und Wetzlar als Sitz des Reichskammergerichts, schließlich Mainz als offizielle Residenz des Reichserzkanzlers, d. h. des Kurfürst-Erzbischofs von Mainz.

Von dieser bunten Welt des Alten Reiches unterschied sich grundlegend schon das alte, als Zentralstaat organisierte königliche Frankreich der absoluten Monarchie, die unter König Ludwig XIV. ihren vollen Ausbau erreicht hatte. Beim Tod dieses Königs 1715 war der Höhepunkt der absolutistischen Machtkonzentration allerdings schon überschritten. So war die Monarchie in Frankreich in der Zeit des seit 1774 regierenden Ludwig XVI., durch seine Gemahlin Marie Antoinette Schwager der Kaiser Joseph II. und Leopold II. und des Kölner Kurfürst-Erzbischofs Maximilian Franz, längst von innerlicher Schwäche gekennzeichnet. Dazu trug vor allem die schon auf die Kriege Ludwigs XIV. zurückgehende Staatsverschuldung bei, die durch den Siebenjährigen Krieg, in dem Frankreich in Europa, in Nordamerika und in Indien engagiert war, ein verheerendes Ausmaß erreichte, während gleichzeitig das französische Kolonialreich bis auf geringe Reste an die Briten verlorenging. Hinzu kam die Steuerungerechtigkeit, indem Adel und hohe Geistlichkeit von der direkten Steuer befreit blieben, während die Masse der Bevölkerung die hohe Steuerlast allein zu tragen hatte und reiche Generalpächter, an die die Erhebung der Verbrauchssteuern (indirekten Steuern) verpachtet war, große Teile des Steueraufkommens in ihre eigenen Taschen gehen ließen. Die Gesellschaft wurde zunehmend polarisiert durch die Stellung des wirtschaftlich potenten, politisch und sozial aber hinter dem Adel zurückstehenden Großbürgertums, das, wie die bürgerlichen Mittelschichten, die Abschaffung der Adelsprivilegien, vor allem der Steuerfreiheit des Adels, forderte, und - auf der anderen Seite - durch die Proletarisierung der ländlichen und städtischen Unterschichten und der unteren Mittelschichten, die unter steigenden Preisen, sinkenden Realeinkommen und Arbeitslosigkeit litten. Während das Protestpotential und die verbreitete Oppositionsstimmung ihren Ausdruck in der Kritik der Aufklärer an den bestehenden Verhältnissen fanden, erwies sich unter Ludwig XVI. das Königtum zunehmend als reformunfähig. So entließ der König Minister wie Turgot, Necker oder Calonne, die die Krise von Staat und Gesellschaft erkannten und u. a. die Besteuerung des Adels verlangten, auf Druck der Privilegierten.

Als der Nachfolger des 1787 entlassenen Ministers Calonne, der Erzbischof von Toulouse, Loménie de Brienne, selbst ein Adeliger und hoher Kleriker, im selben Jahr angesichts der Schwere der Finanzkrise ähnliche Pläne verfolgte, wurden Forderungen nach Einberufung der Generalstände laut, die seit 1614 nicht mehr zusammengetreten waren. Es kam zu einer noch nie dagewesenen Politisierung, zu einer immer weiter anschwellenden Publizistik in Zeitungen, Zeitschriften und Broschüren und auch zu Tumulten, die neben der Metropole Paris, einer Stadt mit mehr als einer halben Million Einwohnern, auch die Provinzen erfaßten. Am 8. August 1788 gab der König dem Druck nach und berief die Generalstände für den 1. Mai 1789 ein. Die folgenden Monate standen im Zeichen der Vorbereitung der Wahlen zu den Generalständen, weiter anwachsender Politisierung und einer durch den plötzlichen Getreidepreisanstieg infolge von Naturkatastrophen verschärften wirtschaftlichen und sozialen Notlage, die ihren Ausdruck in Hungerrevolten fand. Am 5. Mai 1789 traten die Generalstände in Versailles, der Residenz des Königs seit Ludwig XIV., zusammen. Es handelte sich um jeweils etwa 300 Vertreter des (katholischen) Klerus als des ersten und des Adels als des zweiten Standes sowie um rd. 600 Vertreter des Dritten Standes, also der gesamten übrigen Bevölkerung.

Am 17. Juni 1789 erklärte sich der Dritte Stand der Generalstände zur Nationalversammlung („Assemblée Nationale). Das war ein revolutionärer Akt, mit dem die bestehende politische und gesellschaftliche Ordnung gesprengt wurde, indem sich der Dritte Stand, der ja tatsächlich 98 % der Bevölkerung umfaßte, mit der Nation gleichsetzte. Für die bisher privilegierten Stände Adel und Klerus blieb kein Platz mehr. Nachdem ein Teil der Deputierten des Adels und des Klerus auf die Seite des Dritten Standes übergegangen war, sah sich der König zur Anerkennung der vollzogenen Tatsachen gezwungen. Am 9. Juli 1789 konstituierte sich die Nationalversammlung als Verfassungsgebende Nationalversammlung („Assemblée Nationale Constituante", kurz „Constituante"), die sich selbst mit der Ausarbeitung einer Verfassung beauftragte, wie man sie seit 1787 in den jungen Vereinigten Staaten von Amerika kannte. Am 11. Juli 1789 gab der König gegenrevolutionären Strömungen seiner Umgebung nach und entließ den zwischenzeitig ins Ministeramt zurückgekehrten Jacques Necker, auf den große Hoffnungen gesetzt wurden. Seine Entlassung wirkte unter der unter steigenden Brotpreisen und Arbeitslosigkeit leidenden Pariser Bevölkerung wie der Funke in einem Pulverfaß. So kam es in Paris zum Aufstand und zur Aufstellung einer Bürgermiliz, der späteren Nationalgarde, und am 14. Juli 1789 zum Sturm auf die Bastille, einem als Symbol für das Ancien Régime empfundenen Gefängnisbau.

Während dieser Vorgänge tagte die Nationalversammlung in Versailles weiter. In der Nacht vom 3. auf den 4. August 1789 beschloß sie die Abschaffung des Feudalsystems, was am 11. August in einem großen Dekret zusammengefaßt wurde. Am 26. August 1789 verabschiedete die Nationalversammlung, nach dem Vorbild der amerikanischen Unabhängigkeitserklärung von 1776, die Erklärung der Menschen- und Bürgerrechte („Déclaration des droits de l'homme et du citoyen"), in der auch das Prinzip der Volkssouveränität zum Ausdruck kam. Diese Erklärung wurde später als Präambel in die Verfassungsurkunde vom 3. September 1791 aufgenommen.

Im Herbst 1789 kam es zu weiterer Radikalisierung, nicht zuletzt aufgrund gegenrevolutionärer Aktionen. In diesem Zusammenhang stand der Zug Tausender Pariser Frauen nach Versailles vom 5. Oktober 1789, in dessen Folge der König gezwungen wurde, das Schloß von Versailles zu verlassen und nach Paris überzusiedeln, wohin ihm die Nationalversammlung am 19. Oktober 1789 folgte. Hier in Paris stellte die Constituante am 2. November 1789 das gesamte Kirchengut in Frankreich unter Einschluß der Pfarrgüter zur Disposition der Nation, also des Staates. Nach einem Beschluß vom 19. Dezember 1789 sollte aus dem Erlös der Veräußerung dieser nun „Nationalgüter" genannten ehemals kirchlichen Besitzungen ein Fonds zur Tilgung der Staatsschulden geschaffen werden. Das war eine Säkularisation von Kirchengut in bis dahin unbekanntem Ausmaß. Neben dem fiskalischen Zweck verfolgte die Constituante mit den Nationalgüterverkäufen auch politische Absichten, indem die Erwerber des säkularisierten Kirchengutes als Komplizen und Profiteure der Kirchengutenteignung an die Revolution gebunden wurden.

Die Politik der Constituante gegenüber der katholischen Kirche beschränkte sich aber nicht auf die Kirchengutsfrage. Am 28. Oktober 1789 waren bereits neue Ordensgelübde für unwirksam erklärt worden. Am 13. Februar 1790 verbot die Constituante generell alle Ordensgelübde und löste die geistlichen Gemeinschaften auf. Nur solche Ordensgemeinschaften, die sich dem Erziehungswesen oder der Armen- und Krankenpflege widmeten, blieben bis August 1792 bestehen, um dann ebenfalls aufgehoben zu werden. Noch wichtiger wurde die zivilrechtliche Konstituierung des Klerus vom 12. Juli 1790. Neben der von der Constituante verfügten Reduzierung der

Anzahl der über 130 französischen Diözesen auf 83 und ihrer räumlichen Gleichsetzung mit den im Dezember 1789 anstelle der historischen Provinzen Frankreichs eingerichteten 83 Departements wurden Bischöfe und Pfarrer von nun an von weltlichen Wahlmännern gewählt und ohne Mitwirkung des Papstes vom Staat eingesetzt und besoldet. Hinzu kam die Verpflichtung der Bischöfe und Pfarrer zu einem Treueid auf die Verfassung des Staates, bei dessen Verweigerung die Betroffenen Amt und Einkommen verlieren sollten. Am 10. März 1791 verurteilte Papst Pius VI. die Zivilkonstitution. Beinahe die Hälfte des katholischen Klerus und die meisten Bischöfe verweigerten den Eid. So standen sich von nun an ein „konstitutioneller" Klerus und eidverweigernde Priester gegenüber.

Von diesen die Kirche betreffenden Maßnahmen abgesehen war das Jahr 1790 durch eine Art Stillstand der Revolution gekennzeichnet. Der Absolutismus war Vergangenheit. Ludwig XVI. saß, auch wenn es noch keine Verfassungsurkunde gab, als konstitutioneller Monarch im Pariser Tuilerienpalast. Die Constituante tagte in Paris. Innerhalb der Constituante kam es zu Parteibildungen und zur Entstehung politischer Klubs, unter denen radikale wie der Jakobinerklub noch kaum ins Gewicht fielen. Das wichtigste Werk der Constituante war die Verfassung, die am 3. September 1791 verabschiedet wurde und Frankreich zu einer konstitutionellen Monarchie mit dem an die Verfassung gebundenen König als Staatsoberhaupt und als Inhaber der Exekutive machte. Die Verfassung beruhte auf dem von Montesquieu 1748 formulierten Prinzip der Gewaltenteilung. Das fand, neben der beim König liegenden Exekutive, seinen Ausdruck in der Gesetzgebenden Gewalt in Gestalt der aus Wahlen hervorgehenden Legislative.

Bei der konstitutionellen Monarchie, bei der Verfassungsordnung von 1791 und beim Stillstand der Revolution blieb es bis in den Sommer 1792. Zu der dann einsetzenden scharfen Radikalisierung trugen neben ökonomischen und sozialen Unruhefaktoren die gegenrevolutionären Bestrebungen der Emigranten, der Fluchtversuch des Königs und die verbreitete Furcht vor einer ausländischen militärischen Intervention bei.

Bis 1791 waren bereits Tausende Adeliger mit den Brüdern des Königs an der Spitze und in großer Zahl eidverweigernde Priester und männliche und weibliche Ordensmitglieder aus Frankreich geflohen. Zentren der französischen Emigration waren London, Turin, die Schweiz, die Niederlande und die deutschen Länder am Rhein und in Westfalen. In Koblenz stellte der Graf von Artois, jüngster Bruder Ludwigs XVI. und 1824 als Karl X. König von Frankreich, eine gegenrevolutionäre Emigrantenarmee auf. Größte Bedeutung gewann die Flucht des Königs nach Varennes. Am 21. Juni 1791 verließen Ludwig XVI. und Marie Antoinette heimlich den Tuilerienpalast und flohen aus Paris nach Osten in Richtung auf die deutsche Grenze. Doch wurde der König in dem kleinen Ort Varennes erkannt und faktisch als Gefangener nach Paris zurückgeführt. Der Fluchtversuch setzte den König dem nicht unbegründeten Verdacht des Verrats an der Revolution, der Kollaboration mit den gegenrevolutionären Kräften und der Verbindung mit seinem Schwager Kaiser Leopold II. aus und verstärkte so Befürchtungen hinsichtlich einer militärischen Intervention Österreichs und Preußens. Solche Befürchtungen erhielten durch die Pillnitzer Erklärung des Kaisers und König Friedrich Wilhelms II. von Preußen vom 27. August 1791 zusätzliche Nahrung. In dieser Erklärung hatten die beiden Fürsten die Lage, in der sich Ludwig XVI. nach seinem gescheiterten Fluchtversuch befand, als Gegenstand des gemeinsamen Interesses aller Monarchen Europas bezeichnet. Das sollte und mußte in Paris als Interventionsdrohung aufgefaßt werden, auch wenn militärische Aktionen Preußens und Österreichs ausblieben.

Zwar legte Ludwig XVI. am 14. September 1791 seinen Eid auf die Verfassung ab, doch verhinderte das nicht die im folgenden Jahr eintretende weitere Radikalisierung. Am 10. August 1792 - seit bald vier Monaten befand sich Frankreich im Kriegszustand mit Österreich und Preußen - erstürmte eine revolutionäre Menge in blutigen Kämpfen den Tuilerienpalast und zwang die Legislative, also das nach der Verfassung vom 3. September 1791 an die Stelle der Constituante getretene Parlament, mit Waffengewalt zur Absetzung des Königs. Die königliche Familie wurde im Temple, einem Pariser Gefängnis, festgesetzt. Der militärische Druck der Interventionsmächte trieb die Radikalisierung voran, weil die radikalen Kräfte angesichts der militärischen Rückschläge, die Frankreich in dieser Zeit zu erleiden hatte, in der Kriegführung der französischen Generale Verrat an der revolutionären Sache sahen, und weil die Nachrichten vom Vordringen der österreichischen und der preußischen Armeen auf Paris den revolutionären Aktionismus noch weiter steigerten.

Ludwig XVI. König von Frankreich
(1754-1793)

Unmittelbar nach dem Sturm auf die Tuilerien wurden in Frankreich Wahlen für einen Nationalkonvent angesetzt, der eine neue - nunmehr republikanische - Verfassung ausarbeiten sollte. Als Regierung fungierte von nun an ein Ministerrat unter George Danton, dem Führer der eng mit der Sansculottenbewegung verbundenen Pariser Kommune, und mit Vertretern der Girondisten und der unter der Führung von Maximilien Robespierre stehenden radikalen Bergpartei („Montagnards"). Zugleich wurde die auf die radikalen Abgeordneten reduzierte Legislative immer mehr von der Diktatur der revolutionären Pariser Kommune überspielt.

Die revolutionären Erhebungen des Sommers 1792, vor allem der Sturm auf die Tuilerien und die Verhaftung des Königs, führten zu einer zweiten Emigrationswelle, mit der jetzt auch viele der Träger der Revolution von 1789 aus Frankreich flohen. Es kam zu einer ersten, noch unorganisierten Terrorwelle, die in den Septembermorden von 1792 ihren Höhepunkt erreichte. Das waren Mordaktionen von Sansculotten und Nationalgardisten in den Pariser Gefängnissen, denen 1.100 bis 1.400 Menschen zum Opfer fielen, vor allem Adelige und Priester. Ein außerordentlicher Gerichtshof, das spätere Revolutionstribunal, trat in Aktion; die von einem französischen Arzt erfundene und von einem deutschen Mechaniker im Modell entwickelte Tötungsmaschine, die „Guillotine", kam zum Einsatz.

Der neugewählte, fast ausschließlich radikalrepublikanische Konvent trat am 20. September 1792 zusammen und erklärte am darauffolgenden Tag die Monarchie für abgeschafft. Vom 22. September 1792 an war Frankreich Republik und blieb es bis zur Kaiserkrönung Napoleons 1804. Die Beteiligten empfanden diesen Tag als tiefe Zäsur und als Datum des entscheidenden Bruches mit der Vergangenheit und somit als viel wichtiger als den 14. Juli 1789. So erklärt es sich, daß der Konvent am 5. Oktober 1793 die christliche Zeitrechnung abschaffte und mit dem Revolutionskalender eine neue Zeitrechnung einführte, mit der der Tag 1 des Jahres I der Revolution auf den 22. September 1792 gelegt wurde.

Am 11. Dezember 1792 eröffnete der Konvent den Prozeß gegen den gestürzten König, der am 21. Januar 1793 auf der Guillotine öffentlich hingerichtet wurde. Der gewaltsame Tod des Königs führte nicht nur zur Verschärfung des Krieges, sondern auch zu royalistisch-antirepublikanischen Aufständen von Bauern in der Vendée, einer Landschaft südlich der Loiremündung, aber auch in anderen Teilen des ländlichen Frankreich, etwa in der Bretagne. Zugleich brachten die militärischen Niederlagen gegen Österreicher und Preußen die Diskreditierung der Girondisten, der Kriegspartei von 1792, und, am 2. Juni 1793, den Sieg der radikalen Bergpartei unter Danton und Robespierre. Der Konvent, inzwischen zum Werkzeug der Pariser Sansculotten und der von den Jakobinern beherrschten Nationalgarde und des Bergparteilers Robespierre als führendem Machthaber geworden, verabschiedete am 24. Juni 1793 die republikanische Verfassung. Diese wurde jedoch nie in Kraft gesetzt. Stattdessen begann jetzt die Diktatur des Konvents, der nach dem Ausscheiden der Girondisten ganz von der im Jakobinerklub organisierten Bergpartei beherrscht wurde. Die Regierung ging auf den Wohlfahrtsausschuß („comité du salut public") über.

Am 5. September 1793 begann die Terrorphase der Revolution („la terreur"), wobei sich der Terror gegen alle vermeintlichen oder tatsächlichen Gegner des radikalen Republikanismus richtete. Denuntiation spielte eine große Rolle. Die Zahl der durch die Guillotine Getöteten soll in Paris bei rd. 2.600 und in ganz Frankreich bei etwa 20.000 Menschen gelegen haben. Robespierre betrachtete den Terror als notwendige Übergangserscheinung zwecks Beseitigung von Gegnern und zum Aufbau einer radikalrepublikanischen Ordnung. Es kam jedoch eine Gruppierung des extremen Radikalismus auf, die Hébertisten um Jacques René Hébert, für die der Terror Selbstzweck wurde. Auf der anderen Seite standen die „Moderantisten" um Danton, die den Terror einzuschränken suchten. Dagegen ging der Wohlfahrtsausschuß erfolgreich vor. Am 13. März 1794 wurden Hébert und seine Anhänger verhaftet und am 24. März hingerichtet. Damit war die Tendenz gebrochen, mit der jeweils radikale Gruppen von Revolutionären von noch radikaleren Gruppierungen abgelöst und nach „rechts" abgedrängt wurden, wie es besonders augenfällig beim Sieg der Bergpartei über die Girondisten geschehen war. Gleichzeitig mit den Hébertisten bekämpfte der Wohlfahrtsausschuß auch die Moderantisten. Am 30. März 1794 wurden deren Führer, darunter Danton, verhaftet und am 5. April 1794 getötet.

Aus der Diktatur des Konvents ging nun die Diktatur des Wohlfahrtsausschusses unter Robespierre hervor. Das Terrorregime wurde systematisch ausgebaut und im Mai und Juni 1794 wesentlich verschärft („la grande terreur"). Eine besondere Note erhielt diese Phase der Revolution durch die Entchristianisierung, deren Anfänge bei der Einführung des Revolutionskalenders lagen, während die zivilrechtliche Konstituierung des Klerus von 1790 noch mit den staatskirchlichen Bestrebungen des Absolutismus in Beziehung gesetzt werden konnte. 1794 wurde hingegen nicht die katholische Kirche mit ihrem Klerus dem Staat untergeordnet, vielmehr wurde die christliche Religion zwangsweise durch die Verherrlichung des französischen Vaterlandes, der republikanischen Verfassung und der Vernunft ersetzt. Die Ausstattung der Kirchengebäude wurde zerstört und die Kirchenbauten selbst zu „Tempeln für den Kult der Vernunft" umgestaltet, in denen das am 8. Juni 1794 begründete „Fest des höchsten Wesens" begangen wurde, das der Konvent als eine Art Staatsreligion anordnete, ohne es populär machen zu können.

Das „Fest des höchsten Wesens" am 8. Juni 1794 und die zwei Tage später begonnene „grande terreur" waren der Kulminationspunkt der Diktatur Robespierres, des Wohlfahrtsausschusses und der Französischen Revolution. Der Staatsstreich vom 9. Thermidor III, dem 27. Juli 1794 des

Maximilien Robespierre
(1758-1794)

christlichen Kalenders, führte zur Verhaftung und Hinrichtung Robespierres und seiner Gefolgsleute. An die Stelle der Diktatur des Wohlfahrtsausschusses trat die Reaktion der Thermidorianer, die mit der Direktorialverfassung vom 5. Fructidor III (22. August 1795) in die Herrschaft des Direktoriums einmündete. An dessen Ende stand der Staatsstreich des damals erst dreißigjährigen Generals Napoleon Bonaparte vom 18. Brumaire VIII (9. November 1799).

Österreich und Preußen und die kleineren deutschen Staaten hatten zu Beginn der Revolution ganz andere Sorgen. Der machtpolitische Aufstieg Preußens und die Eroberung Schlesiens hatten den preußisch-österreichischen Gegensatz begründet, der auch nach dem Tod Friedrichs des Großen anhielt und in den letzten Jahren vor der Revolution eine neue Zuspitzung erfuhr. Seit 1756 war Österreich mit seinem alten Gegner Frankreich verbündet. 1780 kam es auch zu einer Annäherung zwischen Rußland und Österreich, die schon im Siebenjährigen Krieg gemeinsam gegen Preußen gestanden hatten. Großbritannien war durch den amerikanischen Unabhängigkeitskrieg außerhalb Europas gebunden. Somit war Preußen in den achtziger Jahren im System der fünf Großmächte isoliert. Um einer Annäherung an London den Weg zu bereiten und Großbritannien als Bündnispartner gegen Österreich und damit gegen den Kaiser zu gewinnen, machte sich Friedrich der Große die Pläne einiger kleinerer Reichsfürsten zunutze und gründete 1785 den Fürstenbund aus Preußen, Sachsen und dem mit Großbritannien unter einem Monarchen verbundenen Hannover, ein gegen den Kaiser gerichtetes Bündnis von Reichsständen, dem sich weitere Reichsfürsten anschlossen.

Der Annäherung an Großbritannien diente auch die Haltung, die Preußen unter dem seit 1786 regierenden Friedrich Wilhelm II. gegenüber dem Patriotenaufstand in den Niederlanden einnahm. 1780 war hier mit der Patriotenbewegung eine revolutionäre Gruppierung aufgekommen, die zwischen 1785 und 1787 in den Provinzen Holland und Utrecht die Regierung übernahm, bis der Patriotenaufstand im September 1787 von preußischen Truppen niedergeschlagen wurde. Tatsächlich erreichte Preußen damit 1788 ein Bündnis mit Großbritannien und mit den unter den oranischen Statthalter zurückgekehrten Niederlanden.

Hatte Preußen hier aus Gründen, hinter denen seine Rivalität zu Österreich stand, eine revolutionäre Bewegung bekämpft, so trat 1789 in Belgien, den „österreichischen Niederlanden", aus demselben Grund das genaue Gegenteil ein. Im Juli 1789 kam es in den österreichischen Niederlanden zum offenen Ausbruch der Brabanter Revolution gegen die als despotisch empfundene Regierung Kaiser Josephs II. und seine Reformpolitik. Im Oktober 1789 wurde Joseph II. von den Aufständischen in Brüssel für abgesetzt erklärt. Preußen unterstützte mehr oder weniger offen die Brabanter Revolution gegen den Kaiser, wie Preußen schon seit 1787 geheime Verhandlungen mit ungarischen Adeligen führte, deren Ziel es war, den Kaiser als König von Ungarn abzusetzen. Im August 1789 brach auch im Fürstbistum Lüttich, einem geistlichen Fürstentum des Reiches auf dem Boden des heutigen Belgien, eine revolutionäre Erhebung aus, die zur Vertreibung des Fürstbischofs führte. Im Auftrag des Reiches sollten preußische Truppen die Lütticher Revolution niederschlagen, wirkten in Lüttich aber stattdessen als Schutzmacht der Revolution. Das alles spielte sich vor dem Hintergrund der Bindung der militärischen Kräfte Österreichs durch den Krieg gegen die Türken ab, den der Kaiser seit Ende 1787 im Bündnis mit Rußland führte.

Eine Änderung trat erst ein, als Kaiser Leopold II. nach dem Tod seines Bruders Joseph II. die inneren Konflikte in den Ländern des Hauses Österreich zu befrieden suchte und dazu die außenpolitischen Reibungen entschärfen wollte. Diese Bestrebungen führten im Juli 1790 unter britischer Vermittlung zur Konvention von Reichenbach, mit der die Rivalität zwischen Preußen und Österreich vorerst zurücktrat. Österreich verzichtete auf seine türkischen Eroberungen und schied im August 1791 mit dem Frieden von Sistowa aus dem Krieg gegen das Osmanische Reich aus, den Rußland allein bis zum Frieden von Jassy im Januar 1792 fortsetzte. Preußen verzichtete auf seine Ausdehnungspläne in Polen und auf die Unterstützung der Brabanter Revolution. So konnten die österreichischen Truppen Anfang Dezember 1790 wieder in Brüssel einmarschieren und die österreichische Herrschaft in Belgien wiederherstellen.

Neben der Großmachtrivalität zwischen Österreich und Preußen gab es in Deutschland in den Jahren und Jahrzehnten vor der Französischen Revolution noch ein wichtiges anderes, eine Reihe dieser Staaten im Inneren veränderndes Moment. Gemeint ist der aufgeklärte Absolutismus mit seiner Reformpolitik, die das Gegenteil der Reformunfähigkeit des Regimes im vorrevolutionären Frankreich darstellte. In einigen Fällen, vor allem im josephinischen Österreich, reichte diese Reformpolitik bis zur Abschaffung oder doch wesentlichen Einschränkung der adeligen Steuerprivilegien und der bäuerlichen Abhängigkeit. Daher waren viele der Zeitgenossen in Deutschland, die die Nachrichten von den revolutionären Veränderungen im Paris des Jahres 1789 geradezu enthusiastisch aufnahmen, der Ansicht, daß in Preußen oder Österreich durch die Reformen des aufgeklärten Absolutismus das im Grunde schon erreicht sei, was die Revolution in Frankreich zu erstreben schien.

Besonders lebhaft war die positive Resonanz der Revolution in Deutschland, wenn auch mit bemerkenswerten Ausnahmen wie der des 1789 erst vierzigjährigen Goethe, unter Schriftstellern und Professoren, Dichtern und Journalisten und überhaupt unter Intellektuellen. So haben Johann Gottfried Herder, Christoph Martin Wieland und Friedrich Schiller, der das französische Ehrenbürgerrecht erhielt, den Ausbruch der Revolution als Beginn einer neuen Zeit begrüßt. Es gab auch deutsche „Revolutionstouristen", die begeistert nach Paris eilten und von dort aus in Briefen oder Zeitschriftenartikeln über die revolutionären Vorgänge berichteten, etwa Konrad Friedrich Oelsner oder der Pädagoge Joachim Heinrich Campe. Andere revolutionsbegeisterte Intellektuelle wie der Dichter Friedrich Gottlieb Klopstock oder der Philosoph Johann Gottlieb Fichte blieben zuhause und feierten die Revolution in Büchern oder in Aufsätzen. Das alles galt jedoch nur in der ersten Phase der Revolution. Viele der deutschen Revolutionsanhänger wurden vom Königsmord im Januar 1793 und vor allem von der Terrorphase der Revolution abgeschreckt und so ihren Idealen entfremdet. Bei anderen kam die Enttäuschung später, so bei Joseph Görres, der als entschiedener Anhänger der Revolution begann und noch 1799 für die Einverleibung seiner rheinischen Heimat in die Französische Republik eintrat, um nach dem Ende der napoleonischen Zeit für eine ausgesprochen katholisch-klerikale Richtung des von der Französischen Revolution als Gegenbewegung geweckten Konservativismus hervorzutreten.

Es gab aber auch eine Reihe sog. deutscher Jakobiner, radikaler Intellektueller, die in Deutschland die Revolution nach französischem Vorbild anstrebten. Sie machten sich besonders in der österreichischen Metropole Wien sowie in Hamburg und Altona und in den Rheinlanden bemerkbar, hier vor allem in Städten wie Speyer, Worms, Landau, Aachen, Köln, Bonn, Koblenz, Kleve, Zülpich, Lechenich, Bergheim, Düren, Monschau, Stolberg, Trier, Alzey, Kreuznach und besonders in Mainz. Der Mainzer Jakobinerklub umfaßte nach bescheidenen Anfängen schließlich 472 Mitglieder. Kurzfristig bestand mit der Mainzer Republik auch ein revolutionäres Staatswesen, das nach der Besetzung der Stadt Mainz durch französische Truppen im Oktober 1792 am 18. März 1793 gegründet wurde, um sich einen Tag nach der am 30. März 1793 erfolgten Einschließung der Stadt durch preußisches Militär wieder aufzulösen. An der Spitze der Mainzer Jakobiner stand der vielseitig befähigte Reise- und Kunstschriftsteller Georg Forster. Auch ein ehemaliger Prämonstratensermönch aus dem Kloster Wedinghausen bei Arnsberg, Friedrich Georg Pape, fand sich unter den deutschen Jakobinern. Wenn man das linksrheinische Gebiet bis zu einem gewissen Grad ausnimmt, so konnten die deutschen Jakobiner nirgendwo größere Teile der Bevölkerung auf ihre Seite bringen. Doch auch im Linksrheinischen erhielten sie größere Entfaltungsmöglichkeiten nur durch die Unterstützung seitens der französischen Besatzungstruppen.

Kaiser Franz II. (1768-1835)
Deutscher Kaiser (1792-1806),
ab 1804 als Franz I. Kaiser von Österreich

Die Haltung der Herrscher und der Regierungen Österreichs und Preußens gegenüber der Französischen Revolution war zunächst von Zurückhaltung und Desinteresse gekennzeichnet. Auch nach der Konvention von Reichenbach vom Juli 1790 und nach dem Ausscheiden Österreichs aus dem Türkenkrieg Anfang August 1791 änderte sich daran anfangs nur wenig. Am 27. August 1791 trafen sich Kaiser Leopold II. und König Friedrich Wilhelm II. von Preußen im sächsischen Pillnitz. Ergebnis dieser Zusammenkunft war die Pillnitzer Erklärung, von der schon die Rede war. Entgegen der in Frankreich verbreiteten Befürchtungen blieb eine militärische Intervention Österreichs und Preußens jedoch aus. Es handelte sich um einen Akt der monarchischen Solidarität, der in dem Augenblick hinfällig wurde, als Ludwig XVI. am 14. September 1791 seinen Eid auf die Verfassung vom 3. September 1791 leistete. Daraufhin erklärte sein Schwager, Kaiser Leopold II., am 12. November 1791 die Revolution für beendet, womit seiner Ansicht nach kein Anlaß mehr für ein militärisches Eingreifen bestand. Nur die in einigen westdeutschen Gebieten, vor allem in Koblenz, mit der Aufstellung einer gegenrevolutionären Emigrantenarmee beschäftigten Kreise verfolgten weiterhin Kriegspläne, konnten aber ohne Unterstützung der Großmächte nichts ausrichten.

Die Haltung der offiziellen Politik zeigt sich an dem österreichischen Staatskanzler und Außenminister Fürst Kaunitz. Dieser bezeichnete es noch am 12. Januar 1792 als den größten Fehler, den Österreich begehen könne, wenn es mit einer militärischen Intervention dazu beitrage, *„daß Frankreich wieder in eine solche Verfassung komme, wodurch es sich nach und nach auf den alten Grad seiner Macht, seines Einflusses in Europa (und) seiner Rivalität gegen uns schwingen könnte"*.[1] Der große Kabinettspolitiker wollte Frankreich durch Nichteinmischung in dem inneren und äußeren Schwächezustand halten, in den es durch die Revolution geraten war. Dadurch war Frankreich als Großmacht aus dem europäischen Staatensystem praktisch ausgeschieden. Dabei sollte es im Interesse der anderen Großmächte und vor allem Österreichs bleiben. Das war der Standpunkt der führenden Staatsmänner Österreichs und Preußens, aber nicht der Kampf gegen die Revolution in Frankreich, sondern lediglich die Verhinderung des Übergreifens der revolutionären Strömungen auf die deutschen Staaten.

Ausgelöst wurde der Krieg in Frankreich, wo seit 1789 Befürchtungen vor einem ausländischen Eingreifen verbreitet waren, die durch die Pillnitzer Erklärung und durch das Treiben der Emigranten verstärkt worden waren. Die Girondisten forderten den Krieg, um einer Intervention zuvorzukommen und um die Revolution in die Nachbarländer Frankreichs zu exportieren. Auch Ludwig XVI. trieb die Dinge auf den Krieg zu, von dem er sich einen Sieg der Gegenrevolution erhoffte. Am 20. April 1792 erklärte die Legislative Österreich den Krieg, wo inzwischen Kaiser Franz II. seinem Vater Leopold II. gefolgt war.

Preußen stellte sich sofort an die Seite seines alten Gegners Österreich. Zwischen Juli und September 1792 schlossen sich auch Rußland und zwei kleinere deutsche Staaten, Hessen-Kassel und die Markgrafschaft Baden, der österreichisch-preußischen Allianz an. Es entstand die erste Koalition, nach der der 1792 begonnene und 1797 beendete Krieg als Erster Koalitionskrieg bezeichnet wird. Am Anfang stand das Kriegsmanifest des preußischen Oberbefehlshabers Herzog Karl Wilhelm Ferdinand von Braunschweig vom 25. Juli 1792, das in Paris am 1. August bekannt wurde und dort die Radikalisierung aufs Höchste steigerte. In diesem Manifest hatte der Herzog von Braunschweig das Frankreich der Revolution

Karl Wilhelm Ferdinand von Braunschweig
(1735-1806)

on zur bedingungslosen Unterwerfung aufgefordert und für den Fall von Übergriffen auf die französische Königsfamilie allen Abgeordneten der Legislative und anderen mit dem Tod gedroht. Damit war Ludwig XVI. in Frankreich endgültig kompromittiert, was entscheidend zu dem Sturm auf die Tuilerien am 10. August 1792 und zur Verhaftung der Königsfamilie und damit zur Abschaffung der Monarchie in Frankreich beitrug.

Im August und September 1792 konnten die Alliierten Armeen weit in die Champagne vordringen und sich Paris nähern. Der Vormarsch auf die Hauptstadt schien angesichts des desolaten Zustands der französischen Armee unaufhaltsam. Da kam es an demselben Tag, an dem in Paris der Konvent erstmals zusammentrat, um am folgenden Tag die Monarchie für abgeschafft zu erklären, also am 20. September 1792, in Valmy zu einer Beschießung französischer Stellungen, die von den französischen Soldaten gehalten wurden, so daß die Kanonade für die Alliierten erfolglos blieb, die sich daraufhin zurückzogen.

35

Ein französischer Revolutionssoldat
(zeitgenössische Darstellung
aus dem Jahre 1792)

Valmy war militärisch an sich bedeutungslos. Um so größer war aber der psychologische Eindruck, daß sich die hervorragend ausgebildeten und sehr gut ausgerüsteten Truppen der beiden stärksten Militärmächte des damaligen Europa vor den undisziplinierten französischen Soldaten zurückzogen, deren Truppenverbände nicht mehr mit der vorrevolutionären französischen Armee vergleichbar waren. So wurde Valmy zu einem Sieg der Franzosen und zur Wende des Krieges. Goethe, der als Begleiter des Herzogs Karl August von Weimar an dem Feldzug teilnahm und Augenzeuge der Kanonade von Valmy war, berichtete darüber in seiner allerdings erst 1822 abgeschlossenen Schrift „Die Kampagne in Frankreich", er habe am Abend von Valmy den deutschen Soldaten gesagt: *„Von hier und heute geht eine neue Epoche der Weltgeschichte aus, und ihr könnt sagen, ihr seid dabei gewesen"*.[2]

Nach der Kanonade von Valmy gelangen den französischen Truppen im Herbst 1792 bedeutende Vorstöße nach Savoyen und unter General Custine in die deutschen Fürstentümer am Ober- und Mittelrhein, die u.a. zur Besetzung von Speyer und Worms und am 10. Oktober 1792 zur Einnahme von Mainz und am 23. Oktober 1792 zur Gründung des Mainzer Jakobinerklubs führten, aus dem im März des folgenden Jahres die Gründung der Mainzer Republik hervorging. Noch wichtiger wurde die Eroberung der österreichischen Niederlande nach der für die Franzosen siegreichen Schlacht von Jemappes vom 6. November 1792. Die Girondisten dachten an den Export der Revolution. Unter dem Einfluß belgischer, rheinischer und savoyischer Revolutionsanhänger tauchten im Konvent Annexionspläne auf, mit denen an den alten Gedanken der „natürlichen Grenzen" Frankreichs in den Pyrenäen, in den Alpen und am Rhein angeknüpft wurde.

Die Mißerfolge der Alliierten hingen - neben dem Auftrieb, den der Tag von Valmy den Franzosen verschafft hatte - mit der schwächlichen Kriegführung Preußens und mit neuen Spannungen zwischen Preußen und Österreich zusammen. Preußen war viel mehr an einer Ausdehnung seines Staatsgebietes auf Kosten Polens als am Kampf gegen die Französische Revolution interessiert. 1772 hatten Rußland, Österreich und Preußen das große, aber schwache Polen in der 1. Teilung Polens zu erheblichen Gebietsabtretungen gezwungen. 1792 bahnte sich eine zweite Teilung Polens an, an der diesmal nur Rußland und Preußen - nicht aber Österreich - beteiligt waren. Am 23. Januar 1793 wurde der Vertrag über die polnischen Gebietsabtretungen an Rußland und Preußen geschlossen.

Durch den Eindruck der Hinrichtung Ludwigs XVI. verstärkten sich die militärischen Anstrengungen der Alliierten wieder, in deren Folge die französischen Eroberungen des Spätherbstes 1792 im Frühjahr 1793 wieder verlorengingen, womit die Revolution erneut in die Gefahr einer ausländischen Intervention geriet. Am 18. März 1793 konnten die Österreicher durch ihren Sieg in der Schlacht von Neerwinden Belgien zurückgewinnen, während die Preußen am 12. Juli 1793

Stadt und Festung Mainz zurückeroberten. Am 22. März 1793 waren Großbritannien, die Republik der Vereinigten Niederlande (Holland und die anderen nordniederländischen Provinzen), Spanien, Portugal, Sardinien, Neapel und das Heilige Römische Reich dem Bündnis Österreichs, Preußens, Rußlands, Hessen-Kassels und Badens beigetreten, wodurch die Koalition wesentlich erweitert worden war. Das ganze Jahr 1793 hindurch blieb die militärische Initiative bei den Alliierten.

Eine erneute Wendung des Krieges bahnte sich erst an, nachdem der französische Offizier Carnot, ein Mitglied des Wohlfahrtsausschusses, auf der Grundlage der am 23. August 1793 vom Konvent eingeführten allgemeinen Wehrpflicht mit dem Aufbau einer Volksarmee begonnen hatte. Man nannte diese bis dahin historisch beispiellose Massenaushebung von Soldaten „levée en masse". Damit wurde die Aufstellung von Massenheeren möglich, wie sie die großen Kriege des 19. und 20. Jahrhunderts kennzeichneten; 1793 erhielt Frankreich dadurch eine den Armeen der Alliierten zahlenmäßig weit überlegene Streitmacht. So kam es zu einer wesentlichen Veränderung der Kriegslage, wodurch das Jahr 1794 im Zeichen französischer Eroberungsfeldzüge stand. Diese begannen mit der von den Franzosen gewonnenen Schlacht von Fleurus gegen die Österreicher vom 26. Juni 1794, mit der Frankreich Belgien gewann, das es bis 1814 behielt.

Danach drangen die französischen Truppen weiter in die nördlichen Niederlande vor. Im Spätsommer und Herbst folgte die Okkupation der linksrheinischen Gebiete Deutschlands. Am 9. August 1794 rückte französisches Militär in Trier ein und am 23. September in Aachen. Am 23. Oktober erreichten die Franzosen Koblenz, die Residenz des Kurfürst-Erzbischofs von Trier, der sein Kurfürstentum schon am 5. Oktober für immer verlassen hatte. Am 6. Oktober kamen französische Truppen in die Reichsstadt Köln und am 8. Oktober in die kurkölnische Residenz Bonn. Im November 1794 etablierten die Franzosen im Rheinland, das sie als besetztes feindliches Gebiet behandelten, eine Militäradministration als Besatzungsbehörde. Am 26. Januar 1795 folgte in den eroberten nördlichen Niederlanden mit der Batavischen Republik die Gründung der ersten Tochterrepublik der Französischen Republik.

Auch die großen militärischen Erfolge des revolutionären Frankreich seit der „levée en masse" hingen u. a. mit der Fixierung Österreichs und Preussens auf Territorialgewinne in Polen zusammen. Im Laufe des Jahres 1794 wurde die 3. Teilung Polens vorbereitet, mit der der polnische Staat gänzlich von der Landkarte verschwand und vollständig unter Rußland, Österreich und Preußen aufgeteilt wurde. Anfangs waren nur Rußland und Österreich als Teilungsmächte beteiligt, die am 3. Januar 1795 einen entsprechenden Vertrag schlossen. Preußen trat erst am 24. Oktober 1795 der Teilung bei und sicherte so seinen Anteil.

Um bei der 3. Teilung Polens nicht leer auszugehen, zog sich Preußen aus dem Krieg gegen Frankreich zurück und schloß am 5. April 1795 den Separatfrieden von Basel. Darin erkannte Preußen die Französische Republik an und überließ seine auf der linken Rheinseite gelegenen Landesteile - die linksrheinische Hälfte des Herzogtums Kleve, das Fürstentum Moers und preußisch Geldern - der militärischen Besetzung durch Frankreich. Für den Fall der endgültigen Abtretung der linksrheinischen Reichsgebiete an Frankreich gestand die Republik in einer Geheimklausel des Vertrags Preußen rechtsrheinische Entschädigungen für seine linksrheinischen Verluste zu, die nach Lage der Dinge nur aus bisher geistlichen Territorien oder aus Teilen davon bestehen konnten. Somit öffnete diese Klausel des Friedensvertrags von Basel den Weg zu der wenige Jahre später vollzogenen Säkularisation der geistlichen Staaten, darunter die rechtsrheinischen Nebenländer des Kölner Kurstaates, also das Herzogtum Westfalen und das Vest Recklinghausen.

Mit dem Frieden von Basel wurde Preußen neutral. Eine Demarkationslinie trennte von nun an das Gebiet der auch nichtpreußische Staaten einbeziehenden norddeutschen Neutralitätszone von den süddeutschen Kriegsschauplätzen, auf denen der Krieg weiterging. Im Oktober 1795 mußte Preußen die anfangs weit nach Süddeutschland ausholende Demarkationslinie zurücknehmen. Die neue Demarkationslinie von 1796, hinter der keine französischen Truppenbewegungen oder Kampfhandlungen stattfanden, folgte von Duisburg aus dem Flußlauf der Ruhr bis zur Ruhrquelle, durchschnitt also sowohl die preußische Grafschaft Mark als auch das kurkölnische Herzogtum Westfalen.

Zwei Jahre nach dem Frieden von Basel zog sich auch Österreich aus dem Krieg zurück und schloß am 17. Oktober 1797 mit der Französischen Republik den Frieden von Campo Formio. Auch diesmal gab es ein geheimes Zusatzabkommen, in dem der Kaiser die Abtretung des linksrheinischen Reichsgebiets zusagte. Formal wurden davon die linksrheinischen Teile des Kurfürstentums Köln, dessen Landesherr de jure ja noch immer der Kaiseronkel Maximilian Franz von Österreich war, und die preußischen Gebiete am linken Niederrhein ausgenommen. Der Kaiser wollte damit eine Machtsteigerung Preußens durch territoriale Entschädigungen rechts des Rheins verhindern. Wichtiger war, daß auch in Campo Formio geheime Absprachen über die Säkularisation geistlicher Fürstentümer getroffen wurden.

Nach dem Friedensschluß von Campo Formio annektierte die Französische Republik das gesamte linksrheinische Gebiet vom Elsaß bis Kleve und richtete hier vier Departements mit den Präfektursitzen in Aachen, Koblenz, Trier und Mainz ein. Damit endete die staatsrechtliche Existenz des rheinischen Erzstifts Köln. Zugleich begann der Zweite Koalitionskrieg, an dem das neutrale Preußen nicht beteiligt war. Der Zweite Koalitionskrieg endete für Kaiser und Reich mit dem Frieden von Lunéville vom 9. Februar 1801 und mit dem endgültigen, erst durch die Niederlagen Napoleons seit dem Rußlandfeldzug von 1812 rückgängig gemachten Verlust der deutschen Gebiete links des Rheins an Frankreich. Dieser Friedensschluß besiegelte nun auch völkerrechtlich das Ende der linksrheinischen deutschen Territorialstaaten. Soweit es sich dabei um weltliche Fürstentümer gehandelt hatte, wurde im Friedensvertrag von Lunéville festgelegt, daß die betreffenden Fürsten auf der rechten Rheinseite entschädigt werden sollten. Damit wurden die rechts des Rheins gelegenen geistlichen Fürstentümer zur Disposition gestellt und zum Objekt des nun einsetzenden Länderschachers. Im August 1802 trat in Regensburg eine außerordentliche Reichsdeputation, ein Ausschuß des Reichstags, zusammen, dem ein zuvor von Frankreich und Rußland vereinbarter Entschädigungsplan vorgelegt wurde. Schon am 8. September 1802 nahm die Reichsdeputation diesen Plan fast unverändert an. Gleichzeitig erfolgte auch schon die Inbesitznahme der bisherigen geistlichen Territorien durch die neuen Landesherren, bevor der Reichsdeputationshauptschluß am 25. Februar 1803 verabschiedet wurde. Artikel VII des Reichsdeputationshauptschlusses sprach das Herzogtum Westfalen dem Landgrafen Ludewig X. von Hessen-Darmstadt zu, der 1806 als Gründungsmitglied des napoleonischen Rheinbundes durch die Rheinbundakte vom 12. Juli 1806 zum Großherzog von Hessen erhoben wurde.

Als sich die französischen Truppen Ende September 1794 den Grenzen des rheinischen Erzstifts Köln näherten, waren der Kurfürst-Erzbischof, das Kölner Domkapitel und die kurkölnischen Behörden in Bonn nicht ohne Erfahrungen, wie in einem solchen Fall zu reagieren sei, in dem Gegenwehr mit den schwachen kurkölnischen Kräften gänzlich aussichtslos war. Während des ersten militärischen Vordringens der Franzosen im ersten Kriegsjahr 1792 hatten die französischen Truppen am 16. Dezember 1792 schon einmal Aachen besetzt. Zwei Tage vorher, am 16. Dezember, hatte man die kurkölnischen Behörden vorsichtshalber von Bonn nach Recklinghausen und Dorsten im kurkölnischen Vest Recklinghausen verlegt, wo sie blieben, bis die Gefahr einer Besetzung Bonns durch französisches Militär nach zwei Monaten gebannt war. Das Domkapitel war 1792 zwar in der Domstadt geblieben, hatte seine Archivalien und andere Wertsachen aber nach Münster in Sicherheit bringen lassen, wohin sich Kurfürst-Erzbischof Maximilian Franz am 21. Dezember 1792 auch selbst begeben hatte; der Kurfürst war ja auch Fürstbischof von Münster. Am 18. April 1793 war Maximilian Franz nach Bonn zurückgekehrt.

Am 3. Oktober 1794, fünf Tage vor der Besetzung Bonns durch französische Truppen, verließ der Kurfürst-Erzbischof erneut - und diesmal für immer - seine Residenz und begab sich nach Dorsten. Nach einigen Wochen nahm er in der Deutschordensresidenz Mergentheim und somit in Süddeutschland seinen Aufenthalt, der von Juli bis November 1796 durch die kriegsbedingte Flucht nach Leipzig unterbrochen wurde. Später hielt er sich in Frankfurt am Main, im Deutschordensschloß Ellingen und ab Ende April 1800 in Wien auf. Er starb am 27. Juli 1801 in Hetzendorf bei Wien. Auch der kurkölnische Hofrat verließ Bonn. Er ging nach Recklinghausen. Hingegen wurden die Hofkammer nach Brilon und das Oberappellationsgericht nach Arnsberg verlegt. Arnsberg wurde auch der Zufluchtsort der meisten Mitglieder des Domkapitels, des Archivs und der Bibliothek des Domkapitels, großer Teile des Kölner Domschatzes und der Reliquien der Heiligen Drei Könige aus dem Kölner Dom. Am 13. Oktober 1794 fand die erste Domkapitelssitzung in Arnsberg statt.[3] Der St. Laurentius-Kirche der Prämonstratenserabtei Wedinghausen vor den Toren der Stadt Arnsberg wuchs die Rolle einer provisorischen Kathedralkirche zu. Das Prälaturgebäude fand als Residenz des Domkapitels Verwendung, während die einzelnen

Domherren in der Stadt Wohnungen erhielten. Nach dem Tod des Erzbischofs Maximilian Franz wählte das Domkapitel in Arnsberg einen neuen Erzbischof, wobei die Wahl auf den Erzherzog Anton Viktor von Österreich, einen Neffen des Verstorbenen, fiel. Doch fand die Wahl dieses Bruders des Kaisers Franz II. keine Anerkennung mehr. Das durch das aufgrund des Konkordats Napoleons mit Papst Pius VII. vom 15. Juli 1801 gegründete Bistum Aachen auf seine rechtsrheinischen Teile beschränkte Erzbistum Köln blieb bis zur Neuordnung der katholischen Diözesen Preußens nach 1821 verwaist.

Anmerkungen:

1 Quellenzitat bei Harm Klueting, Die Lehre von der Macht der Staaten. Das außenpolitische Machtproblem in der „politischen Wissenschaft" und in der praktischen Politik im 18. Jahrhundert, Berlin 1986, S. 234.

2 Johann Wolfgang von Goethe, Kampagne in Frankreich 1792, in: Goethe, Autobiographische Schriften III (= Goethe, Berliner Ausgabe, Bd. 15), Berlin 1978, S. 67-308, Zitat S. 117.

3 Daten bezüglich der Flucht von Kurfürst-Erzbischof, Domkapitel, Behörden und Domschatz nach Eduard Hegel, Das Erzbistum Köln zwischen Barock und Aufklärung vom Pfälzischen Krieg bis zum Ende der französischen Zeit 1688–1814 (= Geschichte des Erzbistums Köln IV), Köln 1979, S. 482 ff.

Literaturauswahl:
KARL OTMAR FREIHERR VON ARETIN (Hrsg.), Der Aufgeklärte Absolutismus, Köln/Berlin 1974; DERS., Heiliges Römisches Reich 1776-1806. Reichsverfassung und Staatssouveränität, 2 Bde., Wiesbaden 1967; DERS., Vom Deutschen Reich zum Deutschen Bund, Göttingen 1980; DERS./KARL HÄRTER (Hrsg.), Revolution und konservatives Beharren. Das Alte Reich und die Französische Revolution, Mainz 1990; HELMUT BERDING/ETIENNE FRANÇOIS/HANS-PETER ULLMANN (Hrsg.), Deutschland und Frankreich im Zeitalter der Französischen Revolution, Frankfurt am Main 1989; HELMUT BERDING/HANS-PETER ULLMANN (Hrsg.), Deutschland zwischen Revolution und Restauration, Königstein 1981; HELMUT BERDING (Hrsg.), Soziale Unruhen in Deutschland während der Französischen Revolution, Göttingen 1988; MAX BRAUBACH, Kurköln. Gestalten und Ereignisse aus zwei Jahrhunderten rheinischer Geschichte, Münster 1949; DERS., Kurkölnische Miniaturen, 2. Aufl. Münster 1958; DERS., Maria Theresias jüngster Sohn Max Franz. Letzter Kurfürst von Köln und Fürstbischof von Münster, München/Wien 1961; OTTO BÜSCH/MONIKA NEUGEBAUER-WÖLK (Hrsg.): Preußen und die revolutionäre Herausforderung seit 1789, Berlin 1991; ROGER DUFRAISSE (Hrsg.): Revolution und Gegenrevolution 1789-1830. Zur geistigen Auseinandersetzung in Frankreich und Deutschland, München 1991; WINFRIED ENGLER (Hrsg.): Die Französische Revolution, Stuttgart 1992; ELISABETH FEHRENBACH, Vom Ancien Régime zum Wiener Kongreß, 3. Aufl. München 1993; FRANÇOIS FURET/DENIS RICHET, Die Französische Revolution, München 1981 (F. FURET/D. RICHET/ULRICH F. MÜLLER, Die Französische Revolution, 3. Aufl. Frankfurt am Main 1989); WALTER GRAB, Ein Volk muß seine Freiheit selbst erobern. Zur Geschichte der deutschen Jakobiner, Frankfurt am Main 1984; KARL GRIEWANK, Die Französische Revolution 1789-1799, 8. Aufl. Köln/Wien 1984; KARL HÄRTER, Reichstag und Revolution 1789-1806. Die Auseinandersetzung des immerwährenden Reichstags zu Regensburg mit den Auswirkungen der Französischen Revolution auf das alte Reich, Göttingen 1992; JOSEPH HANSEN (Hrsg.), Quellen zur Geschichte des Rheinlandes im Zeitalter der Französischen Revolution (1780-1801), 4 Bde., Bonn 1931-38; EDUARD HEGEL, Das Erzbistum Köln zwischen Barock und Aufklärung vom Pfälzischen Krieg bis zum Ende der französischen Zeit 1688-1814 (= Geschichte des Erzbistums Köln IV), Köln 1979; ULRICH HERRMANN/JÜRGEN OELKERS (Hrsg.), Französische Revolution und Pädagogik der Moderne. Aufklärung, Revolution und Menschenbildung im Übergang vom Ancien Régime zur bürgerlichen Gesellschaft, Weinheim 1990; MANFRED HETTLING (Hrsg.), Revolution in Deutschland? 1789-1989, Göttingen 1991; KURT HOLZAPFEL (Hrsg.), Die Französische Revolution von 1789. Studien zur Geschichte und ihrer Wirkung, Berlin 1990; HERMANN HÜFFER, Die Politik der deutschen Mächte im Revolutionskriege bis zum Abschluß des Friedens von Campo Formio, Münster 1869; HARM KLUETING (Hrsg.), Der Josephinismus. Ausgewählte Quellen zur Geschichte der theresianisch-josephinischen Reformen, Darmstadt 1994; DERS. (Hrsg.), Katholische Aufklärung - Aufklärung im katholischen Deutschland, Hamburg 1993; DERS., Die Säkularisation im Herzogtum Westfalen 1802-1834. Vorbereitung, Vollzug und wirtschaftlich-soziale Auswirkungen der Klosteraufhebung, Köln/Wien 1980; DIETER LANGEWIESCHE (Hrsg.), Revolution und Krieg. Zur Dynamik historischen Wandels seit dem 18. Jahrhundert, Paderborn 1989; WOLFGANG MAGER, Frankreich vom Ancien Régime zur Moderne. Wirtschafts-, Gesellschafts- und politische Institutionengeschichte 1630-1830, Stuttgart 1989; ALOYS MEISTER, Das Herzogtum Westfalen in der letzten Zeit der kurkölnischen Herrschaft, in: Zeitschrift für vaterländische Geschichte (= Westfälische Zeitschrift) 64 (1906) Abt. I, S. 96-136 und 65 (1907) Abt. I, S. 211-280; HORST MÖLLER, Fürstenstaat oder Bürgernation. Deutschland 1763-1815, Berlin 1989; WILLY REAL, Von Potsdam nach Basel. Studien zur Geschichte der Beziehungen Preußens zu den europäischen Mächten vom Regierungsantritt Friedrich Wilhelms II. bis zum Abschluß des Friedens von Basel 1786-1795, Basel 1958; VOLKER RÖDEL (Hrsg.), Die Französische Revolution und die Oberrheinlande 1789-1798, Sigmaringen 1991; HEINRICH SCHEEL, Süddeutsche Jakobiner. Klassenkämpfe und republikanische Bestrebungen im deutschen Süden Ende des 18. Jahrhunderts, 3. Aufl. Berlin 1979; EBERHARD SCHMITT, Einführung in die Geschichte der Französischen Revolution, 2. Aufl. München 1980; DERS. (Hrsg.), Die Französische Revolution, Köln 1976; DERS. (Hrsg.), Die Französische Revolution. Anlässe und langfristige Ursachen, Darmstadt 1973; RAINER SCHOCH, Freiheit-Gleichheit-Brüderlichkeit. 200 Jahre Französische Revolution in Deutschland. Ausstellungskatalog des Germanischen Nationalmuseums, Nürnberg 1989; HANS C. SCHRÖDER/HANS D. METZGER (Hrsg.), Aspekte der Französischen Revolution, Darmstadt 1992; ERNST SCHULIN, Die Französische Revolution, 3. Aufl. München 1990; ELISABETH SCHUMACHER, Das kölnische Westfalen im Zeitalter der Aufklärung, unter besonderer Berücksichtigung der Reformen des letzten Kurfürsten von Köln, Max Franz von Österreich, Olpe 1967; ALBERT SOBOUL, Die Große Französische Revolution. Ein Abriß ihrer Geschichte (1789-1799), 4. Aufl. Frankfurt am Main 1983; THEO STAMMEN/FRIEDRICH EBERLE (Hrsg.), Deutschland und die Französische Revolution 1789-1806 [Quellen], Darmstadt 1988; HANNS A. STEGER (Hrsg.), Die Auswirkungen der Französischen Revolution außerhalb Frankreichs, Neustadt a. d. Aisch 1991; HEINER TIMMERMANN (Hrsg.), Die Französische Revolution und Europa 1789-1799, Saarbrücken-Scheidt 1989; JEAN TULARD, Frankreich im Zeitalter der Revolutionen 1789-1851, Stuttgart 1989; PETER VEDDELER (Hrsg.), Französische Emigranten in Westfalen 1792-1802. Ausgewählte Quellen, Münster 1989; JÜRGEN VOSS (Hrsg.), Deutschland und die Französische Revolution, München 1983; MICHEL VOVELLE, Die Französische Revolution. Soziale Bewegung und Umbruch der Mentalitäten, München 1982; EBERHARD WEIS, Frankreich von 1661 bis 1789, in: Handbuch der Europäischen Geschichte. Hrsg. von Theodor Schieder, Bd. 4, Stuttgart 1968, S. 164-303; DERS., Der Durchbruch des Bürgertums 1776-1847, Berlin 1978.

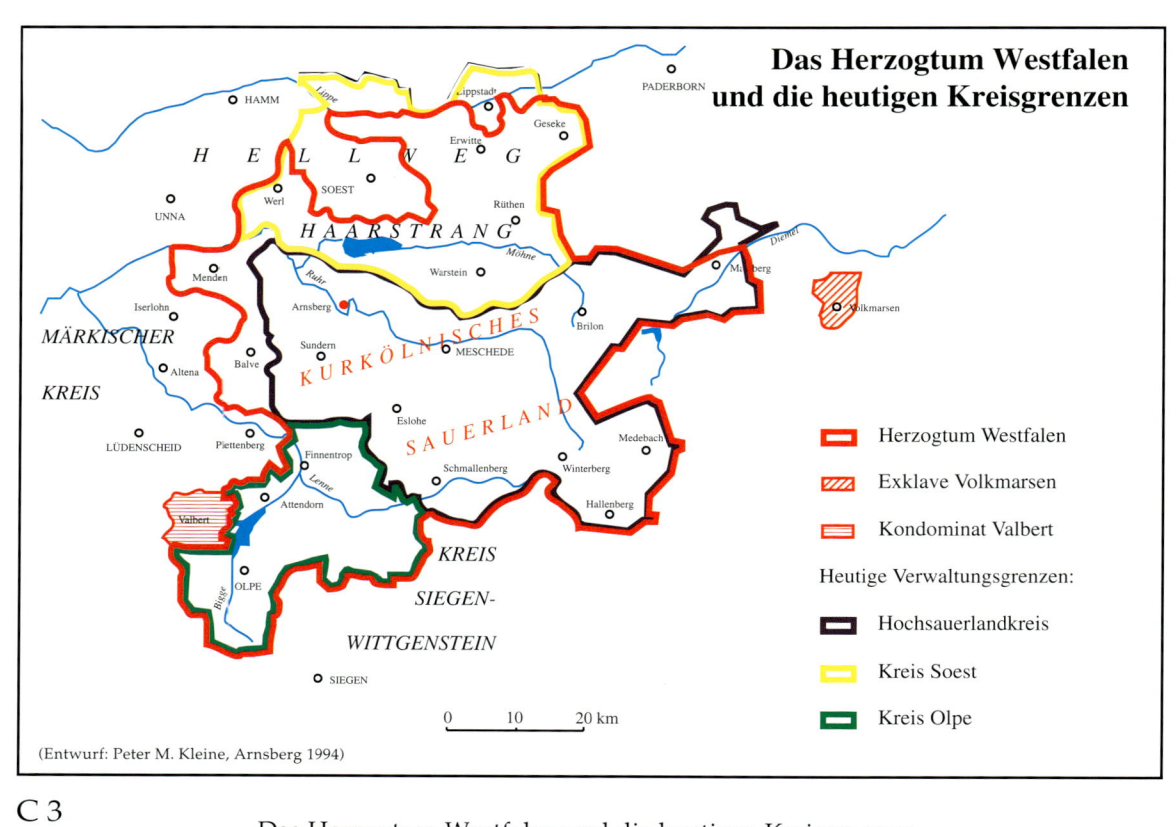

C 3 Das Herzogtum Westfalen und die heutigen Kreisgrenzen.
Deutlich wird die lange Dauer der territorialen Grenzziehung

Das Herzogtum Westfalen um 1800
Ökonomie und Ökologie im Umbruch

Sabine und Peter M. Kleine

1. Raum und Zeit

Die Land- und Poststraßen dieses Herzogthums (Westphalen) sind erbärmlich, und es ist kein Wunder, daß der Fuß des Wanderers bisher sie vermied ... Sie dürften wohl zur Hauptursache dienen, daß dieses Landes von Reisebeschreibern so selten und sparsam gedacht wurde und die Reise-Liebhaberei unserer Tage auf diese, daher noch unbekannte Gefilde Westphalens so wenig ihr Augenmerk richtete!" ... und weiter ... *„Überhaupt ist der Hang zur Unreinlichkeit nicht zu verkennen und scheinet durch Erziehung und Gewohnheit verjähret zu seyn. Kinder dürfen auf den Straßen der Natur freien Lauf lassen und selbst Erwachsene genieren sich wenig in diesem Punkte. Die Abtritte sind fast alle auf den Gassen sichtbar und machen mit dem Anblicke der vielen Misthaufen einen widrigen Eindruck, Arnsberg leidet hierin eine ziemliche Ausnahme."*

So beschreibt Ferdinand Schazmann 1803[1] Wege und Zustände im kurkölnischen Sauerland, damals noch Herzogtum Westfalen genannt. Ein anderer Reisender, der Geheimrat von Dohm, der das Herzogtum in preußischen Diensten inspizierte, sah immerhin Chancen:

„Obgleich das Herzogthum Westphalen in vielem Betracht und vorzüglich auch in Absicht der minderen Ausbildung seiner Bewohner vielen anderen deutschen Landen nachsteht, so sind doch die wichtigen natürlichen Producte einer sehr großen Veredlung und auch die Unterthanen einer weit höheren Industrie fähig, und es wird daher der Ertrag dieses Landes binnen einer nicht langen Zeit sehr ansehnlich vermehrt werden können."[2]

Was ist eigentlich ein Raum? Schazmann und v. Dohm begreifen ihn offenbar als Lebens- oder besser Nutzraum. Aus ihrer Perspektive sind seine wirtschaftliche Nutzbarkeit, die Möglichkeiten ihn zu erschließen, zu bereisen oder auch nur zu durchfahren wichtige Kriterien für den Wert eines Raumes.

Beide beziehen damit eine Position, die typisch ist für europäische Raumvorstellungen spätestens seit der frühen Neuzeit. Sie fragen nicht nur nach der Oberflächengestalt, sondern v.a. nach der Erreichbarkeit und Verwertbarkeit geografischer Räume. Die Bewohner und ihre Fähigkeiten werden dabei - fast im heutigen Sinne des Arbeitsmarktpotentials - zu einem Standortfaktor. Neu ist lediglich der Hinweis auf den beginnenden Tourismus des frühen 19. Jh. bei Schazmann.

Tatsächlich sind viele europäische Landschaften im 18. Jh. längst keine unberührten Naturlandschaften mehr, sondern Kultur- und Wirtschaftslandschaften. Sie wurden von Menschen früherer Generationen mitgestaltet und werden ständig durch menschliche Einwirkungen weiter verändert. Andererseits beeinflussen aber die von der Natur gesetzten und die von den vorhergehenden Generationen geschaffenen Bedingungen die Handlungsmöglichkeiten aller nachfolgenden Generationen.

Eine Kulturlandschaft in einer Zeitenwende zu beschreiben ist also nicht einfach. Welche Zeit soll man wählen? Fernand Braudel hat in seinem Werk über den Mittelmeerraum drei Zeitschichten unterschieden: die unendlich langsame Zeit des natürlichen Wandels, die lange Dauer - *„longue durée"* - der menschlichen Gemeinschaften oder Gesellschaften und ihres Alltags sowie die sehr kurze Zeit der aktuellen Ereignisse[3]. Dabei verschieben sich die Zeiten. Es scheint, daß die *„longue duree"* der verschiedenen Gesellschaften seit der frühen Neuzeit immer kürzer wird - die französische Revolution und die tiefgreifenden Veränderungen im 19. Jh. sind ein gutes Beispiel dafür.

Die folgende Darstellung versucht, der Verquickung dieser drei Zeitschichten in der Zeitenwende um 1800 nachzuspüren.

Sie beschreibt zunächst die natürlichen Bedingungen der Landschaften. Diese veränderten sich so langsam, daß der Wandel hier nicht ins Gewicht fällt.

In einem zweiten Schritt zeigen einzelne Beispiele, wie Menschen diese Naturlandschaften beherrscht und genutzt, also in Kulturlandschaften verwandelt haben.

Schließlich geht es darum, ob und wie die Ereignisse der französischen Revolution diese Gesellschaften und ihr Verhalten im Raum veränderten und damit auf lange Sicht auch neue Wirtschaftslandschaften zur Folge hatten.

Das Hauptinteresse gilt dabei dem Herzogtum Westfalen.

2. Naturraum

Das politische Herrschaftsgebilde Erzstift Köln bestand um 1800 aus drei Teilen, dem vorwiegend linksrheinischen Nieder- und Oberstift, dem Vest Recklinghausen und dem Herzogtum Westfalen.

Alle drei gehören zu unterschiedlichen Naturräumen und unterscheiden sich sowohl hinsichtlich der Bodengestalt als auch des Klimas recht deutlich.

Das rheinische Stiftsgebiet erstreckte sich, von einzelnen Ausnahmen im Süden abgesehen, vor allem auf der linken Rheinseite zwischen Andernach und Alpen/Rheinberg. Es lag also im wesentlichen im Bereich der Niederrheinischen Tieflandsbucht, dem Vorgebirge der Ville und der Kölner Bucht, greift über auf das linksrheinische Schiefergebirge mit Ahrgebirge und Teilen der Hohen Eifel, sowie zwischen Andernach und Bonn ins nördliche Mittelrheintal. Verglichen mit den anderen Teilen des Erzstiftes waren die rheinischen Besitzungen klimatisch begünstigt (Weinanbau im südlichen Bereich an Ahr und Rhein). Dies und die Lößschichten der Tieflandsbucht erleichterten die Landwirtschaft.

Das Vest Recklinghausen gehört dagegen zur Westfälischen Bucht. Zwischen Lippe und Emscher gelegen, ist es noch Teil des Westmünsterlandes. Lößablagerungen begünstigten auch hier die landwirtschaftliche Nutzung.

Der Begriff Sauerland[4] beschreibt den Nordosten des Rheinischen Schiefergebirges. Sein Nordrand, markiert durch Ardeygebirge, Haarstrang bzw. Möhne und mittlere Ruhr ist zugleich der Nordrand der deutschen Mittelgebirgsschwelle. Der Gebirgsblock bricht nach Südosten ab zum Westhessischen Bergland. Nach Westen geht er in das Bergische Land, nach Süden in das Sieger- und Wittgensteinerland über. Nach der Oberflächenform lassen sich innerhalb dieses Blocks zwei Teilbereiche unterscheiden: der etwa 300 bis 400 m hohe Nordwestteil sowie der etwa 400 bis 500 m hohe Ostteil.

Dieses östliche Sauerland war der Kernbereich des kölnischen Herzogtums Westfalen. Seine Gebirgszüge erreichen im Südwesten und Nordosten markante Höhen von über 600 m. Höchste Gipfel sind der Langenberg (843 m) und der Kahle Asten im Rothaargebirge mit 841 m. Besonders dieser östliche Teil des Sauerlandes gehört nicht zu den sogenannten Gunsträumen. Die Abfolge von oft paßlosen Sattelgebirgen und Mulden sowie die tiefeingeschnittenen Flußtäler behinderten jede Verkehrserschließung. Hohe Niederschläge - oft auch als Schnee - und vergleichsweise niedrige Temperaturen erschwerten den Ackerbau und drängten die Landwirtschaft v.a. auf Waldnutzung, verbunden mit Weidewirtschaft. Landwirtschaft und Gewerbe entwickelten sich in den Flußtälern sowie in den Kalkmulden und Hochflächen um Brilon, Warstein und Attendorn. Es wäre jedoch ein Irrtum, zu glauben, daß das Sauerland immer ein Waldgebirge gewesen sei. Vermutlich waren große Teile noch im 18. Jh. von Heidelandschaften bedeckt. Inwieweit diese eine Folge der Wirtschaftsweise oder natürlicher Faktoren war, ist offen[5].

Darüber hinaus reichte das Herzogtum um 1800 noch nach Norden zwischen Lippstadt und Soest bis an die Lippe. Es hatte damit Anteil an der Lößlandschaft der Soester Börde, die nicht nur als Landwirtschaftsregion sondern auch als wichtiger Verkehrsraum (Hellweg) von Bedeutung war und ist.

3. Mensch und Raum

3.1. Organisation im Raum

Wie geht man mit einem geografischen Raum um? Man kann ihn nutzen und beherrschen. Der Hinweis auf Herrschaft mag an dieser Stelle überraschen, scheint doch Herrschaft in den Bereich der kurzlebigen politischen Ereignisse zu gehören. Tatsächlich ist Herrschaft, verstanden als Eigentum an und Kontrolle über Boden, ein sehr langlebiges Element der Kulturlandschaft.

Wir können hier nicht schildern, wie die kölnischen Territorien besiedelt, landwirtschaftlich und gewerblich genutzt und beherrscht wurden. Es muß genügen, einige der langfristigen Entwicklungen vorzustellen, die noch um 1800 das Bild dieses geistlichen Territoriums prägten.

Politische Grenzen und Herrschaft

Das Erzbistum Köln hatte mit der Christianisierung der Sachsen eine beherrschende Stellung im südlichen Westfalen erreicht. Sie wurde be-

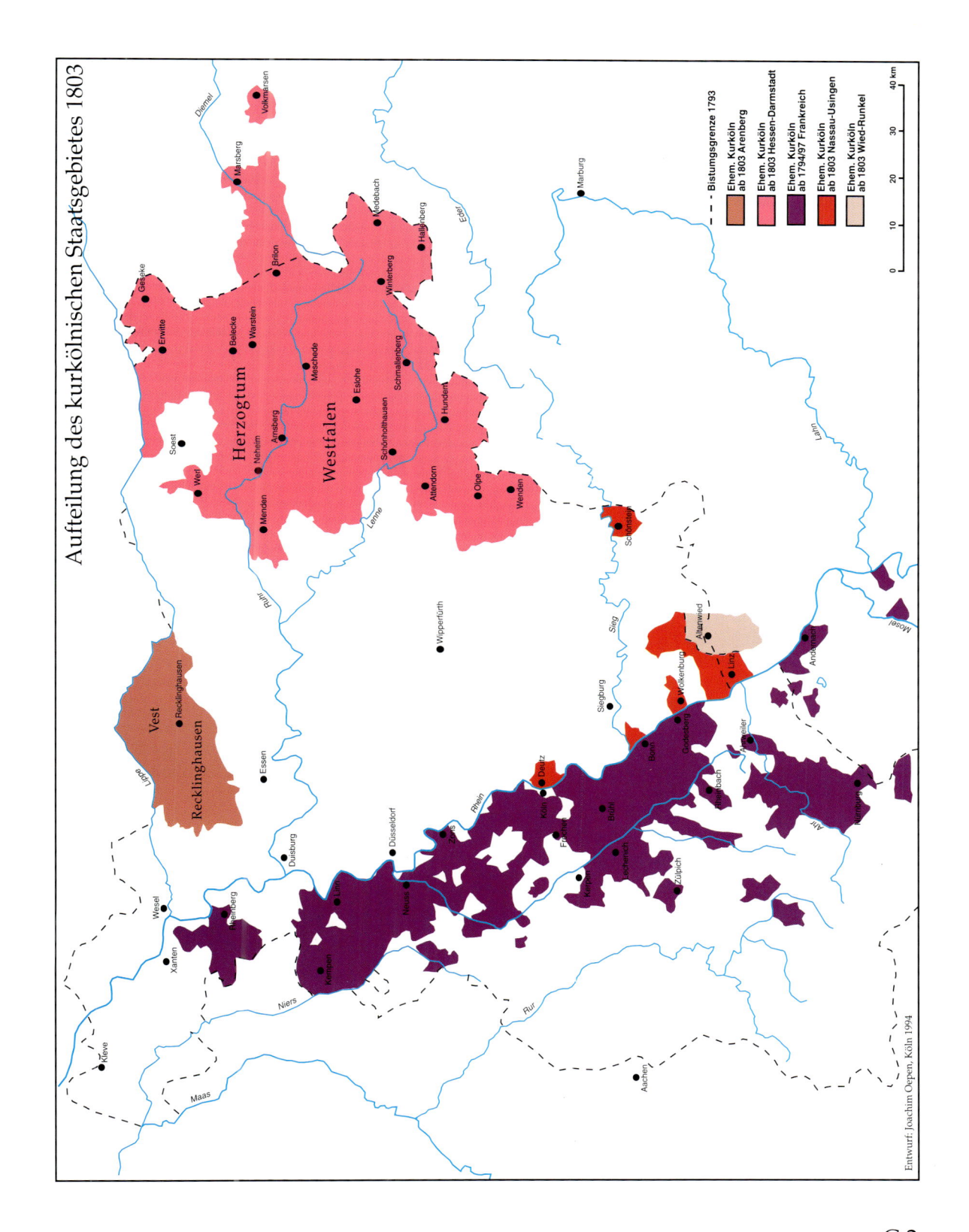

Aufteilung des kurkölnischen Staatsgebietes 1803

- - - Bistumsgrenze 1793
- Ehem. Kurköln ab 1803 Arenberg
- Ehem. Kurköln ab 1803 Hessen-Darmstadt
- Ehem. Kurköln ab 1794/97 Frankreich
- Ehem. Kurköln ab 1803 Nassau-Usingen
- Ehem. Kurköln ab 1803 Wied-Runkel

Entwurf: Joachim Oepen, Köln 1994

C 2

43

tont durch die Verleihung des Herzogtitels in Westfalen nach dem Sturz Heinrichs des Löwen 1180[6]. Schon zuvor waren die Erzbischöfe Herzöge im Rheinland geworden. Diese Titel entbehrten allerdings eines realen Inhalts. Sie boten nur einen Ansatzpunkt, um verschiedene Besitzformen, Gerichtsbarkeiten, Grafschaften etc. auszubauen. Die einzelnen Besitz- und Herrschaftsgebiete waren z.T. in sich zerlappt, lagen zerstreut und bildeten keine geschlossene Einheit. Seit ca. 1200 versuchten die Kölner Erzbischöfe eine intensive, dauerhafte Verwaltung aufzubauen. Sie sollte ihren direkten Zugriff auf die Territorien, ihre Bewohner und deren wirtschaftliche Leistungskraft gewährleisten. Die Abgrenzungen von Rechten und Besitztümern verfestigten sich zu Verwaltungsgrenzen geografisch klar beschreibbarer Territorien.

Diese Politik, die auf den Aufbau abgerundeter, herrschaftlich durchdrungener Territorien zielte, geriet immer wieder in Konkurrenz mit anderen weltlichen und geistlichen Herrschaften. Trotz vielversprechender Ansätze konnten die Kölner Erzbischöfe ihre rheinischen und westfälischen Besitzungen nicht direkt miteinander verbinden. Um 1300 war der Traum eines zusammenhängenden kölnischen Herrschaftsgebildes zwischen Maas und Weser ausgeträumt. Mit dem Ankauf der Grafschaft Arnsberg 1368 gelang es lediglich, das Herzogtum Westfalen im Sauerland zu einem geschlossenen Block zusammenzufügen. Allerdings ging im 15. Jh. mit Soest eine wichtige Handelsstadt mit einem leistungsfähigen agrarischen Umland verloren.

Diese um 1450 weitgehend festgeschriebenen Verwaltungsgrenzen überdauerten nicht nur den politischen Umbruch zu Beginn des 19. Jh. Zwar ging das Herzogtum in der neuen preußischen Provinz Westfalen auf. Arnsberg wurde Verwaltungszentrum des gleichnamigen Regierungsbezirks. Doch die grundlegenden Verwaltungseinheiten der alten kölnischen Ämter bzw. später der Kreise blieben auch über den 2. Weltkrieg hinweg erhalten. Abgesehen von Teilen der Kreise Soest, Lippstadt und Iserlohn zeichnen im wesentlichen die alten Kreise Arnsberg, Meschede, Brilon und Olpe bis 1975 das Gebiet des Herzogtums nach. Noch heute umfaßt der Hochsauerlandkreis den Kernraum des kölnischen Sauerlands. Abgetrennt wurden allerdings der Kreis Olpe sowie die Städte Menden, Balve und Warstein mit ihrem jeweiligen Umland.

Darin beweist sich erneut die enorme Dauerhaftigkeit historischer Grenzziehungen. Dies ist allerdings nicht verwunderlich, da moderne Abgrenzungskriterien auf die Ergebnisse historischer Entwicklungen im Raum (Einzugsbereiche, Bevölkerungsverteilung etc.) zurückgreifen. Auch der Bezirk der IHK für das südöstliche Westfalen zu Arnsberg umfaßt im wesentlichen den Bereich des Herzogtums, allerdings ohne Olpe. Dafür schließt er den Kreis Soest ein.

Zur Fremdenverkehrsregion Sauerland haben sich dagegen die neuen Kreise Soest, HSK, Olpe und Märkischer Kreis zusammengeschlossen.

Heute stellen jedoch aktuelle wirtschaftliche und politische Entwicklungen diese traditionellen Grenzen in Frage. Dabei spielt der Prozeß der europäischen Einigung eine sehr wichtige Rolle. Die wirtschaftliche Zusammenarbeit innerhalb der EU, besonders zwischen den Regionen, wird enger. Deshalb haben neun Industrie- und Handelskammern[7] kürzlich das Konzept für einen neuen Wirtschaftsraum „Mitte-West" vorgestellt. Er verbindet mit dem Märkischen, dem Hochsauerlandkreis und den Kreisen Olpe und Soest nicht nur Räume, die schon vor 1800 wirtschaftlich - wenn auch in bescheidenen Maßen - verbunden waren, sondern greift weiter nach Hessen und Rheinland-Pfalz. Diese Region „Mitte-West" beschreibt einen Wirtschaftsraum, der sich u.a. durch eine ähnliche mittelständische Industriestruktur sowie ähnliche Stärken und Schwächen auszeichnet. Die Interessen dieser Region sollen auch auf europäischer Ebene vertreten werden, um Chancengleichheit im Wettbewerb der Regionen zu erreichen.

Städte und Zentren

Im Mittelalter sicherten Burgen und Städte die Herrschaft über ein Territorium. Als militärische Stützpunkte und Wirtschaftszentren sollten sie ihr Umland kontrollieren. Stadtgründungen waren meist politisch motiviert.

Die Kölner Erzbischöfe gründeten im Herzogtum Westfalen u.a. die Städte Werl, Geseke, Brilon, Helmarshausen, Obermarsberg und Volkmarsen. Rüthen und Medebach wurden rechtlich ausgebaut. Etwas später kamen Hallenberg, Schmallenberg und Winterberg hinzu.

Ähnlich verlief die Entwicklung in den rheinischen Besitzungen und im Vest. Allerdings gelang es der Stadt Köln mit wechselndem, aber im ganzen doch großem Erfolg, die politische Herrschaft der Erzbischöfe abzuschütteln. Nicht umsonst bauten diese Bonn zur Residenzstadt aus.

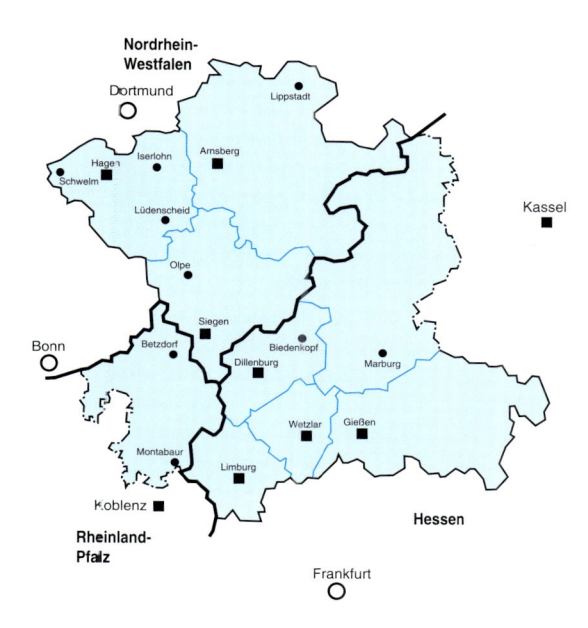

Die Industrie-Region Mitte-West umfaßt zwar das gesamte ehemalige Herzogtum Westfalen, greift jedoch weit darüber hinaus. Ökonomische Veränderungen zwingen zur Überwindung traditioneller Grenzziehungen.
(aus: IHK für das südöstliche Westfalen zu Arnsberg u. a. (Hg.): Die Industrie-Region Mitte-West, Arnsberg 1994)

Die Möglichkeit, eine gewisse Zentralität zu entwickeln, hängt jedoch weniger von politisch-militärischen Wünschen als vielmehr von der Lage und mehr noch der Wirtschaftskraft des Ortes und seines Umlandes ab. Der Einfluß des Großzentrums Köln reichte weit nach Westfalen hinein. Es war wirtschaftlich, kulturell, religiös und letztlich auch politisch die wichtigste Stadt keineswegs nur des Bistums. Doch Köln war nicht politischer Teil des Erzstifts. Die größte Stadt im Erzstift war Neuss. Im Vest Recklinghausen gehörten Recklinghausen und Dorsten zu den wichtigsten Orten.

Im Herzogtum Westfalen erreichte kein Ort eine größere zentrale Funktion. Das hatte mehrere Gründe: Der Naturraum des Herzogtums war ausgesprochen verkehrsfeindlich. Es lag abseits der großen Nord-Süd-Verbindungen, die das Rheintal bevorzugten. Hinzu kam die mangelhafte Verkehrserschließung. Zum anderen aber war - wie noch zu zeigen ist - die wirtschaftliche Leistungsfähigkeit der Region bescheiden.

Arnsberg war zwar Verwaltungszentrum des Herzogtums - aber auch nur das. Um 1800 hatte es kaum mehr Einwohner als Werl und Geseke am Hellweg sowie Brilon, das mit der umgebenden Hochfläche über ein relativ reiches Hinterland verfügte[8]. Alle Zentren - Menden, Balve, Bilstein, Fredeburg, Medebach, Obermarsberg, Brilon, Rüthen, Geseke, Erwitte, Werl und Arnsberg selbst - lagen am Rande des Herzogtums, die geografische Mitte blieb unerschlossen. Die Unterzentren blieben ebenfalls weit gestreut. Auch dies ist z. T. auf die ungünstige Verkehrslage und die kleinräumigen Tallagen zurückzuführen. Die meisten Städte sanken bis Ende des 18. Jh. zu Ackerbürgerstädten herab.

Die politischen Umwälzungen um 1800 verschoben die Beziehungsmuster deutlich. Köln blieb zwar bis heute ein wichtiges Großzentrum für Westfalen. Viele Funktionen wurden jedoch von Münster, Paderborn (Diözese), aber auch Dortmund und Hagen übernommen. Ein Oberzentrum für das Sauerland ist bis heute nicht zu erkennen. Auch Arnsberg kann diese Funktion nicht erfüllen, trotz der mit der Kommunalreform verbundenen Aufwertung.

3.2. Wirtschaften im Raum

Die alte Wirtschaft

Um 1800 umfaßte der rheinische Teil Kurkölns ca. 4294 km². Die statistischen Daten sind sehr unsicher, so daß die Bevölkerungszahl nicht präzise angegeben werden kann. Hier lebten (ohne Köln) 160 000 bis 200 000 Menschen. Auf den km² kamen also etwa 37 bis 46 Personen. Die Vergleichszahlen für das Vest lauten 603 km² und 27 000 Einwohner, d.h. 45 je km². Im Herzogtum lebten auf 3854 km² ca. 100 000 bis 125 000 Menschen, d. i. ca. 26 bis 33 Personen auf dem qkm[9]. Diese Zahlen belegen bereits die schwächeren wirtschaftlichen Verhältnisse im kölnischen Westfalen. Sie sind z.T. auf die naturräumliche Ausstattung zurückzuführen. Aber nicht nur, wie ein Vergleich mit der Grafschaft Mark zeigt. Hier fanden auf 1705 km² 137 000 Menschen, also fast 80 auf einem km², ihr Auskommen - und dies trotz ähnlicher naturgeografischer Verhältnisse.

Diese Differenz verweist auf deutliche ökonomische Unterschiede, die auch auf die unterschiedliche politische Herrschaft im kurkölnischen und dem märkischen Sauerland zurückzuführen sind.

Trotz der Städtegründungen waren Erzstift, Vest Recklinghausen und kurkölnisches Sauerland weitgehend agrarisch ausgerichtet. Ein gro-

45

Durch Wasserkraft betriebenes Hammerwerk (Reck- oder Zainhammer), Quelle: Ch. Weigel, Abb. d. gemeinnützl. Hauptstände 1698.

ßer Teil der Städter lebte als Ackerbürger von der Landwirtschaft. Im Norden, am Hellweg und auf der Haar konnten verschiedene Getreidearten angebaut und mit gutem Erfolg Vieh gezüchtet werden. Im südlicheren Bergland blieb es bei Hafer, Gerste und Buchweizen. Es dominierte die Weide-/Waldwirtschaft. Bauern bewirtschafteten ca. 55 % des Bodens. Der Rest gehörte zu adligem, geistlichem oder anderem größeren Grundbesitz. Hinzu kam der Gemeinbesitz. Es fehlen Quellen, die über die soziale Schichtung auf dem Lande im Herzogtum genau Aufschluß geben. Die Vollbauern mit Eigenbesitz stellten jedoch nicht die Mehrheit der bäuerlichen Bevölkerung. Die meisten Bauern lebten in ökonomischer (z. B. Erbpacht) und teilweise persönlicher Abhängigkeit von Grundbesitzern. Die Methoden änderten sich über Jahrhunderte wenig.

Hinzu kamen gewerbliche Ansätze. Schon im Mittelalter wurden Erze bei Marsberg, Brilon und Warstein abgebaut. Allerdings brach dieser Bergbau im 30jährigen Krieg zusammen und erholte sich nur langsam. Die Blei- und Zinkerze von Ramsbeck waren schon im frühen Mittelalter bekannt. Am Hellweg wurde Salz gewonnen. Als seit dem 17. Jh. Schiefer als Dachmaterial Verbreitung fand, brach man von Nuttlar über Fredeburg-Schmallenberg und Berleburg bis Laasphe Dachschiefer. Die Verhüttung und Verarbeitung der Erze hielt sich jedoch in Grenzen. Hütten und Hammerwerke fanden sich im Olper, Sunderaner und Briloner Raum. Sie nutzten die Wasserkraft der Flüsse und das Holz der Wälder als Energielieferanten[10]. In Meschede, Fredeburg und Schmallenberg, aber auch in anderen Orten, wie Neheim, wurde die Wolle der heimischen Schafherden zu relativ grobem Strickzeug verarbeitet.

Im 18. Jh. lieferte das kurkölnische Sauerland Brennholz und Holzkohle ins märkische Sauerland. Zudem war es Durchgangsgebiet für die Kornlieferungen in das „Industrie"gebiet der Mark und ins Siegerland. Zu den wichtigsten Kornmärkten zählten u.a. Menden, Arnsberg und Meschede. Getreide und Vieh kamen aus dem Hellwegteil des Herzogtums[11].

Insgesamt blieb das Gewerbe im kölnischen Sauerland bei der Erzeugung von Halbzeugen stecken. Böse Zungen behaupten, daß das Herzogtum den Bischöfen v. a. als Jagdrevier diente. An seiner gewerblichen Entwicklung waren sie weniger interessiert. Zu spät leitete der letzte Kölner Kurfürst und Erzbischof, Erzherzog Maximilian Franz, Ende des 18. Jh. einige Reformen ein. Sie konnten jedoch grundlegende Mängel insbesondere in Verwaltung und Justiz, die auch Gewerbe und Wirtschaft behinderten, nicht mehr beseitigen. V. Dohm schrieb 1802 kurz und bündig: *„Der größte Teil der itzigen Bedienten würde wegen seiner Fähigkeiten und Moralität als unbrauchbar entlassen werden müssen,..."*.[12]

Ganz anders in der Grafschaft Mark[13]. Seit dem 15. Jh. entwickelte sich hier eine z. T. sehr spezialisierte Metall- v.a. Kleineisenindustrie. Hütten, Hämmer, Walzen und Rollen lieferten eine sehr differenzierte Produktpalette z. T. über Köln bis ins Ausland. Ihre Energiebasis war die reichlich vorhandene Wasserkraft der Flüsse sowie das Holz der Wälder. Aufgrund des Raubbaus mußte jedoch zunehmend Holzkohle aus dem kurkölnischen Sauerland eingeführt werden. 1614 fiel die Grafschaft an Brandenburg. Die merkantilistische preußische Wirtschaftspolitik förderte das Gewerbe zielstrebig und durchaus erfolgreich.

Der Wirtschaftsentwicklung entsprachen die Verkehrs- und Handelsbeziehungen des Herzogtums. Sie reichten im Mittelalter - vermittelt über die Hanse - weit über das Herzogtum hinaus. Auch später gab es enge wirtschaftliche Beziehungen zu Gebieten, die politisch und religiös durchaus unterschiedliche Wege gingen, z.B. die preußische Mark oder das Siegerland. Dabei spielte Köln als überregionales Handelszentrum auch für das Herzogtum eine überragende Rolle.

Schon im Mittelalter berührten wichtige überregionale Handelsstraßen, wie der Hellweg, die Region.[14] Außerdem verlief zumindest eine wichtige Nord-Süd-Verbindung von Osnabrück bzw. Münster u.a. über Soest und Arnsberg weiter in Richtung Frankfurt und Mainz. Nach Köln führte eine Verbindung, die von Kassel über Korbach und Grevenbrück nach Westen lief. Dennoch ist nicht zu übersehen, daß das Herzogtum im wesentlichen abseits der großen Handelswege lag. Die tiefeingeschnittenen, kleinräumigen Täler behinderten den Verkehr mehr, als daß sie ihn leiteten. Dabei gab es natürlich lokale bzw. regionale Verbindungen. Sie waren allerdings nicht immer in gutem Zustand - der schon zitierte Schazmann wußte ein Lied davon zu singen. Die Folgen waren dem Zeitgenossen klar:

„Handlung und Kommunikation mit den benachbarten Provinzen stockt wegen der üblen Beschaffenheit der Straßen. Ein jeder sucht gerne die weitesten Umwege, wenn er nur den verschrieenen Namen dieser Landstraßen nennen hört".[15]

Jede Reise war beschwerlich, zeitraubend und mitunter gefährlich. Um 1563 brauchte man zu Fuß etwa dreieinhalb Tage, um von Dortmund nach Arnsberg zu gelangen.[16] Mit Pferd und Wagen ging es nicht viel schneller.

Im kölnischen Sauerland lebte es sich also ruhig und behäbig. Der Alltag verlief in Formen, die über Jahrhunderte entstanden waren. Die bäuerliche Selbstversorgung spielte eine große Rolle. Im Mittelpunkt des Denkens stand der Hof. In den kleinen Städten und Orten kreiste das Leben innerhalb des mittelalterlichen Mauerrings um Kirche, Rathaus und Pfarrhaus, vielleicht auch noch um die Schule. Eine kleine Ausnahme bildete lediglich das Residenzstädtchen Arnsberg. Jeder kannte jeden. Neuem, Fremdem begegnete man mit Mißtrauen und Ablehnung. V. a. die Landstände, und hier besonders der Adel, wahrten erfolgreich die alte Ordnung und die eigenen Privilegien. So konnten sie sich weitgehend von jeder Steuerlast befreien. Verwaltung und Justiz – aber auch die sozialen Verhältnisse insgesamt – verkrusteten. Allerdings vermittelte diese Überschaubarkeit und Stagnation den Untertanen auch Sicherheit und Lebenszufriedenheit.[17] Die Bevölkerung war überwiegend persönlich frei.

Krisen

Doch diese alte landwirtschaftlich-gewerbliche Ordnung stieß im 18. Jh. an ihre ökologischen Grenzen.

In der zweiten Hälfte des 18. Jh. wuchs die Bevölkerung über die traditionellen Nahrungsmöglichkeiten hinaus.[18] Recht- und besitzlose bäuerliche Unterschichten nahmen zu und fanden kein Auskommen mehr. Ziegen verwüsteten manche Gemeinweiden. Erzbischöfliche Verbote und Beschränkungen der Ziegenhude wurden jedoch immer wieder aufgehoben, da die Ziege die *„Kuh des kleinen Mannes"* geworden war. Ende des 18. Jh. beschränkte manche Stadt die Aufnahme von Neubürgern. Schon vorher waren die Handwerkerzünfte zu geschlossenen Gesellschaften geworden. Der *„Pauperismus"*, das ländliche Massenelend des frühen 19. Jh., kündigte sich an.

Holzkohle, Energiebasis der Eisenverhüttung, wurde knapp und teuer. Schon 1679 verbot der Erzbischof die Ausfuhr von Holzkohle. 1768 wurde der Erlaß erneuert. Die eigenen Hütten und Schmieden im Raum Olpe benötigten Holzkohle aus dem Herzogtum. Um 1809 waren etwa 50% der Waldflächen im Amt Olpe kahl geschlagen.[19] Noch nach 1800 verschlangen die relativ kleinen Sauerländer Hütten den jährlichen Ertrag von fast 90% der Waldungen der alten Kreise Arnsberg und Meschede. Auch v. Dohm führt 1802 Klage über den schlechten Zustand der Forstwirtschaft im kölnischen Sauerland.[20]

Die ökonomische Stagnation wurde nach der politischen Neuordnung ab 1800 nur allmählich überwunden. Der starke Konkurrenzdruck zunächst der englischen Textilindustrie traf auch das ländliche Heimtextilgewerbe im Sauerland. Moderne, auf Steinkohle beruhende Verfahren der Eisenverhüttung und -verarbeitung brachten bis Mitte des 19.Jh. die Eisenhütten in der Region zum Erliegen. Das ländliche Massenelend nahm zu. Noch 1829 mußten in den Kreisen Arnsberg und Brilon etliche Gemeinden von der preußischen Regierung sogar mit Salz unterstützt werden.

Die politische Umwälzung bot jedoch die Chance der wirtschaftlichen Neuorientierung. Als die politischen Bindungen an Köln aufgehoben wurden, vereinfachten sich die Beziehungen zu benachbarten Wirtschaftszentren wie Lüdenscheid, Iserlohn oder Dortmund.

Auf eigenen Wegen in die Moderne

Das Zusammenspiel mehrerer Faktoren und Entwicklungen verbesserte die wirtschaftliche Lage der Region: natürliche Standortfaktoren (Wasserkraft), öffentliche Infrastrukturmaßnahmen, die projekt- bzw. personengebundene

Winterberg um 1800. Eine karge, fast heideartige Landschaft bedeckte
noch um 1800 Teile des Sauerlandes. Aus: F. Schazmann, Abb. n. Westfalia Picta, Bd. 1, S. 249

Wirtschaftsförderung der Provinzregierung und vor allem private Initiativen besonders aus dem Märkischen Raum. Welche Widerstände dabei zu überwinden waren, zeigen viele Klagen früher Unternehmer über fehlende qualifizierte Arbeiter.

Der Mangel an Erzen und Kohle erweist sich aus heutiger Sicht als Vorteil. Das Ruhrgebiet entwickelte sich in der 2. Hälfte des 19. Jh. zu einem schwerindustriellen Zentrum mit all seinen bis heute spürbaren Risiken, ökologischen Belastungen und sozialen Spannungen. Die Randregionen Bergisches Land, Märkisches und ehem. kölnisches Sauerland beschritten dagegen einen anderen Weg in die Moderne. Ähnlich wie im Württemberg des 19.Jh. verlief die Industrialisierung hier vorsichtiger, in kleinteiligeren Formen und dezentraleren Einheiten. Sie blieb schonender für Mensch und Umwelt. Schwerindustrielle Ansätze - etwa in Hüsten - blieben lokal beschränkt. Freilich gewann das Ruhrgebiet als Lieferant und wichtiger Abnehmer für die Region größte Bedeutung.

Schon in den 1830ern fielen noch heute wirksame Strukturentscheidungen. Es entstand ein vielseitiges, flexibles Gefüge aus Klein- und Mittelbetrieben, die z.T. noch heute in Familienbesitz sind. Typisch sind sogenannte „*Kellerbetriebe*"[21] - Kleinstunternehmen, wie sie auch im Märkischen Raum vorkamen. Mitunter entwickelten sie sich zu großen Betrieben. Häufig machten sich Mitarbeiter schon bestehender Betriebe selbständig. Neben der Papierherstellung auf der Basis des Rohstoffes Holz, frühen Ansätzen der Chemie- und der Textilindustrie, zahlreichen Betrieben aus dem Bereich Steine und Erde - besonders Kalk- und Schiefergewinnung - sowie nicht zuletzt der Brauindustrie in Warstein und Grevenstein, dominiert bis heute die Metallverarbeitung. In Neheim und Sundern konzentrierten sich mehrere Unternehmen in der 2. Hälfte des 19. Jh. auf die Herstellung von Beleuchtungskörpern, zunächst Petroleumlampen. 1882 wies der Kreis Arnsberg - gemessen an der Bevölkerung - die höchste Konzentration an Arbeitsplätzen in der Lampenindustrie im Deutschen Reich auf.[22] Der Durchbruch zur Industrialisierung folgte dann um 1900.[23]

Der Ausbau der Verkehrswege, besonders des Eisenbahnnetzes in der 2. Hälfte des 19. Jh. trug erheblich dazu bei. Dies gilt besonders für die Orte im Westen der Region, z.B. Neheim, Hüsten und Sundern. Die Einwohnerzahl Neheims und Hüstens vervierfachte sich zwischen 1860 und 1900. Sie zeigt damit eine deutlich größere Dynamik als das Verwaltungszentrum Arnsberg und andere, ländlicher geprägte Orte.

Die landschaftsprägende Kraft der Industrialisierung und des politisch-gesellschaftlichen Wandels im 19. Jh. zeigt sich jedoch weniger in Bauten und Fabriken, als vielmehr im Wandel der Wälder. Viele der heutigen sauerländischen Waldbestände, v.a. die Nadelhölzer, sind Ergebnisse der Aufforstung im 19. Jh. Schon die hessische Regierung förderte ab 1803 die Aufforstung mit Fichten. Wald wurde zum Nutzwald, er lieferte Stollen- und Grubenholz, Masten, Schwellen, Bau- und Möbelholz. Hochwald verdrängte Niederwald und Heideflächen.[24] Die heute von Touristen so geschätzten sauerländischen Wälder sind erst im 19. Jh. geschaffen worden. Impulse von außen veränderten in der zweiten Hälfte des 19. Jh. auch die Landwirtschaft insgesamt. Die forcierte Auflösung der gemeinsam genutzen Flächen änderte die Besitzverhältnisse. Neue Methoden und Techniken veränderten den Anbau. Nicht zuletzt die Nachfrage aus dem Ballungsraum Ruhrgebiet förderte die Milchviehwirtschaft.[25]

Eine abrupte, überstürzte Abkehr von traditionellen Lebensformen ist jedoch nirgendwo zu erkennen. Zwar entstand mit der Industriearbeiterschaft eine neue Schicht. Viele von ihnen hielten jedoch einen landwirtschaftlichen Nebenerwerb aufrecht. Das katholisch-ländlich geprägte Milieu blieb bis weit in das 20. Jh. hinein ungebrochen. Eine Tatsache, die wesentlich zur Existenzsicherung und sozialen Stabilität in den Krisenjahren des 20. Jh. beitragen sollte.

Die Gleichzeitigkeit des Ungleichzeitigen mag abschließend ein Fall aus Neheim in den 1840ern verdeutlichen: Unklare noch aus dem Mittelalter herrührende Besitzverhältnisse verhinderten hier die Ansiedlung eines holzverarbeitenden Betriebes und damit den Aufbau der ersten Neheimer Dampfmaschine. Es sollte noch zehn Jahre dauern, bis dieses Symbol der Industrialisierung auch in Neheim rauchte.

4. Raum zwischen Zeiten

Das kölnische Westfalen um 1800 - eine Region zwischen Zeiten? Kein Zweifel, um 1800 überschlagen sich nicht nur die politischen Ereignisse. Es scheint fast, als seien sie die Katalysatoren längst überfälliger Veränderungen. Die Zeit um 1800 ist eine Knotenzeit, eine Zeit des Noch und Schon. Schon vor dem Ende der kurkölnischen Herrschaft wurden die alten Lebensweisen in Frage gestellt. Das Ende einer Epoche der longue durée fällt hier - sicher nicht zufällig - mit einem politischen Umbruch zusammen. Wirtschaft und Gesellschaft verändern sich. Doch noch sind mittelalterliche Züge unübersehbar - die Dauerhaftigkeit der Verwaltungsgrenzen und der konfessionellen Bindungen sind dafür deutliche Zeichen. Doch unumkehrbar ging das Herzogtum in die Industrialisierung. Diese ganz Europa erfassende Entwicklung bekam in der Region jedoch ihre besonderen Konturen: Um 1800 nahm das kölnische Sauerland seinen eigenen Weg in die Moderne.

Anmerkungen:
1 Zitiert nach Bruns, Straßen, 1992, a.a.O., S. 135f.
2 Zitiert nach Gebauer, Herzogtum, 1943, a.a.O., S. 254.
3 Vgl. Braudel, Mediterranée, 1949, a.a.O.
4 Vgl. Mayr, Wirtschaftsräume, 1984, a.a.O., S. 25ff.
5 Vgl. Hömberg, Siedlungsgeschichte, 1938, a.a.O., S. 8ff.
6 Zu Folgendem vgl. Janssen, Erzstift, 1980, a.a.O., und Mayr, Wirtschaftsräume, 1984, S. 26f.
7 Vgl. IHK für das Südöstliche Westfalen zu Arnsberg (Hg.), 1994, a.a.O.
8 Vgl. Blotevogel, Raumbeziehungen, 1975, a.a.O., S. 220f.
9 Vgl. Janssen, Überblick, 1985, a.a.O., S. 37 und von Dohm, zitiert nach Gebauer, Herzogtum, 1943, a.a.O., S. 246f.
10 Vgl. Friedrich, Sundern, 1990, a.a.O., und Tacke-Romanowski, Wasserkraft, a.a.O., 1990.
11 Vgl. Müller-Wille, Westfalen, 1952, a.a.O., S. 226f.
12 Zitiert nach Gebauer, Herzogtum, 1943, a.a.O., S. 254.
13 Vgl. Mayr, Wirtschaftsräume, 1984, a.a.O., S. 29.
14 Vgl. Weczerka, Verkehrswege, 1980, a.a.O., S. 301f.
15 F. Schazmann, zitiert nach Bruns, Straßen, 1992, a.a.O., S. 135.
16 Vgl. Weczerka, Verkehrswege, 1980, a.a.O., S. 302.
17 Vgl. Janssen, Erzstift, 1980, a.a.O., S. 142.
18 Vgl. Wischermann, Industrialisierung, 1984, a.a.O., S. 44 und Janssen, Überblick, 1985, a.a.O., S. 38.
19 Vgl. Schöne, Herzogtum, 1966, a.a.O., S. 80ff. und Senger, Sauerland, 1984, a.a.O., S. 174ff.
20 Vgl. nach Gebauer, Herzogtum, 1943, a.a.O., S. 249f.
21 Wenzel, Strukturzonen, 1970, a.a.O., S. 57.
22 Vgl. Statistik/Kaiserliches Statistisches Amt (Hg.), Statistik, Bd. 2, 1884, a.a.O., S. 556.
23 Vgl. insgesamt für Neheim: BJB (Brökelmann, Jaeger und Busse), Licht, 1992, a.a.O., S. 8ff.
24 Vgl. Müller-Wille, Westfalen, 1952, a.a.O., S. 251ff. vor allem S. 259.
25 Vgl. Senger, Sauerland, 1984, a.a.O., S. 167ff.

Statte des Uhralten ErtzStiffts Cöllen Rheinischen Theilß.

Andernach · Neuß · Bonn · Arweiler
Lintz · COLONIA METROPOLIS · Rheinbach
Brüel · Kayserswerth

APOLGIA
des
ErtzStiffts Cöllen
wider
Burgermeister vnd Rhatsdehen Haupt Statt Cöllen auff das Churfürstlich Manifest abgangenen vermeinten gegen berichts.

S. PETRVS — ARCHIEP. COLON

Jerem. Cap. 31. vers. 22.

Revertere Virgo Israel, revertere ad Civitates istas tuas, Vsquequo delicijs dissolueris filia vaga? Quia creauit Dominus nouum super terram.

Lechenich · Linn
Vrdingen · Kempen · Vnckel · Zülpich
Rheinberck · Dursten · Meckenheim · Recklinghausen · Sons

12

Die Stadt Arnsberg um 1800

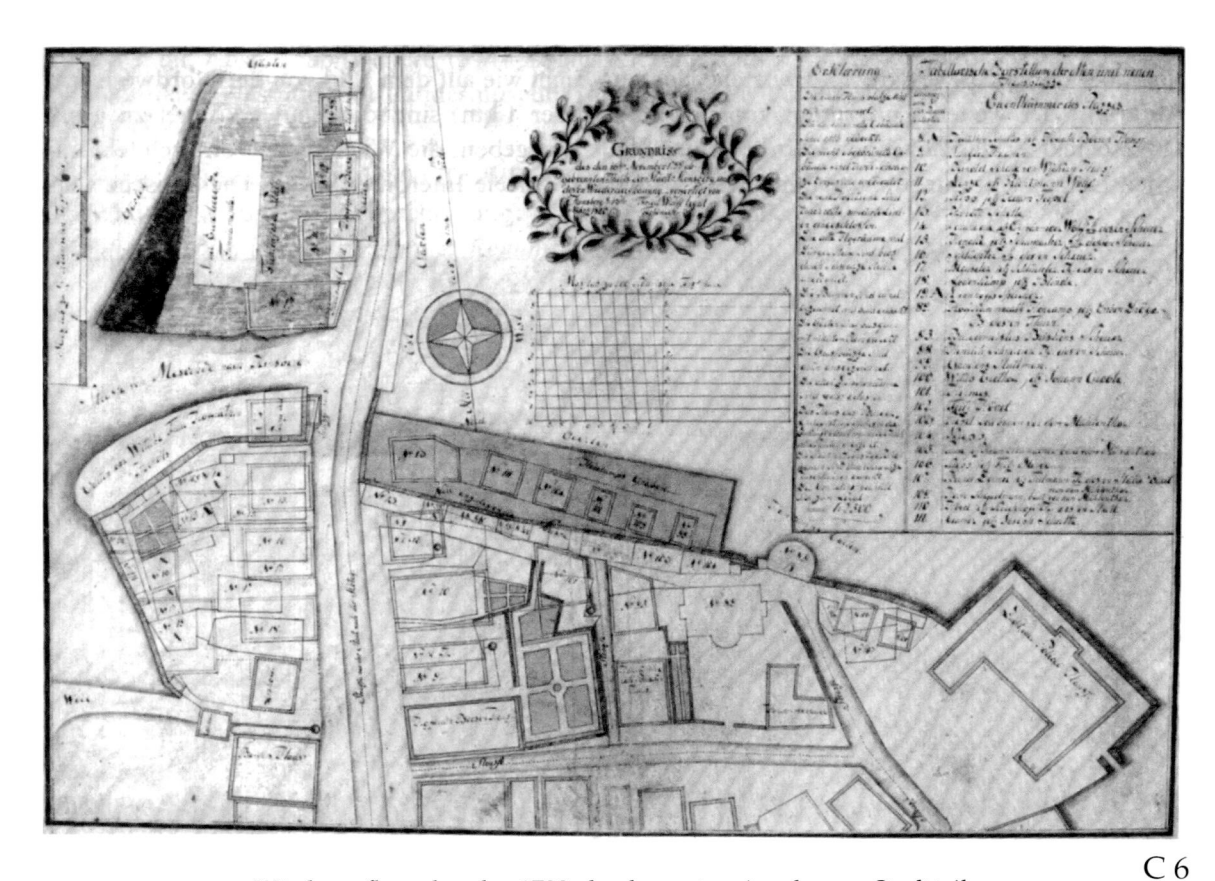

Wiederaufbauplan des 1799 abgebrannten Arnsberger Stadtteils

„Grundriss des den 16ten November 1799 abgebrennten Theils der Stadt Arnsberg, und dessen Wiederaufbauung. – verfertigt von Fried. Wulff legal Feldmesser. Arnsberg d. 13ten März 1800."
(Die Karte ist gesüdet, Norden findet sich unten! Rechts der Grundriß des Zuchthauses, später Regierung, heute Verwaltungsgericht. In der linken Planhälfte der Steinweg/Alter Markt, der südlich durch das Klostertor aus der Stadt hinausführt. Nach Osten zweigt der „Lindenberg" ab. Gut erkennbar sind der Verlauf der Stadtmauer, der Honkamps Turm und die Zangenform des Klostertores (Original im Sauerland-Museum, Arnsberg)

C 6

Die Verhältnisse in Arnsberg zur Zeit des letzten Kölner Kurfürsten

Carl-Matthias Lehmann

Im Sommer 1794 drohte der Anmarsch französischer Revolutionstruppen auf linksrheinische Gebiete.

Der letzte Kölner Kurfürst und Erzbischof Maximilian Franz bestimmte deshalb im Juli 1794 das Prämonstratenserkloster Wedinghausen, bis ins 19. Jahrhundert außerhalb Arnsbergs gelegen, als Ausweichquartier für das Domkapitel und den Domschatz.[1]

Die meisten emigrierenden Beamten sollten hingegen Unterkunft bei Privatpersonen in der Stadt suchen.

Welche Bedeutung die Provinzhauptstadt des ehemaligen Herzogtums Westfalen zu dieser Zeit hatte und wie sich das Leben der Arnsberger im allgemeinen gestaltete, sind die zentralen Themen, die im nachfolgenden knapp dargestellt werden sollen. Außerdem wird darauf eingegangen, was den Kurfürsten motivierte, gerade Arnsberg als Ausweichquartier zu wählen.

Umfang und Größe der Stadt

Eine exakte Darstellung der Verhältnisse in Arnsberg zur Zeit der Französischen Revolution gestaltet sich schwer, da kaum statistisches Material aus der kurkölnischen Zeit existiert. Beinahe alle Angaben über die Größe der Ortschaften des ehemaligen Herzogtums Westfalen lassen sich auf eine Quelle zurückführen. Sie stammt aus dem Jahre 1781 und wurde vom Historiker Harm Klueting im Darmstädter Staatsarchiv wiederentdeckt.[2]

Nach diesem *„Verzeichnis der im Herzogthum Westphalen befindlichen Städte, Freiheiten (...) Aemter, Gerichte und Dörfer (...)"*, besaß die Stadt Arnsberg 1781 ein Kloster, eine Kirche, 252 Wohnhäuser und 88 Nebenhäuser.

Wie exakt diese Angaben sind, ist schwer zu ermitteln. Daß die Größenordnung aber in etwa richtig ist, belegt die Auswertung von Steuerakten durch Ferdinand Menne. Er weist für das Jahr 1779 240 Haushaltungen in Arnsberg nach.[3]

Elisabeth Schumacher geht in ihrer Untersuchung über *„das kölnische Westfalen im Zeitalter der Aufklärung"* davon aus, daß die Stadt im Jahre 1801 noch die gleiche Anzahl von 252 Wohnhäusern umfaßte.[4] Dies ist jedoch unwahrscheinlich.

Durch einen Stadtbrand am 16. November 1799 wurden nach der Ermittlung von Hermann Herbold 33 Wohnhäuser in der Stadt zerstört.[5] Addiert man diese Menge zu den Angaben Schumachers hinzu, müßte Arnsberg Ende des 18. Jahrhunderts aus etwa 285 Wohnhäuser bestanden haben. Sicherlich wird die Ortschaft in den 20 Jahren nach 1781 allein durch die Anwesenheit der vielen hundert Emigranten gewachsen sein, die Annahme aber, daß 33 Häuser gebaut wurden, scheint zu hoch gegriffen.

Neuansiedler mußten nämlich seit einem Ratsbeschluß aus dem Jahr 1768 den Besitz eines Hauses vorweisen, um die Stadt- und Bürgerrechte zu erhalten.[6] Diese Maßnahme hat das soziale Gefüge der Einwohner gestärkt, zügelte aber das allgemeine wirtschaftliche Wachstum enorm.

Wahrscheinlich ist, daß es um 1790 etwa 260 Wohnhäuser in Arnsberg gegeben hat und vor dem großen Stadtbrand im Jahre 1799 etwa 270.

Vergleicht man die Anzahl von 260 Wohnhäusern mit den übrigen Ortschaften, so nahm Arnsberg Ende des 18. Jahrhunderts nur den zehnten Platz im ehemaligen Herzogtum Westfalen ein.

Die größte Ansiedlung im kölnischen Sauerland, nach der Anzahl der Wohnhäuser gemessen, war Geseke (450).[7] Ihr folgten Rüthen (430)[8], Marsberg (410) und die gleich großen Städte Brilon und Werl (beide 406). Eine größere Anzahl an Wohnhäusern besaßen auch Volkmarsen (381), Medebach (362) und die beiden, im Süden des Herzogtums gelegenen, Ortschaften Attendorn (288) und Olpe (275).[9]

Auch über die Anzahl der Einwohner in Arnsberg zur Zeit der Französischen Revolution lassen sich keine exakten Zahlen ermitteln. Ferdinand Menne kommt bei seinen Auswertungen der Kopfschatzliste von 1779 auf etwa 1070 Personen.[10] Von diesen waren 745 über 12 Jahre alt.

Davon wiederum waren 396 weiblichen und 349 männlichen Geschlechts.

Im Durchschnitt lebten also nur 4 Personen in einem Wohnhaus (252 Wohnhäuser im Jahre 1781).[11]

Selbst wenn die Bevölkerungszahl stark schwankte und bestimmte steuerfreie Bürger in der Steuerliste unberücksichtigt blieben, so wird die Stadt bis zum Einzug der kölnischen Emigranten wohl nie über 1200 Einwohner besessen haben.[12]

In der letzten Dekade des 18. Jahrhunderts stieg die Bevölkerungszahl dann rapide an. Beim Einmarsch der hessischen Truppen im Jahre 1802 beherbergte die Stadt 1843 Einwohner, ohne Hinzunahme der Siedlung Obereimer.[13]

Vor 1802 waren die Bewohner fast ausnahmslos römisch-katholischer Konfession, da es schon seit 1608 Andersgläubigen nicht gestattet wurde, sich anzusiedeln und ein Staatsamt zu bekleiden.[14] Diese Verordnung beschränkte natürlich bis in die Zeit des letzten Kurfürsten das Wachstum der Stadt. Erst nach der Besitzübernahme des Herzogtums durch die Preußen (1816) und der Ansiedlung vieler königlicher Beamter, kam es zu einem vormals unbekannten Bauboom.

Untersuchungen darüber, wie viele der Emigranten nach der Okkupation des Herzogtums Westfalen durch hessische Truppen in der ehemaligen Landeshauptstadt blieben und eine neue Heimat fanden, fehlen bisher.

Wirtschaftliche, soziale und kulturelle Verhältnisse

„Arnsperg", so heißt es in einer Beschreibung aus dem 17. Jahrhundert, „ernehret sich von der cantzley hat sonsten von selbsten kein brot."[15]

Diese Aussage hatte im 17., 18. und - sieht man die Bezirksregierung als Nachfolgerin der Kanzlei an - teilweise auch im 19. Jahrhundert seine Gültigkeit.

So berichtet noch der königliche Regierungsrat Jacobi in seiner statistischen Darstellung des Regierungsbezirks Arnsberg aus dem Jahre 1856 über die Stadt:

„An der Ruhr, (...) liegt Arnsberg (...), eine Beamtenstadt, welche außer einer schwunghaft betriebenen Papierfabrik gar keine industrielle Bedeutung hat, selbst in den gewöhnlichen Handwerken durchschnittlich dürftig bestellt ist, wenn gleich man glücklicherweise nicht mehr, wie Justus Gruner im Anfang dieses Jahrhunderts, in derselben den `Charakter der Armuth, Unreinlichkeit und Indolenz überall ausgesprochen' findet."[16]

Die beruflichen Tätigkeiten der von Ferdinand Menne für das Jahr 1779 ermittelten 745 Personen über 12 Jahre verteilen sich folgendermaßen:

„Männlichen Geschlechts: 63 Handwerker, 58 Gehilfen, Knechte Bediente und Jungen, 60 Söhne, 22 Verwandte und Beilieger, 11 Boten, Hirten, Eseltreiber und Tagelöhner, 52 Beamte und freie Berufe, 72 Kaufleute und Bürger, 11 ohne Angaben, zusammen 349.

Weiblichen Geschlechts: 190 Frauen, 59 Töchter, 100 Mägde, 44 Witwen, Verwandte und Beilieger, 3 ohne Angaben, zusammen 396."[17]

Auch wenn sich die Bürgerschaft von 1779 bis zum Ende des 18. Jahrhunderts weiterentwickelte, so blieben die Tendenzen der Bevölkerungsverteilung doch weiterhin bestehen: Industrielle gab es nicht und die Zahl der sogenannten freien Berufe, wie Ärzte und Apotheker, war sehr klein. Neben den Beamten bildeten einzelne Kaufleute, Handwerksmeister oder Gastronomen die finanzielle „Oberschicht". Wer nicht als Handwerker tätig war, versuchte in der Regel als Diener, Tagelöhner oder als Hirte sein Auskommen zu finden.

Allein der Landdroste Freiherr von Spiegel beschäftigte im Jahre 1779 12 Angestellte: einen Koch, einen Kammerdiener, eine Haushälterin, zwei Lakaien, einen Kutscher, einen Reitknecht, einen Brauer, zwei Ziegenmägde und zwei Dienstmägde.[18]

Eine weiterführende Stadtschule existierte vor dem 19. Jahrhundert nicht. Diese Aufgabe übernahm zum Teil das dem Kloster Wedinghausen angeschlossene Gymnasium Laurentianum. Öffentliche Bildungsmöglichkeiten für Schülerinnen bestanden in der Stadt daher gar nicht. Es ist aber anzunehmen, daß höhergestellte Bürger ihre Töchter in die unweit von Arnsberg befindlichen Damenstifte Rumbeck und Oelinghausen zur Unterrichtung schickten. Eine Überprüfung dieser These muß jedoch späterer Forschung überlassen bleiben.

Eine Buch- oder Leihbuchhandlung fehlte in Arnsberg im 18. Jahrhundert ebenso wie eine öffentlich zugängliche Bibliothek. Zwar besaß das schon erwähnte Kloster Wedinghausen eine umfangreiche Büchersammlung, doch ist kaum anzunehmen, daß diese allgemein zugänglich war. Außerdem wird die Literatur der Mönche kaum dem Interesse der wenigen bürgerlichen Leser des 18. Jahrhunderts entsprochen haben.

Arnsberg im Jahre 1810 (aus: Rheinisches Taschenbuch 1811)

Um nicht ganz auf die zur damaligen Zeit verhältnismäßig teure Literatur verzichten zu müssen, gründeten einige Bürger Anfang der 90er Jahre eine *„literarische Gesellschaft"*.[19]

Die Gesellschaft kaufte gemeinsam Bücher an, die dann von den Mitgliedern kostenlos ausgeliehen werden konnten.

Vielleicht entstand hieraus später die Kasinogesellschaft, ein Gesellschafts- und Unterhaltungsverein, der sich in anderen Städten zu dieser Zeit analog entwickelte.[20]

Schon ab Juni 1784 bot die Berliner Buchhandlung Haude & Spener von Lippstadt aus Bücher zum Kauf an.[21] Sicherlich verhinderte die strengere Zensur die Eröffnung eines Buchladens in Arnsberg selbst, doch mangelte es darüber hinaus auch an einem lesekundigen Publikum.

Ein Kasino oder ein anderer öffentlicher Treffpunkt war ebenfalls nicht vorhanden. Dies wurde erst unter preußischer Herrschaft eingerichtet.[22] Der große Saal im Alten Rathaus diente neben einigen Gasthäusern zeitweise als Tanzparkett für Feiern und Schauspielaufführungen.[23]

Doch werden diese von der *„Beamten- und Selbständigenschicht"* veranstalteten Festlichkeiten nur bedingt für die Allgemeinheit zugänglich gewesen sein.

Sogar die heute noch außerordentlich beliebten jährlichen Schützenfeste waren 1786 von Kurfürst Max Friedrich verboten worden und lebten erst unter den Preußen wieder neu auf.[24]

„Spiel um einen sehr mäßigen Preis, Rauchen und Biertrinken macht die Unterhaltung hier aus", hatte der schon genannte Justus Gruner um 1800 in

seiner Reisebeschreibung über Arnsberg angemerkt.[25]

Zum *„Spiel, Rauchen und Biertrinken"* trafen sich die Bürger, die es sich leisten konnten, in den zumeist nebentätig betriebenen Schankstuben.

Auch wenn Gruners Beschreibung häufig zu Recht kritisiert wird, trifft die Tendenz, daß Arnsberg bis ins 19. Jahrhundert hinein aus wirtschaftlicher, kultureller und bevölkerungsmäßiger Sicht, im Gegensatz zu anderen Städten des kölnischen Gebietes, relativ unbedeutend war, zu.

Die Wahl Arnsbergs

In dieses kleinstädtische Leben flohen im Herbst 1794 die *„weltmännischen"* Emigranten des Kölner Domstiftes. Durchweg *„hochwürdigste, duchlauchtigste, hoch- und wohlgeborene, gnädigste gnädige"* Herren.[26]

Dazu kamen die Beamten des Bonner kurfürstlichen Oberappellationsgerichts und viele französische Emigranten.

Zwar liegen keine offiziellen Zahlen vor, doch wird sich die häufig schwankende Anzahl der Flüchtlinge manchmal auf 600 Personen belaufen haben.[27]

Man mag sich vorstellen, welch ein Aufsehen die Anwesenheit dieser Herrschaften bei den von Attraktionen nicht verwöhnten Arnsberger Bürgern auslöste.[28]

Was aber für die Bürgerschaft eine Attraktion war, muß auf die Flüchtlinge gegenteilig gewirkt haben. Johannes Nattermann bezeichnet die Arnsberger Zeit für die Kölner Domherren sogar als *„im Elend"*, wobei er aber vor allem die politische Handlungsunfähigkeit meint und nicht allein die Verhältnisse der Stadt.[29]

Wahrscheinlich reute es den Kurfürsten Ende des 18. Jahrhunderts, daß er sein im Siebenjährigen Krieg zerstörtes Arnsberger Schloß nicht hatte wiederaufbauen lassen.

So mußten viele seiner Beamten Unterkunft bei Privatpersonen in der Stadt suchen.

Das Domkapitel fand im Kloster Wedinghausen Unterkunft, wo der damalige Abt das Prälaturgebäude zur Verfügung stellte. Man ging wohl davon aus, daß es sich bei dem Aufenthalt nur um eine kurz befristete Zeit handelte.

Sieht man auf den provinziellen Charakter der Stadt um 1794, so stellt sich die Frage, was den Kurfürsten bewegte, Arnsberg als Ausweichquartier des Domkapitels und Schatzes zu wählen.[30]

Sicherlich spielte die Bedeutung des Klosters Wedinghausen, die in einem Aufsatz des vorliegenden Katalogs gesondert dargestellt wird, eine gravierende Rolle.

Darüber hinaus war Arnsberg durch die ansässige Kanzlei und die sogenannte Oberkellnerei schon seit Jahrhunderten Verwaltungshauptstadt des kurkölnischen Herzogtums Westfalen. Hier wurden die Landtage abgehalten und es wohnten - wie beschrieben - relativ viele landesherrliche und landständische Beamte am Ort.

Durch ihre hohe Anzahl hatte Arnsberg eine völlig andere Bevölkerungsstruktur als die übrigen Städte des Herzogtums.[31]

Klueting schreibt darüber: *„Das Besondere in Arnsberg waren aber nicht diese Bevölkerungsverhältnisse, sondern die Zusammensetzung und soziale Schichtung der Bevölkerung, d. h. der Anteil hauptstadtspezifischer Bevölkerungsteile wie der Beamten an der Gesamtbevölkerung und der dadurch bedingte Grad der sozialen Ungleichheit in der Stadt."*[32]

Die sauerländische Residenz der Kurfürsten bot also schon allein durch die Anwesenheit des ausgebildeten und eingespielten Beamtenapparats größte verwaltungstechnische Vorteile und vielleicht auch stärkere militärische Sicherheit.[33]

Auch die oben ermittelte Tatsache, daß nur vier Personen in einem Haus lebten, mag ein Beweggrund gewesen sein. Es gab dadurch verhältnismäßig viel Wohnraum in der Beamtenstadt. Geht man davon aus, daß im Jahre 1799 mit den Emigranten etwa 1850 Menschen in 270 Häusern lebten, errechnet sich ein Durchschnitt von nur sieben Personen pro Haus.

Außerdem hatten sich die Bewohner der sauerländischen Bergstadt nie als besonders progressiv in der Geschichte hervorgetan. Man bewegte sich in traditionell ländlich-kleinstädtischen Bahnen, die weit entfernt von den Ideen und Vorstellungen der Zeit waren. Zwar trifft das viel zitierte Bild des westfälischen Reisenden Gruner, der eine offenkundige Abrechnung mit allen kirchlichen Staaten seiner Zeit betreibt, nicht gänzlich zu, jedoch konnten aufklärerische Ideen und Reformen meist nur von *„oben herab"* und oft erst unter Androhung von Strafen verwirklicht werden.[34]

Diese Tatsache wird die Entscheidung des letzten Kölner Kurfürsten zugunsten von Arnsberg als Aufenthaltsort für das Domkapitel und Teile des Domschatzes entscheidend beeinflußt haben.

In Arnsberg konnte man sich auf die Loyalität der treuen, konservativen Bürger verlassen. Gerade sie werden den Anmarsch der französischen Truppen selbst besonders gefürchtet haben. Ihre Stadt hatte seit über 400 Jahren die kurkölnische Herrschaft nicht gewechselt. Und hatte es hier auch wenig geistige Blüten und keinen finanziellen Wohlstand gegeben, wie in anderen Regionen des deutschen Duodezstaatengeflechts, *„ließ es sich unter dem Krummstab doch gut leben"*. Es gibt keine Berichte, daß das Volk hier so stark unter dem Steuerdruck zu leiden hatte wie es in manchen absolutistischen Fürstenstaaten der Fall war, wo baulustige Regenten ihre Untertanen rücksichtslos ausbeuteten.

Anmerkungen:

1 Eduard Hegel, *Geschichte des Erzbistums Köln*, Bd. 4, Köln 1979, S. 482.
2 Harm Klueting, *Statistische Nachrichten über das Herzogtum Westfalen aus dem Jahre 1781*, in: Westfälische Forschungen 30 (1980), S. 124-141. Klueting gibt auch einen Überblick über den allgemeinen Quellenstand.
3 Ferdinand Menne, *Arnsbergs Bürgerschaft aus 3 Jahrhunderten*, Arnsberg 1938, S. 45.
4 Elisabeth Schumacher, *Das kölnische Westfalen im Zeitalter der Aufklärung unter besonderer Berücksichtigung der Reformen des letzten Kurfürsten von Köln, Max Franz von Österreich*, (Landeskundliche Schriftenreihe für das kölnische Sauerland, Bd. 2), Olpe 1967, S. 267. Es läßt sich nicht sicher feststellen, wo sie diese Angaben ermittelte. Wahrscheinlich stammen sie aus der gleichen Quelle wie Manfred Schöne, *Das Herzogtum Westfalen in der Sicht eines Preußen (1797)*, in : Westfälische Forschungen 20 (1967), S. 194-208. Klueting konnte nachweisen, daß Schönes Informationen mit seiner Quelle identisch sind.
5 Hermann Herbold, *Die städtebauliche Entwicklung Arnsbergs von 1800 bis 1850*, (Städtekundliche Schriftenreihe über die Stadt Arnsberg, Heft 1), Arnsberg 1967, S. 16.
6 Karl Féaux de Lacroix, *Geschichte Arnsbergs*, Arnsberg 1895, S. 275. Die sehr baufreudigen Preußen errichteten als Vergleich in 14 Jahren 72 neue Häuser.
7 Die Zahl (260) aus dem Jahre 1790 wird mit den Zahlen aus dem Jahr 1881 verglichen. Natürlich haben sich in den anderen Städten auch Veränderungen in diesem Zeitraum vollzogen. Da aber nur die Stellung der Stadt Arnsberg unter den anderen Ortschaften der Region Ende des 18. Jahrhunderts ermittelt werden soll, sind die genauen Zahlenangaben nicht bedeutend.
8 Zur Stadt Rüthen addierte man die Dörfer Altenrüthen, Meiste und Knebinghausen. Vgl. Klueting, *Statistische Nachrichten*, S. 125. Bei der Angabe Schumachers liegt ein übernommener Rechenfehler vor.
9 Schumachers und Kluetings Zahlen stimmen überein.
10 Menne, S. 45.
11 Dies ist eine erstaunlich geringe Anzahl. Es bekräftigt den Verdacht, daß die Häuserzahl vielleicht doch kleiner war, oder bei weitem nicht alle Einwohner in der Steuerliste geführt wurden. Nachweise gibt es dafür bislang jedoch nicht.
12 Auch Klueting kommt zu diesem Ergebnis. Harm Klueting, *Arnsberg als Hauptstadt und Wechselresidenz in der Zeit der Kölner Kurfürsten (1371-1802)*, in: 750 Jahre Arnsberg. Zur Geschichte der Stadt und ihrer Bürger, hrsg. v. Arnsberger Heimatbund, Arnsberg 1989, S. 65-108, hier S. 92.
13 Féaux, *Geschichte Arnsbergs*, S. 552.
14 Ebd., S. 274 u. 513.
15 Zitiert nach Helmut Lahrkamp: Ein Bericht über den Zustand des Sauerlandes aus dem Jahre 1677, in: Westfälische Zeitschrift 116/1966, S. 101-107.
16 Ludwig Herrmann Wilhelm Jacobi, *Das Berg-, Hütten- und Gewerbe-Wesen des Regierungs-Bezirks Arnsberg in statistischer Darstellung*, Iserlohn 1857, S. 42/3. Selbst heute ist der größte Arbeitgeber der mittlerweile zu „Alt-Arnsberg" gewordenen Stadt die Regierung geblieben.
17 Menne, S. 45.
18 Ebd.
19 Ernst Rehermann, *Die literarische Gesellschaft in Arnsberg*, in: Heimatblätter. Zeitschrift des Arnsberger Heimatbundes e.V., Nr. 6 (1985), S. 61-65.
20 Vgl. Reinhard Wittmann, *Geschichte des deutschen Buchhandels. Ein Überblick*, München 1991, S. 189 f.
21 Féaux, *Arnsberg*, S. 565.
22 Karl Féaux de Lacroix, *Die Arnsberger Kasinogesellschaft 1818-1918. Geschichtliches Gedenkblatt zur Feier ihres hundertjährigen Bestehens*, Arnsberg 1918.
23 Ebd., S. 5.
24 Féaux, *Geschichte Arnsbergs*, S. 316.
25 Justus Gruner, *Meine Wallfahrt zur Ruhe und Hoffnung oder Schilderung des sittlichen und bürgerlichen Zustandes Westphalens am Ende des 18. Jahrhunderts*, 2 Bde., Frankfurt a. M. 1802/03, hier Bd. 2, S. 397.
26 Johannes Christian Nattermann, *Das Ende des Alten Kölner Domstiftes*, Köln 1953, S. 12 f.
27 Nach der oben aufgestellten Rechnung lebten um 1794 höchstens 1200 Personen in Arnsberg, 1802 waren es 1843.
28 Die Folgen, die die vielen Emigranten für Arnsberg mit sich brachten, sind noch lange nicht erfaßt. So stellte Pfarrer Wahle bei der Untersuchung von Kirchenbüchern dieser Zeit fest, daß es nach 1794 zu einer Lockerung der Sitten kam und der Anstieg der unehelichen Geburten eine bislang unbekannte Größe erlangte (Walter Wahle in einem Schreiben ans Arnsberger Stadtarchiv vom 27. 6. 1994). Dies verdeutlicht wieder, daß die Wende vom 18. ins 19. Jahrhundert für das kurkölnische Sauerland nicht nur politisch, sondern auch gesellschaftlich als „Sattelzeit" zu bezeichnen ist.
29 Nattermann, S. 65.
30 Die Hofkammer hatte man nach Brilon verlegt, die Landesregierung und den Hofrat nach Recklinghausen und der Kurfürst selbst hielt sich größtenteils in Mergentheim auf. Vgl. Hermann Hüffer, *Rheinisch-Westfälische Zustände zur Zeit der französischen Revolution*, in: Annalen des historischen Vereins für den Niederrhein 26/27 (1874), S. 1-115, hier, S. 7.
31 Klueting, *Arnsberg als Hauptstadt*, S. 93.
32 Ebd., S. 93.
33 Klueting ermittelt nach Mennes Angaben für das Jahr 1779 28 „landesherrliche und landesständische Beamte, Würdenträger und Soldaten" die mit 10,8% die zweitgrößte Gruppe der Arnsberger Steuerzahler bildeten. Vgl. Klueting, *Arnsberg als Hauptstadt*, S. 95.
34 Vgl. Schumacher, S. 264.

D 3

Richard von Arnsberg († um 1190)
als schreibender Prämonstratensermönch
(Ölgemälde, 18. Jh., 1966 verbrannt)

Arnsberg in Beschreibungen aus der Zeit um 1800

Michael Gosmann

Eine stattliche Reihe von Beschreibungen und bildlichen Darstellungen der Stadt Arnsberg und ihrer Umgebung sind uns heute bekannt. Sie reichen bis in das 16. Jahrhundert zurück. Für eine Stadt dieser Größenordnung ist das ein seltener Glücksfall. Natürlich hat Arnsberg diese Tatsache in erster Linie der Funktion als Regierungs- und Residenzstadt des Herzogtums Westfalen zu verdanken. Selbst namhafte Autoren haben Arnsberg und das bemerkenswerte Residenzschloß der Kurfürsten und Erzbischöfe von Köln beschrieben und abgebildet. Auch im Zusammenhang mit Schilderungen des Herzogtums Westfalen wurde die Stadt immer wieder erwähnt.[1]

Gerade um die Wende vom 18. zum 19. Jahrhundert waren Reisebeschreibungen eine gern gelesene Literaturgattung. Diesem Umstand sowie den tiefgreifenden Veränderungen in der Zeit um 1800 haben wir es zu verdanken, daß sich einige farbige Schilderungen der Stadt und ihrer Verhältnisse erhalten haben. Zeitgenossen berichten dabei aus subjektiver Perspektive unter dem Eindruck ihrer Erlebnisse und Erfahrungen, mit vorgefaßten Vorurteilen oder aus gefärbter Erinnerung. Solche Darstellungen verfolgten oft bestimmte Ziele. Nicht immer stand die wahrheitsgemäße Information des Lesers im Vordergrund. Der Bericht sollte unterhaltsam sein oder vielleicht für oder gegen bestimmte Verhältnisse Partei ergreifen.

All das sollte bedacht werden, wenn nachfolgend Texte auszugsweise erneut wiedergegeben oder sogar zum ersten Mal abgedruckt werden. Eine Zusammenschau dieser Beschreibungen ermöglicht es dem Leser, sich eine Vorstellung von der kleinen Stadt in der Umbruch- und Wendezeit um das Jahr 1800 zu machen. Es ist unvermeidlich, daß sich Wiederholungen in den Schilderungen ergeben, die jedoch in Kauf genommen wurden. Für den heutigen Leser sicherlich nicht immer angenehm, wurde bei der Wiedergabe der Texte bewußt die vorgefundene Original-Schreibweise beibehalten, auch wenn sich zur heutigen Orthographie tw. erhebliche Unterschiede ergeben!

Überflüssigerweise sei noch angemerkt, daß ein Großteil der hier referierten historischen Fakten und Ansichten natürlich auch als *„historisch"*, d.h. überholt und veraltet, angesehen werden muß. Auch die Geschichtswissenschaft schreitet voran und vieles, was zur Arnsberger Geschichte damals bekannt war oder als richtig galt, ist heute in den Bereich der Sage zu verweisen.

Wie auch immer die Autoren Arnsberg und dem Herzogtum Westfalen gegenüber eingestellt waren – in einem Punkte waren alle sich einig: Jeder hob die *„herrliche Lage"* der Stadt hervor.

Der Arzt und Mineraloge **Carl Wilhelm Nose** (1753-1835) hat 1791 einen interessanten Bericht über seine Fußreise durch das Herzogtum Westfalen veröffentlicht. Als *„Pionier der Mineralogie und Geologie"* hatte er meist nur ein Auge für die geologischen Verhältnisse des Landes. Über Arnsberg finden wir einen kurzen Hinweis:

„... Nach aller bisherigen Erfahrung ließ sich zwar wohl voraussehen, was für Gebirgsarten, der Grafschaft (Mark) gen West wieder zu, getroffen werden möchten; welchen Weg man auch einschlüge. Allein das Sauerland sollte nun einmal von mehreren Seiten angegangen, die Ruer noch etwas weiter hinab verfolgt seyn. Ein Theil der Gesellschaft ging demnach von Meschede der Ruer nach über Freyenohl auf Arensberg: sind fünf Stunden. Der Kalkstein verläßt nach einer Stunde das Gebirge, welches sich wieder zu einer hohen Thon- oder Sandstein-Schiefer Kette ausbildet. Die Homannsche Charte zeigt sehr gut, durch welche Orte man auf diesem Pfade kömmt, wie die Ruer verschiedenemal paßirt wird, und welche Krümmung sie bey Arensberg macht, das auf einem rückenförmigen, von Nord nach Süd gedehnten Felsen gründet. Man brachte von dort eine dunkel rauchgrüne, matte, ebenbrüchige, (in das Flachmuschelige und grobsplitterige übergehende) an den Kanten durchscheinende Gebirgsart, an deren einer Seite noch Tonschiefer ansteht ...

Von Arensberg nördlich, gegen Werl und Soest zu, verläuft sich das Flözgebirge, wie bekannt, allmählich in weite Ebenen; südwestlich hingegen führen stete

Schieferberge in anderthalb Stunden nach Burghagen. (Hacchen). Das Dorf liegt am Fuß eines Bergs, worauf ein Schloß stand, die Burg genannt. (Rand: Um Arensberg und Balve)"[2]

Der Hofgerichtsrat **Jakob Tillmann von Pelzer**, der von Arnsberg aus in der Zeit von 1795-1798 Briefe an seine in Bonn verbliebene Gattin schrieb, schilderte interessante Details über das Leben in der Stadt. Pelzer logierte im Hause des Kaufmannes Hollenhorst am Alten Markt. Natürlich ist keine Beschreibung Arnsbergs zu erwarten, doch erfahren wir einiges über das Leben und die Verhältnisse, so z. B. über das schwierige Schicksal der Flüchtlinge und Emigranten:[3]

„*Es ist teuer hier* (in Arnsberg) *und die Herrn Westphälinger wissen schon von ihren Mitbürgern vom Rhein zu profitieren. Indessen bin ich überaus gut logiert, auf dem Markte bei einem Herrn Hollenhorst; unser Tisch ist sehr gut bedient, besonders mit Butter, die viel besser ist als bei uns; mein Frühstück ist jeden Morgen anders in Brod. Die Hausleute thuen alles, von dem sie nur von Weitem denken können, daß es mir schmeichele ... Es ist hier jetzo das schönste Wetter von der Welt, ich übe mich also im Bergklettern auf den hiesigen herrlichen Spaziergängen; die Gegend ist schön, wenn auch keine Rheingegend. Im Winter war es fürchterlich, der Kirchengang war wie ein Gletscher..., wir aber hatten diesen Winter über die Woche einmal Ball, viermal öffentlich und dreimal private Gesellschaft...*" (08.06.1795)

„*... Sonst ist das Elend dieser emigrierten Nonnen und Geistlichen nicht zu beschreiben. Die brabänd'schen Auswanderer stehen aber besser. Es sind zwei ganze Abteien männlichen Geschlechts dahier. Die eine hat 18 Pferde bei sich...*" (16.06.1795)

„*... Die Arbeit finde ich hier teuer. Ein paar Schuhe kostet zwei Reichstaler oder einen Kronentaler, ein Hemd zu waschen sechs Stüber. Jedoch letzteres geschieht recht hübsch, man wäscht hier weißer wie zu Bonn. Auf die Arbeit der Handwerker muß man Monate lang warten, und bekommt man sie, so kann man sie kaum brauchen ...*" (25.06.1795)

„*... Alle emigrierten Geistlichen sind beinahe wieder fort. Arnsberg wird mithin ziemlich leer...*" (03.08.1795)

„*... Den 11. hörte man eine so schreckliche Kanonade, daß ein vor der Stadt am Abhange eines Berges wohnender Mann bange war, sein Häuschen möchte vom Zittern der Erde einfallen...*" (07.09.1795)

„*... Arnsberg gefiel uns als etwas Neues, und den Winter brachten wir artig zu. Allein jetzt sind wir die Schönheiten, die sich, wiewohl rar, hier befinden, gewohnt, drei hundert Fremde sind weg, die Gesellschaften klein, die Westphälinger gehen lieber in's Weinhaus und spielen Charmatillen, wobei sie 3-4 Caroline verspielen können. Wenn wir also den Winter hierbleiben, so wird er traurig genug werden.*" (05.10.1795)

„*... Heute war ein großes Fest hier; die Schweine kamen aus der Mast. Man läutete deshalb eine halbe Stunde mit der Sturmglocke und gleich darauf wimmelten die Gassen von Menschen und Schweinen...*" (17.12.1795)

„*...Unsere Karnevalslustbarkeiten sind jetzt recht artig. Sonntag ist Ball, wo im Englischen (Hof) jedesmal bei 15 bis 20 Paare tanzen, viermal die Woche ist auf dem Rathause und dreimal in einem Privathause Gesellschaft; bei beiden wird Pharao gespielt. Auf dem Rathause hält der Doktor Markus, in der anderen Gesellschaft der Geheimrat Arndts und der Hofrat Biegeleben die Bank ...*" (31.01.1796)

„*...Heißa Juchei! Hier gehet es lustig, recht lustig her; den ganzen Tag höret man Violinen und Waldhörner und Juchsen der Leute. An acht Orten wird getanzt. Unser Ball am Sonntag war recht schön, gestopft voll Masken und schön illuminiert ...*" (09.02.1796)

„*.... die Demarkationslinie* (wird) *bis an die Ruhr also uns gegenüber gezogen. Die Franzosen haben die Ruhr untersuchen lassen, ob sie ohne Brücken diesen Fluß passieren können, was leider an vielen Orten möglich ist. Man ist hier also mehr in Angst als jemalen...*" (21.03.1796)

„*.... Die Demarkationslinie geht bis an die Ruhr. Die Häuser uns gerade gegenüber, wie Bonn gegenüber Beuel, liegen also nicht in derselben. Wir sind also Streifereien ausgesetzt...*" (29.06.1796)

„*.... Hier herrschet jetzt eine schreckliche Plage: die Kühe werden in Menge rasend, zwanzig sind schon tot geschossen und täglich werden neue wütend; alle Hunde sind eingesperrt...*" (30.07.1796)

„*...Die Wut unter den Kühen haltet noch beständig an. 24 sind schon eingescharrt und täglich kommen neue zum Vorschein ... Viele Leute trinken weder Milch noch essen sie Rindfleisch, doch dies ist kindisch. Alle Hunde sind eingesperrt woran Arnsberg sowie an Eseln volkreich ist. Die Frau von Goudenau hat die Verdrießlichkeit, daß gerade vor ihrem Fenster* (am Landsberger Hof) *die Kühe eingescharrt werden, und ich, daß in meiner Nachbarschaft der Stall ist, wo sie, um die Contumaz (Quarantäne) zu halten eingesperrt werden. Die armen Tiere schreien Tag und Nacht so jämmerlich, daß einem das Herz im Leibe wehe thut...*" (05.08.1796)

„*...Die Plage der wütenden Kühe hält noch immer an. Schon über 40 Kühe sind getötet und dies traf meistens arme Leute...*" (19.08.1796)

„...Jetzt hören wir auch hier die Kriegstrompete morgens bei der Reveille und abends bei der Retraite. Gestern rückte ein Detachement Preußen, 410 Mann Golzische Husaren, hier ein. Sie haben die Fourage bei sich, der Soldat zahlt, der Offizier geht zum Rittmeister speisen. Hollenhorst bekommt einen ledigen Lieutnant ins Quartier; die anderen sind verheiratet. Ihre Amazonen kommen aber erst heute nach..." (20.01.1797)

„...Heute ist dem Grafen Christian Königsegg sein bestes Pferd gestohlen worden. Es giebt gschickte Pferdediebe hier. Schon das elfte, das gestohlen worden, seit wir hier sind..." (21.01.1797)

„...Nun ist der Karneval vorbei und die Fasten haben angefangen. Ersterer war hier recht brillant und lustig. Diese drei Tage sah man am Tag und Abends wohl bei zweihundert Masken, wiewohl viele recht schmutzig.

Am Sonntag war der Ball sehr schön und die Musik gut. Anfang und Ende wurden durch die preußischen Truppen dem staunenden Volke verkündigt, und zwar bei offenen Fenstern. Am Montag war für vornehme Bürger bei dem Wirte Linhoff Ball, ebenfalls beim Schall der Trompeten. Gestern war der Ball noch schöner als am Sonntag; es wurde Bischof gegeben, ein Trank von Bordeaux-Wein, Zimmet und dergleichen. Ich trank ein Glas für 12 Stüber, allein er schmeckte mir wie Medizin. Nun muß ich Dir noch etwas von den Gebräuchen des hiesigen gemeinen Volkes beim Karneval melden. Den Donnerstag voraus gehen viele Buben mit Bratspießen durch die Stadt und singen, wie bei uns auf Martinsabend. An jedem Haus bekommen sie etwas an den Spieß, an einem ein Stück Wurst an dem andern ein Stück Speck oder etwas Fleisch, und davon machen sie sich lustig. Sonntags bei Anbruch des Tages gehen die Knechte in den Wald und laden viele Wagen mit Holz, diese bringen sie in einer Reihe mit vorhergehender Musik in die Stadt und bekommen für einen jeden Wagen von ihrer Herrschaft einen Reichsthaler. Montags versammeln sich die Mädchen, und wenn sie einen Junggesellen zwischenkriegen, ziehen sie ihm einen Schuh aus und beißen ihn in die große Zehe. Am Dienstag kommt die Reihe an die Junggesellen..." (01.02.1797)

„...Gestern fand hier eine kleine Exekution statt unter den Preußen. Der, welcher sich an dem Bürgermeister vergriffen hatte, bekam 48 Hiebe mit dem Haselstock; das macht warm in der Hitze..." (19.07.1797)

„...Heute haben die Franzosen uns jenseits der Ruhr einen Spaß gemacht; ein ganzes Regiment Kavallerie exerzierte auf einer Wiese. Um sieben Uhr ging ich mit den beiden Töchtern des Geh. Rats Arndts vis à vis der Wiese diesseits der Ruhr, wo wir herrlich sehen konnten. Das Manoeuvre war aber sehr erbärmlich, die Musik kam der preußischen lange nicht bei. Die Franzosen speisten nach dem Manoeuvre auf der Wiese..." (28.07.1797)

In einer 60 seitigen „Geographie des Herzogtums Westfalen" finden wir eine Beschreibung Arnsbergs. Wahrscheinlich ist der Verfasser der spätere preußische Generalfeldmarschall **Karl Friedrich von dem Knesebeck** (1768-1848), der als 29jähriger Leutnant um das Jahr 1797 das Herzogtum besuchte.[4]

„...Nur in Arnsberg ist auf dem Prämonstratenserkloster Wedinghausen eine Art Seminarium zur Bildung der jungen Leute, ob auch in Brilon, ist mir unbekannt. Das Zuchthaus dagegen ist das schönste Haus im Lande und steht zum Schrecken, zur Warnung und Zierde in Arnsberg da, - aber leer! Warum, mag das Gerücht über die Justizpflege beantworten..."

„...Für den Altertumsforscher ist dagegen sowohl die Gegend bei Stadtbergen wegen des ehemaligen Tempels der Irmensul als auch die Gegend bei Arnsberg wegen des wahrscheinlichen Hauptsitzes des gewesenen Schreckens der Vorzeit, des auch in unseren Ritterromanen so beliebten Femegerichts merkwürdig..."

„...Die Stadt Arnsberg war ehedem die Hauptstadt der Grafschaft dieses Namens, das alte Schloß der Sitz ihrer Grafen, und noch jetzt ist sie der Sitz der Regierung des Herzogtums in der Stadt und selbige der Versammlungsort der Landstände. Sie hat nur zum Teil noch eine Mauer und liegt an dem Hang eines Berges am linken Ufer der Ruhr, die sich um selbige in einer großen Krümmung herumzieht und zwei hölzerne Brücken daselbst trägt. Auf der äußersten Spitze dieser Bergzunge, die sich von dem Arnsberger Wald abzieht, liegt das Norbertinerkloster Wedinghausen. Die Kirche desselben ist zugleich Pfarrkirche der Stadt und in selbigem eine Art von Seminarium für junge Leute, in welchem auf Befehl des Kurfürsten die Philosophie nach Kant vorgetragen wird, ob recht verstanden und recht wieder gelehrt, ist die Frage. Bei dem, Kloster ist ein hübscher Garten, und von einigen Punkten desselben einige sehr malerische Aussichten nach der Stadt und in das Ruhrtal. Die noch jetzt ziemlich wilde Gegend um die Stadt Arnsberg berechtigt zu der Vermutung, daß der Sitz des Feme- und Freigerichts vor Zeiten dort gewesen ist. Noch ist an der Straße nach Hüsten unweit der Stadt ein Platz, der „Freistuhl" genannt wird, wo die Freischöffen ihren Sitz während des Gerichts gehalten haben sollen. Auf der schon erwähnten Bergzunge, wovon die Stadt am rechten Ufer der Ruhr liegt, stehen auch jetzt, höher

Justus Karl Gruner (1777-1820)

als die Häuser der Stadt, die Überreste des alten Schlosses, welches sonst Sitz der Grafen von Arnsberg ..."

"....Auf dem am linken Ufer der Ruhr gelegenen Berg der alten Burg soll im grauen Altertum ebenfalls ein festes Schloß gelegen haben, das dem Bruder von einem der Grafen von Arnsberg gehört hat. Jetzt sieht man von selbigem nur noch einiges Mauerwerk, auf dem aber nun schon dicke Eichenstämme hervorgesprossen und ebenfalls wieder vermodert sind..."[5]

Eine andere, etwas später abgefaßte Reisebeschreibung erregte besondere Aufregung speziell im Herzogtum aber auch in ganz Westfalen. Es war die 1802/03 erschienene Reisebeschreibung des jungen **Justus Karl Gruner** (1777-1820). Über Monate hin brachte der Westfälische Anzeiger in Dortmund Gegendarstellungen aus betroffenen Städten und Territorien, die sich verunglimpft fühlten. Der Arnsberger Pfarrer Friedrich Adolf Sauer erklärte Gruner öffentlich für einen Verleumder und Lügner.[6]

Im zweiten Teil seiner „Wallfahrt" schilderte Gruner die Verhältnisse im Herzogtum Westfalen, so wie er sie angeblich bei seinem Besuch angetroffen hatte. Gruner, der den unter geistlicher Herrschaft stehenden Staaten jedes positive Moment von vornherein absprach, äußerte harte, oft unsachliche und ungerechte Kritik. Auch seine Schilderung der Stadt Arnsberg fällt dementsprechend negativ aus:[7]

„Arensberg.

*Jenseits Werll nähert man sich dem gebirgigten Theile Westphalens, oder dem sogenannten **köllnischen Sauerlande**, das hinter der **Haar** (einen hohen Berge bei Werll) beginnt, und eben so romantische Aussichten gewährt, als das Bergische und Märkische. Auf der Haar hat man eine so schöne und weite Aussicht, wie ich sie dort nirgends fand; und das Roerthal, in welchem man über Füchte und Neheim nach Arensberg wandelt, ist reich an abwechselnden reizenden Parthieen. Arensberg selbst gleicht einem Schneckenhause; seine Gebäude winden sich in dieser Form um einen kegelartigen Berg, der, von der Roer umflossen, eine Halbinsel bildet, und einen sehr frappanten Anblik gewährt.*

Sein Inneres aber löscht diesen angenehmen Eindruk schnell und unangenehm wieder aus. Es ist klein, eng, schlecht gebauet, und höchst ärmlich. Die ersten Gassen, die man betritt, führen auf die Vermuthung, daß man sich in einem Dorfe befinde: allein das Ganze, die Hauptgasse, welche ziemlich lang, breit und mit einigen größern Häusern besezt ist, ausgenommen, gleicht ihnen, und gibt dem ganzen Ort ein höchst düsteres, armseliges Ansehen. Dazu kommt noch das traurige Bild einer Brandstätte, auf der zwar einige neue Häuser stehen, allein doch bei weitem noch nicht so viele wieder erbaut waren, als der Brand im Jahre zuvor (1799 M.G.) verzehrt hatte, indem er einige dreißig Gebäude, und sogar (zur Ehre der Polizei sey's erzählt!) die Feuersprizze selbst verzehrte. — Das einzige Sehenswerthe in Arensberg ist das Zuchthaus, ein neues, großes und zweckmäßiges, nur leider! im Innern unvollendetes Gebäude, und das auf der höchsten Spizze des Berges der Stadt liegende Norbertiner-Kloster, neben dem auch das kurfürstliche Schloß liegt.[8]

Die Lage dieser Gebäude ist äusserst reizend, und die Aussicht aus dem artigen Klostergarten in das romantische Roerthal hinab, wahrhaft entzükkend. Die ganz eigene Lage der Stadt hebt sich hier vorzüglich heraus, indem der Klosterberg von der Roer ganz umflossen, und nur durch die Stadt mit dem festen Lande vereint ist; zugleich aber sieht man den ganzen romantischen Thalweg bis Neheim zurük, und von der anderen Seite verliert sich der Blick in schönen frucht-

baren Thälern, indeß er dem Kloster gegenüber auf waldbekränzten Gebirgen ruhet. Für die einsame Wohnung stiller Ruhe und Zufriedenheit hätte man keinen bessern Platz auswählen können; und dürften Mönche für die sanftesten menschlichen Empfindungen Sinn und Empfänglichkeit haben, so würden sie hier das reinste Leben in reiner irdischer Glückseligkeit genießen können.

Doch freilich müßte man denn von der Stadt ganz abgeschnitten, oder diese ein angenehmeres Bild menschlicher Gesellschaft werden. Jezt ist sie das nicht. Der Charakter der Armuth, Unreinlichkeit und Indolenz spricht sich bei ihrem Anblik überall deutlich aus. In der That habe ich keinen Wohlstand bemerken, und hätte es eben so wenig ahnden können, daß ich in der Hauptstadt des Landes sey, wenn ich's nicht vorher schon gewußt hätte. - Die Einwohner leben theils vom Akkerbau, theils vom Gewerbe. Für ersteren ist der Boden hier nicht günstig; und leztere sollten freilich, wie mir scheint, reichlicher nähren können, da vorzüglich seit dem französischen Kriege die Stadt eine Menge angesehener reicher Personen beherbergt. Außer dem hier sizzenden Stadtgerichte, der Regierung für Westphalen und dem Appellationsgerichte, ist nämlich jetzt auch das köllnische Offizialatsgericht und das Domkapitel von Kölln hier anwesend. Dies gibt freilich durch ein paar Equipagen, Livreebediente, u.s.f. der Stadt ein glänzenderes Ansehen, als sie sonst gewöhnlich hat. — auch sollen im Winter vierzehntägige Bälle, und wöchentliche Konzerte hier Statt finden; so wie ein beständiger Klubb, in den ich durch einen alten Universitätsfreund eingeführt ward, existirt; allein, Wohlstand, Glanz - ja selbst Reinlichkeit vermißt man bei dem Allen sehr, und dieser Klubb selbst war ein redendes Beispiel davon. Er wird in einem Gasthofe gehalten, in welchem ich logirte, und der der ärmlichste und schmuzzigste war, den ich auf meiner ganzen Reise gefunden habe. Spiel um einen sehr mäßigen Preis, Rauchen und Biertrinken, machte die Unterhaltung hier aus, und mehrere der Mitglieder dieser Gesellschaft selbst (die alle äusserst zuvorkommend und artig mir begegneten) versicherten mich mit vieler Offenheit, daß ihr sehr beschränktes Gehalt ihnen kein glänzenderes Vergnügen erlaube. Der geringe Betrag desselben macht freilich allen Aufwand unmöglich, und es können daher auch die Gewerbe in keinen Flor kommen. Geringe Nahrung von diesen, und eine ungünstige natürliche Lage von der andern Seite, lassen den Einwohnern wenig Mittel zum bessern Wohlstande offen, und werden dem Fremden Arensberg nur als ein düsteres Bild in's Gedächtniß zurükrufen können, da ihm der eigentliche Reiz einer angenehmen Stadt - Wohlstand, Reinlichkeit und Zufriedenheit - gänzlich mangelt."

In dieselbe Richtung wie Gruner zielte die kurz danach in Darmstadt erfolgte halbanonyme Veröffentlichung unter dem Kürzel „F. Sch—nn". Dahinter verbirgt sich der hessische Hofrat **Ferdinand Rudolf Christoph David Schazmann** (1767-1845), der im Frühjahr 1803 das Herzogtum Westfalen besucht haben muß.[9] Schazmann, der nicht ganz so harsche Kritik wie Gruner äußerte und dessen Aussagen selbst in Frage stellte[10], malte dennoch vieles in dunkelsten Farben. Schazmann hatte es sich offenbar zum Ziel gesetzt, die interessierte Öffentlichkeit in Hessen-Darmstadt über die Zustände im neugewonnenen und größtenteils unbekannten Herzogtum Westfalen zu informieren. Daneben aber wollte er die Sympathie der neuen Untertanen für Hessen-Darmstadt gewinnen und versprach ihnen bessere Zeiten unter dem neuen Landesherrn:

„...Häufig wechselt die Gegend, besonders wegen der gedrängteren Aussicht, in das so mannigfaltig sich öfnende Gebirg. Bei Laehr, einem dem Grafen von Westphalen zugehörigen Guthe, ist die Schönheit dieses Thales ganz vorzüglich, noch schöner aber der Anblick der Ruhr auf den Ruinen des zerstörten Arnsberger Schlosses. Hier windet sich der Fluß um den länglichen Felsen, auf welchem die Stadt gleiches Namens ruht, und es gewährt einen ganz eigenen Anblik, auf der rechten Seite seine Wellen abwärts, auf der linken Seite aber aufwärts fließen zu sehen. Der Fluß entschwindet durch seine gekrümmte Wendung an dem Fuße der Abtei, und mahlet dem Auge das Bild von zwei sich ähnlichen, aber in einer entgegen gesetzten Richtung sich zuströmenden Flüssen, zwischen denen man sich getäuscht in der Mitte eine beinahe dadurch entstehenden Halbinsel befindet..."

„... Auch der Umfang mehrerer Städte, Ruinen alter Mauern, und verödete Bauplätze, verrathen die unverkennlichen Spuren eines, leider! nur vorübergegangenen blühenden Wohlstandes jener Zeiten, wo mehrere Orte wie Brilon, Arnsberg, Attendorn, Werl, sogar zu dem berühmten Bündnisse der Hanse gezählet wurden..."

„...Der mittlere, für das Fuhrwerk bestimmte Theil der Straße ist meistens mit Moraste und Untiefen angefüllt. Hierzu kommt noch die angeführte Sitte, den Mist unmittelbar vor den Häusern aufgehäuft und ausgebreitet zu finden, so daß man genöthiget ist, über diesen hinweg zu schreiten, um nach der Hausthüre zu kommen. Dies vermehret die Unreinlichkeit der Straßen außerordentlich, und Städte und Dörfer bekommen dadurch ein widrig schmuzziges und oft ekelhaftes Ansehen, was denn auch durch die Polizei, die man überhaupt in Westphalen bisher wohl

nur dem Namen nach kannte, keine Änderung leidet. Überhaupt ist der Hang zur Unreinlichkeit nicht zu verkennen und scheinet durch Erziehung und Gewohnheit verjährt zu sein. Kinder dürfen auf den Straßen der Natur freien Lauf lassen, und selbst Erwachsene geniren sich wenig in diesem Punkte. Die Abtritte sind fast alle auf den Gassen sichtbar, und machen mit dem Anblicke der vielen Misthaufen einen widrigen Eindruck. Arnsberg leidet hierinn eine ziemliche Ausnahme.

In kommerzialischer Rücksicht, verdienen auch die Wirths- und Gasthäuser einiger Erwähnung. Diese laufen, im Ganzen genommen, parallel mit den Landstraßen, und sind meistens so wenig lobenswert, wie jene... Arnsberg, Brilon, Werl, Meschede und mehrere Städte, machen hier abermahlige Ausnahmen, und man wird in den dasigen Gasthöfen, wenn auch nicht splendid, und köstlich, doch bürgerlich gut bewirthet..."

„1) Die Grafschaft Arnsberg, mit der Hauptstadt gleichen Namens.

Seit dem J. 1368. macht diese Grafschaft einen Theil des Herzogthums Westphalen aus. Für 130,000 Goldgulden wurde sie in diesem Jahre von dem damaligen Grafen Gottfried, dem letzten seines Namens, an das Erzstifft Kölln abgetreten, und im J. 1371. Erzbischof Friedrich von K. Karl IV. damit belehnet. Diese Grafschaft ist zu dem Antheile von dem Herzogthume Engern geschlagen worden, und die Kurfürsten führten bis auf den letz verstorbenen in ihrem Titel die Benennung: Zu Engern und Westphalen Herzog. (*) Das köllnische Stiftswappen führt, außer seinem eignen schwarzen Kreuze in silbernen Felde, wegen dem Herzogthume Westphalen: ein silbernes springendes Roß in rothem Felde; wegen Engern: drei goldne Herzen in rothem Felde; und wegen der Grafschaft Arnsberg: einen silbernen Adler in blauem Felde. Die Fürsten dieser Grafschaft bekleideten das Hofamt der Erbschenken.

Die Stadt Arnsberg hat eine sehr schöne, gesunde und romantische Lage auf einem schmalen länglichen Berge, der ein Ast von dem weit höhern, in einer ovalen Rotunde laufenden, von allen Seiten etwa eine Viertelstunde entfernten, Gebirge ist, dicht an der Ruhr. Ein neuer Reisender *) [* Justus Gruner] vergleicht seine äußere Form, nach Neheim und der Werler Seite hin, mit einem Schneckenhause, „so wänden sich" sagt er, „dessen Gebäude um einen kegelartigen Berg herum, der von der Ruhr umflossen, eine Halbinsel bildete, und einen sehr frappanten Anblick gewähre."

Mit großen Gedanken einer Hauptstadt andrer Länder, darf man nun freilich diese Stadt nicht betretten. Sie ist aber immerhin, mit Rücksicht auf das Ganze ihrer Landschaft, eine der vorzüglichsten, ja wegen ihrer natürlichen Lage, besonders für den, der sich etwas engem Raume, und mit einer beschränkten, jedoch romantisch schönen Aussicht begnüget, das schönste Städtchen im ganzen Herzogthume. Das rings umher ziehende Gebirg bildet, so zu sagen, einen großen ovalen Kessel, dessen Durchmesser ungefähr eine halbe Stunde betragen mag, und der blos durch den niedrigern von Arnsberg besetzten Berg, gleich einer Erdzunge, in seiner völligen Form gebrochen ist. Thäler laufen von verschiedenen Seiten in diesen Kessel, und aus einem derselben, von Nordosten her, fließt die außerordentlich starkes Gefälle habende, oft sehr anschwellende Ruhr, ein Fluß, der hier die oben berührte reizende Aussicht gewährt, und durch seinen gewundenen Lauf das Auge auf eine angenehme und überraschende Art in Täuschung versetzt. Der Ort selbst zählt ungefähr 200 Häuser, die aber, wie alle westphälischen Häuser, durch ihre eigene Bauart, sich wenig empfehlen. Die meisten haben den Giebel mit ihren großen Scheuerthoren, nach der Straße zu gerichtet, haben niedrige schlechte Fenster mit kleinen, viereckigen Scheiben, sind mit hölzernen oder auch mit schlechtgebrannten Hohlziegeln, oder sogenannten Pfannen gedeckt, und meistens von bloßen Holze, deren Oefen mit keinen Kaminen, sondern mit auf die Straße gehenden blechernen Röhren, versehen sind.

Indessen trifft man in den Städten, wie Arnsberg, doch hier und da schöne große und ziemlich modern gebaute steinerne und mit Schiefern gedeckte Gebäude, wie das Landsbergische, und das neu erbaute aber nicht ausgebaute Zuchthaus an, welches letztere nun vielleicht zu einer Kaserne umgewandelt werden dürfte.(*) Ausser solchen, und den adelichen Rittersizzen, wo noch ziemlich auf Wohnungen verwendet wird, und auf deren Gütern der Adel sich noch am meisten zu gefallen scheint, wird es einigermassen schwer fallen, für eine elegante bürgerliche Haushaltung, die helle und bequeme Verbindung der Zimmer liebt, in dieser Rücksicht ganz ihre Wünsche befriedigt zu finden.

Arnsberg theilt sich in die alte und in die neue Stadt ein. Ueber der Stadt stand ehedem ein großes prächtiges kurfürstliches Schloß, welches aber zu den Zeiten des Siebenjährigen Krieges im J. 1762. von dem Erbprinzen von Braunschweig in Brand geschossen, und destruiert wurde. Man sieht noch ungeheure Rudera desselben, auch zwei eiserne Kanonen, und einen Brunnen, dessen Tiefe bis zum Fuße des Berges gereicht haben soll. Die Leute erzählen, daß in dessen Grunde noch Kanonen und viele Kostbarkeiten verschüttet seyen! Jetzt ist er beinahe ganz mit Grunde und Steinen angefüllt. -

Es giebt in dieser Stadt ziemlich viele Honorazioren, und man lebt hier nicht ganz ohne gesellschaftliche Vergnügungen. Während des Winters war sogar eine Komödiantentruppe hier, man entreprennirte Bälle, auch einen Klubb, der aber in sich wieder zerfiel. Auch ist ein Billard da, das einzige zur alleinigen Weinschenke privilegierte Haus, wo man täglich Gesellschaft findet. An Spaziergängen ist auch kein Mangel, und man benutzt theils den Abtei-Garten, dem freilich die Natur unendlich mehr Schönheit, als die Anlage seiner Bewohner, gegeben hat, theils eine herrliche, mit einer Allee versehenen Promenade an der Ruhr, theils verschiedenen andere schöne Spaziergänge auf nahe gelegene Höfe und Oerter, die denn auch von den Arnsbergern, besonders des Sonntags nach geendigtem Gottesdienste, den fast jedermann besucht, recht fleißig begangen werden. Ueberhaupt herrscht hier und in dem ganzen Lande eine große Religiösität, und allenthalben sieht man Kreuze und Heiligen-Bilder in Menge. Die Kirche des Prämonstratenser Mannsklosters ist auch zugleich die Pfarrkirche der Stadt.

Selbst in der Kleidung der Frauenzimmer, die meistens gut aussehen und sich ziemlich natürlich tragen, äußert sich diese religiöse Denkungsart. Alle Stände derselben tragen, als Hauptstaat oder Reliquie, ein metallenes, mehr oder minder kostbares Kreuz auf der Brust. Zur Kirche hüllt man den Kopf in einen dichten schwarzen seidenen Schleyer, nach italienischer Sitte, ein, dessen Falten auf der Schulter sich ebenfalls zu einem Kreuze bilden. Den vornehmeren Frauenzimmern dient uebrigens das jetzt moderne kleine schwarze Flokhütchen zu einem besonders wohl kleidenden Puzze. Das männliche Geschlecht richtet sich so ziemlich nach der laufenden Mode.

Arnsberg hat nur drei Kommunikazionswege mit dem festen Lande, einen, den die Natur selbst gebildet hat, und zwei durch hölzerne Brücken, die aber durch den diesjährigen heftigen Eisgang zerstöret, und jetzt, wahrscheinlich aus Unvermögen des Aerars, abermals nur von Holze wieder aufgebaut worden sind. Das Erdreich in dem, einem Hufeisen gleichen Thale, wie auch an den Seiten der Berge, ist von guter, fruchtbarer Art, und wird, da die Einwohner der Stadt meistens vom Landbaue leben, auch ziemlich gut angebaut. Man sieht unter den hiesigen Landerzeugnissen Korn, Gerste, Waizen, Hafer, und vorzüglich Kartoffeln, hier und da wohl auch ein kleines Stückchen teutschen Klee und Wintersaat. Auch ist der Stadtberg, einiges Land des westlichen Thales, wie auch die Seite des westlichen Gebirges, mit vielen Gärten versehen. Hier allein sieht man Obstbäume, wiewohl äußerst spärlich angepflanzet.

Die Lebensmittel in Arnsberg sind ziemlich theuer. Die Ursache davon ist, daß niemand mehr pflanzt, als er für sich und sie Seinigen nöthig hat, und daß von den umliegenden Ortschaften nichts zu Markte gebracht wird. Fremde Produkte sind wohlfeiler. Man trinkt eine recht gute Bouteille Wein für einen halben Thaler, und Kaffee und Zucker, Taback u. dgl. sind verhältnismäßig wohlfeiler, als in Frankfurt. Würde man mehr für Gärtnerei und Baumzucht, und für Zufuhr von Gemüsen, Obst, Butter, Eyer etc, sorgen, und würde man dann in den Küchen etwas reinlicher und kunsterfahrener zu Werke gehen; so möchte es in Arnsberg wohl ziemlich wohlfeil und gut zu zehren seyn. Wenigstens ist dieses ein allgemeines Postulat der anwesenden Fremden, die, der Berglnft ungewohnt, doppelten Appetit empfinden.

Für Wasser ist durch ein künstliches und sehenswürdiges Maschinenwerk gesorget, vermöge dessen das Ruhrwasser über 100 Fuß hoch in die Höhe getrieben wird, und oben für die Stadt und die Abtei zu einem Brunnen dienet. Schade! daß dieses Werk nur den Sommer über das nöthige Wasserbedürfnis liefert, und gewöhnlich des Winters einfrieret, wo denn dieses mit unsäglicher Mühe aus der unten fließenden Ruhr geholt werden muß. Es dürfte wohl nicht sehr schwer fallen, eine reine Bergquelle durch Röhren in die Stadt zu leiten, wenn dort nicht allgemeiner Mangel an hierzu nöthigen Tannen wäre, und eiserne Röhren ein kostbares Unternehmen seyn würden, das man jedoch vielleicht durch die allen übrigen vorzuziehende gebrannte steinerne Röhren sehr vereinfachen und zur Möglichkeit bringen könnte.

Die Hauptstraße zieht mitten über den Rücken des Stadtberges, ist gegen Süden ziemlich breit und grad, gegen Norden etwas krumm und enge, leidlich gut gepflastert, durch die getroffene Anstalten des Militairs sehr reinlich gehalten, und steht durch einen gleichfalls gut gepflasterten, etwa hundert Schritte langen Weg mit der gegen Süden stehenden, im J. 1169. gestifteten Prämonstratenser Mannsabtei Wedinghausen in Verbindung. Die Nebenstraßen sind durchaus krumm und kothigt, und sind meistens der Wohnplatz der Akkerleute. Die Bauart dieser Art Städte ist zwar kaum mit den Dörfern in der Bergstraße zu vergleichen; doch aber zeichnet sich, besonders in der Hauptstraße, dieselbe in ganz Westphalen einigermaßen aus.

Was den Viehstand von Arnsberg betrifft, der in dem ganzen Herzogthume sehr beträchtlich ist, so hat diese Stadt zwar sehr viel — aber ziemlich schlechtes Rindvieh, große Herden Ziegen, gute Pferde, und viele Esel zum Holztragen, die jeden Augenblick, bald durch das Gerassel ihres Holzsattels, und bald durch ihr lärmendes Geschrei, das musikalisch gestimmte Ohr beleidigen.

Uebrigens hat ein jeder westphäl. Bauer, der sich unter die Zahl der Begüterten rechnet, seine 12 - 14

Kühe, und 5 - 6 Pferde im Stalle stehen, und schlachtet des Jahrs wenigstens 3 - 4 Schweine und 1 Stück seines Rindviehes in die Haushaltung.

Sollte es, nach dem, was ich von Arnsberg berühret habe, wohl wahr seyn, was Herr Justus Gruner von dieser Stadt sagt: „daß es ihr an Wohlstand, Reinlichkeit und Zufriedenheit gänzlich mangele?" [11]

Der Arnsberger Jurist **Friedrich Arndts** (1753-1812) hat gegen die beiden zuvor genannten Veröffentlichungen und ihre teilweise verleumderischen Schilderungen der Zustände im Herzogtum Westfalen Stellung bezogen. Er ist Autor der 1804 erschienenen Schrift: *„Einige statistische Bemerkungen über das Herzogtum Westfalen"*.[12] Arndts war damals sicherlich einer der besten Kenner des Herzogtums. Schon kurz nach der hessischen Besetzung konnte er am 9. Oktober 1802 den hessen-darmstädtischen Beamten eine *„Kurze statistische Darstellung des Herzogtums Westfalen"* vorlegen.[13] Vielleicht ist er auch der Verfasser einer 1803 erschienenen Entgegnung, in der Gruner scharf kritisiert wurde: [14]

„... Auch der Reisebeschreiber hat die Pflichten der Treue und Wahrheit. `Ich bin mir zwar bewußt, daß ich nie wider meine Ueberzeugung gelobt, oder getadelt; doch gestehe ich, daß ich öfter verdienten Tadel, als gerechtes Lob unterdrückt habe. Auch habe ich nie getadelt, um meine Briefe dadurch zu würzen, oder um mir dadurch die Miene eines schwer zu befriedigenden Kenners zu geben.' So spricht ein bescheidener und berühmter Gelehrter *). [*] Meiners in der Vorrede zu seinen Briefen über die Schweiz.]

Aber wie weit steht hinter diesem Muster ein Justus Gruner **) [**) Der Verfasser der im vorigen Herbst auf 8 Oktavseiten erschienenen höchst magern, schiefen statistischen Beschreibung des Herzogthums Westfalen mag sich in diesem Muster auch spiegeln.] der die doppelte Unverschämtheit begeht, auf einer Seite das Schild der Wahrheit, des Rechts und der Billigkeit ***) [***] II. 544.] auszuhängen, und auf der andern Seite die gröbsten Unwahrheiten und Lügen auszusprechen..."

„...Vor allem denke man sich einen jungen Menschen, der das Herzogthum Westfalen zum erstenmahl sahe - der in einem Lande von etwa 70 Quadratmeilen und mehr als 120,000 Menschen nicht weiter kam, als Werl und Arnsberg, und von da, eine kleine Entfernung abgerechnet, den nämlichen Rückweg machte - der ungefähr zweymal 24 Stunden sich in diesem Lande aufhielt, die Zeit mit eingerechnet, die er verschlief, oder wo er, um diese wichtige Verrichtung in seiner Kraft-Sprache auszudrücken, dem Gott Morpheus herzliche Opfer brachte **) [**] II. 432.] - der also nur den kleinsten Theil von dem Saume eines Landes sahe! unter solchen Umständen denke man sich einen reisenden Beobachter, und dann wird man auch hier wörtlich wahr finden, was der oben genannte Gelehrte weiter sagt: `wo sie (die jungen Leute) auch hinkommen, überlassen sie sich blindlings der Führung der Wirthe Miethkutscher und Lohnbedienten' oder (was ganz eigentlich der Fall bei Justus Gruner war) der gemeinsten Fußboten, mit denen er auf seiner Wanderschaft conversirte.

Ein solcher armseliger Tropf nun wagte es, unter andern auch den Zustand des Herzogthums Westfalens zu schildern..."

`Weniger Güte, aber mehr Gerechtigkeit und Thätigkeit hätte seine Bewohner glücklicher gemacht, als diese indolente Schwäche, die es selbst nicht erkannte und eben deshalb als Güte verehrte. *)' [*] II. 411.]

Das ist Charakterisierung des höchstseligen Kurfürsten, die sich nur ein niederträchtiger Bube erlauben kann! Dieser Fürst, der was alle Fürsten sind, freylich ein Mensch war, wird jedem deutschen Manne, und allen redlichen Einwohnern Westfalens, denen ihr liebes Ich nicht über Alles geht, unvergeßlich bleiben, nicht, weil sie Schwäche für Gnade nehmen, sondern, weil sie sein reines Bestreben für's gemeine Wohl kannten; weil sie ihm manche glückliche Anstalt verdanken; und weil sie nichts zu bedauern haben, als daß oft auch gute Fürsten unter Umständen und Verhältnissen regieren, die den besten Willen lähmen und kraftlos machen..."

„...Was die Gymnasien betrifft, sagt Gruner: `die Mönche lehren natürlich (?) auch auf mönchische Weise, und der Unterricht wird auf die erbärmlichste, geistloseste Art ertheilt. *)' [*] II.424.] Wie doch Justus Gruner bey seinem sehr kurzen Aufenthalt das alles so gründlich erforscht hat, daß manches Studentchen in Arnsberg ihn von seiner ärmlichen Beobachtungsgabe belehrt, und aufmerksam gemacht haben würde, daß ein vernünftiger Mann zwischen Mönch und Mönchtum unterscheide, daß er, Justus Gruner, das Rabnersche: Kleider machen Leute, sehr schlecht verstehe; und daß der Esel ein Esel bleibe, man schere seinen Kopf à la Brutus. **) [**] Auf eine von diesen Arten war Gruners Kopf geschoren, wie er sich in Arnsberg sehn ließ.]

`Es wäre wohl merkwürdig für die gelehrte Welt, diesen mönchischen Commentar über Kant's Kritik zu lesen! ob der Weise sich selbst wieder finden würde in jenem Gewande?' ***) [***] II. 425.] Welche seltsame Frage für einen so feinen Beobachter, wie Justus Gruner? Er war ja auf dem Klosterberge bey Arnsberg, wo `sich sein Blick in schönen fruchtbaren Thälern

verlor, deren Boden für den Ackerbau nicht günstig ist' (!!) ****) [****) II. 338 und 39.] Die nächste Gelegenheit hatte er also zu untersuchen, was der Mann im Mönchskleide in der Philosophie nach Kantischen Prinzipien zu leisten vermöge? Aber wahrscheinlich hatte der gelehrte Gruner seine guten Gründe, einen solchen Versuch nicht zu wagen; oder, was noch wahrscheinlicher ist, er hatte wichtigere Dinge von dem Arnsberger Klub; 'Spiel um einen sehr mäßigen Preis, rauchen, und Bier trinken' in seine Schreibtafel einzutragen, um mit der gelehrtesten Genauigkeit zu schildern den bürgerlichen und sittlichen Zustand Westfalens...'

"...Dieses kleine Pröbchen mag hinreichen zu beweisen, was von der ganzen Wallfahrt des Justus Gruner zu halten sey, und wozu junge, von einer geringen Dosis Schöngeisterey aufgeblasene, und übrigens ignorante Menschen fähig sind, die es schamlos wagen, sich in Regionen zu versteigen, wo sie eben so bekannt sind, als wir alle im Monde; und über Dinge zu urtheilen, wovon sie, wenn's viel ist, den Nahmen kennen..."

"...Auch mögen diese wenigen Bemerkungen hinreichen, jedem Unbefangenen zu zeigen, wie boshaft - hämisch ein Justus Gruner mit großen Lettern hinzufüge `daß das Herzogthum Westfalen äußerst schlecht regiert sey'. **) [**) II. 411.] Die Einwohner dieses Landes sind mit den Ausnahmen, die man vom Süd- bis zum Nordpole allenthalben antrifft, für jedes Gute, das ihnen mit kluger Mäßigung und schonender Billigkeit dargeboten wird, vielleicht empfänglicher, als die Bewohner von manchem andern deutschen Lande; und wenn sie daher dem Andenken ihres verewigten Fürsten, Maximilian Franz, noch willig eine Thräne des Danks weihen: so freuen sie sich auch, durch die Leitung einer unsichtbaren Vorsehung nun einem Fürstenhause anzugehören, dessen seltene Tugenden, dessen fürstlich-edle Gesinnungen und Herzen gewinnende Güte sie zu der großen Hoffnung berechtigen, dereinst das alles zu ihrem Wohl und ihrer Kinder Glücke erfüllt zu sehen, was Max Franz den Seinigen so innig wünschte, aber nicht alles geben konnte, weil Menschen nicht gebieten können der Zeit und dem Tode."

Eine jüngere, aus der Retrospektive abgefaßte Schilderung der Stadt Arnsberg macht deutlich, daß Gruners und Schazmanns Kritik nicht ganz ungerechtfertigt war. Der spätere Koblenzer Landgerichtspräsident **Joseph Wurzer** (1770-1860) war von 1803-1820 in Arnsberg tätig. Schon vorher hatte er die Stadt kennengelernt. In seiner um 1858 verfaßten Autobiographie erinnert er sich an die Arnsberger Verhältnisse:[15]

"... Biegeleben bestrebte sich, zu beweisen, daß ich absolut mit nach Arnsberg reisen müsse, und ... ich ... erklärte, daß ich am Nachmittag (18.01.1795) den Ritt (von Werl) nach Arnsberg mit ihm machen müsse und auch genötigt sei, dann am Abend in Arnsberg auf dem Balle mit ihm zu erscheinen.

Erst 9 Uhr abends kamen wir bei Biegelebens Eltern an; ich warf nur Reisekleider ab und ging mit Biegeleben zum Balle. Daselbst wurde ich von alten Freunden und Bekannten umringt und besonders dafür in Anspruch genommen, daß ich mehreren jungen Damen noch von Bonner Bällen her mehrere Engagements schuldig wäre. Ich erklärte mich auf der Stelle bereit, wenn man den gegenwärtig begonnenen Gesundheitsball, der um 11 Uhr endete, in einen Nachtball verwandeln wollte. Das geschah, und wir tanzten bis zum hellen Morgen. Diesen Morgen verwendete ich wirklich zu meinen Geschäften, die ich persönlich in der Sitzung des dasigen Provinzialkollegiums vorbereitete und am anderen Morgen definitiv abmachte. Am Nachmittag wurde mir zu Ehren, wie es hieß, der schlechten Witterung zum Trotz, ein ländliches Fest bereitet, und ich brachte auch den Abend so angenehm zu, daß ich, statt des folgenden Mittags die Rückreise anzutreten, erst am folgenden Mittwoch, den 21. Januar 1795, morgens 9 Uhr vor meinen Präsidenten trat, von dem ich in Arnsberg ein Schreiben erhielt, datiert: Herten, den 14. Januar 1795..."

"...Der Landgraf (Ludewig X. von Hessen-Darmstadt) entließ mich (am 29.10.1803) mit wahrer Herzlichkeit, indem er mir noch unter anderem sagte, er habe gehört, in Arnsberg sei zurzeit noch ein großer Mangel an Wohnungen, habe drum gleich an mich gedacht und befohlen, daß für mich die nötigen Räume in der aufgehobenen Abtei Wedinghausen bei Arnsberg angewiesen werden sollten..."

"...Anderen Tages (29.12.1803) erreichten wir Arnsberg. Hier fand ich zwei für mich bereitgehaltene, nicht in Verbindung stehende Zimmer in dem oben angedeuteten Kloster. Für die Einrichtung war noch nicht das geringste geschehen; ein großer Teil der Mönche war sogar noch im Kloster anwesend. Meiner Frau meldete ich alles und bat sie nunmehr Näheres abzuwarten, da für unsere gemeinsame Wohnung noch nichts vorbereitet und eingerichtet sei.

Als ich nach Arnsberg kam, fand ich sonderbare Zustände vor.

Arnsberg, ein höchst unansehnliches Städtchen von zirka zweihundert Häusern, liegt auf einem Bergrücken, der in ununterbrochener Fortsetzung von den Ruinen des alten Schlosses der Stadt Arnsberg und dem Kloster Wedinghausen als Halbinsel fortgeht und von dem kleinen Ruhrflusse beinahe ringsum umflos-

sen wird. Die Lage ist für den Sommer wahrhaft romantisch, indem Kurfürst Max Friedrich durch eine zwischen Ruhr und Bergrücken angelegte englische Parkanlage sie noch mehr verschönert hat. Aber im Winter ist durch den ungeheuren Schneefall, der gar nicht selten die Fenster der unteren Hausetagen übersteigt, sehr traurig und gewiß sibirischer Natur. Die Komunikation zwischen Stadt und Kloster ist alsdann fast gänzlich durch Schneedämme versperrt.

Im Kloster zu Wedinghausen, im Kapitelsaal daselbst war der letzte Graf Gottfried von Arnsberg, wie man sagte, mit seiner Gemahlin begraben. Als der Klosterteil zu Schulräumen genommen wurde, worin der Kapitelsaal lag, wurde der Sarg Gottfrieds und seiner Gemahlin geöffnet, und die Reste wurden mit großer Feierlichkeit auf Befehl des Großherzogs in die Kirche transloziert. In dem Steinsarge befanden sich merkwürdigerweise drei Schädel. Ich wohnte der Feier bei. Mit dem Grafen Gottfried erlosch 1371 die Familie und Dynastie, und das Erzstift Köln nahm Besitz von ihren Lehen und korporierte Arensberg dem Herzogtum Westfalen. Eine unter dem Titel Landdrost und Räten niedergesetzte Regierung verwaltete das Land, bis der Luneviller Friede das Herzogtum Westfalen und die Grafschaft Arnsberg dem Hause Hessen-Darmstadt als Entschädigung zuwies.

In der Stadt selbst war zu meiner Zeit großer Mangel an Unterkunftsmitteln, da plötzlich die Zahl der Beamten durch Errichtung einer Regierung, einer Hofkammer, eines Kirchen- und Schulrats und eines Forstkollegs so vermehrt wurde, daß für dieselben in den wenigen größeren Häusern außer den Eigentümern keine anderen Wohnungen zu finden waren. Der Großherzog half diesem Notstande dadurch möglichst ab, daß er das Kloster (früher von Norbertinern, ganz weiß gekleideten, bewohnt, nicht Benediktinern, wie Freiligrath erzählt) nach Abzug der für das Gymnasium und dessen Lehrer nötigen Räume zur Unterbringung von mehreren Beamten- und Offiziersfamilien, wozu auch meine Familie, wie bereits angedeutet, begriffen war, einrichten ließ. Ein anderer, ebenso fühlbarer Mangel, bestand für die neu Einziehenden in der gänzlichen Unmöglichkeit, sich die erforderlichen Speisemittel zu verschaffen. Man kannte daselbst weder Obst noch Gemüsemarkt, und für Geld waren solche Produkte nicht zu haben. Auf Befehl des Großherzogs wurden Klostergrundstücke, die dazu geeignet schienen, zu großen, neu anzulegenden Gärten gegen äußerst geringen Pachtpreis unter die bedürftigen neu angekommenen Bewohner zu Gartenanlagen verteilt, wodurch nebenher auch die ganze Umgebung von Arnsberg sehr an Schönheit gewann. Ebenso war die Möglichkeit nicht vorhanden, für die Haushaltung das erforderliche Fleisch zu beschaffen,

weil damals in ganz Arnsberg auch nicht ein einziger Metzger sich befand. Der Fleischbedarf mußte von den in Hüsten (fünf Viertelstunden weit entfernten Städtchen) wohnenden Juden hergeschleppt werden, da sich in Arnsberg damals noch kein Jude niederlassen durfte. Spezerei- oder andere Kaufläden waren außer einem kleinen, für den geringsten Bauern eben auch gar keine vorhanden. Jeder geringste Bedarf für die Haushaltung mußte durch die wöchentlich teils nach Frankfurt, teils nach Köln fahrenden Fuhrleute mitgebracht werden.

Unter den angedeuteten misslichen Umständen bildeten sich die persönlichen Verhältnisse unerwartet angenehm aus. Eine grössere Menge dorthin geschickter Beamten hatte, so wie ich, ihre vorhabende Verehelichung von der neuen Organisation abhängig gemacht, und nun kommen auf einmal von allen Seiten junge Ehepaare zusammen, die voller Lebenslust unter den gemeinsamen Anforderungen sich zum freundlichsten Verkehr vereinigen. So bildeten sich bald sehr angenehme Verhältnisse durch eine zahlreiche Subskription gleich ein Journalzirkel von allen Farben, durch einen glücklichen Zufall, ein Liebhaberkonzert, das sich einigen Ruf erwarb. Auch mieteten wir ein bescheidenes Lokal zu einem Kasino, worin die jungen Leute tanzten, die Älteren eine Partie machen konnten. Selbst ein Theater fehlte uns nicht. In jedem Winter traf irgendeine Bande mit dem Thespiskarren regelmäßig bei uns ein, die dann im Frühjahr gesättigt und mit Reisegeld versehen uns wieder verließ. Eine ehrenwerte Ausnahme machte der Rest der ehemals sogenannten böhmischen Schauspielergesellschaft, welche wir vom Rhein her kannten und die nun durch unverschuldete Schicksale sehr heruntergekommen war. Sie suchten und fanden Hilfe bei ihren rheinischen Bekannten und vorzüglich den darunter befindlichen Musikdilettanten, nachdem sie erklärt hatten, daß ihre vorzügliche Stärke in Aufführung kleiner, ihrem Personal angemessener Singspiele bestehe und in Arnsberg seit Erschaffung der Welt noch nie ein Singspiel aufgeführt worden war. In unserm Übermaß von Teilnahme versprachen wir ihnen wöchentlich unentgeltlich unser Orchester herzugeben und hatten nicht bedacht, daß außer diesen zwei Aufführungen und unserm fortgesetzten Konzert wir auch noch drei Abende zur Probe verwenden mußten, also über sechs Abende für Musik disponierten, wozu wir als Beamte keine Möglichkeit sahen. Indeß, unsere beiderseitige Kunstliebe und Fertigkeit half uns bald über die Schwierigkeiten hinweg und reduzierte unsere Opernprobe auf eine halbe Stunde, indem wir uns nur mit dem Abspielen des Riturnell begnügten, um hiernach den Takt bemessen zu können, worin die Sänger singen wollten. Die kleine Gesellschaft blieb vier Monate *ununterbrochen in Arnsberg und zog mit einem durch auswärtigen Zuspruch vermehrten Beutel letzlich ab.*

Häufig wurden im Sommer auch gemeinschaftliche Exkursionen gemacht. Ein Mitglied führte dabei die gemeinschaftliche Kasse.

Zum angenehmen Aufenthalt in Arnsberg fehlte uns der Genuß warmer Bäder. Wir brachten schnell die zur Errichtung des Badehauses erforderlichen Geldmittel durch Aktien zusammen. Der Raum zu dessen Errichtung war bei den dortigen Lokalitäten sehr schwer zu finden und beschränkte sich bloß auf einen Platz zwischen der englischen Anlage und dem Ruhrflüßchen, welcher aber dem Fiskus gehörte. Wir baten nun den Großherzog, uns jenen Platz überweisen zu lassen, indem wir versprachen, in dem Badehaus ein Zimmer ausschließlich zum Gebrauch armer Kranker einzurichten. Der Großherzog schenkte nun nicht allein jene Baustelle, sondern, berührt von unserem Anerbieten, aus eigenem Antriebe auch sämtliches zur Errichtung des Baues notwendige Holz aus den Domanialwaldungen. Das Haus wurde nun gebaut und dadurch zugleich einem unverschuldet Unglücklichen wesentlich geholfen. Ein ehemaliger kurfürstlicher Hofbedienter der höheren Klasse, Moder, hatte das Unglück, von den durchlauchtigsten vier Fürsten, welche sich in das Kurfürstentum geteilt hatten, in Bestimmung der ihm gesetzlich zustehenden Pension so stiefmütterlich behandelt zu werden, daß er mit Frau und vier Kindern nicht davon leben konnte. Er darbte darum in einem zwei Stunden von Arnsberg gelegenen Städtchen Neheim und erlitt noch das Unglück, daß er durch einen großen Brand zuletzt auch noch sein gesamtes Mobiliar verlor. Ich verschaffte ihm nun gleich die Stelle eines Kastellans bei einem Freunde, dem Pastor Sauer, und ferner Lieferung sämtlicher von ihm fabrizierten Lichter für den Bedarf der Dikasterien. Letzt aber machten wir ihn zum Bademeister und zum Restaurateur im Badehause. Nun war Moders Existens für sich und seine Familie gesichert.

Die geschilderten freundlichen Verhältnisse unter den Bekannten blieben ungetrübt im Hessischen bis 1816, wo die neue preußische Organisation zu viele heterogene Elemente zuführte und freilich ein neues Kasino gebaut wurde, das aber nur sparsam besucht war.

Unter den Arnsberger Beamten fanden sich auch mehrere Jagdliebhaber. Um diesen die Befriedigung leichter und bequemer zu verschaffen, baten wir in deren Interesse den Großherzog um Verleihung der Jagd in der Umgebung von Arnsberg. Auch dieser Bitte wurde von dem menschenfreundlichen Herrn willfahren. Ich hatte an dieser Zerstreuung nur sehr geringen Anteil, weil ich wegen Kurzsichtigkeit der

Jagd nicht obliegen konnte, und wohnte nur der Eröffnung derselben auf das vielfältige Drängen meiner Freunde bei. Dies Vergnügen sollte uns doch nach kurzer Zeit durch einen großen Unglücksfall verbittert werden. Ein Hofgerichtsrat Koch erschoß seinen Freund, den Regierungsrat Hillerbrand, Gatten und Vater von zwei kleinen Kindern. Der Vorfall wurde mit größter Strenge und Pünktlichkeit untersucht und da das Hofgericht sich selbst rekusiert hatte, durch Vermittlung des Justizministeriums dem Hofgericht zu Giessen die Entscheidung aufgetragen, die dahin ausfiel, daß der p.p. Koch für gänzlich schuldlos erklärt und von jeder Strafe und Kosten freigesprochen wurde.

Auf dem gezeichneten Schauplatze sollte ich nun für eine Reihe von Jahren die mir zugedachten Freuden und Leiden des Daseins genießen..."

Eine relativ unbekannte Beschreibung der Stadt Arnsberg und ihrer Umgebung lieferte im Jahre 1806 der Bückeburger Hofmaler **Anton Wilhelm Strack** (1758-1829).[16] Strack, der während seiner Wanderungen westfälische Städte zeichnete, hat auch eine Ansicht Arnsbergs gefertigt. Sein Bericht, der ausführlich auf die Historie der Stadt eingeht (unten weitgehend gekürzt), ist objektiver gehalten als diejenigen von Gruner und Schazmann:

*„... Sanft ansteigend erhebt sich (von Soest aus) der Boden gegen Südwest nach dem Arnsberger Walde hin. Etwa eine Stunde weiter bildet die **Mönne** ein schmales Thal, wo der Kalksteinflötz zu Tage streicht. Von hier aus wird man durch abwechselnde Gründe und Höhen tiefer in den Wald geführt, wo die **Höve**, ein schmaler Fluß, durch Regengüsse aus den Gebirgen geschwellt, sich oft zu einem reißenden Strome bildet. Von hier hebt sich ein Hügel und Berg über den andern. Vier Stunden mißt der dichte Wald in seiner Breite. Durch den reißenden Strom der **Höve** wurde mein Führer von dem wohlbekannten Wege immer tiefer in den schauerlichen Waldgrund von tausendjährigen Eichen abgeleitet. Feierlich und still war alles um uns her; nur hier und da stand ein nicht sehr scheues Wild, welches wir aus seinem sicheren Lager aufgeschreckt hatten. Wir erstiegen die steilsten Anhöhen auf dem glatten, fetten, schlüpfrigen, lehmdichten Boden. Endlich lichteten sich die Bäume; die gegenüber stehenden Berglehnen, welche im tiefsten Schatten von einem breiten Strome Licht und Glanz erhielten, wanden sich in mannichfaltigen Krümmungen. Sollte dieser Arnsberger Wald, welcher bis hierher so wenig der Untersuchung gewürdiget ist, nicht dem Naturforscher und dem Historiker reichlichen*

*und belohnenden Stoff für nähere Prüfung darbieten? - Ich erblickte die **Ruhr**; **Arnsberg** auf einer, von Nordwest gegen Südost hin von dem großen Kettengebirge hervorspringenden Anhöhe, oder vielmehr auf einem Kalkfelsen, welcher an der nördlichen Seite zu Tage streicht, und, von der Ruhr in einem länglich - eliptischen Kreise umströmt, mich freundlich überraschte.*

Arnsberg gewährt von der südwestlichen Seite her - und, wie ich später bemerkte, von drei Seiten - einen ganz eigenen, fremdartigen Anblick. Die Ruinen des Schlosses, welche auf dem höchsten Rücken des Berges liegen; die an dem Abhange desselben hinlaufenden, noch gut erhaltenen, die obere und alte Stadt einfassenden Mauern mit ihren Thürmen und Winkeln; die auf dem Abhange des Berges ganz eigen über einander gebaueten Häuser; die flache, niedrige Bedachung der meisten älteren unter ihnen von schwarzen, hölzernen Schindeln; in der weitern, flächern Entfernung die neuer angelegten Gebäude; am Ende dieser Halbinsel die ehemalige Abtey Weddinghausen, im Hintergrunde von schwarzen Bäumen bekränzt, welche sich in dem gegenüber liegenden Berge verdämmern, zwischen denen die Ruhr hinströmt; - dies alles gewährt, wie gesagt, aus dem Waldgebirge auf einmal erblickt, einen wirklich überraschenden und bezaubernden Anblick.

Hoch über der Stadt, zu beiden Seiten von fruchtbaren Thälern umgeben, erheben sich die Trümmer des ehemaligen Schlosses, mit den Ueberresten der alten Mauern, - für die Nachwelt sprechende Zeugen von der einstigen Größe ihrer Besitzer!

Hier herrschten im frühern, grauen Alterthume die mächtigen Grafen von Arnsberg, aus dem Stamme des trefflichen Sachsenfürsten Hermann Bilung..."

„....Alle Freigrafen und Freischöppen standen in Sachen ihres Amtes unter dem Herzoge von Westfalen, alle Freistühle unter dem obersten, höchsten Freistuhl im Baumhofe vor dem Schlosse zu Arnsberg...

*Zu **Arnsberg** bezeichnet kein Merkmal die Stätte dieses furchtbaren Gerichts; man kennt sie bloß aus der Sage. Der ehemalige freie Stuhl an der westlichen Seite, nahe an der obern alten Stadtmauer, ist in einen Garten verwandelt, wo noch Vertiefungen sichtbar sind, und sich Reste von Mauern und Gewölben unter der Erde finden sollen. Vom gemeinen Manne wird er mit Furcht und Schrecken genannt, als ein Platz, wo Geister aller Art sich sehen lassen. Niemand wagt es, ihn bei Nacht zu betreten.*

*Der mündlichen Versicherung eines Gelehrten zufolge befindet sich in dem ehemaligen erzbischöflich-kölnischen Archive, welches, insofern es auf das Herzogthum Westfalen Bezug hat, jetzt vollständig in Arnsberg aufbewahrt wird, außer sehr wichtigen Urkunden über die Tempelherren, über den Prozeß der Prinzessin **Isabelle** etc. auch das Installirungs-Dokument der Fehmgerichte. Auf dem gemahlten Titelblatte dieses höchst wichtigen Aktenstücks sitzt **Karl der Große** auf dem Throne, und überreicht dem, mit bedecktem Haupte vor ihm stehenden Großrichter das Schwerdt; im Kreise herum sitzen die Schöppen (Assessoren) mit entblößtem Haupte. - Bei meiner Anwesenheit in **Arnsberg** war man beschäftigt, das Archiv in Ordnung zu bringen; daher war der Zutritt keinem Fremden erlaubt. Von dem preiswürdigsten Schutze, welchen der Herr Landgraf von Hessen-Darmstadt den Wissenschaften zu schenken pflegt, ist gewiß zu hoffen, daß, so wie manches andere der gelehrten Welt mitgetheilt werden wird, so auch diese wichtige Urkunde. Durch sie wird es sich aufklären, ob die Fehme unmittelbar von **Karl dem Großen**, oder aus spätern Zeiten herrührt.*

STADT ARNSBERG.

...Arnsberg zählt etwa 300 Häuser, und wird in die alte und neue Stadt eingetheilt. In der früheren Epoche des Mittelalters scheint sie bloß aus den Wohnungen der, zur Bewachung, Vertheidigung und Bedienung der Burg gehörigen Burgmänner, Dienstleute und Waffenschmiede bestanden zu haben, denen sich, in den Zeiten des Faustrechts, mehrere Ansiedler zugesellten, um des Schutzes der nahen Veste zu genießen.

Im 15ten und 16ten Jahrhundert war sie schon von solcher Bedeutung, daß sie unter die Zahl der Hansestädte gehörte, und noch im Jahr 1535 wurde sie von der Stadt Soest zum Hansetag verschrieben.

*Nach Erlöschen der eigenen Regenten im 14ten Jahrhundert wurde **Arnsberg** gleich anfangs dem Marschallamte des Herzogthums Westfalen untergeordnet und durch eigene Amtleute verwaltet, bis sie endlich 1463 durch die, von beiderseitigen Ständen und Städten des Herzogthums und der Grafschaft Arnsberg mit dem Domkapitel errichtete, und von den nachherigen Kurfürsten bestätigte Landesvereinigung dem Herzogthum Westfalen incorporirt wurde, von welcher Zeit an sie mit demselben sowohl in der kirchlichen, als politischen Verfassung ein einziges, für sich bestehendes Corpus bildete. Die Regierung dieser ganzen Landschaft besorgte die zu **Arnsberg** unter dem Titel von Landdrost und Räthen niedergesetzte und der Regierung zu Bonn untergeordnete Kanzlei.*

*Kurfürst **Salentin**, Graf von Isenburg, welcher am Ende des 16ten Jahrhunderts regierte, trug vieles zur Erweiterung und Verschönerung der Stadt bei. - Am Ende der Altstadt liegt die sogenannte Stadtkapelle, welche mit einem schönen Thurme versehen*

Arnsberg um 1800

(Panoramablick vom Eichholz auf die Stadt, gezeichnet von Anton Wilhelm Strack)

ist, und worin seit der neuen Regierungsveränderung der Gottesdienst für Katholiken und Protestanten gemeinschaftlich gehalten wird. – Im November 1799 wurde ein beträchtlicher Theil der Neustadt durch einen heftigen Brand in die Asche gelegt. Jetzt sind die mehresten Häuser wieder aufgebaut, und zwar ungleich schöner, als sie vorher waren. Auch verdient das musterhafte Pflaster, zumal der Hauptstraße, ehrenvolle Erwähnung.

Die Einwohner der Stadt nährten sich bisher, außer der bei der Regierung angestellten Dienerschaft, meistens vom Landbau; und obgleich die Stadt in älteren Zeiten, als Mitglied des Hansebundes, gewiß einen bedeutenden Handel hatte: so war doch derselbe im letzten Jahrhundert sehr unbeträchtlich. Sie sieht aber, bei der jetzigen landgräflich-hessischen Regierung, nicht nur ihrer Vergrößerung und Verschönerung entgegen, sondern hat auch gegründete Hoffnung, daß bei der beschlossenen Anlegung von Chausséen im Herzogthume Handel und Gewerbe mehr emporkommen werden; so wie sie dadurch, daß

sie anjetzt die Hauptstadt des Herzogthums ist, und alle Landescollegien dahin verpflanzt worden sind, in vorzügliche Nahrung gesetzt wird.

Sie ist nämlich der Sitz der Regierung, des Hofgerichts, des Kirchen- und Schulraths, und der Rentkammer. Auch liegt daselbst ein Bataillon, nebst dem Brigadestab sämmtlicher, im Herzogthum stationirter hessischer Truppen.

An der Nordseite erheben sich, wie gesagt, die Trümmer des ehemaligen Schlosses. Ihr Umfang und die Festigkeit der noch stehenden Mauern geben einen Begriff von dem, was es einst war. Das Schloß wurde, zur Zeit der kölnischen Besitzer, vorzüglich von den zwei letzten Kurfürsten aus dem Hause Bayern, Joseph Clemens und Clemens August, verbessert, erweitert und verschönert. – Im Jahr 1762 war es eins der ersten Schlösser im Erzstifte. Die französischen Truppen hatten sich desselben, im damaligen Kriege, bemächtigt und darauf befestigt, und so traf es das harte Schicksal, beinahe am Ende des Krieges, durch den Erbprinzen von Braunschweig, jetzigem Herzog, *bombardirt und in Brand geschossen zu werden, bei welcher Gelegenheit auch ein beträchtlicher Theil der obern Stadt in Asche gelegt ward. Was das Feuer im Schlosse nicht hatte überwältigen können - wurde gesprengt.*

ABTEI WEDINGHAUSEN.

Ein anmuthiger, schnurgerader, an beiden Seiten mit wohl unterhaltenen Gärten eingefaßter Weg führt nach der ehemaligen Prämonstratenser-Abtei Wedinghausen, welche auf der vordern Spitze des Berges liegt, der Arnsberg auf seinem Rücken trägt. In ihrem Aeußern und Innern ist sie den mehresten, im Herzogthum befindlichen Abteien und Klöstern sehr unähnlich; denn sie besteht aus bloßem, in den Zwischenraume mehrerer Jahrhunderte zusammengefügten Stückwerk ohne Plan und Symmetrie.

*Der Sage zufolge hat der Sachsen-Herzog **Wedekind** hier eine Wohnung gehabt, daher der Name **Wedekindhausen**, oder im sächsischen Dialekt **Wedinghausen**, entstanden seyn soll. Daß Wedekind sich hier aufgehalten habe, bedarf wohl noch eines näheren Beweises; jedoch ist es eine, durch mehrere Geschichtsschreiber bestätigte Wahrheit, daß die Grafen von Arnsberg vor der Existenz der Abtei hier bereits ihr Erbbegräbnis hatten..."*

*"...Seit 1634 wurde der heil. **Norbert** für den Schutzpatron der Stadt angesehen. An der abteilichen Mauer findet sich, in Steinschrift, folgender Reim:*

*'Durch Blitz und Regen
Hat Gottes Segen
In Sankt Norberti-Nacht
Den Beckermann verjagt.'*

*Der Tradition zufolge belagerte der hessische General **Beckermann** 1634 das Schloß und die Stadt. Er war über die Ruhr vorgedrungen und hatte den Klosterberg besetzt. In Norberti-Nacht aber entstand ein, von heftigen Regengüssen begleitetes Gewitter, so daß die Ruhr plötzlich anschwoll, und ihm den Rückzug abzuschneiden drohte; er hob die Belagerung auf, und zog sich über den Strom zurück. Von dieser Zeit an wurde dem heil. **Norbert** zu Ehren jährlich auf den Tag ein feierlicher Umgang gehalten.*

Die Abtei versorgte, vermöge ihrer Stiftung, die Seelsorge der Stadt und des Kirchspiels Arnsberg; der Prälat war Pfarrer und Archidiakonus von Arnsberg und Werl; zur Seelsorge substituirte er zwei Klostergeistliche, wovon der Eine die Pfarrers- und der andere die Kaplansdienste versah.

Bei Aufhebung der Abtei hat der Herr Landgraf einen Pfarrer und zwei Kapläne bestellt und fundirt, auch der Kirche die besten Paramente und Kirchengeräthe geschenkt. Außer Wahrnehmung der Seelsorge hatte sich die Abtei seit der Mitte des 17ten Jahrhunderts dem Unterricht der Jugend, ohne durch irgend eine Stiftung dazu gehalten zu seyn, unterzogen, und sich dadurch dem Publikum sehr nutzbar gemacht.*) [*) Der letztverstorbene Kurfürst Maximilian errichtete in Arnsberg für das Herzogthum ein Seminarium, welches unmittelbar unter dessen höherer Leitung stand. Er konnte hier, als Erzbischof, einzig nach seinem wohlthätigen Zwecke handeln, ohne beschränkt zu seyn, und kann als ein Muster für katholische Staaten betrachtet werden.]

*Der Herr Landgraf hat nunmehr ein förmliches Gymnasium zu Wedinghausen gestiftet, welches aus fünf Professoren bestehet, die unter dem Rektorat des, in Ansehung des Schulunterrichts sehr verdienstvollen Kirchenraths und jetzigen Arnsberger Pfarrers **Sauer**, unterrichten. Und neben dem Gymnasium besteht, unter derselben Direktion, in der Stadt noch eine Bürgerschule, welcher auch ein Distrikt zum Indüstriegarten von den Kameralgütern angewiesen worden ist. *) [*) So hat auch die dortige Garnison einen bedeutenden Distrikt von den Kameralgütern zu Gärten erhalten.]*

Den Abhang des Berges, unter der Abtei, so wie den Fuß desselben bis an das Ufer der Ruhr - hat der vorletzte oder letzte Kurfürst in eine, wirklich sehr anmuthige Parthie, nach englischem Geschmacke, verwandeln lassen. Das Ganze wird sorgfältig unterhalten und bietet schöne Spaziergänge."

Ein als Schulbuch konzipiertes Manuskript aus dem Jahre 1812 hat sich ohne Autorenangabe erhalten, das *"für die oberen Klassen der besseren Bürger- und Landschulen, auch unstudierte und Alte des Herzogtums Westfalen"* über die Heimat informieren wollte. Auch Arnsberg als Landeshauptstadt wird vorgestellt:

"Arnsberg an der Ruhr, im Amte gleichen Namens, ist jetzt die eigentliche Hauptstadt des Landes und der Sitz der Landesregierung. Sie hat ungefähr drittehalb hundert Häuser und teilet sich in die Alte und Neue Stadt. Dieser zur Seite liegt die ehemalige Abtey Wedinghausen mit der Pfarrkirche; ober jener auf'm Berge die Ruinen des alten berühmten Schlosses der Grafen von Arnsberg. Seit die Grafschaft Arnsberg zu dem H.(erzogtum) W.(estphalen) gekommen war, wurde dieses jetzt verwüstete Schloß bis zum Siebenjährigen Kriege in bestem Zustande erhalten. Oft verweilten hier die Churfürsten von Köln zwischen ihren guten Westphälingern. Als aber im Jahre 1762 der französische Commandant Muretus sich mit

etwa drittehalb hundert Mann darauf festgesetzt hatte, ließ Carl von Braunschweig während sechs Stunden beschießen, und nach Abzug der Franzosen durch Pulver sprengen, was Kanonen und Feuer verschont hatten. Ein Beispiel, wie der Krieg oft in wenigen Stunden die ältesten Denkmale, die kostbarsten Anlagen, gemacht für Jahrhunderte, vernichtet. Ein Beispiel, wie der durch Plakereien erbitterte Feind verheerend mit jedermanns Eigentum handelt.-

Wann und von wem Arnsberg eigentlich angelegt ist bleibt ungewiß; indessen halten einige, mit vieler Wahrscheinlichkeit Konrad, den ersten Grafen von Arnsberg, den wir kennen, für dessen Erbauer und diesen Konrad, der im Elften Jahrhundert lebte, für den Sohn eines Grafen von Werl. Graf Friedrich von Arnsberg, der Streitbare genannt, stiftete hier im Jahre 1114 eine Schloßkapelle, welche vermutlich die erste Veranlassung zur Trennung von der Mutterkirche Hüsten gab. Bald hernach entstand dann hierselbst auch eine eigene Pfarrei, welche Erzbischof Philipp im Jahre 1173 mit dem neugestifteten Kloster Weddinghausen vereinigte, wie sie dann auch das Kloster bis zu seiner Aufhebung behalten und bedienet hat. - Zu den alten Merkwürdigkeiten Arnsbergs gehören noch, daß es ehemals zur Hanse gehörte, und den Hauptstuhl von den berühmten westphälischen Freistühlen besaß, welche der Herzog in Westphalen als Oberstuhlherr begleitete. In die über dem Ruhrflusse erhöht liegende Stadt wird das Wasser vermittelst einer Wasserkunst durch Röhren gebracht. Sonst findet man in der Stadt eine obere Bürger- oder Trivialschule und in der nahegelegenen ehemaligen Abtey Weddinghausen das Landesgymnasium."

Positives und Negatives wurde berichtet. Das Schlußwort soll dem Oberpräsident **Ludwig Freiherrn von Vincke** (1774-1844) vorbehalten bleiben, der Arnsberg im Jahre 1814 - noch unter hessen-darmstädtischer Herrschaft - zum ersten Mal kennenlernte. Unter dem 26. Oktober notierte er in sein Tagebuch:[18]

„...um 11 (Uhr) in Arnsberg, dessen herrliche Lage und freundliche Häuser mich entzückten - Geheimrat von Weichs, meinen einzigen Bekannten besucht, mit ihm aufs alte Schloß, am Klosterberg etc..."

Anmerkungen:

1 Norbert Höing, Beschreibungen von Arnsberg aus alter Zeit (= Jahresgabe 1990 des Fördervereins für das Sauerland-Museum e.V. Arnsberg), Arnsberg 1990. Hier sind Texte aus dem 18. und 19. Jh. zusammengestellt. Frühere Beschreibungen finden sich zu den Ansichten der Stadt Arnsberg (z.B. Kupferstich und Text bei Braun-Hogenberg um 1580 oder bei Merian um 1620), zu dem Kupferstich von Essl/ Metzger mit „Compendium und kurtze Beschreibung der Graffschafft und Statt Arnßberg in Westphalen 1669" von Rudolf von Essl (in: Johann Suibert Seibertz: Quellen der Westfälischen Geschichte, 3. Bd., Arnsberg 1869, S. 368-393), sowie in alten Lexika (z.B. Zedlers Universal-Lexikon Bd. 2, Halle/Leipzig 1732, Sp. 1302ff.) u.a. Eine annähernd komplette Zusammenstellung der Stadtbeschreibungen und ihr Wiederabdruck wäre besonders wünschenswert, da diese häufig an entlegenen Stellen publiziert sind. Was die Abbildungen angeht, so wird der Arnsberger Heimatbund noch in diesem Jahr eine von Frau Ingrid Reißland betreute Zusammenstellung aller bisher bekannten Stadtansichten (bis zum Jahre 1900) herausgeben.

Einen guten Überblick der Nachrichten und Schilderungen über das Herzogtum Westfalen bietet Schöne: Das Herzogtum Westfalen in der Sicht eines Preußen, in: Westfälische Forschungen 20/1967, S. 194-208 sowie Klueting, Statistische Nachrichten, a.a.o.

2 Carl Wilhelm Nose: Orographische Briefe über das Sauerländische Gebirge in Westphalen, Frankfurt am Main 1791, S. 60ff., Sechster Brief, Reise von Meschede auf Iserlohn und Altena, (auch tw. abgedruckt in Kessemeier, Carl: Die Ruhrdörfer, Arnsberg 1982, S. 23). Herrn Reinhard Feldmann, Arbeitsstelle historische Buchbestände an der Universitätsbibliothek Münster, habe ich für die freundliche Hilfe bei Recherchen sehr zu danken.

3 Vgl. das Lebensbild Pelzers in diesem Band. Seine Briefe wurden veröffentlicht von Hermann Hüffer: Rheinisch-Westfälische Zustände zur Zeit der französischen Revolution. Briefe des kurkölnischen Geheimen Raths Johann Tillmann von Peltzer aus den Jahren 1795-1798, in: AHVN 26/26, Köln 1874, S. 1-115. Die auf Arnsberg bezogenen Stellen sind ebenfalls wiedergegeben bei Féaux de Lacroix, Geschichte Arnsbergs, a.a.O., S. 469-476.

4 Die „Geographie" ist teilweise abgedruckt bei Manfred Schöne, wie Anm. 1, hier auch die Quellenangabe! Herrn Dr. Schöne, Düsseldorf, habe ich zu danken, daß er mir freundlicherweise sein ungekürztes Manuskript des Berichtes zur Verfügung stellte, aus dem ich hier zitiert habe.

5 Knesebeck schildert noch ausführlich die Beschießung und Zerstörung des Arnsberger Schlosses im Jahre 1762 sowie die Sage über einen Bruderzwist im Arnsberger Grafenhause und die Erbauung der Burg Altena.

6 Vgl. z. B. Westfälischer Anzeiger 10. Bd., 1803, Spalte 494f.

7 Justus Gruner: „Meine Wallfahrt zur Ruhe und Hoffnung oder Schilderung des sittlichen und bürgerlichen Zustandes Westfalens am Ende des 18. Jahrhunderts", 2 Bände, Frankfurt 1802/03. Im zweiten Band schildert er auf den Seiten 396ff. die Verhältnisse in Arnsberg.

8 Gruner hat sich in der Lage des Schlosses völlig geirrt. Vielleicht verwechselt er es mit dem Prälaturgebäude, in dem damals der Abt des Klosters und 2 Domkapitulare wohnten. Diese Stelle beweist, wie flüchtig er Arnsberg kennengelernt hat.

9 Sch(azma)nn, F(erdinand): Beyträge für die Geschichte und Verfassung des Herzogthums Westphalen, 1. Heft. Mit einem kolorirten Kupfer (= Winterberg) und einer Tabelle, Darmstadt: L. C. Wittich 1803 (die Vorrede datiert vom Juli 1803). Zu Schazmann vgl. den Artikel von Christian Waas in: Herman Haupt (Hg.): Hessische Biographien, Bd. 1, Darmstadt 1918, S. 381-383. Herr Dr. Engels vom Stadtarchiv Darmstadt hat mir freundlicherweise nähere Informationen zu Schazmann beschafft.

10 ebda, S. 82.

11 ebda, wiedergegeben wurden hier Textabschnitte der Seiten 12-13, 21, 51-54 und 70-82.

12 Friedrich Arndts: „Einige statistische Bemerkungen über das Herzogtum Westfalen, als berichtigender Nachtrag über die `Beiträge für die Geschichte und Verfassung des Herzogtums Westfalen, Darmstadt 1803. und Justus Gruners Wallfahrt

zur Ruhe und Hoffnung, oder Schilderung des sittlichen und bürgerlichen Zustandes Westfalens, Frankfurt 1802.', Arnsberg 1804 (zitiert bei Seibertz, Westfälische Beiträge zur Deutschen Geschichte I, 12ff.) Nach Hüffer, Zustände, a.a.O., S. 4, ist dies eine „Entgegnung" bzw. ein „berichtigender Nachtrag" auf die Darstellungen von Schatzmann und Gruner! Leider ist es mir nicht gelungen, diese Schrift ausfindig zu machen und einzusehen.

13 Staatsarchiv Münster, Großherzogtum Hessen II A 4 und eine zweite Abschrift in Msc. VII Nr. 5407.

14 O.A.: Noch einige Worte über Justus Gruners Wallfahrt. Herzogthum Westfalen, in: Beilage zum Westfälischen Anzeiger Nr. 32, Freitag, den 22. April 1803.

15 Wurzers Autobiographie im AEK, Nachlaß Wurzer, Akte 20, Teil I, hier Auszüge der Seiten 184f., 292, 303, 305-307. Zu Wurzer vgl. auch sein Lebensbild im vorliegenden Band.

16 W(ilhel)m Strack: Malerische Reise durch Westphalen. Seiner Excellenz - dem dirigierenden Herrn Etats- Krieges- und Finanz-Minister Reichs Freyherrn von Stein unterthänigst gewidmet, III. Heft, Bückeburg 1806, zu Arnsberg S. 129ff., hier sind Auszüge von den S. 132-144 wiedergegeben (Original im Stadtarchiv Arnsberg).

17 O.A. (möglicherweise Friedrich Arndts, L.A.W. Koester oder F.A. Sauer?): Das Vaterland, ein Versuch für die oberen Klassen der besseren Bürger- und Landschulen, auch unstudierte und Alte des Herzogtums Westfalen, von einem Schul- und Volksfreunde, 1812, in: Staatsarchiv Münster, Dep. Altertumsverein, Abt. Münster, Msc. 309 als Manuskript für ein Schulbuch: „Schul- und Volksfreund", jedoch ungedruckt, hier Seite 135-38.

18 Westphalen, Ludger Graf von (Bearb.): Die Tagebücher des Oberpräsidenten Ludwig Freiherrn von Vincke 1813-1818, Münster 1980, S. 103.

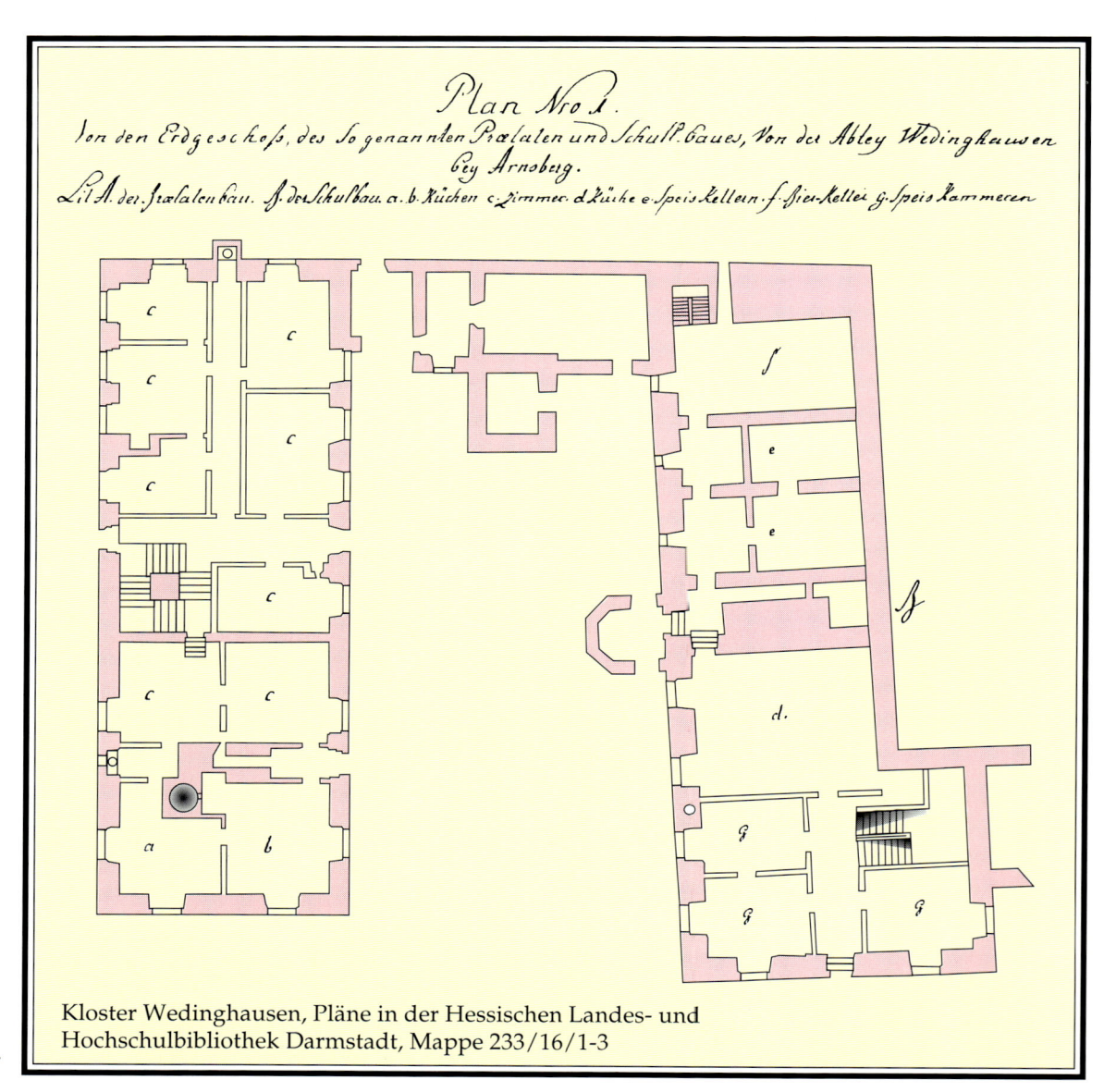

Kloster Wedinghausen, Pläne in der Hessischen Landes- und Hochschulbibliothek Darmstadt, Mappe 233/16/1-3

C 7

Das Kloster Wedinghausen 1794 - 1803

Norbert Höing

Die zeitliche Abgrenzung des Themas ist bestimmt durch die Flucht des Kölner Domkapitels vor den französischen Revolutionstruppen im Oktober 1794 aus dem Rheinland in das kurkölnische Sauerland, und zwar in die Abtei Wedinghausen, sowie durch die Aufhebung des Klosters durch den hessendarmstädtischen Landgrafen am 17. 10. 1803. Diese 9 Jahre sind eine Zeit stetigen Niederganges des Klosters Wedinghausen, sowohl hinsichtlich der Zahl der Konventualen als auch des Selbstverständnisses der Klosterinsassen als auch des Schwindens der Aufgaben, die bislang den Sinn des klösterlichen Lebens ausgemacht hatten. Gut ablesbar ist das am Niedergang des Gymnasiums, das seit dem 18. Jahrhundert eine Hauptaufgabe des Klosters gewesen war[1].

Eine Reform des Unterrichts stand seit den 70er/80er Jahren des 18. Jahrhunderts zwar auf dem Programm, wollte aber nicht so recht vorangehen. Innere Streitigkeiten und die widrigen Zeitumstände waren die Gründe für die Misere, in der sich Kloster und Schule seit längerem befanden. Seit 1794/95 kamen noch die Schwierigkeiten hinzu, die mit der Unterbringung des Kölner Domkapitels und vieler anderer Flüchtlinge, die vor den französischen Revolutionstruppen über den Rhein auswichen, verbunden waren. Zwei der vornehmsten Domherren, Graf Christian Franz Fidelis von Königsegg-Rothenfels und Graf Meinrad v. Königsegg-Rothenfels, wurden in der Prälatur einquartiert, die übrigen Kapitulare wohnten in der mit vielen anderen Flüchtlingen vollgestopften Stadt. Der Mittagstisch vereinte das Domkapitel jeden Tag; er wurde vom Kloster Wedinghausen bereitet. Man aß im 1. Stock des Prälaturflügels zusammen mit Abt Fischer, der seine Wohnräume zur Verfügung gestellt hatte. Die südlichen Parterre-Zimmer dieses Flügels waren von den 4 Unterrichtsgruppen des Gymnasiums belegt. Es war also nur noch ein Rumpfgymnasium, dieses Laurentianum damals, das aber immer noch die Fiktion einer 7klassigen Schule aufrecht zu erhalten versuchte.

Die ursprünglichen Klassenzimmer im 1. Stock des klösterlichen Westflügels standen seit Ende 1783 leer, da sie nicht beheizbar waren, der Erzbischof-Kurfürst aber heizbare Klassenzimmer vorschrieb. Da das Kloster diese Forderung vorerst nicht erfüllen konnte, war man mit der Rumpfschule (theoretisch 6 Klassen, jetzt noch 4 Unterrichtsgruppen) in die Parterreräume des Prälaturtraktes gezogen. Die Zahl der Schüler dürfte um 1794 etwa bei 50 gelegen haben, mit stetig sinkender Tendenz. Abt Fischer bemühte sich zwar um Reformen, aber die Zeitumstände (1789 Ausbruch der Französischen Revolution, Streitigkeiten im Kloster und abnehmende Schülerzahlen) ließen für die Zukunft nichts Gutes hoffen. Hinzu kam die Belastung durch die Flüchtlinge, die aus dem Linksrheinischen nach Westfalen strömten, mit Vorliebe natürlich in die Residenzstadt Arnsberg, von wo man Hilfe erhoffte. Die erzbischöflichen Behörden waren heillos zerrissen. Der Landesherr befand sich auf der Flucht im Raum Frankfurt/Mergentheim, die Behörden hatten Unterkunft in Arnsberg, Brilon und Recklinghausen gefunden, der leitende Minister, Hofkammerpräsident Franz Wilhelm von Spiegel, war auf sein Schloß nach Canstein gegangen. So konnte Entscheidendes nur schwer geschehen. Man hatte genug zu tun mit den Flüchtlingen, mit der desorganisierten Wirtschaft, mit der zerrütteten Verwaltung, dazu die Bedrohung durch die südlich der Ruhr im Angesicht der Stadt Arnsberg agierenden Truppen der französischen Macht usw.

So ist es nicht verwunderlich, daß die Stimme des Klosters Wedinghausen in den ersten Jahren nach 1794 mit positiven Nachrichten nicht zu hören war. Erst am 23. 10. 1799 meldete es sich sozusagen zurück, besser, es wurde zurückgemeldet. Damals erließ der Landesfürst, Kurfürst-Erzbischof Maximilian Franz (1784-1801), eine neue Schulordnung, die die schulische Arbeit in Wedinghausen auf eine neue und moderne Grundlage stellte.[2] Vieles darin ist tatsächlich fortschrittlich und in die Zukunft weisend, sowohl was die Bestimmung der Lehrgegenstände

(Fächerkanon), die Verteilung der Fächer auf die Klassen, das Philosophische Studium (= Unterricht auf der Oberstufe) als auch die Schulordnung betrifft. Aber nur 3 1/2 Jahre waren dem Kloster Wedinghausen noch beschieden; am 17. 10. 1803 wurde es vom neuen Landesherrn aus Hessen-Darmstadt aufgehoben. Das Laurentianum allerdings wurde als staatliche Schule in enger Verzahnung mit der Tradition der alten Klosterschule weitergeführt.

Es folgen nun zwei bisher nicht veröffentlichte Quellen, die die örtliche Situation des Klosters Wedinghausen bei seiner Aufhebung 1803 genau darstellen, und zwar einmal drei Pläne der verschiedenen Geschosse der Gebäude und dann die zugehörige Beschreibung. Verfasser ist der hessische Artillerie-Major H. Sandfort, der als Fachmann[3] für diese Aufgabe bestens geeignet war. Am 1.2.1803 sind die Pläne nach Darmstadt eingesandt worden, der zunächst fehlende Bericht dazu folgte am 14.4.1803 nach. An Hand dieser Unterlagen ist es erstmals möglich, sich ein genaues Bild von den Kern-Gebäuden des Klosters im Jahre 1803 zu machen.[4]

„An die Hochfürstl. Landgräfliche hessen-darmstädtische gnädigst angeordnete Organisations-Commission des Herzogtums Westphalen in betr. der Kloster-Gebäulichkeiten des Klosters Wedinghausen.

Von H. Sandfort, Major

In Gemäßheit dem von der hochfürstlichen Landgräflichen hessendarmstädtisch gnädigst angeordneten Organisations-Commission des Herzogtum Westphalen mir geschehenen Auftrag, das Kloster Wedinghausen aufzunehmen, dann Plans nach den verschiedenen Etagen davon zu verfertigen und selbe der gnädigst angeordneten Commission einzuschikken, habe ich die zu dem bemelden Kloster gehörige Gebäulichkeiten - ohne die so zur Oeconomie gehörige - gemessen und lege die von den verschiedenen Etagen verfertigte Plans bei. Dies bemelde Kloster liegt auf dem Bergrücken, auf dem auch die Stadt Arnsberg liegt, und zwaren vorbemelde Stadt grade gegenüber; dabei stehn die Gebäude von Westen gegen Osten gegen berg, so daß das 2. Stock des sogenannten Praelatenbaues mit dem Grund der Kirche und den Conventsgebäuden in gleicher Höhe liegt. Dessentwegen ist in dem Plan Nro. 2 Lit.[tera] (= Buchstabe, N.H.) K der Plan des 2. Stock vom Praelatenbau. Mit diesem steht das Refectorium Lit. H durch die Zimmeren Lit. J in Verbindung. Aus letzteren müssen, um in ersteres zu kommen, aus der Tür Lit. a vier*

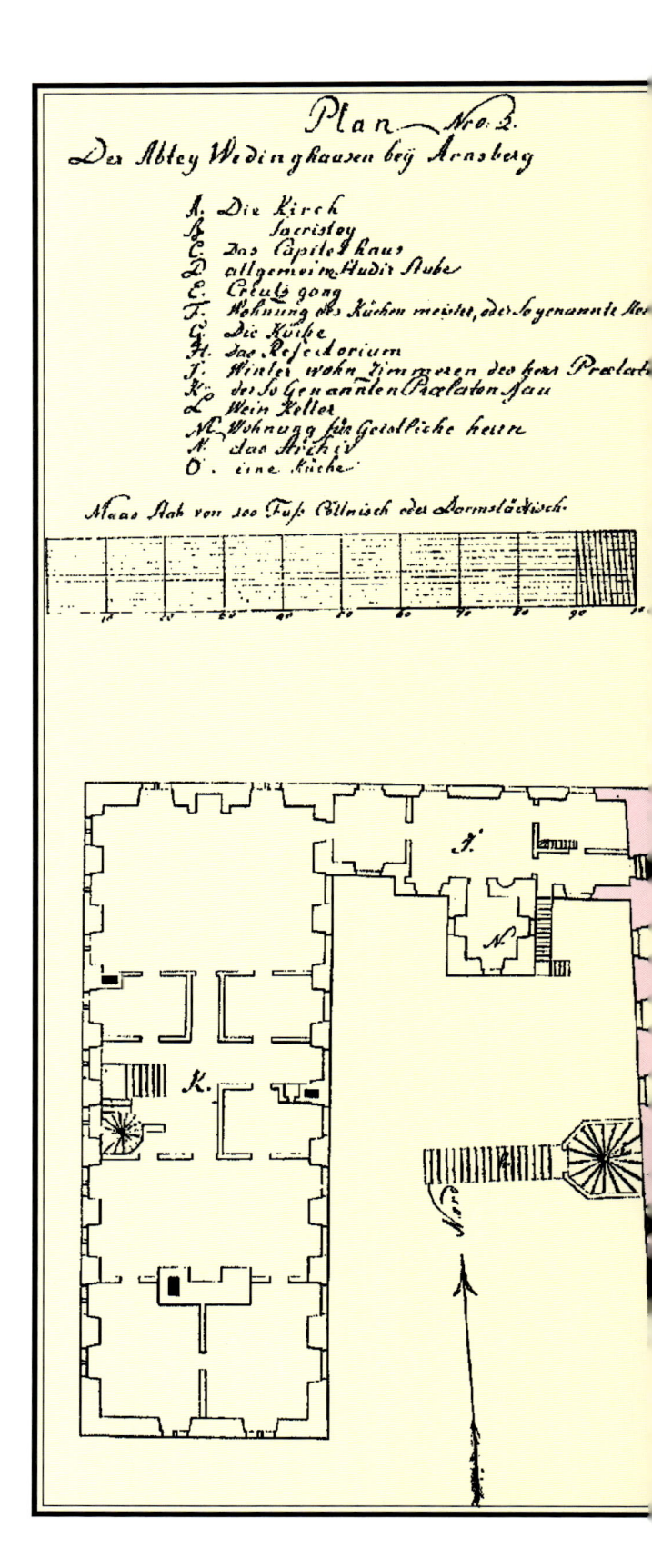

aufgenommen und gezeichnet von H. Sandfort, Artillerie-Major

C 7

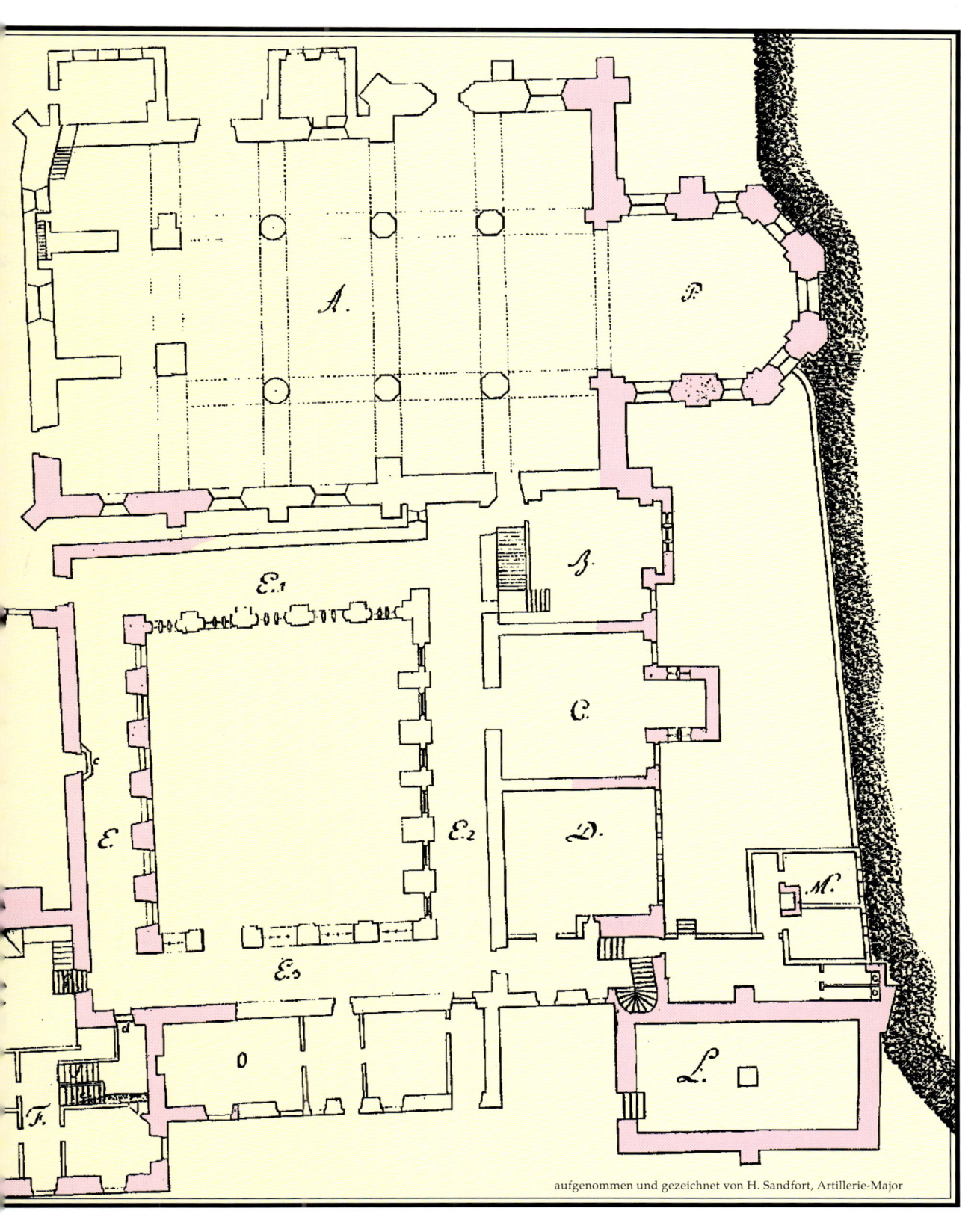

Tritt heruntersteigen werden. Lit. b ist eine Treppe, so aus dem Refectorium in den Bierkeller führt. Um aus dem Refectorium in den Kreuzgang zu kommen, müssen ebenfalls 3 Tritte heruntergestiegen werden. Unter dem Refectorium liegt der Bierkeller, die Speiskelleren, Speiskammeren und die Küche. Diese alle sind zum Teil in und zum Teil aus der Erde angelegt. Die Küche Lit. G geht in der Höhe zugleich das erste Stocks mit durch. Lit. F ist die sogenannte Kellnerei; um in selbe zu kommen, ist aus dem Kreuzgang eine Tür Lit. d 3 Tritt herunter, dann die Treppe Lit. e 8 Tritte herauf; um in die Küche Lit. G zu kommen, wird die Treppe Lit. f heruntergegangen. Aus dem Kreuzgang führt auch eine Treppe Lit. g 5) in die Küche. Lit. O ist noch eine Küche, die zu Zeit des Landtages, wenn erstere zu der Küche für die Landtagstafel gebraucht wurde, den Geistlichen zur Küche diente. Die hierneben befindliche Zimmeren sind feucht, weilen selbe zum Teil mit in der Erde liegen.

Lit. A ist die Kirch, Lit. B ist die Sacristey, C das Capitelhaus, D die allgemeine Studirstube, E der Kreutzgang, Lit. L der Weinkeller, M zwei Wohnzimmeren für Geistlichen, N das Kloster-Archiv, Lit. h ist eine Stiege, so von außen in den Thurn führt, in dem die Treppen, die auf das 2. Stock führt, befindlich.

Der Plan Nro. 1 enthält: Lit. A den Grundriß des sogenannten Praelatenbaues, dann Lit. B den Grundriß der Kelleren, Küche und Speißkammeren unter dem Schulbau. Im Praelatenbau Lit. A befinden sich a, b Küchen, Lit C Zimmeren, in den dry von selben jetzt die Schulen gehalten werden. Unter dem Schulbau Lit B befindet sich Lit. d die (Haupt-) Küche, e Speiskelleren, f der Bierkeller, g Speiskammeren.

Der Plan Nro. 3 enthält A die 2. Etage des Schulbaues, Lit. B die Bibliothek, Lit. C und D Conventsgebäuden; Lit. E ist ein Gang, so über einen Teil des Kreutzgangs unter dem Dach in die Wohnung des Pförtner Lit. K führt. Im Schulhaus Lit. A befinden sich a und b Zimmeren, wo jetzt der H(err) Praelat wohnen; in den Zimmeren c waren vormals die Schulen, stehn nun aber größtenteils leer. In dem Bau Lit. C sind Lit. d Zimmeren, in den sonsten die

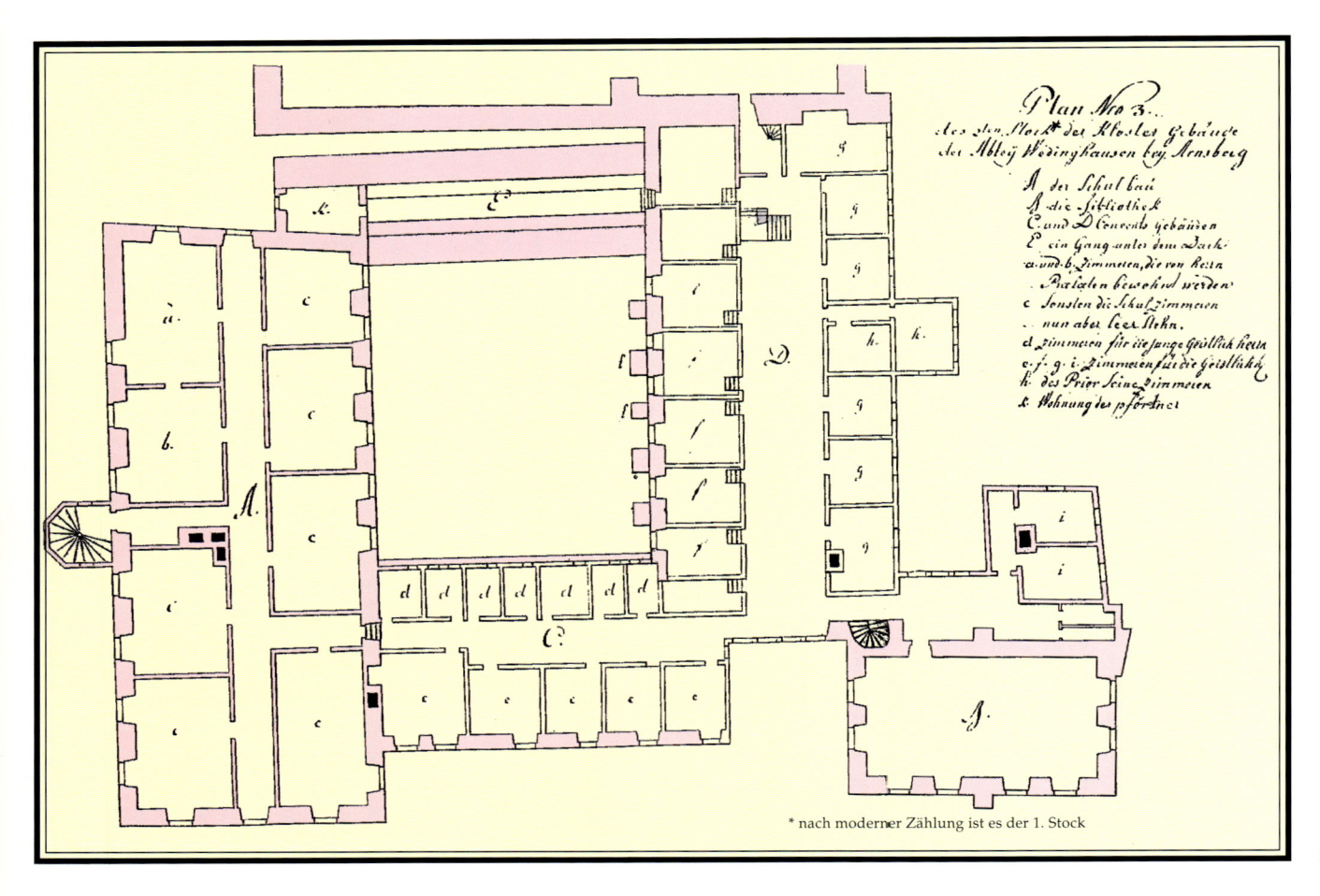

*nach moderner Zählung ist es der 1. Stock

C 7

jüngste Geistlichen wohnen, sind nun aber mehrenteils so außer Stande, daß selbe nicht können bewohnt werden, Lit. e Wohnzimmeren für die Geistlichen, ebenso Lit. f. Und da das Gewölb des Kreutzgangs, über den erstbemelte Zimmeren gebaut, höher ist als die Gewölber über die übrigen Teile des Kreutzgangs, so liegen auch die Zimmeren Lit. f höher als der Gang Lit. D und die Zimmeren Lit. g. Um also in die Zimmeren Lit. f zu kommen, hat jedes eine Stiege von 4 Tritt. Lit. g sind ebenfalls Zimmeren für die Geistlichen. Lit. h ist die Wohnung für den Prior, Lit. i sind noch zwei Wohnungen für Geistlichen.

Die Klostergebäulichkeiten sind im allgemeinen genommen äußerst schlecht; sogar in dem hinteren Teil Kirche Lit. P Plan Nro. 2 ist das Gewölb in die kreutz und quer gerissen, welches wohl daraus entstanden, daß dieser Teil der Kirche zu nahe auf das End des Bergs gesetzt worden. Zu verschiedenen Zeiten wurden selbe gebaut. Die Stiftung des Klosters geschahe im Jahre 1173; ich glaube nicht, daß viel mehr von den Gebäuden, so anfangs gebaut worden, steht als ein Teil der Kirche und der untere Teil der Gebäuden Lit. C und D in Plan Nro. 3. Der obere Teil dieser beiden Gebäuden soll im Jahr 1680 gebaut worden sein.[6] Der Praelatenbau Lit. K Plan Nro. 2 wurde 1666 gebaut und der Teil Lit. J und N im Jahr 1691, der Schulbau oder die Teile Lit. F, G, H in vorbemelde Plan 1717; dann der Bau Lit. L, der Weinkeller, und die darüber befindliche Bibliothek im Jahr 1694. Der Praelaten- und Schulbau, dann die Bibliothek allein sind als dauerhafte Gebäude zu betrachten. Aus den Plans ist zu sehen, daß die übrigen zum Teil aus Mauerwerk und zum Teil aus Zimmerwerk zusammengesetzt sind - so weist der Plan Nro. 2, daß das allgemeine Studirzimmer Lit. D gegen außen eine Wand von Zimmerwerk hat. Aus dem Plan Nro. 3 ergibt sich, daß der Bau Lit. C gegen das Innere 4 Zi(mme)r[7] und der Bau Lit. D gegen die äußere Seite nur Zimmer würde haben. Die Stützen Lit. l im Plan Nro. 3 sind zur Gegenstützung des ganzen Baues nachgebaut worden. Wenn in den Gebäuden Lit. C und D im Plan Nro. 3 große Veränderungen vorgenommen werden sollen, steht zu fürchten, daß sich dann erst ihre Baufälligkeit zeigen wird. Diese Böden sind allenthalben abhängig, welches daraus entstanden, daß zu jedem Gebälke nur Eichen, und zwar zum Teil nur schwaches Holz genommen worden. Dann sind die oberen Stockwerke oder Etagen durch Wände in Zimmeren abgeteilt, unter denen große Säle sind, durch welche Last sich natürlicherweise die schwache Balken biegen mußten. Soweit an die gnädigst angeordnete Commission.

von H. Sandfort
Major."

Anmerkungen:

1 Siehe Höing, Norbert, Das Gymnasium Laurentianum zu Arnsberg. Teil 2: von 1712-1815, Arnsberg 1990, S. 119-132.
2 Scotti J. J, Sammlung der Gesetze und Verordnungen, welche in dem vormaligen Churfürstentum Cöln über Gegenstände der Landeshoheit, Verfassung, Verwaltung und Rechtspflege ergangen sind (1. Abt. 2. Teil: vom Jahre 1750-1802, Düsseldorf 1830) S. 1279-1290.
3 Auch der berühmte Baumeister Balthasar Neumann (1687-1753) war von Hause aus Artillerie-Offizier, damals eine normale Berufs-Kombination.
4 Fundstelle: Hessische Landes- und Hochschulbibliothek Darmstadt, Sign. Mappe 233/16/1-3.
5 Im Plan Nr. 2 steht ein großes „G", wohl ein undeutliches Schreiben des Buchstabens.
6 Nach Richtering, Kloster Wedinghausen. Ein geschichtlicher Abriß, in: Jb. d. Vereins f. westf. Kirchengeschichte 62/1969, S. 31 bzw. Städtekundl. Schriftenreihe über die Stadt Arnsberg, Heft 6, 1972, S. 59 war 1655/56 „....das verfallene Dormitorium wieder aufgerichtet worden." Eine Quelle hierfür gibt Richtering nicht an. Ob die Angabe Sandforts in diese Baumaßnahme gehört?, eventuell in der Fortführung derselben?
7 Die Angabe von 4 Zimmern ist mir rätselhaft, da der Plan des Flügels C auf der Innenseite 7 Zimmer aufweist.

Wir Ludewig X. von Gottes Gnaden

Landgraf zu Hessen, Fürst zu Hersfeld, Graf zu Catzenelnbogen, Dietz, Ziegenhain, Nidda, Hanau, Schaumburg, Ysenburg und Büdingen ꝛc. ꝛc.

Entbieten dem Dhom-Capitel, den geistlichen Stiftern, wie auch der übrigen Geistlichkeit, der Ritterschaft, den Lehns-Leuten und sämmtlichen Einwohnern und Unterthanen des Herzogthums Westphalen Unsre Gnade und alles Gute!

Demnach Uns und Unsern Erben für Unsre abgetretene Lande und Besitzungen unter andern auch das Herzogthum Westphalen im Säcularisations-Zustande, und als eine erbliche Besitzung dergestalt zugetheilt worden, daß solches auf ewige Zeiten Unserm Fürstlichen Hause angehören soll; So haben Wir für zuträglich erachtet und beschlossen, nunmehr von besagtem Herzogthum und allen seinen Orten und Zubehörungen provisorischen Civil-Besitz nehmen zu lassen, und die Regierung darinnen anzuordnen.

Wir thun solches demnach hiermit und in Kraft dieses Patents, verlangen von allen und jeden Eingesessenen des Herzogthums Westphalen, weß Standes und Würden sie auch seyn mögen, so gnädig als ernstlich, daß sie sich Unserer Regierung unterwerfen, vollkommenen Gehorsam in aller Unterthänigkeit und Treue leisten, und sich dieser Besitznehmung und den Verfügungen der zu dem Ende von Uns abgesandten Commissarien und Truppen auf keine Weise widersetzen, auch sich alles und jeden Recurses an auswärtige Behörden bei Vermeidung ernstlicher Ahndung enthalten und, sobald Wir es erfordern werden, die gewöhnliche Erbhuldigung leisten.

Dagegen ertheilen Wir Ihnen zugleich die Versicherung, daß Wir Ihnen mit Huld und Gnade jederzeit zugethan verbleiben, Ihnen Gerechtigkeit und allen Schutz angedeihen lassen, und Ihrem Wohl Unsre Landesväterliche Fürsorge unermüdet widmen werden.

Urkundlich Unsrer eigenhändigen Unterschrift und beigedruckten Insiegels.

Darmstadt den 6ten October 1802.

(L.S.) **Ludewig, L.**

D 22

Besitzergreifungspatent des Landgrafen Ludewig X. von Hessen-Darmstadt
(Darmstadt 6. Oktober 1802, StAAR 18/8)

Die Hessen besetzen Arnsberg[1]

Walter Wahle

Im Frieden von Luneville 1802 hatte Frankreich seine Grenzen bis an den Rhein vorgeschoben. Die deutschen Fürsten, die dadurch Gebietsverluste erlitten, sollten auf dem rechten Rheinufer entschädigt werden. Diese „Entschädigungsländer" gewann man dadurch, daß man die geistlichen Fürstentümer und die meisten kleinen Standesherrschaften aufhob. Was den einzelnen Fürsten zufiel, handelten sie mit Frankreich aus. So wurde dem Landgrafen von Hessen-Darmstadt das Herzogtum Westfalen zugesprochen, das bis dahin Bestandteil des Kurstaates Köln gewesen war. Rechtskräftig wurden diese Abmachungen nach Reichsrecht erst durch einen Beschluß des Regensburger Reichstages bzw. seiner Kommission, einer sog. Deputation, die ihren Hauptschluß am 25. Februar 1803 bekanntgab. Solange gedachte Landgraf Ludwig X. mit der Besitzergreifung seiner neuen westfälischen Lande nicht zu warten. Er fürchtete nämlich, bei der verwickelten Grenzlage der Streubesitzungen könnten ihm Nachbarn mit der Aneignung zuvorkommen. Deshalb griff er, dem Beispiel Preußens folgend, schon vor der reichsgesetzlichen Regelung durch.

Die Besitzergreifung des Herzogtums Westfalen erfolgte durch militärische Besetzung. Nachdem bereits seit Ende Juni 1802 Vorbereitungen dazu eingeleitet waren, wurde seit Anfang August unter dem Kommando des Oberst Freiherrn von Schaeffer eine Brigade zusammengestellt, bestehend aus vier Bataillonen Infanterie, drei aktiven und dem Landregiment (Miliz). Verstärkt wurden diese Einheiten durch eine Schwadron Dragoner (Chevauxlegers) und vier Sechspfünder-Kanonen unter einem Leutnant und 55 Artilleristen. Sobald die Durchmarschgenehmigung des Fürsten von Oranien eingetroffen war, setzte sich diese Gruppe am 4. September 1802, morgens 7 Uhr, in Bewegung durch das nassau-saynsche Gebiet gegen das Herzogtum Westfalen, die Hauptkolonne unter Oberst von Schaeffer mit dem Ziel Arnsberg, eine zweite Gruppe unter Oberstleutnant Graf von Lehrbach über Hallenberg und Winterberg nach Brilon. Für beide Abteilungen war als Tag des Eintreffens in den neuen Quartieren anfangs der 7. September festgesetzt. Da der Oberst aber erkannte, daß dies für die Haupttruppe eine zu große Strapaze bedeute, verlängerte er den Marsch nach Arnsberg um einen Tag.

Am 5. September, abends, schickte Oberst von Schaeffer den Leutnant von Besserer nach Arnsberg, um dem Domkapitel von Köln die tatsächliche Besitzergreifung des Herzogtums Westfalen anzuzeigen. Wegen der Erledigung des erzbischöflichen Stuhles übte das Domkapitel die Rechte des Landesherrn aus. Seit der französischen Besetzung des Rheinlandes hatte es seine Residenz nach Arnsberg in die Abtei Wedinghausen verlegt. Wegen eines Unwetters konnte der Leutnant die Lenne bei Grevenbrück erst nach längerem Aufenthalt überschreiten und gelangte so erst am Nachmittag des 6. September nach Arnsberg. Infolgedessen konnte das Domkapitel den der Grenze benachbarten Beamten keine Anweisungen über den Empfang der Truppen geben. Sie waren nur durch einen hessischen Offizier benachrichtigt, der der Marschkolonne als Quartiermacher vorausgeschickt war.

Am 6. September 1802, morgens 8 Uhr, nach Grolmanns Bericht um 9 Uhr, überschritt Oberst von Schaeffer auf der Krombacher Höhe die westfälische Landesgrenze. Bald nach dem Grenzübergang, etwa anderthalb Stunden vor Olpe, erschienen zu Pferde der dortige Magistrat und Richter, um die einmarschierende Truppe zu begrüßen. Diese war auf Widerstand der westfälischen Bevölkerung gefaßt und entschlossen, ihn zu brechen. Daher war jeder Infanterist mit 10 scharfen Patronen ausgerüstet. Um so erstaunter war der Kommandant, daß die Besetzung von den westfälischen Behörden mit Freude begrüßt wurde, was Richter Stockhausen mit den Worten kundgab: *„Seien Sie uns tausendmal willkommen."* Freude bezeigte man, daß die Hessen und nicht Preußen oder Oranien die neuen Landesherren seien. Die Olper Beamten speisten mit den hessischen Offizieren zu Mittag. Das erste Nachtquartier auf westfälischem Boden bezog die Truppe in den Dörfern um Bilstein, das zweite im Gebiet von Schönholthausen. In dieser Nacht lag der Stab in Ostentrop. Beim Stab befand sich auch der für Westfalen eingesetzte Zivilkommissar, Regierungsdirektor von Grolmann. Diesem hatte die Regierung für den Weg eine Chaise bewilligt, weil es keinen Postverkehr nach Arnsberg gab, außer auf dem weiten Umweg über Hagen. Eine Extrapost aber war zu teuer. In Ostentrop stellte sich der westfälische Landhauptmann ein, Freiherr von Wrede zu Amecke, den das Domkapitel eilig beordert hatte, der Truppe entgegen zu gehen.

Am 8. September brach man in aller Frühe auf und gelangte auf der alten Handelsstraße, die heute noch teilweise im Gelände erkennbar ist, am Vormittag nach Hellefeld. Der Weg war so schlecht, daß Oberst von Schaeffer es als einen glücklichen Umstand ansah, daß auf dieser Strecke nur ein Wagen und ein Pferd zu Schaden kamen. In Hellefeld wurde eine Rast von 2 Stunden eingelegt. Hier wartete eine Gruppe von hessischen Parteigängern, die Klagen gegen das Domkapitel vorbrachten, daß es in den letzten Tagen noch Beförderungen bei Militär und Beamten vorgenommen habe. So sei der westfälische Rat Biegeleben, der Sachwalter des Domkapitels beim Reichstag, zum Geheimrat ernannt, der Regimentskommandeur Oberstleutnant von Ledebour zum Oberst befördert worden. Auch habe man einen Teil der Arnsberger Garnison aus der Stadt verlegt, so daß neben einigen Offizieren und Unteroffizieren noch 36 Mannschaften des Kölner Regiments in Arnsberg verblieben. Daher sei der Doppelposten vor der Residenz des Domkapitels in der Wedinghauser Prälatur durch eine einfache Wache ersetzt.

In Hellefeld erschienen auch Abgesandte der Arnsberger Behörden, die die Einzelheiten des Einzugs besprechen sollten. Nach Arnsberger Vorstellung wollten der Magistrat und die westfälische Kanzlei geschlossen die Hessen am Stadttor empfangen und in die Stadt geleiten. Abends solle ein Ball den Tag beschließen. Oberst von Schaeffer und Regierungsdirektor von Grolmann lehnten einen solchen „Eclat" ab. Es sollte von jeder Körperschaft nur je ein Mitglied die Truppe am Tor empfangen. An einem Ball fanden sie gar keinen Gefallen, da man bei solcher Gelegenheit die Gutgesinnten nicht von den Heuchlern unterscheiden könne.

Mittwoch, den 8. September 1802, gegen 11.30 Uhr, erreichten die Hessen Arnsberg. Als die Kolonne sich im Angesicht der Stadt bereits in der anfangs festgesetzten Marschordnung zum Einzug formierte, kam ihr der kölnische Hauptmann Schmidt entgegen, der im Auftrage des Domkapitels forderte, die kölnischen Soldaten sollten in der Stadt bleiben und die Hauptwache und ihre bisherigen Posten weiter besetzen. Das lehnten die Hessen ab. Nachdem Hauptmann Schmidt mehrmals zum Domkapitel und wieder zurück geritten war, nahm das Domkapitel die hessischen Forderungen an. Die Hauptwache sollten die Hessen selbst beziehen und auch die übrigen Posten versehen. Die kölnischen Soldaten durften sich nur noch für diesen Tag bewaffnet in einer Straße aufhalten, dort auch eine Wache einrichten und von dort aus den Postendienst vor der Prälatur wahrnehmen.

Mittags, gegen 13 Uhr, erfolgte endlich der Einmarsch in die Stadt. Am Stadttor empfingen die beiden Bürgermeister Hüser und Harbert die Truppe. Beim Einzug der Hessen standen Bürger dicht aufgereiht an der Straße, enthielten sich aber des Jubels oder der Mißfallensäußerung. Nach Oberst von Schaeffer war bei den meisten Freude zu erkennen, bei einigen auch Trauer. Dieses Verhalten der Arnsberger Bürgerschaft unterscheidet sich nach dem hessischen Bericht von dem der Bevölkerung anderer Orte, wo durchweg von freudiger Begrüßung der Einmarschierenden die Rede ist. Als Oberst von Schaeffer vor dem Rathaus vom Pferde stieg, begrüßte ihn im Namen der westfälischen Kanzlei der Kanzleidirektor, Geheimrat Caspar Theodor Pape. Bemerkenswert erscheint, daß der Arnsberger Bericht das Eintreffen des Zivilkommissars von Grolmann hervorhebt, dem das Militär gefolgt sei. Sicher fuhren nicht, wie Féaux schreibt, Kanonen mit brennenden Lunten an der Spitze. Nach zeitgenössischem Bericht erschien zunächst ein Vortrab von Kavallerie. Dem entspricht auch die amtliche Meldung von Oberst von Schaeffer über die Marschordnung seiner Truppe, wonach die Dragoner voranritten, die Geschütze zwischen den Infanteriekolonnen eingereiht waren.

Am Nachmittag fand eine Verteilung der Truppenteile auf die nächsten Ortschaften statt. Die Hessen legten Wert darauf, die Bevölkerung nicht durch überstarke Einquartierung zu belästigen. In Arnsberg verblieben der Stab, zwei Kompanien Füsiliere, die Artillerie sowie ein Unteroffizier mit sechs Dragonern. Die Offiziere erhielten Bürgerquartier, Oberst von Schaeffer in dem Hause, das der Präsident des Revisionsgerichts von Goudeneau bewohnte (Landsberger Hof). Auch die Mannschaften wurden zunächst bei den Bürgern einquartiert, bis das Zuchthaus zur

Kaserne umgebaut war (jetzige alte Regierung). Die übrigen Einheiten kamen in die benachbarten Orte, die Dragoner bis nach Freienohl. Am 11. September wurde die Besatzung noch weiter auseinander gelegt bis nach Balve, eine Kompanie in das Gebiet um Attendorn und Olpe. Die Kavalleristen erhielten nun ihr Quartier in den Haardörfern. Nach dieser Neuordnung blieben in Arnsberg der Brigadestab, der Stab des Füsilierbataillons nebst anderthalb Kompanien, einige Reiter als Ordonanzen sowie ein Leutnant mit 20 Artilleristen. Die Artilleriepferde mit den übrigen Kanonieren wurden in den umliegenden Dörfern untergebracht. In der Stadt wurden ferner ein Verpflegungsmagazin und ein Lazarett eingerichtet. Die Ausstattung des Lazarettes übernahmen die westfälischen Landstände.

Als peinlich empfand Oberst von Schaeffer das Nebeneinander des hessischen und kölnischen Militärs. Das Domkapitel hatte in jüngster Zeit den bereits verabschiedeten alten General von Kleist zum Chef des Regiments ernannt und von seinen Gütern hergeholt. Die Hessen erkannten jedoch nicht ihn als solchen an, sondern Oberst von Ledebour. Dieser war zur Zeit des Einmarsches nicht in Arnsberg anwesend, kehrte aber bald, vielleicht noch am selben Tage, dorthin zurück. Den Vorschlag Schaeffers, das kölnische Militär in Warstein und Hirschberg zusammenzuziehen, wies das Domkapitel zurück, da es einen wichtigen Teil der Landeshoheit, die Verfügung über die bewaffnete Macht, nicht aus den Händen geben könne. Oberst von Schaeffer war unerbittlich und schickte am 10. September den Brigadeadjutant Leutnant von Grolman zum Domkapitel, der in mündlichem Vortrag die sofortige Zustimmung zu Schaeffers Plan verlangte. Andernfalls werde man am nächsten Tag das kölnische Militär öffentlich entwaffnen. Unter der Drohung der Gewalt gaben die Kapitulare nach, und Oberst von Ledebour erklärte Oberst von Schaeffer die Annahme seiner Bedingungen. Darauf wurden noch am selben Abend die kölnischen Wachen eingezogen und dem Domkapitel ein Ehren-Doppelposten der Hessen gestellt. Am 11. September rückten die kölnischen Grenadiere aus Arnsberg unter militärischen Ehren ab nach Warstein und Hirschberg, wo auch die übrigen Kommandos zusammengelegt wurden. Zur Erleichterung der Bevölkerung wurden bald hernach auch Belecke, Kallenhardt und das Amt Mülheim in den Quartierbereich einbezogen.

Schon Ende September berichtete Oberst von Schaeffer in einer Eingabe an die Regierung von Zeichen beginnenden Mißvergnügens in der westfälischen Bevölkerung, vor allem, weil die erwartete Zivilbesitzergreifung ausgeblieben sei. Es bestand der seltsame Zustand, daß das Domkapitel als bisheriger Landesherr die allgemeine Landesverwaltung ausübte, während die Hessen die Macht innehatten. Die militärische Besetzung des Herzogtums Westfalen sollte den Übergang des Entschädigungslandes auf Hessen sichern. Geplant war, daß die zivile Landesverwaltung bei den bisherigen Behörden verbleiben sollte bis zur reichsrechtlichen Sanktionierung der Neuordnung. Da sich das Nebeneinander zweier verschiedener Hoheiten als unzweckmäßig erwies, verfügte Landgraf Ludewig X. am 6. Oktober 1802 auf Veranlassung der nach Arnsberg entsandten Vertreter den vollen Anschluß des Herzogtums Westfalen unter seine Hoheit. Es wurde nun das Herzogtum Westfalen als dritte Provinz dem hessischen Staatsverband einverleibt und dafür eine eigene Zivilverwaltung bestellt, die den Namen „provisorisch" führte, weil die reichsgesetzliche Regelung noch ausstand.

Vorerst wurden vier Regierungsräte dem Regierungsdirektor von Grolmann zur Seite gestellt: von Besnard, Minnigerode, Leussler und Strecker. Sobald diese in Arnsberg eingetroffen waren, wurde der 12. Oktober als Tag der Übernahme der Zivilverwaltung festgesetzt. Am Morgen dieses Tages, Punkt 9 Uhr, schickte Oberst von Schaeffers einen Adjutanten, Leutnant von Grolmann, zum Domkapitel mit dem Patent der Besitzergreifung des Herzogtums Westfalen durch den Landgrafen von Hessen-Darmstadt. Dabei hatte er dem Domkapitel zu eröffnen, daß es nunmehr seiner Rechte und Macht als Landesherr entsetzt sei. Domdechant Graf von Königsegg nahm das Patent entgegen mit der Bemerkung, er sehe ein, daß nichts anderes als Unterwerfung möglich sei. Er sowohl wie die übrigen anwesenden Domherren, ein zweiter Graf Königsegg, Kapitular von Franz und Generalvikar von Caspars, erklärten ebenfalls, daß sie sich unterwürfen.

Kurze Zeit nachdem der Adjutant zum Domkapitel gesandt war, schickte Regierungsdirektor von Grolmann Sekretär Fuhr zum Landdrosten Freiherrn von Weichs mit dem Ersuchen, binnen einer halben Stunde das gesamte Regierungskollegium zu versammeln.

Inzwischen hatte das in Arnsberg liegende Militär, verstärkt durch die in den benachbarten Orten einquartierten Einheiten, vor dem Rathaus in Paradeformation Aufstellung genommen. Die hessische Organisationskommission mit ihren Unterbeamten begab sich ebenfalls dorthin. Vom Markt aus jedoch verteilte sich die Kommission nach einem vorher ausgearbeiteten Plan, so daß jeder der Räte bestimmte Dienststellen übernahm.

Als wichtigstes wurde die Übernahme der Landesregierung betrachtet. Sie nahmen um 10 Uhr daher Regierungsdirektor von Grolmann und Oberst von Schaeffer persönlich vor. Die westfälische Regierung hatte ihren Sitz im Arnsberger Rathaus. Im großen Saal, dem sogenannten Rittersaal, empfing der Landdrost Carl Maria von Weichs mit den westfälischen Räten die Hessen und geleitete sie in die kleine Ratsstube, den Sitzungssaal der westfälischen Räte. Vor dem gesamten Kanzleipersonal wurde das Besitzergreifungspatent verlesen und – mit dem Publikationsvermerk versehen – an die Tür des Rittersaales angeschlagen. Den Beamten wurde bedeutet, daß sie in ihrem bisherigen Dienst verbleiben könnten, wenn sie sich durch Handschlag zur Dienstleistung unter hessischer Herrschaft verpflichteten. Unter Zustimmung aller Anwesenden erklärte der westfälische adelige Rat und münsterische Domherr von Weichs, aus Gewissensgründen könnten sie das Gelöbnis an den Landgrafen nicht ablegen, da sie dem Domkapitel als Landesherren verpflichtet seien. Regierungsdirektor von Grolmann legte dar, daß dem Domkapitel bereits die Zivilbesitzergreifung des Herzogtums Westfalen durch den Landgrafen mitgeteilt und von ihm angenommen sei, so daß seine Landesherrschaft aufgehört habe. Darauf gab der Kanzleidirektor, Geheimrat Pape, unter Zustimmung aller Gegenwärtigen die Erklärung ab, hierdurch sei eine neue Rechtslage entstanden, so daß dem Treueversprechen gegenüber dem Landgrafen kein Hindernis mehr im Wege stehe. Er und alle anwesenden Mitglieder der bisherigen westfälischen Kanzlei verpflichteten sich durch Handschlag und Namensunterschrift, ihr bisheriges Amt nunmehr unter hessischer Verwaltung weiter zu versehen. Es wurde der neuen hessischen Kanzlei vorerst ein kleines Siegel mit dem hessischen Löwen übergeben. Die bisher gebrauchten Siegel, das landesfürstliche und das domkapitularische, wurden eingezogen und nach Darmstadt geschickt. Das noch vorhandene Stempelpapier durfte nicht weiter gebraucht werden, sondern wurde durch neues ersetzt. Auch erließ die neue Regierung eine Geschäftsordnung für die Kanzlei. Dem Drucker des „Arnsbergischen Intelligenzblattes" wurde die Weiterverwendung des kölnischen Wappens im Kopf des Blattes untersagt. Statt dessen hatte er den hessischen Löwen oder gar kein Wappen zu zeigen. Seitdem erschien das Intelligenzblatt ohne Wappen. Zudem wurde das Blatt unter die Zensur der Regierung gestellt.

Nach dem formalen Akt der Besitzergreifung erfolgte die Sicherstellung der Akten. Im Sitzungszimmer der Räte befand sich ein Schrank mit den Akten der Schulkommission, der versiegelt wurde. Dann begab sich die Kommission in das Kanzleizimmer im unteren Stock des Rathauses links vom Eingang. Darin arbeiteten der Registrator und die beiden Kanzlisten. Dahinter lag der mit Akten geradezu vollgestopfte Registraturraum. Die Tür zu ihm wurde versiegelt. Auch in der Kanzleistube lagerten auf Regalen erhebliche Mengen von Akten, die angeblich vorwiegend alte Sachen betrafen. Da ihre Beiseiteschaffung zu viel Zeit beansprucht hätte, auch in der Registratur keine Unterbringungsmöglichkeit sich fand, ließ man sie an ihrer Stelle, verpflichtete jedoch den Registrator und die Kanzlisten, nichts davon zu verbringen. Die Kanzleiregistratur wurde in solcher Ordnung befunden, daß die Versiegelung nach einigen Tagen wieder aufgehoben und die Akten für den Geschäftsverkehr freigegeben wurden.

Während dieser als Hauptgeschäft angesehenen Handlung beschlagnahmten und versiegelten die übrigen Mitglieder des Regierungskollegiums unter Zuziehung je eines Subalternbeamten als Aktuar die zahlreichen in Arnsberg befindlichen kölnischen Dienststellen sowie Archiv und Geschäftsbücher des Klosters Wedinghausen, während ein Offizier das im Zuchthaus eingerichtete Zeughaus und der Kriegskommissar die kölnischen Kriegsakten übernahmen.

Im ganzen vollzogen sich diese Verrichtungen ohne Zwischenfälle. Nur bei dem Versuch, das kölnische Staatsarchiv zu beschlagnahmen, gab es Widerstand. Es befand sich in der Wohnung des Hofrats Tillmann. Bei diesem hielten sich auch der Generalvikar von Caspars und der Sekretär Gschickt auf. Bald traf auch Domkapitular von Franz ein. Tillmann erklärte, er bewahre nur einige laufende Akten auf, protestierte aber gegen die Versiegelung, da er in Pflicht des Domkapitels stehe. Regierungsrat Leussler versicherte, daß die Frage eigentlich reichsrechtlich schon geregelt sei, da die Entschädigungsfrage mehrheitlich in Regensburg angenommen sei. Die Versiegelung sei nun einmal vom Landgrafen angeordnet. Zudem habe die Organisationskommission dem Domkapitel schon die Bekanntmachung zugestellt, daß es

Das alte Rathaus und der Maximiliansbrunnen am Alten Markt in Arnsberg

seiner Landeshoheit entsetzt sei. Eine geforderte Legitimation für sein Vorgehen legte der hessische Kommissar nicht vor. Er berief sich auf Würde und Wort der Organisationskommission. Die Anwesenheit des landgräflichen Militärs sei Legitimation genug, daß es sich um einen Hoheitsakt, nicht um private Willkür handele. Wenn man sich nicht willig füge, werde er, wenn auch ungern, Gewalt anwenden. Darauf gaben die Vertreter der kölnischen Regierung nach. Als die im Haus vorgefundenen Akten in einem Zimmer zusammengetragen wurden, war Hofrat Tillmann plötzlich verschwunden. Man fand ihn schließlich in einem anderen Raum, wo er sich mit Akten beschäftigte. Auch diese wurden beschlagnahmt und in das vorher bestimmte Zimmer gebracht. Dessen Fenster und Tür wurden versiegelt und ein militärischer Posten vor die Tür gestellt.

Dem Stadtmagistrat wurde aufgegeben, am Nachmittag die gesamte Bürgerschaft zu berufen und ihr das landgräfliche Besitzergreifungspatent vorzulesen und zu erläutern. Im übrigen wurde der Magistrat kraft landgräflichen Rechts in seinem Amt bestätigt. Auch sein Siegel durfte er weiterführen, da es nur die Umschrift führte „*Magistrat der Stadt Arnsberg*".

Das aufgebotene Militär war ebenfalls bei diesem Akt der Besitzergreifung eingesetzt. Die einzelnen Kommissionen begleitete jeweils ein Ehrengeleit von Soldaten unter Führung eines Offiziers. Andere Soldaten waren beschäftigt, an den Dienstgebäuden das landgräfliche Besitzergreifungspatent sowie Wappenschilde mit dem hessischen Löwen anzubringen. Vorher hatte man sorgfältig nachgeforscht, an welchen Gebäuden der Stadt das kölnische Wappen zu sehen sei. Man fand aber keins außer dem in Stein gehauenen Wappen des Maximiliansbrunnen auf dem Markt. Dieses abmeißeln zu lassen, trug man doch Bedenken, zumal der hessische Löwe am gegenüberliegenden Rathaus prangte. Regierungsdirektor von Grolmann erwog wohl die Möglichkeit, dieses kölnische Wappen mit einem Löwenschild zu überdecken, scheint aber doch davon Abstand genommen zu haben.

Da dieser ganze Hoheitsakt sich praktisch so reibungslos vollzog, war er bis Mittag abgeschlossen. Um die Mittagsstunde rückte daher das Militär wieder zurück in seine Quartiere.

Anmerkung:
1 Quelle: Staatsarchiv Darmstadt E 8 A Konv 241,5. Der Beitrag wurde - leicht verändert - mit freundlicher Genehmigung von Herrn Pfarrer i.R. Walter Wahle seinem Buch: Beiträge zur Geschichte der Stadt Arnsberg, Geseke-Störmede 1988, S. 263-268 entnommen.

E 4

Domkapitel, Domschätze und Kurkölnische Behörden im Sauerland

Das Hochwürdige Domkapitul zu Köln.

Salvo pleno.   Salvo pleno.

Dompropst und Thesaurarius.
Franz Wilh. regierender Graf zu Oettingen, Baldern und Soetern. Sr. k. k. apostol. Maj. wirklicher Geheimrath.

Domdechant.
Karl Aloys Graf zu Königsegg Aulendorf, Bischof zu Mirene, Sr kurfürstl. Durchl zu Köln Suffraganeus und Erzkeppeler, des St. Michaelis Ordens Großkreuz.

Vice und Afterdechant.
Christian fidelis Graf zu Königsegg Rotenfels, Domkapitular zu Strasburg.

Chorbischof.
Joseph Christian des H. R. R. Fürst zu Hohenlohe Bartenstein rc. Domkapitular zu Strasburg u. des freiadlichen Stiftes St. Gereon zu Köln Probst.

Domscholaster.
Menrad Anton Eusebius Graf zu Königsegg Aulendorf, Domkapitular zu Strasburg.

Diaconus senior.
Franz Karl Joseph Fürst zu Hohenlohe und Waldenburg Schillingsfürst, Domkapitular zu Strasburg.

Diaconus junior.
Joseph des H R R Erbtruchseß Graf zu Zeyl Wurzach, Domkapitular zu Strasburg und des freiadlichen Stiftes St. Gereon zu Köln Dechant.

Christian Ernest Armand des H. R. R. Fürst zu Hohenlohe-Bartenstein rc. Domkapitular zu Strasburg.

Damian Friderich Graf von der Leyen und Hohen Gerolsegg, der hohen Erzdomkirche zu Mainz Probst und Kapitular zu Trier.

Wilh. Florentin Fürst zu Salm-Salm, Herzog zu Hochstraten, ernannter Erzbischof zu Prag.

Thomas des H. R. R. Erbtruchseß Graf zu Zeyl und Wurzach.

Ernest Graf zu Königsegg-Rottenfels.

Friederich Alexander Graf von Oettingen-Wallerstein.

Franz Xavier Graf zu Salm-Reiferscheid, Bischof zu Gurk.

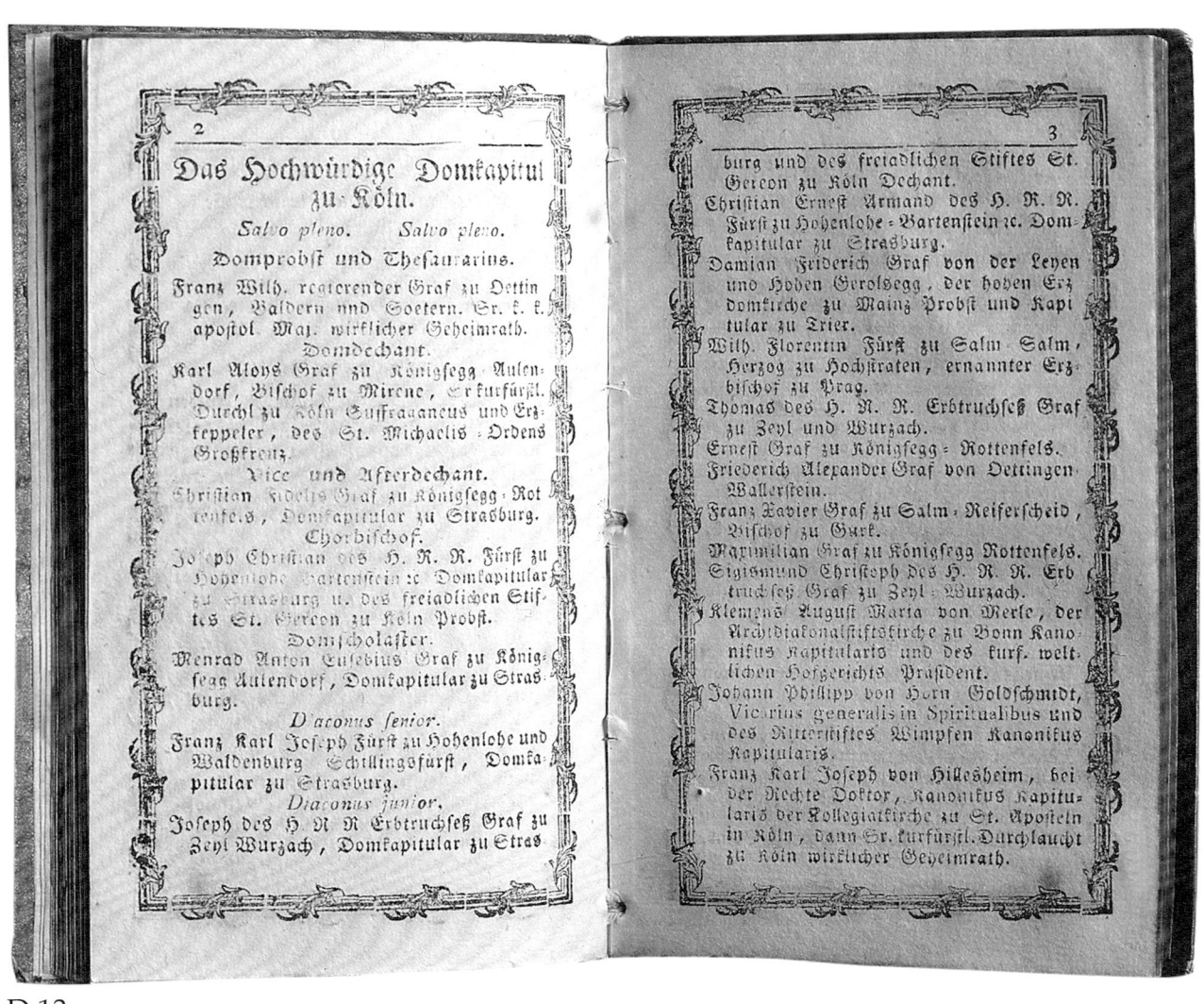

Maximilian Graf zu Königsegg Rottenfels.

Sigismund Christoph des H. R. R. Erbtruchseß Graf zu Zeyl-Wurzach.

Klemens August Maria von Merle, der Archidiakonalstiftskirche zu Bonn Kanonikus Kapitularis und des kurf. weltlichen Hofgerichts Präsident.

Johann Philipp von Horn Goldschmidt, Vicarius generalis in Spiritualibus und des Ritterstiftes Wimpfen Kanonikus Kapitularis.

Franz Karl Joseph von Hillesheim, bei der Rechte Doktor, Kanonikus Kapitularis der Kollegiatkirche zu St. Aposteln in Köln, dann Sr. kurfürstl. Durchlaucht zu Köln wirklicher Geheimrath.

D 13   Die Mitglieder des Kölner Domkapitels im Kurkölnischen Hofkalender 1794

Das alte Kölner Domkapitel

Ottilie Knepper-Babilon

Zweifellos gab es unter den 1794 aus linksrheinischem Gebiet nach Arnsberg Geflüchteten keine erlauchtere Gesellschaft als die Mitglieder des Kölner Domkapitels. Massiert traten diese hochwürdigsten, durchlauchtigsten, hochgeborenen, gnädigen Herren - wie sie tituliert wurden - in Arnsberg zwar nicht auf, aber durch den noch in Köln auf der (vermutlich) letzten Kapitelsitzung gefaßten und sicherheitshalber später in Arnsberg noch einmal erneuerten Beschluß, daß die in Köln zurückgebliebenen Kapitulare über den Kirchenschatz und alle anderen das Domkapitel und dessen Güter betreffende Angelegenheiten nicht die mindeste Entscheidungsbefugnis haben sollten, war das nach Arnsberg verlegte Domkapitel in allen Kapitelangelegenheiten allein kompetent. Was hat man sich nun unter diesem Domkapitel vorzustellen, welche Aufgaben hatte es, und wie wirkte es „zwischen den Zeiten", als das jahrhundertealte politische und gesellschaftliche Ordnungsgefüge, in dem das Domkapitel eine gehobene Stelle einnahm, zerbrach und sich Neues noch nicht etabliert hatte?

Der zunächst recht abstrakte Begriff 'Domkapitel' gewinnt an Anschaulichkeit, wenn man ihn auf seine Herkunft zurückführt. Von den in klosterähnlicher Gemeinschaft lebenden Geistlichen an einer Kathedralkirche (Bischofskirche/später Dom genannt) wurde bei der täglichen Versammlung ein Kapitel (Abschnitt) der Regel, nach der sie lebten, gelesen. Von dieser Lesung erhielt zunächst der Versammlungsraum, dann auch die Gemeinschaft selbst den Namen 'Kapitel'. Die einzelnen Mitglieder hießen Kapitulare, Kanoniker oder Domherren.

1794 gehörten zum Kölner Domkapitel statutengemäß 24 wirkliche Domherren, 16 Edelherren und 8 Priesterherren (siehe Namensliste im Anschluß des Beitrages). Die 16 Edelkanonikate waren in Köln ausschließlich dem hohen Adel vorbehalten, der, von wenigen Ausnahmen abgesehen, aus dem süddeutschen Raum stammte, insbesondere aus Schwaben. Allein mit Edelkanonikern wurden auch die Prälaturen (hohe Kapitelämter) besetzt. Inhaber dieser Prälaturen waren der Propst, der Dechant, der Vicedechant, der Chorbischof, der Scholaster, der Diakonus senior, der Diakonus junior. Die ursprünglich mit diesen Ämtern verbundenen Stellungen und Aufgaben hatten sich im Laufe der Jahrhunderte geändert. Der Propst, ursprünglich das Oberhaupt des Kapitels, hatte im Kapitel keine obrigkeitlichen Befugnisse mehr; das mit diesem Amt gleichwohl noch verbundene Prestige resultierte aus dem Titel, den damit verbundenen Repräsentationsämtern und den Einkünften. Der eigentliche Leiter des Kapitels war der Dechant. Unter anderem stand ihm die Disziplinargewalt im Dombezirk zu, daneben hatte er mannigfache Aufsichtsfunktionen, besaß auch zuvörderst Vorschlagsrechte bei der Ernennung von Domvikaren, die zumeist für die Prälaten tätig waren und denen oftmals die verzweigte Verwaltung unterstand. Bei Abstimmungen im Kapitel besaß der Dechant allerdings auch nur ein einfaches Stimmrecht. Die mit den anderen Ämtern ursprünglich verbundenen Aufgaben - der Chorbischof war ehemals Leiter der Kantoren gewesen, der Scholaster Leiter der Domschule, der Diakon hatte bestimmte Aufgaben während des Gottesdienstes wahrzunehmen - waren delegiert worden oder waren nicht mehr vorhanden (wie im Fall der Domschule, die mit der Gründung der Universität ihre Bedeutung verloren hatte). Wirklich bedeutsam für die Inhaber der Kapitelprälaturen war - neben der besonderen Würde und den mit den Prälaturen verbundenen Dotationen - das ihnen reihum zustehende Recht, die Anwärter auf Edelkanonikate zu nominieren. Leicht konnten so immer wieder Angehörige desselben Familienstammes in freigewordene Edelkanonikate nachrücken und eine standesgemäße Versorgung erreichen. (Ein herausragendes Beispiel solcher Vetternwirtschaft geben die Grafen von Königsegg. 1794 saßen fünf Grafen von Königsegg im Kapitel, drei von ihnen als Prälaten; außer diesen waren noch zwei Grafen von Königsegg als Anwärter auf ein Edelkanonikat nominiert. Die letzten vier Dechanten des Kölner Domkapitels waren ebenfalls Grafen von Königsegg gewesen, der letzte von ihnen wurde 1796 in Arnsberg gewählt.)

Die Anwärter auf Edelkanonikate, die Domizellare, wurden oft schon mit sieben oder acht Jahren nominiert. Dafür genügte die Tonsur (als Zeichen der Bestimmung für den geistlichen Stand) und der Nachweis 16 adeliger Vorfahren (väterlicher- und mütterlicherseits). Nachdem das Kapitel einer Nomination zugestimmt hatte, mußte der Domizellar sechs Wochen strenge Residenz am Dom halten und bei dem mit Stundengebeten und Messen über den ganzen Tag organisierten Gottesdienst im Chor, wo auch die Kapitulare ihren Sitz hatten, zugegen sein. Um in den Genuß ihrer Präbende (Pfründe, d. h. Einkünfte) zu kommen, hatten sie fortan vier Monate im Jahr am Dom zu residieren. Domizellare waren nicht zu den Kapitelsitzungen zugelassen, wohl aber zum Chor und erhielten - wie die wirklichen Domherren - bei Anwesenheit im Chor auch Präsenzgelder.

Längst nicht alle Domizellare wurden wirkliche Domherren, sei es, daß sie heirateten, sei es, daß sie andere Ämter übernahmen. Um in ein freigewordenes Edelkanonikat aufrücken zu können, waren von einem Domizellar weitere Bedingungen zu erfüllen, ein zweijähriges Studium an einer Universität und die Annahme der Subdiakonatsweihe, mit der die Verpflichtung zum Zölibat und Breviergebet (vorgeschriebene Stundengebete) verbunden war.

Die Priesterweihe, für die Edelkanoniker also kein 'Muß', war - neben dem Grad eines Doktors der Rechte oder Lizentiaten der Theologie - Voraussetzung für die Besetzung eines Priesterkanonikates. Die Priesterherren stammten zumeist direkt aus Köln oder dem Kölner Raum. Sechs konnte das Kapitel mit einfacher Stimmenmehrheit wählen, zwei Priesterkanonikate besetzte die Universität Köln. Auch die Anwärter auf ein Priesterkanonikat hatten nach vollzogener Wahl eine strikte Residenz am Dom durchzuführen. Dann folgte eine Karenzzeit (ein Jahr und ein Monat für Priesterkanoniker), in der der Kanoniker noch nicht an den Kapitelsitzungen, wohl aber am Chordienst, für den es die üblichen Präsenzgelder gab, teilnehmen konnte. Nach Ablauf der Karenzzeit folgte die Schmückung mit dem Kapitularstern, und von da ab war der Kapitular vollberechtigtes Kapitelmitglied mit Sitz, Stimme und Einkünften. Zwischen den Priesterherren, die nur bürgerlichen Familien und dem landständischen niederen Adel entstammten, und den hochadeligen Domherren gab es im Kapitel keinen Gegensatz. Sie bildeten eine Gemeinschaft, einig, das Ansehen und die Vorrechte des Kapitels jederzeit zu wahren. Nichts dürfte dies besser belegen, als die oft wiedergegebene Anekdote über eine Begegnung zwischen dem Priesterherrn von Hillesheim und dem Kurfürsten Maximilian Franz. Dieser habe auf den von dem Priesterherrn gebrauchten Ausdruck 'das hohe Domkapitel' die Frage eingeworfen, wie hoch denn das hohe Kapitel sei, worauf von Hillesheim geantwortet haben soll, es sei so hoch, daß es Ew. Kurfürstliche Durchlaucht, einen Kaiserlichen Prinzen, zum Kurfürsten erwählen konnte.

Das Domkapitel wählte nicht nur den Erzbischof und damit auch den Kurfürsten als Landesherrn, sondern regierte auch in der Zeit, in der der Bischofsstuhl nicht besetzt war (Sedisvakanz). Darüber hinaus sicherte es sich umfangreiche Rechte sowohl im kirchlichen als auch im weltlichen Bereich, deren Beachtung der Erzbischof vor seinem Amtsantritt zu beschwören hatte (sogenannte Wahlkapitulation). Danach war das Domkapitel an allen wichtigen Angelegenheiten,

D 14   Domherrenstern der
Kölner Domkapitulare (E. 18. Jh.)

insbesondere Vermögensangelegenheiten, zu beteiligen, sollten zwei seiner Mitglieder dem kurfürstlichen Rat angehören, mußte der Generalvikar - als Stellvertreter des Bischofs leitete er die Bistumsverwaltung - aus den Reihen der Domherren genommen werden; auch der Weihbischof - als Stellvertreter des Bischofs konnte er alle Weihehandlungen vornehmen - und der Leiter des geistlichen Gerichts, der Offizial - stellvertretend für den Bischof übte er die Rechtsprechung aus -, gehörten dem Kapitel an. Einige Domherren, vornehmlich Priesterherren, waren zudem noch in hohen Stellungen an der weltlichen Regierung beteiligt (vgl. Angaben zu den aufgeführten Kapitelmitgliedern in der unten folgenden Aufstellung). Im Gegensatz zum Erzstift, in dem das Domkapitel als 1. Stand von den insgesamt vier Landständen den größten Einfluß auf den Landtagen ausübte, war das Domkapitel auf den westfälischen Landtagen in Arnsberg nur mit zwei Deputierten vertreten, die nicht stimmfähig waren. Nach Elisabeth Schumacher hatten sie - natürlich immer in Absprache mit dem Kapitel - eher eine Mittlerstellung bei Unstimmigkeiten mit dem Landesherrn und den beiden westfälischen Ständen, der Ritterschaft und den Städten. Zur Ausschreibung des Landtages brauchte der Kurfürst die Genehmigung des Domkapitels; und die Erblandesvereinigung von 1463 band den Kurfürsten bei wichtigen Entscheidungen - u. a. bei Kriegführung und beim Abschluß von Bündnissen, bei Veräußerungen von Untertanen und Landesgebieten - an die Genehmigung von Ständen und Kapitel auch im kurkölnischen Westfalen.

Nahmen die Domherren Aufgaben als Beauftragte des Kapitels wahr, wurden sie gleichwohl während dieser Zeit auf den wöchentlich mehrmals stattfindenden Kapitelsitzungen als anwesend bezeichnet und erhielten auch die üblichen Präsenzgelder. Häufig kam es aber vor, daß Domherren ihre Residenz auf dem üblicherweise zu Margareten (13. Juli) abgehaltenen Generalkapitel zwar anzeigten, sich aber von persönlicher Anwesenheit befreien ließen. Dann erhielten sie zwar keine Anwesenheitsgelder, kamen aber in den Genuß ihrer Präbende. Daß ein Kanonikat so oftmals in erster Linie als Einnahmequelle diente, läßt sich desweiteren auch daran ablesen, daß viele Domherren gleichzeitig an anderen Kirchen hohe Stellungen einnahmen.

Vier Monate im Jahr sollten die Kapitulare eigentlich am Dom residieren und ihre Aufgaben wahrnehmen. Neben dem Gottesdienst waren das Verwaltungsaufgaben vielfältiger Art, kirchlicher und öffentlicher. Die kirchlichen Verwaltungsaufgaben erstreckten sich in erster Linie auf den Dom, auf die bauliche Instandhaltung, auf den Schutz seiner Einrichtung, auf die gottesdienstlichen Tätigkeiten; die öffentlichen Verwaltungsaufgaben ergaben sich aus dem Vermögen des Domkapitels, das neben dem Dom und seinen Gebäuden insbesondere weiteren Haus- und Grundbesitz, Höfe, Ländereien, Zehnte, Jagd- und Zollrechte umfaßte. Zumeist waren Höfe und Äcker zu einem Verwaltungsbezirk zusammengefaßt, in dem der Amtsherr die polizeiliche Gewalt besaß und u. a. den Zuzug von Untertanen (Freizügigkeit gab es ja damals noch nicht), den Schulbesuch, die sittliche Führung, vor allem aber die Jagd- und Forstrechte überwachte. Amtsherr war zwar meistens ein Kapitular, die eigentliche Verwaltungsarbeit aber verrichteten in den Verwaltungsbezirken - wie in allen anderen Bereichen auch - Offizianten (Beamte) oder für einzelne Posten Verwalter, die wiederum von zahlreichen Hilfskräften unterstützt wurden. Beraten und entschieden wurden alle Verwaltungsmaßnahmen jedoch allein vom Kapitel, dem es so gelang, seine Herrenrechte zu behaupten.

Von einem reformorientieren aufklärerischen Zeitgeist fand sich im Kölner Domkapitel dagegen keine Spur, ob es sich nun darum handelte, daß Protestanten in Köln versuchten, die Genehmigung zur Errichtung eines Bethauses zu bekommen - was aus aufklärerischer Sicht unter dem Schlagwort der 'Toleranz' ein berechtigtes Anliegen gewesen sein dürfte, nicht aber in den Augen des Domkapitels - oder um einen Versuch der Stände, eine Lockerung des Fast- und Abstinenzgebotes beim Fleischgenuß zu erreichen - was nach Ansicht des Kapitels in den ohnehin unruhigen Zeiten die Gefahr von Verfall und Zuchtlosigkeit nur begünstigt hätte. Soweit sich aufklärerische Tendenzen in kurfürstlichen Maßnahmen niederschlagen, stießen sie auf den erbitterten Widerstand des Domkapitels, wie - um auch hier ein Beispiel herauszugreifen - die Einrichtung der Universität Bonn. Franz Wilhelm von Spiegel (vgl. das Lebensbild auf S. 229 ff.), der diese Einrichtung beim Kurfürsten betrieb, zog sich damit, wie er schrieb, den *unversöhnlichen Haß* des kölnischen Domkapitels zu, insbesondere der geistlichen Priesterherren, verstanden sie sich doch als *die Zionswächter, welche auf Reinheit der Lehren besonders wachten,* während von Spiegel Professoren zu gewinnen suchte, *die mit der Zeit fortzuschreiten imstande waren.*

91

D 15

Dompropst Franz Wilhelm regierender
Graf von Oettingen, Baldern, Katzenstein
und Soeteren (1725-1798)

Gänzlich verhallten die Losungsworte der Französischen Revolution, Freiheit und Gleichheit, auch in den kurkölnischen Gebieten nicht. Über renitente Untertanen verhängte das Kapitel in den Gebieten, in denen es polizeiliche Befugnisse ausübte, Stockhaus und Geldstrafen und stellte so die Ruhe wieder her. Schwieriger gestaltete sich die Situation auf den Landtagen. Auch dort wurde von den Städten die Forderung nach Gleichbehandlung erhoben, und zwar nach Gleichbehandlung aller Stände bei der Besteuerung, womit die Steuerprivilegien des Adels und des Klerus fortgefallen wären. Diese Forderung war zwar schon früher erhoben worden, aber nie wurden dabei die geltenden Verträge angezweifelt, wie es auf dem westfälischen Landtag 1794 geschah.

Unter dem Druck der zu erhebenden Kriegssteuern war die Forderung nach Gleichbesteuerung aus der Sicht des Domkapitels zumindest nicht so abwegig, als daß es sich nicht um einen Ausgleich bemüht hätte. Das Infragestellen einmal geschlossener Verträge löste dagegen den schärfsten Protest und die Forderung nach einer Bestrafung des Arnsbergers Engelbert Arndts, des 'Sprachrohrs' der Städte auf dem westfälischen Landtag 1794, aus, denn hinter solchen Äußerungen konnte sich nach Ansicht des Kapitels nichts anderes verbergen als der Geist des Umsturzes.

Folgt man der ausführlichen Darstellung Johannes Nattermanns, wollte das Kölner Domkapitel selbst ab 1792, als von den vorrückenden französischen Truppen für das Erzstift durchaus schon eine unmittelbare Bedrohung ausging, immer noch in erster Linie die alten Privilegien gewahrt sehen; es protestierte gegen die zur Verteidigung erlassenen landesherrlichen Verfügungen, insofern sie die Vorrechte antasteten, tadelte Schöffen und Bürgermeister, wenn sie freie Besitzungen des Adels und Klerus von Einquartierungen und Fuhrdiensten nicht sofort wieder ausnahmen, sobald eine akute militärische Bedrohung wegfiel, bewilligte nur widerstrebend und längst nicht in gefordertem Maße die Gelder zur Landesverteidigung. Erst der Rückzug der österreichischen Truppen nach der Schlacht bei Fleurus (26. Juni 1794), der den Weg an den Rhein für die französischen Truppen freimachte, beendete die Rangeleien um Privilegien. Jetzt wurde zusätzlich Geld zur Landesverteidigung in Aussicht gestellt, auch noch mit dem Kurfürsten über Maßnahmen, die zur Rettung des Landes beitragen könnten, beraten, aber gleichzeitig mußte des Domkapitel schon mit den eigentlichen Fluchtvorbereitungen beginnen. Am 18. Juli 1794 bestimmte es Arnsberg zu seinem künftigen Sitz, kontaktierte dann den Kurfürsten, ließ die Archivalien, die Dombibliothek, kostbare Gegenstände und Urkunden, auch die Reliquien der Hl. Drei Könige verpacken und nach Arnsberg transportieren und begab sich selbst dorthin.

Die erste Sitzung des in der Abtei Wedinghausen versammelten Kapitels fand am 13. Oktober 1794 statt. Zu diesem Zeitpunkt befanden sich zweifelsfrei vier Edelherren (der Scholaster Meinrad von Königsegg, der Propst Franz Wilhelm von Oettingen, der Kapitular Ernst Christian Armand von Hohenlohe-Bartenstein, der Kapitular Ernst Adrian von Königsegg) und vier Priesterherren (der Generalvikar von Horn-Goldschmidt, die Kapitulare von Geyr, Balthasar von Mylius und der Offizial Cramer von Clauspruch), also ein Drittel der wirklichen Domherren, in

Arnsberg. Kurze Zeit später nahmen an den Kapitelsitzungen auch der Vicedechant, Christian Franz Fidelis von Königsegg und der Diakon junior, Joseph Franz Anton von Zeil-Wurzach, teil. Als anwesend geführt, aber meistens im Auftrag entweder des Kapitels oder des Kurfürsten unterwegs, war ab November auch Thomas Ludwig Joseph von Zeil-Wurzach.

Der Dechant war hingegen in Köln geblieben und starb dort 1796. Schon bald ließ sich der Diakon junior wieder von der persönlichen Residenzpflicht in Arnsberg entbinden. (Ein Mal noch ist er wahrscheinlich *vom Süden heraufgekommen*; lt. Protokoll war er am 27.02.1795 persönlich anwesend.) Anfang des Jahres 1795 ließen sich auch der Propst und der Kapitular Ernst Adrian von Königsegg von der persönlichen Residenz in Arnsberg befreien. Die übrigen bislang noch nicht erwähnten Edelkanoniker traten persönlich am Kapitel nicht mehr in Erscheinung, so daß von den Edelherren die Jahre über in Arnsberg konstant nur die beiden Grafen von Königsegg, Christian und Meinrad, und der Fürst Ernst Christian von Hohenlohe-Bartenstein anwesend waren. (Nach Lohmann galten die Grafen von Königsegg als nicht sonderlich vermögend; der Fürst von Hohenlohe-Bartenstein muß ebenfalls besonders auf die Kapiteleinkünfte angewiesen gewesen sein, da er sich nach der Säkularisation (Umwandlung der geistlichen in weltliche Güter) im Jahre 1803, als sich die Regelung der Pensionen hinzog, in Arnsberg so verschuldete, daß ihm *nicht einmal mehr das nötige Essen und Trinken geborgt* wurde.)

Von den Priesterherren war zunächst als einziger der Kapitular von Merle in Köln geblieben; nach nur kurzem Aufenthalt in Arnsberg, dem sich eine längere Kur anschloß, kehrte Mitte 1795 auch der Generalvikar von Horn-Goldschmidt nach Köln zurück; etwas später tat dies auch der Kapitular von Hillesheim, der sich 1794/95 vermutlich zunächst in Olpe aufgehalten hatte. (Zur Klärung der widersprüchlichen Angaben über den Aufenthaltsort dieses Kapitulars kann hier nur darauf hingewiesen werden, daß von Hillesheim nur von April 1795 bis September 1795 persönlich am Kapitel in Arnsberg residierte.) Die übrigen Priesterherren befanden sich zeitweise in Arnsberg beim Kapitel, zeitweise hielten sie sich in Köln auf oder waren im Auftrag des Kapitels unterwegs.

In Arnsberg versuchten sich die Kapitulare mit den gegebenen Verhältnissen zu arrangieren. Absprachen waren zu treffen über die Benutzung

Domkapitular Dr. Klemens August Maria Freiherr von Merle (1732-1810)

der Abteikirche, um die tägliche Konventsmesse halten zu können; Haushaltungsfragen mußten geregelt werden, und zwar in der Art, daß beschlossen wurde, domkapitularische Tischtücher und Servietten für den Tisch des Domkapitels in der Abtei zu benutzen, dem Koch und seinem Gehilfen ein Trinkgeld zu geben, der Abtei Wedinghausen die Auslagen zu erstatten, für die dann ein erster Griff in die Kasse des Domkapitels getan wurde. - Auf einer seiner Sitzungen beschloß das Kapitel, gegen den Arnsberger Franz Lenz gerichtlich vorzugehen, weil dieser den vom Kapitel gekündigten Mietvertrag über die Nutzung seines Pferdestalls nicht akzeptierte und als Mietpfand das beste Pferdegeschirr des Kapitulars Balthasar von Mylius zurückbehalten hatte, wodurch dieser Schimpf und Schaden erlitten hätte. Wenn auch eingeschränkt - da eine der Hauptaufgaben der Kapitulare, der Gottesdienst im Dom, wegfiel und auch die Verwaltung der

93

Generalvikar Dr. Johann Philipp
von Horn-Goldschmidt (1724-1796)

domkapitelschen Güter, die hauptsächlich im besetzten Erzstift lagen, nicht mehr möglich war - kehrten die Kapitulare zu ihren früheren Aufgaben zurück: Pachtgelder, Zinsen und Naturalabgaben waren einzuziehen, sonstige Pachtangelegenheiten zu regeln, Rechnungen zu bezahlen, Anträge auf Befreiung von der Residenzpflicht zu behandeln, freigewordene Stellen zu besetzen.

Auch das gesellschaftliche Leben setzte man, so gut es ging, fort; man nahm an Banketten teil, spielte Whist, wenn feine Gesellschaft zu Besuch in Arnsberg weilte, und lebte - zuweilen mit Anleihen bei der Kapitelkasse - auch sonst auf großem Fuß.

Zunehmend schoben sich aber schon bald auf den Kapitelsitzungen Beratungen und Entschließungen in den Vordergrund, die aufgrund der wechselnden militärischen und politischen Situation entstanden. Mehrmals mußte sich das Kapitel um den Weitertransport der wertvollen Sachen aus Köln kümmern; auch die Kapitelmitglieder erwogen während der Jahre in Arnsberg mehrmals, aus Arnsberg wegzugehen, aber der Kurfürst sprach sich schriftlich gegen die sogar erwogene Auflösung des Kapitels aus, und die öfter aufgekommene Hoffnung, nach Köln zurückkehren zu können, zerschlug sich immer wieder rasch.

Aus Köln übermittelte der Priesterherr von Franz dem Kapitel Hiobsbotschaften über die Verwüstung von Wäldern, die dem Kapitel gehörten, über Plünderungen, Einquartierungen, beschlagnahmte Einkünfte der aus Köln Geflohenen, hohe Kontributionsforderungen. Um diese Forderungen abzulösen, nahmen die in Köln gebliebenen Kapitulare hohe Summen auf, die der französischen Besatzung übergeben wurden. Um ihre Einkünfte selbst zu sichern, hatten die in Köln wieder versammelten Kapitulare Zollgelder für sich eingezogen und weitere Gelder aufgenommen - die Kapitalkasse war ja mit nach Arnsberg genommen worden -, ohne die Zustimmung des Kapitels in Arnsberg einzuholen. Diese Eigenmächtigkeiten, dazu die Tatsache, daß die Kapitulare in Köln eigene Sitzungen abhielten, um akute Probleme zu lösen, führte zu Spannungen und Zwistigkeiten, die in der Forderung der Kölner gipfelten, das sich zum Glücksspiel in Arnsberg aufhaltende Kapitel möge nach Köln zurückkehren.

Die Streitigkeiten verebbten jedoch schon bald wieder. Der Generalvikar von Horn-Goldschmidt, der „Hauptquertreiber" (Nattermann) unter den Kölner Kapitularen, starb - sieben Monate nach dem Dechant - Anfang Oktober 1796 und um überhaupt mit den Requisitionen des domkapitelschen Vermögens und den immer wieder neu auferlegten Kontributionen der französischen Besatzer irgendwie fertig zu werden, war man aufeinander angewiesen.

Vom Kapitel in Arnsberg gingen, wie ja beim Weggang aus Köln vereinbart, die Direktiven aus, die die Priesterherren, vor allem Balthasar von Mylius und von Franz, ausführten. Auch jetzt war man nicht immer einer Meinung; während Absprachen und ein gemeinsames Vorgehen mit dem Klerus und den Städten von den Priesterherren für nötig erachtet wurden, nicht nur um die Notlage der wenigen in Köln lebenden Kapitulare zu mildern, sondern auch die der zum größten Teil in Köln gebliebenen Offizianten und sonst am Dom lebenden Personen, lehnte das Kapitel ein solches Paktieren vehement ab, damit die alten ständischen Unterschiede ja gewahrt blieben. Maximilian Franz fällte über das Kapitel in Arnsberg das bezeichnende Urteil: *Die Zeiten ändern sich, aber das Domkapitel ändert sich nicht mit ihnen.*

Auch im Kapitel merkte man natürlich, daß ein anderer Zeitgeist wehte, daß mit dem Verlust des linksrheinischen Gebietes auch die politische Macht schwand und daß dem geistlichen Besitz und somit dem Kapitel selbst die Aufhebung drohte. Trotzdem hielt das Kapitel unbeirrt an den Statuten, formalen Rechten und Gewohnheiten fest und versuchte so, Auflösungserscheinungen vorzubeugen. Nichts dokumentiert dies eindrucksvoller als die in Arnsberg vollzogenen Wahlen, von denen die Wahl des Grafen Meinrad von Königsegg zum neuen Dechant im Jahre 1796 und der letzte hochpolitische Wahlakt im Jahre 1801, die Wahl des Erzherzogs Anton Viktor zum neuen Kurfürsten, am bedeutendsten waren.

Der Wahlakt, der in etwa immer gleich ablief, begann bei der Dechantenwahl laut Wahlprotokoll am 9. Mai 1796 gegen acht Uhr morgens. Zunächst wurden den vier Zeugen alle Kapitulare, die sich an der Wahl beteiligten, namentlich bekanntgegeben. Dann feierte man ein Amt zum Hl. Geist in der Abteikirche, und danach nahmen die Kapitulare in einer festgelegten Reihenfolge ihre Plätze im Kapitelhaus ein. Die Zeugen wurden aufgefordert, ebenfalls das Kapitelhaus zu betreten und die Wahl genau zu protokollieren. Nachdem man sich über den Wahlmodus verständigt hatte, ,legten vier anwesende Kapitulare Vollmachten der abwesenden Kapitulare vor, für die sie stimmen sollten. Diese Mandate wurden dann laut verlesen. Danach zeigte der Bevollmächtigte des Kapitels den Wahlaufruf, der am 3. April 1796 an die Türen des Klosters Wedinghausen angeheftet worden war, vor und erklärte, daß er auf Befehl des Kapitels die abwesenden Kapitulare schriftlich noch besonders zur Wahl eingeladen habe. Daraufhin beklagte er die Unfolgsamkeit der nicht erschienenen Kapitulare und bat dann, mit dem Wahlakt beginnen zu dürfen. Noch einmal erklärte der Vicedechant die abwesenden Kapitulare für unfolgsam und eröffnete dann die Wahl mit der Ermahnung an die Anwesenden, sich nicht an der Wahl zu beteiligen, falls sie suspendiert oder exkommuniziert seien. Zum zweitenmal wurde die Gnade des Hl. Geistes angerufen, ein Hymnus mit Versikel (Psalmgesang) angestimmt und Kollekte abgehalten; dann wurden Wahlzettel ausgeteilt und drei Wahlmänner gewählt. Diese wurden aufgefordert, zunächst ihre eigene Stimme, dann die der anderen Kapitulare zu erforschen und einem Zeugen mitzuteilen, der sie schriftlich aufnehmen und dann publizieren sollte. Diese Aufforderung setzten die Wahlmänner dann in einzelnen Schritten um. Sie gingen mit den Zeugen in ein vom Kapitularort getrenntes Zimmer, traten vor das Kruzifix, das zwischen brennenden Kerzen mit dem Evangelienbuch und einem Kelch lag, legten dort den vorgeschriebenen Eid ab und beschworen sich gegenseitig, nur dem ihre Stimme zu geben, den sie für geeignet hielten. Die Wahl wurde dann den Mitbrüdern mitgeteilt, von diesen gebilligt und der gewählte Dechant, Meinrad von Königsegg, gebeten, die Wahl anzunehmen, was dieser dann tat. Nach Ablegung des Glaubensbekenntnisses und des Dechanteneides geleiteten die Wahlmänner den neuen Dechant in Prozession zur Kirche und wiesen ihm im Chor den ihm zustehenden Platz an. Danach verkündete einer der Zeugen der in der Kirche versammelten Menge die Wahl des neuen Dechanten und der Abt von Wedinghausen stimmte das Te Deum unter Glockengeläut und Orgelspiel an. Anschließend geleitete das Kapitel den Erwählten zum Kapitelhaus, wo der feierliche Wahlakt mit einer Gratulationscour schloß.

Ein solcher formvollendet durchgeführter Akt vermittelte noch Bedeutung und Würde, selbst wenn tatsächlich nur noch eine Handvoll Domherren mitwirkten (persönlich anwesend waren nur sechs Kapitulare, drei Edel- und drei Priesterherren, den Wahlkandidaten eingerechnet) oder wenn gar - wie bei der in gleicher Weise vollzogenen Wahl des Scholasters am 13. Juni 1796 - der feierliche Teil des Wahlaktes bis auf weiteres ausgesetzt werden mußte, weil der Gewählte nicht zugegen war und somit der Wahl weder zustimmen noch den Eid ablegen konnte.

Der Friede zu Lunéville (1801) war geschlossen, die Bedingungen im allgemeinen - Abtretung des gesamten linksrheinischen Gebietes an Frankreich, Entschädigung der weltlichen Fürsten mit rechtsrheinischem geistlichem Gebiet - waren festgelegt, die in den letzten Kriegsjahren aufgeworfene Frage, ob überhaupt eine neue Kur entstehen könnte, schien hinfällig, obwohl sich die Kapitulare von Münster und Köln noch um die Kurwürde stritten, als der Kurfürst Maximilian Franz Mitte des Jahres 1801 starb. Noch einmal trat das Kapitel, dem ja in der Zeit der Sedisvakanz die Regierung zustand, in Aktion. Es wählte den Priesterherrn von Caspars zu Weiß zum Kapitularvikar und übertrug ihm damit die Verwaltung

D 16
Sedisvakanz-Siegel des in Arnsberg
residierenden Kölner Domkapitels (1801-1802)
Oben: Siegelstempel, unten: Abdruck

des Erzbistums. Selbst übernahm das Kapitel die Landesregierung, ließ die Leiter der landesherrlichen Stellen - den westfälischen Landdrost und die Räte, den Präsidenten des Oberappellationsgerichts, den Präsidenten der Hofkammer, den Oberjägermeister, den Oberforstmeister, den Kriegskommissar, den Kommandeur der erzstiftischen Truppen, den Stadtkommandanten von Arnsberg und andere - Gehorsam schwören, bestätigte die Bevollmächtigten und Vertreter der Landesregierung in Wien, beim Reichskammergericht in Wetzlar und anderswo und begann zügig mit den Vorbereitungen zur Neuwahl eines Kurfürsten, eines Bruders von Kaiser Franz II. (vgl. den nachfolgenden Beitrag über die Wahl Anton Viktors). Den scharfen Protest Preußens gegen die den Säkularisationsprinzipien widersprechende Wahl beantwortete das Kapitel mit einer Denkschrift, in der es darauf hinwies, daß es verfassungsmäßig im Recht sei und auch an diesem Recht festhalte; zugleich verwahrte es sich gegen alle jene Schritte, die mit dieser alten Konstitution unverträglich seien wie die Bestimmungen des Friedens zu Lunéville.

Noch glaubte das Kapitel, daß der Kaiser der Säkularisation nicht zustimmen werde, als es schon von der römischen Kurie (die 1801 mit der französischen Regierung vereinbart hatte, daß alle Kirchengüter in Frankreich und links des Rheins staatlich werden sollten) gedrängt wurde, auf seine linksrheinischen Diözesanrechte zu verzichten. Die Besetzung des Herzogtums Westfalen durch Hessen-Darmstadt beendete dann Anfang Oktober 1802 auch die weltliche Herrschaft des Kapitels.

Mit dem letzten Sitzungsprotokoll des Kapitels am 6. Oktober 1802 verwischen die Spuren vieler Kapitelmitglieder. Zwar wurde der Dechant Meinrad von Königsegg, der am 14.05.1803 starb, noch in der Abtei Wedinghausen beerdigt, aber weil sich 1804 außer dem Fürsten Ernst Christian Armand von Hohenlohe-Bartenstein kein Kapitular mehr in Arnsberg aufhielt, siedelte der Priesterherr von Caspars zu Weiß mit dem Vikariat nach Deutz über; der Offizial Cramer von Clauspruch verlegte seinen Sitz ebenfalls nach Deutz; die Priesterherren von Franz und Balthasar von Mylius führten die Ausgleichsverhandlungen für das Kapitel in Darmstadt; die anderen Kapitulare lebten vereinzelt. Zuletzt sind die noch lebenden Mitglieder des alten Kölner Domkapitels noch einige Jahre in den Akten erwähnt - als Pensionäre, die um Unterstützung kämpfen mußten.

Quellen und Literatur:
Kapitel-Protokolle 1794 - 1802, HAStK, Köln-Domstift Nr. 314 - 317. Wahlprotokolle v. 9. Mai und 13. Juni 1796, AEK, MON Köln, Domkapitel VIII, 61, 62.

Braubach Max: Die Lebenschronik des Freiherrn Franz Wilhelm von Spiegel zum Desenberg, Münster 1952.

Ders., Kölner Domherren des 18. Jahrhunderts, in: Zur Geschichte und Kunst im Erzbistum Köln. Festschrift für Wilhelm Neuss, hg. v. Robert Haaß und Joseph Hoster, Düsseldorf 1960, S. 233 - 258.

Ders., Maria Theresias jüngster Sohn Max Franz. Letzter Kurfürst von Köln und Fürstbischof von Münster. Wien 1961.

Harleß, Waldemar: Über die letzten Schicksale des kölnischen Erzstiftes und Domkapitels mit besonderer Beziehung auf das Archiv des letzteren, in: Zeitschrift für Preußische Geschichte und Landeskunde 11, 1874, S. 432 - 451; 12, 1875, S. 1 - 38.

Hegel, Eduard: Geschichte des Erzbistums Köln, Bd. 4: Das Erzbistum Köln zwischen Barock und Aufklärung. Vom Pfälzischen Krieg bis zum Ende der französichen Zeit (1688 - 1814), Köln 1979.

Lohmann, Friedrich Wilhelm: Das Ende des alten Kölner Domkapitels, Köln 1920.

Nattermann, Joh. Christian: Das Ende des alten Kölner Domstiftes, Köln 1953.

Roth, Hermann Heinrich: Das Kölnische Domkapitel von 1501 bis zu seinem Erlöschen 1803, in: Der Dom zu Köln, Köln 1930, S. 257-294.

Schumacher, Elisabeth: Das kölnische Westfalen im Zeitalter der Aufklärung, Bonn 1952 (ND Olpe 1967).

Die letzten Mitglieder des alten Kölner Domkapitels

(Nach Lohmann, Domkapitel, a.a.O., S. 9 - 29; Abweichungen nach den angegebenen Quellen resp. der sonst angegebenen Literatur.)

Edelherren

1. Dompropst (seit 21.04.1786)

   Franz Wilhelm regierender Graf von Oettingen, Baldern, Katzenstein und Soeteren (* 08.09.1725, † 14.01.1798 Baldern), zugleich Kanzler der Universität Köln und Domkustos; war nur kurze Zeit in Arnsberg.

2. Domdechant (seit 1767)

   Karl Aloys Graf von Königsegg-Rothenfels, Herr von Aulendorf und Stauffen (* 14.10.1726, † 24.02.1796 Köln), u. a. Titularbischof zu Myrine, Weihbischof in Köln; blieb in Köln.

3. Vicedechant

   Christian Franz Fidelis Graf von Königsegg-Rothenfels, Herr von Aulendorf und Stauffen (* 31.03.1734, † ?), auch Domkapitular in Straßburg und Kanoniker am freiedlen Stift St. Gereon in Köln; war die ganze Zeit über in Arnsberg.

4. Chorbischof

   Joseph Christian Fürst von Hohenlohe-Bartenstein (* 06.11.1740, † 21.01.1817), Domkapitular in Straßburg, Breslau und Salzburg, Propst des freiedlen Stiftes St. Gereon; 1795 Fürstbischof, nach der Säkularisation Bischof von Breslau; residierte nicht am Kapitel in Arnsberg.

5. Domscholaster

   Meinrad Karl Anton Eusebius Graf von Königsegg-Rothenfels, Herr von Aulendorf und Stauffen (* 01.11.1737, † 14.05.1803 Arnsberg), Domkapitular in Straßburg, nach dem Tode des Domdechanten Karl Aloys (Nr. 2) wurde er in Arnsberg zum Dechant gewählt. Er starb in Arnsberg und wurde vom letzten Abt des Klosters Wedinghausen im Kapitelgang beerdigt.

6. Diaconus senior

   Franz Xaver Karl Joseph Fürst von Hohenlohe-Schillingsfürst (* 27.11.1745, † 09.10.1819), zugleich Dechant und reichsständischer Statthalter in Ellwangen; 1796 wurde er in Arnsberg zum Scholaster gewählt, ferner wurde er Weihbischof in Augsburg; residierte nicht beim Kapitel in Arnsberg.

7. Diaconus junior

   Joseph Franz Anton Erbtruchseß Graf von Zeil-Wurzach (* 19.11.1748, † 28.12.1813), auch Dechant des freiedlen Stiftes St. Gereon; er rückte 1796 zum Diakonus sen. auf; blieb nur kurze Zeit in Arnsberg.

8. Kapitular

   Ernst Christian Armand Fürst von Hohenlohe-Bartenstein (* 11.12.1742, † 04.11.1819 Arnsberg), zugleich Domkapitular in Straßburg und Augsburg; blieb als einziger nach der Säkularisation in Arnsberg.

9. Kapitular

   Damian Friedrich Graf von und zu der Leien und Gerolseck (* 03.01.1738, † 1817), zugleich Dompropst in Mainz und Domkapitular in Trier; war nicht in Arnsberg.

10. Kapitular

    Wilhelm Florentin Johann Felix Fürst Wild- und Rheingraf von Salm-Salm (* 10.05.1745, † 14.09.1810 Hambach), auch Domkapitular in Straßburg, Augsburg und Lüttich, 1793 Fürsterzbischof von Prag (zu ihm wurde ein Teil der Domschätze geschickt); war nicht in Arnsberg.

11. Kapitular

    Thomas Ludwig Joseph Erbtruchseß Graf von Zeil-Wurzach (* 01.09.1747, † ?.11.1810 Unkel), auch Scholaster am freiedlen Stift St. Gereon, 1798 Domkustos; war öfter in Arnsberg, ansonsten im Auftrag des Kurfürsten oder Kapitels unterwegs.

12. Kapitular

    Ernst Adrian Graf von Königsegg-Rothenfels und Immenstadt (* 10.03.1759, † 19.12.1819 Dietmannsried, Bayern), auch Domkapitular in Straßburg, rückte 1796 in Arnsberg noch zum Diakonus jun. auf, residierte allerdings persönlich nur bis Anfang 1795 in Arnsberg.

13. Kapitular

    Friedrich Karl Alexander Graf von Oettingen-Wallerstein (* 10.02.1756, † 28.10.1806), zugleich Scholaster in Ellwangen und Domherr in Augsburg; war nicht in Arnsberg.

14. Kapitular

    Franz Xavier Graf von Salm-Reifferscheid (* 01.02.1749 Wien; † 19.04.1822 Klagenfurt), Fürstbischof von Gurk (Kärnten), auch Domherr in Salzburg, Ölmütz und Straßburg; war nicht in Arnsberg.

15. Kapitular

    Maximilian Joseph Julius Maria Graf von Königsegg und Rothenfels (* 02.01.1757; † 28.12.1831), auch Domherr in Straßburg; war nicht in Arnsberg.

16. Kapitular

    Sigismund Christoph Erbtruchseß Graf von Zeil und Trauchburg (* ?, † 1805), auch Domdechant in Salzburg, Domherr in Konstanz, Fürstbischof von Chiemsee seit 07.04.1797; war nicht in Arnsberg.

Priesterherren

1. Klemens August Maria Freiherr von Merle, Dr. jur. utr. (* 04.07.1732 Bonn, † 04.01.1810), auch Präsident des kurfürstlichen weltlichen Hofgerichts in Köln, Kommissar des Priesterseminars, nach dem Tode des Dechanten 1796 vom Kurfürsten zum Weihbischof ernannt; blieb in Köln.

2. Johann Philipp von Horn-Goldschmidt, Dr. jur. utr. (* 1724, † 01.10.1796), zugleich Generalvikar, kurfürstlicher geheimer Konferenzrat und Kommissar des Priesterseminars; streifte Arnsberg quasi nur, hielt sich dann in Wimpfen auf und kehrte Mitte 1795 nach Köln zurück. Dort führte er die Geschäfte für die linke Rheinseite (für die rechte Rheinseite Abt Franz Fischer).

3. Franz Karl Joseph Freiherr von Hillesheim, Dr. iur. utr. (* 1730 Köln, † 12.11.1803 Niel), zugleich Kanoniker an St. Aposteln, wirklicher geheimer Konferenzrat des Kurfürsten, Professor der Rechte an der Universität Köln, Kommissar des Priesterseminars; hielt sich von April bis in den September 1795 in Arnsberg auf.

4. Johann Gabriel Bernard Freiherr von Franz zu Dürresbach, Dr. iur. utr. (* ?, † Ende Dez. 1812), auch Domherr in Augsburg, Kanoniker an St. Ursula, kurfürstlicher wirklicher geheimer Konferenzrat, Deputierter des Kapitels bei der Ausgleichskommission in Darmstadt; war zumeist in Geschäften unterwegs, hielt sich dabei des öfteren auch in Arnsberg auf.

5. Maximilian Joseph Johann Nepomuk Freiherr von Geyr zu Schweppenburg, Dr. iur. utr. (* 16.09.1746, † 26.06.1814 Burtscheid bei Aachen), auch Kapitular des Stiftes St. Gereon und des Ritterstiftes in Wimpfen; war hauptsächlich in Geschäften unterwegs, hielt sich dabei ab und an auch in Arnsberg auf.

6. Balthasar Joseph Freiherr von Mylius, Dr. jur. utr. (* 17.09.1743 Köln, † 09.11.1816), zugleich Kapitular an den Stiften St. Kunibert und St. Ursula, war vom Kapitel mit auswärtigen Geschäften betraut, seit 1798 domkapitularischer Agent am Wiener Hof, verkaufte mit Zustimmung des Kapitels Teile des Domschatzes, wurde mit v. Franz zu den Ausgleichsverhandlungen nach Darmstadt geschickt; hielt sich auch öfter in Arnsberg auf.

7. Georg Friedrich Freiherr von Mylius, Dr. iur. utr. (* 28.05.1741 Köln, † 22.01.1816 Köln); weilte ab und an in Arnsberg.

8. Peter Joseph Franz Xavier Johann Nepomuk von Cramer zu Clauspruch, Dr. iur. utr. (* 17.12.1752, † 11.08.1820 Köln), auch Kapitular an den Stiften St. Cassius (Bonn), St. Georg (Köln) und in Schwarzrheindorf, Offizial des geistlichen Gerichts; war öfter beim Kapitel in Arnsberg.

(8.) Johann Hermann Joseph Freiherr von Caspars zu Weiß (* 05.03.1744 Köln, † 15.08.1822), auch Kanoniker an St. Maria im Kapitol und Zum Hl. Georg, Kapiteleintritt 1796 nach dem Tod des Generalvikars v. Horn-Goldschmidt, 1801 Kapitularvikar, leitete in dieser Funktion den rechtsrheinischen Rest des Kölner Erzsprengels bis 1804 von Arnsberg aus, dann übersiedelte er mit dem Vikariat nach Deutz.

K 5

Bischofstuhl (Faldistorium, klappbarer Reisestuhl) des letzten Erzbischofs und Kurfürsten von Köln, Maximilian Franz, in der Propsteikirche zu Arnsberg

Die Wahl des letzten Kurfürsten von Köln, des Erzherzogs Anton Viktor, in Arnsberg

Heinz Pardun

Maximilian Franz, den wir als den **letzten tatsächlich** noch regierenden Kölner Kurfürsten und Herrscher des geistlichen Kurstaates Köln bezeichnen können, war am 8. Dezember 1756 als sechzehntes Kind der Kaiserin Maria Theresia und des deutschen Kaisers Franz I. zu Wien geboren. Von seinem Lehrer und Erzieher, dem Staatsrat Karl Anton von Martini, im Geiste des Naturrechtes und der Aufklärung erzogen und dadurch in seiner Geisteshaltung und Lebenseinstellung geprägt, war er zunächst nicht für die geistliche Laufbahn, sondern für die Statthalterschaft in Ungarn sowie als Hochmeister des Deutschen Ordens vorgesehen. Da Maximilian Franz aus gesundheitlichen Gründen den Anforderungen des damit verbundenen Militärdienstes nicht gewachsen war, hat man sich etwa seit 1779 am Wiener Hof mit dem Gedanken getragen, ihm die Kurwürde von Köln und den Bischofssitz von Münster zu verschaffen. Mit nachdrücklicher Förderung und Unterstützung seiner Mutter und nicht zuletzt auch durch die „üblichen Geschenke an die Mitglieder der Domkapitel" ist dieser Plan dann auch verwirklicht worden. Am 7. August 1780 in Köln und am 16. August 1780 in Münster von den Kapiteln zum Koadjutor gewählt sowie im gleichen Jahr zum Hochmeister des Deutschen Ordens berufen, hat er nach dem Tod seines Vorgängers Max Friedrich von Königsegg-Rothenfels-Aulendorf am 27. April in Köln und am 5. Mai 1784 in Münster die Regierung übernommen.

Alle Historiker, die sich eingehend mit der Persönlichkeit und dem Wirken von Max Franz als Landesfürst befaßt haben, heben sein Pflicht- und Verantwortungsbewußtsein sowie sein ruhig abwägendes Urteilsvermögen hervor. Zweifellos vom Geist des Naturrechtes und der Aufklärung stark beeinflußt, sah er seine Tätigkeit als Dienst an dem Land an, das zu regieren ihm zugefallen war. Eine hohe berufsethische Auffassung - für die damalige Zeit bei Landesfürsten keineswegs selbstverständlich - prägte sein Denken und Handeln. Weit entfernt von Gedanken an Macht und Machtstaat, war es sein Bemühen und nachdrücklich verfolgtes Anliegen, den Wohlstand des Landes zu heben, das Schul- und Justizwesen zu verbessern und die Finanzverwaltung zu reformieren. Das Bild, das dieser Kurfürst von Köln in der Geschichte bietet, zeichnet sich vorteilhaft ab von der Prunk- und Genußsucht sowie der leichtfertigen Schulden- und Subsidienpolitik des Kurfürsten Clemens August sowie dem Gleichgültigkeit und Desinteresse erkennen lassenden Regierungsstil seines Vorgängers Maximilian Friedrich. Nicht zuletzt sei die ausgesprochene Toleranz von Maximilian Franz gegenüber religiös Andersdenkenden hervorgehoben.[1]

Am 3. Oktober 1794 hatte Kurfürst Maximilian Franz seine Residenzstadt Bonn verlassen, um sich dem Zugriff der französischen Armeen zu entziehen; vier Tage später marschierten die französischen Truppen dort ein, Köln war schon am 6. Oktober besetzt worden. Als Bruder des deutschen Kaisers Josef II. und der französischen Königin Marie Antoinette hatte er Grund genug, um seine Sicherheit besorgt zu sein. Noch bevor die französischen Armeen in Köln und Bonn einrückten, hatten die kurfürstlichen Behörden die Flucht angetreten und im rechtsrheinischen Teil des Kurstaates Köln, im Vest Recklinghausen und im Herzogtum Westfalen, Zuflucht gesucht. Die Hofkammer war nach Brilon, der Hofrat nach Recklinghausen evakuiert worden; das Domkapitel und das Oberappellationsgericht hatten sich nach Arnsberg begeben, wo ihnen in der Stadt und in der Abtei Wedinghausen gastfreundliche Aufnahme zuteil wurde. Es ist vielfach beschrieben worden und soll deswegen hier nicht erörtert werden, daß viele Kostbarkeiten des Domschatzes und insbesondere der Schrein der Heiligen Drei Könige von dem Allendorfer Fuhrherrn Simon nach Arnsberg überführt worden sind und hier sichere Obhut gefunden haben. Insgesamt gesehen, muß die Übersiedlung des Domkapitels in die Hauptstadt des Herzogtums Westfalen ohne besondere Schwierigkeiten erfolgt sein. Am 24. September hatte die letzte Sitzung des Dom-

99

kapitels in Köln stattgefunden, am 13. Oktober tagte es bereits zum erstenmal im Kapitelsaal der Abtei Wedinghausen.

Kurfürst Maximilian Franz, der seine Residenzstadt Bonn nicht mehr wiedergesehen hat, begab sich zunächst in das Vest Recklinghausen nach Dorsten und reiste dann weiter nach Mergentheim, seit 1530 Sitz des Deutschen Ordens. Von einigen Unterbrechungen abgesehen, ist er dort bis zum Jahresende 1797 verblieben und hat dann wärend der nächsten zwei Jahre im Deutschen Haus zu Frankfurt, einer Besitzung des Deutschen Ordens, anschließend im Deutschordensschloß Ellingen in Mittelfranken Wohnung genommen. Sein Gesundheitszustand hatte sich in diesen Jahren infolge zunehmender Korpulenz, Wassersucht u. a. m. sehr verschlechtert. Im April 1800 ist Maximilian Franz nach Hetzendorf, vor den Toren Wiens gelegen, übersiedelt und am 17. Juli 1801 an den Folgen eines Schlaganfalls verstorben. Die letzte Ruhestätte hat er in der Gruft des Hauses Habsburg in der Kapuzinerkirche zu Wien gefunden. Sein Bischofsstuhl im Chor der Propsteikirche zu Arnsberg erinnert an ihn.

Den Domkapiteln Köln und Münster konnte nicht verborgen geblieben sein, welche Entscheidungen inzwischen über die Existenz der geistlichen Staaten getroffen worden waren. Der am 9. Februar 1801 geschlossene Friedensvertrag von Lunéville hatte das Ende der geistlichen Staaten endgültig besiegelt. Die durch die Abtretung des linken Rheinufers ihrer Länder und Besitzungen verlustig gegangenen weltlichen Landesherren sollten durch die Säkularisation der geistlichen Staaten im rechtsrheinischen Bereich entschädigt werden. Die beiden Kapitel erkannten nach dem Ableben von Kurfürst Maximilian Franz sofort, daß Eile geboten war, wenn der Bestand ihrer geistlichen Länder noch gerettet werden sollte. In richtiger Erkenntnis der politischen Gegebenheiten entschlossen sie sich, alsbald einen Nachfolger für den verstorbenen Landesherrn zu wählen und damit den weiteren Fortbestand ihrer Staaten „politisch zu dokumentieren". Dabei lag es nahe und ergab sich bei richtiger Einschätzung der Gesamtlage eigentlich von selbst, einen Angehörigen des angesehensten und politisch einflußreichsten Fürstenhauses in Deutschland, des Hauses Habsburg, für die vakanten Bischofsstühle in Köln und Münster in Aussicht zu nehmen; nicht zuletzt deswegen, um sich hierdurch die Unterstützung des deutschen Kaisers, des Bruders des vorgesehenen Nachfolgers, zu sichern. So faßten die 1794 in die Abtei Wedinghausen geflohenen und teilweise dort noch anwesenden Kölner Domkapitulare am 8. August 1801 den Beschluß, am 7. Oktober in Arnsberg einen Nachfolger zu wählen. Um diese Entschließung ordnungsgemäß bekannt zu machen, wurde eine Ausfertigung an den Türen der Abteikirche - der heutigen Propsteikirche - angeschlagen. Das Domkapitel zu Münster entschied sich ebenfalls dafür, eine Neuwahl vorzunehmen.

Die Vorhaben der beiden Kapitel stießen sofort auf den Widerstand Preußens, das offenbar fürchtete, daß die aus kurkölnischem Besitz erwarteten Entschädigungen für den Verlust der bis dahin preußischen linksrheinischen Besitzungen Kleve und Geldern sowie der Erwerb des Bistums Münster hierduch in Frage gestellt werden könnten, zumindest aber erschwert werden würden. Zudem befürchtete man, durch Pensions- und Unterhaltsverpflichtungen an die bisherigen geistlichen Landesherren und Würdenträger, die durch die Bestimmungen des Reichsdeputationshauptschlusses zu erwarten waren, finanziell belastet zu werden. Der preußische Gesandte v. Dohm legte sofort sowohl beim Kölner wie auch beim Münsteraner Domkapitel scharfen Protest ein und erklärte unter Berufung auf Artikel 7 des Friedensvertrages von Lunéville, daß, solange die Beschlußfassung der damit befaßten Reichsdeputation des Reichstages in Regensburg nicht erfolgt bzw. abgeschlossen sei, eine Wiederbesetzung der beiden vakanten Bischofsstühle nicht erfolgen dürfe. Auch Napoleon schaltete sich ein und ließ beim Reichstag in Regensburg erklären, daß eine Neuwahl in Köln und Münster einstweilen zu unterbleiben habe. Der deutsche Kaiser muß wohl der Auffassung der beiden Domkapitel wohlwollend gegenübergestanden haben. Er ließ lediglich erklären, daß mit den vorgesehenen Wahlen der Lösung der Entschädigungsfrage ganz und gar nicht vorgegriffen werden sollte. Zudem - die Annahme seiner letzten zustimmenden Haltung erhält dadurch eine gewisse Bestätigung - hat er durch die Entsendung kaiserlicher Wahlkommissare zu erkennen gegeben, daß er jedenfalls die Entscheidung der Kapitel nicht ausdrücklich mißbillige und eine Neuwahl nicht verhindern wolle.

Der Gesandte v. Dohm, der noch von Friedrich dem Großen zum preußischen Direktorialgesandten beim niederrheinisch-westfälischen Reichskreise und Vertreter am kurkölnischen Hof ernannt worden war, ließ es nicht an Bemühungen fehlen, die Interessen Preußens in dem sich abzeichnenden „Länderschacher" mit Nachdruck wahrzunehmen. Gestützt auf eine recht umfassende Kenntnis der inneren Angelegenheiten und hier wiederum der wirtschaftlichen und finanziellen Verhältnisse der geistlichen Staaten im Westen Deutschlands, die er sich während seiner langjährigen Tätigkeit erworben hatte, betrachtete er es als seine derzeit wichtigste Aufgabe, die vorgesehenen Wahlen in Köln und Münster zu verhindern.

In einer Note vom 15. August 1801, die er auf Befehl des preußischen Königs dem Kölner Domkapitel zustellte, heißt es u. a.: *„Nach Artikel 8 des Friedensvertrages von Lunéville und den darin zugrundegelegten Resultaten des Friedenskongresses von Rastatt stehe bereits fest, daß die Reichsstände, die durch die Abtretung der linksrheinischen Rheinlande Verluste erlitten hätten, durch Säkularisationen Entschädigungen erhalten sollten. Die Einziehung mehrerer höherer und niederer Reichsstifte sei hiernach unvermeidlich. Wenn auch noch nicht abschließend entschieden wäre, welche geistlichen Lande betroffen seien, so müßten gleichwohl inzwischen vakant gewordene Erz- und Hochstifte provisorisch suspendiert bleiben, um nicht festgesetzte Entschädigungen zu erschweren und die davon abhängende endliche Beruhigung des zerrütteten Deutschland aufzuhalten..."*

Und noch deutlicher werdend, schreibt er weiter, *„daß die Wahl eines Regenten auf wahrscheinlich nur sehr kurze Zeit doch an demjenigen, was die höhere Entscheidung bestimme, nichts ändern wurde..."*

Nach dieser unmißverständlich gehaltenen Erklärung zur Sache enthält die Protestnote jedoch einen versöhnlicher klingenden Abschluß, in dem formuliert ist: *„Des Königs Majestät gebe demnach ihre gnädigste Erwartung und Verlangen zu erkennen, daß die Wahl eines neuen Regenten des hohen Erzstifts Cöln einstweilen und bis zur friedensschlußmäßigen Entscheidung dessen künftigen Schicksals ausgesetzt bleiben möge."*

Die preußische Regierung erhob entsprechende Vorstellungen beim Regensburger Reichstag und versuchte darüber hinaus, Frankreichs Interesse für ihre Pläne zu wecken. Die beiden Domkapitel beharrten jedoch trotz aller preußischen Gegenvorstellungen auf ihren Beschlüssen. Es sprechen einige Gründe für die Annahme, daß inzwischen am Wiener Hof, möglicherweise in der Erwartung einer anderen Entscheidung über die Säkularisation und die Entschädigungen, die Überlegung doch wieder stärkeres Gewicht bekommen hatte, Österreichs Position in den geistlichen Staaten durch Besetzung der Bischofsstühle mit österreichischen Erzherzögen weiterhin aufrechtzuerhalten. Taktisch nicht ungeschickt hatte man in Köln und Münster die Wahltermine so kurzfristig angesetzt, daß eine Beschlußfassung des Regensburger Reichstages über die preußischen Intentionen und Protest nicht mehr vor der Wahl stattfinden konnte. Intern hatte man sich schon auf einen Angehörigen des Hauses Habsburg und zwar den Erzherzog Anton Viktor, einen Bruder des Deutschen Kaisers Franz II., als einzigen Kandidaten geeinigt. Er hatte ohne Zögern sein Einverständnis zu der Kandidatur für Köln und Münster gegeben und von Papst Pius VII. war daraufhin am 16. August 1801 auf Bitten des Kaisers das Wählbarkeitsbreve für beide Bischofsstühle sowie die sonst noch erforderlichen Dispense ausgestellt worden.

In Münster erfolgte am 9. September 1801 in Anwesenheit des kaiserlichen Wahlkommissars, des Grafen von Westphalen, die Wahl des Erzherzogs Anton Viktor zum Nachfolger auf den Stuhl des hl. Ludger. Der sofort eingelegte Protest der preußischen Regierung wurde vom Domkapitel zurückgewiesen und sodann nicht mehr beachtet. Die in der Abtei Wedinghausen anwesenden Mitglieder des Kölner Domkapitels ließen sich durch die preußischen Gegenvorstellungen gleichfalls nicht beeindrucken. Die Wahl wurde, wie vorgesehen, für den 7. Oktober angesetzt. Der für die Verwaltung des Erzbistums Köln bestellte Kapitularvikar Johann Hermann Josef von Caspars zu Weiß[2] hatte alle Mitglieder des Kapitels zur Wahl nach Arnsberg eingeladen. Es bestand aus 22 Würdenträgern, die ausnahmslos dem Adel oder Hochadel angehörten. Deutlich kommt hierdurch zum Ausdruck, daß hohe kirchliche Ämter in jener Zeit den Trägern adeliger Namen vorbehalten waren und die Versorgung nachgeborener Söhne des katholischen Adels mit gut ausgestatteten geistlichen Pfründen hergebrachte Übung war. Von den 22 Mitgliedern waren indes bei der Wahl nur acht Domherren, fünf sog. Domgrafen und drei Priesterherren, zugegen. Ihre Namen sind überliefert:

Domdechant Graf Meinrad von Königsegg-Rothenfels
Vizedechant Graf Christian Franz von Königsegg-Rothenfels
Thesaurar Thomas Ludwig Graf zu Zeil-Wurzach
Fürst Ernst Christian zu Hohenlohe-Bartenstein
Maria Aloys Graf von Königsegg-Aulendorf
Johann Gabriel von Franz zu Dürresbach

Monserno pinx.t   D. Weiss sculp.t

ANTON-VICTOR

Erzherzog von Oesterreich

Hoch = und Deutsch Meister &c.

D 18   *Wien bey Artaria et Comp.*

Offizial Peter Joseph Cramer von Clauspruch
Kapitularvikar Johann Hermann Josef von Caspars zu Weiß

Die übrigen Domkapitulare ließen sich von den Anwesenden vertreten. Als kaiserlicher Wahlkommissar war rechtzeitig der Graf von Schlick in Arnsberg eingetroffen, dem von der Bürgerschaft ein feierlicher Empfang bereitet wurde. Während seiner Anwesenheit nahm er Wohnung im Landsberger Hof.[3]

Nach einem feierlichen Hochamt in der Abteikirche von Wedinghausen (heute: Propsteikirche St. Laurentius) begann der Wahlakt in der *„aula capitulari"* (Kapitelsaal - heute: Norbertussaal). Die dort versammelten Kölner Domkapitulare wählten im ersten Wahlgang einstimmig den österreichischen Erzherzog Anton Viktor zum Erzbischof und Kurfürsten von Köln; dessen Prokurator, Domdechant Graf von Königsegg-Rothenfels, erklärte unmittelbar nach Abschluß des Wahlaktes im Auftrage des Gewählten die Annahme der Wahl und beschwor sogleich die sog. Wahlkapitulation.

Nach dem Wahlvorgang setzten nun die zeremoniellen Feierlichkeiten ein, die bei solchen Ereignissen der hergebrachten Übung entsprachen. Alle bei der Wahl anwesenden Würdenträger begaben sich in feierlichem Zuge in den Chor der nebenan gelegenen Abteikirche. Hier wurde von dem Domkapitular von Franz das Wahlergebnis in Gegenwart des nunmehr erschienenen kaiserlichen Wahlkommissars öffentlich verkündet und den zahlreich in der Kirche anwesenden Arnsbergern mitgeteilt. Mit einem feierlichen Te Deum, angestimmt vom Wedinghauser Abt Franz Fischer, klang der Wahlakt und die Publikation des Wahlergebnisses aus. Alsdann ging die Nachricht von der Wahl des Erzherzogs Anton Viktor mit Eilpost nach Wien, damit von dort die päpstliche Bestätigung eingeholt werden sollte.[4]

Erneut protestierte Preußen beim Reichstag in Regensburg sowie bei den beiden Kapiteln und erklärte die Wahl als ungültig. Der Papst zögerte zunächst mit der Konfirmation (Bestätigung) der Wahl, hat jedoch schließlich seine Zustimmung erteilt.

Arnsbergs Bürgerschaft nahm an diesem solennen Ereignis starken Anteil. Nach Abschluß der Wahlhandlung wurde der kaiserliche Wahlkommissar mit großem Gepränge zum Landsberger Hof zurückgeleitet. Deputationen der Landstände des Herzogtums Westfalen und die Vertreter der Stadt Arnsberg erwiesen ihm und den Domkapitularen dort die üblichen Ehren und brachten ihre Glückwünsche zum Ausdruck. Es schlossen sich an die seit jeher bei solchen Anlässen üblichen Festlichkeiten, die sich über mehrere Tage hinzogen. Wir lesen in den Chroniken von Illuminierungen im Stadtbild, dabei standen der Marktplatz und der Maximiliansbrunnen im Mittelpunkt. Hier waren Lampions in großer Anzahl angebracht und über ihnen und zwischen ihnen prangte - so lesen wir in den zeitgenössischen Berichten - der Kurhut als das Symbol des Kölner Kurstaates. Der Text der lateinischen Inschriften, die das festliche Gesamtbild mitbestimmten, lautete:

*„Dicite posteris vestris:
Arnsbergae in Westphalia
elector archidux Austriae
Antonius Viktor"*

In deutscher Übersetzung:

„Kündet Euren Nachfahren:
Zu Arnsberg in Westfalen
ist der Erzherzog von Österreich
Anton Viktor,
zum Fürsterzbischof gewählt worden."

Das Erzstift Köln und das Herzogtum Westfalen hatten wieder einen gewählten Landesherrn. Für die Wahlfeierlichkeiten sind - wie aus einer noch vorhandenen Übersicht zu entnehmen ist - 3.775 Reichsthaler, 38 Stüber und 4 Heller ausgegeben worden.

Die alte Hauptstadt des kurkölnischen Sauerlandes erlebte damals letztmalig den vollen Glanz der kurfürstlichen Epoche, wie er zu Zeiten des letzten Wittelsbachers auf dem Kölner erzbischöflichen Stuhl, des Prunk und Festlichkeiten liebenden Kurfürsten Clemens August, in Arnsberg so häufig in Erscheinung getreten war. Die Erinnerung an diese Zeiten mag Arnsbergs Bürger im Jahre 1801 beflügelt haben, als sie sich der Freude über dieses Ereignis innerhalb ihrer Mauern überließen. Schließlich war es das erste Mal, daß ein Landesherr im Sauerland und in Arnsberg-Wedinghausen gekürt worden war; zweifellos ein Höhepunkt in der Geschichte der Stadt - allerdings überschattet von dem bevorstehenden Ende des Kölner Kurstaates und des Herzogtums Westfalen sowie den kriegerischen Ereignissen im Gefolge der französischen Revolution.

Erzherzog Anton Viktor, nominell der letzte Landesherr des Kurstaates Köln und - von der Weiterführung des Titels durch den Landgrafen

> Der
> Hochwürdigst-Durchlauchtigste
> Fürst und Herr
> Herr
> Anton Viktor,
> Erzbischof zu Köln, des heiligen römischen Reichs durch Italien Erzkanzler und Kurfürst, geborner Legat des heil. apostolischen Stuhls zu Rom, Königl. Prinz von Ungarn und Böhmen, Erzherzog zu Oesterreich, Herzog zu Burgund und Lothringen, Bischof zu Münster, in Westphalen und zu Engern Herzog, Graf zu Habsburg und Tyrol, Burggraf zu Stromberg ꝛc. ꝛc. ꝛc.
>
> Ist geboren den 31sten August 1779.
> zum Erzbischofen und Kurfürsten von Köln
> erwählt zu Arnsberg den 7ten October 1801,
> zum Fürsten und Bischofen zu Münster
> erwählt den 9ten September 1801.

D 17

Kurkölnisch-Westphälischer Staats- und Landkalender auf das Jahr 1802: Widmung an den neuen Landesherrn

von Hessen-Darmstadt abgesehen - der letzte Herzog in Westfalen, war am 31. August 1779 als achter Sohn des späteren Kaisers Leopold II., eines Bruders des Kaisers Joseph II. und seiner Gemahlin Marie Luise Ludowica zu Florenz geboren; sein Vater Leopold residierte damals dort als Großherzog von Toskana. Im Jahre 1790 nach dem Tode des Kaisers Joseph II. trat Leopold dessen Nachfolge an und siedelte mit seiner Familie nach Wien über. Leopold II. starb 1792 plötzlich und sein ältester Sohn Franz, als Deutscher Kaiser Franz II., ein Bruder Anton Viktors, übernahm die Nachfolge. Von der Jugendzeit Anton Viktors liegt keine berichtenswerte Kunde vor. Ob er von Anfang an für den geistlichen Stand bestimmt war, muß offen bleiben. Seine Ausbildung bietet nichts, was sich von der damals üblichen Prinzenerziehung abheben könnte. Es ist zudem aus den Quellen nicht ersichtlich, aus welchen Gründen die Benennung für die Nachfolge in Köln und Münster gerade auf ihn gefallen ist. Jedenfalls hat er, als ihm die Kandidatur angetragen wurde, ohne Widerstreben sein Einverständnis erklärt und sich am 28. August 1801 in Wien die Tonsur erteilen lassen. Weitere Vorbereitungen für die Übernahme der beiden geistlichen Ämter sind aber von ihm offenbar nicht getroffen worden. Im Jahre 1804 - die Säkularisation war inzwischen erfolgt und die geistlichen Staaten bestanden nicht mehr - ist Anton Viktor zum Hochmeister des Deutschen Ordens berufen worden, hat diese Würde zeitlebens bekleidet und die hieraus resultierenden Pflichten mit großem Eifer wahrgenommen. Im Alter von 55 Jahren ist er zu Wien am 2. April 1835 verstorben. - Wir können es mit diesen kurzen biographischen Notizen hier bewenden lassen, fehlt doch jegliche Beziehung des gewählten, aber nicht mehr zur Regierung gekommenen letzten Kurfürsten von Köln zu Westfalen wie auch zum Rheinland. Nach der Wahl hat er in keiner Weise die Absicht geäußert oder zu erkennen gegeben, seine neuen Lande (Köln, Münster und das kurkölnische Sauerland) zu besuchen oder näher kennenzulernen. Auch Einladungen des Kölner Domkapitels hat er keine Folge geleistet.[5]

Um die Jahreswende 1801/1802 ist, wenn wir die gegebenen Anzeichen richtig werten, am kaiserlichen Hof zu Wien ein Umschwung in der Beurteilung der politischen Lage eingetreten. Angesichts der Tatsache, daß man dem Friedensvertrag von Lunéville und der darin abschließend sanktionierten Säkularisation der geistlichen Staaten zugestimmt hatte, fühlte man sich jetzt nicht mehr in der Lage, weiterhin für die Erhaltung des Erzstiftes Köln und des Bistums Münster einzutreten. Um Klarheit zu erreichen, aber auch wohl um neuen Schwierigkeiten insbesondere mit Frankreich aus dem Wege zu gehen, entschloß sich die Wiener Politik, „den Rückzug anzutreten". Ausgelöst oder gar bestärkt mag diese Entscheidung auch dadurch sein, daß Preußen inzwischen vollendete Tatsachen geschaffen hatte. Noch vor der abschließenden Beschlußfassung und dem Inkrafttreten des Reichsdeputationshauptschlusses war nämlich am 3. August 1802 der preußische General von Blücher mit seinen Truppen in Münster eingerückt und hatte die an Preußen gefallenen Teile des Stiftes samt der Stadt in Besitz genommen; ebenso wurde das Fürstbistum Paderborn jetzt schon von Preußen annektiert. Landgraf Ludewig X. von Hessen-Darmstadt handelte in gleicher Weise: am 8. September 1802 wurde Arnsberg von hessischen Truppen besetzt und der neue Landesherr ergriff von dem Herzogtum Westfalen Besitz, wie es in seinem Patent vom 6. Oktober 1802 heißt, *„auf ewige Zeiten".*[6]

Die Wahlen der Kapitel in Köln und Münster haben politisch gesehen letztlich keine Auswirkungen gehabt und keine Wende gebracht. Das Schicksal der geistlichen Staaten - nicht nur Köln, Münster und Paderborn - war bereits vorher besiegelt und damit auch die jahrhundertelange staatsrechtliche Verbindung zwischen Kurköln und dem Herzogtum Westfalen erloschen. Das formelle Ende des Heiligen Römischen Reiches Deutscher Nation begann sich abzuzeichnen. Im Jahre 1806 legte der deutsche Kaiser Franz II. auf Druck und Drängen Napoleons die deutsche Kaiserkrone nieder und das Deutsche Reich, zuletzt nur noch ein Schatten seiner früheren Macht und Herrlichkeit, hatte aufgehört zu existieren.

Anmerkungen:
1 Zu Maximilian Franz vgl. das Lebensbild im vorliegenden Band, S. 213 ff.
2 Vgl. das Lebensbild des Kapitularvikars im vorliegenden Band, S. 189.
3 Der Landsberger Hof beherbergt heute das Sauerland-Museum des Hochsauerlandkreises.
4 Der Wahlakt wird u.a. beschrieben bei Féaux, Geschichte Arnsbergs, a.a.O., S. 477ff., vgl. ebenfalls Höynck, Franz Anton, Wahl a.a.o.
5 Zu Anton Viktor vgl. besonders die Lebensbeschreibung von Heinrich Matthäy, in: Neuer Nekrolog der Deutschen, Weimar, 13. Jg., 1835, S. 357-373, Artikel von Karl H. Lampe in der Neuen Deutschen Biographie, Band 10, S. 317f. bzw. bei Constantin von Wurzbach, Biographisches Lexikon des Kaiserthums Oesterreich, 6. Teil, Wien 1860, S. 154ff.
6 Original des Besitzergreifungspatentes u.a. im Stadtarchiv Arnsberg, Bestand Arnsberg, Akte 18/8, vgl. auch die Abb. auf S. 80 und den Katalog Nr. D 22 auf S. 255.

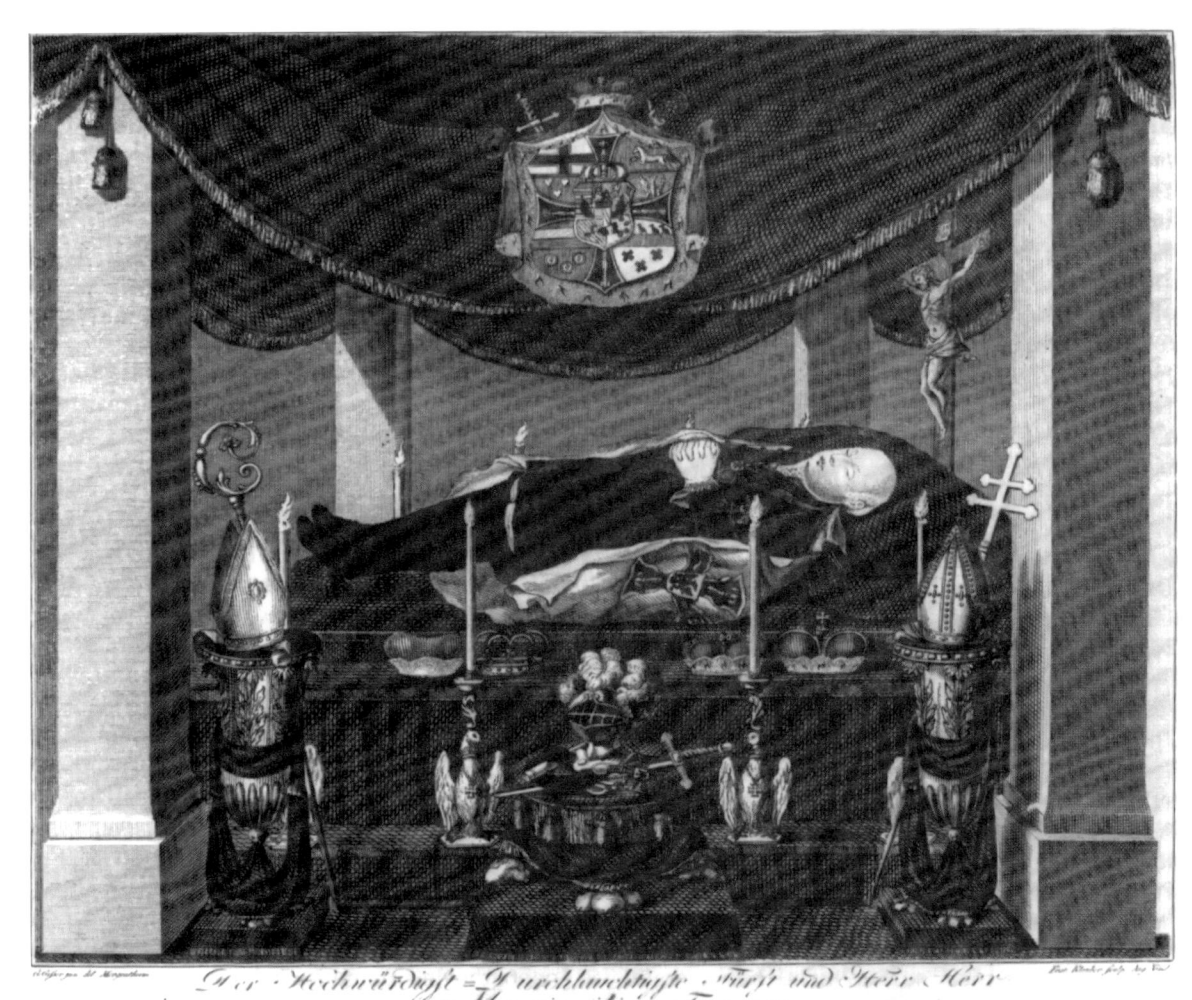

Aufbahrung des letzten Kurfürsten von Köln Maximilian Franz (1756-1801)

Der Tod des Kurfürsten Maximilian Franz und die Wahl des Erzherzogs Anton Viktor von Österreich im Arnsberger Intelligenzblatt[1]

Im Jahre 1801 war der letzte Kurfürst und Erzbischof von Köln Maximilian Franz gestorben und am 7. Oktober in Arnsberg als sein Nachfolger Anton Viktor von Österreich gewählt worden. Diese Ereignisse spiegeln sich im Arnsberger Intelligenzblatt wie folgt wider:

Arnsberger Intelligenz-Blatt Nr. 63, 11. August 1801:
Wien, den 27. Juli 1801
Des Herrn Kurfürsten zu Köln, auch Hoch- und Deutschmeisters, Erzherzog Maximilian zu Österreich königliche Hoheit sind gestern zu Hetzendorf vom Schlagflusse befallen worden und haben in der vergangenen Nacht zwischen 1 und 2 Uhr das Zeitliche mit dem Ewigen verwechselt. Der entseelte Leichnam ist heute in die Stadt gebracht worden.

Arnsberger Intelligenz-Blatt Nr. 65, 18. August 1801:
Wien, den 1. August 1801
Die Leiche weil.(and) S(eine)r. k.(öniglichen) H.(oheit) des Erzh.(erzogs) Maximilian ist den 29. v.(origen) M.(onats) um 6 Uhr abends in der k.(aiserlich) k.(öniglichen) Familiengruft in der Kapuzinerkirche am neuen Markt mit dem gewöhnlichen, der hohen Geburt des Höchstseligen zukommenden Leichengepränge unter Begleitung der hier anwesenden kurfürstlich kölnischen und münsterischen Kapitularbevollmächtigten, dann deren des Hoch- und Deutschmeisterordens Herren Landkomturen, Ratsgebieter und Ritter beigesetzt worden. Gestern, als dem 31. Juli, abends um 1/2 6 Uhr wurden die Vigilien und heute vormittags um 11 Uhr die Exequien in der Hofburgpfarrkirche abgehalten. Am Tage des Leichenbegängnisses sowohl, als an jenem der Vigilien sind die Hoftheater verschlossen geblieben. Die Hoftrauer ist bereits den 29. Juli angezogen und durch 46 Tage mit Auswechslung zu tragen angeordnet worden. Der Tod des verewigten Kurfürsten von Köln wird allgemein bedauert. Er besaß einen edlen menschenfreundlichen Charakter, viele Belesenheit und einen feinen natürlichen Witz. Auch war er in seiner Jugend der Liebling seiner unsterblichen Mutter Maria Theresia.

Arnsberger Intelligenzblatt Nr. 61, 4. August 1801:
Arnsberg, den 4. August 1801
Der 27ste des vorigen Monats war für uns der höchst traurige Tag, der das tätigste Regentenleben weiland S(eine)r. Kurfürstlichen Durchlaucht von Köln, unseres geliebten Landesherrn, endigte. Jeder, der einen Sinn, das Gute, was wir diesem edelen Fürsten verdanken müssen, zu erkennen, und der bescheiden genug ist, einzusehen, dass zuweilen auch der beste Wille eines Regenten an unverschuldeten Hindernissen scheitert, wird diesen großen Verlust mit einer stillen Träne beweinen und in redlichem Dankgefühl wünschen: **Sanft ruhe die Asche dieses gerechten, menschenfreundlichen und unermüdet wohltätigen Fürsten.**

Arnsberger Intelligenzblatt Nr. 66, 21. August 1801:
Wien, den 5. August.
Der Erzherzog Karl ist bei dem Vermächtnis des höchstseligen Kurfürsten von Kölln als Testaments Executor ernannt, wo ihm auch ein ansehnliches Legat vermacht worden ist. Der dritte Sohn des Erzherzogs Ferdinand von Mailand Maximilian Joseph ist der wahre Erbe. Hingegen hat sein Vater die lebenslängliche Nutznießung des Vermögens.

Arnsberger Intelligenzblatt Nr. 66, 21. August 1801:
Wien, den 12. August.
Der Universalerbe des hochseligen Kurfürsten von Kölln hat sich unbedingt zur Erbschaft erklärt. Diese Erklärung ist durch den hohen deutschen Orden, als Testamentsvollzieher, bei dem kaiserlichen Reichshofrathe überreicht, und hierauf von letzterem die Abnahme der Jurisdictionssperre dekretiert worden.

Arnsberger Intelligenzblatt Nr. 68, 28. August 1801:
Arnsberg, den 26. August 1801
Gestern und heute wurden in der Norbertiner-Abtei Wedinghausen die feierlichen Exequien für weiland S.(eine) kurfürstliche Durchlaucht von Köln, unsern verewigten Landesherrn von den hier residie-

renden Herren H. Prälaten und Kapitularen des Erz- und hohen Domstiffts Köln mit einem dem hohen Gegenstande - soviel es Ort und Zeit möglich machten - würdigen Gepränge gehalten. Die Beiwohnung der besonders dazu eingeladenen Herren Landstände, der hier anwesenden Dikasterien und der Landesbeamten, des hiesigen Stadtrats mit der Bürgerschaft und der zahlreiche Zusammenfluß der Volksmenge sind laute Zeugen, wie teuer ihnen das Andenken ihres wahrhaft edelen Fürsten sei, und die traurig ernste Stille, die die erhabene Handlung begleitete, gab den rührenden Beweis, daß aus aller Herzen nur ein Gebet für eine heilige ewige Ruhe des Gesalbten emporstieg zum Vater der Menschen.

Dieselbe Nummer des Inzelligenzblattes brachte ein langes, 36 zeiliges lateinisches Gedicht auf den Tod des Kurfürsten.

Arnsberger Intelligenz-Blatt Nr. 71, 04. September 1801:

Münster, den 31. August 1801.

In der hiesigen hohen Domkirche sind den 28. d.(ieses Monats) die feierlichen Exequien für die Seelenruhe Weiland S(eine)r. Kuhrfürstl.(ichen) Durchlaucht zu Kölln, unsers verewigten Fürsten und Herrn, bey dem auf das prächtigste dazu erbauten Trauergerüste gehalten worden, und sind diesen in allen Kollegiat Pfarr- und Klosterkirchen dieser Stadt und des ganzen Landes am folgenden Tage, den 29. August, wiederholt.

Gestern haben darauf die Bethtage für die auf den 3. September und folgende Tage festgesetzte Wahl eines neuen Fürstbischofs in der hohen Domkirche dahier ihren Anfang genommen, und werden diese 3 Tage in allen Kirchen der Stadt und des Landes fortgesetzt; wobey wir der sicheren Hoffnung leben, daß durch das anhaltende inbrünstige Gebeth aller Landes-Einwohner das ganze Hochstift mit einer höchstbeglückten Wahl baldigst erfreuet werde.

Vorgestern Nachmittag soll hier durch einen Estaffette die frohe Nachricht von Wien vom 21. d. Monats eingelaufen seyn, daß Se.(ine) Majestät der Kaiser einen Wahl-Kommissarius zur hiesigen Fürstbischofswahl anher zu senden geruhen werden. Es ist also wohl nicht mehr zu bezweifeln, daß, sobald der hohe H(er)r. Wahlkommissarius hier wird eingetroffen seyn, die Wahl werde vollzogen werden.

Arnsberger Intelligenz-Blatt Nr. 72, 08. September 1801:

Arnsberg, den 07. September 1801.

Mit Zuverlässigkeit können wir unsern Lesern die erfreuliche Nachricht mittheilen, daß heute der Herr Graf von Westphalen als kaiserlicher Wahlkommissarius zu Münster eintreffen, und am 9. dieses die Wahl eines Fürstbischofs von Münster zur höchsten Freude aller Landes Angehörigen vor sich gehen werde. Am 5. dieses Mittags trat der königl.(ich) preußische Minister von Dohm seine Rückreise von Münster an.

Arnsberger Intelligenz-Blatt Nr. 74, 15. September 1801:

Münster, den 10. September 1801.

Am 7ten Nachmittags trafen Se.(ine) Excellenz, des Herrn Reichsgrafen von Westphalen zu Fürstenberg, als allerhöchst kaiserlicher Wahl Commissarius unter Abfeuerung des groben Geschützes hier an, und stiegen am hiesigen Residenzschlosse ab. Des folgenden Tages hielten Hochdieselben von dort aus in einem von hiesigem Adel dazu bereiteten Zuge von zwanzig Staatswagen ihre Auffahrt nach der Domkirche, wo Sie durch vier Deputirte des Hochwürdigen Domkapitels empfangen und zum Kapitelhause geführt wurden. Dort entledigten Sie Sich Ihres von allerhöchst kaiserlicher Majestät erhaltenen Auftrages, und begaben Sich darauf in der nämlichen Begleitung nach dem Residenzschlosse zurück.

Gestern traf der für Münsterland so entscheidende Tag der Fürstenwahl ein. Des Morgens 9 Uhr verfügte Sich ein Hochwürdiges hohes Domkapitel nach gehaltenem hohen Amte in das Kapitelhaus, und vollzog dort die Wahl des Fürstbischofs. Inzwischen wurden gegen 10 Uhr Se.(ine) Excell.(enz) des Herrn Wahl Commissarius, von der nämlichen Suite, wie am gestrigen Tage, vom Residenzschlosse abgeholt. Der feyerliche Zug gieng unter Paradirung der sämtlichen Bürgerschaft vom Residenzschlosse über den Bispinghof, die Rothenburg, der Hauptwache vorbey, nach dem Domhof, wo das gesamte Militair unterm Gewehr stand, von da nach dem neuerbauten Sigilliferathause, wo des H(e)r(r)n Wahl-Commissarius Excellenz mit dem ganzen Gefolge abstiegen, und daselbst die Nachricht der glücklich vollbrachten Wahl abwarteten. Als selbige einlangte, begaben Sie sich unter Vortretung der Landstände von Ritterschaft und Städte, in die Domkirche unter den für Sie auf dem Chor zubereiteten Thronhimmel, erwarteten allda die feyerliche Verkündigung der auf Seine königliche Hoheit des Erzherzogs Anton Victor vollbrachten, und von des Herrn Domdechandten Freyh.(errn) v.(on) Spiegel Excell(enz) als hohen Bevollmächtigten des neuerwählten Fürsten, Namens desselben angenommenen Wahl, wohnten dem Te Deum bey, und fuhren nachher in derselbigen Begleitung nach dem Residenzschlosse zurück.

Titelkopf des Arnsbergischen Intelligenzblattes mit dem Wappen des Kurfürsten Maximilian Franz

Arnsberger Intelligenz-Blatt Nr. 82, 13. Oktober 1801:

Rüthen, den 07. Oktober 1801

Sobald hiesige Bürger durch einige Kanonenschüsse von Arnsberg aus vernahmen, daß die Kurfürstenwahl daselbst nach Wunsch eines jeden hiesiger Landes Einsassen abgeschlossen sey, so versammelten sich hiesige Einwohner, groß und klein; die Böller wurden oftmals durch ein wiederholtes Echo abgefeuert, und bey jedem Schuß aus freudenvollem Herzen von einem andern zugerufen: Es lebe unser gnädigster Landesherr Anton Victor, mein und dein Vaterlands Vater!

Arnsberger Intelligenz-Blatt Nr. 82, 13. Oktober 1801:

Arnsberg, den 10. Oktober 1801

Nachdem des kaiserl.(ichen) Wahlbotschafters Herrn Grafen von Schlick Excellenz nach der glücklich vollzogenen Wahl sich noch zwey Tage dahier aufzuhalten geruheten, traten Hochdieselbe heute Morgen 6 Uhr ihre Rückreise an. Die reinsten Segenswünsche begleiteten den Mann, der durch ungemeine Gefälligkeit und Güte die Achtung und Liebe Aller gewann.

Arnsberger Intelligenz-Blatt Nr. 84, 20. Oktober 1801:

Arnsberg, den 18. Oktober 1801

Heute wurde von einem regierenden hohen Erzdomkapitel wegen der auf seine königl.(iche) Hoheit, den Erzherzog von Österreich Anton Viktor gefallene Wahl eines Kurfürsten von Köln ein feierliches Dankfest in der hiesigen Abteilichen Kirchen gehalten. Des Herrn Domdechant hochgräfliche Exzellenz hatten das hohe Amt, welches mit einem feierlichen Te Deum beschlossen wurde. Demselben wohnten die anwesenden Mitglieder des hohen Domkapitels, die versammelten Stände des Landes, sämtliche Dikasterien und eine zahlreiche Menge der Einwohner hiesiger Stadt bei, welche ihr dringendes Gebet um eine langbeglückte Regierung ihres neuen geliebtesten Landesfürsten mit vereinigten Kräften zum Himmel abschickten.

Arnsberger Intelligenz-Blatt Nr. 90, 10. November 1801:

Wien, den 24. Oktober 1801

Die heutige Hofzeitung enthält folgendes: Das Domkapitel zu Köln hat nach der vorläufigen Bestimmung des Wahltages auf den 7. Oktober die Wahl eines neuen Kurfürsten und Erzbischofs von Köln wirklich vorgenommen, und solche ist einstimmig auf S.(eine) königl.(iche) Hoheit, den Erzh.(erzog) von Österreich, erwählten Fürstbischof von Münster, ausgefallen.

Arnsberger Intelligenz-Blatt Nr. 86, 27. Oktober 1801:

Arnsberg, den 26. Oktober 1801

Gestern wurde von einem hohen Erzdomkapitel der hiesigen Bürgerschaft auf dem Rathaus ein Freiball gegeben. Den versammelten Bürgern widerfuhr die unerwartete große Ehre, daß einige hohe Mitglie-

der Höchstdesselben die Ballgäste mit Höchstdero hohen Gegenwart beehrten und zum Lustigsein mehrmalen liebreichst aufmunterten. So zahlreich und munter auch die Versammlung war, wurde nicht die mindeste Unordnung begangen. Das frohe herzliche Rufen: Vivat ANTON VICTOR! Vivat ein Hochwürdiges hohes Erzdomkapitel zu Köln! ertönten zum öfteren unter Waldhörnerklang; und es wurde dem Hochwürdigen hohen Erzdomkapitel öffentlicher schuldigster Dank für diese den Arnsberger Bürgern erwiesene große Ehre durch mehrmaliges Vivatrufen abgestattet und so dieses Bürgerfest freudenvoll beschlossen.

Arnsberger Intelligenz-Blatt Nr. 87, 30. Oktober 1801:

Meschede, den 25. Oktober 1801

Wir erfülleten heute unsere theure Unterthanenpflicht, indem wir das unvergeßliche Dankfest für die am 7. d.(es) M.(onats) von dem hochwürdigen Erz- und hohen Domkapitel von Köln so beglückt vollzogene Wahl einen Neuen Erzbischofs und Kurfürsten feyerten, mittels welcher uns, in der höchsten Person des Durchlauchtigsten Erzherzogen von Oesterreich Anton Victor königl.(iche) Hoheit, ein Regent gegeben ward, von Höchstdessen Erhabenheit wir mit tröstlichster Zuversicht erwarten dörfen, daß höchstselber den Verlust Wailand unseres innigst geliebten Fürsten Maximilian Franz höchstsel.(igen) Andenkens ersetzen, und uns mit Weisheit und Gerechtigkeit schützen und regieren werde.

Heute Morgen wurde von der versammelten Stiftsgeistlichkeit ein sehr feyerliches hohes Amt gehalten, wobei ein Ausschuß von der hiesigen Schützenkompagnie unter Fahnen mit schönster Ordnung und Erbaulichkeit paradirte. Diesem hohen Amte wohnten, nebst dem kurfürstlichen Gerichtspersonal, Bürgerm.(eister) und Rath mit einer zahlreichen Versammlung hiesiger Bewohner und Pfarrgenossen sammt der Schuljugend mit festlicher Ordnung und innig gerührt, bey. Während demselben wurden von der, außer der Kirche, auch noch paradirenden Schützenkompagnie, einige Salve's gegeben, dabey die Böller mehrmalen abgefeuert. Nach abgesungenem Te Deum äußerte sich der laute Jubel: Es lebe **Anton Victor,** *unser Neugewählte Kurfürst! Bey anbrechendem Abend beleuchtete man nach Möglichkeit die Straßen, um den frohen Tag zu verlängern, und diese Beleuchtung fiel über alle Erwartung niedlich aus. Vorzüglich zeichnete sich das Rathhaus hiebey aus, an welchem über dessen Eingang auf einer, mit einer Kurkrone verzierten Ehrenpyramide, in schöngemalter Schrift der Wunsch zu lesen war:*

AntonIVs VICtor
nVnqVaM esto VICtVs:
paX Laeta DIV
regnet In patrIa.
("Antonius Viktor [= Sieger]
Niemals sollst Du ein Besiegter sein:
Ein froher Friede möge lange
herrschen im Vaterland."
Das Chronogramm ergibt das Jahr 1801)[2]

Bey dieser Beleuchtung war die Freude unserer Bewohner äußerst lebhaft; indem auch dabey unter wiederholtem Glockengeläute und anständiger Musik von einer nahen Berghöhe die Böller anhaltend abgefeuert wurden. Uebrigens wurde der Abend dieses frohen Tages von einer großen Gesellschaft auf dem Rathhause munter und vergnügt zugebracht, und man darf es ohne Schmeicheley sagen, daß unsere Freude nicht nur herzlich, rein und edel war, sondern es gereicht auch der hiesigen Bürgerschaft zur besonderen Ehre, daß alles mit der pünktlichsten Ordnung geschah.

Werl, den 28. Oct(o)b(e)r.

Sobald dahier bekannt wurde: daß von einem hochwürdigen Erz- und regierenden hohen Domkapitel ein hohes Amt zur Danksagung wegen der glücklich vollzogenen Kurfürsten Wahl gehalten worden; wurde von hiesigem Stadtrathe ebenfalls ein feyerliches Dankfest für diese höchstbeglückte Begebenheit auch heute veranstaltet.

Ein feyerliches Geläute des Vorabends kündigte die festigliche Handlung des folgenden Tages an. Morgens 9 Uhr versammelte sich der Stadtrath in Mänteln auf dem Rathause, und gienge in corpore nebst den Gemeinheits Repräsentanten, den hiesigen Aemtern und Innungen zur Pfarrkirche, wo ein musicalisches hohes Amt gehalten, und nach demselben der ambrosianische Lobgesang abgesungen wurde; eine zahlreich versammelte Bürgerschaft wohnte diesem Dankopfer bey.

Die unter der Messe und dem Te Deum aufgeführte prachtvolle Musik war dem erhabenen Gegenstande ganz entsprechend, und begeisterte noch mehr das feurige und einmüthige Gebeth aller Anwesenden:

"Herr ströme deinen Segen über **Anton Viktor,** *über das regierende hohe Erz-Domkapitel, welches durch eine höchstbeglückte Wahl dem verwaisten und tiefgebeugten Vaterlande den beßten Fürsten zurückgegeben hat."*

Unter dem Hochamte wurden die Böller abgefeuert, und nach demselben eine liebliche Musik mit Pauken und Trompetten auf hiesigem Kirchthurme gemacht, welche am Nachmittage und bis zum späten

Abend unter Läutung der Glocken, beständiger Abfeuerung der Böller, und immerwährenden Vivatrufen fortgesetzt wurde."

Arnsberger Intelligenz-Blatt Nr. 89, 06. November 1801:

Balve, den 31. Oktober 1801

Wohl nie bestätigte Gemeinsinn so sichtbar eine Wahl als die, wodurch uns ein Hochwürdiges hohes Domkapitul wieder einen Fürsten aus dem Durchlauchtigsten Erzhause Oestreich gab.

Glücklich ist sie vollbracht jene Wahl, die ein jubelndes und ungeheucheltes Vivat besiegelte, und welches Vivat auch wir in unserm frohen und biedern Zirkel heut wiederhohlen.

Unter Abfeuern der Böller beginnt der heutige Tag und ruft dem Erwachenden das frohe Ereigniß in seine Seele zurück. Jetzt bringt der Trommelschlag die hiesige Bürgerschaft unter das Gewehr, diese versammelt sich dann auf dem Stadthause, wozu sich auch die Jugend mit ihren Fannen gesellt. Nun verkünden die Glocken ein feyerliches Hochamt, und in der schönsten Ordnung geht der Zug vom Stadthause zur Kirche. Hier wird dann dem Herrn unter Musik und beständigem Abfeuern der Böller und des kleinen Gewehrs, das reinste Dankopfer dargebracht, und dasselbe durch ein Te Deum beschlossen.

Dann geht der Zug in der vorigen Ordnung wieder zum Stadthause, und hier hält der Anführer der Bürgercompagnie eine gut gemeinte Anrede an die Versammlung.

Der übrige Tag wird froh und munter auf dem Stadthause zugebracht, und eine allgemeine Beleuchtung der Stadt macht uns die Nacht vergessen.

*So **Durchlauchtigster Fürst** sind die Gesinnungen Deiner Untergebenen. Glücklich und lang sey Dein Leben, und leicht das übernommene Ruder!!! —*

*In der Hoffnung der schönsten Zukunft sind wir unter **Dir Fürst Anton** berechtiget! — Komm nur, und wandle unbewachet in Deines Westphal's Thälern, wo unseres theuren Maxens Geist so lauter schwebt, und ewig schweben wird!!*

Menden, den 2. Nov(em)b(e)r

Der Theil der Seiden-Fabrique, welche der H(er)r. Friedrich Lübert aus Iserlohn allhier zu Menden vor 4 Jahren angelegt hat, bestehend ungefähr aus 90 Personen, erfülleten auch heute die theure Unterthanen Pflicht, indem sie das Dankfest für die am 7ten Oct(o)b(e)r. von dem Hochwürdigen hohen Domkapitul von Köln die beglückte Wahl eines neuen Erzbischofen und Kurfürsten feyerten, so war die Freude des Meisters und der Gesellen so groß, daß sie von 5 Uhr des Morgens bis in den späten Abend unter dem Schall der Trompetten die Böller immerwährend abfeuerten. Das Haus des H(er)rn Nagel, wo der Ball von ihnen gehalten wurde, ward mit einer solchen Beleuchtung gemacht, daß es von vielen Menschen bewundert worden ist. Noch wurde die Freude der Fabriquanten durch eine schöne Musik vom H(er)rn Stadtmusikus Hohoff zu Werl fortdauernd unter dem Vivatrufen: Es lebe Anton Viktor, unser neuerwählter Landesherr! fortgesetzt.

Arnsberger Intelligenz-Blatt Nr. 90, 10. November 1801:

Brilon, den 27. Oktober 1801

*Ingefolg des von einem hochwürdigen Erz- und regierenden hohen Domkapitel gnädigst und gnädig erlassenen Befehls, wurde heut von dem hiesigen H(er)rn Pastor unter Assistentz der beyden H(er)r(e)n Kaplänen ein feyerliches Dankopfer wegen der höchstbeglückten Wahl des Durchlauchtigsten Prinzen und Erzherzogen zu Oestreich **Anton Victor** königl.(iche) Hoheit zu unserm künftigen Beherrscher gehalten.*

Schon gestern Abend kündigte das Geläute aller Glocken und das Donnern der auf dem Kirchhofe aufgepflanzten Böller das Festliche des folgenden Tages an.

Heut Morgen in aller Früh wurde die Feyerlichkeit mit Abfeuern der Böller angefangen. Um 8 Uhr versammelte sich der Stadtrath nebst den Bürger Repräsentanten auf dem Rathhause, und gingen in corpore zur Pfarrkirche, wo das hohe Amt mit aller nur möglichen Feyerlichkeit gehalten, und nach demselben ein Herr dich loben wir, abgesungen wurde. Diesem hohen Amte wohnten das hier anwesende kurf.(ürstliche) Hofkammer Personale, das kurf.(ürstliche) Gerichts Personal, die hiesige Aemter und mehrere hiesige Eingesessene bey, welche sämmtlich die heissesten Segenswünsche für unsern neugewählten Herzog zu Gott abschickten.

Abends wurde die ganze Stadt beleuchtet, wobey sich das Rathhaus, die hiesige Pfarrkirche, und der Pfarrkirchenthurm besonders auszeichneten. Während dieser Beleuchtung waren der Magistrat und die Repräsentanten auf dem Rathhause versammelt, unter immerwährendem Glockengeläute wurden die auf dem Marktplatze und an mehreren Orten sowohl in als außer der Stadt aufgepflanzten Böller bis in die späteste Nacht abgefeuert, und die Freude der hiesigen Bewohner, die sich hiebey nicht die mindeste Unordnung zu Schulden kommen ließen, konnte man an deren beständigem Vivatrufen deutlich abnehmen.

Ein auf gnädigste Erlaubniß von dem hiesigen Gastwirth Lex veranstalteter glänzender Ball, der bis an den anderen Morgen dauerte, beschloß diesen freudenvollen Tag.

Warstein, den 5. Nov(em)b(e)r.

Auch dahier wurde anheut ein musicalisches hohes Amt unter dem Donner des groben Geschützes gehal-

ten, und dem Herrn aller Herren für die auf des Herrn Erzherzogs *Anton Victor* glücklich ausgefallene Wahl ein feyerliches Dankopfer gebracht, wobey alle Anwesende ihre Seufzer um langwierige Erhaltung und beglückte Regierung ihres theuersten Landesfürsten zum Himmel schickten.

VICtor
DIgne prInCeps AVstrIae
et DVX VVestphaLe
VIVe Deo et patrIae!
(„Viktor
würdiger Fürst Österreichs
und Herzog von Westfalen
Lebe für Gott und Vaterland!"
Das Chronogramm ergibt das Jahr 1801!)[2]
*   *   *

Sunt variis versus magno Victoris honori
Deducti plectris; his superaddo nihil:
Ni pia vota pii cordis: Dux! Austria felix
Quem nobis peperit, vive regasque diu;
Usque tuos passus Victoria clara coronet,
Actaque victrici dirige cuncta manu.
Vince ferae Lachesis per saecula plura furorem.
Victor in orbe mane, Victor ad astra pete.

(„Es sind in verschiedenen Versmaßen Verse zur großen Ehre Viktors geschaffen worden; diesen füge ich nichts hinzu:
nur fromme Gebete eines frommen Herzens!
Herzog! den uns ein glückliches Österreich gegeben hat, lebe und regiere lange;
in einem fort möge strahlender Sieg deine Schritte krönen,
und lenke alle Taten mit siegreicher Hand.
Besiege für mehrere Jahrhunderte die Wut der wilden Lachesis [= antike Schicksalsgöttin, die das Lebenslos zuteilte].
Als Sieger bleibe auf der Welt, als Sieger strebe zu den Sternen."
[Das Versmaß ist ein abwechselnder Hexameter und Pentameter!])[2]

Arnsberger Intelligenz-Blatt Nr. 91, 13. November 1801:
Geseke, den 8. Nov(em)b(e)r. 1801
*Zufolge des von einem hochwürdigen hohen Erzdomkapitel gnädigst erlassenen, und von hiesigen Kanzeln verkündigten Zirkulars, daß wegen der höchstbeglückten und vollzogenen Kurfürsten Wahl des Durchlauchtigsten Erzherzogs **Anton Victor** zu Oestreich königl.(iche) Hoheit eine Danksagung gehalten werden sollte; wurde von hiesigem Stadtrathe, mit Einverständnis des Herrn Stadtpastoren Richartz, ein feyerliches Dankfest dahier am heutigen Tage mit den möglichsten Zubereitungen veranstaltet.*

Ein mit allen auf hiesigem Stadtsthurme befindlichen Glocken veranstaltetes Geläute des Vorabends kündigte die festigliche Handlung des folgenden Tages an. Morgens 8 Uhr versammelten sich sowohl der sitzende neue, als vorigjährige alte Rath mit den Mänteln auf dem Rathause, und gingen in corpore zur hiesigen St. Peters Stadts-Kirche, allwo auch alle Aemter und Innungen mit ihren Wachskerzen erschienen.

Nach erfolgtem ersten heil.(igen) Segen wurde eine mit Umtragung des Hochwürdigen Guts veranstaltete feyerliche Procession um den Kirchhof gehalten, hierauf erfolgte ein musicalisches hohes Amt, und nach Endigung desselben wurde der ambrosianische Lobgesang abgesungen.

Eine zahlreiche versammelte Bürgerschaft nebst ihren Kindern und Angehörigen wohnte diesem Dankopfer mit inniglichster Andacht bey, und bathen den Herrn aller Herrschaften, daß er doch über unsern höchstgeliebten Durchlauchtigsten Landesfürsten Anton Victor seinen göttlichen Segen reichlich ertheilen möge.

Unter dem Hochamte und allen Feyerlichkeiten wurden die städtischen Kanonen immerfort abgefeuert; am Abend wurde auf dem Rathause das Rathszimmer, wie auch die Entrée geschmackvoll erleuchtet.

*Zum Beschluß dieser frohen Tagesfeyer, wurde ein nochmaliges Geläute mit allen Glocken nebst einer ausnehmenden Music mit Klarinetten und Waldhörner auf dem Stadtsthurme veranstaltet, welches mit den wiederholten Freudenschüssen, wie auch mit jenen die Luft durchdringenden Freudengeschrey: Es lebe unser Durchlauchtigster Landesfürst **Anton Victor**! bis in die späte Nacht abwechselte, ertönte.*

Arnsberger Intelligenz-Blatt Nr. 92, 19. November 1801:
Brilon, den 6. Nov(em)b(e)r. 1801
Heute wurde auch von der hiesigen jüdischen Gemeinde das Andenken der am 7ten Oct(ober). d(ieses). J(ahres). auf Se(ine). königl(iche). Hoheit Anton Victor Erzherzog von Oestreich etc. etc. ausgefallenen Wahl zum Kurfürsten von Köln auf die feyerlichste Art begangen. Sie versammelte sich zu dem Ende Nachmittags 4 Uhr in ihrem gewöhnlichen Bethause, und nachdem sie anfänglich für die Ruhe des Verklärten gebeten hatten, so brach sie bald darauf unter Begleitung der Musik, in frohe Dank- und Jubellieder für die Wahl und die Erhaltung des neuen Beherrschers aus. Hiernach trat der jüdische Schullehrer Wulf auf, und hielt eine förmliche Anrede, worinn er zeigte, wie Weise die Vorsicht über das Vaterlande

gewaltet habe, da sie ihm einen Fürsten gab, der nicht nur dessen Verfassung erhalten, sondern auch dessen Bewohner nach jenem, erhabenen Regenten Muster, was Max Franz in seinem öffentlichen und Privat Leben für seine erlauchtete Zeitgenossen und Nachfolger war, zu beherrschen fortfahren wird. Nach geendigter Rede bethete derselbe seinen Glaubensgenossen den 22., 72. und noch verschiedene andere Psalmen vor. Jener sollte anzeigen, daß der Neuerwählte erst das 22ste Jahr seines Alters erreicht habe; dieser aber, daß ihm Gott ein so geraumes Leben verleihen wolle, um seinen Unterthanen lange den Schmerz des Verlustes zu ersparen.

Während der ganzen Zeremonie rollte unaufhörlich der Donner des groben Geschützes; im Innern des Bethauses brannten unzählige Wachskerzen, und auf einer Votiv-Tafel standen in deutscher und hebräischer Sprache die merkwürdigen Worte:
„A n t o n   V i c t o r
Kurfürst von Köln
soll erhöhet werden; der König aller Könige soll lassen leben Ihn durch seine Barmherzigkeit, und bewahren Ihn vor allem Leid und Traurigkeit, soll Ihn beschirmen und schlagen die Völker unter seine Füße...Der König aller Könige mit seiner Barmherzigkeit soll geben Barmherzigkeit seinen Herzen, und dem Herzen seiner Räthe zu thuen Gutes mit Israel."

Mit einbrechender Nacht wurde auch das Aeußere der Synagoge sehr glänzend erleuchtet; vor dem Eingange derselben war ein schöner Triumphbogen aufgeführt, worauf sich die Wappen der verschiedenen Länder sämmtlich von der Hand eines sich hier aufhaltenden fremden Künstlers gemahlt, vortheilhaft auszeichneten. Das hohe Erzstiftische Hofkammerpersonale, der hiesige Hochansehnliche Magistrat, die meisten Standespersonen, und viele andere Menschen waren Zuschauer dieser Feyerlichkeit, die mit einem tausend stimmigem Vivat **Anton Victor!** *geendiget wurde:*

„Te Deus precamur, ut tantis muneribus addas perpetuitatem, non te distringimus votis; non enim pacem, non securitatem, non opes oramus, non honores. Simplex cunctaque ista complexum unum omnium votem est:
S a l u s   P r i n c i p i s
Plinii oratio in honor. Trajani.

(„Wir bitten Dich, Gott, daß Du so großen Geschenken Dauer verleihst, nicht quälen wir Dich mit Bitten; denn nicht Frieden, nicht Sicherheit, nicht Reichtum erbitten wir, nicht Ehren. Einfach und alles jenes umfassend ist der einzige Wunsch aller: **Das Wohl des Fürsten.**

Rede des Plinius zu Ehren des Trajan".)[2]

Züschen, den 4. Nov(em)b(e)r. 1801:
Gestern erfüllten wir hier unsere theure Unterthanen Pflicht, indem wir das unvergeßliche Dankfest für die am 7. v(origen). M(onats). von dem Hochwürdigen hohen Erzdomkapitel von Köln vollzogene Wahl eines neuen Erzbischofen und Kurfürsten in der höchsten Person des Erzherzogen von Oestreich **Anton Victor** *königl(iche). Hoheit feyerten. Es wurde ein hohes Amt gehalten. Während demselben wurden von der außer der Kirche mit Fahnen paradirenden Jugend einige Salves gegeben, und die Böller abgefeuert, welche auch den ganzen Tag den uns angränzenden Ländern unsere innigste Freude verkündigten.*

Ein alter Poet benutzte diese Gelegenheit und liefert folgendes Geistes Produkt:

*„AntonIVs VICtor
ArChIDUX AVstrIae
DeI gratIa
ArChIepIsCopVs et ELeCtor CoLonIensIs
eLIgebatVr.
Applausus & Supplicatio
ad
SERENISSIMUM ET EMINENTISSIMUM
V I C T O R E M
Archiepiscopum & Electorem Coloniensem
Neo-electum.
Ingeminat plausum VICTORI Westphala
proles,
Tum, plausu, sonituque virum, studiisque
Faventum
Consonat omne Nemus, vocemque inclusa
volutant
Littora, pulsati colles clamore resultant:
VICTOR multipotens hostes ah! vincito nostros,
VICTORIS quoniam speciali nomine fulges
VICTORI laudes insignes usque manebunt
VICTOREM permagnificum laudabimus omnes;
O VICTOR! populi sunt vota: Tuere
Clientes
à VICTORE pio defensus, quis timet hostem?
+   +   +
Victor ab aurorae populis, & littore vasto
    Ad tristes venit. Tristia corda abeant.
                à Bene Gaudente.*

(„Antonius Viktor
Erzherzog von Österreich
mit Gottes Huld
zum Erzbischof und Kurfürsten von Köln
wurde er gewählt.
Beifall und Dank
für
den Huldreichsten und Erhabensten
Viktor,

Erzbischof und Kurfürsten von Köln,
den Neugewählten.
Die westfälische Jugend verdoppelt den Beifall für Viktor,
Dann hallt jeder Hain wider von Beifall, von Jubelrufen der Männer
und von der Begeisterung der Anhänger,
und die [in Tälern] eingeschlossenen Auen geben
den Jubel weiter,
und die davon getroffenen Hügel hallen wider vom Ruf:
Großmächtiger Viktor, besiege, ach, unsere Feinde.
Da Du glänzt mit dem bedeutungsträchtigen Namen des Siegers,
Stets werden ausgezeichnete Lobeshymnen bleiben dem Sieger
Wir alle werden preisen den prächtigen Sieger;
O Sieger! Die Gebete des Volkes lauten: Schütze
die Untertanen!
Von einem frommen Sieger verteidigt, wer fürchtet [dann noch] den Feind?"

+   +   +

Viktor ist gekommen von den Völkern der Morgenröte
und von einem riesigen Land zu Bekümmerten,
Bekümmerte Herzen [aber] sollen [nun] verbannt sein.

[Verfaßt] von einem, der sich sehr freut."
[Versmaß: Distichon]²

Arnsberger Intelligenz-Blatt Nr. 97, 4. Dezember 1801:
Winterberg, den 22. Nov(em)b(e)r. 1801
Demnach auf gnädigst gnädige Anordnung eines Hochwürdigen Erz- und regierenden hohen Domkapitels, vom zeitigen H(er)rn Pastor dahier, zur Danksagung für die glücklich vollzogene Wahl unsers Durchlauchtigsten Landesfürsten **Anton Victor** *königl(iche). Hoh(eit). bereits das feyerliche Amt abgehalten worden, verfehlte es der hiesige Stadtrath nicht, ebenfalls ein feyerliches Dankopfer für die höchstbeglückte Wahl nicht nur, sondern auch für eine langjährige beglückte Regierung Höchstderenselben aus eigenen Mitteln zu veranstalten.*
Am 22. dieses versammelte sich des Endes der hiesige Stadtrath in ihren Mänteln, mit der zu dieser Feyerlichkeit eingeladenen Bürgerschaft an dem gewöhnlichen Zusammenkunfts Orte, woselbst auch die hiesige Junggesellen Compagnien mit ihrem zierräthlichen Aufzuge erschienen, die Schuljugend aber war in den Schulen versammelt; mit diesen wurde der Zug in bester Ordnung zu der hiesigen Pfarrkirche (unter Rührung der Trommeln, Abfeuerung der Böller, und Begleitung der Bürger- und Junggesellen-Fahnen) gemacht; woselbst dem von zeitigem Herrn Pastor Gerling (welcher an dieser feyerlichen Veranstaltung großen Antheil nahm) abgehaltenen feyerlichen Amte mit Eingezogenheit und Andacht beygewohnet. Vor, unter und nach dem feyerlichen Amte hörte man das Donnern der Böller, und diese Feyerlichkeit wurde mit dem ambrosianischen Lobgesang geendigt. Von den Lippen der Versammelten flosse der Wunsch: Es lebe Anton Viktor, unser theuerster Landesvater! die Freude der bei dieser Feyerlichkeit Erschienenen war allgemein, und der Wunsch: Vivat **Anton Victor!** *tausendfältig. Alle Segenswünsche stiegen aus reinem Herzen, und eine poetische Feder opfert, in Gemeinschaft aller Versammelten, seinen Wunsch in nachstehenden Versen:*

„VICTOR! vive sanus, per plurima saecula canus
Aeva Sibileae transgrediare Deae.
Felix longaevum, portes hic Nestoris aevum
Sit Tibi laeta quies, sit sine nube dies."
(„Bleibe gesund, Viktor, sehr lange Zeit hindurch mögest Du in grauem Haar
die von der göttlichen Sibylle [Dir gegebene] Zeit überleben.
Eine glückliche lange Zeit wie Nestor mögest Du hier verbringen,
Es sei Dir eine frohe Ruhe, es sei Dir eine Zeit ohne Wolke".)²

Ein anderes Winterberg, den 23. November.
Fern wurde kund in lauten Jubeltönen;
Daß uns die Weisen unser's Vaterlands
Den Edelsten von Leopoldens Söhnen
Erwählet; dessen hoher Tugend Glanz
Verkündet unsern wonnetrunknen Blikken
Schon in der Ferne seliges Entzükken.
An Viktor hat der Adlerblick der Weisen
Uns einen neuen Vater ausersehn.
Sie wird des Volkes Jubel ewig preisen,
Sie wird der Nachwelt später Ruhm erhöhn;
Und Ihre edle Thaten mög'belohnen
Der Väter Vater, Herrscher aller Kronen.

Heil Anton Viktor, ewig Heil und Wonne
Wall mir mit jedem neuen Tage zu!

*Dem Vaterland glänzt eine neue Sonne
In Dir, und unser größtes Glück bist Du.
Und ew'gen Dank und ewig neuen Segen,
Wall Denen, Die Dich wählten, stets
entgegen!
Es lebe Viktor! und auf Seinen Wegen
Soll'n Rosen duften, stäte Freuden
blühn!
O! ohne Dornen sey voll Himmels Segen
Sein Lebenspfad gebahnt mit ew'gem
Grün.
Und fern von Ihm sey unmuthsvolle Klage!
Sanft fliehn wie Baches-Wellen Seine Tage!*

*Fürst Viktor lebe, bring uns goldne Zeiten!
Dies rufen alle freudenvoll Dir zu.
Laß Frieden, Glück sich überall verbreiten,
Gieb dem gebeugten Vaterlande Ruh!
Und herrsche lang, von Maxens Geist
umschwebet,
Der nun in bess'ren Welten ewig lebet.*

F. A.

ANAGRAMMA.
Aquila Nobilitat Terram Omnium Nationum.
Amabile Nomen Te tegit. Oriundum Nestoris.
Vive Incolumis Coronate! Tu! Optime Regnator!
Vicisti Inimicorum Cabalas Tuorum. O! Reparator!
Veni! Incipe! Cum Timore obdurare Religionem.
Verè In Corde Tenetur Origo Romana.

*Vix In Cordibus Teutonicis Obliviscatur Restauratio,
   VICTORIS, Principis Austriaci, Westphalis
Renascentis
    PER CAPITULUM METROPOLITICUM.
     P. I. A. K. G.*

(Anagramma [= Wortspiel]: Die ersten beiden Zeilen ergeben mit den Anfangsbuchstaben der Worte jeweils: Anton

Die nächsten vier Zeilen ergeben mit den Anfangsbuchstaben der Worte jeweils: Victor

[Die Übersetzung des Anagramms ist mit Bedenken gegeben worden; der Sinn nicht in allem eindeutig zu fassen]:

„Ein Adler adelt das Land aller Nationen.
Ein liebenswerter Name umhüllt Dich. Du Nachkommenschaft Nestors.
Lebe unversehrt, Gekrönter! Du! Bester Herrscher!
Du hast die Kabalen Deiner Feinde besiegt. O! Erneuerer!
Komm! Fange an! Mit [frommer] Scheu festige die Religion.

Wahrhaft wird [von Dir] im Herzen der römische Ursprung [die katholische Religion] festgehalten.

Nicht möge in deutschen Herzen die Erneuerung den Viktor vergessen,
   den Fürsten aus Österreich, der ein Westfale wird [durch die Wahl]
   des Metropolitan-Kapitels")[2]

Im **Westfälischen Anzeiger, 9. Band, 1802** findet sich in Spalte 841f. noch folgende Nachricht zu dem neuen Landesherrn Anton Victor:

Herzogthum Westfalen.
Arensberg, den 15ten Juny 1802.
Vorgestern, den 13ten dieses feyerten wir den Nahmenstag unseres neuen Landesherrn. Das regierende hohe Domkapitel und die sämmtlichen Dicasterien hatten sich versammelt. Unter Abfeuerung der Kanonen und Paradirung der Garnison, welche ein dreymahliges Salve gab, wurde der ambrosianische Lobgesang sehr feyerlich gesungen, und die große versammelte Volksmenge vereinigte ihr Gebät für die lange und beglückte Regierung unseres Churfürsten.-

Den Zeitungsartikeln zufolge wurde Anton Viktor von Österreich zweifellos als neuer Landesherr angesehen. Die Verse zeigen, daß große Hoffnungen in ihn gesetzt wurden. Der Gewählte trat jedoch seine Ämter nicht mehr an. Vom Tode des Kurfürsten Maximilian Franz (Juli 1801) bis zur provisorischen Zivilbesitzergreifung durch Hessen-Darmstadt (Oktober 1802) regierte das Domkapitel *„sede vacante"* von Arnsberg aus den verbliebenen rechtsrheinischen Teil des Kölner Erzstifts, das Vest Recklinghausen und das Herzogtum Westfalen.

Anmerkung:
1 Ein Teil der Zeitungstexte wurde mit freundlicher Genehmigung von Herrn Pfarrer i.R. Walter Wahle seinem Buch: „Beiträge zur Geschichte der Stadt Arnsberg", Geseke-Störmede 1988, S. 261-263 entnommen und um mehrere weitere ergänzt. Da nicht alle Ausgaben des Arnsberger Intelligenz-Blattes des entsprechenden Zeitraumes eingesehen werden konnten (ein fast vollständiger Jahrgangsband 1801 befindet sich in der Erzbischöflich Akademischen Bibliothek in Paderborn) ist zu vermuten, daß weitere Nachrichten im Intelligenzblatt veröffentlicht worden sind. Herrn Hermann-Josef Schmalor, Akademische Bibliothek Paderborn, habe ich für großzügige Hilfe zu danken.
2 Übersetzung der lateinischen Verse und tw. Bestimmung der Versmaße durch Herrn Dr. Norbert Höing, der freundlicherweise von Herrn Dr. Michael Kuzma unterstützt wurde.

M. Gosmann

Das Briloner Rathaus wurde im Mittelalter als Gildehaus der Kaufleute errichtet.
In seinen Grundlagen stellt es eines der ältesten Rathäuser Deutschlands dar.
Die barocke Fassade, die in geglückter Weise die beiden mittelalterlichen Spitzbögen beibehielt,
entstand im Jahre 1755. Einer der beiden „Curial-Säle" hinter den Fenstern im 2. Stockwerk
wurde von der Hofkammer für die Beratungen genutzt.

Die kurkölnische Hofkammer in Brilon

Gerhard Brökel

Im Oktober des Jahres 1794 gelangte die Hofkammer des Kurfürstentums Köln nach ihrem Ausweichen vor den Franzosen von Bonn nach Brilon. Sie blieb dort bis zu ihrer Auflösung im Herbst 1802. Die Zeit ihres Aufenthalts in Brilon stellt sicherlich nur eine unbedeutende Episode in der Geschichte der Stadt dar. Dennoch dürften diese acht Jahre dem städtischen Vorstand und der Bürgerschaft in wenig angenehmer Erinnerung geblieben sein.

Die Hofkammer war ein Teil der Regierung des Kurfürstentums. Ihre Zuständigkeit erstreckte sich auf das gesamte Gebiet des Kurstaates und demnach auf das rheinische Erzstift, das Vest Recklinghausen und das Herzogtum Westfalen. Die zahlreichen Aufgaben waren weit gefächert.[1] Die Behörde war aus diesem Grunde nicht klein. Der Hofkalender des Jahres 1791 nennt einen Präsidenten, seinen Vertreter, 17 wirkliche und 43 Titular-Hofräte (Sekretäre), einen Kassierer, ferner Angestellte für den Kanzlei-, den Registratur- und den Beförderungsdienst.[2] Offensichtlich hat aber nur ein kleiner Teil der Hofkammer die Arbeit in Brilon fortgesetzt. Aus den Akten läßt sich nur die Anwesenheit von sechs Hofräten bezeugen (Wilhelm Anton Arndts, Caspar Joseph Bigeleben, Franz Liborius von Braumann, Hermann Franz (oder Anton?) von Braumann, Esser, Kalt). Auch die Zahl der sie unterstützenden Sekretäre und Angestellten scheint nur gering gewesen zu sein. Allem Anschein nach hatten es nicht wenige Beamte vorgezogen, ihren Wohnsitz in dem von den Franzosen besetzten Bonn beizubehalten, wobei persönliche und materielle Bindungen eine Rolle gespielt haben mögen. Sie büßten dadurch allerdings ihre Gehälter ein. Auch die wichtige und an erster Stelle der Hierarchie stehende Behörde des kurfürstlichen Hofrats, die in Recklinghausen eine neue Bleibe gefunden hatte, wies gegenüber den früheren Verhältnissen nur noch eine geringe Größe auf.[3]

Es ist unbekannt, welche Gründe zu der Entscheidung beigetragen haben, die Hofkammer nach Brilon zu verlegen. Die Akten enthalten keinen Hinweis. Die Stadt umfaßte damals nicht ganz 2500 Einwohner.[4] Sie war noch an keiner Stelle über den mittelalterlichen Mauerring hinausgewachsen, der, wenngleich in Teilen schon baufällig, in jenen Jahren noch vollständig erhalten war. Zu der Wahl mag der Rang beigetragen haben, den Brilon unter den Städten des Herzogtums Westfalen einnahm. Der Ort hatte als eine der vier Hauptstädte dieses Territoriums - neben Werl, Rüthen und Geseke - traditionell die führende Rolle in der ständischen Vertretung der Städte inne. Als Beispiel dafür sei angeführt, daß der Stadtsekretär auch die Protokolle der Städtekurie bei den Landtagen führte und daß diese Protokolle und andere Landtagsakten regelmäßig in Brilon aufbewahrt wurden. Von einigem Belang für die Wahl Brilons dürfte auch gewesen sein, daß die Stadt an einer wichtigen Poststraße lag und eine eigene Poststation unter der Leitung eines Postmeisters besaß. Damit war die so wichtige Verbindung zu den Behörden in Arnsberg und Recklinghausen gewährleistet, auch wenn die Briefe nicht jeden Tag befördert wurden. Die Straße wurde in den Jahren vor 1800 repariert und verbessert. Dabei fand der Magistrat 1797 eine etwas eigenartige Lösung, um der von der Obrigkeit angeordneten Ausbesserung eines besonders schlechten Straßenstücks nachzukommen. Die Strecke war zunächst von der gesamten Bürgerschaft bearbeitet worden, allerdings auf eine höchst unbefriedigende Weise. Der Stadtrat ließ deshalb die Straße von einem Landmesser in 60 gleiche Stücke einteilen, die dann durch das Los einzelnen Bürgern zur Bearbeitung zugewiesen wurden. Die Straßen im Herzogtum Westfalen blieben allerdings, das sei an dieser Stelle einmal vermerkt, insgesamt gesehen trotz aller Anstrengungen in einem höchst beklagenswerten Zustand.

Zu erwägen ist schließlich noch, ob nicht Franz Wilhelm von Spiegel zum Desenberg, vormaliger Landdrost des Herzogtums und Präsident der Hofkammer seit 1786, den Ausschlag bei der Entscheidung gegeben hat, die Hofkammer nach ihrer Flucht in Brilon anzusiedeln. Der Präsident nahm seinen Wohnsitz auf seinem Schloß in

Canstein, gelegen im äußersten östlichen Zipfel des Herzogtums unmittelbar an der waldeckischen Landesgrenze. Ihm mußte daran gelegen sein, die ihm unterstellte Behörde in seiner Nähe zu wissen, und dafür kam unter Abwägung aller Umstände eigentlich nur Brilon in Frage.

Aus verschiedenen Bekundungen ist zu ersehen, daß die verheirateten Mitglieder der Hofkammer ihre Familien und teils auch ihre Dienerschaft mit nach Brilon brachten. Die Unterbringung dürfte nicht eben einfach gewesen sein. Die steuerliche Einschätzung der Gebäude in Brilon in der Zeit kurz nach 1830 belegt, daß die Häuser in ihrer überwiegenden Mehrheit verhältnismäßig klein und bescheiden waren. Vier Jahrzehnte zuvor dürfte es sich nicht anders verhalten haben. Dafür spricht deutlich auch der Bericht des preußischen Leutnants von Knesebeck, der auf einer Reise durch das Herzogtum in der Zeit um 1797 auch die Stadt Brilon kennenlernte: *„Die Häuser sind schlecht gebaut, die meisten Dächer sind mit Stroh gedeckt, wenige ausgenommen, die erst vor wenigen Jahren abgebrannt und neu erbaut sind."*[5] Das Stadtbild war damals in einem starken Maße von bäuerlichen Häusern geprägt. Es dürfte reizvoll sein zu vernehmen, auf welche Weise ein Mitglied des Hofrats zu ebenderselben Zeit Recklinghausen erlebte. Deutlich ergeben sich einige Parallelen zu Brilon. Im folgenden ein Auszug aus seiner Darstellung: *„Die Stadt Recklinghausen war damals anders nichts als ein mit Mauern umgebenes großes Dorf, worin zwar mitunter einige schöne große Häuser sich befanden, die aber von den Eigentümern im Innern nur zum eigenen dürftigen Gebrauch ausgebaut waren. Die übrigen Räume waren noch im primitivsten Zustande und wurden zu Ökonomiezwecken verwendet. Der Ort stand außer aller Kommunikation mit der übrigen Welt; er hatte nicht einmal eine eigene Briefpost. Nur zweimal wöchentlich holte und brachte ein Fußbote die Korrespondenz aus Dorsten. Chausseen, ja nur brauchbare Kunststraßen fanden sich in der ganzen Umgebung nicht. So fehlte es wohl nur infolgedessen an allen Bequemlichkeiten des Lebens, z. B. wohnte nicht einmal ein Kaufmann am Orte, der außer den gewöhnlichsten Bedürfnissen des Bauernstandes irgend andere Artikel führte. Auch war bei unserer Ankunft kein Wirtshaus oder ein Gasthof vorhanden. Abends 9 Uhr lagen in Recklinghausen alle Menschen und Tiere bereits in tiefstem Schlaf. Dagegen wurde man aber auch in den frühesten Morgenstunden durch das Dreschen in allen benachbarten Häusern schon wieder aus dem Schlafe aufgeweckt."*[6]

Anzunehmen ist, daß die Ankömmlinge aus Bonn in erster Linie ein Quartier bei den wohlhabenden Familien der Stadt Brilon gefunden haben, deren Häuser sich durch ihre Größe und einen gewissen Komfort auszeichneten. In drei Fällen - und diese bestätigen die vorstehend ausgesprochene Vermutung - lassen sich noch die Quartiere von Hofräten feststellen. Sie befanden sich bei angesehenen und gebildeten Bürgern der Stadt, bei einem Eisengewerken nämlich, einem Kaufmann und einem höheren Gerichtsbeamten. Natürlich wird es nicht ohne Schwierigkeiten und nicht ohne Verzicht auf frühere Annehmlichkeiten hergegangen sein. Das klingt auch in einer Bemerkung in der von Joh. Suibert Seibertz verfaßten Geschichte seiner Familie an. Der Historiker, der die Übersiedlung der Hofkammer als sechsjähriger Junge erlebte, weiß aber auch von einer Bereicherung des gesellschaftlichen Lebens in Brilon zu berichten: *„Der Hofrath kam nach Recklinghausen, das Oberappellationsgericht nach Arnsberg, die Hofkammer im October 1794 nach Brilon. Durch diese Fügung des Geschicks wurde namentlich der gesellschaftliche Verkehr in Brilon um vieles belebter und interessanter. Da man zur Aufnahme eines solchen Dikasteriums nicht eingerichtet war, so wurde Einschränkung und Schickung in die gegebenen Räume notwendig, welche dann wieder eine desto erfreulichere Wechselwirkung zwischen den Beamten und den Honoratioren der Stadt zur Folge hatte. In unserem Hause wurde die Familie des Geheimenraths Bigeleben, nachherigen Onkels des Verfassers,*[7] *und nachdem jener einige Jahre nachher Gelegenheit gefunden, ein ganzes Haus für sich zu miethen, der Hofkammerrath Kalt aufgenommen."*[8]

Erwähnt sei, daß auch der Präsident der Hofkammer, Freiherr Franz Wilhelm von Spiegel, zusätzlich zu seinem eigentlichen Wohnsitz eine Wohnung in Brilon unterhielt, zweifellos deshalb, weil die Fahrt in einer Kutsche von Schloß Canstein nach Brilon und zurück mit einem hohen Zeitaufwand und gewiß auch einigen Unannehmlichkeiten verbunden war. Die damalige Verbindung, eine Poststraße, führte über Giershagen, Bredelar und die Briloner Hochfläche. Die Entfernung betrug rund 30 km.

Der Magistrat stellte den Hofräten eines der beiden Magistratszimmer im Rathaus, einen „Curial-Saal", für die gemeinsamen Sitzungen zur Verfügung. Die Stadt lieferte ganz selbstverständlich ohne Entgelt das in der kalten Jahreszeit benötigte Brennholz. Sie ließ allerdings ein wenig mißtrauisch die Arbeit des Pedells der Hofkammer, der das Heizen besorgte, durch einen

Das Wohnhaus der Familie Seibertz (fertiggestellt 1762),
um 1800 im Besitz des Gerichtsschreibers Engelbert Seibertz. (Foto um 1950)

der städtischen Pförtner überwachen, weil man das Ausbrechen eines Brandes befürchtete. Ein anderer Raum im Rathaus diente dazu, den umfangreichen Aktenbestand der Hofkammer aufzubewahren. Offensichtlich war es gelungen, den größten Teil der Akten aus Bonn vor dem Einrücken der Franzosen wegzuschaffen. Unbekannt ist, ob noch weitere Räume im Rathaus von der Behörde in Anspruch genommen wurden. Die Zahl der Räumlichkeiten war allerdings damals recht beschränkt. Das große Gebäude, zu jener Zeit noch um sechs bis acht Meter länger als heute, wies nämlich im Unter- und im Obergeschoß noch die beiden lang durchlaufenden, aus dem Mittelalter stammenden Verkaufshallen auf. Sie verschwanden erst beim inneren Ausbau des Rathauses in den Jahren um 1830. Ein vermutlich nicht unbeträchtlicher Teil der Schreibarbeit scheint in den Wohnungen der Beamten erledigt worden zu sein. Das ist aus der Nachricht zu schließen, daß zahlreiche Akten 1802 bei der Auflösung der Hofkammer aus den Wohnungen eingesammelt wurden.

Darauf hingewiesen sei an dieser Stelle auch, daß über die eigentliche Tätigkeit der Hofkammer in Brilon leider kaum etwas bekannt ist. Den Akten im Stadtarchiv ist darüber nichts zu entnehmen.[9] Die Verwaltung erstreckte sich auf die nicht von den Franzosen besetzten Teile des Kurfürstentums. Dazu gehörten neben dem Herzogtum Westfalen und dem Vest Recklinghausen auch einige kleinere Ämter des Erzstiftes auf der rechten Rheinseite.

Die Stadt Brilon bekam in diesem Jahre 1794 die Auswirkungen des Reichskrieges gegen das revolutionäre Frankreich auch auf andere Weise zu spüren. Das Gemeinwesen wurde nämlich gleich anderen Orten im Herzogtum dazu genötigt, zusätzlich Soldaten zur Reichsarmee abzustellen. Die Kurfürsten von Köln haben im Gegensatz zu anderen deutschen Landesherren niemals größere Truppenkontingente unterhalten. Die wenigen Einheiten bestanden zudem fast ausschließlich aus Angeworbenen, aus Freiwilligen also.[10] (Aus manchen Bekundungen geht hervor, daß bei überraschend vielen jungen Männern in Brilon die Neigung bestand, Soldatendienste anzunehmen. Die Werbungen durch andere deutsche Staaten wurden allerdings von den kurkölnischen Behörden nicht geduldet.) Eine allgemeine Wehrpflicht gab es im Herzogtum Westfalen noch nicht; sie wurde erst 1804 von den damals regierenden Hessen eingeführt. In Kriegszeiten jedoch, wenn die Zahl der Soldaten vermehrt werden sollte, griff die Regierung auf das Mittel der Aushebung zurück. 1793 sah sich das Kurfürstentum der Forderung des Reichstags ausgesetzt, die Truppenstärke auf das Dreifache

119

der sonst üblichen Zahl zu bringen. Später wurde sogar die fünffache Stärke verlangt. Auch die Stadt Brilon mußte damals zahlreiche Rekruten stellen. In aller Regel handelte es sich um junge, ledige Männer in untergeordneten Stellungen. Zumeist dienten sie als Knechte. Den zu strengem Stillschweigen verpflichteten Ratsherren oblag es, sie in einer geheimen Sitzung aus der Bürgerschaft auszuwählen. Ein wesentliches Kriterium dabei war, daß die ausgesuchten Burschen für das allgemeine Wohl entbehrlich erschienen. Zurückgegriffen wurde auch gern auf jene, die durch ihr Betragen irgendwie unangenehm aufgefallen waren. Die Männer wurden darauf zu einem zuvor abgeredeten Zeitpunkt und nach einem plötzlichen Zugriff durch Mitglieder der städtischen Schützengesellschaft ins Rathaus geschafft. Die Aushebung glich somit einer Verhaftung. Nach einigen Tagen der Verwahrung im Rathaus wurden die Zwangsrekrutierten dann von bewaffneten Schützen nach Arnsberg geführt. Aufmerksamkeit verdient die Nachricht, daß die Stadt eigens mehrere Seile von einem Seilermeister kaufte. Sie dienten vermutlich dazu, die Ausgehobenen während ihres Marsches nach Arnsberg aneinanderzubinden, um eine Flucht zu verhindern. Aus dem städtischen Kämmereibuch für 1794 ist die Zahl von 27 Männern aus Brilon zu ermitteln, die damals dem kölnischen Kontingent in der Reichsarmee zugestellt wurden. Die Ausgaben für die Rekrutierung - u. a. für die Verpflegung, die Bewachung, den Transport, auch für Geld- und Sachgeschenke an die Ausgehobenen - beliefen sich auf 209 Taler, gewiß keine unbedeutende Summe angesichts einer städtischen Einnahme von 2812 Talern in diesem Jahr.

Im Dezember des Jahres 1794, kurze Zeit nach der Aufnahme der Hofkammer also, sah sich der Magistrat mit einer unangenehmen Nachricht konfrontiert. Kurfürst Maximilian Franz ließ durch den Präsidenten der Behörde mitteilen, die Stadt solle die gesamten Kosten für die Unterbringung der Hofkammer übernehmen. Irgendeine Entschädigung wurde nicht in Aussicht gestellt. Es kann nicht überraschen, wenn die Entscheidung des Landesherrn mit großem Unmut aufgenommen wurde. Die Auflage wurde als eine harte und unbillige Maßnahme empfunden, und das um so mehr, als ja andere Städte im Herzogtum von einer ähnlichen Belastung verschont blieben. Der Magistrat protestierte dann auch alsbald beim Hofrat in Recklinghausen gegen die Verfügung. Nach dem abschlägigen Bescheid versammelte der Bürgermeister am 4. Febr. 1795 die gesamte Bürgerschaft. Deren Votum führte zu einer erneuten Eingabe, die aber wiederum erfolglos blieb. Der Magistrat setzte jedoch hartnäckig seine Bemühungen fort und wandte sich schließlich, nachdem weitere Vorstellungen abgelehnt worden waren, mit zwei Bittschriften an den Kurfürsten persönlich. Alle diese Schreiben liegen zwar nicht mehr im Wortlaut vor, doch kann über ihren Inhalt kein Zweifel bestehen. Alle Proteste und Bitten brachten indes keinen Erfolg. Ein etwas ungnädiges Schreiben aus Recklinghausen vom 21. Nov. 1795 forderte die Stadt auf, binnen zwei Wochen die Angelegenheit zu regeln und endlich die bis jetzt noch rückständigen Quartiergelder zu zahlen. Andernfalls müsse *„unfehlbar"* mit sofortigen Zwangsmaßnahmen gerechnet werden.

Somit mußten sich Magistrat und Bürgerschaft, wenngleich mit großem Unwillen, der Forderung des Kurfürsten beugen. Die Stadt hat dann auch bis zum Herbst des Jahres 1802 die Quartiergelder aufgebracht. Es ist nicht bekannt und im übrigen auch zweifelhaft, ob jemals eine Entschädigung gewährt worden ist. Die Aufnahme der Hofkammer erwies sich somit als eine dauernde und arge Belastung. Angaben über die Höhe der Beträge liegen aus dem Jahre 1798 vor. Für sieben Monate waren damals 564 Taler 16 Groschen zu zahlen. Auf das Jahr umgerechnet ergibt sich somit eine Summe von 967 Talern. In zwei Fällen fanden sich Angaben über die Höhe der Miete für einzelne Wohnungen: Für das Quartier des ledigen Hofrats Arndts waren 6 Taler monatlich aufzubringen, für das des verheirateten Kammersekretärs Lapostolle 8 Taler monatlich. Bei einem Vergleich dieser Einzelmieten mit dem monatlichen Durchschnittsbetrag von rund 80 Talern wird deutlich, daß die Hofkammer in Brilon nur aus etwa einem Dutzend Beamten bestanden haben kann.

Es erschien ganz unmöglich, die Mietgelder aus dem normalen Haushalt zu zahlen. (Die Einnahme war gewissen Schwankungen unterworfen. Sie lag in dieser Zeit im Durchschnitt bei etwa 2500 Talern im Jahr.) Somit blieb nur der Ausweg, entsprechende Beträge als Darlehen aufzunehmen. Von dieser Möglichkeit ist dann auch reichlich Gebrauch gemacht worden. Wegen der Unvollständigkeit der Akten kann allerdings die Summe aller Darlehen für den genannten Zweck nicht beziffert werden. Eine Aufstellung über den Schuldenstand der Stadt aus dem Jahre 1808 nennt 4850 Taler, die zu verschiedenen Malen wegen der Unterbringung der Hofkammer angeliehen worden waren. Es ist aber ungewiß, ob diese Schuld den gesamten Aufwand für die kurfürstliche Behörde wiedergibt. Eher ist anzunehmen, daß die Belastung der Stadt um einiges höher gewesen ist. Nicht alle Kapitalien in der Aufstellung sind nämlich hinreichend erläutert. Einige größere Darlehen aus der Zeit vor 1800, deren Verwendungszweck nicht angegeben ist, waren mittlerweile auf Verlangen der Gläubiger zurückgezahlt worden. Die unvermögende Stadt hatte dafür allerdings erneut Schulden in gleicher Höhe machen und damit die eine Schuld durch eine andere ersetzen müssen. Angemerkt sei, daß die Gehälter für die Mitglieder der Hofkammer vom Kurfürsten und nicht von der Stadt aufgebracht wurden.

Brilon war im Jahre 1794 nur mäßig verschuldet. Das Kämmereibuch führt sechs zum Teil kleinere Darlehen in Höhe von insgesamt 1211 Talern an. Es handelte sich um *„alte Kapitalien"*, die zumeist schon aus der Zeit vor 1700 herrührten. Die Zinsen - rund 60 Taler im Jahr - stellten keine übermäßige Belastung dar.[11] Das war nicht immer so gewesen. Der Siebenjährige Krieg, 1763 zu Ende gegangen, hatte der Stadt eine enorme Schuldenlast aufgebürdet, die in den beiden nächsten Jahrzehnten nur allmählich verringert werden konnte. Im Kämmereibuch des Jahres 1784 sind noch Schulden in Höhe von fast 12 000 Talern verzeichnet. Der Magistrat war dann jedoch energisch daran gegangen, diese große Last von der Stadt zu nehmen. Die benötigten Gelder wurden durch die Köhlerei beschafft, die ohnehin die Haupteinnahmequelle der Stadt darstellte. Alljährlich wurden größere Forstbezirke an die einheimischen und auswärtigen Eisengewerken verkauft, die die Bäume fällen und zu Holzkohle brennen ließen. In der Zeit um 1790 - vor allem im Jahre 1788 - wurde nun die Köhlerei in einem solchen Maße betrieben, daß die eingenommenen Gelder hinreichten, die Schulden bis auf den oben genannten Rest zu tilgen. Die übermäßigen Eingriffe fügten allerdings den städtischen Waldungen schweren Schaden zu. Einige Bekundungen belegen, daß weite Bezirke stark heruntergekommen waren. Manche Reviere bestanden nur noch aus Buschwald. Größere Einbußen hatten auch die wertvollen Eichenwälder durch die Lieferung von Bauholz hinnehmen müssen, nachdem ein Großbrand am 26. April 1791 nicht weniger als 106 Wohnhäuser in Schutt und Asche gelegt hatte.[12]

Der erfreuliche Zustand der relativen Schuldenfreiheit sollte indes nur kurze Zeit währen. Schuld daran war der Reichskrieg gegen Frankreich, der auch Brilon zu erheblichen Ausgaben nötigte. So wurde die Stadt 1795 in einem starken Maße zu ausgedehnten Fuhren für die preußische Armee im Münsterland herangezogen. Der Magistrat mußte allein hierfür mehr als 2000 Taler aufwenden. Derartige Dienste wurden auch in den nächsten Jahren verlangt. Hinzu kamen mehrfach große Lieferungen von Lebensmitteln und Futtervorräten an die österreichischen und preußischen Truppen. Der Magistrat beauftragte damit, wie es vielfach zu jener Zeit üblich war, einige auswärtige Kaufleute, die ihre Dienste als Heereslieferant anboten. Der Stadt entstanden dadurch enorme Kosten. Den noch vorliegenden Bekundungen zufolge dürften die Aufwendungen bei insgesamt etwa 8000 Talern gelegen haben. Das Geld mußte aus Mangel an eigenen Mitteln jeweils auf dem Leihwege beschafft werden. Dabei wurde auch die Hilfe der Hofkammer in Anspruch genommen. Hofrat Esser verwaltete die Gelder der aus Bonn geretteten Kasse der dortigen Universität. Zweimal, im Dezember 1796 und im Februar 1797, streckte er der Stadt gegen entsprechende Schuldscheine jeweils 1000 Taler vor.

Weitere Kosten entstanden durch die Einquartierung einer Kompanie preußischer Füsiliere, die sich über mehrere Jahre hinweg - anscheinend bis 1801 - in Brilon aufhielt. Zeitweise mußte auch eine Abteilung Husaren aufgenommen werden. (Die Einquartierung von Reitersoldaten war besonders unbeliebt, weil ja auch die Pferde versorgt werden mußten.) Preußen hatte sich 1795 aus dem Krieg des Deutschen Reiches gegen Frankreich zurückgezogen. Die beiden Staaten hatten in einem Vertrag die jeweils beanspruchten Einflußgebiete voneinander abgegrenzt. Seit dem 5. Aug. 1796 verlief die Trennungslinie mitten durch das Herzogtum Westfalen an der Ruhr entlang. Die nördlich und östlich des Flusses gelegenen Landstriche wurden von den Preußen durch kleinere Truppeneinheiten überwacht und gesichert. Nach den Worten des Historikers Joh. Suibert Seibertz hatte Brilon damit das bessere Los im Vergleich zu den von den Franzosen kontrollierten Gebieten gezogen: *„..... so war diese Parthie des Landes, wozu auch die Stadt Brilon gehörte, vor den fast unerschwinglichen Contributionen der ausgehungerten Soldaten der französischen Republik durch eine in die Stadt gelegte Compagnie preußischer Füsiliere, deren Hauptmann von Trütschler lange in* *unserem Hause wohnte, gesichert."*[13] Einige Notizen in den beiden noch vorhandenen Ratsprotokollen dieser Jahre deuten an, daß es manchmal nicht einfach war, die benötigten Quartiere zu beschaffen. Eintragungen im Kirchenbuch belegen, daß etliche der verheirateten Soldaten ihre Familien mit sich führten. Über die Kosten liegen nur kurze und zudem wenig aussagekräftige Nachrichten vor, so daß das ganze Ausmaß der Belastung der Stadt nicht erfaßt werden kann.

Nur beiläufig soll erwähnt werden, daß Mitglieder der Hofkammer mit der Untersuchung und Beurteilung der schlimmen Tumulte, Ausschreitungen, Nötigungen und Gewalttaten beauftragt waren, die sich 1795 und 1797 anläßlich der Magistratswahlen und noch einmal im März 1798 in Brilon zugetragen hatten und die sogar die Züge einer Rebellion trugen. Es würde den Rahmen dieser Abhandlung sprengen, diese Ereignisse ausführlich darstellen zu wollen. Große Teile der Bevölkerung im Herzogtum waren damals von einer eigenartigen Unruhe erfaßt, die die bestehende Ordnung in Frage stellte. Man geht sicherlich nicht fehl in der Annahme, die gereizte Stimmung in Beziehung zu der Revolution in Frankreich zu setzen, deren Ideen und Schlagworte auch hierzulande die Gemüter erregten. Die Aufsässigkeit breitete sich selbst in den Dörfern aus. Hier und dort kam es zu heftigem Streit über die Abgaben und Dienste, die die bäuerlichen Familien den adeligen oder klösterlichen Grundherren schuldeten. Zweimal, in den Jahren 1794 und 1795, sah sich der Kurfürst zur Herausgabe strenger Erlasse genötigt, in denen die Behörden aufgefordert wurden, *„die Aufwiegler und Ruhestörer sofort zu verhaften"* und gegen sie gerichtlich vorzugehen. Beispiele für eine derartig aufsässige Stimmung lassen sich auch aus der unmittelbaren Nachbarschaft Brilons anführen. In Alme verweigerten die Einwohner der dortigen Adelsfamilie die hergebrachten Dienste und Abgaben. Die Eingesessenen des Dorfes Altenbüren - hier gehörte der Stadt Brilon nahezu der gesamte Grund und Boden - stritten dem Magistrat entschieden das *„seit undenklichen Jahren"* bestehende Recht ab, hier ein Wegegeld erheben zu dürfen. Die bäuerlichen Familien in den beiden zur Pfarrei Brilon zählenden Dörfern Wülfte und Rixen fuhren seit alters unentgeltlich das Brennholz für den Pfarrer herbei. Im Jahre 1792 stellten sie jedoch diesen Dienst ein, und zwar mit der Begründung, die Holzfuhren stellten lediglich eine Gewohnheit dar. Die Pfarrei könne sich auf kein verbrieftes Recht berufen.

Eine Folge der Unruhen in Brilon war, daß Kurfürst Maximilian Franz eine neue Ordnung für die Wahl und die Amtsführung des Magistrats ausarbeiten ließ, die 1798 in Kraft trat und die zu bedeutsamen Neuerungen führte. An der Vorbereitung und der schriftlichen Fixierung der Ordnung war der Hofrat Arndts in maßgeblicher Weise beteiligt. Die nicht unbeträchtlichen Kosten wurden der Stadt in Rechnung gestellt. Im Februar 1802, kurz vor dem Ende der kölnischen Herrschaft im Sauerland, erging übrigens in Recklinghausen nach einem längeren Prozeß ein Richterspruch, durch den viele Briloner Bürger wegen der Teilnahme an den Ausschreitungen zu teils empfindlichen Haft-, Geld- oder Ehrenstrafen verurteilt wurden.

Nachgegangen sei auch der Frage, ob und inwieweit Flüchtlinge aus Frankreich eine Zuflucht in Brilon gesucht haben. Derartige Emigranten, die vor den Wirren der französischen Revolution geflohen waren, hielten sich vor allem im westlichen Deutschland in großer Zahl auf. Unter ihnen waren viele Adelige, Geistliche und andere angesehene Bürger, die die Sorge um Leib und Leben aus der Heimat getrieben hatte. Die Flüchtlinge waren im Kurfürstentum Köln nicht gerade gern gesehen. Mehrere Erlasse zielten darauf, ihre Zahl zu beschränken und ihren Aufenthalt in den kölnischen Ländern möglichst zu verkürzen. In einer Verfügung vom 16. Okt. 1794 wurden die Ortsvorstände im Herzogtum Westfalen beispielsweise aufgefordert, alle 14 Tage ein Verzeichnis der Fremden einzureichen und darauf hinzuwirken, daß neue Ankömmlinge möglichst rasch das Land verließen. Der Kurfürst und seine Regierung ließen sich dabei von der Sorge leiten, andernfalls den Unmut des immer mehr erstarkenden Nachbarstaates Frankreich herauszufordern.

Sehr wahrscheinlich ist auch Brilon wie so viele andere Städte von diesen Emigranten berührt worden. Darauf deutet eine Notiz in der Chronik des hiesigen Minoritenklosters hin, der zufolge das Land damals regelrecht von ihnen überschwemmt worden sei. Unter ihnen seien auch Minoriten gewesen. Und weiter: *„Einer derselben, Pater Germanus, wurde im hiesigen Kloster aufgenommen, wo er sich, wie fast alle seine Landsleute, durch Undankbarkeit und Anmaßung auszeichnete. Nach mehrjährigem Aufenthalte kehrte er zurück nach Frankreich."*[14]

Bekannt ist des weiteren, daß sich eine größere Zahl von Emigranten im nahen Alme aufgehalten hat. Ihnen wurde eine Zuflucht in einem dort gelegenen Adelssitz, der sogenannten Tinne, gewährt. Der Altar der von ihnen in dem Gebäude eingerichteten schlichten Kapelle war noch 1880 vorhanden. Ein von den Fremden geschaffener und oft benutzter Abstieg in das Tal war im Volksmund als „Franzosentreppe" bekannt. Der Ausdruck hat sich bis heute nicht ganz verloren. Mehrere Emigranten waren auch in der Nachbarstadt Obermarsberg aufgenommen worden. Einer vor ihnen, ein Geistlicher aus der Stadt St. Quentin, starb im Jahre 1797. Er wurde in der Stiftskirche begraben.

Ihren Niederschlag fand die Anwesenheit der Hofkammer in Brilon auch in den Kirchenbüchern der katholischen Pfarrgemeinde. Neben der Geburt zweier Kinder sind darin drei Eheschließungen von Töchtern der Beamten registriert. Hofrat Bigeleben verlor 1799 seine Frau durch einen plötzlichen Tod. Ein Jahr später ging er erneut eine Ehe ein. 1800 verschieden der Kammersekretär Joh. Franz Lapostolle und der ledige „Calculator" Joseph Tournie. Als Todesursache sind „apoplexia" (Schlaganfall) bzw. „lenta tabes" (Schwindsucht, Tuberkulose) angegeben, zwei Ursachen, die zu jener Zeit ungemein häufig in den Kirchenbüchern genannt werden. Für 1801 ist der Tod einer jungen Frau verzeichnet, die als Magd mit der Familie des Hofrats Kalt nach Brilon gelangt war. Am 26. August 1802, kurz vor der Auflösung der Hofkammer, erlag der Geheime Hofrat (Consiliarius aulicus intimus) Franz Liborius von Braumann einem Schlaganfall. Erwähnt seien in diesem Zusammenhang zwei weitere Angehörige der Behörde, der Sekretär Gottschalk und der Pedell Osterrath, deren Namen verschiedentlich in den Akten genannt werden.

Das Ende der Hofkammer in Brilon kam im Herbst des Jahres 1802. In Deutschland vollzogen sich zu jener Zeit tiefgreifende politische Änderungen, bei denen neben vielen anderen Ländern auch das geistliche Kurfürstentum Köln aufgelöst wurde. Landgraf (seit 1806 Großherzog) Ludwig von Hessen-Darmstadt ließ das ihm zugesprochene Herzogtum Westfalen schon geraume Zeit vor der offiziellen Verkündigung des Reichsdeputationshauptschlusses (25. Febr. 1803) besetzen. Die hessischen Truppen rückten am 7. Sept. 1802 in Brilon ein. Der Kommandant Graf Lehrbach ließ der Hofkammer schon bald jegliche weitere Verwaltungsarbeit untersagen. Die Registraturkammer im Rathaus wurde verschlossen und versiegelt.

Am 15. Okt. 1802 ließen die neuen Landesherren den Magistrat in Brilon und das Personal des dortigen Oberbergamts auf den hessischen Staat verpflichten. Der zu diesem Zweck in die Stadt gesandte hessische Hofrat Ludwig Minnigerode nutzte die Gelegenheit zu einer längeren Verhandlung mit dem Hofkammerpräsidenten von Spiegel.[15] Das Gespräch nahm zunächst einen etwas schwierigen Verlauf. Der offensichtlich erregte Präsident beklagte die Entlassung der Beamten der Hofkammer. Er zeigte sich vor allem ziemlich ungehalten über die Forderung, die gesamten Akten dem hessischen Staat zu überlassen. Ein solches Verlangen sei ehrverletzend für ihn. Schließlich betreffe ein Teil der Schriftstücke andere Gebiete des Kurfürstentums Köln und nicht das Herzogtum Westfalen. Es verstoße gegen seine Ehre, diese ihm anvertrauten Akten herauszugeben.

Der hessische Beauftragte war seinem eigenen Bericht zufolge sehr darum bemüht, den Freiherrn ehrerbietig und rücksichtsvoll zu behandeln und ihn von dem Unvermeidbaren der Maßnahmen zu überzeugen. Das gelang jedoch nur mit einiger Mühe. Der Präsident erkundigte sich nach der Möglichkeit, seine Behörde für jene Teile des Kurfürstentums weiterarbeiten zu lassen, die nicht den Hessen anheimgefallen waren. Minnigerode riet jedoch dringend davon ab; seine Regierung werde das sicherlich nicht zulassen. Spiegel sagte schließlich zu, alle Akten in seinem Besitz herauszugeben, darunter auch jene, die sich noch in seinem Schloß in Canstein befanden. Zu diesem Zweck wurde unverzüglich ein hessischer Sekretär mit einer entsprechenden Vollmacht nach Canstein gesandt.

Bis zum 18. Oktober wurden alle Schriftstücke eingesammelt, die die Mitglieder der Hofkammer bis dahin noch in ihren Wohnungen aufbewahrt hatten. Ein kleiner Teil der Akten wurde nach Arnsberg geschafft, während die anderen zunächst im Rathaus eingeschlossen wurden. Beschlagnahmt wurde auch die Kasse der Bonner Universität, die mit 4518 Talern einen stattlichen Bestand aufwies. (Auch die beiden 1796 und 1797 von der Stadt ausgestellten Obligationen über jeweils 1000 Taler gingen in den Besitz des hessischen Staates über.) In der Kasse der Hofkammer wurde nur ein geringer Betrag von 148 Talern vorgefunden.

Aus dem Fehlen weiterer Nachrichten ist zu schließen, daß die Hofräte, die Sekretäre und die sonstigen Mitglieder der Hofkammer Brilon bald verlassen haben. Man kann mutmaßen, daß der größere Teil von ihnen wieder eine Anstellung als Staatsdiener gefunden hat. Hierfür spricht,

Das repräsentative Fachwerkhaus neben der Pfarrkirche war das Quartier des Hofkammerrats Arndts, der später die verwitwete Besitzerin ehelichte.
Das Gebäude ist kurz vor 1750 von dem kurfürstlichen Richter Joseph Arnold Flöcker erbaut worden.
Nach einer hervorragend gelungenen Restaurierung wird es heute von der kath. Kirchengemeinde als Kindergarten und Versammlungsstätte genutzt.

daß die meisten Beamten bei den damaligen Umwälzungen in Deutschland von den neuen Landesherren übernommen wurden. Zu belegen ist das für zwei der vormaligen Hofkammerräte: Wilhelm Anton Arndts (1765 bis 1830) gehörte schon 1803 der hessischen Rentkammer in Arnsberg an. 1804 wechselte er in das Forstkolleg der Regierungsbehörde. Er heiratete 1806 Antonetta Cosmann aus Brilon, Witwe des früh verstorbenen Kaufmanns und Unternehmers Adam Gaudenz Ulrich, in deren Haus er seinerzeit ein Quartier gefunden hatte. Caspar Joseph Bigeleben (1766 bis 1842) trat ebenfalls in hessische Dienste. 1810 wurde ihm der Adel verliehen. Er starb als Präsident des Administrationsgerichtshofes in Darmstadt. Franz Wilhelm von Spiegel, der vormalige Präsident der Hofkammer, verschied 1815 im Alter von 63 Jahren auf Schloß Canstein.

Der Stadt Brilon blieb als böses Erbe die Verpflichtung, die für die Unterbringung der Hofkammer aufgenommenen Darlehen zu verzinsen und abzutragen. Die hohe Schuldenlast stieg auch in der hessischen Zeit aus verschiedenen Gründen stetig weiter an, unter anderem wegen der harten Besteuerung, die der hessische Staat sowohl den Gemeinden als auch den Bürgern auferlegte. So mußte die Stadt mehrfach hohe Darlehen aufnehmen, nur um die 1804 eingeführte neue Vermögenssteuer aufbringen zu können. Beträchtliche Ausgaben entstanden auch durch die veränderten Grundsätze der Administration. Man kann sich allerdings des Eindrucks nicht erwehren, daß die für die Geschicke der Stadt Verantwortlichen die Verschuldung ein wenig leichtfertig in die Höhe getrieben haben. Aus der schon früher erwähnten Aufstellung des Jahres 1808 läßt sich der gewaltige Schuldenstand von 29 602 Talern errechnen. Die Kapitalien waren bis auf 1211 Taler in den Jahren von 1795 bis 1807 angeliehen worden, in einem Zeitraum von nur 13 Jahren also. Die Zinsen in Höhe von rund 1400 Talern im Jahr behinderten die Stadt natürlich in ihrer Entwicklung. Wichtige Pläne konnten nicht verwirklicht, unbedingt notwendige Reparaturen nicht ausgeführt werden. (Der Zinsfuß lag zumeist bei für heutige Begriffe mäßigen 5 Prozent, teilweise auch bei 4 oder 4 1/ 2 Prozent. Ein höherer Satz als 5 oder allenfalls 6 Prozent galt als Wucher.) Die Möglichkeit, wie in früheren Zeiten den Wald anzugreifen, bestand nur noch in einem geringen Maße, da die hessischen Behörden im Interesse einer geregelten Forstwirtschaft und einer sinnvollen Waldpflege die Verfügungsgewalt der Gemeinden stark eingeschränkt hatten. Es gelang der Stadt nicht mehr, ihrer Schuldenlast Herr zu werden. 1815 war das städtische Finanzwesen derart zerrüttet, daß ein staatlicher Kommissar mit der Aufsicht betraut werden mußte. Die Zinsen waren zum großen Teil seit Jahren nicht mehr gezahlt worden; die erbosten Gläubiger forderten ihr Geld zurück und überzogen die Stadt mit Prozessen. Der drohende Konkurs konnte nur durch harte und die Bürgerschaft schwer belastende Maßnahmen abgewendet werden. Als Beispiel für die verzweifelte Lage sei angeführt, daß der Stadtvorstand ernsthaft daran dachte, das altehrwürdige Rathaus an einen Privatmann zu veräußern, um auf diese Weise die leere Stadtkasse ein wenig aufzufüllen. Der Verkauf war schon im Arnsberger Intelligenzblatt ausgeschrieben worden, trotz des starken Befremdens und der Mißbilligung der Regierung. Glücklicherweise blieb es bei der Absicht.

Anmerkungen:

1. Von den vielfältigen Aufgaben seien kurz nur folgende genannt: Angelegenheiten der Staats- und Hofdienerschaft, Pensionen, die Hoheitsrechte, das Münzregal, Lehnssachen, die Landesschulden, die Grundsteuer, die Domänen, der Rheinzoll, Zölle an den Grenzen und innerhalb des Landes, die Grenzen und das Vermessungswesen, die Landeskultur, der Straßenbau, Post-, Forst- und Jagdsachen, Bergbau, Schmelzhütten, Salinen, Mühlen, Fabriken und Manufakturen, Justiz- und Kirchensachen, Kriminalstrafen, Stiftungen.

2. J.J.Scotti: Sammlung der Gesetze und Verordnungen im vormaligen Churfürstenthum Cöln, Düsseldorf 1830, Band 1, Seite XV.

3. Historisches Archiv des Erzbistums Köln, Nachlaß Wurzer, Akte 20, Teil I.

4. Eine Erhebung aus dem Jahre 1807 nennt 394 Wohnhäuser und 2506 Einwohner für Brilon (einschließlich der Aamühlen und der kleinen Siedlung Gudenhagen). Mitgezählt ist dabei die jüdische Gemeinde in Stärke von 77 Personen.

5. Manfred Schöne: Das Herzogtum Westfalen in der Sicht eines Preußen (1797). Westfälische Forschungen, 20. Band, 1967, Seite 202.- Der von dem preußischen Offizier angesprochene Großbrand ereignete sich am 26. April 1791.

6. Nachlaß Wurzer (siehe Fußnote Nr. 3). - Im Unterschied zu den Verhältnissen in Recklinghausen boten die Kaufleute in Brilon vielerlei Waren für den gehobenen Bedarf an. So war es durchaus möglich, Zucker, Kaffee, Tee, fremdländische Gewürze, Wein aus Frankreich und vom Rhein, Stoffe aus Seide und Samt und modisches Zubehör zur Kleidung zu erwerben, ebenso Olivenöl, rheinischen Branntwein (Weinbrand nach heutigem Verständnis), Käse aus Holland, Stockfisch aus Skandinavien und Stoffe aus Flandern und England. Neben einfachen Brandweinschenken gab es zwei bessere Lokale, die vorzugsweise von den Honoratioren der Stadt besucht wurden: den vom Magistrat verpachteten sogenannten Weinkeller unterhalb des Rathauses (heute Hotel Starke) und eine weitere Weinwirtschaft, die von Zisterziensern des Klosters Bredelar in ihrem großen Zehnthaus (an der Stelle der heutigen Volksbank) unterhalten wurde.

7. Die Verwandtschaft ergab sich durch die Heirat des Historikers.

8. Joh. Suibert Seibertz: Stammbuch der Familie Seibertz zu Wildenberg und Brunscappell. Gedrucktes Manuscript für Verwandte, 1847, Seite 72.

9. Verstreute Nachrichten über die Hofkammer finden sich im Stadtarchiv hauptsächlich in den Kämmereibüchern und in den Ratsprotokollen jener Zeit, die allerdings nur teilweise noch vorliegen: Kämmereibücher 1794, 1798, 1799, 1800 und 1801; Ratsprotokolle 1794/95, 1796/97, 1797/98.

10. Auch Straftäter wurden nicht selten dem Militär übergeben, anstatt sie ihre Strafe im Gefängnis abbüßen zu lassen. So verfügte ein kurfürstlicher Erlaß vom 19. Mai 1794, die Gerichte im Herzogtum Westfalen sollten „bei den gegenwärtigen Zeitumständen die wegen Nachtsschwärmereien, Schlägereien, Holz- und Wilddiebereien, Aschenbrennereien und wegen anderer Vergehen zu verurtheilenden Verbrecher fernerhin zur Kriegsdienstleistung im churfürstl. Militair auf 3 oder 6 Jahre nach Maßgabe des Excesses verurtheilen".

11. Zu jener Zeit wurden Darlehen in aller Regel nur verzinst und nicht in regelmäßigen Raten getilgt. Die Rückzahlung erfolgte in einer Summe nach vorausgegangener Kündigung, zu der beide Vertragspartner berechtigt waren. Als Kündigungsfrist wurde zumeist ein Vierteljahr - bei größeren Darlehen auch ein halbes Jahr - vereinbart.

12. Die Stadt Brilon lieferte zu jener Zeit den Einwohnern mit Bürgerrecht - nicht den Beiliegern - unentgeltlich das gesamte Bauholz für Reparaturen oder für einen Neubau. Auch das notwendige Brennholz brauchte nicht bezahlt zu werden.

13. Joh. Suibert Seibertz: Stammbuch (siehe oben), Seite 72.

14. Joh. Suibert Seibertz: Chronik des Minoritenklosters in Brilon. 2. Auflage, Brilon 1891, Seite 58.

15. Staatsarchiv Münster, Großherzogtum Hessen II A Nr. 11.

Die restaurierten Gebäude des ehemaligen Augustiner-Chorherren Stiftes Ewig bei Attendorn

Attendorn und Kloster Ewig

Otto Höffer

Die Schwelle zum 19. Jahrhundert gestaltete sich für die einst stolze und reiche Hansestadt Attendorn nicht gerade rosig. So hatte ein verheerender Stadtbrand am 13. Juli 1783 insgesamt 260 Häuser, die Pfarrkirche nebst Turm und Glockenstuhl, das Rathaus, das nach dem Brand von 1742 neu erbaute Franziskanerkloster, die Klosterkirche sowie Klosterbibliothek und Stadtarchiv in Schutt und Asche gelegt. Neun Menschen starben unmittelbar in den Flammen, 125 Menschen an den Folgen der Katastrophe.[1]

Hinzu kamen erhebliche Mißstände aufgrund höherer Verkehrspolitik; so wurde die Stadt Attendorn durch den Bau neuer überregionaler Straßen fast vollständig vom Verkehr abgeschnitten.

In dieser prekären Lage brach die Französische Revolution aus, die neues Unheil über die ohnehin schon arg gebeutelte Stadt brachte. So rückten 1795 und 1796 kaiserliche Truppen in die Stadt ein, die zu verpflegen waren. So hatte die Stadt täglich 193 1/3 Brote, 48 11/12 Metzen Hafer und 19 11/12 Zentner Heu aufzubringen. Hinzu kam die Forderung von Kriegssteuern in solcher Höhe, daß allein die Nikolausbruderschaft 100.000 Livres zahlen sollte. Aufgrund des umsichtigen Benehmens der städtischen Beamten wurde dieser Betrag schließlich auf 15.000 Livres ermäßigt. Als Bürgermeister Harnischmacher und Gograf Joanvahrs die Zahlung dieses Geldes verzögerten, wurden beide in der Nacht vom 2. auf den 3. November 1796 aus Attendorn verschleppt. Joanvahrs kam nach sechs, Harnischmacher erst nach 10 Wochen wieder frei.[2]

Infolge der Revolutionswirren wurde auch der Kölner Domschatz in Sicherheit gebracht. Auf dem Rückweg vom Kloster Wedinghausen nach Köln soll der Schatz eine Nacht auf dem in der Nähe Attendorns gelegenen Nierhof verbracht haben. Zur Erinnerung an dieses denkwürdige Ereignis existiert heute noch im Kreisheimatmuseum Attendorn eine Silberplakette, die der damalige Besitzer des Hofes als Zeichen des Dankes erhalten haben soll.

Als Folge der Revolution wurden auch das Attendorner Franziskanerkloster und das Augustiner-Chorherren-Stift Ewig aufgehoben. Letzteres wurde durch landesherrliches Reskript vom 22. Oktober 1803 in eine Domäne umgewandelt.[3]

So einfach könnte die 383jährige Geschichte eines bedeutenden sauerländischen Augustinerchorherrenklosters beendet werden. Das Kloster wurde 1420 durch den reichen Attendorner Hansekaufmann Heinrich Weke gestiftet und den Regularkanonikern in Neuß unterstellt. Im Verlauf der Jahrhunderte gelangte das Kloster zu einem stattlichen Grundbesitz; hinzu kam die für das Kloster erfreuliche Tatsache, daß die Freiherren von Fürstenberg 1674 die Erbvogtei übernahmen.[4] Die noch bestehenden und heute als Justizvollzugsanstalt genutzten barocken Gebäude wurden in den letzten Jahren umfassend saniert.[5]

Daß die reiche Geschichte von Ewig dennoch nicht abzuschließen war, bestätigt ein Manuskript

Silberplakette zur Erinnerung an den Aufenthalt der Reliquien der Hl. Drei Könige auf dem Nierhof bei Attendorn (heute Kreismuseum Attendorn)

von Karl Unkel zur Geschichte des Kölner Priesterseminars.[6] Da infolge der Säkularisierung die Bonner Universität und das Kölner Priesterseminar geschlossen wurden, war es um die Ausbildung junger Theologen schlecht bestellt.

„Der verständliche Wunsch wurde laut, im Herzogtum ein Priesterseminar zu schaffen mit der Möglichkeit eines Freistudiums für Minderbemittelte."[7]

Die intensiven Bemühungen um die Einrichtung eines Priesterseminars für den rechtsrheinischen Teil der Erzdiözese Köln im Kloster Ewig bei Attendorn beschreibt Unkel wie folgt:

„Eine seiner (gemeint ist der Bischof von Aachen, Johann Dionys Kanp Le Camüs) ersten Maßnahmen war ein Rundschreiben vom 25. Februar 1811 welches die Angehörigen der Diözese zu Beiträgen für das Seminar aufforderte. Bis zum Schlusse des Jahres 1811 trug die Sammlung 22.664 Fr[anc] 23 Cent[imes] ein, wozu im folgenden Frühjahr noch einige Beiträge, im ganzen 169 Fr. 54 Cent. kamen [Randvermerk: 1. Die Sammelliste in GA., gebundenes Quartheft ohne Signatur.]. Einen günstigen Erfolg erzielten endlich auch die stets erneuten Vorstellungen der Seminar Verwaltung, indem nicht nur das Ministerium am 10. Mai 1811 die an das Seminar anstoßenden und zugleich mit dem Hauptgebäude im Jahre 1802 beschlagnahmten sieben kleinen Zinshäuser zurückgeben ließ, sondern auch Napoleon am 18. April 1812 die Zurückerstattung der nicht abgelegten Kapitalien und der noch nicht abgelösten Renten an das Seminar verfügte.

Vor ihrem Abzug im Jahre 1813 verkauften die Franzosen noch einige vom Seminar herkommende Güter, bezogen aber davon nur den ersten Termin, die weiteren Zahlungstermine fielen in die königlich preußische Regierungsperiode. Von den unter der französischen Herrschaft unverkauft gebliebenen Grundstücken wurde später noch ein Teil durch die preußische Regierung verkauft.

Dies sind die Schicksale des linksrheinischen Seminarvermögens. Auf dem rechten Rheinufer wurden Grundeigenthum, Kapitalien und Renten des Seminars durch die fürstliche Regierung von Nassau-Usingen am 19. Oktober 1802 mit Beschlag belegt und dadurch ein für den rechtsrheinischen Theil der alten Erzdiözese Köln eben erst neu errichtetes Seminar wieder vernichtet. Der Gedanke, auf der rechten Rheinseite ein Seminar zu errichten, war schon in einem Schreiben des Weihbischofs von Merle am 7. Dezember 1799 an den Domherrn von Mylius zur Sprache gekommen [Randvermerk: 1. DA. Konvolut II Or.]. Als nun im Sommer 1802 das Seminar in Köln thatsächlich aufgehoben war, wurde derselbe ernstlich in Auge gefaßt. Am 23. August 1802 gelangte in der Sitzung des Domkapitels zu Arnsberg die Denkschrift eines Ungenannten zur Erörterung folgenden Inhaltes: „Daß die Vernichtung des in Köln bestandenen Seminars auf hiesige (rechtsrheinische) Diözese nicht zurückwirken und besagte Anstalt, insoweit sie dießseits besteht, nicht durch ihren eigenen Zerfall mit zerstören könne, ist wohl keinem Zweifel unterworfen. Das Seminar hatte die Bildung des ganzen Diözesan Clerus zum Zwecke; geht auch ein Theil desselben verloren, so bleiben die Ansprüche des übrigbleibenden auf Lehre, Bildung, Unterricht dennoch immer dieselben. Allein nicht alle kennen diese Verhältnisse, es werden daher diese Gründe auch nicht auf alle mit gleicher Stärke wirken. Treffen daher die Landesherren, die sich vielleicht in die Bruchstücke des vormaligen Erzstiftes Köln theilen dürften, [Randvermerk: 2. S. oben S. 173.] kein wirklich bestehendes Seminar an, so werden sie dessen Güter und Gefälle als Pertinenzstücke einer jenseitigen Korporation betrachten und nur zu sehr geneigt sein, die Rechte des Fiscus auf selbe geltend zu machen; finden sie aber ein wirklich bestehendes Seminar, so werden sie schwerlich zu dessen Zerstörung die Hände bieten, da der Staat nicht weniger Vortheile von einer zweckmäßigen Bildung der Geistlichkeit hat, als auch die Kirche. Es ergibt sich hieraus von selbsten, wie nöthig es sei, an die Wiedererrichtung des Seminars sogleich thätig Hand anzulegen."

Die Denkschrift erörtert dann einige nothwendige Vorfragen. Die vorhandenen Fonds würden genügen, um, wenn noch einige zahlende Alumnen sich fänden, jährlich zwölf bis fünfzehn Geistliche zu bilden. Eine Anfrage bei dem erst vor kurzem ernannten Empfänger für die rechtsrheinischen Seminargüter, dem Domkellner C. O. Joppen, ergab, daß die rechtsrheinischen Einkünfte sich auf die Summe von ungefähr 1.968 Rthlr. beliefen. [Randvermerk: 1. Bericht Joppens an das Domkapitel. Nicht datiert. DA Konvolut II Or.] Als Heimstätte für die Anstalt wird entweder das Kloster der Minoriten oder der Konvent der Regularkanoniker Ewich bei Attendorn empfohlen; in beiden Häusern herrsche klösterliche Zucht, Ordnung und Eintracht. Der Empfang der Einkünfte wäre dem Präses, der zugleich die Stelle des Oekonomen versehen würde, wegen der Verpflegung aber mit dem Kloster ein Abkommen zu treffen. Die Hausordnung des ehemaligen Seminars zu Köln wäre auch in Ewich einzuführen, allerdings mit den nöthigen Aenderungen, indem das Kölner Seminar zugleich den theologischen Unterricht ertheile, das rechtsrheinische dagegen nur die praktische Ausbildung der Seminarpriester bezwecke. [Randvermerk: 1. Vortrag in Betreff des zu errichtenden Seminars. DA a. a. O. Or.].

Ansicht Attendorns von Renier Roidkin, um 1720-30

Das Domkapitel genehmigte diese Vorschläge, wählte die Kanonie Ewich als Zufluchtstätte für das Seminar und bestimmte in erster Linie den Präses Foerster, in zweiter Linie den Lektor Iven zum Präses. Foerster lehnte aber, weil in Köln noch um die Existenz des Seminars gekämpft wurde, und er deshalb unentbehrlich war, das Anerbieten ab, auch Iven scheint sich geweigert zu haben. Das Domkapitel ernannte darum, nachdem die Regularkanoniker von Ewich sich zur Aufnahme des Seminars bereit erklärt hatten, [Randvermerk: 2. Prior und Kapitulare der Kanonie Ewich an das Domkapitel am 10. Sept. 1802. DA. Konvol. II. Or.] am 13. September den geistlichen Rath Freusberg [Randvermerk: 3. Vermuthlich der Dechant Johann Adolph Freusberg, welcher seit 1768 Pfarrer an St. Martin in Bonn war, den Kurfürsten Maximilian Franz auf seiner Flucht begleitete und nicht mehr nach Bonn zurückkehrte. Maaßen, Geschichte der Pfarreien des Dekanates Bonn, II. Theil, S. 5.] zum Präses „des in Ewig wiedererrichteten Seminars" und beauftragte die Kommissare des Seminars, nämlich den Weihbischof von Merle und den erst am 6. September vom Domkapitel zum Kommissar ernannten Domherrn Freiherrn von Franz, die nöthigen Ausschreiben an den Clerus zu erlassen, den Tag der Eröffnung der Anstalt und die Aufnahmebedingungen bekannt zu machen. [Randvermerk: 4. Das Domkapitel an die Kommissare am 13. Sept. 1802. DA. a. a. O. Or.]

Dies ist das letzte noch vorhandene Aktenstück in dieser Angelegenheit. Ob das Seminar in Ewich wirklich eröffnet worden, ist unbekannt. Jedenfalls aber war es, kaum errichtet, durch die oben erwähnte Beschlagnahme der rechtsrheinischen Seminargüter seitens Nassau-Usingen schon dem Untergange geweiht."

Was bleibt, sind Spekulationen... Vielleicht wäre ja das Dekanat Attendorn mit einem Priesterseminar des Erzbistums Köln in Kloster Ewig 1822 nicht zum damaligen Bistum Paderborn gekommen?

Anmerkungen:
1 Brunabend, Josef, Julius Pickert, Karl Boos: Attendorn, Schnellenberg, Waldenburg und Ewig, Münster: 1958[2].
2 Siehe Anm. 1.
3 Schöne, Manfred: Das Herzogtum Westfalen unter hessendarmstädtischer Herrschaft 1802 - 1816, Olpe 1966, S. 126.
4 Scheele, Norbert: Regesten des ehemaligen Klosters Ewig, Olpe 1963.
5 Im Bann des Wassers. Die Orte der Pfarrei Neu-Listernohl einst und heute und die Geschichte der Biggetalsperre. Schriftenreihe der Stadt Attendorn, Band 1 (Redaktion: Otto Höffer), Attendorn 1993, S. 45 ff.
6 Historisches Archiv des Erzbistums Köln, Bestand Priesterseminar, vorl. Nr. 911 (Karl Unkel: Geschichte des Kölner Priesterseminars, hier: Seminar in Attendorn, S. 196 ff). Der Verfasser dankt dem Kollegen Michael Gosmann, Arnsberg, für die freundliche Überlassung von Kopien des genannten Manuskriptes.
7 Wie Anm. 1, S. 118.

E 1   Anbetung der drei Weisen aus dem Hitda-Codex (Köln, um 1000)
(fol. 22r)

Neheim, eine kurkölnische Landstadt in der Umbruchzeit

Gerd Schäfer

Im ausgehenden 18. Jahrhundert bot Neheim äußerlich noch ein durchaus „mittelalterliches" Bild. Das kleine kurkölnische Landstädtchen lag auf einem vor Überschwemmungen geschützten Hügel im Mündungswinkel von Ruhr und Möhne, umgeben von einer Stadtmauer mit drei Toren, dem Ruhr-, Möhne- und Obertor, von wo aus die Straßen nach Menden, Werl und Arnsberg führten. Nur ein Haus lag außerhalb der Stadtmauer, das 1797 vor dem Obertor errichtete Haus Otterstedde.

Ruhr, Möhne und Mühlengraben gewährten in früheren Jahrhunderten natürlichen Schutz vor feindlichen Angriffen, während die von Natur aus ungeschützte Südwestseite durch eine Befestigung gesichert war, die sich etwa 600 Meter lang mit den Burghäusern Schüngel, Freseken und Gransau, dem Drostenhof und der eigentlichen, aber schon längst zerstörten landesherrlichen Burganlage hinzog, auf die jetzt nur noch die Flurbezeichnung „auf der Burg" erinnerte. Die Südseite war durch einen Wall und einen künstlich gestochenen Graben geschützt.

In diesem verhältnismäßig kleinen Viereck - heute etwa begrenzt durch Ohlbrücke, Fresekenhof, Mendener-, Burg- und Friedrichstraße, drängten sich eng aneinander neben Kirche, Rathaus und Schule ungefähr 165 strohgedeckte Fachwerkhäuser, fast alle mit kleinem Hinterhof mit Krautgärtchen und Stallanbau. Daß eine solche Bauweise Brandunglücke geradezu herausforderte, verwundert nicht. In Neheim gab es um 1800 überhaupt nur 16 steingemauerte Schornsteine.[1]

Zwischen den Straßen und Häusern war genügend Platz für landwirtschaftliches Gerät und die Mistablage. Gepflastert waren lediglich die vom Ruhrtor an der Kirche vorbei zum Obertor führende Hauptstraße und die Burgstraße. Die Pflasterung der anderen Straßen hatte der Magistrat zwar oft geplant, doch war es dabei auch geblieben.

Die Kirche - daneben die Schule - stand in der Mitte der Stadt nahe dem Möhnetor, noch umgeben vom Friedhof, der erst in der hessischen Zeit an den Nordwestrand der Stadt verlegt wurde.

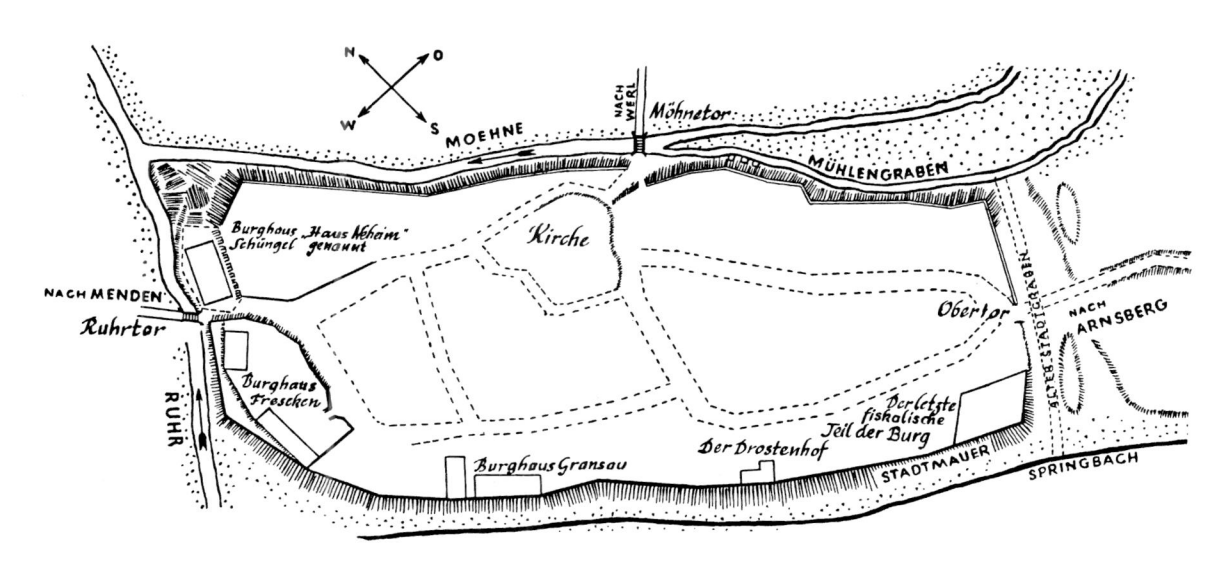

Grundriß der Stadt Neheim vor dem großen Brande von 1807

Wie die Kirche aussah, wissen wir nicht genau, nur die Ausmaße sind bekannt. Nach Angaben im Feuersozietätskataster von 1785 war sie 60 Fuß lang, 54 Fuß breit und 30 Fuß hoch. Der Turm 22 Fuß breit, die gemauerte Höhe 60 Fuß.[2]

Wie alt die Kirche war, ist ebenfalls nicht bekannt. Beim Stadtbrand von 1673 wurde sie stark zerstört. Ob sie danach völlig neu oder wieder aufgebaut wurde, muß offen bleiben. Sie genügte jetzt den Ansprüchen nicht mehr. Nach Berichten des Magistrats handelte es sich um ein *„sehr ungesundes, düsteres, feuchtes, für die Pfarrgenossen zu beschränktes"* Gebäude. Sonntags kamen zum Gottesdienst auch viele Besucher aus den umliegenden Dörfern, mit der Folge, daß aus Platzmangel mancher die Messe draußen vor den Kirchtüren hören mußte.[3]

Auf dem Friedhof herrschten ziemliche Mißstände. Eine feste Friedhofsordnung und einen Totengräber gab es nicht. Die Gräber wurden von den Nachbarn der Verstorbenen ausgehoben, wobei man sich nicht immer *„an die Reihe"* hielt und auch nicht an die Ruhezeit. 1797 beschwerte sich Pfarrer Osthelder beim Magistrat, daß *„durch das bisherige Beerdigen der Prozessionsweg über den Friedhof wegen der Unebenheit der Grabhügel zum künftigen Umgang unbrauchbar und für die das Sanktissimum tragenden Geistlichen gefährlich"* sei, daß ferner *„durch das öftere Aufgraben zu bösen Ausdünstungen und Krankheiten Anlaß gegeben"* werde.[4]

Rings um die Stadt lagen die landwirtschaftlich genutzten Flächen, Gärten, Äcker, Felder, Wiesen, Weiden. Sie gehörten größtenteils der Stadt, die sie aber gegen geringes Entgelt an die Bürger verpachtete. Am Mühlengraben in der Nähe des Möhnetores standen 5 Mühlen, darunter eine Säge- und Getreidemühle, die ebenfalls verpachtet wurden.

Der letzte Graf von Arnsberg, Graf Gottfried IV., hatte dem Gemeinwesen 1358 Stadtrechte verliehen, wodurch Neheim wichtige Privilegien erhielt, wie das Recht der Bürgermeisterwahl und eine eigene Stadtgerichtsbarkeit. 1360 kam noch die Befugnis hinzu, jährlich einen freien Markt abzuhalten.

Ein Glücksfall für alle folgenden Zeiten trat ein, als Graf Gottfried der Stadt 1368 einen 925 Morgen großen Waldbesitz schenkte. In Not- und Inflationszeiten bedeutete dieser Besitz einen gleichbleibenden realen Wert. Holzverkäufe stopften bei schlechter Kassenlage so manches Haushaltsloch.

Sonst war die Stadt im Zeitenlauf nicht gerade vom Glück begünstigt worden. Während der Soester Fehde wurde sie 1446 ganz zerstört. 1575 und 1676 brannte sie vollständig ab. 1718 und 1782 wurden ebenfalls schwere Brände verzeichnet. Das größte Unglück sollte aber noch kommen. Am 10. April 1807 legte eine verheerende Feuersbrunst innerhalb einer Stunde die ganze Stadt bis auf wenige Häuser in Asche, einschließlich Rathaus, Schule und Kirche. Man kann also sagen, daß Neheim praktisch alle 100 Jahre völlig zerstört wurde.

Diese Brandunglücke sind in erster Linie Ursache dafür, daß Spuren geschichtlicher Vergangenheit kaum vorhanden sind. An die Zeit vor 1807 erinnern lediglich einige Bürgerhäuser und die erwähnten Burgmannssitze, die aber auch nicht mehr ihr ursprüngliches Aussehen haben und von denen das Burghaus Schüngel schon in der Umbruchzeit nicht mehr vorhanden war.

Es fällt schwer, sich Alt-Neheim vorzustellen. Bilder der Stadt oder einzelner Gebäude sind nicht bekannt. Wann lohnte es schon, ein unbedeutendes Landstädtchen zu zeichnen oder zu malen? Ein Ölgemälde nach einer angeblichen Vorlage aus dem Jahre 1656 muß wohl zum Teil als Phantasie bezeichnet werden.

Mit etwa 1000 Einwohnern gehörte Neheim um 1800 zu den kleineren der 25 Städte im Herzogtum Westfalen. Den Kern der Bevölkerung bildeten die Bürger, von denen die meisten Hausbesitz hatten – Solstätten –. Außer ihnen gab es noch einige Beilieger. Es war durchaus eine Zweiklassengesellschaft. Die Bürger besaßen die sogenannten Bürgergerechtsame, d.h. freie Nutzungsrechte an städtischem Eigentum, freier Brennholzeinschlag, freies Weiderecht, Anspruch auf billige Überlassung von Garten- und Ackerland. Nur sie hatten Wahlrecht zu den städtischen Gremien und konnten so Einfluß nehmen auf die Verwaltung der Stadt. Die Beilieger hatten keinerlei Rechte. Sie genossen nur den Schutz der Stadt und standen allgemein auf niedrigerer sozialer Stufe. Erst in der preußischen Zeit nach 1816 verwischten sich langsam diese Unterschiede.

Wovon lebte die Bevölkerung?

Handel, Handwerk und Gewerbe waren sehr bescheiden. Verbreitet war die Tuchmachermanufaktur. Schon Mitte des 18. Jahrhunderts wurden in der Stadt 41 Tuchmacherbetriebe gezählt, kleine Handwerksbetriebe, die schlecht und recht ihr Brot verdienten. Es gab daneben die üblichen Handwerker wie Bäcker, Schuster, Maurer, Zimmerer, Schneider, Schmiede, es gab Bauern, Händler, Kaufleute, Wirte, Fuhrleute, Tagelöhner, Gesinde, Mägde und Knechte und sonstiges Dienstpersonal. Ein Knecht erhielt pro Jahr 15 Reichstaler, Leinen zu 2 Hemden, zwei Paar Schuhe und einen Taler Mietgeld.[5] Eine Magd 4 Reichstaler, 8 Ellen Leinen, zwei Paar Schuhe und einen Gulden Mietgeld.

Handwerk, Handel und Gewerbe reichten aber allein für den Lebensunterhalt nicht aus, die Einwohner mußten ihren Bedarf noch durch Eigenwirtschaft decken. Fast alle waren noch „Kleinbauern" mit etwas Landwirtschaft und Viehhaltung. Das Vieh wurde jeden Morgen durch Hirten aus der Stadt getrieben, kein Bürger durfte allein hüten. Wie „dörflich" es zuging, ist schon daraus zu sehen, daß es in der Stadt Ende des 18. Jahrhunderts 92 Pferde gab, also etwa jede zweite Familie ein Pferd besaß.[6]

Anläßlich einer Stellungnahme zu evtl. zu leistenden Kriegsfuhren schrieb der Magistrat: *„Es wird bemerkt, daß der größte Teil der obigen Pferde von dem Bürger nur zu dem Ende gehalten wird, um ihr weniges Acker zu pflügen und ihr Brandholz anzufahren, daß damit wenig oder gar nicht auf dem Lande gefahren wird, daß ferner die Thiere so elend sind, daß die Bürger nur ihre eigene Arbeit damit verrichten können".*

Das tägliche Leben bestand in einem harten, langen Arbeitstag von 12 bis 14 Stunden und in bescheidenen Vergnügungen an Sonn- und Feiertagen, von denen es im katholischen Herzogtum allerdings weit mehr als heute gab. In Neheim konnte man in 6 Schankwirtschaften einkehren, es gab in der Stadt zudem 20 kleinere Branntweinbrennereien.[7] Von Tanzvergnügungen wird oft berichtet, und zwar in den Protokollen des Magistratsgerichts, wenn entweder die auf 9 Uhr abends festgesetzte Polizeistunde überschritten wurde oder die Tanzfeste von Raufereien und Prügeleien begleitet wurden. Im allgemeinen zahlten die jungen Burschen ihre Strafe von meistens 2 Stübern, aber öfter wird auch von Widerspenstigkeit berichtet, z.B.:[8]

„Ratsdiener referierte: daß der fiscalisch bekl(ag)t(e), bei dem herausgehen hart ausgesagt: Magistrat sollte ihn in Marsch lecken, worauf dann Magistrat um den Ungehorsamen Burschen zur Ordnung zu bringen- denselben zum zweimal 24 stündigen Arrest bei Wasser und Brod verurteilt- und dabei noch in 3 Mark brüchten verfälliget."

Krank zu werden, war gefährlich, denn um das Gesundheitswesen war es im Herzogtum Westfalen schlecht bestellt. Es gab nur wenige akademische Ärzte, die nicht nur schwer zu erreichen, sondern auch nur von einigen Begüterten zu bezahlen waren. In Neheim gab es weder Arzt noch Apotheke, es praktizierte lediglich seit den 70er Jahren ein Chirurgus, ein handwerklicher Wundarzt, der aber nur befugt war zum „*Aderlassen, Zahnziehen, Behandlung von Entzündungen, der Rose, Verrenkungen und Beinbrüchen sowie von Bruchschäden*".[9] Im Krankheitsfalle suchte man Hilfe bei Natur- und Laienheilern oder hoffte auf bewährte Hausmittelchen. Auf reisende Quacksalber fiel mancher herein. Als Hebamme fungierte eine 60 jährige Witwe, die 1791 in Arnsberg bei dem aus Wien stammenden Medizinalrat Weidlich einen Hebammenkurs besucht hatte. Es fielen in Neheim in den 1780er und 90er Jahren zwischen 40 und 50 Geburten jährlich an. Für eine Entbindung erhielt die Hebamme nach einem Bericht des Magistrats „*30 Stüber, nebst Essen und Trinken, als lang sie bei der Kindbetterin wäre, letzteres aber bei den wenigsten.*"

Das Städtchen wurde „*regiert*" von Bürgermeister und Rat gemäß einer Magistratsverfassung, wie sie, jedoch mit Abweichungen, in allen Städten des Herzogtums galt. Der Stadtvorstand bestand aus dem ersten und zweiten Bürgermeister, dem ersten und zweiten Kämmerer und zwei Ratsbeisitzern, die auch Assessoren genannt wurden. Jedes Jahr am Sonntag nach Ostern fanden Neuwahlen statt, Wiederwahl war möglich. Sieht man sich über längere Zeiträume die Namen des Stadtvorstandes an, insbesondere die der Bürgermeister und Kämmerer, so findet man häufig dieselben Familien, welche diese Stellen besetzten. Das lag daran, daß nur derjenige wählbar war, der ein Eigentum von mindestens 1000 Talern Wert besaß, hatte jedoch den Nachteil, daß einige wirtschaftlich gut gestellte Familien den Ton in der Stadt angaben und sich gegenseitig die Bälle zuspielen konnten. Mit ihnen mußte man sich gut stellen, wollte man etwas erreichen.

Bürgermeister und Rat arbeiteten ehrenamtlich. Bis 1781 erhielten sie jährlich aus dem Stadtwald einen Eichenbaum, den sogenannten Ratsherrenbaum, dann wurde diese Sitte abgeschafft. Sie bezogen aber einen Teil der Bürgereinzugsgelder und eine Art Sitzungsgeld für die Teilnahme an den Verhandlungen des Magistratsgerichts, bezahlt aus den polizeilichen Strafgeldern.

Eine wichtige Person war der Stadtsekretär, der auf Lebenszeit angestellt wurde. Er war die rechte Hand der Bürgermeister, die ja nicht immer in Verwaltungsdingen erfahren waren und öfter auch ungeübt im Schreiben. Zu seinen Aufgaben gehörte die Erledigung des gesamten städtischen Schriftwechsels und die Führung der Protokollbücher, dazu mußte er den Bürgern bei der Anfertigung von Schriftstücken helfen.

Als letzter Neheimer Stadtsekretär amtierte seit 1795 Fr. W. Westermann, der zugleich auch „*legal advocat*" war. Schon sein Vater war seit 1757 Stadtsekretär gewesen. Die Neheimer zahlten ihm nur ein schäbiges Gehalt von jährlich 15 Reichstalern, soviel erhielt auch ein Knecht. Er war daher auf Nebeneinkünfte aus dem Küsteramt angewiesen.

Die Stadt kann ihm noch heute dankbar sein, denn beim großen Stadtbrand von 1807 kümmerte er sich nicht um sein brennendes Haus, sondern rettete die städtischen Archivalien, wofür ihm der Stadtvorstand eine angemessene Belohnung versprach, was aber dann vergessen wurde. Erst als er einige Zeit später als Amtsschreiber nach Belecke versetzt wurde, rang sich der Magistrat auf sanftes Drängen eine bescheidene Belohnung ab.[11]

Das Stadtpersonal bestand neben dem Sekretär aus zwei Rats/Polizeidienern, zwei Nachtwächtern, einem Förster und einigen Holzknechten. Die Bezahlung war mehr als bescheiden, für das Nachtwächtergeld mußten zur Hälfte noch die Bürger per Umlage aufkommen. Nebenamtlich arbeiteten noch die Torwächter, die freies Wohnrecht hatten und zwei Feldaufseher. Polizeidiener und Nachtwächter hatten es oft nicht leicht. Immer wieder ist in den Gerichtsprotokollen von tätlichen Angriffen oder Beleidigungen ihnen gegenüber die Rede. Aber stets griff der Rat hart durch.

Auch der Schullehrer mußte von der Stadt bezahlt werden.

Bestanden seine Bezüge bis zum Ende des Jahrhunderts in erster Linie in Naturallieferungen sowie der Nutznießung städtischer Gärten, Äkker und Wiesen, so erhielt er ab 1800 ein festes Gehalt von jährlich 118 Reichstalern, was im Vergleich zu anderen Städten recht günstig war. Die bisherigen Nutznießungen wurden eingeschränkt.[12]

Der jährliche städtische Etat betrug etwa 2000 bis 2500 Reichstaler. Die Einnahmen setzten sich zusammen aus den Bürger- und Beiliegergeldern, der Grundstücks- und Mühlenpacht, aus Holzverkäufen, Einkünften aus Brücken- und Wegegeldern, Marktstandsabgaben, Steuern auf bestimmte Waren und aus den Polizeistrafgeldern. Abgesehen von den Personalkosten wurden die meisten Ausgaben angesetzt für Reparaturen an städtischen Gebäuden, für die Instandsetzung und Unterhaltung von Straßen, Brücken, Wegen und Flußufern, von den staatlichen Steuern einmal ganz abgesehen. Dazu eine Fülle kleinerer Ausgaben, die sich aber summierten, vom Pulver für Böllerschüsse bei den Prozessionen, über Boten- und Fuhrlohn bis zu den Bezugskosten für das Arnsberger Intelligenzblatt.

Einnahmen und Ausgaben besorgten der erste Bürgermeister und der erste Kämmerer. Sie mußten dabei oft persönlich in Vorlage treten, wenn die Ausgaben zeitweise die Einnahmen überstiegen. Auch dies ein Grund dafür, daß diese Ämter nur von Begüterten ausgeübt werden konnten.

Man war in allem verhältnismäßig großzügig. Fällige Bürgerabgaben wurden oft jahrelang nicht erhoben, Ausgaben für Getränke und Verzehr finden sich bei vielen Gelegenheiten.

Besondere Bücher für Einnahmen/Ausgaben wurden nicht geführt, lediglich Quittungen aufbewahrt. Ende März, Anfang April eines jeden Jahres erfolgte vor dem gesamten Magistrat die Rechnungslegung. Von einer wirksamen Kontrolle in Form einer Rechnungsprüfung war aber keine Rede, das begann bis zu den kleinsten Einzelheiten erst in der Hessischen Zeit.

In den Protokollbüchern finden sich über dieses wichtige Geschäft nur kurze Vermerke, von Beanstandungen ist nicht die Rede. Ein solcher Vermerk lautete etwa wie folgt:[13]

„1796, 2ten April

Bürgermeister Stockebrand legte seine ex 1795 in 96 geführte Bürgermeisterrechnung vor versammeltem Magistrate und beiberufenen Repräsentanten dato ab erstreckte sich der Empfang auf 1981 Reichstaler, hingegen die Ausgabe auf 1432 Reichstaler und nachdem letztere von ersterem abgezogen, so bliebe Bürgermeister Stockebrand hiesiger Stadt schuldig fünfhundertneunundvierzig Reichstaler und ist solche Rechnung laut unter selbe gefertigte Beglaubigung fürhaupts gutgeheißen worden."

Auch diese rückzuerstattenden Summen wurden oft jahrelang nicht eingezogen. Das ist eigentlich verwunderlich, da die Stadt noch vom 7jährigen Krieg mit 50 000 Reichstalern verschuldet war.

Änderte sich in dem kleinen kurkölnischen Städtchen etwas in der Umbruchzeit, spürte man die Auswirkungen der Ereignisse in Frankreich?

Im täglichen Leben sicher nicht, hier lief alles seinen gewohnten Gang. Insofern war Neheim mit Arnsberg nicht zu vergleichen. Dort residierte das vertriebene Domkapitel, in dessen Gefolge auch kurkölnische Beamte mit ihren Familien und Dienstpersonal nach Arnsberg kamen, was sich auch auf das gesellschaftliche Leben auswirkte. Dort war noch einmal ein Brennpunkt des eigentlich schon zum Untergang bestimmten Kurköln.

Die Koalitions- und Reichskriege gegen Frankreich, wozu auch Kurköln mit Soldaten und Geldleistungen beitragen mußte, schlugen natürlich mit neuen Belastungen auf die Bürger und ihre Stadt durch.

1796 wurde die Ruhr Demarkationslinie zwischen Preußen und Frankreich. Neheim war jetzt sozusagen Grenzstadt und hatte bis 1800 laufend preußische Einquartierungen zu tragen. Es begann mit einer Eskadron Blücherscher Husaren in einer Stärke von einem Rittmeister und 110 Soldaten und setzte sich mit preußischen Füsilier Kompanien fort. Im Mai 1801 mußte dann noch eine Kompanie des „Kurkölnischen Reichskontingents Bataillons" untergebracht werden.[14]

Als Folge der französischen Revolution strömte auch eine große Anzahl von Emigranten in das Herzogtum Westfalen, darunter viele Geistliche. Ein prominenter Flüchtling ließ sich in Neheim nieder, der von seinen linksrheinischen Besitzungen vertriebene Reichsfreiherr Theodor von Fürstenberg-Stammheim, der im Burghaus Gransau wohnte. Wieviele Emigranten in Neheim Zuflucht suchten, ist nicht bekannt. Die Anzahl wird aber, wie in den anderen Städten des Herzogtums, recht groß gewesen sein. In den Kirchenbüchern werden zwei hier verstorbene französische Geistliche genannt.

Daß im Reich tiefgreifende Wandlungen und Änderungen bevorstanden, daß schließlich ein neuer Landesherr Einzug halten sollte und Kurköln wie andere geistliche Gebiete von der Landkarte verschwinden sollte, war zumindest den gebildeten Schichten kein Geheimnis. In dieser bewegten Zeit wurden neue Nachrichten gespannt aufgenommen. So wird das am 8. September 1802 von Pastor Greve „ex ambone" verlesene Schreiben des Landdrosten Freiherrn von Weichs über den unmittelbar bevorstehenden Einmarsch Hessischer Truppen keine große Überraschung mehr ausgelöst haben.[15]

Am 11. September 1802 erschien dann auch in Neheim eine 40 Soldaten starke Abteilung unter dem Kommando des Hauptmanns Marchand und nahm die Stadt militärisch in Besitz.[16] Es dauerte noch bis zum 28. Oktober, ehe die sogenannte Zivilbesitzergreifung der Stadt vollzogen wurde.[17] Nachmittags um drei Uhr erschienen vor versammeltem Magistrat auf dem Rathaus die beiden hessischen Beamten Leußler und Lindt und verlasen das Okkupationspatent, das anschließend nebst dem hessischen Wappen an die Rathaustür geheftet wurde. Währenddessen stand eine Abteilung Soldaten unter dem Kommando des Leutnants von Schmalkalder „im Gewehr".

Die Magistratsmitglieder wurden per Handschlag „an Eides statt" auf den neuen Landesherrn Ludwig verpflichtet, ebenso der Stadtsekretär und Förster Kneer. Dann begab man sich in die Kirche und versiegelte eine dort aufbewahrte Kiste mit städtischen Archivalien, nur der laufende Schriftwechsel wurde in der Obhut des Sekretärs belassen. Zum Schluß wurde noch je ein Exemplar des Okkupationspatents den Bewohnern „der drei adligen Häuser", womit nur der Fresekenhof, der Drostenhof und die Gransau gemeint sein können, ausgehändigt.

Obwohl im allgemeinen während der Hessischen Besitzergreifung von Widerspenstigkeit oder gar Auflehnung nicht die Rede war, in Neheim wurde das an der Rathaustür angebrachte Hessische Wappen und das Okkupationspatent von Unbekannten „verunreinigt". Schleunigst meldete das der Magistrat nach Arnsberg und so mußte schon am 7. November Pastor Greve wiederum „ex ambone" folgende Bekanntmachung verlesen: [18]

Auf den vom hiesigen Magistrat wegen der Verunreinigung des hochfürstlich hessendarmstädtischen Wappens und Patents an die hochfürstliche Organisations Commission erstatteten Bericht ist dem Magistrat befohlen worden: jeden, der sich eine derlei Vergehung und Entehrung beigehen läßt, im Entdeckungsfall gefänglich ins Zuchthaus zu senden und dieses zur Warnung bekannt zu machen.

Daß ein anderer Wind wehte, drückte sich eigentlich schon in den Anreden der amtlichen Schreiben aus, die dem Magistrat von Arnsberg aus zugingen. Begannen die früheren Schreiben vom kurkölnischen Landdrost und Räten oft mit der schönen Redewendung: *„Wohlehrenwerte, auch wohlachtbare, günstige, gute Freunde"* und schlossen *„mit Empfehlung Gottes"*, so hieß es bei der neugegründeten Organisationskommission häufig: *„Man begehrt zu wissen"* oder *„Da man zu wissen für nötig erachtet"* oder gar *„Wir befehlen Euch"*. Das klang schon recht deutlich nach Aufsicht und Unterordnung, wovon in kurkölnischen Zeiten in der Praxis nicht die Rede war.

Zum Jahreswechsel 1802/1803 erschien im Arnsberger Intelligenzblatt ein Lob- und Jubelgedicht auf den neuen Landesherrn Ludewig, dessen zwei erste Strophen lauten:

Die Zukunft hat die Seeligkeit sicher nicht gebracht, aber eine neue Zeit war wirklich angebrochen, da hatte der anonyme Poet recht.

Anmerkungen:
1 STDAR, Neheim I 4/3.
2 STDAR, Neheim Protokollbücher I 30/29.
3 STDAR, Neheim I 9/8.
4 STDAR, Neheim Protokollbücher I 34/33.
5 STDAR, Neheim: Beiträge zur Geschichte der Stadt Neheim von Bürgermeister Karl Josef Dinslage - 1858 -.
6 STDAR, Neheim I 6/5.
7 STDAR, Neheim I 6/5.
8 STDAR, Neheim I 5/4.
9 STDAR, Neheim I 5/4.
10 STDAR, Neheim I 5/4.
11 STDAR, Neheim I 10/9.
12 STDAR, Neheim Protokollbücher I 34/33.
13 STDAR, Neheim Protokollbücher I 33/32.
14 STDAR, Neheim I 4/3.
15 STDAR, Neheim I 4/3.
16 STDAR, Neheim: Beiträge zur Geschichte der Stadt Neheim von Bürgermeister Karl Josef Dinslage - 1858 -.
17 STAMS, Großherzogtum Hessen II A 23.
18 STDAR, Neheim I 4/3 .

> Beim
> **Jahreswechsel 1803.**
>
> Wie vieles hat in kurzen Jahren
> Das Schicksaal umgekehrt!
> Auch wir — wir haben viel erfahren:
> Bei Darmstadts Löwen steht Westphalens Pferd.
>
> Mitbürger! seh't nicht bang zurücke
> In die vergang'ne Zeit!
> Die Zukunft lacht ja auch mit reinem Blicke
> Uns Seeligkeit.

S. Felix.

S. Nabor.

SACRARIUM

S. Petrus. S. Maternus.
Duo Conditores Ecclesiæ.

S. Bruno. S. Norbertus.
Duo Conditores Ordinum.

SS. Machabæi.

S. Ursula cum Sodalib.
Emanuel a Wehrerun fecit.

SS. Thebæi et Mauri.

Schicksalsjahre für Olpe

Manfred Schöne

1. Flüchtlinge vom Rhein

Als 1794 französische Revolutionstruppen die kurfürstliche Residenz Bonn bedrohten, flüchtete Kurfürst Maximilian Franz an der Spitze seiner Regierung nach Westfalen. Ein Strom französischer und westdeutscher Emigranten kam auch ins Sauerland. Olpe nahm nicht nur Zivilpersonen, sondern ebenso kurkölnische Soldaten auf.

Zu dieser Zeit bot sich die kleine Stadt[1] mit etwa nur 1500 Einwohnern den fremden Besuchern wohl fast genauso dar, wie sie um 1730 der wallonische Maler Renier Roidkin gezeichnet hatte: Auf dem kleinen Hügel am Fuß des Imbergs drängten sich in einem ovalen Mauerring - mit fünf Toren und drei Türmen - die nach dem Stadtbrand von 1634 meist als strohgedeckte Fachwerkhäuser neuerstandenen Wohnviertel. Östlich und südlich vor den Mauern lagen die Vorstädte Felmicke und Weierhohl, in denen Schmiede und Gerber ihrem Handwerk nachgingen.

Westlich der Stadt - in der Konfluenzmulde von Olpebach und Bigge - überquerten zwei Fernstraßen die Stadtbrücke nahe der alten Kreuzkapelle: der von Bonn nach Brilon ziehende „Römerweg" und die aus den Niederlanden nach Frankfurt laufende „Eisenstraße". Auf dem Marktplatz, nicht weit von Rathaus, Kirche und Richterhaus, gabelten sich die Straßen in Richtung Rhode bzw. Altenkleusheim. Als Chausseen ausgebaut wurden sie erst in den letzten Jahren Kurkölns und unter hessischer Herrschaft. In einer Stadt mit ländlichem Charakter, wo fast jede Familie Gärten, Felder und etwas Hausvieh hatte, lebten die meisten als Handwerker oder im Kupferbergbau. Eine kleine Oberschicht von Kaufleuten und Gewerken zeigte einen soliden Wohlstand.

Kurkölnisches Militär - unter dem Oberkommando des General von Kleist - marschierte am 7. Oktober 1794 auch in Olpe[2] ein und verschaffte sich ständige Quartiere. Im Rathaus, in der Rochus- und der Kreuzkapelle wurden Magazine eingerichtet, das Lazarett nach Drolshagen ver-

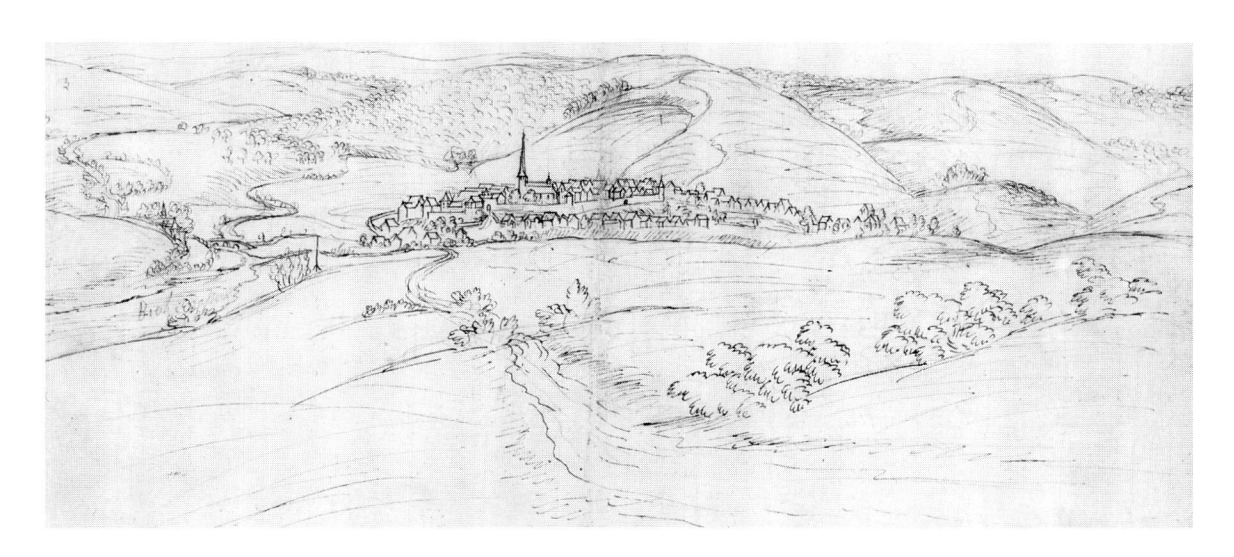

Stadtansicht von Olpe um 1720-30. Zeichnung von Renier Roidkin

Der Blick geht vom Elber Weg auf die Südseite der ummauerten Stadt. Deutlich erkennbar ist die Stadtmauer mit Unterster Pforte, Kirche, Südturm, Lüttgen Pörtgen und Hexenturm.

Domkapitular Freiherr Dr. jur. Franz Carl
Joseph von Hillesheim (1730-1803)

legt. Einer der Offiziere[3] nahm Quartier im Haus Nr. 7 nahe der Obersten Pforte, beim verwitweten Lehrer, Anwalt und Schöffen Peter Ignatz Dezi (Dietzgen); es war Hauptmann Franz Carl Eyssermann (1767-1822). Seine Brüder Johann Philipp, Johann Nicolaus und Josef Philipp - alle aus Bonn - dienten ebenfalls in der kurkölnischen Armee. Für diese Soldaten mit ihren Familien mußte gesorgt werden, ebenso für durchziehendes Militär. Der Überlieferung nach hielten sich in diesen Monaten viele fremde Geistliche in Olpe auf, die sich an den drei Altären der Kirche drängten, um ihre Messen lesen zu können. Im Frühjahr 1795 starben die französischen Priester Philipp Blondellit und Nicolaus Lamben.

Während die kurkölnischen Truppen ihr Kriegsmaterial in den Magazinen sicher wußten, hatte auch mancher Flüchtling von der Rheinfront Wertgegenstände bei Verwandten in Olpe eingelagert.

Spektakulär sind besonders zwei Fälle gewesen: Die Fürstabtei Stablo-Malmedy[4] brachte Teile ihres Archivs in Olpe, Teile in Frankfurt am Main unter. Im Haus 41 am Markt wohnte die Witwe des Johann Theodor Hillesheim, eines Rotgerbermeisters, Katharina Elisabeth geb. Lie-

se. In ihrem offenbar geräumigen Anwesen fand der größte Teil einer der berühmtesten Privatbibliotheken dieser Zeit Unterkunft. Es war die Sammlung von Urkunden, Handschriften und Büchern eines entfernten Verwandten aus Köln, des Domherrn Franz Carl Joseph von Hillesheim.[5] Diese wertvollen Stücke historischen und juristischen Inhalts mit Spezialwerken zur Münzkunde und Urkundenlehre sowie zur klassischen Philologie schienen in Sicherheit gebracht.

2. Domherr Franz Carl Joseph von Hillesheim[6]

Am 11. April 1731 in Köln als Sohn eines Kaufmanns und späteren Ratsherrn geboren, studierte er Jura, Philosophie und Theologie an den Universitäten Köln und Würzburg. 1754 wurde er zum Priester geweiht und 1756 zum Dr. jur. promoviert. Anschließend war er bis 1798 Professor an der Kölner Universität, von 1760-66 auch Rektor. Er lehrte Recht, Urkundenlehre und auch über kölnische Geschichte. Als Seminardozent führte er von 1783-86 die jungen Theologen in kanonisches Recht und Altgriechisch ein. Seit 1773 war er Kanoniker an der Domkirche, in deren Nähe er seinen Amtssitz hatte. Sein großes privates Anwesen lag im nördlichen Dorf Niehl. Beide Häuser verwüsteten die französischen Truppen, als sie 1794 in den Kölner Raum eindrangen.

Domherr von Hillesheim war mit anderen Kanonikern nach Arnsberg geflüchtet und residierte dort ein Jahr lang in der Klosterkirche Wedinghausen.

Dann lebte er zurückgezogen in seinem Niehler Haus und starb dort am 12. November 1803.

In einem Nachruf hieß es u. a.:

„... [er] verlebte seine späteren Jahre im Umgang der Musen, er studierte die Astronomie und Witterungslehre, und er war den ihn besuchenden Freunden und Fremden ein stetes Muster der geselligen Tugenden. Alles bewunderte und liebte seinen Verstand, seine Urteilskraft, seine Gottesfurcht... seine lehrreichen Unterhaltungen und seine unbegrenzte Vaterlandsliebe."

3. Der große Stadtbrand[7]

Im Sauerland ist der Frühling oft kühl. Ein solcher Tag muß Dienstag, der 28. April 1795, gewesen sein. In den Wohnhäusern brennen offene Feuer, notdürftig mit durchlöcherten Eisenplatten abgeschirmt. Eine solche Platte hat nach allem, was wir wissen, Hauptmann Eyssermann in seinem Quartier beiseitegeschoben, um mehr Wärme zu bekommen, wie er sie von seiner Heimat Bonn gewohnt ist. Hausherr Dezi ist vor vier Wochen gestorben, und niemand von der Familie kann ihn auf die drohende Gefahr hinweisen.

Gegen 10.30 Uhr erschallen die ersten Schreie: „Feuer, Feuer!" Aus den strohgedeckten Dächern des Doppelhauses Dezi-Ruegenberg an der Vordersten Straße schlagen hohe Flammen und springen bei aufkommendem Wind rasch auf Nachbarhäuser über. Hitze und Funkenregen hindern jeden Löschversuch. Nach verschiedenen Berichten breitet sich der Brand innerhalb der Mauern so schnell aus, daß die Rettung von Hausrat, Lebensmitteln usw. schlechterdings unmöglich wird. Man rennt ums nackte Leben in die umliegenden Gärten und - wegen der großen Hitze - auf die Anhöhen von Imberg, Gallenberg und Stötchen. Drei Menschen sollen umgekommen sein; Sterbefälle hat jedoch der Pastor nicht registriert.

Am Mittag brennen auch die Häuser jenseits von Wüstenpforte und Oberster Pforte. In der Vorstadt Felmicke ist mehr Zeit, Vieh, Möbel, ja Türen und Fenster zu retten. Das Feuer erlischt, als vom fünftletzten Haus an der Nordseite das Dach eingerissen wird. Gegenüber kann noch eine Standuhr gerettet werden, die gerade 4 Uhr schlägt. 229 Haupt- und Nebengebäude sind total, 17 Hauptgebäude teilweise verbrannt, das sind über 80 % des Olper Hausbestandes. Zu der letzten Gruppe gehören Stadttürme, Kirche, Rathaus und Richterhaus, in denen alles Zimmerwerk zerstört worden ist. In den Vorstädten Felmicke und Weierhohl bleiben vier bzw. 42 Gebäude unbeschädigt. Neben den hohen Verlusten an Heim und Habe wiegen besonders schwer die Vernichtung der kostbaren Sammlungen Hillesheims und der Benediktinerabtei Stablo-Malmedy sowie die Zerstörung lokaler Archive: große Teile des Stadtarchivs, des kurfürstlichen Bergamts und des Richters von Stockhausen. Obdachlose Olper Bürger kampieren im Freien, bei Verwandten in den umliegenden Dörfern und - nach einigen Tagen - in den meist erhalten gebliebenen massiven Ruinenkellern.

Sobald die Brandstellen erkaltet sind, beginnt die Suche in der Asche nach brauchbaren Gegenständen. Im Rathaus[8] finden Soldaten Reste ihrer Ausrüstung, die dort in zehn Verschlägen verbrannt ist: Säbel, Gewehrschlösser, Pistolen, Koppelschnallen, Kugeln, Steigbügel, Leuchter, Scheren und Eßbestecke.

Aus dieser Situation heraus entsteht die jüngste Olper Sage[9], die vom „goldenen Seraph". Ein reicher Handelsmann besitzt bis zum Brand als „Statussymbol" eine Engelfigur aus purem Gold. Der Seraph bleibt verschwunden und gilt als gestohlen. Erst viele Jahre später wird an der Stelle der Ruine von 1795 ein Goldklumpen gefunden und für billiges Geld in Köln verschachert. Dem Finder bleibt nur Spott, der sich im Spitznamen „Goldener Seraph" ausdrückt.

Kurfürst Maximilian Franz ordnet einen Wiederaufbau nach einem völlig neuen Stadtplan an - ohne Rücksicht auf den spätmittelalterlichen Grundriß mit Mauern, Toren und Türmen - und ohne Rücksicht auf wieder benutzbare Fundamente, auf denen Neubauten in kurzer Zeit möglich gewesen wären. Mit der Ausführung - Schutträumen, Neuvermessung, Platzverteilung - wird der nach Brilon geflüchtete fast 37jährige Baumeister Johann Adam Stahl[10] beauftragt.

4. Baumeister Johann Adam Stahl

Er wurde in Bruchsal/Baden am 18. Oktober 1758 geboren. Vater und Großvater waren Baumeister und standen zeitweise mit dem genialen Balthasar Neumann in fachlicher und wohl auch persönlicher Verbindung. Johann Adam[11] studierte von 1777-80 in Straßburg, dann bis 1785 in Paris Mathematik, Physik, Mechanik und Baukunst. 1789 wurde er kurfürstlicher Baumeister in Bonn. In den fünf Jahren bis zur Flucht nach Brilon hatte er wohl keine Gelegenheit, sich an größeren Bauprojekten zu beteiligen. Offenbar war der Wiederaufbau Olpes sein erster größerer Auftrag. Es gelang ihm, in kurzer Zeit eine neue Stadtanlage zu gestalten - mit sicherem Blick für Vorgaben von Hygiene, Feuerschutz, Straßenanbindung, Wohnflächengestaltung, d. h. breite, gerade Straßen um rechteckige Baublöcke und um einen quadratischen Marktplatz. Wahrscheinlich schuf er auch die klassizistischen Fassaden von besonders aufwendigen Bürgerhäusern. 1798 berief ihn Kurfürst Maximilian Franz an seinen Hof ins Deutschmeister-Schloß nach Mergentheim. Für Johann Adam Stahl warteten Bauarbeiten am Schloß selbst und an der Deutschordenskirche St. Elisabeth in Nürnberg.

Sein um zwei Jahre jüngerer Bruder Philipp Georg hatte am Wiener Hof Karriere gemacht: 1788-91 Gesandter in St. Petersburg, 1799 zum

Der Olper Hexenturm mit dem Hessenlöwen
auf der Spitze (Gemälde von Rünger, 1990)

Ritter von Stahl geadelt, 1802 Hofrat in der Hofkanzlei, 1824-30 Hofkanzler. Dieser Bruder bemühte sich, allerdings vergeblich, 1804 darum, Johann Adam die Stellung eines Hofbaudirektors in Wien zu verschaffen.

1809 war Stahl im Dienst des Königreichs Bayern und starb als Lediger vermutlich um 1813 in München.

5. Kriegsvölker

Selten mußte Olpe so viele Lasten tragen: Flüchtlinge, Einquartierungen, Stadtbrand und Wiederaufbau - und immer wieder Truppendurchzüge.

Die feindlichen Truppen, die revolutionären Franzosen, ließen sich von Juni bis Oktober 1796 in der Stadt blicken, die wohl immer noch eine Großbaustelle war. Sie forderten von den verarmten Bürgern Unterkunft, Verpflegung, Viehfutter - und vor allem Geld.

Am schlimmsten trieb es der junge General Pierre Francois Joseph Lefebvre[12], ein großer Freund Napoleons und späterer Herzog von Danzig. Er hauste mit seinen Leuten Anfang Oktober in Olpe wie vielleicht Landsknechtshorden im Dreißigjährigen Krieg. Wenn die Stadt die geforderten 20 000 Taler nicht aufbringen könne, so soll er gesagt haben, ließe er sie von seinen Kanonen, die am Imberg lagen, zusammenschießen. Die Quellen darüber sind dubios. Jedenfalls blieb Olpe intakt, der General trank im Gasthaus Brokke nahe der ehemaligen Wüstenpforte den Wein „aus Eimern" und blieb für Generationen das Synonym für „Kinderschreck".

Erst nach den Friedensschlüssen von Campo Formio 1797 und erst recht von Lunéville 1801 konnte von relativ normalen Verhältnissen die Rede sein.

Aber schon 1802 formierte sich eine ganz andere Truppenmacht, um das Herzogtum Westfalen - allerdings ohne Gewalt! - zu besetzen.

6. Hessenlöwe auf dem Hexenturm

Der letzte Kölner Kurfürst starb 1801 in seiner Vaterstadt Wien. Das Schicksal Kurkölns war nahezu besiegelt, das Herzogtum Westfalen - und damit auch Olpe - fiel Hessen-Darmstadt zu. Noch ehe 1803 die zuständige Reichsdeputation in Regensburg dieses „Entschädigungsland" dem Landgrafen Ludewig X. offiziell zubilligte, überschritten schon Anfang September 1802 seine Truppen die westfälische Grenze[13] und *„nahmen provisorischen Zivil-Besitz"*. Die ungewöhnlich große Okkupationsmacht von 2400 Soldaten führte der 45jährige Oberst Johann Georg von Schaeffer-Bernstein an. Er nahm seinen Weg über die neue Holland-Frankfurt-Chaussee und berichtete über seine Eindrücke ausführlich nach Darmstadt: *„.... Die Kolonne befand sich bald auf dem Gipfel der beträchtlichen Krombacher Höhe... Der Rittmeister Köhler... erklärte, daß wir auf der Grenze wären. Es war morgens 9 Uhr und 3 Minuten [am 6. September]... Das ärmliche Aussehen der Strohhütten ohne Schornstein des ersten Dörfchens Altenkleusheim und der neue schlechter werdende Zustand der Chaussee schienen auch nicht geschickt, um den ersten Eindruck, den uns das neue Land erregte, sehr angenehm zu machen..."* Oberst von Schaeffer lobte aber dann die Höflichkeit der Olper Deputation zu Pferde und die guten Quartiere für seine Soldaten in Olpe selbst und Umgebung. *„[Wir] überzeugten uns mit nicht geringem Vergnügen, daß der nützlichste und schätzenswerteste Teil der Einwohner uns nicht allein gern sehe, sondern auch mit Sehnsucht einer Regierungsveränderung entgegenblickt,* *die ihnen die Abschaffung drückender Mißbräuche verspricht..."*

Die hessische Organisationskommission[14] ordnete in Arnsberg an, daß fortan das neue Staatssymbol, der Hessenlöwe, auf Grenzpfählen, Amtsschildern und Siegeln zu erscheinen hätte. Für das hessische Wappentier gab es in Olpe weder Stadttore noch ein Rathaus, um es allseits sichtbar anzubringen. Da bot sich die Spitze des gerade reparierten Gefängsnisturms an. Ein unbekannter Schlosser schmiedete aus Eisen und Kupferblech eine 1,5o Meter hohe Wetterfahne[15] mit einem klobigen Löwen, verziert durch Brezeln und Herzen. Seitdem erinnert der Hessenlöwe auf dem Olper Hexenturm an eine zwar kurzzeitige Herrschaft, unter der sich aber die kleine sauerländische Welt stark verändert hatte.

Anmerkungen:

1 Grundlegend sind: Hermann Forck, Geschichte der Stadt Olpe, Olpe 1911 (Reprint 1991) und August Hirschmann, Geschichte der Pfarrei Olpe, Olpe 1930 (Reprint 1993; auch einige Beiträge in den Heimatblättern für den Kreis Olpe (= HBO) und in den Heimatstimmen aus dem Kreis Olpe (= HSO)).

2 Forck S. 258.

3 Vgl. Hans Egon v. Gottberg, Stammlisten der kurkölnischen Armee im 18. Jahrhundert, in: Mitteilungen der Westdt. Ges. für Familienkunde, Bd. 1, 1913-17; ders., Die kurkölnische Armee im 18. Jhdt., in: Alt-Köln, Heft 3/4, 1914.

4 Düsseldorfer Jahrbuch 12/1897 S. 291.

5 Arnold Stelzmann, Franz Carl Joseph von Hillesheim, in: Annalen des Hist. Vereins für den Niederrhein, Nr. 149/150, 1950/51 S. 181-232; auch Hermann Joseph Hecker, Chronik der Regenten, Dozenten und Ökonomen im Priesterseminar des Erzbistums Köln, 1615-1950, Studien zur Kölner Kirchengeschichte, Bd. 1, Düsseldorf 1952, S. 78f.

6 Wie Anm. 5.

7 Hier vor allem: Forck und Hirschmann; das Gedicht (Forck, S. 261) des Hofrats Alstätten ist erstmalig erschienen in: Annalen des Hist. Vereins für den Niederrhein, Nr. 61, 1895, bes. S. 19. Besonders wichtig: Tonis Harnischmacher, Der große Brand von Olpe 1795, in: HSO 20, 1955; vom ca. 700 Meter langen Mauerrring wurden etwa 590 Meter zusammen mit vier Toren und einem Turm abgebrochen. Die Bruchsteine dienten den Bürgern als Baumaterial für ihre Neubauten. Manfred Schöne, Alt-Olpe, Olpe 1968; Josef Wermert, Offen für Olpes Vergangenheit, Katalog, Olpe 1990; ders., Das Stadtarchiv Olpe, seine Geschichte und seine Bestände, Bd. 2, Olpe 1991; Ergänzungen in HSO 101, 1975 (Schöne) und HSO 136, 1984 (Vormberg).

8 Über das alte Rathaus s. Festschrift zur Einweihung des neuen Rathauses, Olpe 1978, S. 19f.

9 Zuletzt erzählt von Gretel Kemper in: Olpe - ein Heimatbuch, 2. Aufl. Olpe 1988, S. 203f.

10 Manfred Schöne, Baumeister Johann Adam Stahl in: HSO 98, 1975.

11 Ergänzend dazu: Hubert Rumpel, Philipp Ritter von Stahl in: Mitteilungen des österreichischen Staatsarchivs, Bd. 8, Wien 1955, S. 79ff., bes. S. 82 und 131.

12 Vgl. Josef Schmelzer, Die Franzosen im Sauerland in: HBO 5, 1928, S. 151; auch Forck S. 270, Hirschmann S. 274. Über das Olper Quartier des Generals L. vgl. Justus Ruegenberg, Die Apotheke in Olpe in: HBO 3, 1926 bes. S. 62.

Hingewiesen sei auf die Reiseberichte des preuß. Leutnants K. F. v. d. Knesebeck 1797 (M. Schöne, Das Hzm. Westfalen in der Sicht eines Preußen in: Westf. Forschungen Bd. 20, 1967; Porträt in HSO 122, 1981 S. 18) und des preuß. Kammerassessors F. August v. Erdmannsdorff 1798 (E. Dösseler in: HSO 32, 1958).

13 Manfred Schöne, Die Besetzung des heutigen Kr. Olpe durch hessen-darmstädtische Truppen im Spätsommer 1802, in: HSO 52, 1963 nach Hess. Staatsarchiv Darmstadt Abt. VIII, 1, Konv. 241; Porträt des Obersten v. Schaeffer in: HSO 131, 1983 s. 112, vgl. auch das Lebensbild von Schaeffers im vorliegenden Katalog S. 223 f.

14 Manfred Schöne, Das Hzm. Westfalen unter hessen-darmstädtischer Herrschaft, 1802-1816, Olpe 1966, S. 23.

15 M. Schöne, Der hessische Löwe auf dem Olper Hexenturm, in: HSO 110, 1978; ders. zur Geschichte des Hexenturms in Olpe in: HSO 161, 1990, bes. S. 200.

17

Das Schicksal des Domschatzes nach der Flucht in das Kloster Wedinghausen bei Arnsberg (1794 - 1804)

Markus Wild

Im Jahr 1993 besuchten nicht weniger als 87.295 Interessierte die Schatzkammer des Kölner Domes. Staunend stehen die Menschen unserer Tage vor den Vitrinen, in denen die meist aus Edelmetallen bestehenden und mit wertvollen Edelsteinen, Emails und Filigranarbeiten verzierten liturgischen Geräte, Reliquienbehältnisse, Schmuckstücke u. ä. aufbewahrt werden.

Wer herausfinden möchte, worin heutzutage die Anziehungskraft des Domschatzes besteht, wird bald feststellen, daß es vor allen Dingen die Kostbarkeit der Materialien, ihre meisterhafte Verarbeitung und aufwendige Gestaltung ist, die die Besucher fasziniert. Den meisten ist nicht bewußt, daß die herausragende Bedeutung des Kölner Domschatzes in den über tausend Jahren seiner Existenz, aber nicht in seinem materiellen Wert bestand.

Bis weit in das letzte Jahrhundert hinein wurden insbesondere die Überreste der Heiligen verehrt, die in einem Teil dieser kostbaren Behältnisse aufbewahrt wurden. Der *Thesaurus Sacer* - der heilige Schatz - war umso bedeutender, je mehr Reliquien der verschiedensten Heiligen in ihm vereinigt werden konnten. Die Reliquien an sich, und nicht ihre kostbar gestaltete Hülle, machten in den vorangegangenen Jahrhunderten den wahren Wert des Schatzes aus.[1]

Im Zeitalter ausgeklügelter naturwissenschaftlicher Datierungs- und Untersuchungsmethoden ist es nicht verwunderlich, wenn die *Echtheit* einzelner in der Vergangenheit als Reliquien verehrte Überreste von der Wissenschaft mit Recht in Frage gestellt wird und sich die Bewunderung der in der Schatzkammer ausgestellten Gegenstände vorwiegend auf ihre künstlerische Gestaltung und den (rein) materiellen Wert bezieht. Die Gläubigen der vergangenen Jahrhunderte hatten keine Zweifel an der Echtheit der von ihnen so hochverehrten Reliquien, zumal die Authentizität dieser *heiligen* Überreste seit dem Mittelalter sowohl von kirchlicher als auch von staatlicher Seite immer wieder bestätigt wurde. Erst das Zeitalter der Aufklärung brachte nach immer skurrileren Auswüchsen in der Reliquienverehrung und dem hieraus resultierenden Ablaßwesen im 17. und 18. Jahrhundert einen nüchternen Umgang mit Reliquien, der z. T. sogar staatlich sanktioniert wurde.[2] Diese zunächst durchaus positiv zu bewertende Entwicklung schlug in der Französischen Revolution in das andere Extrem um und endete bekanntlich in einer verordneten Zerstörung Abertausender von Reliquien und der sie umschließenden Kunstobjekte.

Vor einer solchen unmittelbaren Zerstörung bzw. Plünderung durch die französischen Revolutionstruppen konnte der Kölner Domschatz durch rechtzeitige Evakuierung auf die rechte Rheinseite bewahrt werden.

Die Frage nach dem Umfang des Domschatzes zum Zeitpunkt seines Abtransports aus Köln im Jahre 1794 kann nur mit Blick auf die herausragenden Stücke halbwegs befriedigend beantwortet werden. Wie J. W. FRENKEN feststellte, muß über sämtliche, für den Transport in Kisten und Verschlägen verpackte Gegenstände eine heute verlorene Inventarliste erstellt worden sein.[3] Schatzverzeichnisse aus den vorangegangenen Jahrhunderten, die es mit Sicherheit gegeben hat, sind ebenfalls nicht erhalten geblieben.

Die wichtigsten und verehrungswürdigsten Stücke des Kölner Domschatzes wurden im Jahre 1671 von dem Kupferstecher Johann Eckhard Löffler in dem sogenannten *"Schonemanschen Pilgerblatt"* abgebildet.[4] Kupferstiche dieser Art, die in den Jahrhunderten ihrer Entstehung weit verbreitet waren und immer wieder neu aufgelegt wurden, dienten nicht nur als Andenken für Pilger, die die Reliquien des Kölner Domes besuchten, sondern sie wurden vor allen Dingen dazu genutzt, den Schatz und die große Zahl seiner bedeutenden Reliquien über die Bistumsgrenzen hinaus bekannt zu machen und so eine noch größere Anzahl von Gläubigen zu einer Wallfahrt nach Köln zu bewegen. Deshalb existierte ursprünglich zu jedem dieser Pilgerblätter eine ausführliche gedruckte Beschreibung, die die Bedeutung der einzelnen dargestellten Gegenstände erklärte und hervorhob.[5]

Der Kupferstich hat die Überschrift: Thesaurus S.(ancti) Reliquiarum Templi Metropoli.(tani) Colon.(iensis) und zeigt von 1 bis 36 durchnumeriert einen Großteil der heute in der Schatzkammer des Domes aufbewahrten Ausstellungsstücke wie z. B. den Engelbertschrein (Nr. 5), den Stab des Heiligen Petrus (Nr. 14) oder das Kreuzreliquiar (Nr. 18). Daneben sind aber auch eine Anzahl von Reliquiaren und anderen Schatzstücken dargestellt, die in der Zeit der Auslagerung nach 1794 verlorengegangen sind. In einigen Fällen ist deren Darstellung auf dem Pilgerblatt die einzige Abbildung, die wir von diesen verlorenen Stücken besitzen.[6] Allerdings muß hier noch einmal ausdrücklich darauf hingewiesen werden, daß das Blatt eben leider nur die herausragenden Gegenstände des Kölner Domschatzes wiedergibt und wir von einem Großteil der heute verlorenen Stücke, die ebenfalls zum Schatz gehörten und nur eine untergeordnete Rolle spielten, wie etwa Leuchter, Kelche, Geschirre u. ä., weder schriftlich, geschweige denn bildliche Nachweise besitzen.[7]

In der Literatur werden über Abtransport und Verbleib des Domschatzes in der Zeit bis zu seiner Rückführung nach Köln im Jahre 1803 z. T. widersprüchliche Angaben gemacht.[8] Dennoch soll im folgenden der Versuch unternommen werden, ein klares Bild vom Ablauf der Ereignisse zu zeichnen und zu beleuchten, welche Rolle die in Arnsberg bzw. Kloster Wedinghausen ansässigen Institutionen und Amtspersonen in diesem Zusammenhang spielten.

Am 26. Juni 1794 errangen die vorrückenden französischen Revolutionsheere unter General Jourdan in der Schlacht bei Fleurus einen für den ersten Koalitionskrieg entscheidenden Sieg über das österreichische Heer, in dessen Folge sie die Koalitionsheere bis über die Maas zurückwarfen. Somit hatten die Franzosen das gesamte Gebiet der ehemals österreichischen Niederlande erobert und drangen nun von Westen her ins Rheinland vor. Daraufhin beschloß das Kölner Domkapitel am 18. Juli 1794, im Falle eines weiteren Vorrückens des Revolutionsheeres seinen Sitz auf rechtsrheinisches Gebiet nach Arnsberg zu verlegen.

Als am 12. August Trier fiel, wurde am 23. August 1794 auf Geheiß des Kapitels ein erster Transport mit Fluchtgut nach Kloster Wedinghausen bei Arnsberg geschickt. Nach NATTERMANN handelte es sich hierbei um das Archiv des Domstifts, das Archiv der Dreikönigenkapelle, das Archiv und die *Effekten* der Kirche St. Maria im Pesch, die *besten Sachen* der Muttergotteskapelle und um *das Silberwerk*, welches auf *westfälischem* Fuhrwerk von dem Fuhrmann Burgmann nach Arnsberg transportiert wurde.

Die Ausführungen legen nahe, daß sich zumindest unter den *besten Sachen der Muttergotteskapelle* und dem *Silberwerk* Gegenstände befunden haben dürften, die zum Kölner Domschatz gehörten und deshalb schon zu diesem Zeitpunkt mit der Verschickung des Domschatzes nach Kloster Wedinghausen begonnen wurde. WITTE spricht im Zusammenhang mit dieser Fluchtgutsendung von 13 Verschlägen und 52 Kisten.[10]

Als in Köln die Nachricht eintraf, daß die kaiserliche Armee von den Franzosen am 20. September 1794 bei Lüttich endgültig geschlagen worden war, entschloß sich das Domkapitel zur Flucht. Am 29. September erfolgte der zweite und entscheidende Transport nach Kloster Wedinghausen. Alles in allem handelte es sich um 32 Fuhren, die mit ca. 400 Kisten, Verschlägen, Tonnen und Bündeln beladen waren. Unter den verpackten Gegenständen befanden sich neben Großteilen der wertvollen Dombibliothek und dem Archiv der Hohen Domkirche auch die Hauptstücke des Domschatzes, die bei der ersten Lieferung offensichtlich noch nicht nach Arnsberg gebracht worden waren.[11] Alle Teile wurden vor dem Verpacken aufgelistet und die Kisten je nach Inhalt mit Buchstaben und Zahlen gekennzeichnet, so daß es für die Beauftragten des Domkapitels in der Zeit danach möglich war, den Inhalt der einzelnen Kisten zu bestimmen, ohne diese noch einmal öffnen zu müssen. Wie Rechnungen belegen, wurden für den Dreikönigsschrein und den Engelbertschrein von dem Kölner Schreiner Claudy in der Zeit vom 21. bis 25. September eigens zwei große Kisten angefertigt.[12] Domarchivar Anton Joseph Wallraf begleitete den großen Transport, der Köln bei Nacht verließ, bis zu seinem Bestimmungsort.[13]

Offensichtlich erfolgte die Flucht des Domkapitels doch noch so überstürzt, daß bis Anfang Oktober nicht alle Teile der Bibliothek, des Archivs und der Domausstattung in Sicherheit gebracht werden konnten, denn schon wenige Tage, nachdem die Revolutionstruppen am 6. Oktober 1794 in Köln einmarschiert waren, wurden nicht weniger als 13 Fuhren mit konfiszierten Gütern aus dem Dom nach Frankreich abtransportiert. Hierunter befanden sich u. a. auch Teile der Dombibliothek und des Domarchivs.[14]

Nicht nur Großteile der Bibliothek, des Archivs sowie der Kirchenschatz des Domes wurden in den letzten Septembertagen des Jahres

1794 ins Sauerland gerettet, auch aus anderen Kirchen Kölns und des kurkölnischen Rheinlandes brachte man Kisten mit Archivalien und Schatzstücken hierher auf rechtsrheinisches Gebiet. Allein in Kloster Wedinghausen lagerten seit Oktober 1794 die Archive der Kölner Kirchen St. Georg und St. Kunibert sowie der Schatz der Kirche St. Quirin in Neuss. Auch an anderen Stellen im heutigen Stadtgebiet Arnsbergs wurden Rheinische Kirchenschätze aufbewahrt. So lagerte z. B. der Schatz des Bonner Münsters seit September 1794 in dem 1804 aufgehobenen Prämonstratenserinnenkloster Oelinghausen.[15]

Möglicherweise aus Angst vor einem weiteren Vorrücken der Franzosen auf rechtsrheinisches Gebiet begann das Domkapitel schon Ende Oktober desselben Jahres, mit befreundeten Kirchenfürsten Kontakt aufzunehmen, um die in Kloster Wedinghausen konzentrierten Archivalien und Kirchenschätze auf verschiedene vermeintlich sichere Orte außerhalb der Kölner Bistumsgrenzen zu verteilen. Eine erste Anfrage dieser Art, 10 Kisten in Fulda unterzubringen, wurde vom dortigen Fürstbischof abgelehnt; stattdessen brachte man diese von Arnsberg aus noch im Verlauf des Jahres 1794 ins Minoritenkloster nach Soest.[16]

Seit 1795 wurde dann der überwiegende Teil der weiterhin in Kloster Wedinghausen lagernden Kisten und Verschläge in mehreren Transporten auf die Reise geschickt. Da die genauen Inventarlisten, die bei der Verpackung des Schatzes im September 1794 angefertigt wurden, nicht mehr erhalten sind, kann man über den exakten Inhalt der an den verschiedenen Orten aufbewahrten Kisten nur spekulieren, wenn nicht zusätzliche Hinweise über Öffnung oder Verkauf von Objekten vorliegen. Erschwerend kommt hinzu, daß bei fast allen Transporten auch Kisten mit Archivalien von einem Ort zum nächsten gebracht wurden. Es gab sogar Kisten, in denen sowohl Stücke aus dem Schatz als auch Archivalien zusammengepackt waren. Im Gegensatz dazu ist unstrittig, wohin die Kisten von Kloster Wedinghausen aus transportiert wurden. Den größten Teil schickte man seit dem Frühjahr 1795 von Wedinghausen nach Bamberg.

Die Sendungen nach Bamberg umfaßten mindestens 300 Kisten und Verschläge mit einem Inhalt von ca. 800 Zentnern. Hierunter befanden sich Kisten mit Archivalien, aber auch mit Schatzstücken aus dem Dom. Die Verschläge P. R. 1 und P. R. 2, die Einzelteile des Schreines der Heiligen Drei Könige enthielten, gehörten ebenfalls dazu.

Stirnseite des Dreikönigenschreines F 6
(Stich von Vogel, 1781)

Ab Sommer 1796 wurden insgesamt 52 dieser Kisten von Bamberg aus nach Prag weitergeschickt, wo der Kölner Domkapitular Florentin Johann Felix Fürst zu Salm-Salm Erzbischof war,[17] und dort an verschiedenen Orten untergebracht. Fest steht, daß sich in 25 der Prager Kisten Teile des Kölner Domschatzes befanden.[18] Die übrigen in Bamberg lagernden Güter schickte man im August 1796 auf dem Wege über Kassel und Paderborn zurück ins Kloster Wedinghausen, von wo sie nach kurzem Aufenthalt geschlossen ins Minoritenkloster nach Soest gebracht wurden, wo, wie oben erwähnt wurde, seit Oktober 1794 ohnehin schon 10 Kisten lagerten.[19]

Im November 1798 entschloß sich das Kapitel überraschend, alle Teile des Domschatzes, mit Ausnahme der Stücke in Prag, wieder in Kloster Wedinghausen zu vereinigen.[20] Von hier aus wurden im August 1802 16 Transportkisten, die offensichtlich ausschließlich Stücke aus dem Domschatz enthielten, nach Frankfurt in das Haus des dem Domkapitel eng verbundenen Scholasters am Bartholomäusstift, Stefan Franz Anton Molinari, gebracht.

Wie sich zeigen wird, konnten durch diesen Entschluß die wichtigsten Stücke des Domschatzes vor der direkten Vernichtung bewahrt werden. Nach dem Verlust all seiner linksrheinischen Besitzungen im Jahre 1794 waren die Einkünfte des letzten Kurfürsten sowie die des Domkapitels stark zusammengeschmolzen. So sah sich das Kapitel gezwungen, einzelne Teile aus dem Domschatz zu veräußern. Nicht nur der Kurfürst benötigte Geld, auch die in Köln zurückgebliebenen und in Arnsberg noch für das Kapitel tätigen Beamten mußten weiter bezahlt werden.

Nach ersten kleineren Verkäufen im Jahre 1796[21] wurde seit Herbst 1798 aus den in Prag lagernden Schatzkisten durch den Domherrn von Mylius im Auftrag des Kapitels Verkäufe getätigt, die zwar große Summen Geld erbrachten, im Rückblick aber als die schwerwiegendsten Verluste für den kunsthistorisch wertvollsten Bestand des Kölner Domschatzes gewertet werden müssen.[22] Unter den Gegenständen, die Mylius für den Verkauf auswählte, befand sich neben wahrscheinlich unbedeutenden Objekten – wie z. B. 3 silbernen Bechern mit Deckel oder 18 silbernen Handleuchtern – auch eine Reihe von absolut herausragenden Stücken, die auch im theologisch-kirchlichen Verständnis als besonders verehrungswürdig galten und deshalb auch auf dem eingangs vorgestellten Kupferstich mit den Hauptstücken des Kölner Domschatzes abgebildet worden waren. (vgl. Abb. 144). Unter anderem handelte es sich um die 12 silbernen Apostelfiguren (Nr. 24), die silberne Madonnenfigur (Nr. 16), um zwei der vier auf dem Blatt dargestellten Büsten (Nr. 8, Nr. 6, oder Nr. 9)[23] sowie um einen silbervergoldeten Engel (Nr. 22).

Die von Mylius ausgewählten Gegenstände hatten ein Gesamtgewicht von 5 Pfund Gold und 155 Pfund Silber, der Erlös hieraus betrug 13533 Gulden und 45 Kreuzer.

Mit der Wende vom 18. zum 19. Jahrhundert begann die zweite entscheidend Phase in der Geschichte der Rettung und Rückführung des Kölner Domschatzes.

Der letzte Erzbischof und Kurfürst Maximilian Franz war 1794 von seiner Residenz Bonn aus genau wie die Mitglieder des Domkapitels auf die rechte Rheinseite geflohen. Da er gleichzeitig Fürstbischof von Münster war, hatte er sich zunächst einmal dorthin begeben und kam von Münster aus in unregelmäßigen Abständen auf kurkölnisches Gebiet nach Recklinghausen, um dort Hof zu halten.[24] Nach verschiedenen z. T. längerandauernden Aufenthalten im Süddeut-schen, zog er sich schließlich nach Österreich zurück. Wenige Monate nachdem die linksrheinischen Gebiete des Erzbistums Köln am 9. 2. 1801 im Friedensvertrag von Lunéville endgültig an Frankreich gefallen waren, starb Erzbischof und Kurfürst Maximilian Franz in der Nacht vom 26. zum 27. 7. 1801 in Hetzendorf bei Wien. Erzherzog Anton Viktor von Habsburg, den das Domkapitel in Arnsberg zum neuen Erzbischof von Köln gewählt hatte, lehnte die Amtsübernahme am 30. 12. 1801 überraschend ab. Somit mußten die übriggebliebenen rechts des Rheines gelegenen Teile des Erzbistums bis auf weiteres von dem im August 1801 zum Kapitularvikar bestimmten Johann Hermann Joseph von Caspars zu Weiß von Arnsberg aus verwaltet werden, während Napoleon im linksrheinischen Teil des alten Erzbistums als Suffraganbistum von Mechelen das neue Bistum Aachen errichtete.

In Folge des Reichsdeputationshauptschlusses vom 2. 8. 1802 wurden schließlich auch die übriggebliebenen rechtsrheinischen Gebiete Kölns säkularisiert und das Bistum aufgehoben. 65 % dieses Territoriums, darunter auch Arnsberg, fielen an den Landgrafen von Hessen-Darmstadt[25]. Schon am 8.9.1802, also noch vor dem eigentlichen Inkrafttreten der im Reichsdeputationshauptschluß festgeschriebenen Gebietsabtretungen, erschien hessisches Militär in Arnsberg und verkündete öffentlich die *militärisch-provisorische Inbesitznahme* des Gebietes.[26] Von hessischer Seite wurde eine *Organisationskommission für das Herzogtum Westfalen* eingerichtet, die von Anfang an darum bemüht war, alle Einzelheiten über Umfang und Verbleib des Domschatzes zu erfahren und so schnell wie möglich in den Besitz des Schatzes zu kommen.

Wie oben erwähnt, hatte das Domkapitel den Schatz in weiser Voraussicht noch Anfang August 1802, kaum vier Wochen vorher, nach Frankfurt bringen lassen. Die Reliquien, also die Gebeine der Heiligen Drei Könige, versteckte man im Hochaltar der Wedinghauser Abteikirche. Alle Nachforschungen der Arnsberger Kommission blieben zunächst ohne Ergebnis. Erst als der ehemals kurkölnische Archivar Dupuis, der vom letzten Kurfürsten Maximilian Franz beauftragt worden war, das kurfürstliche Archiv in Sicherheit zu bringen, Anfang Dezember 1802 die Fronten wechselte, wendete sich das Blatt. Dupuis verriet der Kommission offensichtlich alle Einzelheiten über Umfang, Abtransport und Aufbewahrungsort des Domschatzes. Auf Anweisung der Darmstädter Regierung wurde er daraufhin

Der Frankfurter Kanoniker Franz Stephan Anton Molinari (1749–1828)
hatte großen Anteil an der Rettung des Kölner Domschatzes

verbeamtet und schlug als hessisch-darmstädtischer Archivrat ausgerechnet in Kloster Wedinghausen seinen Sitz auf.[27]

Die Arnsberger Kommission setzte sich noch im Dezember mit dem Magistrat der Stadt Frankfurt in Verbindung. Die Frankfurter Behörden wurden gebeten, die insgesamt 16 Schatzkisten im Hause des Scholasters Molinari sicherzustellen. Am 27. 12. wurde daraufhin eine Wache vor Molinaris Haus gestellt und Molinari selbst von der städtischen Gendarmerie verhört. Er gab zu Protokoll, er habe nach einer schriftlichen Anweisung des Domkapitels vom 7. 8. 1802 den Inhalt von 5 der 16 in seinem Hause lagernden Kisten an den Frankfurter Silberhändler Schott verkauft und den Erlös dieser Transaktion, insgesamt 14789 Gulden und 44 Kreuzer, auf ein Konto des Bankhauses Brentano eingezahlt.[28]

Am 29. 12. 1802 wurden die 11 im Hause Molinari verbliebenen Kisten auf Geheiß des Magistrats der Stadt Frankfurt neu versiegelt und zur Jahreswende 1802/1803 sah es tatsächlich so aus, als werde der Domschatz in nächster Zeit an Hessen-Darmstadt ausgeliefert.

Molinari, der die ganze Zeit auch in Kontakt mit dem Kapitularvikar von Caspars zu Weiß in Arnsberg stand und bis zu diesem Zeitpunkt erfolgreich verhindern konnte, daß die Schatzkisten sein Haus verließen, wagte in diesem Moment die Flucht nach vorn und bat den Vertreter der Französischen Regierung in Frankfurt, Hirsinger, um Hilfe.

Hirsinger stellte in Briefen an den Magistrat und den Bürgermeister von Frankfurt vom 30.12.1802 und vom 11.1.1803 sofort klar, daß es sich bei dem Inhalt der 11 Schatzkisten im Hause Molinari um Besitz der Französischen Republik handele, der nach Köln gehöre und so bald wie möglich dorthin zurückgebracht werden müsse.[29] Trotz vehementer Proteste von seiten der

Arnsberger Kommission und der hessisch-darmstädtischen Regierung wurden die 11 Kisten daraufhin am 14.1.1803 in den Frankfurter Römer gebracht und dort sichergestellt.

Der folgende Streit zwischen der Französischen Regierung in Person ihres Vertreters Hirsinger und der Hessischen Regierung in Darmstadt, die dabei von der Arnsberger Kommission unterstützt wurde, zog sich über mehrere Monate hin. Er endete zum Glück für die Kölner und ihren Domschatz in der Öffnung und Inventarisierung des Inhalts der 11 Schatzkisten in der Zeit vom 19. bis 23. 4. 1803 und schließlich erfolgte Anfang Juni desselben Jahres der Rücktransport des Domschatzes nach Köln.[30]

In Köln angekommen, wurden die 11 Schatzkisten zunächst am Sitz des Unterpraefekten im ehemaligen Altenberger Hof untergebracht und ihr Inhalt auf der Basis der neuen Frankfurter Inventarlisten auf Vollständigkeit überprüft.[31]

Nachdem die materiell wertvollen Teile des Domschatzes wieder innerhalb der Mauern Kölns angelangt waren, fehlte jetzt nur noch der Gegenstand der eigentlichen frommen Verehrung, die Überreste der Heiligen und hier insbesondere die Gebeine der Heiligen Drei Könige. Ihre Rückführung aus Arnsberg nach Köln erfolgte im Dezember 1803. Die versiegelte und im Hochaltar der Wedinghauser Klosterkirche versteckte Kiste mußte vor dem Abtransport durch den Domvikar Heinrich Nettekoven und den Rektor der Domschule Friedrich Joseph Richartz auf Anordnung der Kommissare des Landgrafen von Hessen-Darmstadt aufgebrochen werden, um sicherzustellen, daß sie keine weiteren Schätze enthielten.[32] Nach drei Tagen erreichte der Transport am 14. 12. 1803 Köln-Deutz. Am 4.1.1804 überführte man die Reliquien der Heiligen Drei Könige auf die linke Rheinseite

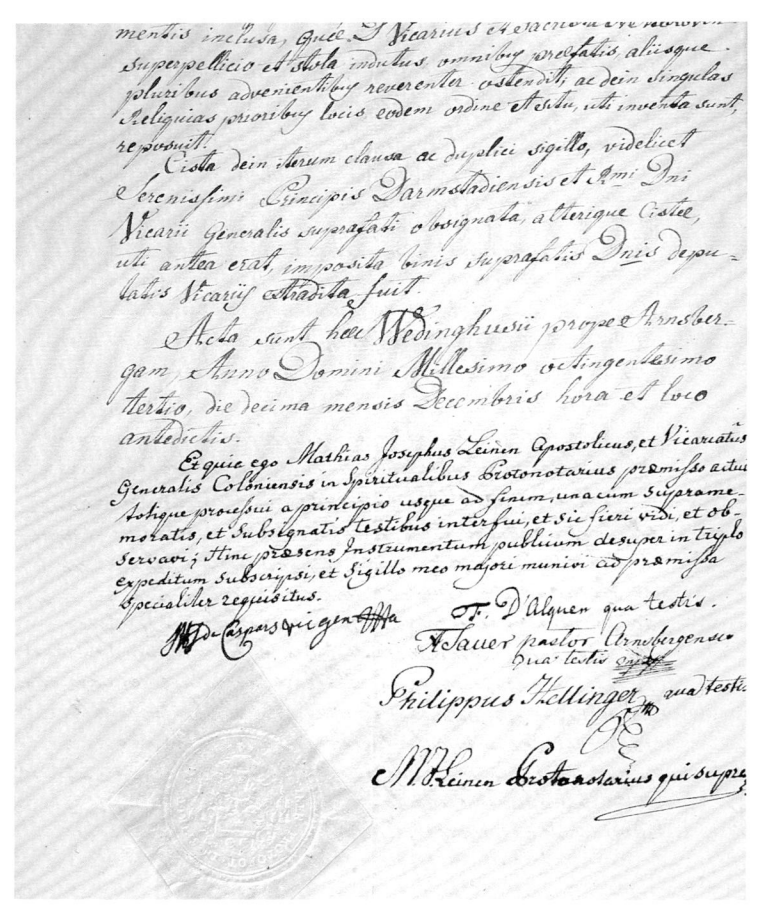

D 19

Letzte Seite des Protokolls der Inventarisation des Reliquienkastens der Hl. Drei Könige, Wedinghausen 10. Dezember 1803 (AEK Domarchiv A II 36)

nach Köln, wo sie bei der Ankunft am Zoll unter Ehrensalut und Glockengeläut von einer großen freudig erregten Menschenmenge empfangen wurden. Am 6. 1. 1804 stellte man den Holzschrein mit den Dreikönigsreliquien anläßlich einer Prozession, die nur innerhalb der Kathedrale abgehalten werden durfte, an seinem angestammten Platz im Chor wieder auf. Die Hauptstücke des Domschatzes, die heutzutage in der Schatzkammer zu bewundern sind, wurden auf persönlichen Wunsch Napoleons hin im März des Jahres 1804 an den Dom zurückgegeben.[33]

Anmerkungen:

1 Schulten, W.: Die Schatzkammer der Hohen Domkirche zu Köln (2. A.) (1974) S. 1f.

   Angenendt, A.: Der Kult der Reliquien, in: Reliquien Verehrung und Verklärung (Ausstellungskatalog, Schnütgenmuseum), Legner A. Hg. (1989) S. 9ff; hier insbesondere S. 18ff.

2 Angenendt, A.: S. 20f.: als Beispiel für den staatlich festgeschriebenen nüchternen Umgang mit Reliquien nennt Angenendt die josephinische Kirchenreform in Österreich am Ende des 18. Jahrhunderts.

3 Frenken, J. W.: Das Schicksal der im Jahre 1794 über den Rhein geflüchteten Werthgegenstände des Cölner Domes, insbesondere die Zurückführung der Manuscripten Bibliothek (1868) S. 2.

4 Clemen, P. (Hg.): Der Dom zu Köln, Die Kunstdenkmäler der Stadt Köln Bd. 1/III (2. A.) (1938) S. 331 Fig. 262.

   Merlo, J. J.: Kölnische Künstler in alter und neuer Zeit (2. A.) (1895), zu J. E. Löffler: Sp. 540ff.

   o. A.: Von Verehrung der Reliquien, in: Köln-Edition Band III (KE 01034) (o. J.).

5 Ein frühes Exemplar dieses in mehreren Auflagen gedruckten Kupferstichs, mit der angesprochenen Beschreibung befindet sich u. a. im Archiv des Metropolitankapitels (Dombauverwaltung Köln); MK, (C13).

6 Wenn im folgenden Text von einem dieser verlorenen Stücke die Rede ist, wird in Klammern dahinter die Zahl der Löfflerschen Numerierung mit angegeben.

7 Dies gilt möglicherweise auch für einzelne wertvolle Gegenstände, die in der Zeit nach 1671, also nach der Anfertigung des Löfflerschen Kupferstichs, in den Domschatz gelangten.

8 Neben Frenken, (3) (1868) beschäftigten sich noch folgende Autoren mit diesem Thema:

   Lieven, C.: Wo sind die früheren Domschätze geblieben? in: Domblatt 93 (1852)

   Witte, Fr.: Die Schicksale des Domschatzes zur Zeit der französischen Invasion um 1800, in: Der Dom zu Köln (Festschrift) Kuphal E. (Hg.) (1930) S. 144ff.

   Lücker, J.: Der Domschatz - Ein Beitrag zur weiteren Klärung seiner Schicksale im Jahre 1803, in: Jb. d. Köln. Geschver. 14 (1932), S. 297ff.

   Nattermann, J. Chr.: Das Ende des alten Kölner Domstiftes (Veröff. d. Köln. Geschver. 17) (1953), hier insbesondere S. 61ff.

   Torsy, J.: Die Rückkehr der Reliquien der Heiligen Drei Könige im Jahre 1804, in: 800 Jahre Verehrung der Heiligen Drei Könige; Domblatt 23/24 (1964) S. 103ff.

   Braubach, M.: Verschleppung und Rückführung Rheinischer Kunst und Literaturdenkmale (1794 bis 1815/16, in: Annalen d. Hist. Ver. f. d. Niederrh. (AHVN) 176 (1974), S. 93ff.

   Hegel, E. (Hg.): Der Kölner Domschatz, in: Geschichte des Erzbistums Köln, Bd. 4 (1688-1814) (1979) S. 512ff.

9 Nattermann (8) S. 61, Nattermann bezieht sich mit seinen Ausführungen auf die Sitzungsprotokolle des Domkapitels (1794).

10 Witte (8) S. 146.

11 Nattermann (8), S. 61, Frenken (3), S. 2, Nattermann spricht davon, daß die Bibliothek des Domkapitels schon am 10.9. verpackt und verschickt worden sei.

12 Witte (8) S. 146f. Die Kiste mit den Teilen des Dreikönigenschreins erhielt die Kennzeichnung „P. R. 1", „P. R." bedeutet pretiosa regum.

13 Frenken, (3), S. 3.

14 Aus diesen verschleppten Teilen des Archives stammt z. B. der 1816 bei einem Pariser Trödelhändler wiederaufgefundene mittelalterliche Architekturriß des Domes; Frenken, (3), S. 3.

15 Witte, (8), S. 146. Nach Pütter, J., Sauerländisches Grenzland im Wandel der Zeit (1965), S. 80 kamen die Schätze des Bonner Münsters zunächst in das Herrenhaus der Familie von Brabeck nach Letmathe, dann in das Schloß Hemer und schließlich *in die geheimen Kellergewölbe des Klosters Oelinghausen*. Hier wurden sie von dem als Mönch auftretenden Notar Booz aus Bonn heimlich überwacht und erst Jahre später nach Bonn zurückgebracht.

16 Witte, (8), S. 146; was sich in diesen Kisten befand, ist mangels weiterer Unterlagen nicht mehr nachzuvollziehen.

17 Hegel, (8), S. 512.

18 So spricht Witte davon, daß eine 135 kg schwere Kiste, die im erzbischöflichen Archiv aufbewahrt wurde und als Kennzeichnung den Buchstaben „A" trug, neben anderen Stücken aus dem Domschatz, die goldenen Kronen für die Häupter der Heiligen Drei Könige barg.

19 Witte, (8), S. 148.

20 Dieser Entschluß wurde allerdings nicht sofort in die Tat umgesetzt. So blieben 6 Kisten, die u. a. die Teile des Dreikönigenschreins enthielten, noch bis zum Jahre 1801 in Soest.

21 Im Januar diesen Jahres wurden z. B. an den Domherrn von Franz 14 silberne Leuchter aus dem Schatz überwiesen; Witte, (8), S. 149, Anm. 1.

22 Von Mylius hatte schon im September 1798 in Frankfurt eine prunkvoll gestaltete Mitra zum Preis von 5600 Gulden verkaufen können. Dieser enorme Erlös für ein Einzelstück mag das Kapitel dazu verleitet haben, von Mylius nach Prag zu schicken, um dort weitere Stücke aus dem Schatz zu verkaufen; Nattermann, (8), S. 89.

23 Die Büste des Gregor von Spoleto (Nr. 7) befindet sich heute noch im Domschatz.

24 Hegel, (8), S. 512.

25 Frenken, (3), S. 5f.

26 Frenken, (3), S. 6; Witte, (8), S. 151.

27 Witte, (8), S. 153.

28 Aus welchen Stücken des Domschatzes sich der von Molinari veräußerte Inhalt der 5 Kisten zusammensetzte, kann nicht mehr gesagt werden. Es sieht allerdings so aus, als seien nur minderwertige Stücke verkauft worden. Möglicherweise wurden solche für den direkten Verkauf in Frage kommenden Objekte schon in Arnsberg geschlossen in diesen 5 Kisten verpackt. Frenken, (3), S. 12f.

29 Frenken, (3), S. 8ff.

30 Frenken, (3), S. 17ff.

31 Hegel, (8), S. 513.

32 Torsy, (8), S. 103ff.

33 Hegel, (8), S. 514.

Multipharie olim deus loquens in prophetis nouissime diebus istis locutus est nobis in filio suo.

Off. Tui sunt celi. xx. Com̃. Viderunt omnes. xx. In octaua s̃ti stephani totum offm̃ misse dicit sicut in die. pr̃ oronem que dr̃. Omp̃s sempiterne deus qui p̃nitias. et fit com̃em̃ de sc̃o iohanne et innocentibus. In octa s̃ti iohãnis offm̃ misse dr̃ sicut in festo eius. In octa sc̃oz innocentũ offm̃ misse dr̃ sicut in die. excepto q̃ Gl̃ia in excelsis. et Allã. et p̃ missa t dñitur. In vig. epiphie fit totum offm̃ misse de dñica pr̃ euangliū qd̃ dr̃ de uigilia scz Defuncto herode. Inc̃. Dum medium sī. xxv. per ordinem. In epiphia introit.

Ecce aduenit dominator domi

Das Schicksal der Kölner Dombibliothek (1794-1867)

Carl-Matthias Lehmann

1. Entstehung und Bedeutung der Bibliothek

Seit der Zeit des Bischofs Hildebald (789-819), dem Erbauer einer Domkirche an der heutigen Stelle[1], hatten die Kölner Erzbischöfe eine führende Stellung im ehemaligen *„Römischen Reich deutscher Nation"* inne.

Sie stellten Erzkapläne und Erzkanzler und waren dadurch für Jahrhunderte die maßgeblich Verantwortlichen der Politik im deutschen Reich.[2]

Diese besondere Stellung trug dazu bei, daß nicht nur der Domschatz, sondern auch der Bestand der Bibliothek im Laufe der Zeit außergewöhnlich anwuchs.[3]

Wenn Hildebald auch nicht der Begründer der Dombibliothek war, so war der Berater Karls des Großen auf jeden Fall ein starker Förderer der Büchersammlung. Unter dem ältesten Bestand der Bibliothek befinden sich heute noch zwölf Handschriften mit dem Eintrag: *„Codex sub pio patre Hildebaldo scriptus"*[4] („Das Buch wurde in der Zeit des frommen Vater Hildebald geschrieben").

Ein Ferrandus-Codex, der vom Original in der Bibliothek Karls des Großen abgeschrieben wurde, enthält eine Bestandsauflistung aus dem Jahre 833. Nach dieser besaß die Bibliothek schon im 9. Jahrhundert 115 Werke in 175 Bänden.[5] 35 von diesen Bänden sind heute noch im Besitz der Bibliothek.[6]

Die frühesten Handschriften der heutigen Sammlung stammen aus dem 6. und 7. Jahrhundert und sind insularer, westfränkischer und italienischer Provenienz.[7] Genau hundert Manuskripte sind vor dem Jahre 1000 geschrieben worden.[8] Damit ist die heutige Kölner Diözesan- und Dombibliothek eine der ältesten christlichen Bibliotheken überhaupt.

Grund für die Anlegung der Büchersammlung im frühen Mittelalter war es wohl, die Ausbildung der Geistlichen an der Kölner Domschule zu fördern.[9]

Mit der Gegenreformation verlor die Schule und damit die Bibliothek stark an Bedeutung, weil der Jesuitenorden in Köln die Ausbildung der Geistlichen übernahm.

Einen Gebrauchswert besaßen die alten, kostbar ausgestatteten Prachthandschriften des Domes natürlich schon lange nicht mehr. Sie gehörten lediglich dem Kirchenschatz an. Es wird sogar spekuliert, daß für den Ausschmuck des bekannten Königschreins um 1200 schon Edelsteine aus den Einbanddeckeln der Handschriften verwendet wurden.[10]

Da das Interesse am Bestand im Laufe der Jahrhunderte sank, verschwanden, vor allem nach der Reformation im 16. Jahrhundert, viele Handschriften aus der Bibliothek.[11]

Ein im Jahre 1752 vom Jesuiten Joseph Hartzheim erstellter Katalog verzeichnet jedoch noch 261 Titel in 203 Bänden.[12]

Die Französische Revolution (1789) und ihre Folgen führten dazu, daß die Dombibliothek erstmals seit fast tausend Jahren Köln und den Dom verlassen mußte.

2. Die Auslagerung und Unterbringung der Bibliothek

Mit der Besetzung der linksrheinischen Gebiete durch die Franzosen begann der Untergang des weltlichen kölnischen Fürstentums. Wenige Tage vor der Ankunft der französischen Truppen hatte der letzte Kurfürst und Erzbischof Maximilian Franz von Österreich am 3. Oktober 1794 seine Residenz in Bonn verlassen. Er sollte die Stadt nie wieder betreten.[13]

Am 6. Oktober 1794 besetzten französische Truppen Köln.[14]

Vorsorglich hatte der Kurfürst und Erzbischof Arnsberg, die Hauptstadt seines kölnischen Herzogtums Westfalen, als Ausweichquartier für das Domkapitel und das Generalvikariat bestimmt.[15] Auch Teile des Domschatzes, des Archivs und die Bibliothek wurden frühzeitig vor den sich Köln nähernden französischen Truppen in das damals noch außerhalb Arnsbergs gelegene Prämonstratenserkloster Wedinghausen in Sicherheit gebracht. Damit aber der Schatz nicht an einem Ort konzentriert wurde, bestimmte das Domkapitel weitere Aufbewahrungsorte (u.a. Bamberg, Frankfurt, Hamburg und Prag), die im Laufe der Zeit wechselten.[16]

Die Vorsichtsmaßnahme von Maximilian Franz, den Domschatz aus Köln auszulagern, war berechtigt. Schon im Herbst 1792, während der kurzen Besetzung der Pfalz und der Stadt Mainz durch Revolutionstruppen, wurde der kommandierende General Custine angewiesen, alte Drucke und wertvolle Handschriften aus den Bibliotheken der besetzten Gebiete zu entwenden und nach Paris zu senden. Zwar schlug dieses Unternehmen fehl, weil diese Gebiete früh wieder verloren gingen, die Bewohner der Städte links des Rheines waren dadurch aber gewarnt.

Nach der Eroberung des größten Teils des linken Rheinufers im Herbst 1794 wurde eine Aktion bisher unbekannten Ausmaßes zur Erfassung und Verschleppung von Kunst- und Literaturdenkmälern vollzogen. Man gründete dazu eine eigenständige „Commisson temporaire des arts" in Paris.[17]

Obgleich der Domschatz, die Bibliothek und das Archiv ausgelagert waren, blieben den planmäßig vorgehenden französischen Behörden noch enorm viele andere Kunst- und Literaturdenkmäler in Köln übrig.[18]

Fritz Witte errechnete, daß etwa *„400 Kisten, Verschläge, Tonnen, Bündel"* usw. von den Angestellten des Doms aus der Stadt geschafft wurden.[19]

Der Abtransport der ersten 52 Kisten und 13 Verschläge in das Kloster Wedinghausen bei Arnsberg begann am 23. August 1794. Ob sich die Bibliothek schon unter dieser Sendung befunden hat, ist nicht sicher.[20]

Der gesamte Transport streckte sich bis zum September desselben Jahres hin.

Für die Verpackung und Abfuhr der Bibliothek war der Domarchivar Anton Joseph Wallraf zuständig. Später versuchte man von ihm zu erfahren, was er alles in die Transportkisten verladen hatte.[21]

Wallraf berichtete: *„Zwei und dreissig zweispännige Fuhren reichten nicht hin, um Alles wegzubringen, und die Zeit war aller möglichen Anstrengung ungeachtet zu kurz, um die hierzu erforderlichen Vorbereitungen zu treffen, und weitere Fuhren waren für keinen Preis mehr zu haben. Ein Theil der Bibliothek blieb also zurück, jedoch ein solcher Theil, den ich zuvor schon von den übrigen schätzbarsten Werken mit Vorsicht abgesondert hatte (...)".*[22] Aus diesem Grund kann keine Angabe über die genaue Anzahl der abtransportierten Bücher gemacht werden. Es dürften aber kaum, selbst bei großzügigster Schätzung, mehr als 220 Manuskripe gewesen sein.[23]

Der genaue Weg, den die Kunst- und Kulturschätze damals in ihre verschiedenen und wechselnden Exile nahmen und der exakte Aufbewahrungsort waren natürlich besonderer Geheimhaltung unterstellt. Ebenso existierte keine Inventarliste über die abtransportierten Gegenstände, oder diese wurde mit Absicht vernichtet, um Nachforschungen über den Verbleib des Schatzes zu erschweren.

Es ist zwar nicht mit letzter Sicherheit nachzuweisen, doch scheint die Hauptmasse der Dombibliothek - im Gegensatz zu den übrigen Schätzen - die gesamte Zeit über in der Abtei Wedinghausen untergebracht gewesen zu sein. Wahrscheinlich stellte man die Bücherkisten von Anfang an in dem Archiv- oder Bibliotheksraum des Klosters unter. Dort wurden sie später auch aufgefunden.[24]

Lediglich einzelne Bände, die vielleicht durch Zufall in eine Kiste mit Archivalien geraten waren, wanderten mit den übrigen Schätzen an verschiedene Orte.[25]

Bibliotheksgebäude von 1693/94
des ehemaligen Klosters Wedinghausen

Nach dem Frieden von Lunéville (9. Februar 1801) wurde das gesamte linke Rheinufer an Frankreich abgetreten. Dem Landgrafen von Hessen-Darmstadt wurde als Entschädigung für die Abtretung seiner Gebiete das ehemals kurkölnische Herzogtum Westfalen übergeben.

Der hessische Landgraf Ludewig X. war ein äußerst bibliophiler Mensch. Nach der Besitzübernahme Arnsbergs, ließ er sofort die Abtei Wedinghausen von seinen Beamten nach den Domschätzen durchsuchen.[26] Am 24. Februar 1803 fand man dort die Kölner Bücherkisten.[27]

Die endgültige Überführung der Bücher nach Darmstadt zog sich aber erstaunlicherweise von 1812 bis zum 7. März 1815, also fast bis zur Übergabe des Herzogtums an Preußen, hin.[28]

Es ist schwer zu verstehen, warum der Abtransport der Dombibliothek nach Hessen so lange dauerte. Man hätte doch einfach die aufgefundenen Bücherkisten mit den Handschriften sofort und ohne großes Aufsehen abtransportieren können. Sicherlich hat Wilhelm Schönartz recht, wenn er schreibt, daß der 1806 zum Großherzog erhobene Ludewig I. versuchte, seinen Fund geheimzuhalten, da er ihn sonst vielleicht mit den anderen Teilungsfürsten, die ebenfalls linksrheinisches Gebiet abtreten mußten (Wied-Runkel, Nassau-Usingen und Aremberg), hätte teilen müssen.[29]

Daß es dem Landesherren aber wirklich schwer gefallen wäre, ca. 200 Handschriften unbemerkt von Arnsberg nach Darmstadt zu schmuggeln, ist zu bezweifeln. Außerdem versuchte der Landgraf bei der späteren Überführung der Bücher auch kein großes Aufsehen zu erregen, da er möglichst alle Spuren für spätere Anspruchsteller verwischen wollte.

Eine andere Möglichkeit wäre, daß der Landgraf erst alle Kisten untersuchen und die Bücher katalogisieren lassen wollte, um zu ermitteln, ob der Bestand vollständig sei und würdig, um in seine Hofbibliothek und das Museum überführt zu werden. Die übrigen Bücher sollten in Arnsberg als Grundstock einer Provinzialbibliothek bleiben.[30] Warum das Verzeichnen der Handschriften, die wahrscheinlich in besonderen Kisten verpackt waren, so lange Zeit in Anspruch nahm und warum diese Untersuchung nicht in Darmstadt vorgenommen wurde, erklärt sich dadurch aber nicht.

Es scheinen also noch andere Lösungen in Betracht zu kommen. Der kölnische Archivar Dupuis, der vom letzten Kurfürsten mit der Sicherung des Archivs beauftragt wurde, wird häufig als Verräter beschrieben, weil er 1802 zu den Hessen wechselte und sein Wissen über die Verstecke des Domschatzes den neuen Landesbehörden preisgab.[31] Dafür erhielt er vom Landgrafen das Amt eines Archivrats und wurde mit der Überführung der Arnsberger Domschätze nach Hessen beauftragt. Wem sollte Dupuis die Treue aber halten? Der letzte Kurfürst war gestorben (27. Juli 1801), sein weltliches Reich aufgelöst und Köln und der Dom in französischem Besitz. In Arnsberg wäre die Bibliothek auch ohne seine Hilfe schnell aufgefunden worden und in die Domstadt hätte man die Bücher nicht zurückbringen können, da sie dann nach Paris weitergesandt worden wären. Das Verhalten des Archivars scheint aus dieser Betrachtungweise gar nicht so unverständlich und verächtlich gewesen zu sein, wie beschrieben wird.

Die negative und einseitige Beurteilung der Person Dupuis behinderte jedoch bislang die Überlegung, daß sich der Archivar vielleicht doch für die Rettung der Büchersammlung, oder zumindest einiger Teile, einsetzte.

Zumindest weist vieles darauf hin, daß er die Übersendung der Bücher immer wieder aufschob mit der Absicht, sie vor dem Abtransport ins Hessische zu bewahren.[32]

So wurde ihm z. B. am 28. Dezember 1812 befohlen, die vom Kurfürsten Max Friedrich angekauften Bücher des Vikars Alfter, die sich unter den Handschriften der Dombibliothek in Arnsberg befanden, ins Museum nach Darmstadt zu senden.[33] Anstatt dem Befehl des Landesherrn nachzukommen, antwortete Dupuis erst einen Monat später und schickte dann zunächst nur einen Katalog der Bücher in die Hauptstadt. In seinem Begleitschreiben vermerkte er die Bitte, dem Großherzog mitzuteilen, daß die meisten Bücher *„bloss für die Stadt Cöln und die dortigen Familien, aber nicht für's Allgemeine interessante Sachen darin befinden, und Se. Königliche Hoheit es vielleicht angemessen finden, eine Auswahl zu treffen und das Andere zu Arnsberg zu lassen"*.[34]

Es scheint also, daß Dupuis als Angestellter des hessischen Großherzogs nicht so rigoros an der Ablieferung aller Schriften nach Darmstadt arbeitete, wie es ihm vorgeworfen wird.

3. Die Rückführung der Bücher

Nach der Niederlage und Abdankung Napoleons wurde durch den Wiener Kongreß am 6. Juni 1815 das gesamte ehemalige kölnische Kurfürstentum Preußen zugesprochen. Die letz-

155

ten der insgesamt 190 in Arnsberg versteckten Bände der Dombibliothek waren mittlerweile (trotz aller Versuche Dupuis, den Abtransport in die Länge zu ziehen?) nach Darmstadt gebracht worden.[35] Der Archivar verstarb schon im Juni 1816. Man konnte mit Hilfe seines Nachlasses noch einiges über den Verlauf des Abtransports der Bücher rekonstruieren.[36]

Durch den Übergang an Preußen bekamen die Kölner neue Hoffnung, ihren z.T. mehr als tausend Jahre alten Besitz zurückzuerhalten.

Man brachte den Anspruch auf die Bücher jedoch zu spät zur Sprache, so daß er im Friedensvertrag von 1815 nicht mehr brücksichtigt werden konnte. Der zuständige preußische Beamte überreichte lediglich mit der Ratifikationsurkunde dem hessischen Beauftragten ein Dokument, worin Preußen sich das Eigentum auf die Dombibliothek vorbehielt und die Herausgabe forderte.[37] Der sich anschließende diplomatische Notenwechsel blieb jedoch ohne Erfolg.

Das sich am 26. Mai 1825 neu konstituierende Kölner Domkapitel hielt die Forderung nach der Herausgabe weiterhin aufrecht und strebte sogar einen Prozeß an, den es jedoch 1852 verlor.

In Darmstadt wurde ein Teil der Handschriften inzwischen erstmals beschrieben und damit der wissenschaftlichen Fachwelt bekannt gemacht.[38] Sicherlich wollte man damit nicht zuletzt auch den Besitzanspruch Hessens fundamentieren.

Erst nach dem verlorenen Krieg im Jahre 1866, in dem Hessen sich mit mehreren süddeutschen Staaten auf die Seite Österreichs gegen Preußen schlug und verlor, wurde die Rückgabe im Friedensvertrag vom 3. September 1866 vereinbart.[39]

Es war jedoch schwierig festzustellen, was genau zu der ehemaligen Büchersammlung des Doms gehört hatte. Der einzige bereits erwähnte „aktuelle" Katalog stammte von dem Jesuiten Joseph Hartzheim aus dem Jahre 1752. Er verzeichnete 203 Nummern.[40] Schon von Zeitgenossen wurde er jedoch als eine „magere und obendrein schlecht gerathene Liste" bezeichnet.[41]

Es war also keine exakte Aussage darüber zu machen, wieviele Bücher vor dem Abtransport im Jahre 1794 überhaupt zur Bibliothek des Kölner Doms gehörten. Daß man auch nicht wußte, wieviele Bücher von Köln ausgelagert wurden, wurde oben bereits erwähnt.

Die preußische Regierung beauftragte den Kölner Domkapitular Johann Wilhelm Frenken mit der Leitung der Nachforschungen über den Verbleib der Bibliothek. Dieser konnte mit Hilfe

Das Schicksal
der
im Jahre 1794 über den Rhein geflüchteten
Werthgegenstände
des
CÖLNER DOMES,
insbesondere
die Zurückführung der Manuscripten-Bibliothek.

Aktenmässige Denkschrift.

Cöln & Neuss,
L. Schwann'sche Verlagshandlung.
1868.

D 21 Titelblatt des Buches des Kölner Domkapitulars Johann Wilhelm Frenken

des Hartzheimschen Katalogs und mehrerer anderer Quellen die Bücher der ehemaligen Dombibliothek aus den Beständen des Darmstädter Museums und der Hofbibliothek herausfiltern.

18 Handschriften, die der Katalog Hartzheims verzeichnet, wurden nicht mehr aufgefunden. Dafür ermittelte Frenken jedoch acht Manuskripte, die zur Dombibliothek gehörten und nicht im Katalog verzeichnet waren.[42] Insgesamt kamen also am 17. Mai 1867[43] 193 Handschriften aus Darmstadt in die Domstadt zurück. Später tauchten noch zwei weitere Manuskripte, die nicht in Darmstadt gewesen waren, auf.[44]

Nach 73 Jahren wurde damit die Bibliothek wieder an den Ort zurückgebracht, wo sie sich z. T. über tausend Jahre vorher befand.

Einundzwanzig Jahre (1794-1815) des Exils befand sie sich wahrscheinlich in Arnsberg, der Hauptstadt des Herzogtums Westfalen. Wieviele Schriftwerke der Kölner Dombibliothek durch die Auslagerung genau verlorengingen, wird man wohl nie mehr mit Gewißheit nachweisen können.

Obgleich viele Handschriften des Kölner Doms abhanden gekommen sind und auf nicht mehr exakt nachvollziehbaren Wegen in alle Welt verstreut wurden, ist mit der Rückführung der Kölner Dombibliothek im Jahre 1867, *"eine der ältesten Bibliotheken Deutschlands an ihrem Entstehungsort erhalten"* geblieben.⁴⁵

Schon gleich nach der Rückführung der Bibliothek wurde der Bestand von Philipp Jaffé und nach dessen Tod von Wilhelm Wattenbach in einem Katalog neu aufgelistet. Dieser erschien im Jahre 1874 in Berlin.⁴⁶

Fast 60 Jahre später, im Jahre 1933, ergänzte der damalige Leiter der Bibliothek, Paul Heusgen, diese Auflistung.⁴⁶

Bis vor wenigen Monaten war dieser Katalog aktuell. Erst im Frühjahr 1994, also 200 Jahre nach der Verschleppung der Bücher, erschien eine neue, nach modernen paläographischen Gesichtspunkten erstellte Auflistung und Beschreibung der Kölner Büchersammlung.⁴⁸

Damit wurde der Bestand der Kölner Dombibliothek nicht nur wissenschaftlich exakt beschrieben, sondern auch ein wichtiger Beitrag zur Arbeit mit den Handschriften, die ein einmaliges Zeugnis des frühen europäischen Mittelalters darstellen, geschaffen.

Anmerkungen:

1 Hans Vogts, *Der Kölner Dom in Stadtplan und Stadtbild (im Laufe eines Jahrtausends)*, in: Der Dom zu Köln, Festschrift z. Feier d. 50. Wiederkehr des Tages s. Vollendung, hrsg. v. Erich Kuphal, (Veröffentlichungen des Kölnischen Geschichtsvereins e. V. Bd. 5), Köln 1930, S. 1-39, hier S. 1.

2 Fritz Witte, *Die Schatzkammer des Domes zu Köln. Ein Führer auf wissenschaftlicher Grundlage*, (Deutsche Kunstführer an Rhein und Mosel Bd. 2), Augsburg u.a. 1927, S. 1.

3 Ebenda.

4 Handbuch der Bibliothekswissenschaft, 2. Aufl., hg. v. Georg Leyh, 3 Bd., Wiesbaden 1952-65, hier Bd. 3/1, S. 170. Zu den Büchern Hildebalds vgl. Paul Lehmann, *Erzbischof Hildebald und die Dombibliothek von Köln*, in: ZfB 25 (1908), S. 153-158.

5 Ferdinand Geldner, *Deutsche Bibliotheksgeschichte des Mittelalters*, (Elemente des Buch- und Bibliothekswesens 1) Wiesbaden 1975, S. 96.

6 Vgl. Wilhelm Schönartz, *Zur Geschichte und Benutzbarkeit der Handschriftensammlung des Kölner Doms*, in: Bulletin of Medieval Canon Law, New Series Volume 3 (1973), S. 144-154, hier S. 145 und ders., *Die Kölner Dombibliothek*, in: Die Erzbischöfliche Diözesan- und Dom-Bibliothek zu Köln. Festschrift zur Einweihung des Neubaus der Bibliothek am 10. November 1983, Köln 1985, S. 37-52, hier S. 46. Darin auch eine kurze Beschreibung einiger Handschriften. Vgl. auch Notker Schneider, *Die Diözesanbibliothek- ein unvergleichlicher Schatz*, in: Köln. Vierteljahresschrift für die Freunde der Stadt, 4 (1988), S. 14-17.

7 Vgl. Schönartz, *Geschichte*, S. 145 und ders., *Die Kölner Dombibliothek*, S. 37.

8 Wilhelm Schönartz, *Die Erzbischöfliche Diözesan- und Dombibliothek Köln - Ihre Entstehung und ihre Entwicklung*, in: Die Erzbischöfliche Diözesan- und Dom-Bibliothek zu Köln. Festschrift zur Einweihung des Neubaus der Bibliothek am 10. November 1983, Köln 1985, S. 3-11, hier S. 8.

9 Vgl. Paul Heusgen, *Die Erzdiözesan- und Dombibliothek in Köln*, Leipzig 1937, S. 8. Heusgen zeigt die Abhängigkeit der Bibliothek von der Domschule auf, indem er auf den gemeinsamen Niedergang im 12. Jahrhundert verweist. Um die genaue Funktion der Dombibliothek zu bestimmen, bedarf es einer eingehenderen Nachforschung dieser Beziehung.

10 Ebenda, S. 9.

11 Es befanden sich vor dem Zweiten Weltkrieg Manuskripte u.a. in Darmstadt, Münster, Pommersfelden bei Bamberg, Wien, Wolfenbüttel und London. Vgl. Ebenda, S. 9.

12 Ferdinand Geldner, *Deutsche Bibliotheksgeschichte der Neuzeit*, (Elemente des Buch- und Bibliothekswesens 2) Wiesbaden 1976, S. 48. Schönartz spricht in der Schrift zur Eröffnung des neuen Bibliotheksgebäudes ebenfalls von 203 (*Die Kölner Dombibliothek*, S. 46) im Artikel im *Bulletin* von 208 (*Geschichte*, S. 150).

13 Eduard Hegel, *Geschichte des Erzbistums Köln*, Bd. 4, Köln 1979, S. 482.

14 Max Braubach, *Verschleppung und Rückführung rheinischer Kunst- und Literaturdenkmäler 1794 bis 1815/16*, in: Annalen des historischen Vereins für den Niederrhein insbesondre das alte Erzbistum Köln, Heft 176 (1974), S. 93-153, hier S. 97/98.

15 Hegel, S. 482.

16 Zum Verbleib des Archivs und Domschatzes vgl. die betreffenden Aufsätze in diesem Katalog. Die ebenfalls von Köln nach Hamburg gebrachte Bibliothek des Kurfürsten, wurde dort 1808 versteigert. Vgl. Frenken S. 38 (Anm. 21).

17 Braubach, S. 94.

18 Vgl. Ebenda, S. 97 f.

19 Fritz Witte, *Das Schicksal des Domschatzes zur Zeit der französischen Invasion um 1800*, in: Der Dom zu Köln, Festschrift z. Feier d. 50. Wiederkehr des Tages s. Vollendung, hrsg. v. Erich Kuphal, (Veröffentlichungen des Kölnischen Geschichtsvereins e. V. Bd. 5), Köln 1930, S. 144-176, hier S. 144.

20 Ebenda, S. 146.

21 Johann Wilhelm Frenken, *Das Schicksal der im Jahre 1794 über den Rhein geflüchteten Werthgegenstände des Cölner Domes insbesondere die Zurückführung der Manuscripten-Bibliothek. Aktenmäßige Denkschrift*, Cöln und Neuss 1868, S. 53. Frenkens Schrift wird zwar von Witte (vgl. Anm. 2, S. 145) zurecht wegen der unklaren Darstellung kritisiert, sie bleibt dennoch bislang die umfangreichste Publikation zu dieser Problematik.

22 Zitiert nach ebenda, S. 98.

23 Der Archivar Dupuis spricht später davon, 190 Handschriften von Arnsberg nach Darmstadt übergeben zu haben. Vgl. Ebenda, S. 61.

24 Vielleicht wurden die Bücher kurze Zeit vom Kloster in das Haus Honning in der Arnsberger Altstadt verfrachtet, da man Angst vor Übergriffen auf das Kloster hatte, nachdem die Ruhr nach dem Frieden von Basel (1795) zur Demarkationslinie erklärt wurde. Genau läßt sich dies jedoch nicht mehr nachweisen.

25 Eventuell befanden sich unter einer Fuhre mit Archivalien, die 1796 nach Prag abgesandt wurde, einige Bücher. Sie kamen später auf jeden Fall auch nach Darmstadt. Vgl. Frenken, S. 99. Viele können es aber nicht gewesen sein.

26 Vgl. z.B. Schönartz, *Geschichte*, S. 146.

27 Frenken, S. 38.

28 Ebenda, S. 61.

29 Schönartz, *Geschichte*, S. 146.

30 Vgl. Carl-Matthias Lehmann, *Der Verbleib der Bibliothek des Klosters Wedinghausen nach der Säkularisation*, in: Westfälische Zeitschrift 143 (1993), S. 251-256.

31 Vor allem von Fritz Witte, *Domschatz*, S.153.

32 Vgl. Frenken, S. 59/60. Es war übrigens Dupuis' Idee, die Handschriften, die man bereits am 24. Februar 1803 fand, erst zu verzeichnen, bevor man sie nach Darmstadt sandte. Ein Unternehmen, was er immerhin zwölf Jahre hinziehen konnte. Ebenda, S. 38.

33 Ebenda, S. 61.

34 Zitiert nach ebenda.

35 Ebenda, S. 61. Die vierte und damit letzte Lieferung wurde abgesandt am 7. März 1815.

36 Ebenda, S. 56 u. 59.

37 Vgl. Schönartz, *Geschichte*, S. 148.

38 Ebenda.

39 Der genaue Wortlaut findet sich bei Frenken S. 68. Das Engagement der preußischen Regierung ist wohl damit zu erklären, daß man mit der Rückführung dieser symbolträchtigen Bibliothek auch die besondere Sympathie der Bewohner in den neuen katholischen Landesteilen gewinnen wollte. Der wenig später ausbrechende Kulturkampf ist ein Beleg für die nicht von allen geteilte preußische Politik.

40 Vgl. Anm. 12.

41 Zitiert nach Frenken, S. 89.

42 Schönartz, *Geschichte*, S. 150.

43 Frenken, S. 114. Der sogenannte Miscellancodex (Ms.Nr. 166) wurde erst später zurückgegeben, da er an die Universität Würzburg verliehen war.

44 Schönartz, *Geschichte*, S. 150.

45 Handbuch der Bibliothekswissenschaft, Bd. 3/2, 1957, S. 170.

46 *Ecclesiae Metropolitanae Coloniensis codices manuscripti*, beschrieben von Philippus Jaffé und Guilemus Wattenbach, Berlin 1874.

47 Paul Heusgen, *Der Gesamtkatalog der Handschriften der Kölner Dombibliothek*, Köln 1933.

48 *Handschriftencensus Rheinland, Erfassung mittelalterlicher Handschriften im rheinischen Landesteil von Nordrhein-Westfalen mit einem Inventar*, hg. v. Günter Gattermann, Bd. 1-3, Wiesbaden 1993. Nach freundlicher Mitteilung des Leiters der Kölner Dom- und Diözesanbibliothek, Herrn Cervelló-Margalef.

D 1 Titelblatt der „Expositio missae", Antwerpen um 1486.
Der Text wird Richard von Arnsberg († um 1190) zugeschrieben

Das Schicksal der Archive des Kölner Domkapitels, des Erzstiftes sowie des Generalvikariates

Joachim Oepen

Öffentliche Auseinandersetzungen um die Stasiakten, Nachrichten über vernichtete Bewerbungsunterlagen Berlins für die Olympiade 2000, Rückführung der von den Sowjets 1945-49 verschleppten Archivalien und anderer Kulturgüter - tagtäglich lesen und hören wir, welche Bedeutung abgelegtem Schriftgut und Archivalien zukommt, bis hin zu politischen Auseinandersetzungen über dessen Lagerung und Verwaltung. Nicht anders war es vor 200 Jahren: Vor dem Anrücken der französischen Revolutionstruppen versuchen auf dem linken Rheinufer die verschiedensten Institutionen und Korporationen, nicht zuletzt auch ihre Archive und Registraturen in Sicherheit zu bringen; manche mit Schriftgut vollgestopfte Kiste beginnt eine Reise kreuz und quer durch Mitteleuropa. Anderes wird von den französischen Besatzern verschleppt oder mit Beschlag belegt. Dann wieder ergeben sich Verhandlungen auf höchster diplomatischer Ebene zwischen den Vertretern der verschiedenen alten und neuen Machthaber - es geht um Rückführung der Archivbestände oder deren Aufteilung unter den Rechtsnachfolgern.

Für Köln und Arnsberg wurde dabei ein gewichtiges Kapitel rheinisch-westfälischer Geschichte geschrieben. Weil 1794 neben dem Kölner Domkapitel auch das Generalvikariat de facto seinen Sitz nach Arnsberg als einem zentralen Ort des kölnischen Westfalen verlegte, spielte die Stadt mit ihrem Prämonstratenserkloster Wedinghausen eine wichtige Rolle bei der Sicherstellung der Archive des Domkapitels, des Erzstiftes sowie des Generalvikariates.

Dem Schicksal der Archivbestände nachzugehen, soll im folgenden die Aufgabe sein. Sie ist nicht weniger spannend als jene Umbruchszeit überhaupt.

Allerdings können wir hier nur mit wenigen Strichen eine Skizze zeichnen. Eine rheinische Archivgeschichte muß erst noch geschrieben werden und um die Wege der Archive nachzuverfolgen, müßte der Forscher heute den Archivalien von Hamburg bis Wien, von Paris bis Prag nachreisen, um dort die Archive der verschiedenen beteiligten Staaten und Institutionen aufzusuchen.

1. Die Archive des Domkapitels und des Erzstiftes

Den Archiven der Bischöfe und Domkapitel kommt für die abendländische Archiventwicklung eine beträchtliche Bedeutung zu. Aufbewahrt wurde hier Verwaltungsschriftgut in Form von Urkunden, Amtsbüchern und Akten, das *„vornehmlich der Sicherung der Rechts- und Besitztitel und anderer Denkwürdigkeiten [diente]"*. Trotz großer Verluste durch die Sorglosigkeit der Verantwortlichen bemühte man sich andererseits regelmäßig um die Sicherung des Archivgutes.[1]

In Köln beherbergten zunächst die Gewölbe des Kölner Domes sowohl die Archivalien des Domkapitels wie die des Erzbischofs. Während die einen bis 1794 dort verblieben, waren die anderen im 15. Jahrhundert möglicherweise auf der erzstiftischen Burg zu Godesberg untergebracht. 1552 ließ der Erzbischof Adolf von Schaumburg das Archiv, *„des Erzstiftes höchstes inaestimables Kleinott"*, in der kurfürstlichen Residenz zu Poppelsdorf bei Bonn zusammentragen. Bis 1794 blieben dann die Archivalien im wesentlichen in Bonn, wenn auch Baumaßnahmen und Zeitumstände wie Kriege und Bombardements mehrfach Aus- und Umlagerungen - zuletzt von 1702 bis 1747 in den Dom zu Köln - notwendig machten.[2]

In den Archivbeständen spiegelt sich die hohe Bedeutung des Erzstiftes und des Domkapitels wider. Der Erzbischof war Landesherr und spielte in der Reichspolitik eine erhebliche Rolle; das Domkapitel hatte nicht nur als erster Landstand sowie bei einer Sedisvakanz weitgehende politische Rechte und entscheidenden Anteil an der Landesverwaltung, sondern verfügte zudem über reichhaltigen Besitz im Rheinland und in Westfalen.[3]

Wenn wir vereinfachend d i e Archive jeweils des Erzbischofs und des Domkapitels nennen, so kommt darin zum Ausdruck, daß es einheitliche und abgeschlossene Archivbestände nicht gegeben hat. Vielmehr haben wir uns neben den eigentlichen (Haupt-)Archiven im Umfeld der Kölner Domkirche und der Bonner Residenz jeweils mehrere Registraturen oder Behörden mit ihrem oft sehr umfangreichen Schriftgut vorzustellen. Im allgemeinen dürften wichtigere und wertvollere Urkunden eher im Archiv, Akten - insbesondere kurrente - eher in den Registraturen abgelegt worden sein.[4]

So bestanden neben dem kurkölnischen Hauptarchiv am Vorabend der französischen Revolution in der kurfürstlichen Residenzstadt Bonn ein Lehnarchiv, ferner die Registraturen des Hofrates, der Hofkammer und der Geheimen Kanzlei sowie des Bonner Oberappellationsgerichtes. Ferner ist an das Schriftgut einer Vielzahl von lokalen Behörden und Gerichten im Erzstift zu erinnern.[5]

Das Schriftgut des Domkapitels hingegen wurde vornehmlich im Kapitelhaus, aber auch im Sakristeigebäude des Kölner Doms aufbewahrt. Das damalige Sakristeigebäude ist die heutige (1867 um die beiden nördlichen Joche verkürzte) Sakramentskapelle an der Nordseite des Domchores; unmittelbar an die Nordwestecke des Sakristeigebäudes war das Kapitelhaus - u.a. mit dem Kapitelsaal - angebaut, das 1843 dem Ausbau des nördlichen Querschiffes weichen mußte.[6]

Im Kapitelhaus[7] waren neben dem eigentlichen Archivraum gleich drei verschiedene Registraturen eingerichtet. Eine kleine oder unter(st)e Registratur, eine große oder obere Registratur und schließlich die erzstiftische Registratur.[8] Alle diese Räumlichkeiten lagen in enger Verbindung zu dem Raum der Dombibliothek, wie wir nicht zuletzt aus Reiseberichten des 18. Jahrhunderts wissen.[9] Daneben bestand im Vorzimmer des Sitzungssaales des Domkapitels zeitweilig eine *„Privat-Registratur des Capitels"* mit Schriftgut zum Handgebrauch der Kapitelmitglieder. In der Schatzkammer (auch: aurea camera), einem Teil der Domsakristei, wo ursprünglich wohl das gesamte Archiv des Domkapitels lag, wurde noch im 18. Jahrhundert eine Kiste mit Briefschaften, Quittungen und Geldern aufbewahrt.

Zu erwähnen sind endlich auch die Archive und Registraturen des Generalvikariates, des Priesterseminars,[10] des erzbischöflichen Offizialates und des Weltlichen Hofgerichtes des Kurfürsten in Köln. Ferner bestanden hier die Einzelarchive der drei weltlichen kurkölnischen Landstände der Grafen, Ritter und Städte.[11]

Soweit ein Überblick über die diversen Archivbestände. Zweierlei dürfte daran deutlich geworden sein. Bei der Sicherstellung der Archive und Registraturen mußten große und an verschiedenen Stellen lagernde Massen von Schriftgut innerhalb recht kurzer Zeit geborgen werden. Wenn auch der erzstiftische Archivar Volk 1789 gemeint hatte, wenigstens das kurkölnische Hauptarchiv sei innerhalb einer halben Stunde wegzuschaffen,[12] so dürfte es in Wirklichkeit nicht geringe Schwierigkeiten bereitet haben, alles das, was da aus der Residenz Bonn und der rheinischen Metropole Köln im Landstädtchen Arnsberg zusammenkam, neben vielem anderen Fluchtgut aufzubewahren - alleine schon wegen des Platzbedarfs.

2. Die Archive 1794-1802

Im Jahre 1794[13] herrschte bereits seit zwei Jahren Krieg, als es im Sommer bei Fleurus (im heutigen Belgien) zu einer entscheidenden Niederlage der Österreicher gegen die Franzosen kam - eine *„schwerwiegende Kathastrophe"*, wie es in den Darstellungen zur Geschichte jener Zeit immer wieder heißt. Die Niederlande wurden den Franzosen preisgegeben, Brüssel und andere Städte besetzt - die Rheinlande waren jetzt akut gefährdet. Allerorten begann man mit den Fluchtvorbereitungen,[14] so auch in Köln und Bonn. Daß alle diese Vorkehrungen zu Recht getroffen wurden, bewies spätestens der Einmarsch der Franzosen in Köln und Bonn im Oktober 1794 Die französischen Revolutionstruppen standen jetzt am Rhein.

a) Die Archive des Domkapitels
Am 18. Juli 1794 beschloß das Domkapitel, nicht nur den Kirchenschatz, sondern auch seine Archivalien verpacken zu lassen. Im August ging dann ein erster Transport mit 52 Kisten und 13 Verschlägen *„durch westphälisches Fuhrwerk"* von Köln zur Prämonstratenserabtei Wedinghausen bei Arnsberg ab, wo auch das Domkapitel vorübergehend seinen Sitz nehmen wollte;[15] weitere Transporte folgten in den Monaten August und September. Verantwortlich für die Verpackung und Inventarisierung der Schriftstücke sowie für die Begleitung und Durchführung der Transporte war der Domarchivar Anton Joseph Wallraf, der sein Amt erst wenige Wochen vorher, am 4. Juli, angetreten hatte. Wallraf (gest. 1840), von dem es hieß, er sei *„zu Registratur-Geschäften ganz brauchbar und besonders im Lesen alter Urkunden ziemlich geübt"*,[16] war der letzte Domarchivar.

Eine Ausfertigung der Verkaufsurkunde der Grafschaft Arnsberg vom 25. August 1368 befindet sich im Archiv des Domkapitels. Sie kam mit der Flüchtung des Domarchivs im Jahre 1794 nach Arnsberg

H 2

Etwa zur selben Zeit wurden auch Wertgegenstände und Archivalien des Stiftes St. Quirin in Neuss,[17] ferner die Archive der drei weltlichen Kurien der rheinischen Landstände[18] sowie der Stifte St. Kunibert, St. Georg[19] und St. Maria im Kapitol[20] in Köln nach Wedinghausen gebracht. Den Transport des Generalvikariatsarchivs ins Westfälische besorgte wahrscheinlich der Kanoniker von St. Andreas in Köln und Sekretär des Generalvikariates, Wilhelm Heinrich Boecker (1767-1846) - *„mit eigener Lebensgefahr"*, wie es auf seinem Totenzettel heißt.[21] Für das Priesterseminar in Köln erhielt der Ökonom Reiner Splinter den Befehl des Kurfürsten, Wertgegenstände und Archiv des Seminars nach Arnsberg in Sicherheit zu bringen. Am 4. Oktober reiste er in Köln ab, u.a. mit *„alle[n] Archival-Papiere[n]"*, kam am 11. Oktober in der Abtei Wedinghausen an und *„verschloß"* dort die Seminarsachen *„zu den Effekten des hiesigen [Kölner] Domkapitels"*; am 16. Oktober war Splinter wieder zurück in Köln.[22] Wir sehen an seinem Bericht, wie mühsam ein solches Unternehmen war. Für etwa 140 Kilometer von Köln nach Arnsberg brauchte Splinter mitsamt seiner Fuhre eine volle Woche, für die Rückreise immerhin zwei Tage weniger.

Unterdessen stellten im mittlerweile besetzten Köln die Franzosen Nachforschungen über die Kirchenschätze und Archive an. Wallraf, der Domarchivar, war wieder nach Köln zurückgekehrt und wurde gleich dreimal von den neuen Machthabern vorgeladen.[23] Auf 13 Fuhren wurde aus dem Dom neben Wertgegenständen das dort verbliebene Schriftgut geholt,[24] darunter auch der größere Teil des Bauarchivs. Dieses Archiv, ursprünglich im selben Raum wie die Dombibliothek, später in der oberen Registratur des Domes aufbewahrt,[25] scheint ein umfangreicher und eigenständiger Bestand neben den übrigen Archiven und Registraturen des Domes gewesen zu sein. Vom Domkapitel in Köln zurückgelassen, wurde es teils nach Frankreich verschleppt, teils zerstreut.

Auf das nach Arnsberg in Sicherheit gebrachte Schriftgut des Domkapitels richteten die Franzosen in der Folgezeit noch zweimal ihr Augenmerk: 1802, bei der Aufhebung des Domkapitels, und 1806, als die Verwaltung des Rurdepartements angestrengte Nachforschungen nach den Archiven der ehemaligen geistlichen Institutionen anstellte.[26]

Inzwischen glaubte das Domkapitel in Arnsberg weder den Domschatz noch die Archivbestände hinreichend sicher. Der Kurfürst Maximilan Franz riet im November 1794 zu einem Weitertransport nach Minden; das Kapitel faßte die Abtei Fulda ins Auge, bekam aber von dort eine Absage.[27] Als dann zu Beginn des neuen Jahres die Franzosen die Waal überschritten, beschloß das Kapitel in seiner Sitzung vom 21. Januar 1795, daß *„wegen näherer Gefahr eines auch dahier zu befahrenden feindlichen Ueberfalles ... die domkapitularische Archivalien und Pretiosen auf Frankfurt und von da auf Bamberg geführt werden [sollen]"*.[28] Am 11. Februar wurde die Ankunft des Transportes mit Archivalien und Teilen des Kirchenschatzes in Frankfurt gemeldet, und am 27. März 1795 trafen 70 Verschläge mit Effekten und Archivalien in Bamberg ein, wo sich die Benediktinerabtei auf dem Michaelsberg zur Aufnahme bereiterklärt hatte.[29] Insgesamt kamen etwa 300 Verschläge mit Archivalien und Wertgegenständen in Bamberg an, deren Inhalt ein Gewicht von etwa 800 Zentnern hatte.[30]

Wir können uns heute kaum vorstellen, welche Probleme ein Transport wie der hier beschriebene aufwarf; sein reibungsloser Ablauf stellt eine logistische Meisterleistung dar. Anhand der Protokolle des Domkapitels kennen wir die Einzelheiten.[31] Schon die Wahl des Ziels bedurfte einer sorgfältigen Überlegung, spielten doch auch Kostenfragen eine Rolle. So hatten die Domherren aus Siegen Nachricht erhalten, *„daß in dasiger Gegend wohl Fuhrleute für ein billigmäßiges Frachtgeld zu gehaben seyn sollen"*; in Arnsberg selbst war es schwierig, ausreichende Transportkapazitäten aufzutreiben. Für die Zahlung der Transportkosten mußten Wechsel ausgestellt werden. Aufsicht und Begleitung des Transportes wurden dem Domherren Balthasar von Mylius sowie dem Sekretär des Kapitels anvertraut, während der Frankfurter Kaufmann Bolongaro Simonetta für knapp 4990 Gulden Frankfurter Währung die Fracht von Frankfurt nach Bamberg übernahm. Endlich war für die sichere Unterbringung des Transportes in Bamberg Sorge zu tragen; die Abtei etwa stellte *„einen aus ihren Leuten ..., der neben diesen Effekten ... schlafen soll"*. Bei Gefahr plante das Domkapitel, die Verschläge weiter nach Eger (Böhmen) zu bringen.

Als die Franzosen im Sommer 1796 tatsächlich bis an den Main vordrangen,[32] beschloß das Domkapitel am 3. August, das Depot in Bamberg aufzulösen. Der Kirchenschatz sollte nach Kassel gebracht werden, die Archivalien nach Prag, wo Verbindungen zum dortigen Erzbischof Wilhelm Florentius von Salm-Salm (1793-1810) - er war zugleich Kölner Domherr - bestanden. Doch diesmal hatte das Domkapitel weniger Glück. Die Transporte konnten nicht wie geplant durchgeführt werden: Die Archivalien und Teile des Kirchenschatzes gingen jeweils vermischt zum Teil in Richtung Prag, zum Teil in Richtung Kassel auf Reisen. Möglicherweise geschah dies aus Sicherheitsgründen und entgegen der Weisung der Domherren, denn in manchen Kisten waren die Pretiosen des Domschatzes zwischen den Archivalien verborgen. Der Prager Transport bestand aus 54 Kisten und Verschlägen, von denen 18 in die Residenz des Prager Erzbischofs gelangten und 36 im Lager des Kaufmanns Franz Kirhn untergestellt wurden.

In Kassel hingegen kam nicht eine Kiste an. Vielmehr ging die Reise fürs erste nach Paderborn, wo das dortige Domkapitel jedoch jede Hilfe verweigerte, sodann teils zu den Soester Minoriten- und Dominikanerklöstern, teils zurück nach Arnsberg. Im November 1798 beschloß das Domkapitel, das sich aufgrund der inzwischen eingetretenen politischen Entwicklungen in Wedinghausen sicher fühlte, den Domschatz und die Archivalien - soweit nicht in Prag ausgelagert - in Arnsberg zusammenzuziehen. Daraufhin kehrten die in Soest untergebrachten Archivalien im November 1798 und Anfang 1801 nach Arnsberg zurück.[33]

Damit hatte das Domkapitel seine Archivalien nach einer siebenjährigen Odyssee an zwei Orten konzentriert: in Prag und am Sitz des Kapitels in Arnsberg.

b) Die Archive des Erzstiftes

Nicht nur in Köln, sondern auch in Bonn wurde im Herbst 1794 eilig gepackt. Des Kurfürsten Mobiliar, seine Bibliothek, die Silberkammer, Weine und anderes mehr brachten jene sieben Transportschiffe fort, die zwischen dem 20. September und 2. Oktober in Bonn ablegten. Für die Registraturen und Archive kamen Fuhrwerke aus dem Westfälischen an das gegenüberliegende Rheinufer, um das Schriftgut von dort nach Münster und Recklinghausen, wohin der kurkölnische Hofrat verlegt worden war, zu transportieren. Die Verantwortung für das Chartern der Schiffe und die Transporte trug der Hofkammerrat Reiner Joseph Esser.[34]

Im Januar 1795 ordnete der Kurfürst Max Franz „wegen der noch immer anhaltenden Kriegsunruhen und der Ungewißheit des Ausschlages" den Weitertransport von Teilen des Archivs, der Lehnregistratur, der Registraturen des Hofrates, der Hofkanzlei und des Oberappellationsgerichtes, verschiedenen Mobiliars und der Pontifikalien des Erzbischofs von Recklinghausen nach Werl in das dortige Kapuzinerkloster an, alles in allem eine Fracht von 21 Kisten und Verschlägen auf 13 vierspännigen Wagen. In Werl nahmen im Februar 1795 auch der Hofrat und die Geheime Kanzlei Quartier.[35]

Zur selben Zeit reiste der Registrator Bartholomäus Dupuis[36] mit offenbar dem Hauptteil des kölnischen Landesarchives von Münster nach Minden. Im Februar/März wurden die Archivalien von dort aus zusammen mit den Beständen aus Werl, die mit 33 sechsspännigen Leiterwagen über Lippstadt, Bielefeld, Herford und Minden dorthin gebracht wurden, sowie weiterem aus Emden herbeigeschafftem Transportgut (Bibliothek, Naturalienkabinett, Silberkammer und Mobiliar des Kurfürsten) nach Hamburg gebracht und dort im österreichischen Gesandtschaftshotel untergebracht. Zeitweilig bestand die Überlegung, von dort die Transporte weiter ins Herzogtum Holstein gelangen zu lassen.[37]

Glücklicherweise sind wir über die näheren Umstände der Transporte von Recklinghausen nach Werl und von Minden nach Hamburg recht gut informiert, war doch „die Direktion über die sämtliche zu flüchtende Archiven und Effekten"[38] dem kurkölnischen Hofrat Joseph Wurzer anvertraut, der später seine Erinnerungen niedergeschrieben hat.[39] Immer wieder lesen wir dort von den mannigfachen Umständen und Schwierigkeiten, die zu bewältigen waren, wenn Wurzer seine Leistungen mitunter auch in allzu günstigem Licht erscheinen läßt. Doch lassen wir ihn selbst zu Wort kommen, etwa zu dem Transport von Recklinghausen nach Werl: *„Am 15. Januar 1795 war alles zum Transport bereit, und ich erhielt die Meldung, mit demselben am 16. Januar aufzubrechen, wo dann die erste Tagesreise ... bis nach Horstkamp ging, dem letzten Ort vor der märkischen Grenze, eigentlich einem größeren Gehöft, weil ich sicherheitshalber an einem bevölkerten Orte nicht stillhalten wollte. Ich muß hier einschiebend bemerken, dass der 16. Januar und die nächst darauffolgenden Tage die kältesten des ganzen fürchterlichen Winters 94 zu 95 waren, ich also meine frühere Absicht, den Zug unmittelbar zu begleiten, in der Art modifizieren musste, dass ich fast in jedem Dorfe, dass wir passierten, einkehrte, um mich zu erwärmen, dort den Transport unter meinem Fenster zur Revision vorbeipassieren liess, dann noch etwa eine halbe Stunde mich verhielt und nun wieder revidierend meine Kolonne vorbeiritt bis zum nächsten Orte, wo ich dasselbe Manöver wiederholte. Ohne diese Auskunft wäre ich erfroren. Bei meiner Ankunft* in Horstkamp ließ ich sämtliche Wagen im geschlossenen Hofe in eine Wagenburg zusammenschieben und zugleich ein Dutzend Bauern aufbieten, welche dieselben die Nacht hindurch bewachten. Ich selbst nahm mein Quartier bei dem ... tief heruntergekommenen Besitzer des Gehöftes. ... [Ich] legte mich angekleidet ... [ins] Bett, um beim ersten Anlass zu Hand zu sein und auch, um die Wachen zu kontrollieren. Das Zimmer war mit der Küche verbunden, worin die Nacht über ein grosses Wachfeuer unterhalten wurde, und ich konnte hören, dass sämtliche Wachmannschaft sich in der Küche befand. Ich hatte immer die Ordnung herzustellen und schloss die Nacht kein Auge".[40]

Im Februar 1795 sollte Wurzer den Transport von Minden nach Hamburg vorbereiten. Seine Reise führte ihn von Münster über Warendorf und Herford nach Minden, wo er auf Dupuis traf; gemeinsam kam man nach Bremen und Wurzer weiter nach Hamburg. Auch hier hören wir wieder von den Strapazen, die eine solche Reise vor 200 Jahren bot: Häufig sind „alle Wirtshäuser bis unter das Dach vollgestopft" und die angebotenen Nachtlager „voll von Soldaten aller Nationen und von Vorspannfuhrleuten"; es bleibt dann nur das „gemeinsame Strohlager ... An Betten war damals überhaupt nicht zu denken". In Herford hat die Werre „alle Brücken ... weggerissen", die Errichtung einer Notbrücke dauert zwei Tage. Ein andermal geht die Reise nachts weiter, und Wurzer zahlt dem Postillon ein ansehnliches Trinkgeld, „weil es Nacht und gefährlich zu fahren war". Vor Hamburg „trat ... ein furchtbarer Frost ein"; Wurzer überquerte die gefrorene Elbe auf einem Schlitten. Endlich angekommen, besorgte Wurzer Quartiere sowie Unterstellmöglichkeiten für die Verschläge, um dann die Transporte dorthin zu dirigieren,[41] wobei die Archive offenbar in zwei „Abtheilungen"[42] gebracht wurden – ein Hinweis auf deren Umfang.

Bereits mehr als zwei Jahre beherbergte Hamburg die kurkölnischen Archive, als der Kurfürst Maximilian Franz Ende 1797 nach der Ankündigung des Reichsfriedenskongresses zu Rastatt zwar neue, aber letztendlich vergebliche Hoffnungen auf die Wiederherstellung des Kurfürstentums sowie eine Rückkehr nach Bonn setzte und vornehmlich das Schriftgut von Hamburg nach Münster zurückholen ließ. Diesen Weg legte Dupuis mit „einem Reise-Wagen, nebst noch einem Bagage-Wagen" zurück, die Archivalien wurden „speditionsweise" in rund 300 Verschlägen befördert.[43]

Knapp ein Jahr nach dem Tode des Kurfürsten (1801) im Frühjahr 1802 verfügte schließlich das Kölner Domkapitel zu Arnsberg den Transport der kurkölnischen Archive und Registraturen ins Kloster Benninghausen an der Lippe.[44]

3. Die Archive 1802-1815

a) Die Archive des Domkapitels und des Erzstiftes

Das offizielle Ende Kurkölns kam mit dem Reichsdeputationshauptschluß von 1803. Bereits einige Monate vor seinem Inkrafttreten, im September 1802, nahm Hessen-Darmstadt vom einst kurkölnischen Sauerland Besitz.[45]

Eine der ersten Maßnahmen der neugebildeten, für die verwaltungstechnische Eingliederung des neuen Territoriums zuständigen Arnsberger Organisationskommission[46] war die Beschlagnahme der „äußerst confusen"[47] Registratur des Domkapitels im Hause des Kapitelsekretärs Tillmann.[48] Auch die in Arnsberg befindlichen Teile des Kapitelarchivs wurden kurzerhand beschlagnahmt und versiegelt.[49] Nur wenige Wochen später kam Dupuis von Benninghausen mitsamt den Archiven Kurkölns nach Arnsberg „und richtete sich damit als nunmehriger hessischer Archivrath in den ... Gewölben der Abtei [Wedinghausen] ein."[50] Schließlich trafen in der Abtei neben dem ohnehin schon in Arnsberg lagernden Teil des Domarchivs u.a. das Schriftgut des Offizialates zu Werl und die seinerzeit in Brilon befindliche Registratur der kurkölnischen Hofkammer ein.[51]

Wer wollte es Dupuis und seinem Adlatus Antheé verdenken, daß sie angesichts der sich auftürmenden Aktenmassen, der verschiedenen Archivbestände und Registraturen, die sich in den Räumen und Gängen der Abtei in Kisten und Verschlägen stapelten, offensichtlich den Überblick verloren – diesen Eindruck vermittelt jedenfalls eine Episode des Februars 1803. Dupuis hatte als Lagerungsort für die Urkundenbestände seiner Archive das Bibliothekszimmer des Klosters, eine „vorzüglich schickliche Lokalität",[52] ausgesucht. Dort versperrten indessen eine Reihe von Kisten den Weg, von denen kein Mensch wußte, wem sie gehörten oder was sie enthielten. Eine Öffnung und Untersuchung – eine Arbeit von mehreren Tagen – ergab, daß sie neben Kodizes der Dombibliothek und Teilen des Domschatzes auch die Archive oder Archivteile des Domkapitels (darunter ein ganzer Verschlag mit „Küsteryschriften"[53]), des Kölner Priesterseminars, der Stifte St. Georg, St. Kunibert zu Köln sowie St. Quirinus, Neuss, enthielten.[54]

Währenddessen waren umfangreiche Bestände – offenbar der größere Teil[55] – des Domarchivs nach wie vor in Prag deponiert. Bei Verhandlungen zwischen der hessen-darmstädtischen Regierung und einer Deputation des Domkapitels über die Sustentation der Kapitelsmitglieder erhoben die Hessen immer wieder Anspruch auf diese Depositen, wobei sicherlich mehr als das Archivgut die zusammen mit den Archivalien nach Prag gelangten Wertgegenstände des Domschatzes im Mittelpunkt des Interesses standen. Dem Domkapitel blieb letztlich nichts anderes übrig, als nachzugeben, und so konnten im April 1803 41 (von insgesamt 42) Kisten mit Archivalien, davon zwei mit Schriftgut des Erzstiftes, über Bamberg in Seligenstadt und im August 1803 in Darmstadt eintreffen.[56]

In Darmstadt hatte man im Gasthof „Zur Traube" eigens Räume angemietet, um dort eine Sichtung und Verteilung der Archivalien vorzunehmen. Aufgeteilt werden sollten die Archivalien des Domkapitels an die Kurkölnischen Nachfolgestaaten: Das gesamte linksrheinische Gebiet war an Frankreich gefallen, im rechtsrheinischen waren außer Hessen-Darmstadt (für das Herzogtum Westfalen) der Herzog von Arenberg (für das Vest Recklinghausen) sowie die Fürsten von Nassau-Usingen (für die Ämter Deutz, Vilich, Königswinter, Linz sowie die Herrschaften Schönstein und Lahr) und Wied-Runkel (für die Ämter Neuerburg und Altenwied) Rechtsnachfolger.[57] Im Oktober 1803 war dieses Geschäft abgeschlossen. Der französische Gesandte zu Frankfurt hatte insgesamt 14 Verschläge mit Archivalien, die das linke Rheinufer betreffen, ausgehändigt bekommen, mußte aber dafür ein Drittel der Transportkosten von Prag nach Darmstadt übernehmen; über Mainz gelangten diese Archivteile in das Archiv des Rurdepartements in Aachen. Eine Kiste mit Akten wurde Arenberg, je zwei Hessen-Darmstadt und Nassau-Usingen[58] zugesprochen. Insgesamt 25 Kisten mit untrennbaren „Generalia" sowie mit Schriftstücken, die sich auf Güter des Domkapitels im Herzogtum Berg und in der Grafschaft Mark bezogen (also auf Güter außerhalb der Territorien der fünf Rechtsnachfolger des Erzstiftes), verblieben in Darmstadt als gemeinsames Eigentum der vier beteiligten rechtsrheinischen Staaten.[59]

Aus den Archivbeständen des Domes und des Kurstaates zu Arnsberg bereitete Dupuis in gleicher Weise Ablieferungen an die genannten Staaten vor. Mit Arenberg, Nassau-Usingen und Wied-Runkel wurde er offenbar schnell handelseinig, mit Frankreich dauerten die Verhandlungen länger an, weil Hessen-Darmstadt seinerseits bei der französischen Regierung Anspruch auf kurkölnische Archivalien erhob. Erst 1812/1813 wurden 60 Kisten mit den von Dupuis ausgesonderten kurkölnischen und domkapitularischen Archivalien nebst Schriftgut der Kölner Stifte St. Kunibert und St. Georg sowie des Priesterseminars ins französische Neuß ausgeliefert und später dem Archiv des Rurdepartements in Aachen akzessioniert.[60] Gleichsam als „Sahnehäubchen" fielen den drei rechtsrheinischen Nachfolgestaaten Kurkölns die Archive der drei weltlichen landständischen Kurien zu: Das gräfliche Archiv ging an Arenberg, das ritterschaftliche an Nassau-Usingen, das städtische an Wied-Runkel - eine völlig unorganische Teilung, die Dupuis damit begründet, daß nunmehr „jeder Besitzer eines Theils des ehemaligen Kurstandes so zu sagen ein Duplikat der rheinischen Landtagsverhandlungen"[61] besitze. Bereitwillig schickte Dupuis bis 1815 darüber hinaus immer wieder Archivalien an seine Dienstherren nach Darmstadt, darunter auch die zum kurkölnischen Archiv gehörende Sammlung Alfter.[62]

Fassen wir an dieser Stelle die Ergebnisse zusammen: Zu jener Zeit, als das Ende der französischen Herrschaft am Rhein und das der hessischen im Sauerland gekommen war, am Vorabend des Kongresses zu Wien, waren die Archive des alten Kölner Domkapitels sowie des Kurfürstentums Köln durch die Ereignisse der letzten beiden Dezennien in alle Winde zerstreut: Der umfangreichste Bestand dürfte sich ungeachtet aller Ablieferungen und Teilungen in Arnsberg, „auf der vormaligen hierzu sehr zweckmäßigen durchaus trockenen, lüftigen und gewölbten Bibliothek der Abtei Wedinghausen"[63], unter Dupuis' Obhut befunden haben. Weitere Depositen befanden sich in Darmstadt - ebenfalls unter hessischer Verwaltung -, in Aachen sowie in arenbergischen, wiedischen und nassauischen Händen; schließlich ist an das Schicksal des 1794 in Köln zurückgelassenen Bauarchivs des Doms zu erinnern.

b) Der große Fassadenplan des Kölner Domes[64]

In engem Zusammenhang mit dem Schicksal des Domarchivs steht die Wiederauffindung des aus 11 großen Pergamentblättern zusammengesetzten Aufrisses der westlichen Domfassade aus dem 14. Jahrhundert. Der Fund dieses für den Ausbau des Domes im 19. Jahrhundert bedeutungsvoll gewordenen Planes wurde damals im gesamten Deutschland bejubelt und nicht nur J.W. Goethe sowie der Preußenkönig Friedrich Wilhelm III. nahmen regen Anteil. Die Auffindung wurde zudem als schicksalhafte Fügung und Mahnung zum Fortbau des Domes begriffen. Deshalb soll im folgenden kurz auf die wechselreiche und spannende Geschichte des Planes eingegangen werden.

Darmstadt, im September 1814: Im Gasthof „Zur Traube" sind Verschönerungsarbeiten angesagt. Der Zimmergeselle und Polier Johannes Fuhrer arbeitet auf dem Dachboden des Hauses, als er in einer Ecke ein altes, verschmutztes und beflecktes Pergamentblatt entdeckt - offensichtlich hatte jemand Obst darauf getrocknet. Als Handwerker sieht Fuhrer gleich, daß es sich bei seinem Fund um den Aufriß einer Kirche handelt und gibt den Plan weiter. Er kommt in die Hände eines Fachmannes, des Darmstädter Baurates Georg Moller. Moller wußte, was er da in den Händen hielt: den Aufriß der westlichen Domfassade, jedoch nur des nördlichen Turmes.

Schon einige Jahre vor dieser Entdeckung forschte Sulpiz Boisserée,[65] der - modern gesprochen - Promotor des Domweiterbaus, nach Plänen und Rissen. Seine Suche führte ihn auch auf den Spuren der Domarchive nach Arnsberg und Darmstadt, was Dupuis und die hessischen Behörden keineswegs mit Wohlwollen sahen.[66] Dennoch waren Boisserées Bemühungen insoweit mit Erfolg gekrönt, als er aufgrund verschiedener - durchaus vager - Hinweise 1816 in Paris einen Riß ankaufen ließ und „beim Eröffnen der Rolle" seine „Wünsche reichlich erfüllt"[67] sah: es war die südliche Hälfte des großen Fassadenplanes.

Doch wie kamen die Risse nach Paris bzw. nach Darmstadt? Offensichtlich gehörte die südliche Hälfte der Dombauhütte und war Teil des Bauarchivs am Dom, das 1794 in Köln zurückgelassen und teilweise zerstreut, teilweise von den Franzosen entfremdet worden war.[68] Dabei nahm der Architekt Wailly als französischer Kommissar für die Beschlagnahme von Kunstwerken einige Risse des Domes - darunter auch den Riß des Südturmes - an sich; nach seinem Tode wechselten die Pläne mehrfach den Besitzer, bis Boisserée sie schließlich ankaufte.[69] Die nördliche Hälfte war wohl ursprünglich im Besitz des Domkapitels gewesen und zusammen mit dessen Archivalien auf die Reise über Arnsberg, Bamberg, Prag und Seligenstadt nach Darmstadt gegangen. Dort fand im dem Gasthof, in dem auch der Plan gefunden wurde, 1803 die Teilung des Archivs statt. Die Vertreter der beteiligten Staaten fanden den Aufriß - horribile dictu - so uninteressant, daß er „unter anderem Wust"[70] zurückgelassen und auf den Dachboden in eine Ecke geworfen wurde.

Daneben gibt es noch zwei andere, zwar unglaubwürdige, aber um so nettere Versionen. Die eine soll die Frage beantworten, wie der Domplan von Köln auf den Darmstädter Speicher gelangte: *„Nach viel hundert Jahren aber ging es dem Thurm übel, es kam Krieg aus, sie wollten ihn flüchten, er gerieth auf den Speicher, da wurden Bohnen auf ihn getrocknet. Nun kam ein junger Esel, der wollte auf das Gymnasium reisen, das war zu Amorbach im Odenwald, und meinte, zwei Häute wären besser als eine, er müsse auch eine über seine Kleider ziehen, daß sie nicht naß würden. So nahm er den armen Thurm, nagelte ihn über seinen Koffer und reiste fröhlich nach Darmstadt".*[71] Die zweite Version, wie die erste von Boisserée selbst mitverbreitet, handelt von der Wiederauffindung des Risses in Darmstadt. Jetzt ist es nämlich ein Dekorationsmaler, der den Riß auf dem Speicher findet, als *„1814 ein Triumphbogen für die heimkehrenden Freiwilligen gemalt werden sollte".*[72] Man ahnt, welcher Zusammenhang hier zwischen den Befreiungskriegen und dem Fortbau des Domes als nationalem Symbol hergestellt werden soll.

Beide Risse wurden 1840 wieder dem Dom zurückgegeben und danach zu einem Ganzen vereint. Der große Fassadenplan wird heute als Plan F bezeichnet und befindet sich im Archiv der Dombauverwaltung.

c) Das Archiv des Generalvikariates

Auch nach dem Ende des linksrheinischen Teils des Erzbistums Köln und der Errichtung des Bistums Aachen (1801) blieb der rechtsrheinische Teil der Diözese in seiner früheren Ausdehnung bestehen. Die Leitung dieses Rumpfbistums sowie des Generalvikariates hatte der vom Domkapitel in Arnsberg bestellte Kapitularvikar Johann Hermann Joseph von Capars zu Weiß inne,[73] die kirchliche Verwaltung hielten im wesentlichen das Offizialat zu Werl und das kölnische Generalvikariat zu Arnsberg aufrecht. Weitgehend intakt und vollständig geblieben war das Archiv des Generalvikariates - als einziger der nach Arnsberg gebrachten Archivbestände, der bei seinen früheren Besitzern verblieben war. Wenn die Angaben des Abtes Fischer von Wedinghausen richtig sind, so war das Schriftgut des Generalvikariats 1795 wie das des Erzstiftes nach Werl gebracht worden, von dort nach Bremen, dann - wohl wiederum zusammen mit den erzstiftischen Archivalien - nach Münster und endlich über Benninghausen nach Arnsberg.[74]

Nachdem das Domkapitel die Verlegung seines Sitzes nach Deutz beschlossen hatte, siedelte im Juni 1804[75] außer dem Offizialat auch Caspars mit dem Generalvikariat dorthin über. Der Hauptgrund war wohl die im Vergleich zu Arnsberg geographisch günstigere Lage und verkehrsmäßige bessere Anbindung[76] von Deutz, womöglich bestand auch, wie E. Hegel meint, *„der unausgesprochend Wunsch, im Schatten der entthronten Metropole des Erzbistums dessen Tradition weiterzuführen."*[77] Zusammen mit Caspars und dem Sekretär des Vikariates und Protonotar Mathias Josef Leinen kam auch das Archiv des Generalvikariates auf mehreren Wagen in insgesamt 16 Verschlägen nach Deutz.[78]

Die hessische Regierung reagierte sehr verärgert auf diese Maßnahmen, weil es ihr kirchenpolitisch äußerst wichtig schien, das Vikariat in Arnsberg zu halten.[79] Der Arnsberger Schul- und Kirchrat sowie das Darmstädter Ministerium wollten Caspars die Sustentationsgelder sperren; sie warfen ihm vor, er habe das Vikariatsarchiv *„heimlich und widerrechtlich verbracht".*[80] Caspars bestritt dies; vielmehr habe er das Archiv in aller Öffentlichkeit aus Arnsberg transportiert, zudem enthalte das Archiv *„keinen Fetzen von Staatspapieren".*[81] Schließlich, so Caspars, habe das Archiv in Arnsberg im Wege gestanden, wo Dupuis wegen Bauarbeiten in der Abtei Wedinghausen die Kisten des Vikariatsarchives lange im Kreuzgang der Abtei stehen gelassen hatte, so daß sie bereits aufgebrochen worden waren.

Allen Ärgers zum Trotz blieb Caspars und mit ihm das Archiv in Deutz, wo das Generalvikariat im Hinterhaus des Gasthofes *„Zum Grünen Baum"* seinen Sitz hatte. Caspars, der in der Forschung durchweg positiv beurteilt wird, starb 1822.[82] Das Archiv des Generalvikariates gelangte im Zuge der Wiedererrichtung des Erzbistums Köln in den Besitz des Kölner Generalvikariats und befindet sich heute im 1921 gegründeten Historischen Archiv des Erzbistums Köln.[83]

4. Die Archive im 19. und 20. Jahrhundert

Den preußischen Archivverwaltungen des 19. Jahrhunderts war es vorbehalten, die Archive des Domkapitels und des Erzstiftes wieder zusammenzuführen, wenigstens zu großen Teilen; federführend war hier das seinerzeitige Provinzialarchiv und heutige Hauptstaatsarchiv Düsseldorf. So ist denn auch die Zusammenführung der beiden Bestände ein Bestandteil der Geschichte des Hauptstaatsarchivs und dementsprechend bereits u.a. von B. Vollmer, F.W. Oediger und D.

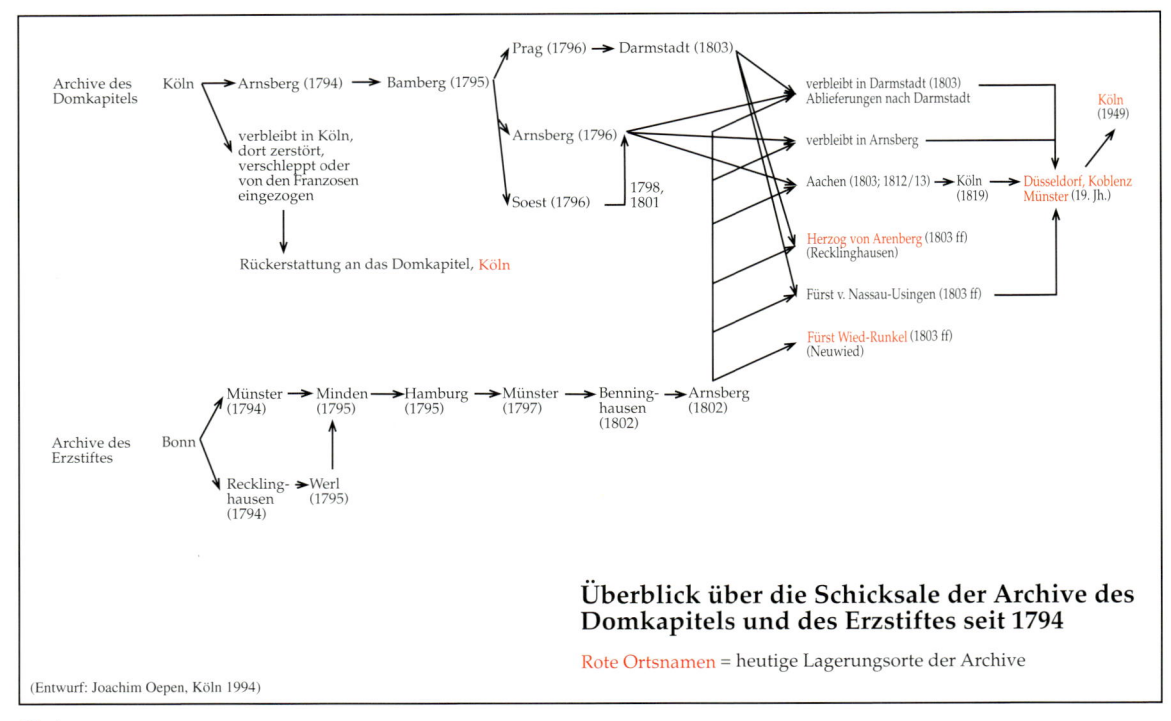

```
Archive des    Köln  → Arnsberg (1794) → Bamberg (1795)    Prag (1796) → Darmstadt (1803)
Domkapitels                                                                                    verbleibt in Darmstadt (1803)
                     ↓                                                                         Ablieferungen nach Darmstadt       Köln
                     verbleibt in Köln,                    Arnsberg (1796)                                                        (1949)
                     dort zerstört,                                          1798,              verbleibt in Arnsberg
                     verschleppt oder                                        1801
                     von den Franzosen                     Soest (1796)                         Aachen (1803; 1812/13) → Köln   Düsseldorf, Koblenz
                     eingezogen                                                                                        (1819)   Münster (19. Jh.)
                     ↓
                     Rückerstattung an das Domkapitel, Köln                                     Herzog von Arenberg (1803 ff)
                                                                                                (Recklinghausen)

                                                                                                Fürst v. Nassau-Usingen (1803 ff)

                                                                                                Fürst Wied-Runkel (1803 ff)
                                                                                                (Neuwied)

               Münster → Minden → Hamburg → Münster → Benning- → Arnsberg
               (1794)   (1795)   (1795)    (1797)    hausen     (1802)
Archive des  Bonn                                    (1802)
Erzstiftes       ↓
               Reckling- → Werl
               hausen    (1795)
               (1794)
```

Überblick über die Schicksale der Archive des Domkapitels und des Erzstiftes seit 1794

Rote Ortsnamen = heutige Lagerungsorte der Archive

(Entwurf: Joachim Oepen, Köln 1994)

C 4

Scriverius[84] behandelt worden. Einige Hinweise mögen hier genügen.

Schon bald nach dem Beginn der preußischen Herrschaft am Rhein begann man mit der Neuordnung des Archivwesens. Zunächst wurde das Aachener Departementalarchiv mitsamt seinen Beständen 1819 nach Köln verlegt, bis 1832/33 die endgültige Auflösung des Kölner Provinzialarchivs erfolgte. Die Auflösung des Arnsberger Archivdepots wurde 1826 beschlossen und durchgeführt, doch noch mehr als ein halbes Jahrhundert, bis 1875, fanden sich in Arnsberg, vor allem bei den dortigen Regierungsbehörden, immer wieder Akten des Domkapitels oder des Erzstiftes.[85] Der größte Teil an kurkölnischen und domkapitularischen Archivalien wurde sowohl von Köln als auch von Arnsberg nach Düsseldorf gebracht. Da man jedoch eine wenigstens teilweise Auflösung der Stammarchive nach regionalem Prinzip auch weiterhin für sinnvoll hielt, kamen bei der Auflösung der beiden Archivdepots wie überhaupt bei zahlreichen Austauschaktionen und Abgaben des 19. Jahrhunderts kleinere Teile des kurkölnischen wie des Domarchivs nach Pertinenzgesichtspunkten in die Staatsarchive Koblenz und Münster. 1868/69 gelangten Archivalien des Erzstiftes und des Domkapitels aus nassauischem Besitz nach Düsseldorf, und 1816,

1853/54 sowie 1875 gab auch Darmstadt seine von Arnsberg und bei der Teilung 1803 übernommenen Bestände dorthin ab. Immer wieder mußten auch Archivalien, die zum Düsseldorfer Fundus gehörten, angekauft werden.[86] Manches ist schließlich durch Kassationen unwiederbringlich verloren. Am Ende können wir nur mit F.W. Oediger feststellen: *„Es ist gut, daß man sich vor Augen hält, wie zerrissen unsere alten Archive sind",*[87] liegen doch trotz der großen Bestände in Düsseldorf und Köln die Archivalien des Erzstiftes und des alten Domkapitels verteilt in den Staatsarchiven Koblenz und Münster, ferner im Vestischen Archiv Recklinghausen[88], im Archiv des Fürsten zu Wied in Neuwied[89] sowie im Historischen Archiv des Erbistums Köln.[90]

Auf das Archiv des Domstiftes erhoben gleich zwei verschiedene Institutionen Anspruch. Seitens des Kölner Domkapitels war es vor allem der Domkapitular Johann Wilhelm Frenken,[91] der sich 1868-1870 nach der erfolgreichen Rückgewinnung der Dombibliothek nunmehr der Reklamation des alten Domarchivs für das Domkapitel widmete. Doch Frenkens Bemühungen waren trotz seiner guten Begründungen nicht von Erfolg gekrönt, der Oberpräsident der Rheinprovinz, A. von Pommer Esche, lehnte das Ansinnen kategorisch ab.[92] Hingegen hatte ein knappes Jahrhundert später der Kölner Oberbürgermeister H.J. Pünder mit seiner Bitte um Abgabe von Archivalien der Kölner Stifter und Klöster sowie des Domkapitels an die Stadt Köln mehr Erfolg, nicht zuletzt wegen der Gegensätze zwischen den beiden Archivaren W. Kisky und B. Vollmer einerseits und den beiden Städten Köln und Düsseldorf andererseits: Am 27. Oktober 1949 wurden dem Stadtarchiv Köln die gewünschten Bestände als Dauerleihgabe übergeben, darunter auch das Archiv des Domstiftes.[93]

Damit kommen wir zum Ende unserer Reise durch Raum und Zeit, auf der wir die Schicksale der Archive der Kölner Kirche und des rheinischen Kurstaates verfolgen konnten. Wir sahen, welche Bedeutung der Stadt Arnsberg zukam, wieviele Transporte mit Archivalien immer wieder die Abtei Wedinghausen ansteuerten. Was 1794 von den Herren des Domkapitels sicherlich als Provisorium gedacht war, hielt doch weit länger als ein Menschenleben: Solange dauerte es, bis die letzten kölnischen Archivalien Arnsberg verlassen hatten.

Die Bedeutung und den Wert der archivalischen Kostbarkeiten zu vermitteln, die damals ins Sauerland gekommen waren, ist kaum möglich, ohne ganze Findbücher der Bestände auszubreiten. Deshalb sei hier neben dem großen Fassadenplan des Domes stellvertretend für vieles andere die Urkunde über den Verkauf der Grafschaft Arnsberg (1368)[94] genannt, die zudem einen besonderen Bezug zu dieser Stadt hat.

Das Ende des Alten Reiches, die Zerstreuung der Archive, die teilweise bis heute nachwirkt, und die übrigen Ereignisse vor 200 Jahren mag man bedauern oder auch nicht. Mit Dankbarkeit sollten wir aber zur Kenntnis nehmen, daß es gelungen ist, mit den Archiven immerhin einen wesentlichen Teil unseres historischen und kulturellen Erbes zu sichern, woran Arnsberg einen nicht geringen Anteil hat.

Anmerkungen:

1 Toni Diederich, Archivwesen, kirchliches, in: LThK (³1993), Sp. 949-952, hier Sp. 949 (Zitat), 950.

2 Adolf Brenneke, Archivkunde. Ein Beitrag zur Theorie und Geschichte des europäischen Archivwesens, bearb. nach Vorlesungsschriften und Nachlaßpapieren und ergänzt von Wolfgang Leesch, Leipzig 1953, S. 384; Harleß, S. 432f; Oediger, Kurköln, S. 3-5 (Zitat ebd., S. 4).

3 Vgl. dazu den Beitrag über das Domkapitel in diesem Band S. 89 ff..

4 Für das Archiv des Domkapitels vgl. die Hinweise bei Harleß, S. 440-443; für das kurkölnische Hauptarchiv vgl. Oediger, Kurköln, S. 37.

5 Dupuis, S. 98; Oediger, Kurköln, passim; Emil Pauls, Zur Geschichte des Archivs des Rurdepartements in Aachen, in: ZAGV 19 (1897) II, S. 72-92, hier S. 75.

6 Harleß S. 433ff; Paul Clemen, Der Dom zu Köln (= Die Kunstdenkmäler der Rheinprovinz, Band 6: Die Kunstdenkmäler der Stadt Köln, 3. Abtlg.), Düsseldorf ²1938, S. 105, 405; Pläne der Domumgebung: Ebd., S. 41; Judith Breuer, Die Domumgebung im 19. Jahrhundert, in: Hugo Borger (Hrsg.), Der Kölner Dom im Jahrhundert seiner Vollendung, Bd. 2, Köln 1980, S. 244, Abb. 214; vgl. auch das Modell der Domumgebung im Kölnischen Stadtmuseum.

7 Zum folgenden v.a. Harleß, S. 433-440; dort auch die angeführten Zitate.

8 Die erzstiftische Registratur erhielt ihren Namen von dem 1702-1747 von Bonn dorthin ausgelagerten Archiv des Erzstiftes; 1762 wurde der Raum vom Domkapitel als weiterer Registraturraum hinzugenommen, behielt aber seinen Namen nach dem früheren Verwendungszweck.

9 Josef Bayer (Hrsg.), Köln um die Wende des 18. und 19. Jahrhunderts (1770-1830), geschildert von Zeitgenossen, Köln 1912, S. 12f, 44; ferner: Hermann Hüffer, Forschungen auf dem Gebiete des französischen und rheinischen Kirchenrechts nebst geschichtlichen Nachrichten über das Bisthum Aachen und das Domkapitel zu Köln, Münster 1863, S. 247; Frenken, S. 88, 93. Zur Lage des Raumes der Dombibliothek vgl. den Plan bei Martin Seidler, Anton Wolff, Der Kölner Domchor und seine Ausstattung zur Zeit des Kölnischen Krieges, in: Anton Legner (Hrsg.), Verschwundenes Inventarium. Der Skulpturenfund im Kölner Domchor (Ausstellungskatalog), Köln o.J. [1984], S. 79-82; ferner: Clemen, S. 390; Leonard Ennen, der Dom zu Köln, Köln 1872, S. 193; Frenken, S. 52.

10 Ernst Reckers, Geschichte des Kölner Priesterseminars bis zum Untergang der alten Erzdiözese, Köln 1929, S. 234.

11 Dupuis, S. 105; Oediger, Kurköln, S. 274; Rudolfine von Oer, Schicksal und Struktur der erzstiftischen Ständearchive, in: AHVN 168/169 (1967), S. 297-301; Zur vermuteten (aber von Dupuis, S. 105, erwähnten!) Existenz eines gemeinsamen Archivs der kölnischen Landstände vgl. ebd., S. 299, Anm. 11.

12 Oediger, Kurköln, S. 6.

13 Zum folgenden Abschnitt: Braubach, Max Franz, S. 302; Max Braubach, Vom Westfälischen Frieden bis zum Wiener Kongreß (1648-1815), in: Franz Petri, Georg Droege (Hrsg.), Rheinische Geschichte, Bd. 2, Düsseldorf ³1980, S. 219-366, hier S. 328 (Zitat); Hegel, S. 481.

14 Einige Beispiele bei Joseph Hansen, Quellen zur Geschichte des Rheinlandes im Zeitalter der französischen Revolution 1780-1801 (= Publikationen der Gesellschaft für Rheinische Geschichtskunde XLII), Bd. 3, Bonn 1935, S. 184, 197 (Kirchenschätze und Archiv des Kurfürstentums Trier; Aachener Münsterschatz; Düsseldorfer Gemäldegalerie). Vgl. auch Ingeborg Schnelling, Die Archive der Kurtrierischen Verwaltungsbehörden 1768-1832 (= Veröffentlichungen des Bistumsarchives Trier 28), Trier 1993.

15 AEK, CR 6.13,1, fol. 47 (Bestandteil dieser im folgenden häufiger zitierten Akte sind zwei beigeheftete Konvolute (fol. 1-32 und fol. 33-53) mit Abschriften aus den Akten der Organisationskommission zu Arnsberg, die heute im Staatsarchiv Münster (Bestand Großherzogtum Hessen) zu finden sind (vgl. Kohl/Richtering, S. 51). Diese Abschriften wurden 1826 dem Kölner Erzbischof Spiegel vom preußischen Kultusminister Altenstein zur Verfügung gestellt (vgl. AEK, CR 6.13,1, fol. 66) und später von dem Domkapitular Frenken bei der Rückforderung der Dombibliothek benutzt (vgl. die Vermerke Frenkens im Aktenindex zu CR 6.13,1). Offensichtlich handelt es sich hier um die bei Witte, S. 145 genannten 'Frenken Akten', Bd. I und II"); HAStK, Domstift, Akten 314, fol. 352 (Zitat); Frenken, S. 2f; Witte, S. 144, 146.

16 Lohmann, Domkapitel, S. 83, Anm. 2 und S. 129 (Zitat); Harleß, S. 444.

17 Raymund Kottje, Das Stift St. Quirin zu Neuß von seiner Gründung bis zum Jahre 1485 (= Veröffentlichungen des

18 Historischen Vereins für den Niederrhein 7), S. 4f; vgl. Harleß, S. 448.

18 Dupuis, S. 105; Oediger, Kurköln, S. 274. Das ritterschaftliche Archiv gelangte wohl zusammen mit Archivalien des Domkapitels über Frankfurt und Bamberg nach Prag und von dort zurück nach Arnsberg, wo es 1803 zusammen mit den beiden anderen weltlichen Ständearchiven (deren Verbleib zwischen 1794 und 1803 unklar ist) verteilt wurde (AEK, CR 6.13,1, fol. 47; Harleß, S. 448; zu den einzelnen Transporten und der Teilung von 1803 vgl. unten).

19 Vgl. die Hinweise bei Harleß, S. 448.

20 HAStK, Domstift, Akten 315, fol I 27; Nattermann, S. 66.

21 Angaben nach dem Totenzettel Boeckers (mit teilweise unrichtigen Angaben; der Totenzettel ist im Besitz von Frau Ingrid Marie-Theres Knierbein, Köln; vgl. ferner: Herbert M. Schleicher, 80.000 Totenzettel aus Rheinischen Sammlungen (= Veröffentlichungen der Westdeutschen Gesellschaft für Familienkunde e.V. NF 37), Bd. 1, Köln 1987, S. 254) und nach: AEK, Sammlung Roth 2; Joseph Jansen, Friedrich Wilhelm Lohmann, Der Weltklerus in den Kölner Erzbistums-Protokollen. Ein Necrologium Coloniense 1661-1825, Köln 1935, S. 143 (B 995); Ulrike Nyassi, Mechthild Wilkes (Bearb.), Die Matrikel der Universität Köln (= Publikationen der Gesellschaft für Rheinische Geschichtskunde VIII), Band 5, Düsseldorf 1981, S. 687 (804, 189); Joachim Deeters, Der Nachlaß Ferdinand Franz Wallraf (= Mitteilungen aus dem Stadtarchiv von Köln 71), Köln 1987, S. 16-17 (Nachweis der Korrespondenz zwischen Boecker und F.F. Wallraf). Über Boeckers Schrift „Geschichte der ersten Ueberbringung der ... Reliquien der hh. drey Könige" vgl. unten im Katalog D 20, S. 255

22 AEK, CR 8 A 1.1,1, fol. 220-221 (Bericht Splinters vom 21.5.1828); vgl. Reckers (wie Anm. 10), S. 234.

23 Frenken, S. 3.

24 Frenken, S. 3, 48.

25 Harleß, S. 441, Anm. 1.

26 Dazu im einzelnen: Richard Büttner, Die Säkularisation der Kölner geistlichen Institutionen. Wirtschaftliche und soziale Bedeutung und Auswirkungen (= Schriften zur Rheinisch-Westfälischen Wirtschaftsgeschichte 23), Köln 1971, S. 77, 166; Harleß, S. 17, 25-29.

27 AEK, CR 6.13,1, fol. 47; Harleß, S. 447; Nattermann, S. 64; Witte, S.146f.

28 HAStK, Domstift, Akten 315, fol. I 6.

29 Ebd., fol I 20, 22, 48; CR 6.13,1, fol. 47; Harleß, S. 447f; Nattermann, S. 66f.

30 Witte, S. 147.

31 Zum folgenden: HAStK, Domstift, Akten 315, fol. I 7 (Zitat), 18, 29, 51 (Zitat), 72, 109, 171f; Harleß, S. 448; Nattermann, S. 66f.

32 Braubach, Vom Westfälischen Frieden bis zum Wiener Kongreß (wie Anm. 13), S. 328.

33 AEK, CR 6.13,1, fol. 47; HAStK, Domstift, Akten 315, fol. II 115, 125-132, 145; Leonard Ennen, Zeitbilder aus der Geschichte der Stadt Köln, mit besonderer Rücksicht auf Ferdinand Franz Wallraf, Köln 1857, S. 213; Frenken, S. 40; Harleß, S. 448f; Nattermann, S. 68; Witte, S. 146f. In Details machen die genannten Autoren durchaus widersprüchliche Angaben. Witte gibt z.B. in Prag 52 (statt 54) Kisten an, eine Differenz, die möglicherweise durch eine im Sommer 1801 erfolgte Ablieferung von Prag nach Wedinghausen zustandekommt (dazu: Harleß, S. 449, mit Anm. 1).

34 Braubach, Max Franz, S. 308, 316; Werner Hesse, Geschichte der Stadt Bonn während der französischen Herrschaft (1792-1815), Bonn 1879, S. 27; Lohmann, Archiv, S. 177. Zu Esser vgl. unten S. 199ff.

35 AEK, Nachlaß Wurzer 6 (dort auch mehrere Listen und Verzeichnisse des Transportgutes), 20, S. 181-184; HStAD, Kurköln II 3253 v.a. fol. 78-82, 87-89; Braubach, Max Franz, S. 316f.

36 Zu Dupuis vgl. unten S. 197 f.

37 AEK, Nachlaß Wurzer 6, 20, S. 177f, 188, 196; HStAD, Kurköln II 3253 v.a. fol. 84-85, 116-118, 127-137, 147-151; Braubach, Max Franz von Österreich. Letzter Kurfürst von Köln und Fürstbischof von Münster, Münster 1925, S. 281, Anm.1; Lohmann, Archiv, S. 177.

38 AEK, Nachlaß Wurzer 6.

39 Zu Wurzer vgl.unten S. 237 ff. Die Erinnerungen Wurzers sind heute Teil des Nachlasses Wurzer im AEK (AEK, Nachlaß Wurzer 20).

40 AEK, Nachlaß Wurzer 20, S. 182f. Wurzer nennt Dorsten als Ausgangsort des Transportes (ebd.); aus der schriftlichen Order und den Verzeichnissen der transportierten Kisten (AEK, Nachlaß Wurzer 6) ergibt sich jedoch eindeutig Recklinghausen als Ausgangsort (vgl. auch die Angaben bei Braubach, Max Franz, S. 316).

41 Ebd., S. 196f, 202.

42 AEK, Nachlaß Wurzer 6.

43 HStAD, Kurköln II 3253, fol 259 (Zitat); Kurköln II 5864, fol 183;Braubach, Max Franz, S. 380-383; Frenken, S. 37; Lohmann, Archiv, S. 177. Die Bibliothek, das Silber und die Möbel des Kurfürsten blieben in Hamburg und wurden dort 1808 versteigert (Frenken, S. 38; E. Podlech, Geschichte der Erzdiözese Köln, Mainz 1879, S. 526).

44 AEK, Nachlaß Wurzer 20, S. 274; Frenken, S. 38; Lohmann, Archiv, S. 177; vgl. HAStK, Domstift, Akten 317, fol 186.

45 Schöne, S. 23; Kohl/Richtering, S. 38.

46 Zur hessischen Verwaltung vgl. insbes. Schöne S. 37-41; Kohl/Richtering, S.38-40.

47 AEK, CR 6.13,1, fol. 2 (S.3).

48 AEK, CR 6.13,1, fol. 2 (S.3); Frenken, S. 7. Zu Tillman vgl. auch: HAStK, Domstift, Akten 315, fol. I 172; Lohmann, Domkapitel, S. 83, Anm. 2.

49 Harleß, S. 28.

50 Frenken S. 38; vgl. AEK, Nachlaß Wurzer 20, S. 275; Lohmann, Archiv, S. 177.

51 Harleß, S. 23.

52 AEK, CR 6.13,1, fol. 33.

53 Ebd., fol. 41.

54 AEK, CR 6.13,1, fol. 33-43; Frenken, S. 38-40; Harleß, S. 23; Kottje (wie Anm. 17), S. 5f; Witte, S. 158. Von den Archivalien dieses Fundes wurde lediglich das Neusser Archiv zusammen mit einigen Akten des Domkapitels nach Darmstadt geschickt (vgl. AEK, CR 6.13, 1, fol. 50f; Frenken, S. 39; Harleß, S. 24; Kottje (wie Anm. 17), S. 5).

55 Vgl. die Erörterungen bei Frenken, S. 47f.

56 Frenken, S. 40-47; Harleß, S. 24. In Seligenstadt fand zunächst von hessischer Seite eine Aussonderung der Wertgegenstände statt (dazu im einzelnen Frenken, S. 44, 46f).

57 Konstantin Schultheis, Erläuterungen zum Geschichtlichen Atlas der Rheinprovinz, Bd 1: Die Karten von 1813 und 1818 (= Publikationen der Gesellschaft für Rheinische Geschichtskunde XII,5), Bonn 1895, S. 79; Lohmann, Domkapitel, S. 70. Zum juristischen Hintergrund der Aufteilung von Eigentum des Domkapitels unter den Nachfolgestaaten des Erzstiftes vgl. ebd., S. 63.

58 Die Abgabe nach Nassau-Usingen umfaßte v.a. die über Prag mit nach Darmstadt gelangten erzstiftischen Archivalien (vgl. oben).

59 Frenken, S. 48-50; Harleß, S. 24f. Die Differenz zwischen den 41 in Darmstadt angekommenen und den insgesamt verteilten 44 Kisten (14+2+2+1+25) kam wohl durch Um- und Neuverpackungen zustande (vgl. Harleß, S. 25, A. 2).

60 Harleß, S 25-27 (hier auch Näheres zu den Verhandlungen zwischen Hessen und Frankreich); Dupuis, S. 98; Frenken, S. 102; Oediger, Kurköln, S. 8; Pauls (wie Anm. 5), S. 75 (mit Überblick über die nach Frankreich abgegebenen kurkölnischen Archivalien).

61 Dupuis, S. 105; vgl. Oediger, Kurköln, S. 274; von Oer (wie Anm. 11), S. 298-301 (dort auch zum weiteren Verbleib dieser Archive).

62 Frenken, S. 56-58 (vgl. jedoch dazu S. 106-108). Zu Alfter und seiner Sammlung vgl. Frenken, S. 55, 103, 106; Oediger, Kurköln, S. 14 (mit weiteren Literaturangaben); E. von Oidtman, Die Sammlung des Kanonikus Bartholomäus Joseph Blasius Alfter, + Köln 1808, in: Mitteilungen der Westdeutschen Gesellschaft für Familienkunde, Bd. 2 (1918-1921), S. 193-197, 225-233.

63 Dupuis, S. 98; vgl. ebd., passim, die Übersicht über die Arnsberger Archivbestände.

64 Angaben in diesem Abschnitt, soweit nicht anders erwähnt, nach: Herbert Rode, Zur Auffindung des Domplanes in Darmstadt, in: Kölner Domblatt 10 (1955), S. 140-144; Herbert Rode, Die gotische Kathedrale, in: Der Kölner Dom. Bau- und Geistesgeschichte. Kölner Domblatt 11 (1956), S. 27-44; Klaus Niehr, „Ansichten, Risse und einzelne Teile ...". Abbildungen des Kölner Domes als Dokumente früher Kunstgeschichte, in: Kölner Domblatt 55 (1990), S. 167-200, hier insbes. S. 169-171.

65 Zu Boisserée vgl.: Wolfgang Braunfels, Sulpiz Boisserée (1783-1854), in: Rheinische Lebensbilder 4 (1970), S. 159-174 (mit weiterer Literatur); Hans-J. Weitz, Sulpiz Boisserée. Tagebücher 1808-1858, Bd. 1 (1808-1823), Darmstadt 1978.

66 Dazu insbes.: Frenken, S. 47; Hüffer (wie Anm. 9), S. 249.

67 AEK, MK 326 (Boisserée an den Dompfarrer Du Mont, 22.1.1816), veröffentlicht in: Kölner Domblatt Nr. 317 (1879). Zu Wailly vgl. Max Braubach, Verschleppung und Rückführung rheinischer Kunst- und Literaturdenkmale 1794 bis 1815/16, in: AHVN 176 (1974), S. 93-153, hier S. 95, 99.

68 Zu den Domplänen B, C, D, E, E1, die als Bestandteile des Bauarchivs am Dom das gleiche Schicksal wie dieses erlebten, später aber von Wallraf und Boisserée erworben wurden vgl. Rode, Die gotische Kathedrale, (wie Anm. 64), S. 31-32.

69 Dazu insbes. Vermerk Boisserées auf der Rückseite des Risses, Abschriften in: AEK, MK 326; Kölner Domblatt 8/9 (1954), S. 171f; vgl. Sulpiz Boisserée, Geschichte und Beschreibung des Domes von Köln, München ²1842, S. 108; Frenken, S. 48.

70 Brief Mollers an Rabe, zitiert in: Kölner Domblatt Nr. 318 (1879).

71 Mathilde Boisserée, Sulpiz Boisserée, Bd. 1, Stuttgart 1862, S. 230.

72 Boisserée (wie Anm. 69), S. 107.

73 Hegel, S. 496-498, 537; Franz Anton Höynck, Köln in Arnsberg. Aus den letzten Zeiten des alten Erzbistums Köln, in: Der katholische Seelsorger 13 (1901), S. 429-478, 524-528, 574-580, hier S. 575; Lohmann, Domkapitel, S. 29.

74 HStAD, Kurköln II 5723, fol 4.

75 Dieser Termin ergibt sich eindeutig aus den Generalvikariatsprotokollen, wonach sich das Generalvikariat am 14.6.1804 noch in Arnsberg, am 16.6. aber bereits in Deutz befand (AEK, GVP 143, fol. 173f; vgl. Höynck (wie Anm. 73), S. 575). Das bei Lohmann, Domkapitel, S. 133, angegebene Datum ist falsch.

76 Dazu im einzelnen: Lohmann, Vikariat, S. 42; Peter Simons, Illustrierte Geschichte von Deutz, Kalk, Vingst und Poll, Cöln-Deutz 1913, S. 65, 249.

77 Hegel, S. 537.

78 Lohmann, Vikariat, S. 42. Der Fuhrmann Friedrich Clute-Simon war derselbe, der bereits 1794 verschiedene Domschätze und 1803 die Dreikönigsreliquien transportiert hatte (ebd., S. 43).

79 Zum folgenden: Lohmann, Vikariat, S. 42f; Schöne, S. 116.

80 Lohmann, Vikariat, S. 42.

81 Schöne, S. 116.

82 Hegel, S. 537; Lohmann, Domkapitel, S. 29; Lohmann, Vikariat, S. 44f.

83 Folgende Bestände im Historischen Archiv des Erzbistums Köln (AEK) sind wahrscheinlich Teile des alten Generalvikariatsarchives: Erzbistum Köln (E), GVP, WBP, Christianitäten, Monasteria, Bergische Mission. Zur Rückführung der Archivbestände des Generalvikariat aus Deutz, zunächst in die Räume der alten Dombibliothek im Dom, vgl. HStAD, Akten des Provinzialarchivs zu Aachen, nacher Köln 11.

Die bei Lohmann, Archiv, S. 177 und Oediger, Kurköln, S. 10 erwähnte Übergabe von Akten des alten Generalvikariats seitens der preußischen Regierung an den Erzbischof konnte nicht nachgewiesen werden; möglicherweise liegt hier eine Verwechselung mit den Papieren des Essener Offizialates vor, die 1826 in die Obhut des Erzbischofes kamen (heute Bestand Assindia im AEK; vgl. dazu: Reimund Haas, „Ihrem Schicksal überlassen..." oder „Verkauf", staatskirchliche Aufteilungsverhandlungen über die Essener Offizialatspapiere aus dem Nachlaß des letzten Stiftsoffizials Alois Brockhoff († 1825) in: Baldur Hermans (Hrsg.) Zeugnis des Glaubens – Dienst in der Welt. Festschrift für Franz Kardinal Hengsbach, Mülheim/Ruhr 1990, S. 295-326).

84 Bernhard Vollmer, Die Neugründung des Staatsarchivs zu Düsseldorf im Jahre 1832 und seine weitere Entwicklung, in: Nachrichtenblatt für rheinische Heimatpflege Heft 11/12, 3. Jahrgang (1931/1932), S. 365-385; Friedrich Wilhelm Oediger, Landes- und Gerichtsarchive von Jülich-Berg, Kleve-Mark, Moers und Geldern. Bestandsübersichten (= Das Staatsarchiv Düsseldorf und seine Bestände, Bd. 1), Siegburg 1957, S. 3-44; Dieter Scriverius, Geschichte des Nordrhein-Westfälischen Hauptstaatsarchivs (= Veröffentlichungen der staatlichen Archive des Landes Nordrhein-Westfalen Reihe C: Quellen und Forschungen, Band 14), Düsseldorf 1983, hier insbes. S. 7-22. Ebd. auch zum folgenden.

85 Dazu auch: Hüffer (wie Anm. 9), S. 251, sowie die Miszelle in: Bonner Jahrbücher 47-48 (1869), S. 205-207.

86 Theodor Ilgen, Rheinisches Archiv. Wegweiser durch die für die Geschichte des Mittel- und Niederrheins wichtigen Handschriften (= Westdeutsche Zeitschrift für Geschichte und Kunst. Ergänzungsheft II), Trier 1885, S. 12, Anm.1 nennt dazu das Beispiel von 409 Urkunden des Domstiftes, die 1841 aus dem Nachlaß des Domarchivars Wallraf angekauft wurden.

87 Oediger, Landes- und Gerichtsarchive (wie Anm. 83), S. VIII.

88 Vgl. dazu: Werner Burghardt, Bestandsübersicht des „Herzoglich Arenbergischen Archivs" im Vestischen Archiv Recklinghausen, in: Vestisches Jahrbuch 64 (1962), S. 115-134.

89 Vgl. dazu: Fürstlich Wiedische Rentkammer (Hrsg.), Fürstlich Wiedisches Archiv zu Neuwied. Urkundenregesten und Akteninventar, Neuwied 1911.

90 Der Bestand „Domarchiv" im AEK umfaßt u.a. Teile des alten Domarchivs (bis 1825) aus dem Besitz des Köln Domkapitels; die Geschichte dieses Bestandes im einzelnen ist geklärt. Offensichtlich handelt es sich hier um die 1794 in Köln zurückgelassenen Reste der Archive des Domkapitels, die von den Franzosen eingezogen (vgl. oben) und später an den Dom zurückgegeben wurden (vgl. dazu: AEK, MK 520).

91 Zu Frenken vgl. Norbert Trippen, Johann Wilhelm Frenken (1809-1887), in: Rheinische Lebensbilder 5 (1973), S. 113-133; zur Dombibliothek vgl. S. 153 ff im vorliegenden Band.

92 AEK, MK 112 (Kapitelsprotokolle), S. 52, 54, 65, 76; MK 519; AEK, CR 6.13,2 und CR 6.13,3, fol. 3-5.

93 Dazu im einzelnen: Scriverius (wie Anm. 83), S. 76-80.

94 HAStK, Domstift, Urk. K/1260; REK VII, 821, vgl. Abb. S. 161.

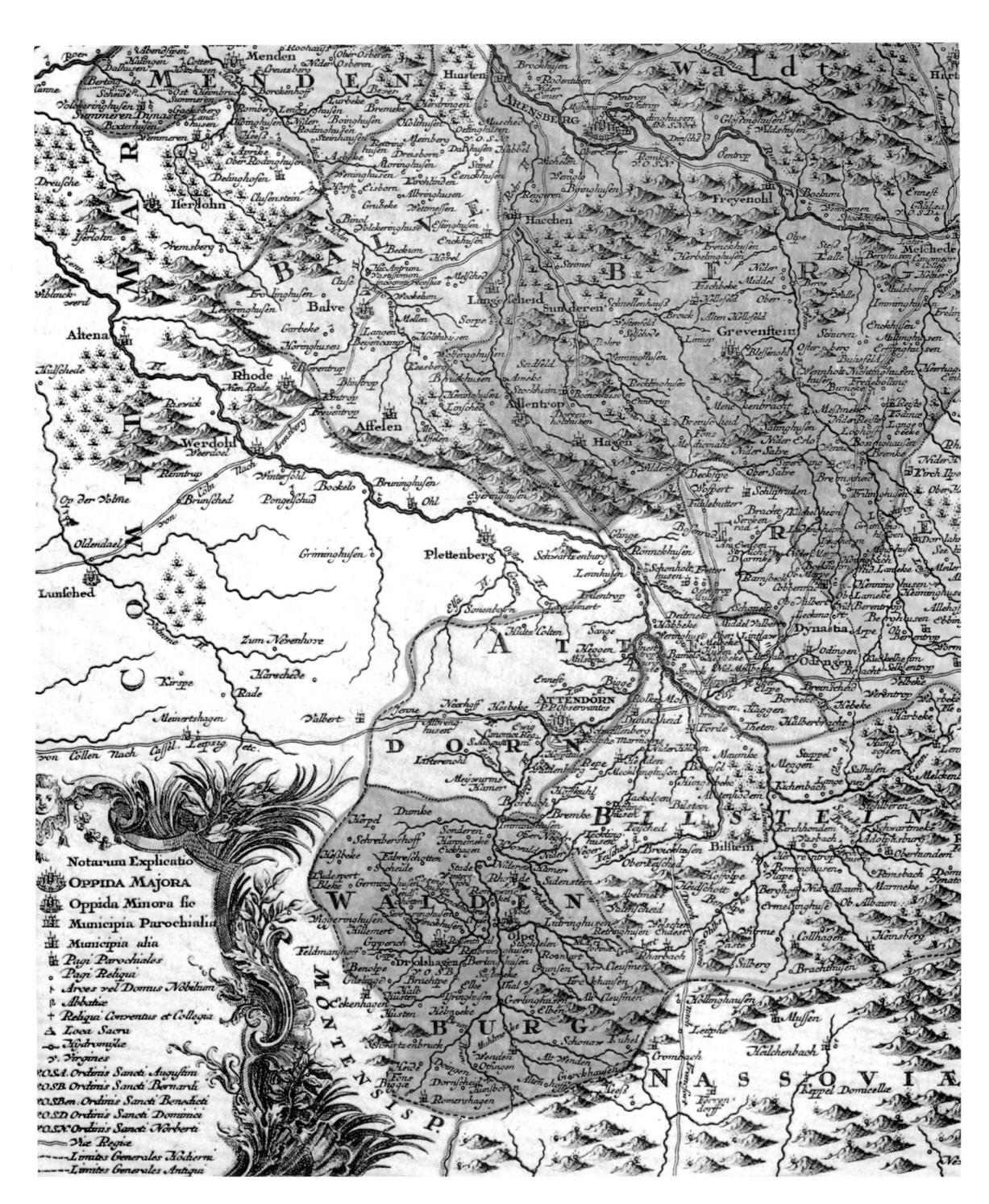

Verbindungswege zum Rheinland im Herzogtum Westfalen (vor 1740)
Kartenausschnitt aus: „Ducatus Westphaliae nova mappa Geographica..." von Matthäus Seutter, Augsburg vor 1740

Verbindungswege zwischen Köln und Arnsberg 1804 ▶

Fluchtwege und Fuhrleute - Wege der Kölner Domschätze im Sauerland

Michael Gosmann

Viel ist gemutmaßt worden über die Wegstrecken, die die Kölner Domschätze und die Reliquien aus dem Schrein der Hl. Drei Könige im Jahre 1794 von Köln aus ins Sauerland und fast zehn Jahre später zurück an den Rhein genommen haben. Gerade im kurkölnischen Sauerland hat sich die Erinnerung an diese Flucht bis zum heutigen Tage lebendig erhalten. Sie wurde mit vielen Legenden ausgeschmückt.[1]

Schon im Sommer des Jahres 1794 traf man am Rhein erste Vorbereitungen, um im Falle der Gefahr Schätze, Reliquien, Archive, Bibliotheken, kostbare Möbel und wertvolle Lagerbestände (z.B. Wein) von Köln bzw. Bonn aus ins Rechtsrheinische zu flüchten. Naturgemäß gingen die Vorbereitungen gerade bei besonders kostbarer Fracht unter weitgehender Geheimhaltung vor sich. Daher ist die Fluchtstrecke für die wertvollsten Güter, den Dreikönigenschrein und die Reliquien der Hl. Drei Könige, von Köln nach Arnsberg nur zu erschließen. Immerhin mußten Dutzende von Fuhren durchgeführt werden, bis alles Fluchtgut an den westfälischen Bestimmungsorten angelangt war. Zur Wegschaffung all der Pretiosen und wichtigen Papiere waren also viele verschiedene Fuhren bzw. Fuhrwagen notwendig. Ausgeschlossen ist, daß nur ein Fuhrmann damit beauftragt wurde. Verständlich ist auch, daß wahrscheinlich nicht nur eine Route für die Flucht der Kostbarkeiten in Frage kam.

Eine Wegstrecke vom rheinischen Erzstift über kurkölnisches Gebiet bis in die westfälischen Teile des Kölner Kurstaates existierte nicht. Es gab keine territoriale Verbindung zwischen den einzelnen Teilen des Kurfürstentums (vgl. Karte auf S. 43). Man versuchte daher bei heiklen Frachten vom Rhein aus auf dem kürzesten Weg durch die fremden Territorien (Herzogtum Berg, Grafschaft Mark) zu gelangen, um möglichst schnell wieder kurkölnischen Boden zu erreichen. Wie auf alten Karten zu sehen, kamen dafür nur wenige Verbindungswege zwischen dem Herzogtum Westfalen und dem Rhein in Frage. Die wichtigsten Verbindungen sind auf der Karte von 1804 eingezeichnet (siehe Ausschnitt unten!).[2] Meistens folgte der Fuhrmann von Köln aus zuerst der sogenannten „Heidenstraße" bis Wipperfürth und zog dann entweder nördlich in Richtung Lüdenscheid oder südlich über Meinerzhagen weiter. Bei der südlichen Route erreichte man östlich von Valbert, bei der nördlichen Route bei Küntrop die Grenze des Herzogtums Westfalen:[3]

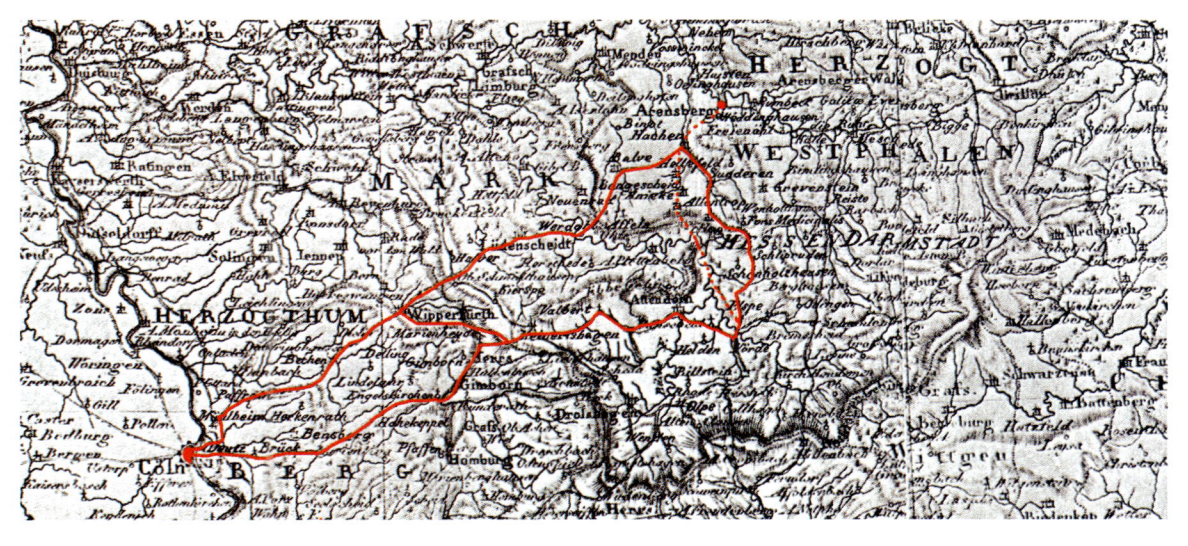

Süd-Route über Meinerzhagen und Valbert:
Köln-Deutz-Wipperfürth-Meinerzhagen-
Valbert-Albringhausen-Nierhof/Listerscheid-
Attendorn-Schnellenberg-Niederhelden-
Grevenbrück-
    a) Rönkhausen-Lenscheid-Allendorf-
    b) Faulebutter-Sundern-
        Hachen-Wennigloh-Arnsberg
Nord-Route über Lüdenscheid und Küntrop:
Köln-Deutz-Wipperfürth-Lüdenscheid-
Werdohl-Küntrop-Balve-Hachen-Wennigloh-
Arnsberg

Alte Karten des Herzogtums Westfalen sind zwar nicht in jeder Hinsicht zuverlässig, manchmal sind z.B. vorhandene Verbindungswege nicht eingezeichnet. Sie zeigen aber deutlich den Routenverlauf, dem man insgesamt trauen darf. Diese Wege werden auch die Frachtwagen mit den Kölner Domschätzen benutzt haben (vgl. Kartenausschnitte auf den vorhergehenden Seiten).

Die Wegeverläufe lassen sich mit den Angaben aus Legenden und Erzählungen im allgemeinen gut in Einklang bringen. So weisen z.B. auf die Flucht der Reliquien ein silbernes Medaillon in der Kapelle zu Grotewiese bei Valbert, die Erzählung über die Herberge der Domschätze auf dem Nierhof bei Listerscheid und die Inschrift an einem Haus in Allendorf hin.[4]

Weniger verständlich ist die Überlieferung, daß die sogenannte „Dreikönigsbrücke" von den Reliquien berührt worden sein soll. Diese steinerne Brücke im Totenohl bei Saalhausen/Gleierbrück können die Schätze eigentlich nur bei einem von Arnsberg nach Süden gerichteten Transport oder einen nach Norden verlaufenden Rücktransport passiert haben. Dabei bietet es sich an, daß dies bei der Überführung des Dreikönigenschreines von Arnsberg nach Frankfurt im August 1802 geschehen ist.

Wie verschiedene Beiträge im vorliegenden Band deutlich machen, sind während der Jahre 1794-1803 nicht alle Schätze dauerhaft in Arnsberg verblieben.[5] Vieles wurde im ganzen Deutschen Reich, ja sogar bis nach Prag hin, ausgelagert. Solche „Verschickungen" in andere, vermeintlich sicherere Orte (u.a. Hamburg, Minden, Fulda, Bamberg, Paderborn, Soest, Frankfurt) haben in diesen Jahren mehrfach stattgefunden. Vieles kam früher oder später auch wieder nach Arnsberg zurück. Man kann fast von einem „Schatztourismus" sprechen. Offenbar - aber nicht nur - waren davon in erster Linie materiell wertvolle Stücke betroffen. Wahrscheinlich wollte das Domkapitel die gewaltige Menge der in Arnsberg gelagerten Schätze reduzieren, um das Risiko eines Gesamtverlustes zu verringern.

Wir wissen nichts von einer Auslagerung der eigentlichen Reliquien der Hl. Drei Könige von Arnsberg in andere Orte. Es erscheint hingegen sicher, daß die Reliquien, die nicht mit dem kostbaren Schrein zusammen verpackt waren, sondern in zwei ineinandergestellten, versiegelten hölzernen Kästen aufbewahrt wurden, die ganzen Jahre über im Kloster Wedinghausen aufbewahrt worden sind. Es mögen also bei Orten, von denen die lokale Tradition als „Dreikönigsorte" spricht, verschiedene Faktoren im Spiel sein. Es könnte sich um einen der zahlreichen Transporte handeln, die im Verlauf der Jahre 1794-1803 Teile des Domschatzes oder sogar den kostbaren Dreikönigenschrein selbst an andere Orte brachten oder zwischenzeitlich zurück nach Arnsberg transportierten. Sicherlich wurden mehrere sauerländische Orte dabei berührt.

Im Gegensatz zur Flucht in das Sauerland 1794 sind wir von der Rückführung der Reliquien der Hl. Drei Könige von Arnsberg nach Köln relativ genau unterrichtet.[6] Der kostbare Dreikönigenschrein war - arg ramponiert - schon im Juni 1803 von Frankfurt per Schiff nach Köln zurückgekehrt. Nun bemühte man sich von Köln aus bei dem Landgrafen von Hessen-Darmstadt und bei der landgräflichen Regierung in Arnsberg um die Herausgabe der Reliquien. Nicht nur die Gebeine der Hl. Drei Könige, sondern auch die der Heiligen Felix, Nabor und Gregor von Spoleto ruhten im Dreikönigenschrein. Am 9. Dezember 1803 trafen die zu ihrer Rückführung nach Köln Bevollmächtigten, der ehemalige Domvikar Heinrich Nettekoven und der Rektor der Kölner Domschule Friedrich Joseph Richarz in Arnsberg ein. Nach Erledigung der Formalitäten wurde am 10. Dezember 1803 der hölzerne Reliquienkasten aus der Wedinghauser Sakristei in das Archivzimmer übertragen.[7] In Anwesenheit mehrerer Zeugen fand eine feierliche Inventarisation des versiegelten Behälters statt. Am Tage darauf traten die Bevollmächtigten mit den Reliquien die Rückreise nach Köln an. Zur ersten Nacht quartierte man sich in Balve im Hause des Bürgermeisters Glasmacher ein. Am folgenden Tag zog man bis zum Vogelsberg vor Lüdenscheid weiter und übernachtete dort. Die dritte Nacht wurde zu Werhahn verbracht[8] und am 14. Dezember gelangte der Zug in der Deutzer Abtei an. Die Reliquien wurden in der Hauskapelle des Abtes aufbewahrt. Erst am 4. Januar 1804 überführte man sie auf die stadtkölnische Rheinseite in die Sakristei des Domes. Am 6. Januar, dem Dreikönigstag, wurden die Gebeine in einer feierlichen Prozession innerhalb des Domes Köln an ihre alte Ruhestätte übertragen.

Wie oben schon erwähnt, kann nicht nur ein Fuhrmann aus dem Sauerland die vielen Transporte übernommen haben.[9] Ganze Familien waren als „Spediteure" bekannt und bestritten als Boten und Fuhrleute ihren Lebensunterhalt. In der Zeit ab 1794 hatten sie alle Hände voll zu tun, um die vielen Fuhren vom Rheinland nach Westfalen zu bewältigen. Flüchtende und Emigranten waren ihnen oft ausgeliefert und mußten jeden Preis zahlen, um mit Sack und Pack in Sicherheit gebracht zu werden. *„Die Herrn Westphälinger wissen schon von ihren Mitbürgern vom Rhein zu profitieren"* bemerkte der nach Arnsberg geflohene Geheimrat von Pelzer am 8. Juni 1795 in einem Brief an seine Frau in Bonn.[10]

Die Westfalen haben, wie Pelzer schon andeutet und wie man es auch anderswo deutlich finden kann, an der Not der rheinischen Mitbürger verdient. Viele nutzten die Situation aus, die Fuhren waren teuer und wurden immer teurer, die Fracht wurde nicht termingerecht gefahren, Beschädigungen traten auf, ja es gingen sogar Güter verloren. Natürlich gab es zuverlässige und unzuverlässige Fuhrleute. Immer wieder ist in Klagen darüber die Rede.

Man fragt sich in diesem Zusammenhang, warum gerade ein Name, der des Fuhrmannes Friedrich (Clute) gnt. Simons (1762-1842) aus Allendorf, immer wieder und über 200 Jahre hinweg positiv genannt wird. Eine gewisse „Verherrlichung" seiner Person schien im heimischen Raum stattgefunden zu haben.

Ohne Zweifel hat Friedrich Simons aus Allendorf einen außerordentlich regen Handelsverkehr zwischen dem Sauerland und der rheinischen Metropole Köln vermittelt. Es haben sich einige Briefe[11] aus den Jahren 1796-1801 an den Protonotar Mathias Joseph Leinen erhalten. Er hielt sich zusammen mit seiner Schwester Margarethe in Arnsberg auf.[12] Aus den Schreiben geht hervor, daß Friedrich Simons häufig in Köln beschäftigt war, um Transporte und Aufträge der in Arnsberg anwesenden Rheinländer zu erledigen. Offenbar besaß er eine Art Vertrauensstellung. Im Jahre 1798 ist er nachweislich mindestens fünfzehn Mal in Köln gewesen und - die Absendedaten einiger Briefe legen das nahe - manchmal sogar zwei mal pro Woche. Aber nicht nur das erfahren wir aus den Briefen. Simons brachte westfälischen Schinken, Schweinefleisch, Eingemachtes und vieles mehr in das Rheinland und lieferte im Gegenzug Wein, Zucker, Kaffee, Stoffe und anderes an die rheinischen Beamten und Domkapitulare in Arnsberg. Er übermittelte mündliche Botschaften, die nicht aufgeschrieben werden sollten und hielt den Kontakt zwischen den Rheinländern und den „kölnischen Arnsbergern" aufrecht.[13]

Nicht immer waren die Boten und Fuhrleute unbedingt zuverlässig. So erfahren wir von dem Fall, daß eine höchstwichtige, eilige Nachricht innerhalb eines Tages - um einer anderen zuvorzukommen - von Köln nach Arnsberg übermittelt werden sollte. Der schnelle Bote - Heller junior - wurde von seinem Auftraggeber noch bis zur Rheinbrücke begleitet und ihm noch einmal die Dringlichkeit der Nachricht eingeschärft. Der Neffe des Protonotars Leinen schilderte: *„Ich eilte also gleich zu dem bestellten Expressen, nämlich zu dem sogenannten Heller (welcher mit mir von Arnsberg hierher gereist) und übergab selbigen den Brief um selbigen Euch zu überbringen, damit ich ganz versichert seie, ging ich selbsten mit bis an die Rheinbrücke, sagend, er möge den Brief nur gut besorgen. Er versprach mir, den 16., also des anderen Tages, wollte er zu Arnsberg sein und alles gut besorgen. Was geschah? Mein bestellter Expressen ginge bis ins Bergische und bliebe allda den ganzen Tag liegen. Am 15. abends neun Uhr starb der Herr Vikar Mainz und am 16. morgens 7 Uhr fertigte die Familie Eschenbrendisch ihren Expressen aus, und dieser war der Vater meines Expressen. Mit diesem haben sie auch unsere Briefe erhalten - Sie präsentierten also allda die Suplik meines Herrn Oheim, nachdem die Collation für Herrn Overbach schon ausgefertigt (war) - also eine Lehre für uns für die Zukunft -."* Die eilige Nachricht wurde also später als diejenige, der man zuvorkommen wollte, am Bestimmungsort abgeliefert, erst nachdem in der fraglichen Sache schon zugunsten eines Konkurrenten entschieden war.[14]

Ganz anders scheint Friedrich Simons seine Aufgaben wahrgenommen zu haben. Offenbar konnte man sich vollkommen auf ihn verlassen. Der Neffe des Protonotars Leinen schreibt am 28.10.1798 aus Köln: *„...Mit Simons hats in betreff der geforderten Fracht seine Richtigkeit, selbige ist ihm dahier nicht zahlt worden - der Mann scheint doch ein ehrlicher Westphälinger zu sein, denn vorhin für mitgebrachte Kleinigkeiten hab ich ihm oft nichts zahlt."* Das positive Bild, das sich über zwei Jahrhunderte von Friedrich Simons erhalten hat, ist also nicht unbegründet. Nicht umsonst wird das Kölner Domkapitel diesem Fuhrmann aus Allendorf und seinen Leuten den Transport wichtiger

Teile der Domschätze und der Reliquien der Hl. Drei Könige von Köln nach Arnsberg im Jahre 1794 - und dann im Jahre 1803 zurück - anvertraut haben. [15]

Anmerkungen:

1 Folgende Arbeiten haben sich mit dieser Frage beschäftigt und wurden für diesen kleinen Beitrag berücksichtigt: Boos, Karl: Fluchtweg, a.a.O.; derselbe: Könige im Sauerland, a.a.O.; Boecker, Wilhelm Heinrich: Überbringung, a.a.O.; Glasmacher, Engelbert: Drei Könige in Balve, a.a.O.; Koppel, Heinrich: Dreikönigsschrein, a.a.O.; derselbe: Reliquien, a.a.O.; Nowak, Bernd, a.a.O.; Padberg, Magdalena: Sauerland, a.a.O. S. 23-27; dieselbe: Drei Könige, a.a.O.; Riering, Allendorf, a.a.O., S. 85ff.; Senger, Michael: Hinweise, a.a.O.; Féaux de Lacroix, Arnsberg, a.a.O., S. 479f.

2 „Charte vom Westphälischen Kreise" von Daniel Gottlob Reymann nach Le Coq, Weimar 1804, Kartenausschnitt leicht verändert aus: Heinz-K. Junk/ Siegfried Kessemeier: Westfalen in Landkarten (Bildhefte des Westfälischen Landesmuseums für Kunst und Kulturgeschichte 23), Münster 1986, S. 31.

3 Wie wir aus den Briefen des Geheimrates von Pelzer entnehmen (vgl. über ihn das Lebensbild im vorliegenden Band, S. 217 f), reiste man von Bonn aus über Olpe nach Arnsberg (vgl. Hermann Hüffer, Zustände, a.a.O., S. 15 zum 8. Juni 1795).

4 Die Tafel in Allendorf (Abb. bei Padberg, Drei Könige, a.a.O., S. 60) wurde am falschen Hause angebracht, vgl. dazu Koppel, Reliquien, S. 155f. Zudem weist sie das falsche Datum auf. Es kann sich nicht um die Nacht vom 17. auf den 18. **Januar** sondern wohl eher **Oktober** gehandelt haben. Daneben haben die Kölner Dankschreiben für geleistete Hilfe während der Flucht in der Familie Glasmacher aus Balve und in der Familie Clute-Simon aus Allendorf erhalten. Die Familie Clute-Simon verfügt auch über ein kleines, aufklappbares Reliquienkreuz (Abb. bei Senger, Hinweise, a.a.O., S. 107), das ein Geschenk des Kölner Domkapitels sein soll. Auch auf das Relief „Anbetung der Könige" in der Arnsberger Propsteikirche - ebenfalls ein Geschenk aus Köln - ist hinzuweisen.

5 Vgl. besonders die Beiträge von M. Wild, Domschätze; C.-M. Lehmann, Dombibliothek und J. Oepen, Archive im vorliegenden Band.

6 Folgende Schilderung nach Boecker, Überbringungsgeschichte, a.a.O.

7 Mit dem „Archivzimmer" ist hier wohl das alte Bibliotheksgebäude von 1693/94 des Klosters Wedinghausen gemeint, in dem der Archivar Dupuis seinen Sitz hatte (heute Musiksaal des Gymnasium Laurentianum).

8 Es ist mir leider nicht gelungen, den Ort oder die Herberge „Werhahn" zu lokalisieren. Es muß sich m.A.n. um eine Stelle im Bereich Wipperfürth handeln. Eine gleichnamige Kottstelle existierte Anfang des 19. Jhs. in der Westerbauerschaft bei Hagen.

9 Es finden sich vereinzelte Hinweise auf Namen von Fuhrleuten, die sich - bei genauerer Recherche - sicher noch vermehren und genauer identifizieren ließen: z. B. Franz Giers(e) aus Arnsberg, Friedrich Simons aus Allendorf, Burg- oder Bergmann, Heller sen. und jun., Johann N.N., Nicolaus N.N. Daneben wird legendenhaft ein Fuhrknechtsmeister Ludger aus Salwey genannt.

10 Wie Anm. 3.

11 Die Briefe befinden sich im AEK, Generalvikariat und Bistumsverwaltung Cc 127. Da in diesen Schreiben der Allendorfer Fuhrmann einfach „Simons" genannt wird, folge ich im obigen Text dieser Namensschreibweise.

12 Mathias Joseph Leinen (* 17.11.1740 Stadtkyll; † 1.5.1812 Köln) wurde am 1.5.1764 in Köln zum Priester geweiht. Seit 1768 war er General-Vikariats und apostolischer Protonotar. Er erhielt 1794 ein Kanonikat zu St. Severin, Köln.

13 Neben vielen Kleinigkeiten, die Simons in Köln und Arnsberg den Briefen zufolge noch „nebenbei" zu erledigen hatte, entnehmen wir einem Brief vom 13. Dezember 1798, daß er für den Abt des Klosters Wedinghausen, Franz Fischer, eine neue Brille aus Köln mit nach Arnsberg brachte.

14 Wie Anm. 10, Brief vom 24. April 1798.

15 Neben einem Bild mit der Darstellung der Anbetung der Hl. Drei Könige, das die Reliquien berührt hatte, erhielt Friedrich Simons im Jahre 1807 ein Dankschreiben aus Köln. Der Text lautet:

„ Dies Bild hat angerührt die Reliquien der Hl. Drei Könige, welche Friedrich Simons, wohnhaft in Allentrop, Herzogthums Westphalen, mit den Reliquien des hl. Gregorius Spoletanus, Felix und Nabor im Jahre 1794 von Köln nach Arensberg abgeholt und den 14ten dito in die Deuzer Abdey zurückgefahren hat. Gott der Allerhöchste segne und bewahre ihn und seine Nachkommenschaft durch die mächtige Fürsprache dieser großen Heiligen vor allem Uebel. Welches wir beyden zu Ends Unterschriebenen, Ueberbringer dieser hl. Reliquien ihm von Herzen wünschen.

Köln, den 12. Martz 1807

Heinrich Nettekoven,	*Frid. Jos. Richarz,*
Domsakrist. und Vikarius	*Rector an der Domschule."*

Ein fast identisches Schreiben mit gleichem Datum erhielt auch der Balver Bürgermeister Johann Heinrich Glasmacher, vgl. die Abb. auf S. 23.

Sub cruce pugnantem R. Sancta
nulla nunquam Styx vicit, victam
Colonia videbit hiem. KönigSeggiadum
sub scuto sincere perge Dum nova
per Fides Spes tibi nata viret.

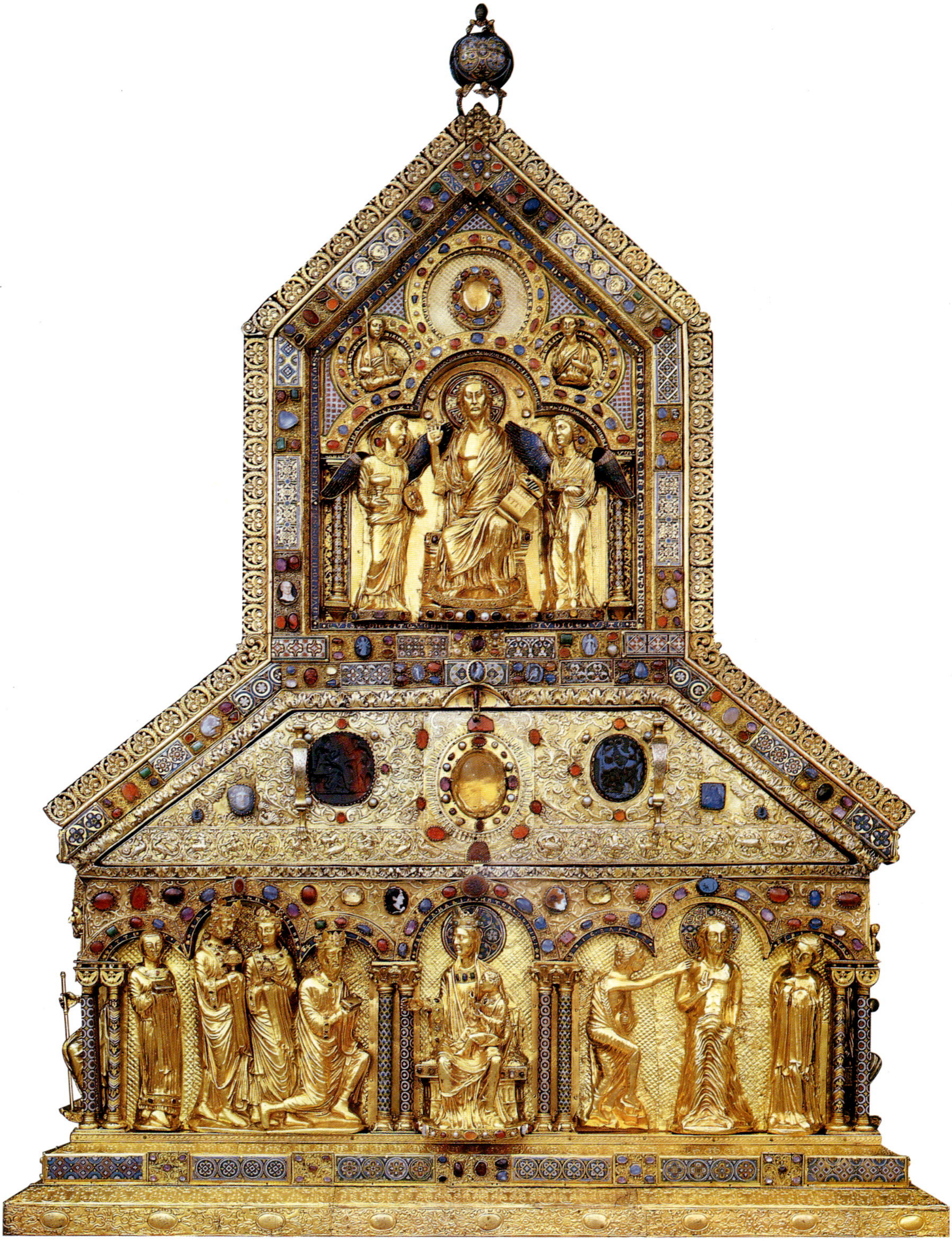

Der Kölner Dreikönigenschrein

Rolf Lauer

Mit der von Rainald von Dassel vollzogenen Übertragung der Gebeine der Heiligen Drei Könige von Mailand nach Köln im Jahre 1164 beginnt ein neues Kapitel in der Geschichte des Kölner Domes.

Der Besitz der Dreikönigsreliquien erhob den Dom zu einer der bedeutendsten Wallfahrtskirchen des Mittelalters. Der Ruhm der Stadt verbreitete sich über die ganze damalige Welt, und die drei Kronen wurden Ende des 13. Jahrhunderts sogar Bestandteil des Stadtwappens. Doch nicht nur Buß- und Sühnewallfahrten fanden zu den Gebeinen der „ersten christlichen Pilger" statt, schon früh richtete sich auch königliches Interesse auf die Reliquien der „ersten christlichen Könige". Die Gebeine spielten eine wichtige Rolle in der mittelalterlichen Herrschertheorie, vergleichbar der Bedeutung der in der 1248 geweihten St.ᵉ Chapelle in Paris aufbewahrten Dornenkrone Christi. So wie die Dornenkrone Unterpfand des französischen Königtums war, so erhielten die Drei Könige gleichsam den Rang von Staatsreliquien. Nicht umsonst ließ sich der Gegenkönig Otto IV. um 1200 im Gefolge der Heiligen an der Vorderseite des Schreines darstellen, so wie realiter die deutschen Herrscher nach der Krönung in Aachen die Gebeine der Könige im Kölner Dom verehrten. In dieser Doppeldeutigkeit - Vorbild christlichen Pilgerns und Vorbild irdischen Königtums - überragten die Dreikönigsreliquien alle anderen Reliquienschätze der Zeit im Gebiet des deutschen Reiches. So ist es nicht verwunderlich, daß auch das Reliquienbehältnis, der Dreikönigenschrein, im inhaltlichen Ausdruck, in der Kostbarkeit des Materials und der künstlerischen Qualität eine Sonderstellung einnimmt.

Der Schrein hat basilikalen Aufbau. An der Rückseite wird jedoch deutlich, daß nicht das Abbild eines Kirchengebäudes gemeint ist, sondern daß über zwei Reliquienschreine im traditionellen Sinne ein dritter gestellt ist. An den unteren Langseiten sind unter Kleeblattarkaden 12 Propheten des Alten Testamentes dargestellt, in ihrer Mitte jeweils die Könige David und Salomon. In den Zwickeln darüber waren ehemals Büsten von Tugenden angebracht. Die Vorderseite ist der Epiphanie Christi gewidmet. In der Mitte thront die Gottesmutter Maria, der sich von links die Heiligen Drei Könige nähern. Als vierter König ist Otto IV. zugefügt worden. Die rechte Kleeblattarkade wird von der Szene der Taufe Christi eingenommen, deren Gedächtnis zusammen mit dem Dreikönigentag am 6. Januar gefeiert wird. Noch auf dem Pilgerblatt des Petrus Schonemann von 1671 sind in den Zwickeln über den Kleeblattbögen vier Kronen zu sehen. Darüber sitzt eine abnehmbare Trapezplatte, deren heutige Gestalt zwei Restaurierungen zu verdanken ist. Ursprünglich zeigte sie, wie das genannte Pilgerblatt erweist, drei große antike geschnittene Steine, von denen die beiden äußeren, eine Krönung Neros und Mars und Venus, heute noch vorhanden sind. Der mittlere, der heute im Kunsthistorischen Museum zu Wien aufbewahrte Ptolemäerkameo, wurde 1574 gestohlen (Hoster 1967). Vielleicht unmittelbar danach wurde der noch vorhandene Goldtopas eingesetzt.

In den Ecken knien zwei Engel. Vielleicht um 1730 wurde die Trapezplatte wiederum erneuert, wobei die Engel verschwanden. Erhalten blieb jedoch ein die Trapezplatte nach unten abschließender durchbrochener Fries, der in Rankenmedaillons Jagdszenen zeigt. Wie die Randgestaltung und die mittlere Aussparung für den Ptolemäerkameo zeigt, gehörte der Fries von Anfang an zur Trapezplatte. Die Jagdszenen, darunter ein Löwenkampf, eine Saujagd, Tierkämpfe und kämpfende Reiter, weisen keinen inhaltlichen Bezug zum Schrein auf.

Das Untergeschoß der Rückseite zeigt in der Mitte den Propheten Jesaja, seitlich die Geißelung und die Kreuzigung Christi. Über der Geißelung sind in Rundnischen in der Mitte die Personifikation der Geduld (paciencia) und zwei trauernde Engel angebracht, an der entsprechenden Stelle über der Kreuzigung Sol und Luna und ein Engel mit dem Kreuztitulus. Die christologischen Szenen der Vorder- und der Rückseite standen ursprünglich nicht allein. In insgesamt 18

Rundmedaillons auf den unteren Dachschrägen befand sich ein Christuszyklus (Rode 1969), der aber wohl schon im 16. Jahrhundert nicht mehr vollständig war. Die Reste gingen nach 1794 nach der Flüchtung des Schreines vor den französischen Revolutionstruppen unter.

Im Obergeschoß des Schreines sind an den beiden Langseiten die thronenden Apostel dargestellt, als Attribut tragen sie Stadtmodelle, die jeweils von ihnen gegründeten Bischofssitze symbolisieren. In der Mitte ein Seraph und ein Cherub. In den Zwickeln zwischen den Arkaden sind weibliche Halbfiguren dargestellt, die abwechselnd eine Krone und eine Kugel tragen. Die Dachflächen schmückten, nach Vogel (1781), achtzehn Darstellungen zur Apokalypse, die ebenfalls nach 1794 verlorengingen. Wahrscheinlich waren es Reliefs, wie die erhaltene Pfingstdarstellung des 16. Jahrhunderts bezeugt, die als Ersatz einer wohl damals schon verlorenen Szene eingesetzt wurde. In Ergänzung der apokalyptischen Szenen zeigt die vordere Giebelwand Christus als Weltenrichter, der von zwei stehenden Engeln mit Kelch und Patene und einer Krone begleitet ist. Die Dreiviertelkreisnischen darüber sind mit Halbfiguren der Erzengel Gabriel und Raphael mit den arma Christi gefüllt, der mittlere Michael ist verloren und durch einen Topas ersetzt.

An der Giebelwand der Rückseite überreicht der gekrönte Christus den beiden Märtyrern Felix und Nabor, deren Reliquien ebenfalls von Rainald aus Mailand nach Köln übertragen wurden und die im Schrein ruhen, die Märtyrerkrone. Der Märtyrer Gregor von Spoleto, dessen Reliquien von Erzbischof Bruno schon im 10. Jahrhundert nach Köln gebracht wurden, und die ebenso in den Schrein gelegt wurden, ist nicht dargestellt. Das Zwickelfeld zwischen Unter- und Obergeschoß zeigt die Halbfigur des Rainald von Dassel als Stifter der Reliquien.

Das Bildprogramm greift weit über das der vorher entstandenen Reliquienschreine hinaus. Wichtigstes Thema ist nicht die Geschichte der in dem Behälter geborgenen Heiligen, sondern die gesamte Heilsgeschichte vom Beginn des Alten Testamentes bis zur endzeitlichen Wiederkehr Christi. Das die Heilsgeschichte in aufeinander bezogene Epochen unterteilende Prinzip der Typologie ist an den Langseiten Thema. Die Propheten des Alten Testamentes werden als Voraussetzung der Apostel des Neuen Testamentes dargestellt. Das irdische Wirken Christi in den verlorenen Szenen der unteren Dachschrägen wird durch die endzeitlichen Szenen der oberen Dachflächen ergänzt. Diese am Klosterneuburger Ambo des Nikolaus von Verdun z.e.M. in ausführlicher Form angewandte Erzählweise wird am Dreikönigenschrein noch vertieft durch die Symbolgestalten der Tugenden und der Engel mit den Herrschaftszeichen der Kronen und Sphairen. In außerordentlich geschickter und die bloße Historienerzählung ins Überzeitliche überhöhender Weise sind die unumgänglichen Darstellungen der im Schrein ruhenden Heiligen angebracht. Die Anbetung der Könige und die Taufe Christi sind als doppelte Epiphanie Christi zu verstehen, zu denen als endzeitliche Epiphanie die Erscheinung Christi zum Weltgericht im oberen Giebelfeld tritt. Gleichzeitig ist dieses obere Feld damit in den Apokalypsezyklus der Dachflächen eingeordnet. Die Engel mit den Zeichen des Priestertums Christi (Kelch und Patene) und seiner Herrschaft (Krone), verweisen auf den in den Dreikönigsreliquien im Dom manifesten Anspruch der Abhängigkeit der irdischen Herrschaft von der Herrschaft Christi. Ebenso geschickt ist auf Felix und Nabor an der Rückseite verwiesen, die, stellvertretend für alle Märtyrer, als Nachfolger des Leidens Christi (Geißelung, Kreuzigung) aus seiner Hand die Märtyrerkrone erhalten.

Es fragt sich, wer dieses außerordentlich anspruchvolle Programm entworfen hat. Trotz der am Klosterneuburger Ambo ersichtlichen Kenntnis komplizierter theologischer Zusammenhänge kommt wohl der erste ausführende Künstler, Nikolaus von Verdun, nicht in Frage. Die überzeitliche Überhöhung der Dreikönigenreliquien, die nur als ein, wenn auch wesentlicher, Teil der Heilsgeschichte gesehen werden, spricht dafür, daß das Programm von einem der Domgeistlichen formuliert wurde, dem die Bedeutung der Reliquien in der Herrschertheologie durchaus bewußt war.

Wo die Reliquien im Alten Dom zwischen 1164 und ihrer Bergung im Schrein aufgestellt waren, können wir nur indirekt erschließen. R.

Kroos (1979/80) nimmt wohl zurecht an, daß sie unter einem großen Radleuchter im Mittelschiff vor dem östlichen Marienchor standen. Wann mit den Arbeiten am Schrein begonnen wurde, ist ebenfalls unklar. Zwei fast zeitgenössische Nachrichten besagen, daß Erzbischof Philipp von Heinsberg die Gebeine in den Schrein gelegt habe (zit. bei Clemen). Als Terminus ante quem ergibt sich so 1191, das Todesjahr Philipps. Falls Nikolaus von Verdun der früheste Meister am Schrein ist, wäre das Jahr 1181, in dem Nikolaus den Klosterneuburger Ambo laut Inschrift vollendet hat, der frühest mögliche Zeitpunkt für den Beginn. Stiftungen Ottos IV. zwischen 1198 und 1204 für die Vorderseite erweisen, daß sie in diese Zeit zu datieren ist. Spätere Nachrichten zum Schrein und zu den verschiedenen Restaurierungen jüngst bei R. Kroos (1979/80).

So hilft zur Klärung der Entstehungsgeschichte nur die Stilanalyse, deren Ergebnisse hier nur kurz referiert werden können. Unzweifelhaft ist, daß Nikolaus von Verdun die Propheten der unteren Langseiten geschaffen hat. Sie sind in der zeitgenössischen Goldschmiedekunst ohne Parallele und haben ihre unmittelbaren Vorläufer, wie oft beobachtet wurde, im Klosterneuburger Ambo. Die Anwesenheit dieses Goldschmiedes, der erst 1205, wieder durch Inschrift, am Marienschrein in Tournai erwähnt wird, bezeugt auch der ihm zugeschriebene Siegburger Annoschrein (1183). Auf eigenhändige Tätigkeit des Nikolaus von Verdun weist auch die Verwendung identischer Prägestempel an Dreikönigenschrein, Klosterneuburger Altar und Marienschrein in Tournai hin (Schulten 1972). Die stilistischen Voraussetzungen von Nikolaus sind noch nicht umfassend untersucht. Die voraufgehende Kölner Goldschmiedekunst (Heribertschrein) kommt jedenfalls kaum in Frage. Ungeklärt ist auch, was von den zahlreichen am Schrein verwendeten Emailplatten an Säulen, Arkadenbögen, Inschriftleisten und Rahmenleisten unmittelbar auf Nikolaus zurückgeht oder erst in der nachfolgenden Kölner Werkstatt entstanden ist. Dies gilt auch für die Filigranplatten und Edelsteinplatten der Rahmenleisten. Einige Zellenschmelzplatten auf der vorderen Trapezplatte sind vielleicht älter (11. Jh.?), andere figürliche dagegen erinnern wieder an Nikolaus selbst.

Ob die Apostel der oberen Langseiten noch eigenhändige Werke sind oder schon einer postulierten Kölner Nachfolgewerkstatt angehören, ist nicht geklärt. Dem Stilidiom des Hauptmeisters stehen jedenfalls noch die Marienfigur und der Weltenrichter der Vorderseite nahe, während die übrigen Reliefs in ihrem ausgeprägten Rillenfaltenstil eher auf den Aachener Karlsschrein verweisen (Kötzsche). Die enge Übereinstimmung zwischen dem Firstkamm des Aachener Karlsschreines und dem des Dreikönigenschreines erhärtet die Vermutung eines Zusammenhanges beider Werkstätten. Die gesicherte Entstehung der Vorderseite zwischen 1198 und 1206 markiert so das Ende der Tätigkeit von Nikolaus in Köln. Der Jagdfries ist, trotz der bei den Reiterdarstellungen erstaunlichen Freiheit der Bewegung, nicht mehr das Werk des Hauptmeisters. Offensichtlich sehr viel später, wohl erst im dritten Jahrzehnt des 13. Jahrhunderts, ist die Rückseite geschaffen worden. Sie zeigt schon den Einfluß der Reimser Kathedralskulptur (Schnitzler).

Mit dem Dreikönigenschrein beginnt in der romanischen Kölner Kunst eine neue Epoche. Durch Nikolaus von Verdun gelangt die Kenntnis des Muldenfaltenstils, aber auch einer völlig neuen, „antikischen" Figurencharakterisierung in das Rheinland. Bis ins 13. Jahrhundert lassen sich die Spuren dieses Umbruchs in der Goldschmiedekunst und der Buchmalerei verfolgen.

Literatur:
J.P.N.M. V(ogel), Sammlung der prächtigen Edelgesteinen womit der Kasten der dreyen heiligen Weisen Königen ausgezieret ist, Bonn 1781. - F. Bock, Der Kunst- und Reliquienschatz des Kölner Doms, Cöln und Neuß 1870. O. von Falke/H. Frauberger, Deutsche Schmelzarbeiten des Mittelalters und andere Kunstwerke der Kunsthistorischen Ausstellung zu Düsseldorf 1902, Frankfurt a. M. 1904, S. 54 ff. - O. v. Falke, Meister Nikolaus von Verdun und der Dreikönigenschrein, in: Zeitschrift für christliche Kunst 18, Sp. 161 ff. - O. v. Falke, Der Dreikönigenschrein des Nikolaus von Verdun im Cölner Domschatz, Mönchengladbach 1911. - F. Witte, Der Goldene Schrein, Köln 1928, S. 64ff. - F. Braun, Der Dreikönigenschrein jetzt und einst in: Stimmen der Zeit CXV, 1928, S. 130ff. - J. Braun, Die Ikonographie des Dreikönigenschreins, in: Jb der Görresgesellschaft 1, 1929. - H. Schnitzler, Die Goldschmiedeplastik der Aachener Schreinswerkstatt. Beiträge zur Entwicklung der Goldschmiedekunst des Rhein-Maas-Gebietes in der romanischen Zeit, Diss. Bonn 1934, S. 54 ff. - H. Schnitzler, Die spätromanische Goldschmiedebildnerei der Aachener Schreine, in: Wallraff-Richartz-Jahrbuch 9, 1936, S. 88. - H. Schnitzler, Der Dreikönigenschrein, Bonn 1939. - A. Weisgerber, Studien zu Nikolaus von Verdun und der rheinischen Goldschmiedekunst des 12. Jahrhunderts, Bonn 1940, S. 86ff., 150. - J. Braun, Die Reliquiare des christlichen Kultes und ihre Entwicklung, Freiburg i. Br. 1940, S. 166. - F. Mütherich, Die Ornamentik der rheinischen Goldschmiedekunst in der Stauferzeit, Diss. Berlin 1960, Würzburg 1941, S. 39 ff. - R. Schilling, Studien zur deutschen Goldschmiedekunst des 12. und 13. Jahrhunderts, in: Form und Inhalt, Kunstgeschichtliche Studien für O. Schmitt, Stuttgart 1950, S. 81ff. - P. E. Schramm, Kaiser Friedrich II. Herrschaftszeichen, Göttingen 1955, S. 58, 65. - H. Schnitzler, Rheinische Schatzkammer. Die Romanik, Düsseldorf 1957, S. 36 ff. - Katalog der Ausstellung Der Meister des Dreikönigen-Schreins, Erzbischöfliches Diözesan-Museum in Köln, Köln 1964, S. 15ff. - J. Hoster, Zur Form der Stirnseite des Dreikönigenschreins, in: Miscellanea Pro Arte, H. Schnitzler zur

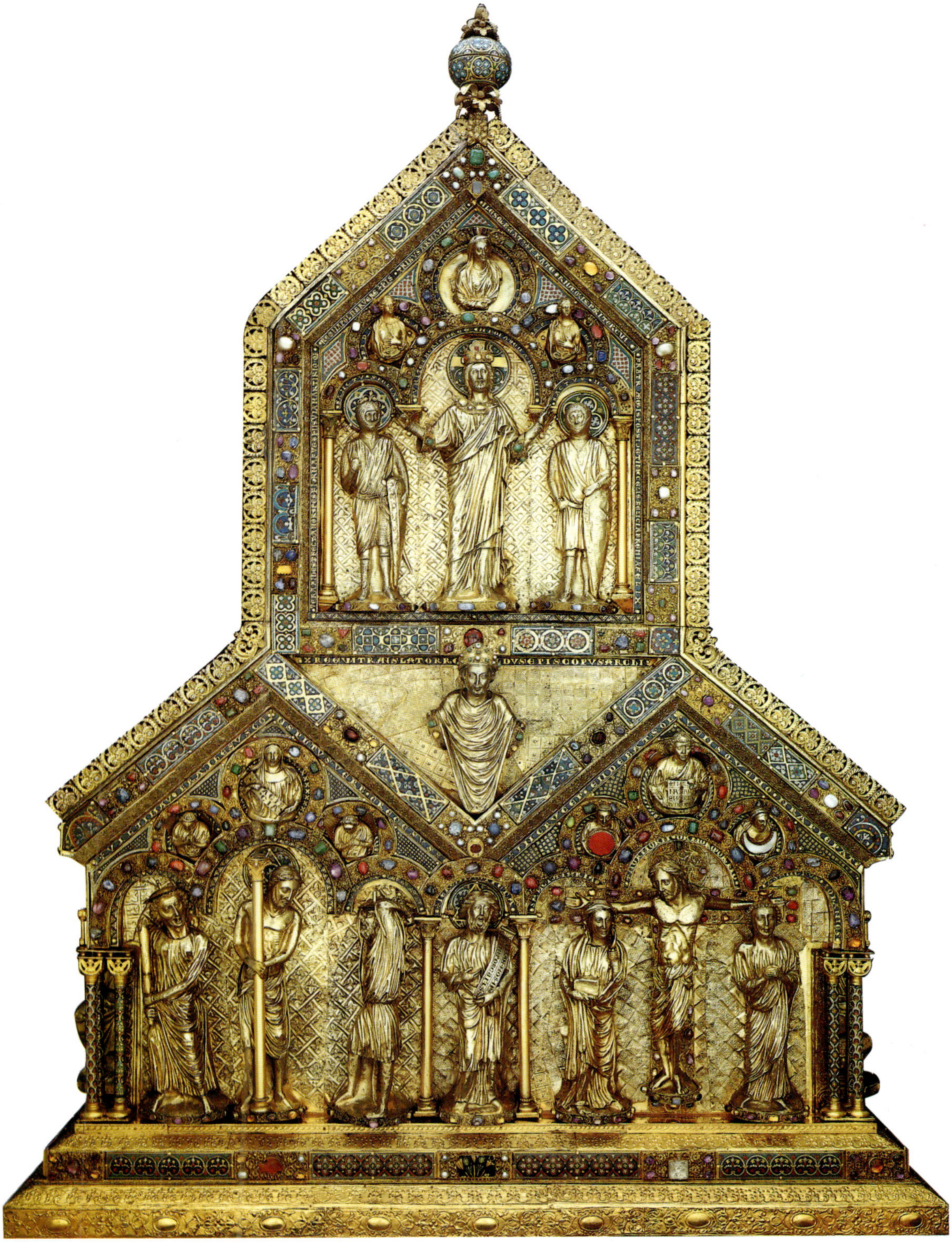

Volleindung des 60. Lebensjahres am 13. Januar 1965. Schriften des Pro Arte Medii Aevi Freunde des Schnütgen-Museums e. V., hg. im Auftrage des Vorstandes von P. Bloch und J. Hoster, Bd. 1, Düsseldorf 1965, S. 194ff. - L. Grodecki, Le „Mâitre de la châsse des Rois Mages", in: Bulletin monumental 123, 1965, S. 135ff. - J. Hoster, Der Wiener Ptolemäerkameo - einst am Kölner Dreikönigenschrein, in: Studien zur Buchmalerei und Goldschmiedekunst des Mittelalters, Festschrift für K. H. Usener zum 60. Geburtstag am 19. August 1965, hg. von F. Dettweiler, H. Köllner, P. A. Riedl, Marburg a. d. Lahn 1967, S. 55ff. - H. Reinhard, Nikolaus von Verdun und die Kunst in Reims, in: Kölner Domblatt 26/27, 1967, S. 125ff. - H. Rode, Der verschollene Christuszyklus am Dreikönigenschrein des Kölner Domes, in: ebd. 30, 1969, S. 27ff. - Propyläen Kg. 5, S. 261f. (A. v. Euw). - W. Schulten, Die Restaurierung des Dreikönigenschreins, in: Kölner Domblatt 33/34, 1971, S. 7ff. - R. Hamann-MacLean, Der Dreikönigenschrein im Kölner Dom, ebd., S. 43ff. - Katalog der Ausstellung Rhein und Maas, Kunst und Kultur 800-1400, Kunsthalle Köln, Köln 1972, S. 317ff. (D. Kötzsche. W. Schulten). - D. Kötzsche, Zum Stand der Forschung der Goldschmiedekunst des 12. Jahrhunderts, in: Rhein und Maas. Kunst und Kultur 800-1400, Bd. 2, Berichte, Beiträge und Forschungen zum Themenkreis der Ausstellung und des Katalogs, Köln 1793, S. 226ff. - H. Hoffmann, Die Heiligen Drei Könige. Zur Heiligenverehrung im kirchlichen, gesellschaftlichen und politischen Leben des Mittelalters (Rheinisches Archiv 94), Bonn 1975. - P. Diemer, Zum Darstellungsprogramm des Dreikönigenschreins, in: Kölner Domblatt 41, 1976, S. 231ff. - P. C. Claussen, Zum Stil der Plastik am Dreikönigenschrein, Rezeptionen und Reflexionen, in: ebd. 42, 1977, S. 7ff. - R. Kroos, Liturgische Quellen zum Kölner Domchor, in: ebd. 44/45, 1979/80, S. 35ff., bes. 45, 143ff. - A. Legner, Deutsche Kunst der Romanik, München 1982, S. 101ff, Bildnotiz 422-435. - B. Bänsch, Kölner Goldschmiedekunst um 1200. Muster und Modelle, Diss. Münster 1984 (Masch.), S. 96ff., 111ff.

K 1
Silberrelief an der Deckelstirnseite des Engelbertschreines aus der Kölner Domschatzkammer.
Auffindung der unversehrten Eingeweide des ermordeten Kölner Erzbischofs
Engelbert I. von Berg († 1225) durch Graf Gottfried II. von Arnsberg.

Lebensbilder

Caspar Joseph Biegeleben (1766-1842)
(Öl- oder Pastellbild, Staatsarchiv Darmstadt, Bildersammlung Bestand R 4 Nr. 2405 ÜF)

Geheimrat Caspar Josef Biegeleben (1766-1842)

Michael Gosmann

Die weitverzweigte Familie Biegeleben stammt von dem Biggeleben-Hof im Dorfe Westig bei Fröndenberg. Familienmitglieder stellten seit dem 16. Jahrhundert in Menden Ratsherren, Kaufleute und Bürgermeister. Schon früh rückten Vertreter der Familie in die kurkölnische Verwaltung auf, wie der westfälische Landschreiber und Landpfennigmeister zu Arnsberg Hermann Biegeleben († 07.09.1687).

Caspar Josef Johann Maria von Biegeleben gehörte dem Arnsberger Zweig der Familie an. Sein Vater Engelbert Theodor (* 12.09.1732 Arnsberg, † 19.12.1799 Arnsberg) war Lizentiat der Rechte und ließ sich als Advokat 1756 in Arnsberg nieder. Ab 1758 treffen wir ihn als Rat bei der kurkölnischen Regierung. Er hatte sich 1763 mit Maria Anna Zeppenfeld aus Olpe vermählt (* 28.05.1740 Olpe, † 01.02.1815 Olpe). 1771 wurde er zugleich Archivar des Herzogtums Westfalen. Im Jahre 1786 berief man ihn an das neue Oberappellationsgericht in Bonn. 1794 kehrte er - vor den Franzosen fliehend - mit dem Gericht nach Arnsberg zurück.

Caspar Josef Biegeleben war als 2. Kind und ältester Sohn von insgesamt 12 Kindern am 09.02.1766 in Arnsberg getauft worden. Er studierte in Bonn, Mainz und Göttingen Jura. Als Referendar bei der Regierung in Bonn 1788 angestellt, wurde er schließlich Regierungs-, Hofkammerrat und Hofkammeradvokat. In erster Ehe heiratete er am 04.04.1793 Maria Margarete Haas, Witwe Cramer von Clauspruch. Das junge Paar mußte ein Jahr nach der Hochzeit mit der Hofkammer von Bonn nach Brilon fliehen, wo Maria Margarete am 18.08.1799 starb. Aus dieser Ehe stammte der Sohn Engelbert Caspar Anton (* 10.07.1798), später als Hofgerichtsrat zu Darmstadt tätig.

Nach dem Tode seiner Frau heiratete er am 12.10.1800 Marianne von Braumann (* 22.04.1783, † 11.12.1843 Darmstadt). Sie war die 17jährige Tochter des Landrentmeisters und Geheimen Rats Franz von Braumann aus einer Aachener Patrizierfamilie. Braumann hatte ebenfalls mit der kurkölnischen Hofkammer 1794 nach Brilon fliehen müssen.

Mit seiner zweiten Frau begründete Caspar Josef Biegeleben den Darmstädter Zweig der Familie. Sie schenkte ihm 3 Töchter und 3 Söhne.

Im Jahre 1797 wurde er als Legationsrat zur Vertretung der kurkölnischen Interessen an den Friedenskongreß zu Rastatt gesandt. Das seit dem Tode des Kurfürsten Maximilian Franz († 1801) in Arnsberg regierende Kölner Domkapitel ernannte ihn 1802 zum Geheimrat und Gesandten an den Reichstag zu Regensburg.

Landgraf Ludewig X. von Hesssen-Darmstadt übernahm Biegeleben nach der Besitzergreifung des Herzogtums Westfalen in seine Dienste. Er zog als Geheimer Staatsreferendar in die neue Residenz nach Darmstadt. Es folgte seine Ernennung zum Hof- und Kammerdirektor für das ebenfalls an Hessen-Darmstadt gefallene Fürstentum Starkenburg. Am 02.01.1810 wurde er mit seinen Brüdern von Großherzog Ludewig I. in den Adelsstand erhoben. In Anerkennung seiner Verdienste verlieh ihm der Großherzog zudem das Commandeur-Kreuz des Großherzoglichen Civilverdienst-Ordens.

1819 ernannte man ihn zum Präsidenten der Hofkammer, Großherzoglich Hessischen Wirklichen Geheimen Rat und Finanzreferenten im Staatsministerium. 1821 wurde er Regierungspräsident von Starkenburg mit dem Sitz in Darmstadt. Zum Mitglied des Staatsrates wurde er 1832 ernannt und leitete den Administrat-, Justiz- und Lehnhof.

Caspar Josef von Biegeleben war ein vielseitig gebildeter Mann. Seine historischen Interessen verrät seine Mitgliedschaft am Göttinger Historischen Institut. Stets soll sein Haus in Darmstadt *„Mittelpunkt geistigen Lebens der Residenz"* gewesen sein. Im Februar 1841 erlitt er eine Nervenlähmung, die zum Verlust der Sprache führte. Ein Jahr später, am 09.10.1842 starb er in Darmstadt.

Literatur:
O.A.
Caspar Josef Biegeleben. Großherzoglich-Hessischer Wirkl. Geh. Rat, in: De Suerlänner 1967. Heimatkalender für das kurkölnische Sauerland, Arnsberg 1966, S. 23.

Karl Féaux de Lacroix
Geschichte Arnsbergs, Arnsberg 1895, S. 462f.

Franz Honselmann
Sauerländisches Familienarchiv, Paderborn 1904-1931.

Auguste Liese
Sauerländisches Geschlechterbuch, 1. Bd (= Deutsches Geschlechterbuch Bd. 38), Görlitz 1922, S. 333f.

Wilhelm Schulte
Westfälische Köpfe. 300 Lebensbilder bedeutender Westfalen, Münster 1963, S. 30-32.

Johann Suibert Seibertz
Westfälische Beiträge zur Deutschen Geschichte, Bd. 1, Darmstadt 1819, S. 56ff.

Johann Suibert Seibertz
Stammbuch der Familie Seibertz zu Wildenberg und Brunscappell, Arnsberg 1847, S. 79ff. und Stammtafel.

Bernd Walter
Die Beamtenschaft in Münster zwischen ständischer und bürgerlicher Gesellschaft (= Veröffentlichungen der Historischen Kommission für Westfalen XXII A), Münster 1987, S. 388.

In Erwägung der anhaltenden Theurung der unentbehrlichen Lebensmitteln, und besonders der Fastenspeisen, wird das kirchliche Fastengeboth, in so weit es nämlich den Unterschied der Speisen betrifft, in bevorstehender h. Fastenzeit dahin gemildert, daß es allen und jeden Erzstifts Kölnischen Diözesanen diesseits Rheins (auch den Klostergeistlichen) erlaubt seyn soll, an Sonntägen mehrmalen, an den übrigen Wochen Tägen aber (mit Ausnahme des Ascher-Mittwochen, deren drei Quatertember Tägen, wie auch der drei letzten Tage in der heiligen Karwoche) nur bei der Mittagsmahlzeit Fleisch zu geniessen; bei der Abends Collation aber sich blos der Fleischbrühe, oder des geschmolzenen Fettes zu bedienen, welch letzteres auch, Statt der Butter, beim Frühstück gereicht werden mag. Wobei sämmtlichen Seelsorgern aufgegeben wird, alle und jede ihrer Obsorge Untergebene, welche von dieser milden Nachgiebigkeit Gebrauch machen wollen, in dem kristlichen Unterrichte sowohl zur genauern Beobachtung des Fasten Gebothes, als zu Ausübung anderer kristlichen Buß- und Andachts Werken, besonders zur thätigen Unterstützung der Nothleidenden, anzufrischen. Arnsberg den 27sten Jänner 1803.

J. H. J. von CASPARS, Kap. General Vic.

M. J. Leinen, Protonot. in Spirit.

Fastenverordnung des Generalvikars von Caspars, Arnsberg, den 27. Januar 1803
(AEK, Erzbistum Cc 146)

Generalvikar Johann Hermann Joseph Freiherr von Caspars zu Weiß (1744-1822)

Michael Schmitt

Johann **Hermann** Joseph Freiherr von Caspars zu Weiß wurde am 5. März 1744 als jüngster Sohn des Franz von Caspars, der das dem Bürgermeister nächstfolgende Amt des Stimmeisters bekleidete, und der Maria Elisa von Mylius in Köln geboren.[1] Als Kanoniker der Kölner Stifte St. Georg und St. Maria im Kapitol übernahm er nach dem Tod des umstrittenen Generalvikars[2] Johann Philipp von Horn-Goldschmidt 1796 dessen Amt und trat somit als Priesterherr ins Domkapitel ein.[3] Nach dem Tod des Kurfürsten Maximilian Franz am 27. April 1801 wählte ihn das Domkapitel als den damals jüngsten Priester in seinen Reihen in einer außerordentlichen Sitzung am 3. August d. J. zum Kapitularvikar. Somit leitete von Caspars den rechtsrheinischen Teil des Kölner Erzbistums, das heißt das Gebiet von der Lippe bis zum Westerwald und vom Rhein bis zum Kahlen Asten, bis Ende Juni 1804 von Arnsberg aus. Danach nahm er seinen Sitz im Hintergebäude des Gasthauses „Zum grünen Baum" in Deutz.[4]

In seiner Person und Funktion hat er *„...gewissermaßen... das kirchliche Domkapitel, das ja kein Reichsdeputationsrezeß aufgehoben hatte, in Permanenz gehalten."*[5] Er sorgte u. a. durch die Besetzung der vakanten Pfarrämter für die Aufrechterhaltung der Seelsorge.[6] An der einstimmigen Wahl des Habsburgers Anton Viktor zum neuen Kurfürsten und Erzbischof am 7. Oktober 1801 in Arnsberg beteiligte sich von Caspars.[7] Nach dem Tod des Weihbischofs von Merle Anfang 1810 erhielt er von Rom die Erlaubnis, Kelche, Altäre und Glocken zu konsekrieren und die Firmung zu spenden. Zum Empfang der klerikalen Weihen mußte er jedoch die Kandidaten nach auswärts schicken.[8] Zehn Jahre später erlaubte ein päpstliches Dekret vom 22. Januar 1820 von Caspars, im Falle seines Todes oder seiner Verhinderung selbst seinen Vertreter oder Nachfolger zu ernennen, wenn sich das Kapitel nach Zahl und Gesetz nicht zur Wahl eines neuen Kapitularvikars versammeln konnte. So kam es am 13. Februar d. J. zur Ernennung des Protonotars Schmitz.

Glücklicherweise konnte von Caspars noch die Wiedererrichtung des Erzbistums Köln 1821 erleben. An der Verkündigung im Dom nahm er in Kapitularkleidung teil, trat aber aufgrund seines Alters dem neuen Kölner Domkapitel nicht mehr bei. Mit seinem Tod am 15. August 1822 in seiner Wohnung in der Nähe von St. Gereon starb auch seine Familie aus. Er hinterließ sein Vermögen kirchlichen Stiftungen.[9] Noch heute erinnert die von Caspars'sche Schul- und Hochschulstiftung für Jungen im Alter vom 8. bis 25. Lebensjahr an diesen bedeutenden Kleriker, der eine Brückenfunktion wahrgenommen hat zwischen Untergang und Neugründung des Kölner Erzbistums.[10]

Anmerkungen:

1. LOHMANN, Friedrich Wilhelm, Ende des Domkapitels, a.a.O.: Das Ende des alten Domkapitels (Köln 1920), S. 29
2. HEGEL, Eduard: Geschichte des Erzbistums Köln IV: Das Erzbistum Köln zwischen Barock und Aufklärung. Vom Pfälzischen Krieg bis zum Ende der französischen Zeit 1688-1814 (Köln 1979), S. 484
3. wie Anm. 1, S. 28
4. Zur Verlegung des Generalvikariats von Arnsberg nach Deutz im Jahre 1805 vgl. LOHMANN, Friedrich Wilhelm: Die Verlegung des kölnischen Vikariats von Arnsberg nach Deutz. (falsche Datierung, vgl. im vorliegenden Band S. 171, Anm. 75). Zu Hermann von Caspar's hundertstem Todestage, in: Kölner Seelsorgeblätter 1923, Nr. 2, S. 41-45, Köln 1923
5. wie Anm. 1
6. wie Anm. 2
7. wie Anm. 2, S. 495
8. wie Anm. 2, S. 537
9. wie Anm. 1
10. Kirchenzeitung für das Erzbistum Köln Nr. 22, vom 3. Juni 1994, S. 21. Über sein Verhältnis zur Landgräflich und später Großherzoglich Hessischen Regierung vergleiche: SCHÖNE, Manfred: Das Herzogtum Westfalen unter hessen-darmstädtischer Herrschaft 1802-1816. = Landeskundliche Schriftenreihe für das kölnische Sauerland (Olpe 1966), S. 116f.

Franz Adam d'Alquen (1763-1838)

Lith. v. C. Diedrich, Druck v. J. Wendland in Berlin.

Franz Adam d'Alquen, hessischer Aufhebungskommissar (1763-1838)

Heinrich Josef Deisting

„Der Hingeschiedene, ausgezeichnet als Mensch erwarb sich auch als Staatsdiener frühzeitig durch rastlose Thätigkeit, unbestechliche Rechtlichkeit, Biederkeit und Gradheit das Zutrauen seiner Vorgesetzten und die Achtung und Liebe seiner Mitmenschen. Als Kenner und Beförderer alles Schönen rief er jenen heitern Kunstverein ins Leben, der nun schon so viele Jahre in Arnsberg fortblüht. So wie er seinen Mitmenschen der treueste Freund und Rathgeber, so war er seiner Familie der zärtlichste Gatte und Vater, dessen Herz nur im häuslichen Kreise das Glück suchte und fand." Mit diesen Worten gedachte der „Neue Nekrolog der Deutschen"[1] eines Mannes, der am 12. April 1838 morgens 10 Uhr zu Arnsberg am „*Schlagfluß*" verstorben war, nachdem er sich zwei Tage zuvor bei einem Sturz im Hause eine Kopfwunde zugezogen hatte.[2]

Wer war dieser Mann, der als hessischer Aufhebungskommissar den Auftrag erhielt, „*die Stifter und Klöster im Herzogthum Westphalen aufzuheben und zu domänialisiren*" und dies offensichtlich in Ruhe und Würde erledigte? Von November 1803 bis April 1805 hob er die Klöster und Stifte in Benninghausen, Ewig, Meschede, Nazareth in Störmede, Odaker und Wedinghausen im Auftrag des Landgrafen v. Hessen-Darmstadt auf. Am 10. Dezember 1803 wohnte er als „*Darmstädter Kommissar*" der Eröffnung des Reliquienschreines der Hl. Drei Könige im Archivzimmer der Abtei Wedinghausen bei. Zusammen mit dem Generalvikar von Caspars, dem Arnsberger Pfarrer Adolf Sauer, Philipp Hellinger und dem Protonotar Mathias Josef Leinen beglaubigte er in einer dreifach ausgestellten Urkunde den Inhalt des Schreines. Im Auftrag des Landgrafen von Hessen-Darmstadt sollte d'Alquen sicherstellen, daß sich unter den Reliquien keine materiellen Werte befänden, die der Landesherr für sich beanspruchen konnte.[3]

Franz Adam d'Alquen (auch D'Alquen) entstammte einem Geschlecht, welches mit dem Ritter Lowis de Alken, „*Chevalier*" des Grafen Arnold v. Looz, in einer Lütticher Urkunde vom 2. Juni 1295 zuerst erscheint.[4] Von den Nachkommen, Anfang des 17. Jahrhunderts in Mons (spanische Niederlande) ansässig, wanderte Valentin Dalquen um 1649 nach Deutschland ein, ließ sich am 3. März 1651 in Seligenstadt am Main als Wollweber nieder, wo er bereits am 23. April 1652 Senator wurde.[5] In diesem traditionsreichen Ort kam Franz Adam am 20. November 1763 zur Welt, als Sohn des Gastwirtes „Zum goldenen Löwen", Johann Peter Dalquen und dessen Gattin Maria Elisabeth Stenger, einer Seligenstädter Senatorentochter.[6]

Nach einem Studium des Rechts und der Kameralistik an der Universität Mainz[7] erhielt Franz Adam 1786 zunächst eine Stelle als Rechtspraktikant am Oberamt Steinheim, nach dem Staatsexamen wurde er hier 1790 als Accessist 1. Klasse angestellt.[8] Durch seine vor 1800 erfolgte Eheschließung mit der am 6. Januar 1774 zu Maastricht geborenen Helena Sybilla Ubaghs[9] wurde d'Alquen Schwager des Gérard Marquis du Chasteler de Moulbaix, der mit Helena Sybillas Schwester Maria Josephina Ubaghs verheiratet war.[10] Der Marquis beschäftigte d'Alquen - wohl mit Billigung von dessen Dienstherrn, des Erzbischofs von Mainz - als Sekretär. In den Jahren 1800 - 1802 war d'Alquen für du Chasteler in Privatangelegenheiten des öfteren in den Niederlanden unterwegs. In dieser Zeit wohnte er auf dem Schloß des Marquis in Wasserlos bei Aschaffenburg, wo auch am 19. Sept. 1800 sein erstes Kind, der spätere Arzt und Komponist Johann Peter Cornelius d'Alquen, geboren wurde.[11] Bei Auflösung des Mainzer Kurstaates wurde d'Alquen 1802 von Hessen-Darmstadt übernommen und erhielt alsbald den obengenannten Auftrag zur Aufhebung der geistlichen Institute im von Hessen-Darmstadt durch den Reichsdeputationshauptschluß erhaltenen Herzogtum Westfalen. Sein Hauptamt als Oberamtsakzessist (= Referendar) des Oberamtes Steinheim behielt d'Alquen zunächst bei. Die beiden nächsten Kinder, Maria Josephine Ida Elisabeth (genannt Phina) (*1802)[12] und der zweite Sohn Franz Adam Maria (*1804)[13] kamen noch in Seligenstadt zur Welt. Am 9. Juli 1805 erhielt d'Alquen die Bestallung als Rentmeister des Domänenrentamtes Werl.

Diese Funktion war mit dem Titel eines Rates verbunden.[14] Inzwischen war die Familie nach Werl umgezogen, hier kamen die Tochter Ida Maria Josepha (genannt Jutta) (*1806)[15] und der 1808 geborene Sohn Franz Hermann Josef zur Welt. Der letzte Umzug der Familie war durch die Beförderung d'Alquens bedingt, der am 28. Juli 1808 staatswirtschaftliches Mitglied der Regierung Arnsberg geworden war.[16] In dieser Zeit soll er sich die Aufmerksamkeit des preußischen Ministers Karl Freiherr vom Stein erworben haben.[17] In Arnsberg wurden auch d'Alquens letzte vier Kinder zwischen 1809 und 1819 geboren.[18] 1816 von der preußischen Regierung übernommen und mit dem roten Adlerorden ausgezeichnet,[19] entfaltete d'Alquen in der Arnsberger Öffentlichkeit, seit 1826 pensioniert, sein engagiertes musisches Talent. Seit 1818 wirkte er auch in der neu gegründeten Kasinogesellschaft mit, zu deren Gründungsmitgliedern er gehörte.[20] In der Landeskultur-Gesellschaft beteiligte sich d'Alquen mit seinen im Studium erworbenen und bei dem praktischen Aufhebungsgeschäft vertieften Kentnissen mit einem Beitrag *„Über die Ausmittelung des Verhältnisses des Viehbestandes zum Ackerbau"*.[21]

Regierungsrat Franz Adam d'Alquen muß ein im hohen Maße musischer und häuslicher Mensch gewesen sein. Im Kreise seiner Familie, im Haus Alter Markt 14, stiftete er als Liebhaber der Musik zahlreiche Konzerte, bei denen sich die musikalisch sehr begabten Kinder als Sänger und Instrumentalisten beteiligten. Noch 1861, 23 Jahre nach dem Tode d'Alquens, erinnerte man sich in Arnsberg lebhaft an diese *„musikalische Familie"*.[22] Im Kreise dieser hier heimisch gewordenen Familie mit ihren auch geographisch weitgespannten Verflechtungen entwickelten sich Talente und wurden Kontakte geknüpft, die in der Generation der Kinder d'Alquens einen Rang erreichte, dem nachzuspüren eine sehr reizvolle Aufgabe der Orts- und Heimatforschung wäre.[23]

Anmerkungen:
1   16. Jg. 1838, 1. Theil, Weimar 1840, S. 377, Nr. 126.
2   Sterberegister Propstei St. Laurentius Arnsberg, Jg. 1838, S. 285, Nr. 71. Diesen Auszug sowie das hier abgedruckte Portrait verdanke ich Herrn Franz Josef Dalquen, München.
3   Harm Klueting: Die Säkularisation im Herzogtum Westfalen 1802-1834, Köln/Wien 1980. - Kölner hist. Abhandlungen, Bd. 27. Zur Schreinsöffnung siehe Nowak, Aktenstücke, a.a.O., S. 138f.
4   Roman Frhr. v. Prochazka: Wappenwandel eines niederländischen Geschlechtes in Deutschland und in Böhmen, in: Genealogisches Jahrbuch, Bd. 20, Neustadt/Aisch 1980, S. 157ff.

5   Derselbe: Meine zweiunddreissig Ahnen und ihre Sippenkreise, Leipzig 1928, S. 449f.
6   Ebd., S. 462, 465, 472.
7   Familienkundliche Aufzeichnungen des Rolf d'Alquen (+ 1993), Bremen (1991), in: StA Werl, Slg. Bürger, Abt. A.
8   Wie Anm. 1.
9   Tochter des Johann Kornelius Ubaghs und der Ida geb. Konings, + Arnsberg 18. Jan. 1852 (wie Anm. 5, S. 472).
10 Mitteilungen über Ida du Chasteler, Comtesse de Bocarmé (1797-1872), einer Bekannten der Luise v. Bornstedt, Freundin der Annette v. Droste-Hülshoff, durch die Droste-Forschungsstelle, Frau Susanne Freund, Münster, vom 16. Juli 1992 an das Stadtarchiv Arnsberg.
11 Umfangreiche Informationen über den kompositorischen Nachlaß des Johann Peter Cornelius d'Alquen, 1800-1863, (mit Portrait) im StA Werl, wie Anm. 7.
12 Josephine d'Alquen († ledig 1869) korrespondierte 1862 aus Arnsberg mit Hermann Grimm, dem Sohn des Wilhelm Grimm (Hessisches Staatsarchiv Marburg, Bestand 340 Grimm, Br. 197) und hatte einen lebhaften Briefwechsel mit Levin Schücking, dem langjährigen Freund der Annette v. Droste-Hülshoff (dazu: wie Anm. 7).
13 Starb als Musiker und Komponist 1877 in London. Daten und Liste seiner Kompositionen im StA Werl, wie Anm. 7.
14 Wilhelm Kohl u. Helmut Richtering: Das Staatsarchiv Münster und seine Bestände, Behörden der Übergangszeit 1802-1816, Münster 1964, S. 54 u. 84.
15 Starb 1825 ledig, Patin dieses Kindes war *„Ida Marchionissa du Chasteler à Wasserloh"*, also die noch nicht 9jährige Nichte d'Alquens, die spätere Gräfin de Bocarmé (zu ihr vgl. Anm. 10), deren Stelle Agatha Winter aus Jügesheim (Pfarrei Weiskirchen) vertrat (vgl. H. J. Deisting: Werler Bürgerbuch 1551-1877, Münster 1979, Nr. 1219), Propsteiarchiv Werl, Taufregister 1806.
16 Wie Anm. 14.
17 Wie Anm. 7. Dies konnte in der sogen. großen Stein-Ausgabe der Briefe und amtlichen Schriften, hrg. v. W. Hubatsch, Stuttgart 1957-1974, nicht bestätigt werden.
18 Friedrich Arnold Engelbert d'Alquen (1809-1887) starb als Musiker u. Komponist in London. Portrait und Werkverzeichnis in: StA Werl, wie Anm. 7.

    Karl Franz (1811-1814); Karl Anton (1815-1886) war Eisenbahnangestellter und Caroline Franziska Helene (1819-1888) ledige Privatlehrerin.
19 So nach der Lithographie; wegen der unbekannten Farben kann die Klasse (I-IV) des Ordens nicht bestimmt werden. Die Akte über Ordensträger in Arnsberg beginnt erst nach dem Tode d'Alquens. Freundliche Auskunft meines Kollegen M. Gosmann.
20 Karl Féaux de Lacroix: Die Arnsberger Kasinogesellschaft 1818-1918 (...), Arnsberg o.J., S. 8.
21 Vaterländische Blätter f. d. Herzogthum Westphalen (Hrg.: Dr. Ruer jun.), 1. Jg., 2. Bd., Arnsberg/Gießen 1811, S. 268.
22 Arnsberger Kreisblatt Nr. 29 (12. Jg.), 19. Juli 1861.
23 Susanne Freund (vgl. Anm. 10) plant für das Droste-Jahrbuch 3 eine Arbeit über die Gräfin Bocarmé, die auch mit Honoré de Blazac und Hans Christian Andersen befreundet war. Die Lektüre darf mit Spannung erwartet werden, zog sich die Spur des abenteuerlichen Lebens der Nichte d'Alquens doch über Belgien, Österreich, Java, Köln, Koblenz, Paris und Italien!

Cäcilia Dietz - letzte Priorin in Oelinghausen (†1825)

Werner Saure

Wer ist diese Frau, die das Schicksal in schwieriger Zeit an die Spitze eines der angesehensten Klöster Westfalens stellte? Bei Aufhebung des Klosters Oelinghausen am 23. März 1804 gehörten zum Konvent neben den letzten Ordenspriestern (van Hagel und Kleine), noch neun Chorschwestern (u.a. C. Dietz, Priorin, Beatrix Baum, Kellnerin), eine Novizin und acht Laienschwestern. Hat die am 16. November 1789 gewählte Priorin die Kraft, der klösterlichen Gemeinschaft in dieser Zeitenwende neue Perspektiven zu eröffnen? Ist sie wie viele andere in einer Zeit, in der die alten Maßstäbe an Gültigkeit verlieren, gleich einem schwankenden Rohr unstet und unsicher, unwissend, welchen Weg sie ihrer Gemeinschaft zu weisen hat?

Die Chorjungfrau Cäcilia Dietz wurde an Stelle der abgesetzten Priorin Eleonora von Gerwin (Greving?) als Vorsteherin gewählt. Sie blieb in diesem Amt bis zur Aufhebung des Klosters im März 1804. Wie die meisten ihrer Mitschwestern hat sie Oelinghausen bereits im Mai 1804 verlassen. Sie starb, wie nachträglich im Nekrologium vermerkt, am 16. August 1825 in Rockenburg in Oberhessen.[1] Daß sie als letzte Priorin des über 600 Jahre alten Klosters nicht - wie beispielsweise Maria Franziska Peters in Rumbeck oder der Ordensgeistliche und Rentmeister van Hagel als Seelsorger in Oelinghausen - über die Aufhebung hinaus am Ort ihrer Tätigkeit verblieb, wirft kein sehr positives Licht auf ihre Hingabebereitschaft an den Orden ihrer Wahl und die verantwortliche Wahrnehmung ihrer Pflichten.

Aus dem Tagebuch Pater Ulrichs, des Beichtvaters der Schwestern in Oelinghausen, erhalten wir ein farbiges Bild über die Lebensweise der Nonnen des Klosters wenige Jahre vor der Auflösung. Die Eintragungen Ulrichs beginnen am 12. November 1789 und enden am 1. März 1790. Folgende Sätze notiert der Ordenspriester schließlich über seine plötzliche Abberufung durch den Konvent von Oelinghausen: *„den 1ten Merz (1790) Wurde des Morgens um einen Beichtvater geloset; obwohlen sie den 17. November 1789 mir das mehrste Theil das Loos gegeben, nachgehens zurück gezogen; weis keine andere Ursache, als diese, weil ich ihre Ausgelassenheit nicht habe beloben wollen, ist sie zu loben, ich kann es nicht."*[1] Was war geschehen? Jahrhundertelang (wenige kurze Perioden des Niedergangs ausgeschlosssen) hieß es über Kloster Oelinghausen, daß die Nonnen fromm und gottesfürchtig lebten. Jetzt aber hatte der Beichtvater allen Grund zu klagen, lauten doch in der genannten Zeit seine Eintragungen vielfach *„machten uns lustig* (=feiern, festlich essen und trinken, spielen etc.) *wie gewöhnlich".* Hat die neu ernannte Priorin das unklösterliche Verhalten ihrer Mitschwestern gefördert, hat sie es sogar herausgefordert, oder war sie schwach und ohne Einfluß? Die im Tagebuch des Beichtvaters ausführlich dargestellten Ausschweifungen mit teilweiser Mißachtung der Klausurpflicht geschahen unter ihrem Priorat. Er notiert (Auswahl): *„17. Nach Austeilung der Aemtern (Kellnerin etc.) durch Losen der Fickesbohnen ausgeteilet. Mittag und Abend in Convent gespeisset, lustig gemacht."* Die Wahlen waren nötig geworden, weil die Amtsinhaberinnen wie ihre Priorin durch den Kurfürsten nach einseitiger Visitation abgesetzt worden waren. Als Propst Schelle, der nach einer sehr parteiischen Untersuchung wegen mangelnder Klosterdisziplin und Verschwendungssucht am 12. November 1789 durch kurfürstliche Verfügung von Ansberger Schützen abgeholt und in Wedinghausen gefangengesetzt wurde, waren am gleichen Tage die Priorin M. Eleonora von Grewin und die Kellnerin Bigeleben ihrer Ämter enthoben worden. Pater Ulrich notiert u.a.:

> *„18. (November) Nach Austeilung der Aemtern wurde etwas geruhet, speisten in Convent, Pastor zu Hüsten war dabei, Pastor zu Enkhausen zum Extraordinarius erwählet, machten uns lustig mittags und abend.*
> 20. *In Zahlung des Geldes begriffen, speißten Mittags und abends in Convent, machten uns lustig...*
> 22. *Speisten in Convent Mittag und abend, machten uns lustig.*
> 9. *Kame der Hochwürdige Herr Commiss. und Pastor Ernst von Rumbeck zurück, wurde*

geleutet und geschossen, speisten in Convent machten uns lustig.

16. *der Herr Dhemer hier mittags und abends mitgespeist sich lustig gemacht bis in spate Nacht.*
17. *Eben lustig sie liefen auf die Kammern eine der andern wie sie wollten.*
18. *Wurde also fortgefahren bis in die Nacht.*
21. *War wie gewöhnlich, das Klumpsackspiel bis in die Nacht.*
22. *Ging es geleicher lustig.*
23. *ebenfalls so lustig.*
26. *Wurde der Caffee morgens auf der Probstei (=außerhalb der Klausur) getrunken, waren Jungfer Witte, Bi(e)geleben und die Kranke nicht darbei, Mittags und abens in Convent gespeiset, worbei Pastor zu Husten und Herr Kleine ware, sich lustig gemacht bis in die Nacht."*

Nicht nur der Beichtvater, sondern auch einige Schwestern, z. B. Budde, Floret und Iskenius, wie an anderer Stelle belegt, und die abgesetzte Kellnerin Bigeleben hielten sich zurück und lehnten die Verstöße gegen die Klausurordnung ab.

Vom Widerstand der eigentlich Verantwortlichen, der Priorin, ist nicht die Rede. Sicherlich ist nicht nur die Priorin schuldig, auch die Pfarrer aus den Nachbarorten machten mit und warnten nicht. Für die Wiederherstellung der Klosterordung haben auch sie sich nicht eingesetzt.

Die Haltung der Priorin im Konvent wird umso fragwürdiger, als sie eine Reihe von Briefen verfaßte, die zur Belastung des abgesetzten Propstes Augustin Schelle an den Kurfürsten gerichtet waren, die sie aber später widerrief. Der Kurfürstliche Kommissar Neesen habe die Konzepte aufgesetzt und von ihr, der Priorin, oder vom Konvent verlangt, sie auszufertigen. So klagt sie sich später an: *„die Ausdrücke darin gegen den Probsten (=Schelle) waren so hart, daß uns das Herz weh tat und das gemüt beschwert ward... und aus blöder Furcht gegen ihn"* (=Neesen) hätten sie so gehandelt. Sie hat auch andere Aussagen später widerrufen, weil sie ihr Gewissen belasteten: So schrieb sie in dem unter Anlage Nr. 2 in der Defensionsschrift für Augustin Schelle festgehaltenen Brief an den Erzbischof: *„Wir bezeugen, daß unser Erzbischöflicher Komissarius (=Neesen) der*

Kopie der Seiten 38/39 aus dem „Nachtrag zur Defensio des Propstes Schelle..." o.O., o. J.

Auf die Berufung Augustins Schelle hin setzte der Kurfürst einen Parteigänger Neesens (Schaaf) zur erneuten Überprüfung der Vorgänge in Oelinghausen ein. Neesen sandte daraufhin dem Priester Fickermann, der dem Kloster vorstand, einen Brief als Grundlage für die neuen Verhöre zu. Im Begleitschreiben heißt es, „So werden die Fragen ungefähr seyn, und auf **meine** Art müssen sie antworten."

Kapitularin (=Schwester) Floret mit dem Zuchthaus nicht gedrohet, weder als eine Närrin ausgeschrieen habe, vielmehr diese demselben mit solcher heftigkeit im Kapitul respektwidrig widersprochen habe, daß ihre eigene Tante Bigeleben selbe zu schweigen und abzutreten geheißen habe; wir erklären es als eine Lüge, daß solches Getöß gewesen sey, daß eine laienschwester deshalben vor Angst zum Fenster heraus habe springen wollen." Das schrieb die Priorin Dietz im Mai 1791 und leugnete damit die lauten und teilweise handgreiflichen Auseinandersetzungen im Konvent gegenüber den Wünschen und Forderungen des kurf. Kommissars. Widerstand gegen den mit Raffinessen, Drohungen und Versprechungen arbeitenden kurfürstlichen Kommissar haben, das wird nicht nur an dieser Stelle klar, mehrere aus der kleinen Schar von 18 Schwestern geleistet, nicht aber die Priorin Cäcilia Dietz. Es ist kein Brief bekannt, und ein solcher wäre sicherlich in die Verteidigungsakten des Augustin Schelle eingegangen, in dem Cäcilia Dietz den kurf. Kommissar wegen Bedrohung oder gar Bestrafung von Mitschwestern beim Erzbischof angeklagt hätte. Sie hat geschwiegen. Nicht einmal die auch nach damaliger Rechtssprechung verwerflichen Praktiken des kurf. Kommissars Neesen, der z. B. ihren Mitschwestern die Antworten auf Visitationsfragen vorschrieb, hat Cäcilia Dietz angezeigt

Auch das Verhalten der Priorin gegenüber der Einführung des deutschen Breviers in Kloster Oelinghausen war alles andere als eindeutig. Erst stimmte sie der Anschaffung deutschsprachiger Übersetzungen des Breviers zu, dann widerrief sie die Bestellung. Aber auch dabei formulierte sie nicht klar und eindeutig.

Die Verwirrung in Oelinghausen spitzte sich zu, und die wirtschaftliche Misere wurde offenkundig. Sie schrieb dies dem Wirken des kurfürstlichen Kommmissars Neesen zu. Im dritten Jahr raffte sie sich auf und bat den Kurfürsten, in dieser äußersten Bedrängnis wieder einen Ordensgeistlichen in Oelinghausen einzusetzen, denn *"...Ehemals war Eintracht und Liebe das Band unserer Gesellschaft, und die ältesten unsers Konvents erinnern sich nicht, ein solches Mißtrauen erlebt zu haben, als jenes, was leider seit einigen Jaren nemlich von der Zeit an, da unser voriger Probst weggefürt ist, im Kloster geherrscht hat. Die vorzügliche Ursache hiervon beruhet in der mannigfaltigen Korrespondenz, welche der Kommissar (=Neesen) unterhält; und aus verschiedenen von demselben gemachten Verfügungen ist zu ahnden, daß das Mistrauen mit jedem Tag zunehmen wird. So ist von ihm, ohne daß der Visitationsrezeß davon das mindeste enthält, verordnet: daß ihm jedesmals die Kapitelprotokollen eingeschickt, die Namen derjenigen, die etwa gegen seine Anträge votieren, beigeschrieben werden sollen. Und beim Kapitul ist die Anzeige geschehen, daß der Kapitulssekretair dasjenige, was er Namens des Kommissars vorzutragen hätte, nicht einst der Priorin vorher bekannt machen dürfe. Bei allem müssen wir bekennen, daß unter der Direkzion des Kommissars und bei der jetzigen Lage unser Kloster ehender seinem Untergang als Aufkommen sich nahet. Unser voriger Probst hinterlies eine sehr ansehnliche Baarschaft, und wan davon auch ein Teil rentbar angelegt, zum Theil noch einige Schulden damit abgestosen sind, und wir auch in diesem Jar einen beträchtlichen Bau gehabt haben, so sind wir doch mit mannigfaltigen zuvor unbekannten Ausgaben beschwert, und demalen in so viele Prozese wie das Kloster nie gehabt hat, verwickelt, welches wol ohn zweifel darin seinen grund hat, daß der Kommissar sich hier im Lande viele Feinde gemacht, und daher unsern Kolonen (=zinspflichtige Bauern) und Nachbarn aufgemuntert werden, sich mit uns in Streit zu legen. - Wir sind nahe an dem Punkt, daß wir Schulden machen oder rentbare Kapitalien angreifen müssen. Alles traurige Folgen, die vorher zu sehen, über unsere Einsicht war. Da uns aber durch Aufnahme der Rechnungen die Augen eröffnet, und wir durch Erfahrung belehrt sind, so sehn wir uns im Gewissen verpflichtet, Ew. etc. unsern elenden Zustand unterthänigst zu eröffnen..."*³

Schwanken und unklare Stellungnahmen prägen das Bild der letzten Priorin des ehrwürdigen Prämonstratenserinnenklosters Oelinghausen. Es liegt nahe, daß der kurfürstliche Kommissar Neesen sie gerade deshalb hat zur Priorin wählen lassen, um in ihr ein willfähriges Instrument seiner sogenannten Reformpolitik zu haben.

Anmerkungen:
1 Harm Klueting, Die Säkularisation im Herzogtum Westfalen 1802-1834, Kölner Historische Abhandlungen 27, Köln/Wien 1980. - Dort wird als Geburtsort der Cäcilia Dietz Ilbenstadt in der Wetterau angegeben.
2 Quelle meiner Ausführungen ist der dem Reichskammergericht in Wetzlar vorgelegte im Druck erschienene Band: „Probst Schelle Ölinghausen 1792 - In Sachen des rechtswidrig entsetzten Herrn Probsten des Prämonstratenser Ordens-Klosters Ohlinghausen in Westphalen Augustin Schelle"
Der Band besteht aus mehreren Teilen, ohne Kapitelangaben und nicht fortlaufend numerierten Seitenangaben. Der Bericht des Beichtvaters ist abgedruckt unter „M", auf den Seiten 13-18 in der vierten Anlage zur Defensio. -
Weitere Quelle: Nachtrag zur Defensio des Probstes Schelle des Norbertiner Klosters Oelinghausen des Herzogthums Westphalen (58 Seiten, Ohne Jahr und Ort).
3 Reichskammergericht, s.o., S. 78/79 aus der „Lit. H" im ersten Druckabschnitt

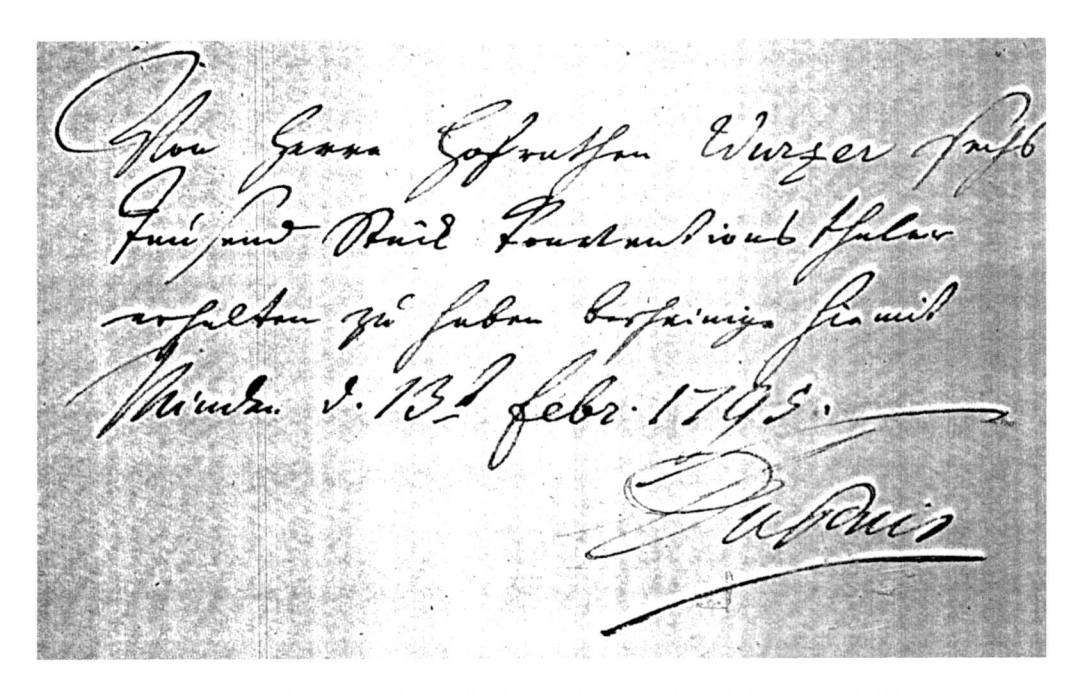

Quittung mit Unterschrift des Archivars Dupuis für Hofrat Joseph Wurzer,
datiert Minden, den 13. Februar 1795
(AEK, Nachlaß Wurzer, Mappe Nr. 6)

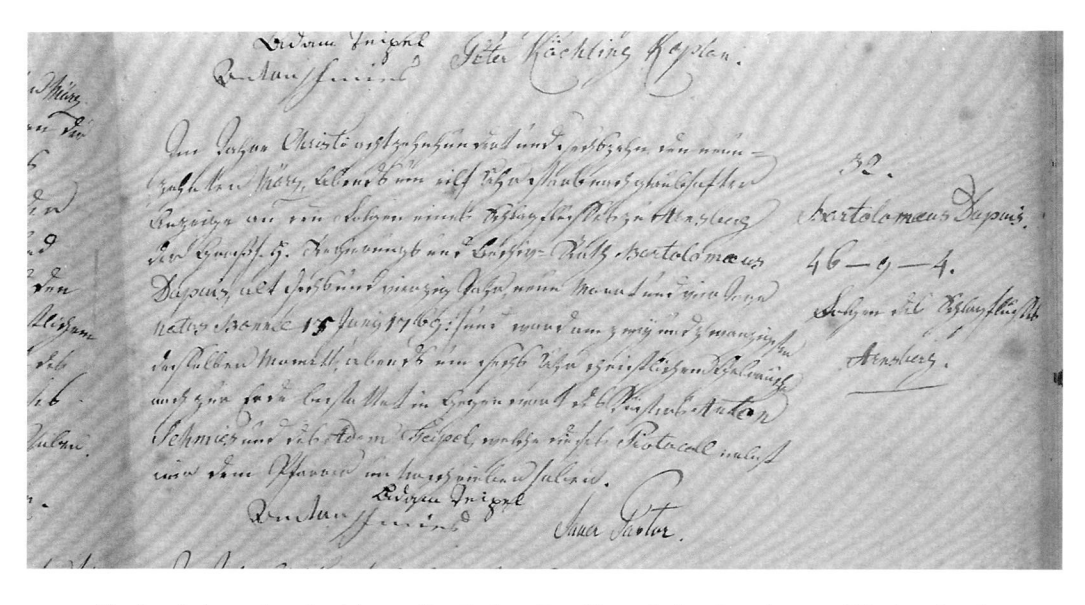

Sterbeeintrag des Archivars Bartholomäus Dupuis im Arnsberger Kirchenbuch
(Archiv des Erzbistums Paderborn, Arnsberg, Propstei St. Laurentius, Bd, 21, S. 193, Nr. 32/1816)

Archivrat Simon Stephan Bartholomäus Dupuis (1769-1816)

Joachim Oepen

Geboren am 15. Juni 1769 in Bonn, besuchte Dupuis von 1779 bis 1785 das Bonner Gymnasium und studierte von 1785 bis 1791 in Bonn Jura und Philosophie.[1] Wahrscheinlich 1794 trat er in kurfürstliche Dienste und wurde Lehnregistrator in Bonn.[2] Bei den Transporten der erzstiftischen Archivalien spielte Dupuis offenbar eine wichtige Rolle, hielt er sich doch - soweit wir es nachvollziehen können - zumeist dort auf, wo sich auch die Archive befanden: 1795 reiste Dupuis mit dem Schriftgut von Münster nach Minden und weiter nach Hamburg, 1797 von Hamburg zurück nach Münster, wo er den Auftrag erhielt, das Hauptarchiv und das Lehnarchiv neu zu ordnen. Vom Domkapitel eben noch auf seine Bitten vom Lehnregistrator zum „*Regierungsarchivarius*" ernannt, hielt sich Dupuis 1802 mitsamt den Archiven in Arnsberg auf, wo er bald darauf in hessische Dienste trat, hessischer Archivrat wurde und sich mit den erzstiftischen und domkapitularischen Archivalien in den Gebäuden der nunmehr säkularisierten Abtei Wedinghausen einrichtete.[3] Sein Aufgabengebiet umfaßte neben der Betreuung der schon vorhandenen kölnischen Bestände die Eingliederung der Archivalien aus den säkularisierten Klöstern und Stiften sowie die Fachaufsicht über die Registraturen und Archive der lokalen Behörden Westfalens.[4] Die rechte Hand des Archivrates Dupuis war dessen ehemaliger Studienkollege, der Kanzlist Friedrich Anthée (auch: Anthe).[5] Außer für das Archiv war Dupuis auch für die Fronfuhrdeputation verantwortlich und wurde 1811 zum Regierungsrat ernannt.[6] Er starb am 19. März 1816 zu Arnsberg, nicht ohne noch vorher seine „*Bemerkungen und Uebersicht über den Zustand des Archiv- und Registraturwesens im Herzogthum Westfalen im Jahre 1816*"[7] hinterlassen zu haben.

Diese Vita des Bartholomäus Dupuis liest sich wie die eines herkömmlichen Beamten mit durchschnittlichem Einkommen[8] und Tätigkeitsfeld in einer bestenfalls etwas unruhigen Zeit. Dabei ist der Übertritt von kurkölnische in hessische Dienste durchaus nichts Ungewöhnliches. Bis zum Ende des Jahres 1803 waren beispielsweise 28 ehemals kurkölnische Beamte im Herzogtum Westfalen in hessische Dienste übernommen worden;[9] solche Übernahmen garantierten eine gewisse personelle Kontinuität einer erfahrenen Beamtenschaft.

Bei Dupuis liegen die Dinge aber ein wenig anders. Einerseits tritt er uns als fleißiger, gewissenhafter und durchaus kompetenter Beamter und Archivar entgegen, was sich nicht nur an seinen Tätigkeiten und verschiedenen Gutachten aus seiner Feder über ganz verschiedene Themen[10], sondern auch an dem bereits erwähnten Bericht über das Archivwesen in Westfalen zeigt: Dupuis weiß um die Bedeutung eines Archivs, er kennt sich in seinen Beständen aus; lediglich sein Sinn für die historische Relevanz der Akten scheint im Kontext eines geringen geschichtlichen Interesses etwas unterentwickelt zu sein, hört man doch des öfteren Bemerkungen wie: „*... größtenteils nur zur Abgabe an eine Papier-Mühle geeignet ...*",[11] die jedem heutigen Archivar angesichts der damit bewerteten Akten die Haare zu Berge stehen lassen würden.

Andererseits biedert sich Dupuis gehörig bei den hessischen Behörden an und legt dabei insbesondere dem Domkapitel Steine in den Weg. So hatte er sich bald nach seiner Ankunft in Arnsberg eine Art Kuhhandel ausgedacht: Einerseits gab er den Hessen ein Versteck bekannt, in dem das Domkapitel in den Wedinghauser Abteigebäuden Unterlagen verborgen hatte, und bot sich an, wertvolle und interessante Stücke der ihm anvertrauten Schätze nach Darmstadt zu schicken, andererseits wollte er dafür eine Übernahme in den hessischen Staatsdienst erreichen.[12] Die sukzessive Versendung der Dombibliothek und anderer Unterlagen nach Darmstadt geschah schließlich in völliger Geheimhaltung, damit die übrigen Rechtsnachfolger Kurkölns und des Domkapitels nichts davon erführen und Ansprüche stellten. 1815 berichtete Dupuis überdies nach Darmstadt, daß er bei dem Besuch eines französischen Kommissars in Arnsberg zur Übernahme einiger Akten eigens einen Teil der Dombibliothek *"hinter anderen Papieren im Archive"* verborgen habe.[13]

Auch war es Dupuis, der gegenüber den Hessen aus der beschlagnahmten Registratur des Domkapitels nicht mit entsprechenden Hinweisen auf die bei Molinari in Frankfurt deponierten Domschätze - darunter der Dreikönigsschrein - sparte; Darmstadt setzte bekanntlich alle Hebel in Bewegung, um in den Besitz des Domschatzes zu gelangen.[14]

Letztendlich hatte auch der Kapitularvikar Caspars seinen Ärger mit den hessischen Behörden wohl dem Archivrat Dupuis zu verdanken, da er es war, der die Verlegung des Generalvikariates mitsamt Archiv gegenüber den Behörden überaus negativ darstellte.[15]

Was Dupuis mit der Abfassung der ausführlichen Übersicht über das westfälische Archivwesen genaugenommen beabsichtigte, wissen wir nicht - der Tod kam ihm zuvor. Möglicherweise wollte er damit seinen Übergang in preußische Dienste vorbereiten, denn der Bericht war geschrieben worden, *"damit die Königlich Preußischen Herren Commissarien bei der Besitznahme Westfalens in Kenntniß zu setzen wären"*.[16]

Anmerkungen:

1 Max Braubach, Die erste Bonner Hochschule. Maxsche Akademie und Kurfürstliche Universität 1774/77-1798 (= Academia Bonnensis 1), Bonn 1966, S. 340; Erzbistumsarchiv Paderborn, Kirchenbücher der Propstei St. Laurentius, Arnsberg, Bd. 21, S. 193, Nr. 32/1816.

2 Im 1793 erschienenen Kurkölnischen Hofkalender für 1794 ist Dupuis noch nicht erwähnt, seit Anfang 1795 war er aber an den Transporten der Archive beteiligt.

3 Vgl. meinen Beitrag über das Schicksal der ARchive im vorliegenden Band S. 159 ff.; zur Ernennung zum Regierungsarchivar vgl. HAStK, Domstift, Akten 317, fol. 307.

4 Schöne, S. 44; vgl. Dupuis, passim.

5 Braubach (wie Anm. 1), S. 331; Dupuis, S. 120; Schöne, S. 165.

6 Schöne, S. 58, 165; zur Fronfuhrdeputation vgl. ebd. und Kohl/Richtering, S. 69.

7 Dupuis, passim; Erzbistumsarchiv Paderborn, Kirchenbücher Propstei St. Laurentius, Arnsberg, Bd. 21, S. 193, Nr. 32/1816

8 Vgl. Schöne, S. 172.

9 Schöne, S. 44, Anm. 6. Auch anderswo, etwa im linksrheinischen Gebiet, wurden Verwaltungsbeamte des Alten Reiches von den neuen Machthabern - hier die Franzosen - in großer Zahl weiterbeschäftigt (vgl. Karl-Georg Faber, Verwaltungs- und Justizbeamte auf dem linken Rheinufer während der französischen Herrschaft. Eine personengeschichtliche Studie, in: Aus Geschichte und Landeskunde. Forschungen und Darstellungen. Franz Steinbach zum 65. Geburtstag gewidmet von seinen Freunden und Schülern, Bonn 1960, S. 350-388; dazu jedoch Sabine Graumann, Französische Verwaltung am Niederrhein. Das Roerdepartement 1798-1814 (= Düsseldorfer Schriften zur Neueren Landesgeschichte und Geschichte Nordrhein-Westfalens 27), Essen 1990, S. 104, 106, 232).

10 Vgl. die Konzepte Dupuis zu den *"Archival Arbeiten"*, bei denen er offenbar Archivbestände benutzte: HStAD, Kurköln II 3186 ff.

11 Dupuis, S. 101.

12 Frenken, S. 56.

13 Frenken, S. 59-61; J.B. Haass, Die Kölner Dom-Bibliothek in: Kölner Domblatt 259, 260 (1866), hier Nr. 260 (Zitat); Witte, S. 161.

14 AEK, CR 6.13,1, fol 2; Witte, S. 154. Zu den Domschätzen in Frankfurt vgl. den Beitrag von Dr. M. Wild im vorliegenden Band, S. 145.

15 Vgl. ebda.

16 Dupuis, S. 120.

Hofkammerrat Reiner Josef Esser (1747-1833)

Michael Gosmann

"Noch einen späten Besuch beim alten Esser..." unternommen, so oder ähnlich notierte des öfteren Oberpräsident Freiherr Ludwig von Vincke in sein Tagebuch. Sofern seine Aufenthalte in Arnsberg es dem Oberpräsidenten gestatteten, ließ er es sich nicht nehmen, den geheimen Regierungsrat Reiner Josef Esser zu besuchen. Esser, sicherlich eine der markantesten Persönlichkeiten in der Arnsberger Beamtenschaft im ersten Drittel des 19. Jahrhunderts, galt als erfahrener und kenntnisreicher Jurist und Verwaltungsmann. Offenbar hat Oberpräsident von Vincke freundschaftliche Beziehungen zu ihm gepflegt.[1]

Der aus Garzweiler bei Aachen stammende Jurist Reiner Josef Esser (* 21.12.1747) war das älteste von neun Kindern des Ortsrichters Wilhelm Esser (* 1707, † 22.11.1761 Garzweiler) und der Maria Gertrud Schloßmacher (* 07.11.1728 Esch, † 24.03.1792 Garzweiler). Wilhelm Esser, Besitzer eines kleinen Landgutes, betrieb eine Frucht- und Mahlmühle. Sein Sohn erhielt am Gymnasium in Bedburg und am Montaner Gymnasium in Köln seine Ausbildung.[2] Im Jahre 1766 wurde Reiner Josef Esser Baccalaureus und widmete seine Akademischen Schriften dem Kurfürsten Maximilian Friedrich.[3] Nach dem Jurastudium trat er eine Stellung als Advokat an. Diese Stelle soll er nach dem ersten gewonnenen Prozeß aufgegeben haben, weil er Bedenken hinsichtlich der Richtigkeit der Entscheidung hegte.

Im Jahre 1771 trat er in landesherrliche Dienste bei der kurkölnischen Lotterie, wurde 1772 Geheimer Kanzleiverwandter und dann Sekretär bei der von Kurfürst Maximilian Friedrich 1774 gestifteten Bonner Akademie. Ab 1777 gehörte er als Geheimer Kanzleiverwandter dem Akademierat an, 1782 wurde er Rendant und 1783 Rentmeister.[4] Esser nahm 1784 am Krankenbett des greisen Kurfürsten Maximilian Friedrich dessen Testament auf.[5]

Unter Maximilian Franz (1784) wurde er Konferenzsekretär für die neu eingerichteten Ministerialkonferenzen. 1784 ernannte der Kurfürst ihn zum Hofbibliothekar, 1786 zum Syndikus der neuen Bonner Hochschule. 1792 wurde er Revisor der Kammeral-Buchhalterei und zum wirklichen Hofkammerrat ernannt.[6]

Neben seiner beruflichen Karriere gestaltete sich auch seine familiäre Situation günstig. Am 20. Oktober 1779 vermählte er sich in der St.-Gangolph-Pfarrei zu Bonn mit Maria Katharina Felicitas Classen (* 24.04.1750 Bonn, † 25.03.1825 Arnsberg), Tochter des Ratsherrn und Stadtrentmeisters Johannes Classen und der Angela Schuhmachers. Aus der Ehe gingen vier Kinder hervor:
1. Maria Josepha Gertrud Theresia (* 13.07.1781 Bonn),
2. Joseph Ignatz (* 15.09.1782 Bonn, † 25.02.1856 Neuwied),
3. Maria Elisabeth Walburga (* 18.06.1785 Bonn, † 22.08.1792),
4. Petrus Antonius Josephus (* 16.11.1787 Bonn, † 05.07.1841 Arnsberg).

Einer seiner Enkel beschrieb das Erscheinungsbild des Großvaters Reiner Josef Esser später folgendermaßen: *„... ein kleiner feiner Herr mit dunkelem glatten Haar, braunen Augen und ohne jeden Bart..., einer der liebenswürdigsten alten Herren".*[7]

Bei der Flucht der kurfürstlichen Regierung vor den herannahenden Franzosen aus Bonn im September/Oktober 1794 war Reiner Josef Esser besonders hervorgetreten. Ihm oblag die Aufsicht über wichtige Transporte. Ein Teil der Archivalien wurde zu Lande fortgeschafft, wozu westfälische Fuhrleute bis an die Bonn gegenüberliegende Rheinseite kamen. Der größte Teil der kurfürstlichen Effekten, die Silberkammer, kostbare Möbel aus den Schlössern, die Bibliothek, ein Teil des Naturalienkabinetts, der Vorrat an Weinen usw. wurde auf sieben Transportschiffe verladen, die zwischen dem 20. September und 2. Oktober aus Bonn ablegten. Zu Wasser gelangten die Wertgegenstände nach Ruhrort oder Niederwesel. Dann ging es zu Lande weiter teils nach Münster, teils ins Vest Recklinghausen, teils ins Herzogtum Westfalen. Esser selbst charterte drei Schiffe, um Papiere, Geld und Wertgegenstände auf die sichere rechte Rheinseite zu verfrachten. Am Morgen

Hofkammerrat Reiner Josef Esser (1747-1833)

(Ölgemälde von Huxol, nach 1826, aus: Braubach, Max: Die erste Bonner Hochschule - Maxische Akademie und kurfürstliche Universität 1774/77-1798, Bonn 1966)

des 3. Oktobers 1794 flüchteten schließlich alle Regierungsräte, sofern sie noch in Bonn geblieben waren.[8]

Mit der Bonner Hofkammer gelangte Esser daraufhin nach Brilon. Seine beiden Söhne scheint er in Bonn bei Verwandten untergebracht zu haben, damit sie dort die Schule weiter besuchen konnten.[9] Nach Auflösung des Erzstiftes 1802/03 wurde Esser in hessen-darmstädtische Dienste übernommen und kam als Hofkammerrat an die Rentkammer in Arnsberg. Am 6.1.1804 wurde er zum Mitglied im Forstkollegium des Herzogtums Westfalen berufen.

Reiner Josef Esser, der in Arnsberg im sogenannten von Dückerschen Hof wohnte, galt schon seit Ende der 1780er Jahre als Vertrauter des Präsidenten der kurkölnischen Hofkammer Franz Wilhelm von Spiegel zum Desenberg. Dieser hatte - wie schon sein Vater Theodor Hermann von Spiegel - als westfälischer Landdrost bis 1786 im Dückerschen Hof residiert. Möglicherweise hat Esser diese vornehme Wohnung durch Vermittlung Spiegels erhalten, denn Wohnraum dieser Qualität, wie ihn das Haus bot, war in Arnsberg äußerst selten. Esser war auch gleich daran interessiert, das Anwesen zu erwerben. Er bat den Eigentümer Caspar Ignatz von Dücker (1759-1839) am 24.07.1803 um den Verkauf des Hauses. Doch auch die inzwischen in Arnsberg eingerichtete hessen-darmstädtische Organisations-Kommission war am Erwerb interessiert, so daß der Fiskus das Anwesen für 3000 Taler zu eigenen Verwaltungszwecken ankaufte. Esser erhielt jedoch wegen der schon vorher auf Reparaturen des Hauses verwandten beträchtlichen Gelder und die Überlassung des Vorkaufsrechtes dort lebenslange freie Wohnung.[10]

Essers vertrautes Verhältnis zum ehemaligen Hofkammerpräsidenten Franz Wilhelm von Spiegel schlug sich in einer Reihe von interessanten Briefen nieder, die im Nachlaß von Spiegels erhalten sind. So beklagte er sich am 23. März 1803 über die Verhältnisse unter den Beamten in Arnsberg:

„...Es formieren sich Ketten, um sich zu poussieren, morgens wird geschnapst, nachmittags Kaffee getrunken und abends gepunscht. Weiberintriegen laufen mitunter. Bei einem wird gehört, beim anderen das Gehörte wiedererzählt, Patronanzen sind allgemein und ebenso die Aufwartungen. Ich kann von allem nichts mitmachen und will es auch nicht..."

Einen Monat später, am 13. April 1803 bemerkte er: „...überhaupt kann ich über keinen Darm-städter klagen, desto mehr aber über meine Kollegen und Landsleute..."

Noch in einem Brief vom 15. Januaar 1808 konnte sich Esser mit den Verhältnissen nicht abfinden: „...Ob unsere zusammengesetzte Verfassung oder die allzu weite Entfernung aus den Augen des Landesherrn und die nicht zu sperrenden Wege der Kabale oder die Rückerinnerung an unsere ehemaligen glücklichen Zeiten oder was sonst mir meine jetzige Lage unangenehm macht, weiß ich selbst nicht zu sagen..."[11]

Als in preußischer Zeit die Funktionen der Hofkammer an die Regierung übergingen, ernannte der neue Landesherr Esser als intimen Kenner der Verhältnisse zum Dirigenten der Liquidationskommission. Diese Einrichtung war damit beauftragt, die preußischerseits von Hessen-Darmstadt übernommenen Rückstände abzuwickeln. Sie begann ihre zehn Jahre währende Tätigkeit am 1. Juli 1816. Esser leistete als Dirigent der Liquidationskommission gewissenhafte Arbeit und erhielt nach zehnjähriger Tätigkeit im Jahre 1826 vom preußischen König den Roten Adlerorden 3. Klasse verliehen. Fast alle Geschäfte der Liquidationskommission führte er zum Abschluß. Am 29. Mai 1833 erlitt er an seinem Arbeitstisch einen Anfall, an dessen Folgen er acht Tage später, am 6. Juni mittags gegen 12.30 Uhr, verstarb und sein 85 1/2 Jahre langes, arbeitsames Leben beschloß. 62 Jahre lang hatte er als Staatsbeamter gedient.[12]

Der ausführliche Nekrolog, den ein „Freund des Verstorbenen" abgefaßt hatte, schließt mit folgenden Sätzen: „ *Die verhängnißvollste Zeit für sein deutsches Vaterland durchlebte er bei zweimaligem Wechsel der Landeshoheit als Staatsdiener unter 4 Landesherren, hinterläßt seinem Vaterlande zwei Söhne als angestellte Staatsbeamte und sah seine Enkel und Urenkel, in deren Kreise er noch in seinem hohen Lebensalter so gerne weilte und kindlich freute. Der kindliche Sinn, Heiterkeit und frohe Laune verließen ihn nie, diese glücklichen Eigenschaften hatten ihren Grund in seinem religiösen Gemüthe, das seiner ganzen Handlungsweise die höhere Weihe gab. Für die Seinigen hat er als Vater, Großvater und Urgroßvater lange gelebt, und starb dem schönen Familien-Vereine noch zu früh. Er, der hier über weniges getreu war, ist nun über Vieles gesetzt.*"[13]

Anmerkungen:

1 Westphalen, Ludger Graf von (Bearb.): Die Tagebücher des Oberpräsidenten Ludwig Freiherrn von Vincke 1813-1818, Münster 1980, S. 296, 349, 362, 423.

2   Zur Geschichte der Familie Esser vgl. Anna Esser: Chronik der Familie Esser in Rheinland und Westfalen und deren verwandten Zweige, Paderborn 1916.

3   Braubach, Max: Die erste Bonner Hochschule - Maxische Akademie und kurfürstliche Universität 1774/77-1798, Bonn 1966, S. 27, 53, 379 u.ö. Hier auch das abgebildete Gemälde Essers!

4   Esser, wie Anm. 1, S. 45.

5   Frenken, a.a.O., S. 54.

6   Braubach, wie Anm. 3, S. 308.

7   Esser, wie Anm. 1, S. 37.

8   Braubach, wie Anm. 3, S. 308.

9   Esser, wie Anm. 1, S. 43.

10 Gosmann, Michael: Zur Geschichte des Dückerschen Hofes (bis 1856), in: Heimatblätter. Zeitschrift des Arnsberger Heimatbundes e.V., Heft 10/1989, S.57ff.

11 Nachlaß von Spiegel im Stadtarchiv Bonn, zitiert nach Schöne, Herzogtum Westfalen, a.a.O., S. 41 und S. 45, Anmerkungen 27 und 28. Dort die genauen Quellenangaben.

12 Féaux de Lacroix, Carl, Geschichte Arnsbergs, a.a.O., S. 408 und 578f.

13 Esser, wie Anm. 2, S. 45f. Zu Esser und seinen Söhnen vgl. ebenfalls Seibertz, Suibert, Westfälische Beiträge zur deutschen Geschichte, Bd. 2, Darmstadt 1823, S. 273; Frowein, Peter: Studenten aus den Anfangsjahren der Bonner Hochschule (1774-1777), in: AHVN Heft 171, S. 269-279, hier S. 273, Féaux, Gesch. Arnsbergs, S. 408, 578f. und Schöne, Herzogtum Westfalen, a.a.O., S. 79 und 148.

D 11

Franz Josef Fischer, der letzte Abt des Klosters Wedinghausen mit Mitra und Abtsstab

(Ölgemälde im Kapitelsaal des ehem. Klosters Wedinghausen, Propsteipfarrei Arnsberg)

Franz Fischer - letzter Abt des Klosters Wedinghausen (1740 - 1806)

Michael Schmitt

Im Kapitelsaal der Propsteigemeinde St. Laurentius erinnert ein Ölgemälde an den letzten Abt der Prämonstratenser-Abtei Wedinghausen, den gebürtigen Caller Franz Josef Fischer. Er war als Sohn der kleinbäuerlichen Ackerleute Georg Fischer aus Berghausen und Anna Maria Luigs aus Calle dort geboren, am 12. Oktober 1740 in der St. Severinus Pfarrkirche getauft und starb in seinem Elternhaus im Alter von 65 Jahren am 21. August 1806.[1] In den 50er Jahren des 18. Jahrhunderts besuchte Franz Fischer das Arnsberger Gymnasium Laurentianum, eine der höheren Schulen im ehemaligen Herzogtum Westfalen, und war nach dem pflichtgemäßen Studium 1759 in die Abtei Wedinghausen eingetreten. Nach seiner Kölner Priesterweihe unterrichtete er bereits 1768, nach den Mönchslisten der Chronik A. als Lehrer *„prof. poet. organista musicus"* die 4. Klasse des Gymnasiums. Neben seinen literarischen Fähigkeiten - ein 1769 verfaßtes Schauspiel zeugt davon - war er musikalisch und stimmlich außerordentlich begabt.[2] Féaux de Lacroix bemerkt dazu: *„Seine wissenschaftlichen Talente, namentlich aber seine musikalische Begabung und seine klangvolle Stimme, erregten Bewunderung".*[3] Zwischen 1773 und 1776 fungiert er als Arnsberger Pastor[4], danach hatte er das zweithöchste Klosteramt des Priors inne. Erst nach mehreren Wahlgängen erhielt Franz Fischer am 7. August 1781 die nötige Stimmenzahl als zukünftiger 43. und auch letzter Abt der ehrwürdigen Abtei Wedinghausen. Der 41jährige Fischer war unter seinen Mitbrüdern nicht unumstritten: Laut Höing stehen seinen von anderen Biographen gerühmten lobenswerten Eigenschaften eine gewisse Schroffheit und fehlendes Einfühlungsvermögen in der Menschenführung gegenüber, die bei seiner Leitungsfunktion schwer wogen.[5] Hinzu kamen, und dies war wohl der tieferliegende Grund, die im letzten Drittel des 18. Jahrhundert aufkommenden aufklärerischen Gedanken, die insbesondere durch die beiden letzten regierenden Kölner Kurfürsten protegiert wurden, und besonders im klösterlichen Bereich tiefe Einschnitte und Verunsicherungen verursachten. So sind die sehr unterschiedlichen, ja extremen Beurteilungen seiner Person und seines Amtes bei Zeitgenossen zu erklären. Der Landdrost Franz Wilhelm Freiherr von Spiegel und der kurkölnische Kommissar Balduin Neesen, der dem Abt besonders schwer zusetzte,[6] bezeichneten ihn als *„das Urbild eines Mönchsbeherrschers".*[7] Dagegen sprechen Beschreibungen Fischers wie sie Ferdinand Brisken überliefert hat, der ihn als *„hervorragenden Mann"* darstellt. Brisken charakterisiert Fischer aus seiner über 50 Jahre zurückliegenden Erinnerung: *„Er war eine starke untersetzte Gestalt von mittlerer Größe... Sein ganzes Wesen und Auftreten athmete Würde, Feierlichkeit und imponirenden, Achtung gebietenden Anstand",* der sich besonders im Festschmuck der kirchlichen Liturgie zeigte.[8]

Bereits 1782 gestaltete Landdrost von Spiegel das Gymnasium aus einer Abteischule in eine Staatsanstalt um, deren Kosten aber weiterhin vom Kloster bestritten werden mußten.[9] Der vernichtende Visitationsrezeß des Balduin Neesen vom 26. Oktober 1789 fiel, wie nicht anders zu erwarten, Fischer gegenüber sehr ungnädig aus: Der Rezeß verfügte eine den Ordensregeln widersprechende Verfassungsänderung, die die selbständige Herrschaft des Abtes beschränkte. Ein aus den zehn ältesten Konventualen zu bildendes Kapitel wurde ihm zur Seite gestellt. Die Paternitätsverhältnisse über Oelinghausen - dort unter schimpflicher und ungerechter Absetzung des Propstes Schelle, eines Freundes Fischers - und Rumbeck hob man auf, die Arnsberger Pfarrstelle wurde aus der Verbindung mit der Abtswürde gelöst und öffentliche musikalische Darbietungen - für Neesen *„eine erbärmliche Katzenmusik"* - verboten. Statt dessen führte man den deutschen Kirchengesang ein, was damals als lutherische Revolution angesehen wurde. Abt Fischer, durch diese Regelungen schwer getroffen, trug sich mit dem Gedanken, sein Amt mit der Rumbecker Propstwürde einzutauschen, ein Plan, den er nach einem Gespräch mit dem Kurfürsten wieder fallen ließ. Die ihm widerstrebenden Konventualen, bestärkt durch den Visitationsrezeß, suchten durch das Tragen besonderer Kappen, ihrer Opposition auch äußerlich Ausdruck zu verleihen. Die Wortführer dieser sogenannten Klubisten waren Georg Friedrich Pape, der später als Mitglied des Jakobinerklubs in Mainz auftrat, und Engelbert Joseph Henkel. Beide flüchteten schließlich 1791 aus der Abtei.[10]

Bereitwillig räumte Fischer große Teile der Prälatur für die 1794 geflüchteten Kölner Domkapitulare, deren Mehrzahl aber in der Stadt wohnten. Sie speisten täglich gemeinsam mit Abt Fischer im großen Saale des Hauses. Besonders freundschaftlich verbunden mit Domdechanten von Königsegg-Rothenfels, bestattete er ihn nach dessen Verscheiden am 14. Mai 1803 an der Stelle im Kreuzgang, die für ihn selbst vorgesehen war. Diese besonders auch für Fischer tiefbewegende und schmerzliche liturgische Feier beschreibt Ferdinand Brisken mit eindringlichen Worten in seiner Familienchronik.[11]

Seit 1795 fungierte Abt Fischer als Generalvikariatsverwalter für den westfälischen Teil der Diözese. Als solcher verkündete er das Ableben Papst Pius VI., ordnete in allen Kirchen des Sprengels Exequien für den Verstorbenen und Gebete für die Wahl seines Nachfolgers an, den er als Papst Pius VII am 14. März 1799 publizierte.[12]

Nach der Auflösung des Kurstaates bevollmächtigten die Klöster des Herzogtums im September 1803 Abt Fischer, den Huldigungseid vor dem hessischen Landgrafen Ludewig X. abzulegen.[13] Nach der im Oktober des Jahres verfügten Auflösung Wedinghausens erhielt Fischer als Abt eine jährliche Pension von 600 Gulden, daneben 50 Gulden für einen Diener, und die Erlaubnis, im Kloster Rumbeck seine Wohnung zu nehmen. Zudem gingen in seinen Besitz die aus vier Mitren, einem silbernen Stab, einem goldenen Brustkreuz und drei goldenen Ringen bestehenden Insignien sowie seine Möbel und ein Teil der kirchlichen Paramente über. Als Rumbeck im folgenden Jahr ebenfalls aufgehoben wurde, erhöhte die hessische Rentkammer seine Pension auf 1650 Gulden. Statt der ihm angebotenen Wohnung in Arnsberg zog sich Fischer in sein Heimatdorf Calle zurück.[14] An sein Elternhaus ließ er ein Wohn- und ein Schlafzimmer, sowie eine Kapelle anbauen, in der er täglich die heilige Messe feierte. Den Garten zierten vier Figuren, die die Jahreszeiten symbolisierten.[15]

Die letzten Lebensmonate bis zu seinem Tod werden unterschiedlich beurteilt: Auf der einen Seite heißt es, er habe *„still und zufrieden"* gelebt.[16] Ferdinand Brisken wiederum und seine Darstellung wird aufgrund des persönlichen Kontaktes zu Franz Fischer die treffendere sein - schrieb hierzu, er sei *„vereinsamt und voll Trauer über die schicksalsreiche nahe Vergangenheit in den Staub zurückgekehrt".*[17]

Fischers Nachlaß wurde verkauft, sein Geburts- und Sterbehaus in Calle ist heute abgerissen.[18] Nur ein Ölgemälde des sauerländisch-bäuerlich wirkenden letzten Abtes des über 600 Jahre bestehenden Prämonstratenserstiftes Wedinghausen erinnert im Arnsberger Kapitelsaal, ein Photo dessen in der Caller Pfarrkirche an sein Leben und Wirken, das eine an dem Ort, wo er schwere Stunden zu bestehen hatte, das andere über seinem ansonsten unscheinbaren Grab.

Anmerkungen:
1 BRISKEN, Ferdinand: Genealogische und sonstige Nachrichten über die Familie Brisken in Soest und Arnsberg (Arnsberg 1853), S. 66.
2 HÖING, Norbert: Das Gymnasium Laurentianum zu Arnsberg, Teil 2: Von 1712 bis 1815 (Arnsberg 1990, S. 123 (= Städtekundliche Schriftenreihe über die Stadt Arnsberg, Heft 17).
3 FÉAUX DE LACROIX, Karl: Geschichte Arnsbergs (Arnsberg 1895), S. 495.
4 WAHLE, Walter: Beiträge zur Geschichte der Stadt Arnsberg (Selbstverlag Störmede 1988), S. 95.
5 Wie Anm. 2, S. 175, Anm. 393.
6 HÖYNCK, Franz Anton: Geschichte der Pfarreien des Dekanates Arnsberg (Hüsten 1907), S. 130. Er spricht von einem *„wahren Martyrium"* Fischers!
7 RICHTERING, Helmut: Kloster Wedinghausen. Ein geschichtlicher Abriß. In BRÜGGEMANN, Clemens (Bearb.): Abtei Wedinghausen - Propsteikirche St. Laurentius Arnsberg (Arnsberg 1971), S. 39-71, hier S. 65. (= Städtekundliche Schriftenreihe über die Stadt Arnsberg, Heft 6).
8 Wie Anm. 1.
9 Wie Anm. 3, S. 496 f.
10 Wie Anm. 2, S. 65 f.
11 Wie Anm. 1, S. 67 f.
12 Wie Anm. 6, S. 135 f.
13 KLUETING, Harm: Die Säkularisation im Herzogtum Westfalen 1802-1834 (Köln 1980), S. 74. (= Kölner Historische Abhandlungen, Band 27).
14 Wie Anm. 6, S. 137.
15 Freundliche Mitteilung von Herrn Heinz-Josef Padberg, Calle.
16 Annalen des historischen Vereins für den Niederrhein, insbesondere die alte Erzdiöcese Köln. 26. und 27. Heft (Köln 1874), S. 32.
17 Wie Anm. 1.
18 Wie Anm. 15.

Ludewig I. Großherzog von Hessen-Darmstadt (1753-1830)

Christiane Vollmer

Am 14. Juni 1753 in Prenzlau in der Uckermark geboren - der Vater war Erbprinz Ludwig von Hessen-Darmstadt und in Selchow Oberst eines preußischen Regiments - verbrachte Ludewig einen großen Teil seiner Jugend dort und im Elsaß. Seine Erziehung wurde durch seine hochgebildete Mutter, Henriette Christine Caroline Louise von Zweibrücken-Birkenfeld, geleitet. Seit 1766 lebte Ludewig in Darmstadt; seine Ausbildung wurde durch einen zweijährigen Besuch der Universität Leiden (1770-1772) fortgesetzt. Eine Reise nach England und Frankreich, wo er dem Enzyklopädisten Diderot begegnete, folgte. Anläßlich der Hochzeit seiner Schwester reiste Ludewig 1773 nach Rußland, wo er 1774 am Feldzug der Russen gegen die Türken teilnahm. Seine geplante Heirat mit Prinzessin Dorothea Auguste von Württemberg wurde durch tragische Umstände vereitelt: Kurz nach dem Tod seiner Schwester Wilhelmine heiratete deren Witwer, Zar Paul, die Verlobte Ludewigs. Er selbst vermählte sich im Herbst 1776 mit Luise Caroline Henriette von Hessen-Darmstadt, mit der er bis 1790 in Darmstadt und Auerbach lebte. Das Paar bekam 8 Kinder.

Während der Darmstädter Zeit pflegte Ludewig Kontakte mit dem Weimarer Hof, das geistige Leben dort wurde u.a. durch die Besuche Schillers bereichert.

Als sein Vater 1790 starb, übernahm er als Landgraf Ludwig X. die Regierung der Landgrafschaft Hessen-Darmstadt. Der Beginn der Französischen Revolution zeigte auch in Deutschland Auswirkungen: Im Mittelstand regte sich Widerstand gegen die Vorrechte des Adels, die aber offenbar in Hessen-Darmstadt keine größeren Aufstände zur Folge hatte. Hören wir die Stimme des Chronisten: *„Wol herrschte auch in Hessen-Darmstadt eine ähnliche Stimmung, allein der Landgraf hatte sich...die allgemeine Achtung in einem so hohen Grade erworben, daß sich nie Unruhen in seinem Lande zeigten."*[1]

Im Krieg zwischen Frankreich und dem Deutschen Reich schickte Ludewig ein großes Truppenkontingent gegen Frankreich, doch er verlor durch den Vorstoß der Franzosen den auf dem linken Rheinufer gelegenen Teil der Grafschaft Hanau-Lichtenberg. Kämpften hessische Truppen zuerst auf Seiten der Preußen, dann der Österreicher, so entschloß sich Ludewig 1799 zur Annahme einer Neutralitätskonvention mit Frankreich, um die Selbständigkeit seines Landes zu bewahren.

Nach dem Lunéviller Frieden 1801 hatte das Deutsche Reich Gebietseinbußen von 1240 Quadratmeilen zu beklagen. Die Gebietsverluste Ludewigs betrugen 40 Quadratmeilen, in denen 100.000 Einwohner lebten. Das in der Auflösung begriffene Reich wurde jetzt gemäß den Interessen und Tendenzen der europäischen Großmächte aufgeteilt. Die Verhandlungen zwischen Preußen, Österreich, Rußland und Frankreich führten zum Reichsdeputationshauptschluß, in dessen Folge Ludewig X. das Herzogtum Westfalen, pfälzische und kurmainzische Gebiete erhielt, insgesamt 103 Quadratmeilen Land mit 218.000 Einwohnern. Auf dem Land lag allerdings eine Schuldenlast von einer Million Gulden.

Der erneute Krieg zwischen Österreich und Frankreich führte zur Einrichtung des Rheinbundes unter französischem Protektorat, dem Hessen-Darmstadt zusammen mit Bayern, Baden, Württemberg, Hessen-Nassau und einigen kleineren Fürstentümern 1806 beitrat. Im gleichen Jahr erhielt er den Titel „Großherzog". Nach der Niederlage Frankreichs in Rußland und den Freiheitskriegen trat Großherzog Ludewig I. 1813 der Allianz der Großmächte bei.

Der Wiener Kongreß 1815 hatte die Aufgabe - am Ende einer langen, kriegerischen Periode - die Staatenbildungen der Napoleonischen Zeit mit den alten Besitztiteln in Einklang zu bringen: Hessen-Darmstadt verschaffte sich in diesem Prozeß Vorteile, obwohl das Herzogtum Westfalen an Preußen abgetreten wurde. *„Wenn dadurch Hessen-Darmstadt weder an Flächeninhalt noch an Seelenzahl vergrößert wurde, so gewann doch das Land an Rundung und Zusammenhang, nicht minder auch an Wohlstand und Fruchtbarkeit der einverleibten Länder."*[2] Dies waren der größere Teil des bisherigen Departements Donnersberg mit den

Landgraf Ludewig X. von Hessen-Darmstadt
(ab 1806 Großherzog Ludewig I.)

Städten Mainz, Bingen, Alzen und Worms nebst den Salinen von Kreuznach, die Provinz Rheinhessen, die Landeshoheit über den größten Teil der gräflich-isenburgischen, der solms-rödelheimischen und der ingelheimischen Besitzungen. Der Flächeninhalt des neuen Staates, der den Titel *„Großherzogtum Hessen und bei Rhein"* trug, betrug 150 Quadratmeilen. In diesem Gebiet lebten im Jahre 1817 nach einer Zählung 629359 Einwohner.

Die nun folgende Zeit war für das neue Herzogtum mit vielen Problemen belastet. Aus heterogenen Bestandteilen zusammengesetzt, war die Mentalität der Bewohnerinnen und Bewohner und ihr Zugehörigkeitsgefühl zum deutschen Sprachraum sehr unterschiedlich. So war Rheinhessen z. B. stark französisiert.

Ein weiteres gravierendes Problem war die starke Verschuldung durch die vorausgegangenen Kriege. Landesherr Ludewig I. versuchte, durch Sparsamkeit in der Verwaltung und in den Ausgaben der Hofhaltung, die angespannte finanzielle Lage zu verbessern. Der Bau eines Theaters wird in den Chroniken als der Versuch bewertet, *„durch die Herstellung öffentlicher Bauten den ärmeren Volksclassen Verdienst und Beschäftigung zu geben"*[3] und so der verarmten Bevölkerung zu helfen.

Auch die Verwaltung des Landes erfuhr tiefgreifende Veränderungen. Verwaltung und Justiz wurden getrennt, die Staatsfronen abgeschafft, die Ablösbarkeit des Zehnten beschlossen und die Aufhebung der Leibeigenschaft verkündet.

Dies geschah am 25. Mai 1816. Die Begründung für diesen Schritt lautete in einem herzoglichen Edikt: *„Wir finden die Leibeigenschaft weder dem Geiste der Zeit, noch der Würde angemessen, die wir bei unseren geliebten Unterthanen als Staatsbürgern anerkannt haben wollen."*[4]

Nicht zuletzt genannt werden darf die Konstitution, die Hessen-Darmstadt verliehen wurde. Am 18. März 1820 wurde die Verfassungsurkunde publiziert. Die Stände des Landes berieten mit der Regierung die neue Verfassung, die am 21. Dezember verkündet und den Ständen übergeben wurde. Dem Inhalt nach glich sie den meisten anderen deutschen Verfassungen. In ihr waren die Staatsbürgerrechte und die Einführung des Zweikammersystems niedergelegt.

Ein weiterer bedeutsamer Einschnitt in der Geschichte des Landes war die am 1. Januar 1828 in Kraft gesetzte Zolleinigung mit Preußen. Das Großherzogtum Hessen war der erste deutsche Staat, der diesen Schritt wagte. Ludewig I. kümmerte sich nicht um die aufkeimende Kritik an seiner Entscheidung: *„... ich habe mir die Sache wohl überlegt, bin mit Allem zufrieden und gratuliere mir dazu. An das Geschwätz der Leute kehre ich mich nicht."*[5] Der preußisch-hessischen Zolleinigung traten zunächst Kurhessen, danach auch alle anderen Staaten bei. So entwickelte sich aus der hessisch-preußischen Zolleinigung der deutsche Zollverein.

Das Wirken Ludewigs I. erstreckte sich auch auf das kulturelle Gebiet. Die Hofbibliothek wurde vergrößert; die Hauptstadt des Großherzogtums, Darmstadt, wurde verschönert und wuchs von 9000 auf eine Zahl von 16000 Einwohnern an. Der Bau eines Theaters und die Einrichtung eines Museums folgten. Über letzteres sagte Goethe in seinem Werk über Wissenschaft und Kunst am Rhein: *„Ein außerordentlicher Reichtum, vortrefflich geordnet und zusammengestellt: man findet hier Meisterstücke der Kunst aus allen Jahrhunderten und Zeiten."*[6]

Die vielfältigen Aktivitäten des Großherzogs dokumentieren ein wichtiges Kapitel hessischer Geschichte. Ludewig I. starb am 6. April 1830, genau vierzig Jahre nach seinem Regierungsantritt. Ihm zu Ehren wurde im Jahre 1844 in Darmstadt ein Standbild errichtet.

Blicken wir – abschließend – auf die Bedeutung der hessisch-darmstädtischen Zeit für Westfalen zurück, so bietet sich ein ambivalentes Bild: Der Magistrat der Stadt Arnsberg bat im Jahre 1844 den Sohn und Nachfolger Ludewigs I. um ein Gemälde des ehemaligen Landesfürsten für das städtische Rathaus. In dem Schreiben an Ludewig II. wird die Regentschaft des Vaters als einer der *„wichtigsten Abschnitte der Geschichte des Landes"*[6] bezeichnet. Der länderverknüpfende Wegebau wird als eine wichtige Einrichtung der hessisch-darmstädtischen Zeit genannt, ebenso die Aufhebung der Steuerfreiheiten des Adels; die Colonatgüter des Bauernstandes wurden durch die Aufhebung der Leibeigenschaften und des Colonatnexus Eigentum ihrer Besitzer. Die Neuordnung des *„Medicinalwesens"* und die Förderung des Schulwesens sind weitere im Schreiben erwähnte positive Veränderungen unter der Regentschaft Ludewigs I.

Eine differenzierte Darstellung der hessischen Zeit muß - neben den o. g. Fakten - auch die insgesamt schwierigen Zeitumstände berücksichtigen. Problematisch war die z.T. geringe fachliche Kompetenz der Ministerialbeamten, deren Eigeninteresse zudem manchmal denen des Herzogs zuwiderliefen. Dies führte ebenso zu Unmut in der Bevölkerung wie die Tatsache, daß dem durch die Kriege finanziell erschöpften Staat durch starke Besteuerungen neue Einnahmequellen erschlossen werden sollten. Noch nach der formellen Übergabe des Herzogtums an Preußen wurden Abgaben z. T. erpreßt.

Die Aufhebung der westfälischen Landstände war ebenfalls umstritten: Einerseits wollte Ludewig I. eine Mitregentenschaft der Stände vermeiden. Dies hätte ihn vielleicht an der Durchführung einzelner Reformmaßnahmen gehindert. Andererseits wurde durch die Aufhebung der Stände eine auf dem Boden der alten Verfassung stehende Kontrollinstanz eliminiert, die landesherrlichen Willkürmaßnahmen Einhalt gebieten konnte.

Positiv zu sehen aber ist sicherlich die durch das Organisationsedikt von 1803 geregelte verwaltungsmäßige Zusammenführung der unterschiedlichen Territorien Hessen-Darmstadts, von denen das Herzogtum Westfalen ein besonders wichtiger Bestandteil war.

Aus der heutigen Sicht betrachtet, muß Ludewig I. eine verbindende Funktion zugesprochen werden. Er vermittelte zwischen den alten kurkölnischen Zuständen und dem neuen Landesherrn, dem König von Preußen, der 1816 das Herzogtum Westfalen in Besitz nahm:

„Die hessische Reformtätigkeit hat in die Geschichte des Herzogtums Westfalen unverkennbare Spuren eingegraben. Gemessen an der Dauer der mehr als 600 Jahre währenden kurkölnischen Oberhoheit und des nachfolgenden Jahrhunderts unter preußischen Königen, erscheint die hessen-darmstädtische Herrschaft wie ein kurzes Zwischenspiel. In Wahrheit aber war sie der Brückenschlag in ein neues Zeitalter."[8]

Anmerkungen:

1 Zu Ludewig I. vgl. die Allgemeine Deutsche Biographie, 19. Band, Neudruck der 1. Auflage von 1884, S. 552ff.

2 Ebda, S. 554.

3 Ebda, S. 554.

4 Ebda, S. 556.

5 Ebda, S. 556.

6 Ebda, S. 556.

7 Pabst, Ludwig: Die Einweihung des Ludewig-Monuments zu Darmstadt, Darmstadt, 1844.

8 Schöne, Manfred: Das Herzogtum Westfalen unter hessendarmstädtischen Herrschaft 1802-1816, Olpe 1966, hier S. 151.

Im Landsberger Hof (heute Sauerland-Museum)
wohnte Gerichtspräsident Clemens August von Lombeck-Gudenau

Gerichtspräsident Clemens August von Lombeck-Gudenau (1734-1817)[1]

Günter Cronau

Die Wuth unter den Kühen haltet noch beständig an. 24 sind schon eingescharrt und täglich kommen neue zum Vorschein. Diese Woche war abermalen eine große Prozession, um Gott anzuflehen, uns vor fernerem Ungemach zu behüten. Viele Leute trinken weder Milch, noch essen sie Rindfleisch, doch dies ist kindisch. Alle Hunde sind eingesperrt, woran Arnsberg sowie an Eseln sehr volkreich ist. Die Frau (Präsident) von Goudenau hat die Verdrießlichkeit, daß gerade vor ihrem Fenster die Kühe eingescharrt werden." Dies schrieb am 5. August 1796 der mit allen seinen Kollegen vom Oberappellationsgericht vor den französischen Revolutionstruppen nach Arnsberg geflüchtete Jakob Tillmann von Pelzer an seine in Bonn zurückgebliebene Frau.[2]

Präsident dieses obersten kurkölnischen Gerichts, das man in Arnsberg im Landsberger Hof untergebracht hatte, war Freiherr Clemens August von Lombeck-Gudenau. Die Art, wie Pelzer ihn in seinem ausführlichen Schriftwechsel mit seiner Frau erwähnte, „läßt erkennen, daß er Achtung und Zuneigung des Collegiums sich erworben hatte und unter schwierigen Verhältnissen seine amtliche Wirksamkeit nicht aussetzte".[3]

Als Gudenau 1794 nach Arnsberg kam, war er bereits 60 Jahre alt. Hinter ihm lag eine Karriere in kurkölnischen Diensten. 1734 als Sohn des in zweiter Ehe mit Maria Alexandrine Ottilie Freiin von Waldbott-Bassenheim verheirateten Karl Georg Anton Freiherr von Vorst-Lombeck geboren, stammte er aus einer am Drachenfels im Siebengebirge und im linksrheinischen Drachenfelser Ländchen reich begüterten Familie. Allerdings gelangte er „erst nach einem langwierigen Prozess 1778 in den Besitz der mütterlichen Erbschaft", zu der auch die Besitzung Gudenau gehörte. Als Angehöriger des landsässigen Adels und nach guter wissenschaftlicher Ausbildung brachte er die besten Voraussetzungen für eine Übernahme in den kurkölnischen Staatsdienst mit. So erscheint er im kurkölnischen Hofkalender von 1761 als Amtmann zu Godesberg und Mehlem. 1781 tauchte er am kurfürstlichen Hofe auf: zunächst als Obersilberkämmerling und adeliger Geheim- und Hofrat, 1787 als Oberküchenmeister, 1788 als Excellenz und Obristmarschall und 1792 schließlich als „Conferenzminister" und Vorsitzender des Oberappellationsgerichts.

Verheiratet war Gudenau mit Maria Anna Freiin von Spiess-Büllesheim. Ihrem ältesten Sohn Maximilian Friedrich, geboren am 14. Mai 1767 hatte sie den Besitz ihrer Güter zugedacht. Zusammen mit seinem jüngeren Bruder Joseph Clemens besuchte dieser 1789 an der Universität Göttingen die Vorlesungen und Übungen eines der bekanntesten Staatsrechtslehrer seiner Zeit, des aus Iserlohn stammenden Professors Johann Stephan Pütter. 1790 arbeitete er am Reichskammergericht in Wetzlar. 1792 wurde er vom Kurfürsten zum adeligen Hofrat ernannt. 1794 zählte er zu den Regierungsbeamten, die von Bonn nach Recklinghausen fliehen mußten. 1798 kehrte er zurück und konnte die französischen Behörden veranlassen, ihm die Verwaltung der väterlichen Güter zu gestatten. Als Max Friedrich 1800 die Freiin Ottilie von Mirbach-Harff heiratete, vermachte sein Vater ihm die gesamten linksrheinischen Güter. Sein ganz besonderes Augenmerk richtete er auf die Baumzucht und den Wegebau. Dadurch machte er den französischen Präfekten des Rhein- und Moseldepartements in Koblenz, Graf Adrian Lezay-Marnesia, auf sich aufmerksam, der ihn 1807 zum Maire von Villip berief. Um weiteren Diensten für die Franzosen zu entgehen, verkaufte er die Besitzung Gudenau 1812 an seine Schwiegermutter Freifrau Auguste von Mirbach zu Harff und zog nach Österreich, wo er zunächst Nicolaihof bei Mautern an der Donau und 1815 die Herrschaft Ziadlowitz in Mähren kaufte. Joseph Clemens, geboren am 17. Dezember 1768 in Bonn, war für den geistlichen Stand bestimmt. Schon 1775, noch nicht sieben Jahre alt, empfing er die Tonsur. Er gehörte später den Domkapiteln in Trier und in Hildesheim an und war seit 1791 Mitglied des kölnischen Ritterstandes. Nach seiner Flucht mit Eltern und Bruder Max Friedrich in die rechtsrheinischen kurkölnischen Gebiete im Jahre 1794 kehrte er, um das Vermögen seiner Familie zu retten, schon im

209

Herbst des folgenden Jahres in das besetzte Gebiet zurück und übernahm nach Genehmigung durch die französischen Behörden für 3 Jahre die Verwaltung der Gudenauischen Güter. Der jüngste Sohn Karl Otto Anton, geboren am 25. September 1771, schlug die militärische Laufbahn ein und war um 1812 in Wien Adjudant des Erzherzoges Karl.

Schon bald, nachdem Anfang Oktober 1794 Gudenau als Präsident des Oberappellationsgerichts Bonn verlassen und seinen Wohnsitz in Arnsberg nehmen mußte, verfügte am 19. Oktober 1794 der französische Commissar Gillet, *„die musterhafte Ordnung der republikanischen Armeen mache von jetzt an jede Ausschreitung unmöglich, es gebe also für diejenigen, welche sich erntfernt hätten, keine Rechtfertigung mehr. Sie hätten binnen 14 Tagen sich wieder einzufinden, widrigenfalls würden sie als Emigranten angesehen und ihrer Güter verlustig werden."* Dementsprechend tauchen in einer Liste, die am 19. November 1794 von zwei mit der Beaufsichtigung von Emigrantenvermögen beauftragten Mitgliedern der von den Franzosen eingesetzten Bonner Municipalität veröffentlicht wurde, drei Herren von Gudenau auf. Dabei wird es sich um den Präsidenten und seine beiden Söhne Max Friedrich und Joseph Clemens gehandelt haben. Kein Wunder, daß sich Gudenau mit dem Gedanken trug, durch seine Rückkehr nach Bonn sein Vermögen zu retten. Als letztem tatsächlichem Burggrafen vom Drachenfels gehörten ihm immerhin die Reichsherrschaft Villip mit der Burg Gudenau und als kurkölnische Unterherrschaft die Burggrafschaft Drachenfels mit der Burg Odenhausen. Sein Haus in der früheren Hospitalgasse in Bonn, der Gudenauer Hof, wurde inzwischen zur Unterbringung des sogenannten *„republikanischen Viehes"* benutzt, und *„ein Ausbruch der Ochsen durch die von der Wache verlassenen Tore erregte eines Tages lauten Tumult"*. Der Rückkehr Gudenaus nach Bonn schob der österreichische General Graf de Clerfayt einen Riegel vor. In einem Erlaß vom 12. Dezember 1794 aus seinem Hauptquartier bei Mülheim erklärte er, *„er habe das zugegangene Ersuchen des Freiherrn von Gudenau, den Rhein überschreiten zu dürfen, nicht allein abgelehnt, sondern ihm auch jeden ferneren Versuch, den Übergang zu bewerkstelligen, bestimmt untersagt"*. *„Sprache und Form dieses Bescheides lassen freilich vermuten, er sei vornehmlich deshalb ausgestellt, um als Entschuldigung für Gudenaus Abwesenheit den Behörden in Bonn vorgelegt zu werden."* Im August 1795 sah sich der Gudenauische Rentmeister Sontag außerstande, die von den Franzosen auferlegte Kriegssteuer zu zahlen. Er erhob bei der zuständigen Bezirksverwaltung Einwendungen und fragte an, - *„ob, da Gudenau seinen Posten als Präsident nicht verlassen dürfe, der Domherr von Gudenau, der vermöge erhaltenen Passes zurückzukehren gesonnen sei, die Güter seines Vaters nicht übernehmen könne"*. Die Antwort war kurz. *„Die Contribution müsse bezahlt werden und Gudenau selbst zurückkommen, wenn er seine Güter vom Sequester befreien wolle."* Wieder geriet Gudenau in Versuchung, dem zu folgen. Nachdem die französischen Behörden seiner Rückkehr bereits zugestimmt hatten, traten in Arnsberg, wo man immer noch auf eine Wiederherstellung der früheren staatlichen Verhältnisse hoffte, Bedenken auf. Man verfiel auf folgenden Ausweg. *„Dr. Marcus, der Arzt des Herzogtums Westfalen, mußte am 29. September aus Arnsberg bezeugen, daß seine Excellenz der Herr Präsident von Gudenau wegen Krankheit nicht reisen könne."* Gudenau ermächtigte seinen Sohn Joseph Clemens, *„den Besitz der Güter zu ergreifen, die Verwaltung zu übernehmen und alles dasjenige zu erfüllen, was die Gesetze und die wegen dem Zurückkehren der Abwesenden von den Volksvertretern erlassenen Arretes bestimmt haben"*. Die Franzosen gingen darauf ein und gestatteten dem Domherrn Gudenau die Übernahme der Verwaltung der väterlichen Güter, *„wenn er als außerordentliche Contribution 3.000 Livres bar bezahle und sich verpflichte, weder Geld noch Lebensmittel in feindliche Länder abzuliefern"*. Nach dem Frieden von Campo Formio am 17. Oktober 1797, als der Gedanke an eine Wiederherstellung des Kölner Kurstaates verflogen war und die Wahrscheinlichkeit wuchs, daß das linke Rheinufer an Frankreich fallen werde, verstärkten die Franzosen ihren Druck auf die Emigranten und die ehemals kurfürstlichen Beamten. Gudenau wollte nun seine Angelegenheiten in der Heimat selbst regeln. Am 10. März 1798 schrieb Pelzer an seine Frau: *„Herr von Goudenau wird bald auf Bonn kommen, um eine Zeit lang dort zu bleiben, wiewohl er hier unentbehrlich ist"*.[4] Mit einem am 12. März 1798 von dem in Arnsberg kommandierenden preußischen Major von Sobbe ausgestellten Paß traf Gudenau am 19. März in Bonn ein. Am 21. März hatte er als *„Bürger Lombeck-Gudenau"* vor drei Municipalverwaltern in Bonn Rede und Antwort zu stehen. Gemäß den Verordnungen vom 22. März und 22. Mai 1795 versicherte er, *„daß er niemals die Waffen gegen die Republik getragen, auch den feindlichen Armeen und den Plänen der Feinde niemals Hilfe oder Beistand geleistet habe"*.

Seine Frau entschuldigte er wegen Krankheit. Sie *„mußte aber später noch durch eine besondere Eingabe des Sohnes, ein Attest des Arztes Marcus und die schriftliche Versicherung sich rechtfertigen, daß sie schon ihres Geschlechtes wegen in Krieg und Politik sich nicht gemischt habe"*. Gudenau scheint nur das Allernötigste geregelt zu haben. Mit der Begründung, daß seine Frau krank sei und er sie nach Bonn holen wolle, erhielt er am 10. April den Paß für seine Rückreise nach Arnsberg. Inzwischen hatten die Franzosen die auf dem linken Rheinufer bestehenden Gerichte 2. Instanz in Mainz, Bonn und Koblenz aufgehoben. Der französische General Hatry verfügte am 1. Juli 1798, daß sich die Bewohner der von den Franzosen besetzten rechtsrheinischen Gebiete des Kurfürstentums Köln mit Appellationen nach Arnsberg zu wenden hätten, *„woselbst der Präsident und die Mitglieder des vormaligen Appellationsgerichts, welche sich in Westfalen befänden, sich zu einer Behörde letzter Instanz vereinigen sollten"*. Damit war die Notwendigkeit für Gudenaus weiteren Aufenthalt in Arnsberg von französischer Seite amtlich bestätigt. Dennoch mußte sich Gudenau unter Berufung auf den Erlaß Hatrys immer wieder seine weitere Abwesenheit von Bonn durch die französischen Behörden genehmigen lassen. Schwierigkeiten bereitete die französische Departementsverwaltung, als in einem Gesuch Gudenau noch immer als kurfürstlicher Beamter bezeichnet worden war. Dem trat sein Sohn Max Friedrich in einem ausführlichen Schreiben vom 14. Dezember 1799 entgegen. *„Das, erwidert der Sohn, beruhe auf einem Irrtum. Das kurfürstliche Gericht bestehe nicht mehr, und der von den Generalen Hatry und Joubert eingesetzte Gerichtshof habe gleichfalls aufgehört, da von vier Mitgliedern zwei Räte gestorben seien, und ein dritter an der Schwindsucht darniederliege."*

Ein deutsches Emigrantenschicksal in Arnsberg näherte sich seinem Ende. Sicherlich gab es auch frohe Stunden. Einen kleinen Einblick in die gesellschaftlichen Verhältnisse und das Auftreten von Frau Gudenau ermöglicht Pelzer in seinem Brief vom 12. August 1797: *„Am Donnerstag hatten wir eine brilliante Gesellschaft. Die Frau Herzogin von Aremberg war darin. Die Frau von Goudenau saß neben ihr mit so edlem Anstand, daß ich mich recht darüber freute. Sie kontrastierte sehr mit den hiesigen Dames. Diese standen in der Ecke, schüchtern und doch mit unverständigem Stolze auf einem Haufen. Doch sie verstanden alle kein Französisch. Welche Erziehung für adlige Frauenzimmer!"* [5] Gudenau scheint, nachdem er 1800 seine Güter auf seinen Sohn Max Friedrich übertragen hatte, nicht mehr für längere Zeit in seiner alten Heimat gewesen zu sein. Er ließ sich in Düsseldorf nieder, lebte dort in bescheidenen Verhältnissen und mag mit gewisser Genugtuung die Niederlage Napoleons und die Befreiung seiner Heimat verfolgt zu haben. Am 22. Juli 1817 verstarb er.

Anmerkungen:

1 Die Ausführungen über den Freiherrn von Gudenau und seine Familie beruhen in erster Linie auf: Hermann Hüffer: Aus den Jahren der Fremdherrschaft, II. Die Familie von Lombeck-Gudenau während der Zeit der Revolution, in: AHVN 61, Köln 1895, S. 21-37.

2 Hermann Hüffer: Rheinisch-Westphälische Zustände zur Zeit der französischen Revolution. Briefe des kurköln. Geheimen Raths Johann Tilmann von Peltzer aus den Jahren 1795-1798, in: AHVN 26/27, Köln 1874, S. 55; ebenfalls wiedergegeben bei Féaux, Geschichte Arnsbergs, a.a.O., S. 474.

3 Wie Anm. 1, S. 23.

4 Wie Anm. 2, S. 114.

5 Wie Anm. 2, S. 103.

K 6 Maximilian Franz, Kurfürst von Köln (1756-1801)

Maximilian Franz von Österreich, Kurfürst von Köln (1756-1801)

Michael Gosmann

Maximilian Franz von Österreich, als 16. und jüngstes Kind der Kaiserin Maria Theresia und des Kaisers Franz I. am 8. Dezember 1756 in Wien geboren, war für eine militärische Karriere ausersehen. Im Jahre 1769 wurde er zum Koadjutor (Amtsgehilfe mit Nachfolgerecht) seines Onkels Karl von Lothringen, des Hochmeisters des Deutschen Ordens, gewählt. Im selben Jahr war eine Anfrage an den Wiener Hof ergangen, ob der jüngste Erzherzog als Koadjutor des Kölner Erzbischofs zur Verfügung stände. Unter den entsprechenden Bericht ihres Kanzlers Fürst Kaunitz schrieb die Kaiserin eigenhändig: *„schönn zu bedankhen, khlar erkhlären, das niemals zulassen wurde, das ein sohnn von mir geistlich werde."*[1] Ähnliche Anfragen aus Speyer (1770), aus dem Stift St. Gereon in Köln (1771), aus Bamberg (1773) und nochmals aus Köln (1775) wurden ebenso beantwortet.

Im bayerischen Erbfolgekrieg 1778 begleitete Maximilian Franz seinen Bruder Kaiser Josef II. ins Feldlager nach Böhmen. Dort machte ein schweres Fieber seiner Militärlaufbahn ein Ende. Ein ganzes Jahr dauerte es bis zur Genesung.

Nun wandelte Maria Theresia ihre Meinung. Sie hoffte, durch Erwerbung des Kölner Kurhutes und des Bistums Münster ihren „Benjamin" gut zu versorgen. Gleichzeitig konnte so der Einfluß Preußens auf Norddeutschland geschmälert werden. Als dem ahnungslosen Prinzen im Oktober 1779 der Plan eröffnet wurde, antwortete er schroff *„Niemals: er verspüre keinerlei Neigung zum geistlichen Stand."*[2] Doch fand er langsam immer mehr Gefallen daran, zumal die Mutter ihm bedeutete, der Papst würde ihm Dispens erteilen, so daß er zehn Jahre lang keine Weihen empfangen müsse.

Der Wiener Hof ging auf das Angebot des kurkölnischen Ministers Caspar Anton von Belderbusch, dem Erzherzog die Koadjutur zu verschaffen, ein. Zwar war der greise Kurfürst Max Friedrich noch nicht gewillt, einen Koadjutor anzunehmen. Doch das ungeschickte Vorgehen des preußischen Kandidaten, des Kölner Domkapitulars Prinz Joseph von Hohenlohe, nutzte Belderbusch, um dem Kurfürsten den Erzherzog zu empfehlen. Aber erst ein eigenhändiges Schreiben der Kaiserin war erforderlich, den alten Kurfürsten umzustimmen. Am 13. Juni 1780 empfahl er dem Domkapitel dringend, Erzherzog Maximilian Franz zu seinem Koadjutor zu wählen. Großzügige „Geschenke" an Kurfürst und Domkapitel waren nötig, um die Wahl zu sichern. Gegen den erklärten Willen Preußens - Friedrich II. hatte abmahnende Briefe an Max Friedrich gesandt - wählte das Domkapitel am 7. August 1780 den Erzherzog fast einstimmig zum Koadjutor.

Schwieriger war seine Wahl in Münster zu erreichen. Der verdienstvolle Minister, Domkapitular Franz von Fürstenberg, rechnete sich selbst Chancen auf eine Kandidatur aus. Doch auch hier konnte geschicktes Vorgehen der österreichischen Diplomaten die Mehrheit im Domkapitel zur Wahl des Erzherzogs bewegen. Wegen Formfehler wurde der Wahlvorgang von der Fürstenberg-Partei angefochten, größere Verwicklungen drohten. Da gab Fürstenberg seinen Widerstand auf und erklärte am 14. August: *„daß er und die ihm Gleichgesinnten durch ihren Beitritt die von ihren Mitbrüdern begangenen Nichtigkeiten aufheben und durch eine einhellige, rechtliche Wahl ihrem Bischofe den von ihm begehrten Coadjutor geben wollten."*[3] Am 16. August 1780 wurde Maximilian Franz einstimmig zum Koadjutor in Münster gewählt.

Im September 1780 begab sich der Gewählte von Wien an den Rhein und stellte sich als neuer Koadjutor vor. Durch sein freundliches und bescheidenes Auftreten hinterließ er einen ungewöhnlich guten Eindruck. Auf der Rückreise übernahm er am 23. Oktober 1780 in Mergentheim die Würde des Hochmeisters des Deutschen Ordens.

Als Maximilian Franz vier Jahre später, am 21. April 1784, von dem Tod des Kölner Kurfürsten und Bischofs von Münster erfuhr († 15.04.1784), reiste er in nur vier Tagen von Wien nach Bonn. Die Übernahme der Regierung ging reibungslos vonstatten. Am 3. Mai erließ er das erste Manifest an die Untertanen und begab sich am 5. Mai nach Münster.

Am 6. August wurde er als Erzbischof und Kurfürst im Kölner Dom feierlich inthronisiert. Bald danach besuchte er das erste Mal die Hauptstadt des Herzogtums Westfalen. In Arnsberg hielt er persönlich mit den Ständen den Landtag ab. Ende August brach er nach Münster auf, um am 12. Oktober als Fürstbischof eingeführt zu werden. Die Rückreise nach Bonn führte ihn über das Vest Recklinghausen, so daß er in kurzer Zeit seine Länder kennenlernte. Maximilian Franz ließ sich im November/Dezember im Kölner Priesterseminar unterweisen, erhielt daraufhin die Priesterweihe durch den päpstlichen Nuntius Bellisomi und wurde am 8. Mai 1785 vom Trierer Erzbischof im Bonner Münster konsekriert.

Es begann für ihn eine Zeit intensiver Arbeit. Erfüllt von Gedanken der Aufklärung wollte er Besserungen im Justiz-, Schul-, Erziehungs- und Medizinalwesen, in der Wirtschafts- und Wohlfahrtspolitik und in der Verwaltung erreichen. Jedoch nicht auf dem Wege umstürzender Reformen, wie sein ungestümer Bruder Kaiser Josef II. Er wollte an den von ihm beschworenen Verfassungen seiner Länder nichts ändern und den Ständen ihre Rechte belassen. „Man müsse immer sanft und vorsichtig zu Werke gehen" war seine Devise. Freilich wurde ihm das manchmal als Zögerlichkeit und Ängstlichkeit ausgelegt. Er war ein „Muster an Pflichttreue"[4], arbeitsam, ordnungsliebend, wollte helfen, ordnen und bessern. An sich und andere stellte er hohe Anforderungen. Seine natürlichen Anlagen, „eine erstaunlich richtige Urteilskraft gegenüber Sachen und Personen und ein gutes Gedächtnis" halfen ihm bei seinen Vorhaben.[5]

Sein kenntnisreicher und umsichtiger Biograph Max Braubach zeichnet folgendes Bild des Menschen Maximilian Franz:

„Vom 28. bis zum 38. Lebensjahre hat Max Franz in Bonn residiert. Die Bilder zeigen uns ein großes, volles Gesicht von leicht geröteter Farbe. Unter der auffallend hohen Stirne blicken helle, blaue Augen ... den Beschauer an. Die etwas gebogene Nase verleiht dem Profil einen charakteristischen Zug, während die den kleinen Mund umschließenden leicht aufgeworfenen Lippen den Habsburger verraten. Fleischige, herabhängende Backen und der starke Ansatz zum Doppelkinn geben dem ganzen Kopf einen jovialen Ausdruck. ... (Unter der) Perücke ... verbergen sich wirre, wohl dunkelblonde Haare, die vorne über der Stirne stark gelichtet sind. ... Max Franzens Körper war stark gebaut, fast untersetzt konnte man ihn nennen. Aus dem ehemals so hageren Jüngling war ein stattlicher, bald allzu stattlicher Mann geworden. ... Den Ausgang hat dieser Hang zur Fettleibigkeit wohl in jener Zeit des langen Liegens während seiner schweren Krankheit im Jahre 1779 genommen... Die Korpulenz, die von Jahr zu Jahr - durch eine unvorteilhafte Diät gefördert - zunahm, entstellte ihn, wie er denn überhaupt kein Adonis war."[6]

Auf sein Äußeres scheint er keinen großen Wert gelegt zu haben. Meist sah man ihn in Bonn angetan mit schwarzer Weste und Hose, einem schlechten grauen Überrock, Stiefeln und abgetragenen großen Strümpfen. Nur an seinem kleinen dreieckigen Hütchen, von dem große goldene Troddeln herabhingen, soll man ihn erkannt haben. So wie seine beinahe schäbige Einfachheit der Kleidung war auch seine Hofhaltung. Er war kein Freund der Jagd, jedoch einer der guten Tafel. Er aß viel, trank jedoch nur Wasser.

Der neue Kurfürst lebte - ganz im Gegensatz zu seinen pomp- und prachtliebenden Vorgängern - außerordentlich bescheiden. In Bonn wohnte er nicht im weitläufigen Schloß sondern im ehemaligen Mastiauxschen Haus in der Fischergasse, das er für sich erworben hatte. In Münster stieg er in einem kleinen Haus am Domhof ab, das prächtige Schloß war ihm zu entlegen.

Er war im Bonner Stadtbild, auf der Promenade und in der Lesegesellschaft zu sehen und haßte es, wenn deshalb Umstände gemacht wurden. Jedermann konnte mit ihm reden und diese Ungezwungenheit, mit der er sich seinen Untertanen gegenüber gab und die „Liebenswürdigkeit und Leutseligkeit", die er den einfachen Leuten gegenüber zeigte, waren der Grund der lang über seinen Tod dauernden Popularität im Rheinland und in Westfalen.[7]

Doch wie jeder Mensch hatte er Schattenseiten. Entgegen seiner äußerlichen Liebenswürdigkeit hegte er Mißtrauen gegen jedermann. Es gab wenige, die ihm nahe standen, „wirkliche Freunde hat er wohl kaum gehabt". Rücksichtslosigkeit, Undankbarkeit, schneidender Sarkasmus und Herzenskälte sind ihm vorgeworfen worden. Eigensinnig konnte er auf Meinungen bestehen.[8]

In zehn Jahren gelang ihm die Neuordnung des Justizwesens sowie die Besserung des Volksschulwesens. 1786 erhob er die Bonner Akademie zur Universität. Im sogenannten „Nuntiaturstreit" unterstützte er die Versuche der Erzbischöfe von Trier und Mainz, den Einfluß der Kurie und der päpstlichen Nuntiaturen im Reich zurückzudrängen (1786 Emser Punktation).

Die Französische Revolution brachte schon bald den Kölner Kurstaat in Schwierigkeiten. Mit

Skepsis sah Maximilian Franz die vielen Emigranten, die das Erzstift überschwemmten. Er sorgte sich um die Sittlichkeit der Untertanen und fürchtete den Unwillen Frankreichs, wenn man die Flüchtlinge in seinen Landen zu sehr unterstützte. Am 11. April 1792 verordnete er: Städte durften nicht mehr als 20-30 Emigranten in ihrem Bereich dulden, kein Emigrantencorps durfte bewaffnet durch das Erzstift ziehen, Waffenübungen oder Werbungen wurden ihnen untersagt.

Schon 1792 verließ der Kurfürst Bonn vor den Revolutionstruppen, kehrte aber bald wieder zurück. Am Nachmittag des 3. Oktober 1794 mußte er Bonn schließlich für immer verlassen und floh zuerst ins Westfälische. Arnsberg hat er zuletzt im April 1795 besucht. Seit Herbst 1794 meistenteils unterwegs, bemühte er sich von seinen verschiedenen Residenzen und Aufenthalten aus (Münster, Mergentheim, Frankfurt, Leipzig, Wien) um den Erhalt des Kölner Erzstifts.

Er litt immer stärker an Wassersucht und Fettleibigkeit. Schon 1797 konnte er sich nur noch mühsam bewegen. Am 28. April 1800 langte er in Wien an und bezog eine Wohnung im früheren Garten des Fürsten Esterhazy. Im Mai 1801 übersiedelte er aus der Stadt nach Hetzendorf in die Nähe Schönbrunns. Hier bewohnte er ein kleines, dem Grafen Seilern gehörendes Landhaus. Noch einmal trat Maximilian Franz in der Öffentlichkeit auf. Am 11. Juni 1801 nahm er seinen Neffen Erzherzog Karl, den Bruder von Kaiser Franz II., als seinen Koadjutor feierlich in den Deutschen Orden auf.

Am 24. Juni 1801 verfaßte der Kurfürst im Deutschordenshaus in Wien im Beisein der kölnischen Domherren von Hohenlohe und von Mylius und der münsterischen Kapitularen von Ketteler und Kesselstadt sein Testament. Darin erklärte er den Sohn seines Bruders Ferdinand, Erzherzog Maximilian, zum Universalerben.

Zurück in Hetzendorf verfiel er Mitte Juli 1801 in Lethargie. Seine Sprache war kaum verständlich. Am 26. Juli aß er abends mit Appetit und hatte bis 23.00 Uhr Gesellschaft. Eine Stunde später bekam er einen Erstickungsanfall und in zwanzig Minuten trat der Tod ein.

Max Braubach hat ihn als Landesfürsten folgendermaßen beurteilt:

„Max Franz umriß selbst seine Aufgabe mit dem Regierungsmotto und Leitspruch: ‚Trachte Dein Volk klüglich zu regieren und glücklich zu machen.' Diesen Leitspruch hat er in der Tat ... zu befolgen gesucht. Bei weitem nicht alles, was er anstrebte, hat er wirklich erreicht. Aber daran trug weniger er Schuld, als das Schicksal, das rauh in seine Arbeit eingriff, bevor sie vollendet war." Und weiter: *„... da müssen wir gestehen: ein Friedrich der Große war er nicht, zu den überragend bedeutenden Männern kann er nicht gezählt werden. ... Was ihn auszeichnete, das war ein gesunder Menschenverstand, der allen Lagen gerecht wird, der kühl und ruhig abwägt und das als richtig Erkannte mit derselben Ruhe und Überlegung durchführt ... kein blinder Idealist, kein Himmels- und Erdenstürmer, vielmehr nüchtern und hausbacken, ein solider Geschäftsmann, so steht er vor uns."*[9]

Wenigen kritischen Stimmen über Maximilian Franz stehen zahlreiche wohlwollende gegenüber, auch von Männern, die geistliche Fürsten verachteten. So lobte ihn der Protestant Ernst Moritz Arndt, der im August 1799 zum ersten Mal die von den Franzosen besetzten Lande links des Rheins besuchte. In seiner Reisebeschreibung spricht er von einem *„menschlichen und freien Fürsten"*, der sich *„mit Abwerfung allen Pompes als den ersten Bürger seiner Staaten"* zeigte. Arndt war überrascht, *„wie sehr man dem vertriebenen Landesherrn nachtrauerte, der neues und frisches Leben seinen Untertanen gebracht hatte und durch den das kölnische Land glücklich geworden wäre, wenn der verheerende Krieg nicht seine edelmütige Arbeit unterbrochen hätte. ... Die gleiche Zuneigung hat man ihm auch in seinen westfälischen Landen entgegengebracht."* Braubach resümiert nüchtern: *„Es ist kein Grund vorhanden, ihn (Max Franz M.G.) übermäßig zu bewundern, gewiß aber besaß er höhere Regententugenden als irgendeiner der geistlichen Kurfürsten jener Zeit."*[10]

Anmerkungen:
1 Zu Maximilian Franz siehe die Allgemeine Deutsche Biographie, Bd. 21, S. 56ff. (Artikel von Hermann Hüffer) sowie grundlegend Max Braubach: Maria Theresias jüngster Sohn Max Franz. Letzter Kurfürst von Köln und Fürstbischof von Münster, Wien/ München 1961.
2 Braubach, wie Anm. 1, S. 55.
3 ADB 21, S. 59.
4 Braubach, wie Anm. 1, S. 472.
5 Ebda S. 92.
6 Ebda, S. 235f.
7 Ebda, S. 237.
8 Ebda, S. 242.
9 Ebda, S. 90f.
10 Ebda, S. 245 und 475f.

Wappen des Jakob Tillmann von Pelzer
Beschreibung im Adelsdiplom vom Jahre 1792:

Das Wappen besteht „*aus gelbem Herzschild mit einem doppelten schwarzen Adler, aus einem quadrierten Schild, dessen erst oberes und viert unteres Feld blau oder azurfärbig, mit einem goldenen Zweige und darauf aufwachsenden 3 weissen oder silbernen Lilien, das zweit obere Feld weiss oder silbern mit einem rechts aufspringenden rot oder rubinfarbenen, auch rot gekrönten Löwen mit rot ausgeschlagener Zunge und über sich geworfenen Schwanz, das untere Feld aber gelb oder gold ist, mit drei darinn ersichtlichen schwarzbraunen Vögeln, so dass oben zwei und unten einer zu stehen kommt. Auf dem Schilde ruhen 2 offen adelich einwärts gekehrte rot ausgefütterte, rechts mit weiss und blau und in der Mitte gelb und schwarz, links weiss und rot abhangende Decken, dann als Kleinod gezierte goldgekrönte Tournirhelme, wo aus der Krone des Ersten ein doppelter schwarzer Adler hervorsteht, auf der Krone des Zweiten zwischen 2 rechts blau, links weissen Adlersflügeln des zweiten Feldes ein rot oder rubinfarbener rot gekrönter Löwe rechts aufspringt.*"

(Abbildung und Beschreibung aus: Kaufmann, Paul: Zur Geschichte der Familien Kaufmann aus Bonn und von Pelzer aus Köln. Beiträge zur rheinischen Kulturgeschichte, in: Rheinische Geschichtsblätter. Zeitschrift für Geschichte, Sprache und Altertümer des Mittel- und Niederrheins, 3. Jg. 1896/97 S. 324: Abbildung und S. 335: Beschreibung)

Geheimrat Jakob Tillmann Joseph Maria von Pelzer (1738-1798)[1]

Michael Gosmann

Wann? Wann werde ich einmal wieder mit Dir reden und Dir erzählen, wie oft ich an Dich gedacht und nach unserer alten Lage geseufzet habe?"[2]

Mit diesen Worten endet der letzte Brief Jakob Tillmann von Pelzers, den er am 14. März 1798 von Arnsberg aus an seine in Bonn zurückgebliebene Gattin sandte. Sieben Tage später verstarb er, ohne Frau und Tochter wiedergesehen zu haben.

Der kurkölnische Hof- und Oberappellationsgerichtsrat war am 4. Oktober 1794 von Bonn aus in 5tägiger beschwerlicher Reise über Olpe, *„der einzige Ort, wo wir ein Bett und ordentliches Essen fanden"*, ins Westfälische nach Arnsberg geflohen. Die wertvollsten Stücke der Familie - Möbel, Silber, Leinwand, sogar ein Klavier - hatte man schon vorausgeschickt. In Arnsberg führte das Oberappellationsgericht unter seinem Präsidenten, dem kurfürstlichen Konferenzminister und adligen Geheimen Rat Freiherrn Clemens August von Lombeck-Gudenau, die Geschäfte weiter. Pelzer hat jahrelang von hier aus bemerkenswerte Briefe an seine Frau gesandt. Seit Mai 1795 sind sie erhalten geblieben und gewähren uns interessante Einblicke in das eigenartige Leben und Treiben in Arnsberg und die Hoffnungen und Sehnsüchte der Zeitgenossen.

Jakob Tillmann Joseph Maria von Pelzer (* 28.05.1738 Bonn, † 21.03.1798 Arnsberg) entstammte einer kurkölnischen Beamtenfamilie. Er war das erste Kind des Zollschreibers und Wirklichen Hofkammerrates Matthias Franz Pelzer (* 20.11.1705 Bonn, † 27.03.1748 Bonn) und dessen Ehefrau Anna Maria Gudula von Hallberg (* 1701 Mannheim, † 12.07.1744 Bonn), die sich am 20. November 1736 in Bonn vermählt hatten. Früh verlor Jakob Tillmann seine Mutter und mit zehn Jahren war er Vollwaise. Seine und seiner Geschwister Erziehung übernahm als Vormünderin die Tante Maria Katherina Pelzer.

Jakob Tillmann trat in kurfürstliche Justizdienste ein und wurde am 16. Mai 1763 Schöffe beim weltlichen Hofgericht. 1772 erwählte man ihn zum Syndicus des erzstiftischen Grafenstandes, d. h. er war Geschäftsführer des Grafenkollegiums bei den kurkölnischen Landständen. Am 28. Juni 1777 erhielt er eine Hofratstelle. Neben Prof. B. A. Oberthür und dem Hofkammerpräsidenten von Spiegel gehörte er der von Kurfürst Maximilian Franz neu eingesetzten Landschulkommission an. Unter dem Habsburger machte Pelzer rasch Karriere: 11. Juni 1786: Ernennung zum Geheimrat; 1. Februar 1788: Ernennung zum Oberappellationsgerichtsrat. Durch ein Adelsdiplom vom 4. Juli 1792 des Reichsvikars Karl Theodor Pfalzgraf bei Rhein und Herzog in Ober- und Niederbayern wurde Pelzer *„wegen guten Herkommens adeliger Sitten und Rechtschaffenheit in des heiligen römischen Reiches und seines Kurfürstentums Adelsstand erhoben und zwar so, als wenn er von vier Ahnen väterlicher und mütterlicher Seits beständig in solchem Stande hergekommen wäre"*.

In Köln heiratete Pelzer am 3. Mai 1775 Theresia Barbara Freybütter (* 10.08.1755, † 06.07.1825 Bonn), Tochter des Bonner Platzmajors Franz Kaspar Freybütter († 06.08.1772 Bonn) und der Maria Constantia Adolphine Poncet († 28.07.1765 Bonn). Das Paar bekam vier Kinder, von denen die zwei Söhne nach der Geburt starben:

1. Gottfried Antonius (* 29.11.1778 Bonn, † nach der Geburt)
2. Franz Josef Aloysius Maria (* 25.09.1780 Bonn, + nach der Geburt)
3. Maria Anna Johanna Margaretha (* 08.11.1781 Bonn, † 11.04.1788 Bonn)
4. Maria Josephine Maximiliane (* 02.04.1785 Bonn, † 11.09.1847 Bonn), ∞ am 12.04.1809 Franz Wilhelm August Nepomuk Kaufmann.

Das Ehepaar bewohnte ein stattliches Haus am Bonner Remigius- bzw. später Römerplatz, den sogenannten *„Güldenen Kopf"* und besaß ein kleines Landgut in Mondorf; man lebte in gesicherten Verhältnissen. Bei Pelzers Flucht nach Arnsberg 1794 blieben seine Frau und Tochter in Bonn zurück, um die Güter so vor der Beschlagnahmung durch die Franzosen zu bewahren.

In Arnsberg fand Pelzer ein gutes Quartier im Hause des Herrn Kaufmann Hollenhorst (heute Alter Markt 9). In der ersten Zeit seines Exils genoß er die neuen Umstände, schwärmte von der guten Luft, den herrlichen Spaziergängen, der schmackhaften Butter, den abwechslungsreicheren Brotsorten und der weißeren Wäsche, die er in Arnsberg vorgefunden hatte. Die mit Emigranten geradezu vollgestopfte Stadt bot trotz der bescheidenen Verhältnisse manche Gelegenheit zur Unterhaltung. Pelzer schreibt in seinen Briefen von ausgelassenen Karnevalsfeiern und festlichen Bällen, vom Erntedankfest und Viehabtrieb, von „Pharao", einem Gesellschaftsspiel, und „Bischof", einer Art Glühwein. Doch schon bald stellte sich Langeweile ein und die Trennung von der Familie wurde immer drückender:

„Arnsberg gefiel uns als etwas Neues, und den Winter brachten wir artig zu. Allein jetzt sind wir die Schönheiten, die sich, wiewohl rar, hier befinden, gewohnt, dreihundert Fremde sind weg, die Gesellschaften klein, die Westphälinger gehen lieber in's Weinhaus und spielen Charmatillen, wobei sie 3-4 Caroline verspielen können. Wenn wir also den Winter hierbleiben, so wird er traurig genug werden." (05.10.1795)

Hatte man sich anfangs noch auf eine kurze Zeit im Exil eingestellt, so zeugen die Briefe Pelzers immer wieder von Friedenshoffnung und Kriegsangst, zwischen denen er hin und hergerissen wurde. Aus dem Bangen und Hoffen, was die Zukunft bringen wird, geht deutlich hervor, wie sehr er sich in die alten Zustände unter dem Kurfürsten zurücksehnte:

„...ich bete zu Gott, der Königreiche und Länder nach seinem Gefallen austheilt, uns bei unserer alten Verfassung zu belassen, denn glücklicher als wir gewesen, werden wir schwerlich." (22.02.1797)

Pelzer richtete sich in seiner Lage ein, so gut er konnte. Er nahm am gesellschaftlichen Leben Arnsbergs regen Anteil. Mit seinem Freund Geheimrat Jakob Müller, dem Präsidenten des Oberappellationsgerichts von Lombeck-Gudenau sowie den einheimischen Familien Arndts und Biegeleben pflegte er ständigen Umgang. Zudem befreundete er sich mit dem Abt des Klosters Wedinghausen, Franz Fischer, den er wöchentlich mindestens einmal besuchte.

Im September 1797 hatte Pelzer offenbar einen leichten Schlaganfall erlitten. Seine Briefe wurden darauf kürzer und weniger optimistisch. Immer wieder sehnte er das Wiedersehen mit seiner Frau herbei, doch die Verhältnisse verweigerten dies. Am 21. März 1798, nachts um 12.00 Uhr, wenige Tage, nachdem der Rastatter Kongreß die Abtretung des linken Rheinufers an Frankreich beschlossen hatte, starb er in Arnsberg an einem weiteren Schlaganfall.

Anmerkungen:
1 Hermann Hüffer (vgl. Anm. 2!) gibt als Vornamen „Johann Tilmann" an. Ich richte mich im folgenden jedoch nach der ca. 25 Jahre jüngeren Arbeit von Paul Kaufmann (vgl. Anm. 2!) und den unten abgebildeten Sterbeeintrag.
2 Hüffer, Hermann: Rheinisch-Westfälische Zustände zur Zeit der französischen Revolution. Briefe des kurkölnischen Geheimen Raths Johann Tillmann von Peltzer aus den Jahren 1795-1798, in: AHVN 26/26, Köln 1874, S. 1-115, hier S. 115. Nachfolgende Darstellung basiert in erster Linie auf diesem Beitrag und dem Werk: Kaufmann, Paul: Zur Geschichte der Familien Kaufmann aus Bonn und von Pelzer aus Köln. Beiträge zur rheinischen Kulturgeschichte, in: Rheinische Geschichtsblätter. Zeitschrift für Geschichte, Sprache und Altertümer des Mittel- und Niederrheins, 3. Jg. 1896/97 S. 129-144, 161-171, 202-210, 232-242, 264-273, 324-352; 4. Jg. 1898/99, S. 51-81, 6. Jg. 1901/02, S. 101-107, 261-266, 339-348. Auf Arnsberg bezogene Auszüge der Briefe Pelzers finden sich ebenfalls bei Féaux de Lacroix, Karl: Geschichte Arnsbergs, Arnsberg 1895, S. 467ff.

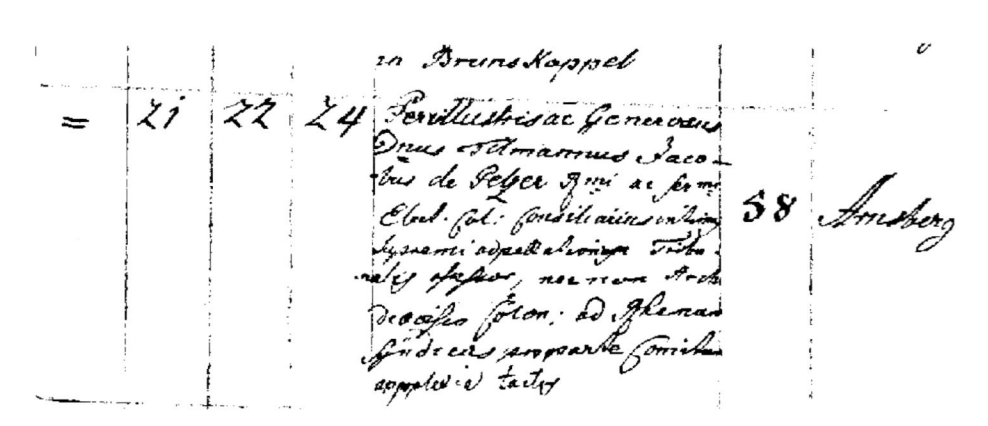

Sterbeeintrag Jakob Tillmann von Pelzers im Arnsberger Kirchenbuch

(Archiv des Erzbistums Paderborn, Arnsberg, Propstei St. Laurentius, Bd. 17, Sterbefälle 1779–1807)

Maria Franziska Peters - letzte Priorin des Klosters Rumbeck (1747-1830)

Fritz Timmermann

Im Jahr 1768 vergrößerte sich die aus 15 Chor- und 11 Laienschwestern[1] bestehende Schwesterngemeinschaft (Konvent) des vor 1190 gegründeten Prämonstratenserinnenklosters (richtig: -stiftes) Rumbeck an ein und demselben Tag um drei Chor*"jungfern"*. Am 31. Mai[2] nämlich wurden drei aus Münster stammende junge Frauen mit dem weißen Ordensgewand der in strenger Klausur lebenden Prämonstratenserinnen bekleidet. Nach ihrem Ordensgründer, dem hl. Norbert von Xanten, der im Jahr 1121 in Prémontré in Frankreich einen Priesterorden gegründet hatte, nach dessen Regeln auch Frauenkonvente lebten[3], wurden sie auch Norbertinerinnen genannt. Dieser Orden war in unserem heimischen Raum stark vertreten: als Männerstift in Arnsberg-Wedinghausen und in Scheda bei Fröndenberg sowie als Frauenniederlassung in Oelinghausen bei Arnsberg-Holzen und in Arnsberg-Rumbeck.

Josepha Mues und ihre Verwandte, Barbara Mues, sowie Franziska Peters erprobten zwei Jahre lang als Novizinnen das Ordensleben in Rumbeck, ehe sie am 27. Mai 1770[4] ihre feierliche Profeß (*"ewiges Gelübde"*) ablegten, als Chorschwestern den Namen *"Maria"* (M.) als zusätzlichen Vornamen erhielten und Vollmitglieder des Rumbecker Konventes wurden.

Über M. Franziska Peters berichten die Klosterarchivalien nicht viel; allerdings läßt sich ihre Person aus ihrem Verhalten in den Ereignissen der Zeit erschließen. Geboren ist sie am 17. März 1747 in der westfälischen Stadt Münster, wo sie auch aufwuchs. Ihre Eltern waren vermutlich nicht wohlhabend, denn sie konnten das - neben der üblichen Mitgift an Kleidung - vom Kloster erwartete *"Spielgeld"* (d. h. Geld zur persönlichen Verfügung) von 10 Reichstalern nicht aufbringen, so daß es bis auf 4 Taler erlassen wurde. Als Ausgleich schenkte General von Schlaun aus Münster dem Kloster 100 Reichstaler[5]. Er muß gewußt oder geahnt haben, daß die finanzielle Unterstützung seines Schützlings gute Frucht bringen werde. Schon nach 20 Jahren Klosterleben wurde M. Franziska Peters nach dem Tode ihrer Vorgängerin, der *"Meisterin"* M. Barbara Bigeleben (gebürtig aus Arnsberg)[6] im Alter von 36 Jahren am 26. März 1783 als *"jüngste würdige Frau"* zur Priorin (Vorsteherin) des Rumbecker Stiftes gewählt, obwohl dort mehrere ältere Chorschwestern lebten, die sich möglicherweise Hoffnung auf dieses auf Lebenszeit bestehende Amt gemacht hatten[7]. Die Analyse des weiteren Lebensweges der Priorin führt zu dem Ergebnis, daß es die durchdachte Wahl einer charismatischen Frau war.

Der geschichtliche Rahmen zeigt zunächst eine Zeit relativer Ruhe, die jedoch ab 1789 durch die französische Revolution und die beiden Koalitionskriege (1792-1797 und 1799-1802) gestört wird. Frankreich besetzt das linke Rheinufer; die dadurch beeinträchtigten Fürsten sollen entsprechend dem Frieden von Campo Formio (1797) in Deutschland entschädigt werden. Der Friede von Lunéville (1801) bestätigt diese Abmachung. Der kölnische Hofkammerpräsident Franz Wilhelm von Spiegel (1752-1815) verficht leidenschaftlich die Aufhebung von Klöstern und Stiften; der Boden für die Säkularisation ist dadurch bereitet.

M. Franziska Peters konnte zunächst (1789) erfreut sein über den Visitationsbericht des kurkölnischen Geistlichen Rates Balduin Neesen, der dem Rumbecker Konvent (und damit seiner Vorsteherin) bezüglich seines Lebenswandels und seiner Klausur hervorragende Zeugnisse austellte (wenngleich er die wirtschaftliche Führung des Propstes Egels - und ebenso die des Propstes Schelle in Ölinghausen - so rücksichtslos kritisierte, daß der kränkliche Propst Egels darüber starb[8] und Propst Schelle so lange versetzt wurde, bis das Reichskammergericht ihn rehabilitierte).

Weil der jeweilige Abt von Wedinghausen zugleich der *"Vater Abt"* des Stiftes Rumbeck war[9], ergab es sich wohl, daß die streng klausurierte Rumbecker Priorin jeweils über den neuesten Stand der politischen Situation unterrichtet war. So registrierte sie auch das Ausweichen des Kölner Generalvikariats im Jahr 1794 auf die rechte Rheinseite und seine Flucht nach Wedinghausen und nahm wahr, daß die 13 Domkapitulare sich nach und nach in ihre Heimatorte oder anderswohin ins Privatleben zurückzogen[10].

Im Jahr 1802 wurde die Situation für Rumbeck sehr ernst: das Großherzogtum Hessen-Darmstadt, dem als Entschädigung das Herzogtum Westfalen zugesprochen worden war, ergriff am 4. November 1802[11] zivilen Besitz des Klosters Rumbeck und verbot am 25. Februar 1804[12] dem Konvent die Neuaufnahme von Novizinnen sowie die Ablegung der Profeß vorhandener Novizinnen. Da scheint M. Franziska Peters den Syndikus *„ihres"* Klosters, den ehemaligen kurkölnischen Geheimrat Engelbert Arndts[13], konsultiert zu haben, den die hessische Regierung zunächst entließ, dann aber in ihre Dienste übernahm und zum Aufhebungs*"referenten"* für Rumbeck ernannte[14]. Er riet dem Konvent der nicht - wie der Konvent des Zisterzienserinnenklosters Drolshagen[15] oder der des Benediktinerinnenklosters Odacker[16] - gern aufgehoben werden wollte und die Säkularisation nicht begrüßte, sein *„Schicksal"* anzunehmen und sich der Auflösung nicht zu widersetzen (anders also als die Dominikanerinnen von Galiläa[17] bei Meschede, die erst aufgaben, als man sie durch Aushungern zum Verlassen ihres Klosters zwang).

So mußte M. Franziska Peters am 5. April 1804[18] im Beisein aller Rumbecker Schwestern und Geistlichen zwar die Säkularisation (Verstaatlichung) des Klostergrundbesitzes hinnehmen, erreichte aber die Aufrechterhaltung des klösterlichen Lebens aller Rumbecker Schwestern *„bis zu ihrem Aussterben"*[19] (während z. B. die Nonnen aus Himmelpforten Anfang Mai 1804 auseinandergingen)[20]. Der Austritt der Laienschwester Theresia Henke (aus Remblinghausen) am 12. Oktober 1809[21] wird sie daher arg betrübt haben. Sie nahm auch hin, daß die Pensionen der 11 Chorschwestern[22], eine Novizin und acht Laienschwestern an der untersten Grenze der vom Reichsdeputationshauptschluß vorgesehen Rahmenrichtlinien lag[23]. Andererseits erreichte sie im Jahr 1822 aufgrund eines innerdienstlichen Bittschreibens, daß der preußische König Friedrich Wilhelm III. (1797-1840) in einer *„allerhöchsten Cabinetts-Ordre"* den Konvent von der – ihm von der hessischen Regierung auferlegten – Pflicht befreite, das *„abgängige"* (d.h. durch normalen Gebrauch abgenutzte) Mobiliar zu ersetzen[24].

Das genügsame Leben der Schwestern erbrachte trotz der ihnen gezahlten geringen Pensionen ein kleines Sparguthaben, das auf Anregung von M. Franziska Peters zu kirchlichen und sozialen Zwecken verwendet wurde. Sie und ihre Mitschwestern M. Josefa Mues (aus Münster), M. Norberta Krüper (aus Brilon), M. Agatha Trudelwind (aus Stockhausen) und M. Margaretha Nurk (aus Salinghausen) schenkten der Rumbecker Kirche im Jahr 1820 rd. 1365 Taler mit der Auflage, für ihr Seelenheil zu beten[25]. Zudem gründeten sie den *„Peterschen Armenfonds"* von 2700 Talern, der zunächst auf 3000 Taler anwuchs und dessen Zinsen von rd. 100 Talern jährlich den *„armen Schulkindern von Rumbeck, Oeventrop und Freienohl sowie den armen Gymnasiasten in Arnsberg und den armen Einwohnern von Rumbeck"* zugute kam[26]. Die Klausurschwestern wußten um die Not der Bevölkerung. Aus ihrem persönlichen Vermögen ließ M. Franziska Peters zudem für die Rumbecker Kirche silbernes Kultgerät anfertigen, insgesamt für 650 Taler[27]. So erwiderte sie die Großzügigkeit, die General von Schlaun ihr und dem Rumbecker Kloster erwiesen hatte[28].

Grabkreuz für die letzte Priorin Maria Franziska Peters an der Klosterkirche in Rumbeck

Wenn M. Franziska Peters gemäß der Ordensregel tatsächlich nur in strenger Klausur gelebt hat, muß sie jedoch gute Kontakte „nach draußen" gehabt haben, die sie in klösterlicher und caritativer Hinsicht umsetzte. Der einfache Text auf dem schlichten Steinkreuz auf dem ehemaligen „Nonnenfriedhof", dem heutigen Vorplatz der Rumbecker St. Nikolaus-Kirche, zeichnet nur unzulänglich ein Bild ihres engagierten Lebens:

„Maria Franziska Peters, jüngste würdige Frau von Rumbeck. Unvergeßlich für Kirche, für Schule und für Arme. Geboren 17. März 1747, gekleidet 31. May 1768, Profeß 27. May 1770, gewählt 26. März 1783, gestorben 17. Januar 1830."

Anmerkungen:

1 Errechnet nach dem Einkleidungsbuch „verzeichnüs deren hochehrwürdigen chor=jungfern auch Layen=schwesteren, die im gottes=haus RUMBECK eingekleidet und profess gewesen. erneueret 1771", Original im Pfarrarchiv Rumbeck, Seiten 43 - 56.

2 „verzeichnüs .....", Seiten 55 und 56.
Wenige Tage später, am 6. Juni 1768, wurde die Laienschwester Clara Müller aus Meschede (geb. 1. Januar 1745, gest. 2. Februar 1805), eingekleidet. Eine Begründung für dieses seltsam kurzfristige Auseinanderfallen von zwei Einkleidungsarten ist nicht bekannt. Bewertet man die Tatsache, daß alle Novizinnen vor ihrer Einkleidung eine Postulantinnenzeit von zwei Jahren (Dünnebacke, „Geschichte des Klosters Oelinghausen bei Hüsten", Oelinghausen 1907, S. 2) im Kloster verbringen mußten, werden diese zeitlich abgesetzten Einkleidungen noch unverständlicher. Da ist Raum für die Mutmaßung, daß diese „aufgeklärte" Zeit immer noch einen bewußten Standesunterschied zwischen Chor- und Laienschwestern aufrecht erhielt. Auch die Professen fallen auseinander: die der Chorschwestern am 27. Mai 1770, die der Laienschwester am 10. Juni 1770.

3 Horstkötter, Ludger „Prämonstratenser in Westfalen" in: Monastisches Westfalen, Klöster und Stifte 800-1800, Münster 1982, S. 75.

4 „verzeichnüs ...", Seiten 55 und 56.

5 Höynck, F.A. „Geschichte der Pfarreien des Dekanats Arnsberg", Hüsten o.J., Seite 552.

6 geb. 06. Februar 1723, gekleidet 29. September 1738, Profeß 11. September 1740, zur Priorin ernannt 11. Dezember 1767, gestorben 15. März 1783, 61 Jahre alt, Priorin 16 Jahre; so im „verzeichnüs ...", Seite 47.

7 So möglicherweise die Subpriorin M. Benedicta Langenberg aus Waldbröhl (geb. im Juli 1716, gekleidet 29. September 1738, Profeß 02. Oktober 1740, Küsterin 28. April 1758, Subpriorin 10. Januar 1776, gestorben 26. Dezember 1801, „verzeichnüs..." S. 47) oder die „Kellnerin" M. Eva Catharina Harbert aus Arnsberg (geb. 02. Februar 1722, gekleidet 18. August 1737, Profeß 30. August 1739, Kellnerin seit 19. April 1758, gestorben 19. Februar 1785, „verzeichnüs..." S. 46).

8 Höynck, F.A., Seite 553; so auch J.S. Seibertz in einer Anmerkung seiner Abschrift (Oktober 1848) des „verzeichnüsses ...", (StA Münster, Manuskr. VII Nr. 5748), diese abgeschrieben von Pfr. Dünnebacke, Oelinghausen, darin: Seite 42.

9 Hengst, Karl (Herausgeber), „Westfälisches Klosterbuch - Lexikon der vor 1815 errichteten Stifte und Klöster von ihrer Gründung bis zur Aufhebung", 2 Bände, Münster 1992 und 1994, hier: Bd. 2 „Wedinghausen", bearb. von Dr. Norbert Höing, Seiten 437-445 (439).

10 Schöne, Manfred „Das Herzogtum Westfalen unter hessendarmstädtischer Herrschaft 1802-1816", Landeskundliche Schriftenreihe für das kurkölnische Sauerland, Heft 1, Olpe 1966, Seiten 116 und 131; Klueting, Harm „Die Säkularisation in Westfalen 1802-1834", Kölner Historische Abhandlungen Nr. 27, Köln 1980, Seite 37.

11 Klueting, Harm, Seite 79; StA Münster, Großh. Hessen II A 29, Bll. 3-5.

12 Klueting, Harm, Seite 106; StA Münster, Großh. Hessen II D 48, Bll. 7-10 Die Instruktion für den Rentmeister und Aufhebungskommissar Schulz, datiert vom 23. März 1804; Klueting, Harm, Seite 107; StA Münster, Großh. Hessen II D 48, Bll. 12-17.

13 Höynck, F.A., Seite 553.
Engelbert Arndts ist geboren am 16. Februar 1750 in Arnsberg als Sohn des Dr. jur. Johann Wilhelm Arndts (1710- 1771) (vgl. Seibertz, J.S., „Westfälische Beiträge zur Deutschen Geschichte", 2 Bände, Darmstadt 1819 und 1823, hier: Bd. 1 Seite 5 ff), war in kurkölnischer Zeit in Arnsberg Reichspostmeister der Fürsten von Thurn und Taxis, Mitglied in der Kanzlei des Landdrosten und der Räte, Westfälischer Rat und Kurfürstlicher Hofrat und u.a. Syndikus der Prämonstratenserinnenklöster Rumbeck (vgl. Höynck, F.A., Seite 553) und Oelinghausen (hier vertrat er erfolgreich Propst Schelle bis zum Reichskammergericht (vgl. Seibertz, J. S., in einer Anmerkung zur Abschrift des „verzeichnüsses ....."; in der Abschrift von Dünnebacke, Seiten 42 und 43)). In hessischer Zeit war er Geheimer Rat, seit 1803 Mitglied der Hofkammer und Kammeradvokat (Schöne, Manfred, Seite 165). Er starb am 31. Oktober 1819 in Arnsberg (Seibertz, J.S. in „Westfälische Beiträge ...", Bd. 2 Seite 263).

14 Hollenhorst, Johann Caspar Anton Joseph, „Klöster des Herzogtums Westfalen", Akte 110 der Akademischen Bibliothek Paderborn, Abhandlung „Rumbeck", Seiten 330-377 R, hier: Seite 377; Klueting, Harm, Seite 191; Höynck, F.A., Seite 555

15 Klueting, Harm, Seite 102.

16 Klueting, Harm, Seite 102.

17 Klueting, Harm, Seite 103.

18 Klueting, Harm Seite 113; StA Münster, Großh. Hessen, II D 48 Bll. 22-27.

19 Höynck, F.A., Seite 557.

20 Klueting, Harm, Fußnote, Seiten 111 und 112.

21 „verzeichnüs .....", Seite 57.

22 Darunter zwei Emigrantinnen (1801): M. Caecilia Bertrand aus Maastricht und M. Sophia Heyendal aus Welkenraedt bei Lüttich, beide aus dem aufgehobenen Prämonstratenserinnenkloster Rekem, 10 km nördlich von Maastricht („verzeichnüs ...", S. 64-66; Klueting, Harm, Seite 146; Großh. Hessen II A 29, Bl. 18).

23 vorgesehen waren Pensionen zwischen 300 bis 600 Florin für die Konventualinnen, ein höherer Betrag für die Priorin. Gezahlt wurden 450 Fl. an M. Franziska Peters, 300 bzw. 350 Fl. für die Chorschwestern und 200 bzw. 250 Fl. an die Laienschwestern (Höynck, F.A., Seiten 555 und 556; Klueting, Harm, Seiten 146-148; StA Münster, Großh. Hessen II A 29 Bl.3 und I A 20).

24 Hollenhorst, J.C.A.J., Seite 377 R.

25 Höynck, F.A., Seite 557; Kaplan Wennemar Bömer in „Chronik B 2", Pfarrarchiv Rumbeck, Seiten 4 und 5.

26 Höynck, F.A., Seite 557; Bömer, Wennemar Seiten 6-8.

27 Höynck, F.A., Seite 557.

28 Timmermann, Fritz „Rumbeck 1185-1985", Rumbeck 1985, Seiten 39-47 und 112-113, ders., „Maria Franziska Peters, die letzte Priorin des Klosters Rumbeck", in: Analecta Praemonstratensia, Tomus LVII, Scherpenheuvel-Zichem 1981, Seiten 36-46.

D 23 Oberst Johann Georg Freiherr von Schaeffer-Bernstein (1757-1838)

Oberst Johann Georg Freiherr von Schaeffer-Bernstein (1757-1838)

Michael Gosmann

Den Befehl zur provisorischen Besetzung des Herzogtums Westfalen erteilte Landgraf Ludewig X. von Hessen-Darmstadt am 31. August 1802 einem Offizier, der sich bis dahin durch Tapferkeit und Besonnenheit schon einen Namen gemacht hatte. Der 45jährige Oberst Johann Georg von Schaeffer-Bernstein (* 31.05.1757 Rotenburg a.d. Fulda; † 07.09.1838 Worms) galt als fähiger Militär, zuverlässig, loyal und mit großer Erfahrung.[1]

Er war mit 18 Jahren 1775 als Freiwilliger in das landgräflich hessen-kasselsche Jägerkorps eingetreten. Drei Jahre später wurde er 1778 nach Nordamerika eingeschifft. Der hessische Landesherr hatte seine Soldaten an England „vermietet". In englischem Sold stehend, mußte er im amerikanischen Unabhängigkeitskrieg gegen die 13 Neuenglandstaaten acht Jahre lang Dienst tun.

Seine militärische Karriere verlief dennoch wunschgemäß: Am 12. Dezember 1778 erfolgte seine Ernennung zum Sekondeleutnant, am 21. März 1780 seine Beförderung zum Premierleutnant. 1786 bei der Rückkehr aus Amerika wurde Schaeffer nicht aus dem Dienst entlassen, sondern erhielt in der allein beibehaltenen Jäger-Kompagnie eine Anstellung. Hier erfolgte am 11. März 1787 seine Beförderung zum Stabskapitän.

Im gleichen Jahr erwarb Schaeffer den Reichsadel (Wien 8. 7. 1787), und er erhielt eine Berufung in dänische Dienste. Landgraf Wilhelm von Hessen-Kassel konnte ihn jedoch zum Bleiben veranlassen. Mit Anstellungspatent vom 21. Juli 1790 zog aber der gerade zur Regierung gelangte Landgraf Ludewig X. den Stabskapitän von Schaeffer in seine Dienste. Schaeffer trat als wirklicher Kompagniechef in das neu errichtete leichte Infanterie-Bataillon von Wrede ein.

Im Jahre 1793 hatte von Schaeffer ein Feldjäger-Korps aufzustellen, mit dem er in der Pfalz im Gefecht bei Landau kämpfte. Dort erhielt er einen Schuß in die Brust. Am 12. Mai 1793 wurde er zum Major befördert. Weitere militärische Aktionen folgten: Mai-Juli 1793: Teilnahme an der Belagerung von Mainz;

Herbst 1793: Abrücken in die Niederlande; 14. September 1794: Gefecht bei Boxtel.

Am 22. Januar 1796 übernahm er das Kommando des 1. Leib-Grenadier-Bataillons und wurde am 12. Juli des Jahres zum Obersten ernannt. Im gleichen Jahr noch erfolgte ein langer Marsch mit seinen Truppen nach Triest, wo 3000 hessische Soldaten nach Gibraltar eingeschifft werden sollten. Doch die Aktion verzögerte sich und fand schließlich überhaupt nicht statt. So konnten die Truppen im Dezember 1797 von Kroatien nach Hessen zurückkehren.

„Oberst v. Schaeffer gehörte damals zu den kriegserfahrensten und ausgezeichnetsten Offizieren Deutschlands; er stand mit den meisten bekannten besseren Militärschriftstellern in reger Verbindung, war aber selbst nie dazu zu bewegen, als Schriftsteller vor die Öffentlichkeit zu treten." So wurde von Schaeffer von einem Militärhistoriker charakterisiert[2], doch im Gegensatz dazu gab er doch schriftlich sehr exakte Berichte über seine militärischen Operationen an seinen Befehlshaber weiter. Besonders ausführliche Schilderungen besitzen wir von ihm über die im Jahre 1802 erfolgte und von ihm geleitete „provisorische" Besitznahme des Herzogtums Westfalen. Aus ihnen geht hervor, daß sich der Oberst um Ausgleich und behutsames Vorgehen gegenüber den Einwohnern, den Beamten und besonders dem kurkölnischen Militär sehr bemüht hat.[3]

Den Befehl des Landgrafen zur Besetzung des Herzogtums scheint er zu dessen Zufriedenheit ausgeführt zu haben. Er ernannte ihn daraufhin am 31. Mai 1803 zum Brigadier der in Westfalen stehenden Brigade „Erbprinz". Seit 1802 wurde von Schaeffer also in Arnsberg heimisch. Er heiratete erneut im Jahre 1809 in Darmstadt eine Arnsbergerin aus angesehener Familie: Maria Theresia Johanna Caroline Harbert (1778-24.02.1854). Im Sommer 1816 zog das Paar nach Worms. Der einzige Sohn Eduard starb 11jährig in Worms.[4]

Mit Kriegsausbruch im Jahre 1806 begann eine weitere unruhige Zeit für ihn und seine Brigade. Am 14. November 1806 wurde er zum Generalmajor befördert, 1807 nahm er an der Belagerung von Graudenz, später von Stralsund teil, dafür erhielt er das Kreuz der Ehrenlegion und, aus der Hand des Großherzogs, das Großkreuz 2. Klasse des großherzoglichen Verdienstordens. Im Jahr darauf wurde die Brigade zum Regiment umgewandelt und die Abteilung „Groß- und Erbprinz" mußte nach Spanien ausmarschieren. Von Schaeffer, seit dem 23. August 1808 „Generalmajor à la suite du Corps", besuchte im Frühjahr 1809 als ehemaliger Kommandeur das Regiment in Spanien und übernahm den Befehl über das hessische Kontingent der deutschen 3. Division unter dem französischen General Laval. Aus gesundheitlichen Rücksichten bat er bald um seine Abberufung und kehrte Ende 1810 nach Deutschland zurück.

Seinem ausdrücklichen Wunsch gemäß erhielt von Schaeffer seine frühere dienstliche Stellung im Herzogtum Westfalen. Das Jahr 1813, in dem er in den großherzoglich-hessischen Freiherrenstand erhoben wurde, brachte durch die Niederlagen Napoleons die politische Wende. Erst am 5. November 1813, als die Alliierten unaufhaltsam vorrückten, trat der Großherzog von Hessen-Darmstadt öffentlich auf die Seite der Napoleon-Gegner. Generalmajor von Schaeffer als Landeskommandant für das Herzogtum Westfalen wurde beauftragt, im gesamten Großherzogtum freiwillige Jägerkorps zu organisieren. Am 5. Januar 1814 trat er in einen Aufruf für *„Deutschlands vollständige Befreiung vom französischen Einfluß"* ein. An die Westfalen gerichtet schrieb er: *„Eure Anhänglichkeit an Fürst und Vaterland bürgt mir dafür, daß ihr euren deutschen Sinn kräftig bewährt."* [5]

1. April 1814 zum Generalleutnant befördert, wurde er zum Kommandeur der Landesbewaffnung in Westfalen bestellt. Das folgende Jahr sah ihn in politischer Mission im Hauptquartier des Herzogs von Wellington in Paris.

Die Neuordnung der politischen Landkarte durch den Wiener Kongreß führte zur Abtretung des Herzogtums Westfalen an Preußen. Am 15. Juni 1816 nahm Oberpräsident Ludwig von Vincke auf dem Saale des Arnsberger Rathauses das Herzogtum Westfalen für Preußen in Besitz. Generalleutnant von Schaeffer übergab ihm auf dem Arnsberger Marktplatz das hier stationierte Militär. Dafür wurde ihm der Rote Adlerorden 1. Klasse vom König von Preußen verliehen. Feldmarschall Fürst Blücher schrieb aus diesem Anlaß an den Generalleutnant: *„Ich habe mich gewiß herzlich gefreut, zu sehen, daß der König, mein Herr, die Verdienste eines Offiziers anerkennt, den ich seit so vielen Jahren schätze, und der die Achtung und die Liebe aller seiner Waffengefährten genießt."* [6]

Schaeffer blieb in hessen-darmstädtischen Diensten und wurde im November 1816 mit der Organisation der Landesbewaffnung in den neuen großherzoglichen Besitzungen auf dem linken Rheinufer beauftragt. Zum General-Kommandeur ernannt, wählte er seinen zukünftigen Aufenthalt in Worms. Am 18. Dezember 1819 wurde der 62jährige seines Kommandos unter Anerkennung seiner Verdienste entbunden. Als eine besondere Ehre galt, daß er auf persönlichen Befehl des Großherzogs in den Listen der aktiven Generäle bis zu seinem Tode verzeichnet wurde. Eine weitere Ehrenbezeugung war am 11. April 1830 die Ernennung zum 2. Inhaber des hessen-darmstädtischen Leib-Regiments.

Freiherr von Schaeffer starb 81jährig als Generalleutnant und Inhaber des 3. Infanterie-Regiments in Worms. Am 7. September 1838 fand hier sein ereignisreiches, bewegtes Leben, das 17 Feldzüge mit 56 Schlachten und Gefechten in 2 Kontinenten gesehen hatte, ein Ende.

Anmerkungen:

1 Die Ausführungen zu von Schaeffer beruhen in erster Linie auf den Angaben von B. Poten in der ADB 30. Bd. (ND der 1. Aufl. von 1890), Berlin 1970, S. 539-541 s. v. Schäffer, Johann Georg und dem Werk von A. Keim: Geschichte des 4. Großherzoglich Hessischen Infanterie-Regiments (Prinz Karl) Nr. 118 und seiner Stämme 1699-1878, Berlin 1879, S. 473-477. Vgl. weiterhin Schöne, Manfred: Ein Porträt des Obersten J. G. Freiherr von Schaeffer-Bernstein, in: HSO 131, 1983, S. 112f. Im Genealogischen Handbuch der freiherrlichen Häuser B, Band VI (Genealogisches Handbuch des Adels Bd. 62), Limburg 1976, wird die Familie Schaeffer von Bernstein auf S. 383ff. abgehandelt. Die hier angegebenen Lebensdaten des Obersten Johann Georg Freiherr Schaeffer von Bernstein stimmen nicht immer mit den oben angegebenen überein: Danach wurde er am 29. 4. 1758 geboren, heiratete am 20. 7. 1787 in Gelnhausen die Witwe des Ernst von Trümbach, Luise von und zu Mansbach (* Mansbach 31. 12. 1757; † Darmstadt 13. 4. 1810). Mit ihr hatte von Schaeffer einen Sohn Friedrich Ferdinand Wilhelm (*Bettenhausen bei Kassel 8. 11. 1789, † Darmstadt 1. 12. 1861). Die Ehe mit Maria Theresia Johanna Caroline Harbert wird nicht erwähnt. Für diese Hinweise und vielfältige Recherchehilfen habe ich meinem Werler Kollegen Heinrich Josef Deisting sehr zu danken!

2 Vgl. A. Keim, wie Anm. 1, S. 475.

3 Staatsarchiv Darmstadt Abt. VIII, 1, Konv. 241, Berichte Schaeffers über die Besetzung des Herzogtums Westfalen im September 1802 (Microfilm im Stadtarchiv Arnsberg!). Zur Besetzung Arnsbergs vgl. den Beitrag von Walter Wahle im vorliegenden Band!

4 Zu Maria Theresia Johanna Caroline Harbert vgl. die Familiengeschichte von Essen/Harbert, Kopie im Stadtarchiv Arnsberg, Mscr. 8, fol. 21v und 39-45v.

5 Walter Wahle, Beiträge, a.a.O., S. 79.

6 Vgl. A. Keim, wie Anm. 2, S. 476.

Augustinus Schelle - der letzte Propst des Klosters Oelinghausen[1] (1726-1795)

Norbert Höing

Als letzter Propst aus dem Mutterkloster Wedinghausen und als letzter Propst überhaupt amtierte im Prämonstratenserinnenkloster Oelinghausen Augustinus (Johann Melchior) Schelle von 1780-1789 - Augustinus war sein Klostername. Er war am 10. Januar 1726 als Sohn des Bäckers Hermann Schelle und der Anna Theodora Fünffhausen(?) in Arnsberg geboren.[2] Das Milieu, in dem er aufwuchs, war gekennzeichnet durch die Arbeitsamkeit eines konservativ geprägten Handwerker-Hauses: nüchtern, realitätsbezogen und sicherlich ohne höfische Umgangsformen, wie sie damals in vornehmen Kreisen zu finden waren. Grobheit wurde ihm später vorgeworfen. Er besuchte von ca. 1738-1745 das Gymnasium in Wedinghausen, trat in das Kloster seiner Vaterstadt ein und war, wie alle jungen Mönche, zunächst als Lehrer an seiner alten Schule tätig. 1760 verfaßte er als Lehrer der 5. Klasse wie üblich das Schauspiel, dessen Inhalt eine Legende verarbeitete, in der ein königliches Ehepaar sich menschlich falsch verhält, weil es seine Kinder mit ungleicher Liebe behandelt. Wir kennen nur den Titel dieses Theaterstückes. Er widmete es dem damaligen Propst des Klosters Scheda, Freiherr Ferdinand von Schade. In Wedinghausen hat Schelle u.a. das Kelneramt innegehabt, in Arnsberg war er um 1773 Pfarrer, er war Beichtvater der Nonnen in Oelinghausen und wurde dort 1780 zum Propst gewählt - ob direkt aus dem Beichtvateramt oder ob dazwischen noch andere Ämter lagen, wissen wir nicht.

Was die wirtschaftliche Verwaltung Oelinghausens, die wichtigste Aufgabe eines Propstes, angeht, so ist sie - entgegen späteren Vorwürfen - wohl recht erfolgreich gewesen. Jedenfalls stand Oelinghausen bei der Aufhebung im Jahre 1804 in dieser Beziehung nicht schlecht da: die jährlichen Einnahmen wurden damals mit 27659 Gulden berechnet, das Kapitalvermögen betrug 16000 Reichstaler. Einen Teil des Geldes bewahrte Schelle aus Angst vor Dieben in etwas altfränkischer Weise im Keller der Propstei auf, woraus ihm später der Vorwurf erwuchs, er habe das Geld unterschlagen.

Die mehrfach genannten Vorwürfe wurden im Laufe der Visitation erhoben, die 1788/89 der geistliche Rat Balduin Neesen auf Geheiß des Erzbischofs durchführte. Es ist derselbe, der gleichzeitig auch Wedinghausen visitierte und dem dortigen Abt Fischer das Leben schwer machte. Neesen war, wie der Erzbischof und Kurfürst von Köln Maximilian Franz (1784-1801), stark von der Aufklärung beeinflußt, d. h. weitgehende konfessionelle Toleranz, staatskirchliche Bestrebungen, kritische Distanz zu den Klöstern u. a. Neesen ging in der Ablehnung der Klöster sehr weit, er sah in ihnen rückständige, unnütze und vor allem diktatorische Institutionen. *„Mönchsdespotismus"* sah er sowohl in Wedinghausen als auch in Oelinghausen am Werke. In seinem Bericht über Oelinghausen charakterisierte er Propst Schelle als *„einen der gröbsten (Menschen) in ganz Westfalen"*. Nun war Schelle vielleicht ein Mann mit wenig höflichen Umgangsformen, und er dürfte die Klosterfrauen auch öfter gröblich behandelt haben. Doch waren die Folgerungen, die Neesen und seine Anhänger daraus zogen, sehr extrem.[3]

Schelle wurde am 26. Oktober 1789 amtsenthoben, am 12. November unter schimpflichen Umständen als Verhafteter nach Wedinghausen gebracht. Sein späterer Verteidiger, Hofrat Engelbert Arndts, schildert den Hergang so: Durch Schützen aus Arnsberg ließ Neesen die Tore des Klosters und die Eingangstür der Propstei besetzen. Nach dem Verlesen der Anklageschrift wurde Schelle *„durch die Schützen unter Vorreitung des Einspännigers mit bloßem Degen, ohne ihm eine standesgemäße Begleitung zu gestatten, in einer Kutsche durch Dörfer und Flecken, durch dessen eigene Vaterstadt, worin er als Seelsorger mehrere Jahre mit Ruhm gestanden hat, zum Gespött der ganzen Gemeinde, zur Entehrung des Priesterstandes und zur empfindlichsten Beschimpfung seiner daselbst wohnenden ansehnlichen Freunde und Verwandten als einer der größten Bösewichter nach Wedinghausen geführt"*.

Die Vorwürfe lauteten: Grobes Benehmen und mangelhafte Fürsorge gegenüber den Klosterfrauen - u. a. habe er sie nicht ordentlich verkösti-

Siegel des Propstes
Augustinus Schelle von 1783

(STAMS, Kloster Oelinghausen, Urk. Nr. 837
vom 26. Mai 1783)

gen lassen und habe ihnen die gehörige medizinische Versorgung verweigert -, Verschwendungssucht, ein Vorwurf, der sich später als völlig haltlos erwies; weiter schlechte Wirtschaftsführung und viertens, wie schon gesagt, der Vorwurf der Unterschlagung.

Schelle ließ die Beleidigung nicht auf sich sitzen und strengte einen Prozeß an, der sich 3 Jahre hinzog. Zweimal wurde er verurteilt und mit harten Strafen belegt; beim zweiten Mal lauteten sie verschärft: Verlust der Pension, Exerzitien zur Buße, während deren Zeit er an zwei Tagen die Woche auf Wasser und Brot gesetzt werden sollte, und einen Tag lebenslang pro Woche bei Wasser und Brot. Erst vor dem Reichskammergericht in Wetzlar erreichte sein tüchtiger Verteidiger eine Änderung des Urteils: Schelle wurde weitgehend rehabilitiert, durfte seinen Propsttitel wieder führen und in Oelinghausen wohnen. Nur die Verwaltung des Klosters blieb ihm entzogen.

Es ist nicht möglich, an dieser Stelle die damaligen Geschehnisse in Breite darzulegen: die Intrigen, Rechtsbeugungen und wankelmütigen Aussagen der Oelinghauser Nonnen, die sich einmal beim Erzbischof für die Visitation Neesens bedankten, dann die Abberufung Neesens wünschten und den alten Propst wieder haben wollten, dann das eben genannte Schreiben widerriefen und später sich für dieses Hin und Her entschuldigten. Eine große Rolle dabei spielten die Angst vor Neesen und die Beeinflussung durch den Wedinghauser Konventualen Pape, der der Wortführer einer aufsässigen Gruppe im Wedinghauser Konvent war. Eine genauere Schilderung wäre sicher nicht uninteressant, aber dann müßte man die ganze politische Situation im Gefolge der Französischen Revolution berücksichtigen und die Mißstände in den Klöstern der Zeit, die ohne Zweifel vorhanden waren. Propst Schelle war sicher nicht ohne Schuld, doch das, was man ihm antat, war von ungewöhnlicher Schärfe geprägt.

Mit ihm endet nicht nur das Propstamt in Oelinghausen, sondern auch die Paternität Wedinghausens über dieses Prämonstratenserinnen-Stift überhaupt - wie übrigens auch über Rumbeck.[4] Zwar wurde der Wedinghauser Konventuale, Schulpräfekt Theodor Köster, 1792 mit der Verwaltung des Vermögens beauftragt und nach ihm sein Klosterbruder van Hagel, aber das Amt lautete jetzt „Administrator" oder „Ökonom". Ein erzbischöflicher Kommissar wachte darüber. Propst Schelle, der *„das gute Alte zu erhalten suchte"*[5], stand am Ende eines Zeitalters. Er hat die Flucht des Domkapitels nach Arnsberg und die Ströme von Emigranten in die kleine Stadt noch mit eigenen Augen verfolgen können. Die Aufhebung des gesamten Kölner Kurstaates und die Säkularisation der Prämonstratenserklöster im Sauerland erlebte er nicht mehr. Er starb kurze Zeit nach seiner Rehabilitation am 19. Dezember 1795 im 69. Lebensjahr.

Anmerkungen:

1 Das vorliegende knappe Lebensbild ließ sich noch ergänzen. Es stellt einen etwas veränderten Auszug aus meinem Beitrag „Wedinghauser Konventualen in Oelinghausen, 2. Teil", in: An Möhne, Röhr und Ruhr, Heimatblätter des Heimatbundes Neheim-Hüsten e.V., Heft 3, 1992, S. 16-23, hier S. 21ff., dar.
2 Wahle, Walter, Beiträge zur Geschichte der Stadt Arnsberg, Geseke-Störmede 1988, S. 127.
3 Zu den Oelinghauser Verhältnissen vgl. auch das Lebensbild der letzten Priorin Cäcilia Dietz im vorliegenden Band S. 193 ff.
4 Zu Rumbeck vgl. das Lebensbild der letzten Rumbecker Priorin Franziska Peters im vorliegenden Band S. 219 ff.
5 Höynck, F.A., Geschichte der Pfarreien des Dekanats Arnsberg, Hüsten 1907, S. 520.

Die romanische Oelinghauser Gnadenmadonna (A. 13. Jh.).

Möglicherweise ist die Figur ein Geschenk des Kölner Erzbischofs Engelbert I. von Berg an seine Schwester Gisela, die Nonne im Kloster Oelinghausen war.

K 3

Franz Wilhelm von Spiegel zum Desenberg (1752-1815)

(Ölgemälde auf Schloß Canstein)

Hofkammerpräsident Freiherr Franz Wilhelm von Spiegel (1752-1815)

Günter Sandgathe

Ich habe den großen Vorteil, daß ich zu einer Zeit geboren wurde, wo die größten Weltbegebenheiten an die Tagesordnung kamen und sich durch mein langes Leben fortsetzten, so daß ich vom Siebenjährigen Kriege, sodann von der Trennung Amerikas von England, ferner von der Französischen Revolution, endlich von der ganzen Napoleonischen Zeit bis zum Untergange des Helden...lebendiger Zeuge war". Diese Worte Goethes, von Eckermann überliefert (25. 2. 1824), beschreiben auch den Lebensweg des westfälischen Freiherrn Franz Wilhelm von Spiegel, der freilich nicht nur als beobachtender Zeuge den Geschehnissen begegnete, sondern innerhalb seines Wirkungskreises gestaltend in sie einzugreifen versuchte.

Am 30. Januar 1752 war Spiegel auf Schloß Canstein am Diesenberg geboren worden. Auf diesem Stammsitz seiner Familie, in einem östlichen Zipfel des Herzogtums Westfalen an der Straße zwischen Marsberg und dem waldeckschen Arolsen gelegen, verbrachte er sein erstes Lebensjahrzehnt. Ihm hat er sich stets eng verbunden gefühlt. Nirgends sonst, so schrieb er einmal, scheine so mild unseres Herrgottes Sonne, so lachend die Flur, so frisch das Grün.

Den Zehnjährigen schickte der Vater dann als Pagen an den kurfürstlichen Hof nach Bonn. Hier besuchte er das von Jesuiten geleitete Gymnasium; die Ideen allerdings, die sein zukünftiges Wirken bestimmen sollten, empfing er durch eigene Lektüre und im Umgang mit gleichgesinnten Altersgenossen. Durch sie habe er, so schreibt er später, *„einen richtigen Begriff von der Würde des Menschen erhalten und einen unwiderstehlichen Haß gegen alle und jede Despotie eingesogen".* Es waren also die Grundgedanken der Aufklärung, von denen der junge Westfale schon früh ergriffen wurde.

Nach einem kurzen Aufenthalt an der katholischen Hochschule zu Löwen bezog er im Herbst 1773 die als Hochburg aufgeklärten Denkens geltende Universität in Göttingen. Hier vermittelten ihm Staatsrechtler und Historiker, Philosophen und Philologen die Kenntnisse, von denen er annahm, daß sie die Grundlage seiner dereinstigen Lebensarbeit im Dienste des Fortschritts und zum Nutzen der Menschen bilden würden. In einem vom gleichen Streben erfüllten Freundeskreis, dem u. a. auch der Reichsfreiherr vom Stein angehörte, verfestigten sich diese Vorstellungen. Auch wurde er in die Freimaurer-Loge „Zu den drei Flammen" aufgenommen.

Im Frühjahr 1775 verließ er Göttingen, kehrte nach Bonn zurück, wo er zum Hofrat bestellt wurde. Da die damit verbundenen Bezüge recht gering und die finanziellen Verhältnisse der Familie so ungünstig waren, daß sie weitere Unterstützung des jungen Mannes nicht zuließen, fügte Franz Wilhelm sich dem Wunsche des Vaters, trotz *„einer wirklichen Abscheu gegen den geistlichen Stand"* in diesen einzutreten und um die Übernahme einer Domherrenpraebende in Hildesheim sich zu bemühen. Voraussetzung dafür war ein Studium der Theologie, zu dem er sich im Sommer 1776 nach Rom aufmachte, wo er sich bis zum November 1777 auf den Dienst in der Kirche vorbereiten sollte. Wenn ihn auch seine theologischen Studien, die er später als ein *„höchst albernes Geschäft"* bezeichnete, kaum sonderlich beeinflußt haben werden, so ist der römische Aufenthalt für ihn gleichwohl von Bedeutung gewesen. Er eröffnete ihm nicht nur Einblicke in die Welt der Antike und in die zeitgenössische Kunst, es bahnten sich auch Beziehungen zu Persönlichkeiten an, aus deren Auffassungen und Einsichten ihm später mancher Nutzen zuwachsen sollte.

Im Herbst 1777 kehrte er nach Deutschland zurück. Durch den Empfang der niederen Weihen erfüllte er die Vorbedingung für die Übertragung der für ihn vorgesehenen Dompfründe in Hildesheim. Er trat damit in die Reihe der *„stiftsmäßigen Klötze",* wie er die Domherren später einmal spöttisch nannte. Seine aufgeklärte Haltung und die daraus erwachsende kritische Einstellung gegenüber dem Erscheinungsbild der katholischen Kirche des 18. Jahrhunderts behielt der junge Domherr bei, dem 1780 eine weitere Praebende im Domkapitel zu Münster zufiel. Er glaubte, recht selbstbewußt, in seiner neuen

Würde an der Wiederherstellung eines echten, ursprünglichen Christentums mitwirken zu können.

Durch den Tod seines Vaters im Mai 1779 erschloß sich ihm die Möglichkeit, seine Vorstellungen von einer besseren Welt politisch umsetzen zu können. Nicht nur oblag ihm nun die Sorge um den Erhalt des arg verschuldeten Familienbesitzes am Diesenberg. Die Stände des Herzogtums Westfalen bestimmten ihn auch in der Nachfolge seines Vaters zum neuen Landdrost. In seiner Schrift *„Gedanken über die wahren Ursachen des Verfalls unseres Landes und über die Art, wie solchem abzuhelfen ist"* umreißt er das, was er in den folgenden Jahren an den öffentlichen Zuständen des Herzogtums im Sinne der Vorstellungen der Aufklärung zu reformieren gedachte. Verwaltung, Justizverfassung und Polizei waren zu verbessern; in der Landwirtschaft, im Forstwesen und im Bergbau sollte nach neuen Methoden gearbeitet und das Erziehungs- und Bildungswesen durch einschneidende Maßnahmen gefördert werden. Die mit stürmischem Schwung in Angriff genommenen Landesverbesserungen konnten freilich nur in Ansätzen gelingen. *„Adel, Bürgerstand und Geistlichkeit opponirten"*, zeigten wenig Verständnis für die von ihm angeregten und angeordneten Neuerungen. Vor allem aber wurde er vom Landesherrn selbst, dem inzwischen alt gewordenen Kurfürsten Max Friedrich von Königsegg, in seinen Bemühungen kaum unterstützt.

Daher ist es verständlich, daß der junge Landdrost nach dem Tode des Kurfürsten 1784 große Hoffnungen auf den Nachfolger Maximilian Franz setzte, den Bruder des reformfreudigen Kaisers Joseph II. aus dem Hause Habsburg, auf den er *„wie auf einen Messias"* gewartet hatte. Im Sommer 1784 erschien dieser zu einem Besuch in Arnsberg, ließ hier ostentativ sein Wohlwollen für Spiegel erkennen, fuhr in seiner Begleitung durch das Sauerland und hielt sich als Gast auf Canstein auf. Für das Herzogtum aber und die Verbesserungen seiner Zustände sollten die gewährten Gunstbezeugungen keine unmittelbare Bedeutung mehr haben. Spiegels Absichten waren wohl schon lange auf eine einflußreiche Stellung in der Residenz Bonn gerichtet. Im Juni 1786 ernannte ihn dann auch der Kurfürst zum Präsidenten der Hofkammer und des Akademierates und machte ihn damit für die Finanzen und das Bildungswesen im ganzen Kurstaat verantwortlich.

Es gelang ihm, das Finanzwesen, die Verwaltung und das Zollwesen zu reformieren. Vom Kurfürsten unterstützt, förderte er Künste und Künstler. Den Volksschulen und der Ausbildung ihrer Lehrer wandte er ebenso wie dem Lehrbetrieb an den Gymnasien in Arnsberg und Bonn große Aufmerksamkeit zu. Vor allem aber lag ihm der Ausbau der im November 1786 eingeweihten Bonner Universität am Herzen, deren erster Kurator er wurde. Doch auch in Bonn sah er sich wie zuvor in Arnsberg bald *„dem Verfolgungsgeist der Obskuranten und unwissenden Aristokraten preisgegeben"*, denen die Leidenschaft und die Heftigkeit zu weit gingen, mit denen er der Aufklärung und dem Rationalismus gegenüber der erstarrten Tradition zu ihrem Recht verhelfen wollte. Das Kölner Domkapitel und der päpstliche Nuntius bezogen gegen ihn Stellung, und schließlich forderte gar der Papst selbst den Erzbischof auf, gegen den Universitätskurator einzuschreiten. Auch das Verhältnis Spiegels zu seinem Kurfürsten Max Franz blieb nicht frei von Spannungen und beiderseitigem Ärger. Erschienen dem Fürsten bei aller Würdigung der Geistesgaben und des Arbeitseifers seines Hofkammerpräsidenten und Kurators dessen Maßnahmen oft zu stürmisch und übereilt, so klagte dieser nicht selten über die Herzenskälte und die Undankbarkeit des Habsburgers, der ihn ausnutze und seine Mühen nicht angemessen entgelte. Er sei *„im Dienste des kurkölnischen Hofes früh grau, nie reich und endlich müde geworden"* - diese Feststellung wünschte er sich einmal ironisch als Inschrift auf seinem Grabstein.

Daß die gegen Spiegel erhobenen Vorwürfe, er sei ein *„Democrat"* und nehme bei all seinem Reformeifer auf die Tradition, auf altes Recht und Herkommen zu wenig Rücksicht, daß diese Vorwürfe letztlich nicht zutreffen, zeigte seine Haltung gegenüber der Französischen Revolution. In Reden und Briefen verurteilte er scharf die Vorgänge in Frankreich, den *„französischen Freiheitsschwindel"* und das *„gegenwärtige Unwesen der Franzosen"*. Dann erlebte er, wie der Versuch der alteuropäischen Monarchien, das revolutionäre Feuer durch militärisches Eingreifen zu ersticken, im Ersten Koalitionskrieg (1792-1797) scheiterte. Der Kurfürst räumte beim Anmarsch der französichen Truppen seine Bonner Residenz und begab sich nach Mergentheim. Spiegel zog mit der Hofkammer zunächst nach Dorsten, dann 1794 nach Brilon. Er leitete meistens von Canstein aus die Geschäfte, für die er seit dem Tode des Kurfürsten (1801) dem von Köln nach Arnsberg verlegten Domkapitel gegenüber verantwortlich war, bis die Säkularisation 1802/03, durch die der

Kurstaat aufgelöst und das Herzogtum Westfalen dem Großherzog von Hessen-Darmstadt übereignet wurde, seiner politischen Laufbahn ein Ende setzte. Erbittert und wütend zunächst, schließlich resignierend, beobachtete er in den folgenden Jahren von Canstein aus, wohin er sich ganz zurückgezogen hatte, die Maßnahmen, mit denen die hessen-darmstädtische Regierung durch Beseitigung aller überlieferten ständischen Institutionen das ehemalige Herzogtum in einen zentralistisch organisierten modernen Staat umzuwandeln begann. Vergeblich setzte er sich im Herbst 1805 mit zwei umfangreichen Aufsätzen im „Westfälischen Anzeiger" für den Erhalt der Landstände und der Rechte der westfälischen Ritterschaft ein. Die Napoleonische Herrschaft und die Politik der deutschen Rheinbundfürsten erfüllten ihn mit Abscheu und Empörung.

Ihr Scheitern hat er noch erlebt, ohne freilich noch einmal an der Neugestaltung der deutschen, insbesondere der westfälischen Angelegenheiten Anteil nehmen zu können. Er starb am 7. August 1815, nachdem acht Wochen zuvor auf dem Wiener Kongreß an die Stelle des alten Heiligen Römischen Reiches Deutscher Nation der Deutsche Bund getreten war und die ehemalig kurkölnischen Besitzungen am Rhein und in Westfalen dem Königreich Preußen zugeschlagen worden waren.

„Zuflucht zwischen Zeiten", das zeigt die vorstehende Lebensskizze wohl, hat der Freiherr Franz Wilhelm von Spiegel nicht gesucht. Vielmehr hat er sich den Herausforderungen der Wende, die das Jahr 1789 bezeichnet, gestellt. In den Zeiten des alten Reiches hat er versucht, durch „*Landesverbesserungen*" die reformbedürftigen Institutionen in seinem Wirkungskreis im Sinne der Aufklärung zu verändern. Daß es ihm dabei nicht etwa um die Beseitigung, sondern gerade um die Erhaltung der alten ständischen Ordnung ging, zeigte sich nach dem revolutionären Umbruch in seinem Widerstand gegen die Mächte, durch welche die alt-europäische Ständegesellschaft zerstört und dem modernen Verfassungsstaat der Weg bereitet wurde.

Literatur:
Braubach, Max, Die Lebenschronik des Freiherrn Franz Wilhelm von Spiegel zum Diesenberg, Münster, 1952 (Diesem Werk, das ein Verzeichnis der gesamten älteren Literatur enthält, sind alle angeführten Zitate entnommen.)

Schumacher, Elisabeth, Das kölnische Westfalen im Zeitalter der Aufklärung, Olpe, 1967

Der von Weichs'sche Hof in Arnsberg, Sitz des Landdrosten des Herzogtums Westfalen

Landdrost Clemens Maria von Weichs zur Wenne (1736-1815)

Horst Conrad

Clemens (August) Maria Joseph Adam von Weichs wurde am 22. Februar 1736 geboren. Sein Vater Caspar Bernhard Franz (12. September 1695 - 11. Januar 1736), adjungierter Droste der Ämter Eslohe, Meschede, Calle, Remblinghausen und Hellefeld, kurkölnischer Kammerherr und Obrist eines münsterschen Regiments zu Fuß, hatte am 17. April 1730 Theodore Elisabeth von Kerckerinck zur Borg, die älteste Tochter des münsterschen Obristmarschalls und Geheimen Rates Jobst von Kerckerinck geheiratet. Aus der Ehe gingen neben dem einzigen Sohn, Clemens Maria, noch zwei ältere Schwestern hervor. Die erste, Maria Agnes Bernhardine Antoinette, geb. am 31. Dezember 1731, wurde Kanonisse zu Flaesheim und heiratete in erster Ehe Maximilian von Kurtzrock und in zweiter Franz Adolf von Nagel zu Badinghagen. Die jüngere, Anna Theresia Franziska, geb. 4. April 1734, wurde Kanonisse in Hohenholte und heiratete Carl von Sparr zu Oppenheim und Partenheim. Für einen sehnlichst erwarteten Sohn hatten die Eltern bereits am 27. Januar 1734 vom Kurfürsten Clemens August die Erlaubnis erhalten, diesem den Vornamen des Landesherrn beilegen zu dürfen. Clemens Maria, der 6 Wochen nach dem Tode seines Vaters geboren wurde und welcher der vierte Erbe der Familie von Weichs auf Haus Wenne werden sollte, erfreute sich somit seit seiner Geburt landesherrlicher Protektion. Seine Beamtenkarriere nahm einen für das ausgehende ancien régime typischen Verlauf. Gerade einmal dreijährig wurde ihm am 17. April 1739 bereits die Adjunktion des Drostenamtes Eslohe, Meschede und Hellefeld durch den Kurfürsten eingeräumt. Inhaber des Amtes war bis dahin noch der Großvater Clemens Marias, Maximilian Franz Anton, der am 21. Dezember 1739 verstarb. Dieser hatte die Stelle zunächst seinem viertältesten Sohn Caspar Ernst reservieren wollen, der aber am 18. November 1739 als Lieutenant der münsterschen Truppen in Ungarn verschied. Am 11. Januar 1740 erhielt Clemens Maria definitiv das Drostenamt übertragen; für ihr *„Söhnlein"* führten indessen die Mutter und ein bestellter Amtsverwalter die Geschäfte. Die Einkünfte des Drostenamtes betrugen jährlich 132 Reichstaler und 50 Malter Hafer. Die Schulden des Großvaters Maximilian Franz, von dem Clemens Maria das Haus Wenne und die Gerichtsherrschaft Ödingen geerbt hatte, waren jedoch so hoch, daß das Erbe gerichtlich verwaltet werden mußte und der Familie an Einkünften nur die Einnahmen aus den ebenfalls verschuldeten Lehngütern blieben. Die Mutter, welche das isolierte Landleben auf Haus Wenne nicht ertrug und ihrer eigenen Mutter sehr eng verbunden war, entschloß sich daher, ein halbes Jahr nach der Geburt ihres Sohnes mit diesem zu ihrer eigenen Mutter nach Haus Borg in der Nähe Münsters zu ziehen. Als ihr eigener Bruder auf Haus Borg heiratete und dort einen Hausstand einrichtete, verzog sie nach Münster und mietete sich dort ein. Clemens Maria erhielt daher seine Schulausbildung bei den Jesuiten in Münster. Er schloß das Studium 1753 ab. Bereits ein Jahr später (1754) erhielt Clemens Maria eine Dompräbende in Hildesheim. Am 1. Oktober 1757 verstarb seine Mutter und Clemens Maria entschloß sich zu einem Leben auf Haus Wenne. Mit 21 Jahren begann er sich nun voll dem kurkölnischen Dienst im Herzogtum Westfalen zu widmen. 1757 ernannte ihn Kurfürst Clemens August zu seinem Kammerherren mit einem Jahresgehalt von 200 Talern. Die Expektanz auf das Drostenamt Eslohe, die ihm bereits so früh zugesprochen worden war, konnte er 1759 endlich einlösen. Am 29. Oktober 1759 legte er den Drosteneid ab, am 23. August 1761 wurde der bisherige Amtsverwalter Schmale entlassen, und Clemens Maria leitete alleinverantwortlich das Amt. Nun konnte Clemens Maria ebenfalls daran denken, einen eigenen Hausstand zu gründen. Er heiratete am 31. Mai 1760 in der Kapelle zu Amecke Philippine Bernhardine von Wrede zu Amecke, eine Cousine vierten Grades. Den erforderlichen Ehedispens hatte Erzbischof Clemens August am 18. April 1760 erteilt. Aus der Ehe gingen 11 Kinder hervor, 6 Töchter und 5 Söhne. Die Hildesheimer Dompräbende resignierte Clemens Maria im gleichen Jahr an seinen Schwager Engelbert Wrede

233

zu Amecke. Zwar schrieb Clemens Maria, die Übertragung sei *„ohne Simonie"* vor sich gegangen. Doch 14 Jahre später erhielt er von seinem Schwager nach langen Verhandlungen 4.000 Reichstaler für dieses Geschäft. Der kurkölnische Dienst bestimmte indessen fortan sein Leben. Am 2. September 1766 wurde er als Deputierter der westfälischen Ritterschaft auf dem Arnsberger Landtag aufgeschworen. Mit zwei Patenten vom 31. Januar 1767, ausgestellt in Bonn, und vom 12. September 1767, ausgestellt in Arnsberg, ernannte ihn Kurfürst Maximilian Friedrich zum westfälischen adeligen Rat mit 300 Talern Jahresgehalt. Das Gehalt konnte ihm aber erst ab dem Jahre 1773 ausbezahlt werden, als mit dem Tode des Rates von Schorlemer-Herringhausen eine besoldete Stelle frei wurde. Clemens Maria scheint ein pflichtbewußter und sparsamer Beamter gewesen zu sein. Für die strikte Entschuldung des Amtes Eslohe erhielt er am 20. März 1773 eine öffentliche Belobigung durch Kurfürst Maximilian Friedrich. Am 14. September 1781 ernannte ihn Maximilian Friedrich zum Wirklichen Geheimen Staatsrat. Außerhalb des Herzogtums Westfalen war Maximilian Maria auch im Fürstbistum Paderborn politisch engagiert. 1766 hatte er in diesem Lande durch einen Großonkel das landtagsfähige Gut Eichholz ererbt. Am 14. Januar 1776 schließlich gewann er von den 30 Deputierten der Paderborner Ritterschaft 25, ihn als Abgeordneten in den Paderborner Landtag aufzunehmen. Den äußeren Höhepunkt seines politischen Lebens bildete die Ernennung zum westfälischen Landdrosten durch den Kurfürsten Maximilian Franz am 27. Juni 1786. Möglich geworden war dies durch den Weggang des bisherigen Landdrosten Franz Wilhelm von Spiegel nach Bonn. Spiegel, der wohl bedeutendste politische Kopf im Herzogtum Westfalen in dieser Zeit, schätzte Clemens Maria nicht sonderlich und hätte lieber seinen engen Freund Engelbert August von Weichs, einen Vetter des Clemens Maria, als Nachfolger gesehen.

Clemens Maria von Weichs ist der Stadt Arnsberg eng verbunden gewesen. Am 7. Oktober 1771 vermachte ihm seine Schwester Maria Agnes Bernhardine verehelichte von Nagel ihr Haus in Arnsberg und das Gut Reiste. Bei dem Arnsberger Haus handelte es sich um das ehemalige sogenannte *„Vogeliushaus"*. Der Arnsberger Hausbesitz veranlaßte Clemens Maria zu dem für einen Adeligen und kurkölnischen Beamten ungewöhnlichen Schritt, um das Bürgerrecht der Stadt nachzusuchen. Dieses wurde ihm am 25. November 1771 gewährt. Clemens Maria zahlte für seine Bürgeraufnahme 30 Taler und für die seiner Ehefrau 15 Taler. Dazu kamen die üblichen Gebühren von 2 Reichstalern für Schreibarbeiten, den zu stellenden Feuereimer sowie die Bewirtung mit Wein und Mandeln für den Magistrat. Clemens Maria ließ das Haus, welches unmöbliert war, für den Akt der Bürgeraufnahme eigens herrichten und zahlte allein dafür 104 Taler.

Unter Clemens Marias Gutsverwaltung in Wenne hat das dortige Anwesen einige entscheidende Veränderungen erfahren. Neben dem Wohnhaus wurde 1750 eine Scheune erbaut. Im Jahre 1766 erfolgte der Bau eines Pferdestalles und 1768 die Errichtung eines Brauhauses an der Stelle eines im Jahre zuvor abgebrannten. Im Jahre 1760 wurden eine erste Schmiede errichtet und eine Hauskapelle, die dem Hl. Joseph geweiht war. 1772 wurde diese Kapelle mit einem flachen Gewölbe eingedeckt. Am 13. März 1787 brannte das Viehhaus ab, als nächtliche Diebe versucht hatten, dort Speck zu stehlen; 10 Rinder verendeten und 20 Fuder Heu wurden vernichtet. Clemens Maria ließ noch im gleichen Jahr das abgebrannte Gebäude durch einen massiven Steinbau ersetzen. Dem Zug der Zeit folgend, ließ er 1760-1761 einen Lustgarten anlegen, der erst um 1880 in eine Hofweide umgewandelt wurde. Im Jahre 1763 wurde der Garten durch einen Obstgarten erweitert, in welchem auch ein Bassin angelegt wurde. Unter erheblichen Kosten wurden hierfür 114 Apfelbäume bei den Jesuiten in Büren gekauft. Der alte Baumhof am Wohnhaus, die heutige Hauswiese, wurde durch Zusammenlegung mit dem Kalberkamp und dem Zimmerplatz hinter der Kapelle in eine Viehwiese umgewandelt.

Haus Wenne selbst war ein kurkölnisches Lehngut, welches beim Todesfall des Inhabers durch den Kurfürsten gegen 21 Reichstaler an Laudemialgeldern neu verlehnt werden mußte. Es hatte seit dem späten Mittelalter zunächst der Familie von Rump gehört. Der letzte Besitzer, Franz Wilhelm von Rump wurde in einer Auseinandersetzung mit den Gebrüdern von Schade zu Grevenstein am 31. Oktober 1673 in *„Beckers Behausung"* in Eslohe erschossen. Das Gut nutzte danach eine Tante des Ermordeten, Mechtild von Rump verwitwete von der Berswordt. Nach ihrem Tode am 31. März 1685 war es an ihre Base Maria Margaretha gefallen, die in erster Ehe mit Ignaz Engelhardt Gaudenz von Weichs verheiratet war, welcher der erste Besitzer des Hauses Wenne aus dieser Familie wurde. Zum Lehnsbesitz des Hauses Wenne gehörte das halbe Gericht in Ödingen, zwei Höfe in Mesmecke und zwei Höfe zu Ober- und Niederense im Waldeckschen. In Ödingen besaß die Familie ebenfalls die Patronatsrechte. Der Familie gehörten zudem auf dem Chor der Pfarrkirche zu Eslohe zur linken Hand drei Kirchenstühle, von denen ein jeder mit zwei Personen besetzt werden durfte. Hinzu kamen jeweils eine Bank für die Knechte und die Mägde. In der Esloher Kirche besaß die Familie außerdem ihr Totenbegräbnis.

Clemens Maria von Weichs war der letzte kurkölnische Landdrost des Herzogtums Westfalen. Doch auch nach dem Anfall des Landes an die Landgrafschaft Hessen blieb er in Amt und Würden. Am 13. Oktober 1803 ernannte ihn Landgraf Ludewig X. zum Präsidenten des Regierungskollegs im Herzogtum Westfalen mit dem Charakter eines Wirklichen Geheimen Rates und mit dem Rechte, seine Landdrostenstelle und die Stellung als ritterschaftlicher Deputierter formal beibehalten zu dürfen. Am 8. März 1804 verstarb seine Frau. Sie wurde in Arnsberg beerdigt, da die Schneeverhältnisse einen Transport der Leiche nach Eslohe zum dortigen Familienbegräbnis nicht zuließen. Clemens Maria erhielt am 20. Januar 1808 den Großherzoglich Hessischen Verdienstorden. Er starb am 29. März 1815 zu Arnsberg an *„Entkräftung"*.

Clemens Maria war seinem Herkommen und seinem Selbstverständnis nach ein standesbewußter Vertreter des ancien régime gewesen. Die Umbruchzeit um 1800 hat er innerlich nicht mitvollziehen können. Dies gelang dagegen eher seinem fünften Kind und Erbfolger, Maximilian Friedrich Adam von Weichs (1767-1846). Der aufgeklärte letzte kurkölnische Landesherr, Kurfürst Maximilian Franz, ernannte ihn 1792 zum Drosten von Rüthen und zum Schulkommissar im Herzogtum Westfalen. Unter dem neuen Landesherrn Ludewig X. wurde er 1803 Direktor des Kirchen- und Schulrates in Arnsberg, 1805 Geheimrat und 1814 Direktor der Hessischen Regierung Arnsberg. 1816 ernannten ihn die Preußen zum Regierungsdirektor in Arnsberg. Noch im gleichen Jahr trat er jedoch von diesem Amt zurück, blieb aber preußischer Geheimrat und Ehrenmitglied der Regierung Arnsberg. Dem neuen preußischen Oberpräsidenten Ludwig Vincke war er freundschaftlich verbunden.

Quellen:

Archiv v. Weichs zur Wenne, (z. Zt. in Arbeit): Vorl. Nr. 52, 56, 57, 75, 80, 88, 91-98, 142-145, 158, 212, 221, 227, 229, 308.

Die feierliche Einholung des neuen Landdrosten in Arnsberg am 12. Juli 1780 wird geschildert bei Féaux de Lacroix, Karl, Geschichte Arnsbergs, a. a. O., S. 460f.

Maximilian Franz, von Gottes Gnaden Erzbischof zu Köln, des heil. röm. Reichs durch Italien Erzkanzler und Kurfürst, geborner Legat des Heil. apostolischen Stuhls zu Rom, königlicher Prinz von Ungarn und Böhmen, Erzherzog zu Oestreich, Herzog zu Burgund und Lothringen ꝛc. Administrator des Hochmeistertums in Preußen, Meister Deutschen Ordens in Deutsch- und Welschen Landen, Bischof zu Münster, in Westphalen und zu Engern Herzog, Graf zu Habsburg und Tyrol ꝛc. ꝛc. Burggraf zu Stromberg, Herr zu Odenkirchen, Borkelohe, Werth, Freudenthal und Eulenberg ꝛc. ꝛc.

Gesinnen aller auswärtigen Herrschaften, Kommendanten, Befehlshabern, Kriegs-Offiziers, Civil- und Militair-Beamten und Bedienten, auch sonst jedermann nach Standes-Gebühr und in Gnaden hiemit, denen Uns Untergebenen aber befehlen Wir kraft dieses gnädigst, Vorweiser _____

_____
_____
_____
_____

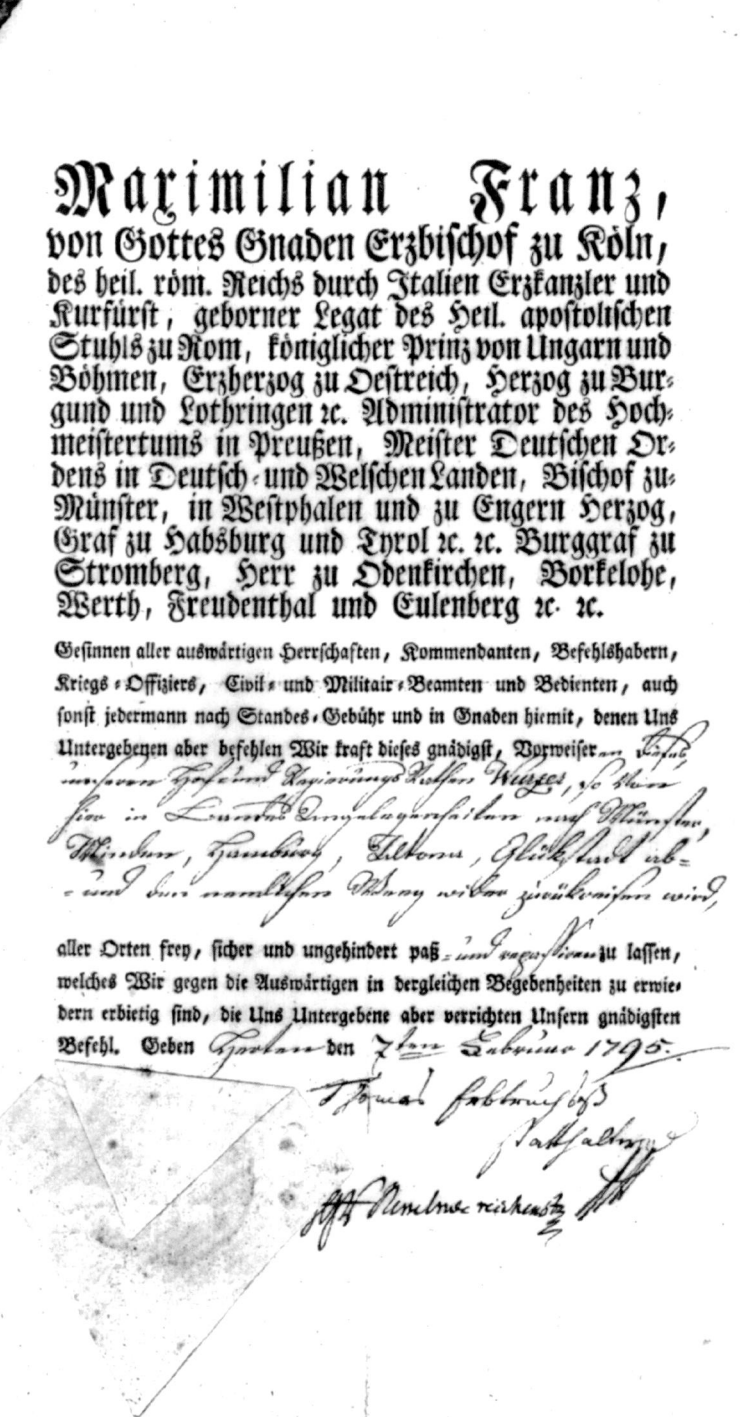

aller Orten frey, sicher und ungehindert paß- _____ zu lassen, welches Wir gegen die Auswärtigen in dergleichen Begebenheiten zu erwiedern erbietig sind, die Uns Untergebene aber verrichten Unsern gnädigsten Befehl. Geben _____

Paß für Joseph Wurzer zur Flüchtung von Archivunterlagen nach Hamburg ausgestellt Herten, den 7. Februar 1795.

(AEK Nachlaß Wurzer, Mappe Nr. 6)

Hofgerichtsdirektor Joseph Wurzer (1770-1860)

Günter Cronau

„Arnsberg, ein höchst unansehnliches Städtchen von zirka zweihundert Häusern, liegt auf einem Bergrücken, der in ununterbrochener Fortsetzung von den Ruinen des alten Schlosses, der Stadt Arnsberg und dem Kloster Wedinghausen als Halbinsel fortgeht und von dem kleinen Ruhrflusse beinahe ringsum umflossen wird. Die Lage ist für den Sommer wahrhaft romantisch, indem Kurfürst Max Friedrich durch eine zwischen Ruhr und Bergrücken angelegte englische Parkanlage sie noch mehr verschönert hat."[1]

Wer war der Mann, der 1804 diesen Eindruck von Arnsberg gewann und anschließend 16 Jahre lang mit seiner wachsenden Familie in diesem Städtchen lebte?

In einem Paß vom 17. Juli 1807 wird er wie folgt beschrieben: *„der großherzoglich-hessische Regierungsrat Wurzer, dahier aus Arnsberg, 35 Jahre alt, von großer starker Statur, frischem vollem Angesicht, braunem Haar, braunen Augenbrauen, von hoher Stirne, blauen Augen, gebogener Nase, mittelmäßigem Mund, rundem Kinn."*

Geboren wurde Johannes Nepomuk Maria Joseph Wurzer als Sohn des kurkölnischen Offiziers Matthias Wurzer und dessen Frau Maria Philippina Odilia geb. Grabeler, verwitwete Bruder, am 1. Oktober 1770 in Bonn.[2] Schon als Kinder kamen er und sein 5 Jahre älterer Bruder Ferdinand, später Chemiker und Medizinprofessor in Marburg, mit der Mutter hin und wieder von Bonn in das Sauerland, wo der Vater 1777 in Rüthen, 1780 in Neheim und später auch in Belecke und in Drolshagen Kompaniechef war. In Neheim freundete sich die Mutter mit den beiden Schwestern von Lüerwald an, von denen die jüngere nach dem Tod der älteren Schwester für immer zur Familie Wurzer nach Bonn zog.

In einer Bonner Schule mit Privatschulmeistern wurde Joseph Wurzer auf das Gymnasium vorbereitet. Einer seiner Mitschüler war Ludwig van Beethoven. Nach Beendigung des Gymnasiums ließ Wurzer sich am 14. Oktober 1786 als einer der ersten Studenten an der von Kurfürst Maximilian Franz neu errichteten Bonner Universität einschreiben. Seine Studien der „Jurisprudenz und Kameralia" setzte er 1791 in Mainz und 1792 in Göttingen fort. Auf dem Rückweg von Göttingen kam er mit seinem Schul- und Studienfreund Engelbert Biegeleben auf einem Fußmarsch von Rüthen, wo er noch seinen alten Freund Pastor Sauer aufgesucht hatte, am Karfreitag 1793 kurz vor Arnsberg *„in die dickste Finsternis"*, so daß sie nur unter Schwierigkeiten zum Städtchen hinfanden. Wurzer berichtet: *„Wir wurden hier von Biegelebens verheirateter Schwester und seinem Schwager Arndts auf das herzlichste aufgenommen. Am anderen Tage war die Rede von unserer Weiterreise nach Bonn. Indes gefiel es uns in Arnsberg so wohl, daß wir selber wünschten, noch kurze Zeit bleiben zu können."*

Anfang September 1793 legte er in Bonn sein juristisches Examen ab. Am 11. September wurde er zum Advokaten vereidigt und am 6. November als Regierungsreferendar in kurfürstliche Dienste übernommen. Bereits am 22. Juli 1794 kam seine erste Bewährungsprobe. Da sich die österreichische Armee vor den französischen Revolutionstruppen über die Maas zurückzog, war in und um Köln eine solche Unordnung entstanden, daß der landständische Marschkommissar von Schall *„sich nicht mehr zu helfen"* wußte. Der Kurfürst und Regierungspräsident Graf Nesselrode entsandten zu seiner Entlastung Wurzer, der die Aufgaben in Köln und dann auch in der Eifel so hervorragend löste, daß der Kurfürst ihn schon am 5. September 1794 zum wirklichen Hof- und Regierungsrat ernannte. Am 3. Oktober setzte sich Kurfürst Maximilian Franz vor den heranrückenden Franzosen auf das rechte Rheinufer ab. Wurzer verließ mit einigen Husaren Bonn ebenfalls am 3. Oktober, kehrte am selben Tag aber noch einmal zurück und floh dann zusammen mit seinem Präsidenten Graf Nesselrode nach Recklinghausen. Trotz der Kriegswirren blieb ihm die übliche Probearbeit nicht erspart. Er bestand sie, legte den Diensteid ab und wurde wirkliches Mitglied des nach Recklinghausen verlegten kurfürstlichen Regierungskollegiums. Seine Wohnung nahm er in Herten, im Schloß seines Präsidenten. Als sich der Kurfürst wegen Verschlechterung der Lage um seine in Dorsten gelagerten Papiere und Schätze sorgte, schlug Wurzer ihm vor, sie nach Werl in das dortige Kapuzinerkloster bringen zu lassen. Vom 16. bis 17. Januar 1795 leitete er den aus dreizehn vierspännigen Wagen bestehenden Transport von Dorsten nach Werl. Dort suchte ihn sein Freund Biegeleben auf, der ihn mit nach Arnsberg nahm, wo man auf einem ihm zu Ehren gegebenen Ball bis zum hellen Morgen tanzte. Schon am 2. Februar mußte er sich um die Zusammenstellung der Wagen für den Transport des Regierungskollegiums mit Frauen, Kindern und einer Menge Hausrat von Recklinghausen nach Werl kümmern. Am 8. Februar trat er mit einem Empfehlungsschreiben an die Regierung des Großherzogtums Holstein in Glückstadt eine beschwerliche Reise nach Hamburg an. Seine Aufgabe war es, eine Bleibe für das unter Leitung des Registrators Dupuis in Minden angelangte kurfürstliche Archiv zu finden. Auf Empfehlung des kurkölnischen Gesandten in Hamburg, Graf August Otto von Grote, und einer mündlichen Unterkunftszusage des Hamburger Bürgermeisters Dörner dirigierte Wurzer sowohl die Fuhrwerke mit dem Archiv als auch die Transporte mit der Bibliothek, dem Naturalien- und Physikalienkabinett, der Silberkammer und dem wertvollen Mobiliar nach Hamburg. Bald nach seiner Ankunft nahm er am gesellschaftlichen Leben teil und traf dabei mit den Dichtern Klopstock und Matthias Claudius zusammen. Auf Empfehlung des Gesandten Graf von Grote ernannte der Kurfürst ihn zu dessen Stellvertreter. Im November 1795 wurde Wurzer Freimaurer in der Loge zur goldenen Kugel. Am 30. Dezember 1796 kehrte er nach Recklinghausen zurück. Bis zum 3. Februar 1803 war er ununterbrochen bei der kurfürstlichen Regierung tätig, die im Franziskanerkloster untergebracht war.

Als der Inhalt des Reichsdeputationshauptschlusses bekannt geworden war, nahm Anfang Oktober 1802 der Großherzog von Hessen-Darmstadt das Herzogtum Westfalen in Besitz. In Recklinghausen erschien der herzoglich arenbergische Besitznahmekommissar Daniels, übernahm Wurzer wie alle Beamten der kurkölnischen Regierung in arenbergischen Dienst und eröffnete ihm unter vier Augen, daß er *"vom Herzog dazu ausersehen worden sei, bei dem in Darmstadt zusammentretenden Kongreß zur Ausgleichung der Aktiva und Passiva des Kurfürstentums Köln sein allerhöchstes Interesse wahrzunehmen".* Am 10. Februar 1803 kam er in Darmstadt an und trat in die Verhandlungen mit den Vertretern von Hessen, Nassau und Wied-Runkel.

In Darmstadt gewann der hessische Rat Ludwig Minnigerode Wurzer für einen Übertritt in hessische Dienste. Wurzer wurde zum Regierungsrat sowie zum Kirchen- und Schulrat in Arnsberg ernannt. Vor seinem Umzug nach Arnsberg, wo ihm auf Anordnung des Landgrafen Ludewig X. eine Wohnung in der aufgehobenen Abtei Wedinghausen zur Verfügung gestellt wurde, heiratete er am 13. Dezember 1803 in Recklinghausen Catharina Bernhardina Rive (getauft 29. 4. 1777; † Koblenz 6. 11. 1843), Tochter des kurkölnischen Oberkellners Josef Rive. Nach Weihnachten 1803 ritt Wurzer, zunächst ohne seine Frau, nach Arnsberg. Am 1. Januar 1804 nahmen die hessischen Behörden ihre Arbeit auf. Wurzer wurde neben seinem Freund Biegeleben Mitglied der von Minnigerode geleiteten Kriegskommission. Im Lauf des Jahres kam auch seine Frau nach Arnsberg. Am 11. November wurde ihr erstes Kind geboren. 1807 ernannte der Großherzog Wurzer zum Vizekammerdirektor. 1812 folgte Wurzer seinem Freund Arndts als Direktor des Hofgerichts.

In den Zeiten der Befreiungskriege scheint es in Arnsberg zwei Parteien gegeben zu haben, eine deutsche und eine hessische, sprich französenfreundlich gesinnte. Wurzer scheint wohl der letzteren angehört zu haben: *"Als nach Beginn der Feindseligkeiten in Deutschland die Schlachten günstig für Napoleon ausgingen, hielten die Familien der Geheimräte Wurzer, Minnigerode, von Stoll und Oberforstmeister von Schwarzkoppen auf dem Tannberg bei Rumbeck eine private Siegesfeier mit Salutschüssen und Vivatrufen."*[3]

1816 erlebte er den Übergang des Herzogtums Westfalen an Preußen. Bei einem Besuch im Jahre 1819 war der preußische Justizminister von Wurzer so angetan, daß er ihm bald darauf die Stelle des Landgerichtspräsidenten in Koblenz anbot. Nach Ernennung durch den König zog er mit seiner ganzen Familie im August 1820 über Köln, wo er vor dem Appellationsgerichtshof verpflichtet wurde, nach Koblenz. Aufgrund seiner überragenden Fähigkeiten verschaffte er sich unter den kritischen Kollegen schnell das nötige Ansehen. Als er zum 1. Januar 1844, geehrt mit dem roten Adlerorden 3. und 2. Klasse, und noch 1840 von der Universität Bonn zum Dr. jur. promoviert, in den Ruhestand trat, schrieben diese ihm zum Abschied: *"23 Jahre verehrte das Collegium in Ihnen seinen würdigen Präsiden-*

ten. In einer Dienstführung, ausgezeichnet durch unerschütterliche Pflichttreue und Rechtlichkeit, waren Sie eine Zierde des Richterstandes und jedem ein Vorbild. Nur der eigenen Überzeugung folgend und mit einer zu allen Zeiten bewährten Gesinnung haben Sie die Geschäfte geleitet und zugleich Milde, wahre Humanität und wohlwollende Teilnahme bewiesen."

Joseph Wurzer starb am 19. 6. 1860 in Niederhammerstein bei Neuwied.[4]

Anmerkungen:

1 Dieses Zitat und die folgenden nicht näher gekennzeichneten Zitate wurden der Autobiographie Wurzers im AEK, Nachlaß Wurzer, Akte 20, Teil I und der Mappe Nr. 6 „Flucht des kurkölnischen Hofstaates" entnommen. Zu Wurzer vgl. ebenfalls Stadtarchiv Arnsberg, Bestand Arnsberg, Urkunde Nr. 481.

2 Das Westfälische Geschlechterbuch Bd. 5 (= Deutsches Geschlechterbuch Bd. 181), Limburg a.d. Lahn 1979 gibt dagegen auf S. 280 den Namen der Mutter nur mit „Philippina Odilia Grabler" an.

3 Wahle, Walter: Westfälischer Patriotismus in den Jahren 1813/14, in: derselbe, Beiträge zur Geschichte der Stadt Arnsberg, Geseke-Störmede 1988, S. 77-82, hier S. 78.

4 Wie Anm. 2.

A 1

Maximilan Franz von Österreich (1757-1801)
Kurfürst-Erzbischof von Köln, Fürstbischof von Münster und Hochmeister des Deutschen Ordens

Katalog

RAUM A

A 1 Maximilian Franz von Österreich, Kurfürst-Erzbischof von Köln und Fürstbischof von Münster (1757-1801)

Abb. S. 240

Ölgemälde, E. 18. Jh.; H 185 cm; B 140 cm (mit Rahmen)
LG.: Arnsberg, Stadt

Maximilian Franz, 16. und jüngstes Kind der Kaiserin Maria Theresia, regierte das Erzstift Köln von 1784 bis 1801. Erfüllt von Gedanken der Aufklärung, setzte er - besonders im Herzogtum Westfalen - vielfältige Reformen und Besserungen durch. 1794 vor den französischen Revolutionsheeren aus Bonn flüchtend, bemühte er sich bis zu seinem Tode von verschiedenen Aufenthaltsorten aus (u.a. Münster, Mergentheim, Wien) um den Erhalt des Kurfürstentums Köln. Das Gemälde aus dem Rittersaal des Alten Rathauses in Arnsberg zeigt den Kurfürsten sitzend in purpurnem Gewand, Hermelinumhang und mit Brustkreuz. Der Erzbischof hält mit seiner Rechten den roten Bischofshut, dahinter steht die Mitra, rechts daneben der Kurhut. Maximilian Franz war gleichzeitig Hochmeister des Deutschen Ordens, daher links auf weißem Tuch das schwarze Deutschordenskreuz. Der Bildrahmen wurde im Jahre 1992 vom Arnsberger Heimatbund e.V. gestiftet. (M.G.)

A 2 Dreikönigenschrein

o. Abb.

Sperrholzmodell (Maßstab 1:1); H 153 cm; L 220 cm; B 110 cm
LG.: Arnsberg, Handwerkskammer/ Stadtarchiv/ Arnsberger Heimatbund e.V.

Das Modell wurde freundlicherweise von der Handwerkskammer Arnsberg, Tischlereilehrwerkstatt, Herrn Scheiwe und Herrn Balkenohl, angefertigt, weitere Ausführung: Herr Appelhans und Herr Becker, Stadt Arnsberg. Das Modell veranschaulicht die beeindruckende Größe dieses Meisterwerkes mittelalterliche Goldschmiedekunst. Die zehn Duratrans-Leuchtfolien zeigen Ausschnitte aus dem Skulpturenprogramm des Dreikönigenschreines. (M.G.)

A 3 Großherzog Ludewig I. von Hessen-Darmstadt (1753-1830)

Abb. S. 243

Ölgemälde von L.A. Blanc, 1846 (signiert: „*Blanc, Darmstadt 1846*"); H 280 cm; B 185 cm (mit Rahmen)
LG.: Arnsberg, Sauerland-Museum des Hochsauerlandkreis

Ludewig X., als Landgraf von Hessen-Darmstadt 1790 zur Regierung gelangt, war von den Ideen der Aufklärung geprägt. Durch den Reichsdeputationshauptschluß 1803 erhielt er als Entschädigung für an Frankreich gefallene linksrheinische Besitzungen u.a. das kurkölnische Herzogtum Westfalen. Schon im September 1802 hatte er dieses Territorium durch Truppen besetzen lassen. Das in Arnsberg residierende Domkapitel, das bis dahin „*sede vacante*" die Regierungsgeschäfte ausübte, wurde seiner landesherrlichen Macht entsetzt.

Der Landgraf trat im Jahre 1806 dem Rheinbund bei, worauf seine Ernennung zum Großherzog Ludewig I. erfolgte. Erst nach der Völkerschlacht bei Leipzig 1813 trat er in die Allianz gegen Napoleon ein. Ludewig bemühte sich um Reformen im Herzogtum Westfalen. Ständig steigende Steuerbelastung und die Einführung der Wehrpflicht wurden jedoch von der Bevölkerung als sehr drückend empfunden.

Als Kunstliebhaber und Bücherfreund hat er die kostbarsten Pergamenthandschriften aus den Bibliotheken der säkularisierten westfälischen Klöster und wertvolle Kunstwerke und Goldschmiedearbeiten (u.a. den Landständepokal des Herzogtums Westfalen) nach Darmstadt bringen lassen, wo sie sich z.T. noch heute befinden. Nach dem Wiener Kongreß mußte Hessen-Darmstadt das Herzogtum Westfalen 1816 an Preußen abtreten.

Aus Anlaß der Enthüllung des Standbildes des Großherzogs Ludewig I. in Darmstadt am 25. August 1844 sandte der Magistrat der Stadt Arnsberg ein Glückwunschschreiben an Großherzog Ludewig II. von Hessen-Darmstadt. Der Magistrat bat den Herrscher bei dieser Gelegenheit um die Überlassung eines Bildes seines verstorbenen Vaters. Unter seiner Regierung, so heißt es in dem städtischen Schreiben „*...begann im damals noch unwegsamen Herzogtum Westfalen der länderverknüpfende Wegebau. Durch weise und liberale Gesetze, welche den Grund ihrer Fortdauer in sich selbst tragen, wurden alle Steuerfreiheiten aufgeho-*

Großherzog Ludewig I. von Hessen-Darmstadt (1753-1830)

A 3

ben, die der Landeskultur entgegenstehenden Hindernisse beseitigt und die Kolonatgüter des Bauernstandes durch Aufhebung der Leibeigenschaft und des Kolonatnexus Eigentum ihrer Besitzer. Eine kurze und einfache Prozeßordnung regelte und beschleunigte den Gang des gerichtlichen Verfahrens. Das Medizinalwesen wurde neu und trefflich organisiert und den Unterrichtsanstalten, schon unter der Regierung des erlauchten Kurfürsten Maximilian Franz auf eine erfreuliche Stufe erhoben, wurde die sorgfältigste Pflege und Unterstützung zuteil..."

Großherzog Ludewig II. entsprach in einem eigenhändigen Schreiben der Bitte um ein Bild seines Vaters. Am 1. Dezember 1846 wurde das überlebensgroße Gemälde an die Stadt Arnsberg übersandt. Es ist eine Arbeit des Genre- und Porträtmalers Louis Ammy Blanc (* 29.08.1810 Berlin, + 07.04.1885 Düsseldorf). Er lebte seit 1833 in Düsseldorf und hat Porträts der Hannoverschen Königsfamilie (1840-42) und der großherzoglichen Familie von Hessen-Darmstadt (1846/47) gefertigt.
(M.G.)

RAUM B (Kasse, Garderobe)

RAUM C

C 1 Deutschland und Europa 1789-1815
o. Abb.

Historische Wandkarte
LG.: Braunschweig, Westermann Schulbuch-Verlag

C 2 Aufteilung des kurkölnischen Staatsgebietes 1803
Abb. S. 43
Historische Wandkarte (Entwurf: Joachim Oepen, Köln 1994)
LG.: Arnsberg, Stadt

Nachdem schon 1794 die französischen Truppen den linksrheinischen Teil des Kölner Erzstiftes besetzt hatten, wurde der Kölner Kurstaat durch den Reichsdeputationshauptschluß von 1803 als Entschädigung für Gebietsverluste unter vier Teilungsfürsten (Hessen-Darmstadt: Herzogtum Westfalen, Arenberg: Vest Recklinghausen, Wied-Runkel: Teile des rechtsrhein. Erzstift, Nassau-Usingen: Teile des rechtsrhein. Erzstift) aufgeteilt. Schon 1802 waren Gebiete des Kurstaates provisorisch von den Teilungsfürsten besetzt worden.
(M.G.)

C 3 Das Herzogtum Westfalen und die heutigen Kreisgrenzen
Abb. S. 40
Historische Wandkarte (Entwurf: Peter M. Kleine, 1994)
LG.: Arnsberg, Stadt

Im Jahre 1180 wurde dem Erzbischof von Köln der Titel eines Herzogs in Westfalen und Engern verliehen. Das kurkölnische Herzogtum Westfalen, 1368 durch die Übertragung der Grafschaft Arnsberg entscheidend abgerundet, erhielt mit dem Abfall Soests und der Angliederung des Landes Fredeburg/Bilstein in der großen Fehde 1444/49 seine Jahrhunderte währende Gestalt. Es war flächenmäßig das zweitgrößte westfälische Territorium und umfaßte - bis 1803 - nach heutigen Verwaltungseinheiten den Hochsauerlandkreis, die Kreise Soest (ohne Soest und die Börde) und Olpe, Teile des Märkischen Kreises (Balve/ Menden/ Valbert) sowie die im Waldeckschen gelegene Exklave Volkmarsen. Landschaftlich läßt sich das Territorium in den Hellweg- und Haarbereich und das mittelgebirgige Sauerland gliedern.
(M.G.)

C 4 Überblick über die Schicksale der Archive des Domkapitels und des Erzstiftes seit 1794
Abb. S. 168
Übersicht der Stationen und des heutigen Verbleibs der geflüchteten Archive
(Entwurf: Joachim Oepen, Köln 1994)
LG.: Arnsberg, Stadt

C 5 Aufenthaltsorte des Kölner Domkapitels und kurkölnischer Behörden im Herzogtum Westfalen
o. Abb.
Karte mit Ansichten von Arnsberg, Brilon, Olpe, Werl, Recklinghausen.

C 6 Die Stadt Arnsberg um 1800
Abb. S. 52, 71
Wachstumsphasen der Stadt
Wiederaufbauplan von 1800
Stadtansicht um 1800
Stadtmodell vor 1762, noch mit kurfürstl. Schloß

C 7 Kloster Wedinghausen um 1800

Abb. S. 74, 76/77, 78

Grundrißpläne (Kopie)

RAUM D

D 1 Richard von Arnsberg (von Wedinghausen): Expositio missae. Antwerpen: Matthias van der Goes, um 1486

Abb. S. 158

Inkunabeldruck; H 18,5 cm; B 13 cm
LG.: Köln, Erzbischöfliche Diözesan- und Dombibliothek Ja 4

Die sechs Blätter sind die Bll. 41-46 des Sammelwerkes: Thomas (de Aquino, z.T. Pseudo-): De modo confitendi et de puritate conscientiae; De officio sacerdotis; Expositio missae.

Fleuronnée-Initiale. Rote Lombarden und Rubrizierung.

Die Expositio missae ist ein Auszug aus dem Libellus de canone mystici libaminis (Migne, J.P [Hg.]: Patrologia Latina 177, Paris 1879, 455-470); der Text ist als vermutlichem Verfasser Johannes von Cornwall (Cornubiensis) [„ut videtur"] zugeordnet. Unter dem Titel „Expositio missae" wurde der Auszug auch unter den Opuscula des Hl. Thomas von Aquin überliefert. Nach Franz, A.: Die Messe im deutschen Mittelalter, Frankfurt 1902, S. 418ff., ist Richard von Wedinghausen der wahrscheinliche Verfasser; s. auch Catalogue of books printed in the XVth. Century now in the British Museum, IX, 183, London 1962 (IA. 49914).

(R.Le.)

D 2 Sogenannte „Schwarze Hand" des Richard von Arnsberg († um 1190)

LG.: Arnsberg, Propsteigemeinde St. Laurentius; L 18,0 cm; B 8,0 cm; H 8,0 cm

Cäsarius von Heisterbach (um 1180 - nach 1240) berichtet in seinen Wundergeschichten (um 1219/23) „Von der Hand eines Schreibers in Arnsberg". 20 Jahre nach dem Tode des im Rufe der Heiligkeit stehenden Klosterschreibers Richard von Arnsberg († um 1190) wurde dessen Grab geöffnet. Auf wundersame Weise war die rechte Hand völlig unversehrt, der übrige Leichnam „zu Staub zerfallen". Die Hand wurde seitdem im Kloster Wedinghausen verehrt. In den Truchsessischen Wirren ging die Reliquie während der Plünderung Wedinghausens im Jahre 1583 verloren. Beim Abbruch des Beinhauses auf dem Friedhof wurde im Jahre 1714 eine Hand gefunden. Weil Zweifel an der Echtheit auftraten, fertigten die Klosterbrüder ein ausführliches Protokoll über den Fund an, eine Verehrung gestattete man jedoch nicht mehr.

Lit.: Gosmann, M.: Richard von Arnsberg († um 1190) und die „Schwarze Hand", in: Arnsbergs Alte Schriften. Handschriften und Drucke aus sieben Jahrhunderten, Arnsberg 1988, S. 53 - 62

(M.G.)

D 3 Richard von Arnsberg (von Wedinghausen, Richardus Anglicus)

Abb. S. 58

SW-Foto eines Ölgemäldes aus dem 18. Jahrhundert
LG.: Arnsberg, Stadtarchiv

Durch den Fund der „Schwarzen Hand" im Jahre 1714 belebte sich die Erinnerung an Richard von Arnsberg. Ein Ölgemälde aus dem 18. Jahrhundert zeigt den am Schreibtisch sitzenden Richard von Arnsberg als Prämonstratensermönch, angetan mit weißer Kutte. In der Rechten hält er

D 2
„Schwarze Hand"
des Richard von Wedinghausen

den Gänsekiel, in der Linken ein Buch, dessen Seiten er noch zu beschreiben hat. Ein Brand zerstörte das Gemälde im Jahre 1966. (M.G.)

D 4 Flavius Josephus „Antiquitates Judaicae" und Bellum Judaicum, Köln (?) E. 12. Jh.

Pergamenthandschrift, Köln (?) 4. Viertel 12. Jh.;
247 Bll., H 43,5 cm; B 31,6 cm
LG.: Köln, Historisches Archiv der Stadt, W 276

Der jüdische Historiker Joseph ben Mathitjahu schrieb nach der Eroberung Jerusalems durch den römischen Kaiser Titus (70 n. Chr.) in 20 Büchern der „Jüdischen Altertümer" die jüdische Geschichte bis zum Jahre 66 n. Chr. Der Geschichtsschreiber mit dem römischen Namen Flavius Josephus schilderte zum Teil als Augenzeuge in sieben Büchern vom „Jüdischen Krieg" den Feldzug der Römer bis zum Fall Massadas (72 n. Chr.). Sein Werk wurde im Mittelalter in lateinischer Übersetzung besonders gern gelesen.

Der mit vielen Initialen ausgeschmückte Codex besitzt nur einzelne figürliche Darstellungen, wie z.B. den König (Josaphat?) mit Schriftband (fol. 78r) oder einen reitenden König (fol. 143v). Ein Besitzvermerk aus dem 15. Jh. (fol. 246v) weist auf die Herkunft der Handschrift: *„Iste liber est venerabilium patrum monasterii Wedecusen prope Arsburch. Inde translatus fuit hic liber in castrum Blanckenheim per illustrem et generosum dominum dominum Hermannum comitem in Manderschit et Blanckenheim, dominum in Junckerodt etc., paulo ante Truchsicam cladem quae incidit in annum domini 1583"* (Dieses Buch gehört den ehrwürdigen Patres des Klosters Wedinghausen bei Arnsberg. Darauf ist dieses Buch von dem berühmten und großherzigen Herrn, Herrn Hermann Graf in Manderscheit und Blankenheim, Herrn in Junkerodt etc. kurz vor dem Truchsessischen Krieg, der im Jahre 1583 begann, in das Schloß Blankenheim überführt worden). Darunter in anderer Handschrift: *„Et nunc anno D. 1806 (oder 1800?) iure donationis pertinet ad me Joannem Jacobum Abels Blanckenhemiensem."* (Und nun im Jahre 1806 gehört dieses Buch durch rechtmäßige Schenkung mir. Johann Jakob Abels in Blankenheim). Am Schluß des Blattes, unter den Besitzvermerken, findet sich eine rote Schlußzeile, die der Schreiber des Werkes nach Beendigung seiner Arbeit angefügt hat: *„Hic liber est scriptus, qui scripsit sit benedictus"* („Dieses Buch ist geschrieben, derjenige, der es geschrieben hat, der möge gesegnet sein").

Der Codex ist die älteste bisher für das Kloster Wedinghausen nachzuweisende erhaltene Handschrift. Ihre Entstehung wird den Kölner Skriptorien von Groß St. Martin bzw. St. Pantaleon zugeschrieben. Es ist jedoch nicht ausgeschlossen, daß der für das Ende des 12. Jahrhunderts in Wedinghausen nachweisbare Schreiber Richard von Arnsberg († um 1190), der Schöpfer dieser Handschrift ist.

Lit.: Kat. der Ausstellung Monumenta Judaica, Köln 1963/64, Nr. A 51; Vennebusch, J.: Die theologischen Handschriften des Stadtarchivs Köln, Teil 4 (Mitteilungen aus dem Stadtarchiv von Köln, Sonderreihe: Die Handschriften des Archivs, Heft 4), Köln, Wien 1986, S. 155f.; Orn. Eccl., 2. Bd., Köln 1985, S. 312f.; Gosmann, M.: Richard von Arnsberg († um 1190) und die schwarze Hand, in: Stadt Arnsberg (Hg.): Arnsbergs Alte Schriften. Handschriften und Drucke aus sieben Jahrhunderten, Arnsberg 1988, S. 53-62; Gosmann, M. (Hg.): Juden in Arnsberg. Eine Dokumentation, Arnsberg 1991, S. 11 und S. 18, Anm. 1.

(M.G.)

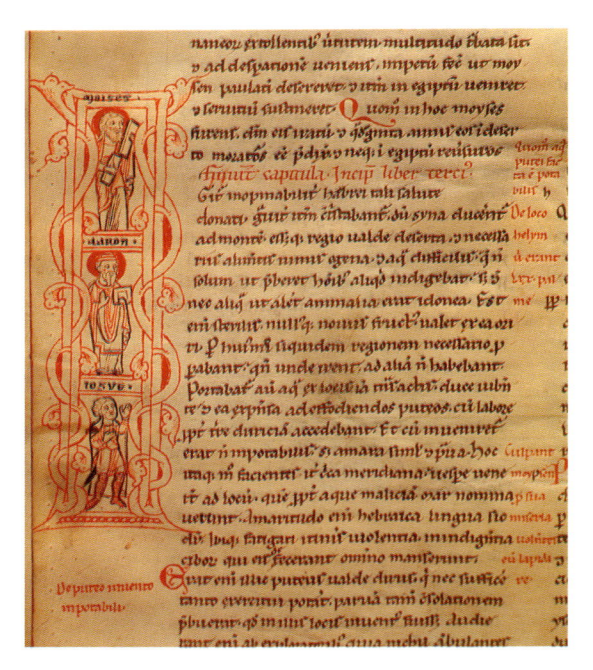

D 4

Initiale „I" mit Moses, Aron und Josua (fol. 19v)

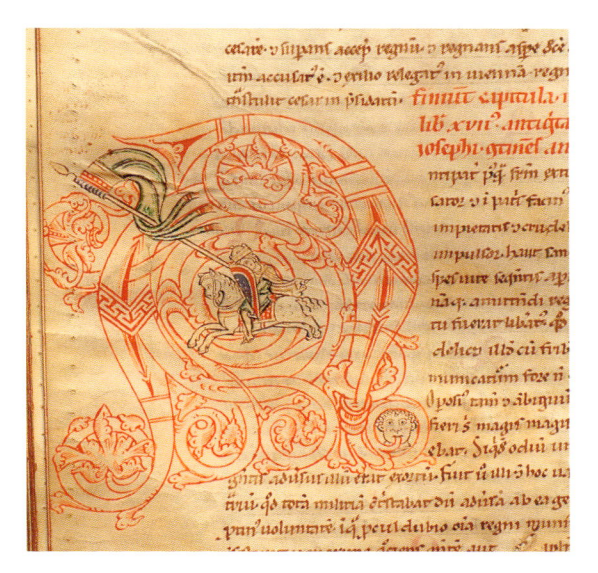

D 4
Initiale „A" mit Bogenschütze und Kletterer
(fol. 219 r)

D 4
Initiale „A" mit reitendem König (fol. 143 v)

D 4
König Josaphat (?) mit Schriftband (fol. 78 r)

D 5 Gotische Turmmonstranz

Nürnberg, Anfang 16. Jahrhundert (um 1510?); Silber, teilweise vergoldet, getrieben, gegossen und graviert, H 82 cm, 1975 restauriert
LG.: Arnsberg, Propsteigemeinde St. Laurentius

Die Monstranz ist ein Meisterwerk spätgotischer Goldschmiedekunst und in Westfalen ohne vergleichbare Gegenstücke. Ein vierpassiger, seitlich ausgezogener Fuß trägt auf sechskantigen Fußhals und Schaft mit Knauf das Schaugefäß (moderner Glaszylinder). Es wird seitlich gerahmt von einer plastischen Verkündigungsgruppe. Über dem Glaszylinder unter dem mittleren Baldachin eine Figur des Schmerzensmannes. An den beiden äußeren Pfeilern kleine Figuren des hl. Christophorus und des hl. Sebastian. Daneben nach außen zwei Wiederholungen der seitlichen oberen Gesprengeformen (erst im 18. Jh. hinzugefügt?). Unter dem Schaugefäß hängen u.a. barocke Medaillen; die mittlere Gesprengspitze ist modern. Nach einer Inschrift wurde die Monstranz *„1712 verbessert und vergrößert"*.

Lit.: BKW Arnsberg, S.39, T. 8; Brüggemann, C./Richtering, H.: Abtei Wedinghausen, Propsteikirche St. Laurentius, Arnsberg 1971, S. 31 m. Abb.; Kat. Attendorn, Nr. 129, Abb. 38; Heppe, Gotische Goldschmiedekunst, Nr. 17, S. 247ff; Kat. Konservieren Restaurieren, Münster 1974, Nr. 135 m. Abb.; Kat. Goldschmiedekunst, Nr. 29, S. 30 m. Abb. 23 (M.G.)

D 6 Kelch des Johannes und Hermann genannt Bock

Westdeutschland, 1511-1515; Silber, vergoldet, getrieben, gegossen; opake Email-Reste; H 17,5 cm
LG.: Arnsberg, Propsteigemeinde St. Laurentius

Der schlichte spätgotische Kelch zeigt einen achtpassigen Fuß, auf dem sich das Wappen der Werler Erbsälzerfamilie Bock, ehemals rot und blau emailliert, befindet. Die eingravierte Inschrift lautet: *„Jesus - Maria - Orate pro - Johanne - et Hermann - v(ulg)o - Bock"*. Danach haben der Wedinghauser Propst Johannes Bock (1511-1515) und sein Bruder (?) Hermann den Kelch gestiftet.

D 5

D 6

D 7

Lit.: Heppe, Gotische Goldschmiedekunst, Nr. 18, S. 316; Kat. Goldschmiedekunst, Nr. 29, S. 30 m. Abb. 23 (M.G.)

D 7 Versehgefäß mit drei Einsätzen

Westdeutschland, 1639; Silber, getrieben, graviert; L 11,7 cm, B 7 cm
LG.: Arnsberg, Propsteipfarrgemeinde St. Laurentius

Kleines rechteckiges Kästchen mit einem sechsfach getreppten Walmdach als Deckel. Ehemals wurde es von einem Kreuz bekrönt, von dem heute nur noch der Schaft vorhanden ist. Es handelt sich um ein Versehgefäß, erkennbar an den drei inneren Einsätzen und den auf der Vorderseite eingravierten drei Großbuchstaben Bezeichnungen: O(leum infirmorum), I(hesus) und C(hrisma cathechumenorum).

Die Fußplatte trägt die Inschrift: „CURAVIT FIERI-F-HENRICUS COCCIVS / IVLIVS HVIVS ECCLESIAE ARNSBERG-PASTOR-1639-I-APRIL*" ([mich] ließ machen Bruder Heinrich Koch aus Jülich, Pfarrer dieser Arnsberger Kirche am 1. April 1639). Der Wedinghauser Konventuale Heinrich Koch war Pfarrer in Arnsberg, später dann Propst des Klosters Rumbeck und von 1653-1663 Abt im Arnsberger Kloster.

Lit.: Kat. Goldschmiedekunst, Nr. 59, S. 42 (M.G.)

D 8 Aubert Le Mire (Miraeus, Aubertus): Ordinis Praemonstratensis Chronicon, Köln 1613

Abb. S. 250

Buchdruck; H 16,0 cm; B 11,5 cm;
LG.: Köln, Erzbischöfliche Diözesan- und Dombibliothek, Aa 1356

249

Die im Jahre 1613 in Köln gedruckte Chronik des Prämonstratenserordens des in Brüssel geborenen Aubert Le Mire (1573-1640) beschreibt die Geschichte des Ordens des Hl. Norbert, der Stifte und heiligmäßiger Konventualen. Auf den Seiten 122f. und 158f. geht der Autor auch auf Richard von Arnsberg ein. (M.G.)

D 9 „Rote Kapelle"

Roter gepunzter Samt, gelbes Leinen, Goldfäden und Flußperlen, Goldborten; 1717
LG.: Arnsberg, Propsteigemeinde St. Laurentius

Die sog. „Rote Kapelle", besonders aufwendig geschmückte Paramente (Chormantel, Meßgewand, Meßstola, zwei Dalmatiken, Diakonstola, drei Manipel, Kelchvelum, Bursa) wurde unter dem Wedinghauser Abt Karl Berg (1715-1724) - in einer Blütezeit des Klosters - angeschafft. Die liturgischen Gewänder zeigen auf gelbem Leinen und rotem schwerem Samt aufwendige Goldfaden- und Flußperlenstickerei. Noch heute werden sie zu Pfingsten, zum Patrozinium und bei feierlichen Anlässen getragen. Auf dem Rücken einer Kasel ist z.B. ein Goldkreuz aufgestickt, das das Zeichen IHS - Jesus

D 8

D 9

Christus - In Hoc Signo - (In diesem Zeichen...wirst Du siegen) trägt. Auf der Vorderseite wächst aus einem Rost, dem Martersymbol des Hl. Laurentius, ein stilisierter Lebensbaum. Daneben findet sich z.B. das gestickte „MRA" (= Maria) - Monogramm. Die Gewänder wurden zwischen 1991 und 1994 in einer Paramentenstickereiwerkstatt restauriert. (M.G.)

D 10 Barockmonstranz

Silber, vergoldet; 1732
LG.: Arnsberg, Propsteigemeinde St. Laurentius

Der Wedinghauser Klosterkonventuale Kunibert Bering (+ 1766) aus Büderich, seit Mai 1730 Arnsberger Pfarrer (bis 1734), später Subprior, dann Pfarrer in Hüsten, stiftete 1732 diese Barockmonstranz. Der vierteilige Fuß und der amphorenartige Schaft stützen zwei runde *„Strahlenrosetten, deren Spitzen fein ausgearbeitete geflügelte Engelsköpfchen tragen."* Die Spitze bildet ein kleines Edelsteinkreuz.

Lit.: Brüggemann, C./ Richtering, H.: Abtei Wedinghausen, Propsteikirche St. Laurentius, Arnsberg 1971, S. 32 m. Abb. (M.G.)

D 11 Franz Fischer, letzter Abt des Klosters Wedinghausen

Abb. S. 202
Ölgemälde, Kopie; H 95 cm; B 65 cm (mit Rahmen); 1920er Jahre
LG.: Arnsberg, Sauerland-Museum des Hochsauerlandkreises

In den 1920er Jahren kopierte im Maßstab 1:1 der Arnsberger H. Hartung das Originalgemälde des letzten Abtes des Klosters Wedinghausen Franz Fischer (1740-1806). Heute befindet sich die Vorlage im Kapitelsaal der Propsteigemeinde St. Laurentius. Der Abt ist mit den Insignien seiner geistlichen Würde - Kreuz, Mitra und Abtsstab - dargestellt. (M.G.)

D 12 Arnsbergisches Intelligenzblatt mit Wappen des Kölner Kurfürsten Maximilian Franz

Abb. S. 109
Titelblatt der Ausgabe Nr. 69 vom 03.09.1793 (Kopie); H 20 cm; B 16 cm
LG.: Arnsberg, Stadtarchiv

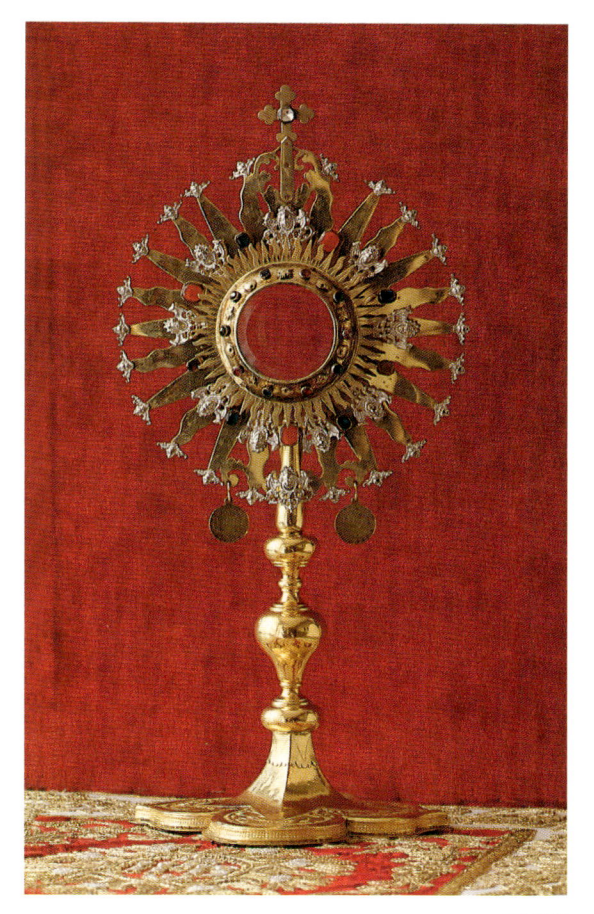

D 10

Seit dem Regierungsantritt des Kölner Kurfürst-Erzbischofs Maximilian Franz von Österreich im Jahre 1784 prangte das Wappen des neuen Landesherrn auf dem Titelblatt des Arnsbergischen Intelligenz-Blattes, einer zweimal wöchentlich in Arnsberg *„bey Herken"* gedruckten Zeitung. Das Wappen zeigt unter dem Kurhut und vor den gekreuzten Symbolen weltlicher und geistlicher Herrschaft (Schwert und Bischofstab) ein kombiniertes Wappen:

Herzschild: habsburgisches Haus- und Familienwappen
   aufgelegtes Kreuz = Hochmeister des Deutschen Ordens

dahinter in der oberen Hälfte das kurkölnische Wappen:
   1.) in weiß (silber) - ein schwarzes Kreuz = Kurfürst von Köln

251

2.) in rot - ein weißes (silbernes) Roß = Herzog von Westfalen

3.) in rot - drei gelbe (goldene) Herzen = Herzog von Engern

4.) in blau - ein weißer (silberner) Adler mit goldener Bewehrung = Graf von Arnsberg

in der unteren Hälfte das fürstbischöflich-münsterische Wappen:

1.) in gelb (gold) - ein roter Balken = Fürstbischof von Münster

2.) von weiß (silber) und rot quergeteilt - im oberen Teil drei schwarze Vögel = Burggraf zu Stromberg

3.) in rot - drei gelbe (goldene) Kugeln = Herr zu Borkeloh

4.) in weiß (silber) - drei schwarze Maueranker = Herr zu Werth (M.G.)

D 13 Kurkölnischer Hofkalender 1794

Abb. S. 88

Buchdruck Bonn (1793); H 16 cm; B 10 cm;

LG.: Köln, Erzbischöfliche Diözesan- und Dombibliothek, Ya 268;

Der Kurkölnische Hofkalender für das Jahr 1794 verzeichnet zum letzten Mal vor der französischen Besetzung des linksrheinischen Erzstiftes und vor der gesamten Auflösung des Kölner Kurstaates 1802/03 den Landesherrn, die Kölner Domkapitulare und die erzstiftischen Amts- und Würdenträger. Der Hofkalender kann als ein Vorläufer der späteren Adreßbücher gelten, bietet daneben aber auch ein Jahreskalendarium und erbauliche Texte. (M.G.)

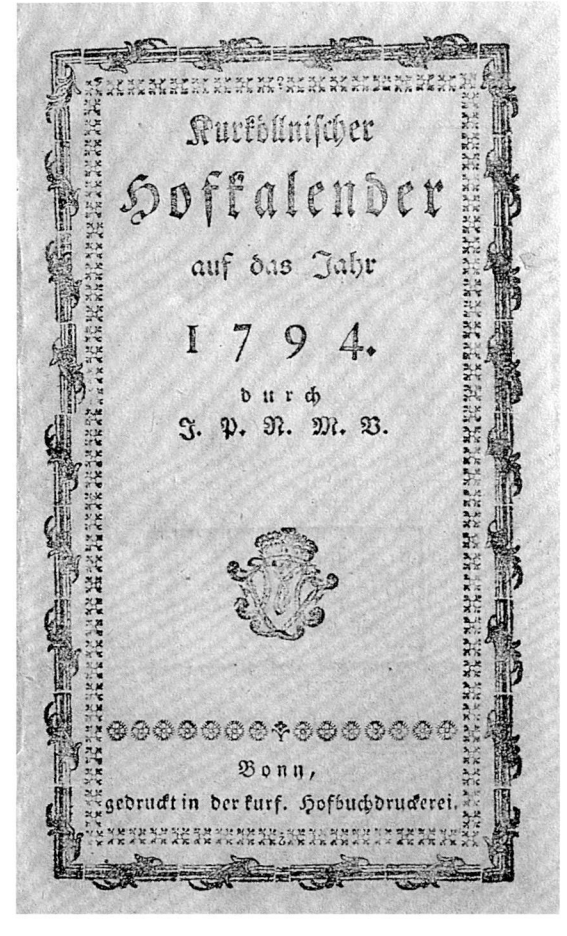

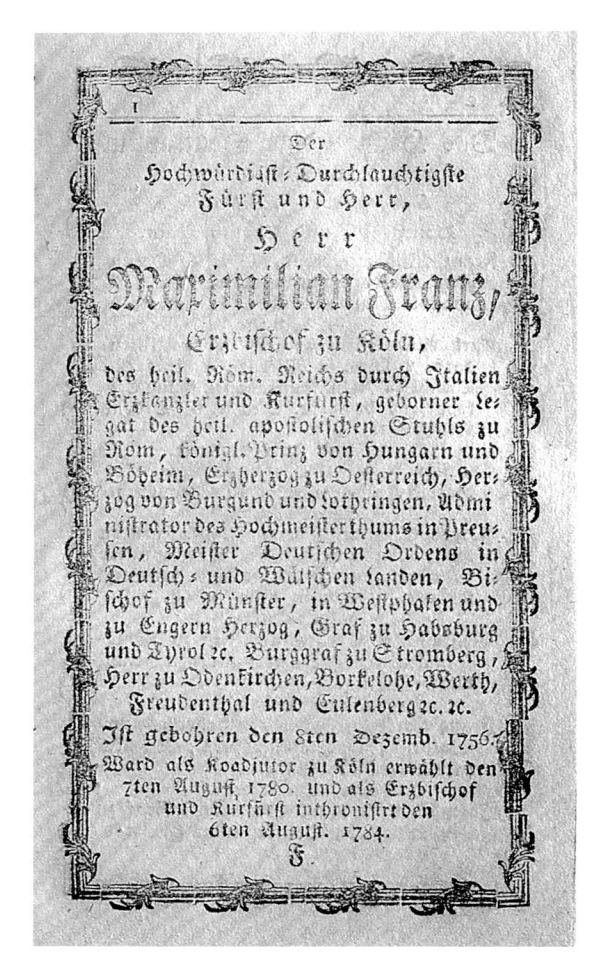

D 13

D 13

252

D 14 Domherrenstern der Kölner Domkapitulare

Abb. S. 90

Gold Ziseliert, emailliert; Ende 18. Jh.; H 6,2 cm, B 5 cm.

LG.: Köln, Metropolitankapitel der Hohen Domkirche.

Der Domherrenstern, der auch Kapitelstern genannt wird, setzt sich aus einem runden Mittelstück und sechs von ihm ausgehende Strahlen zusammen. Zwischen den Strahlen befinden sich kürzere flammenförmige Teile. Die Strahlen selbst sind in zwei Längshälften geteilt, die sich farblich unterscheiden. Auf der Vorderseite wechseln die Farben Rot und Weiß, auf der Rückseite die Farben Blau und Weiß. Im mittleren Kreis der Vorderseite ist eine Anbetung der Heiligen Drei Könige dargestellt. Der Rand dieser Szene trägt die Inschrift: + CHRISTUS NATUS EST NOBIS VENITE ADOREMUS. Die Rückseite zeigt eine auf zwei Palmenzweigen stehende Muttergottes. Der Kopf der Madonna ist von sechs Sternen umgeben. Sie stellt somit den Typus einer Immaculata dar. Entsprechend lautet die Umschrift: + VIRGO SINE LABE CONCEPTA. Mit der Sternform und der Darstellung der Heiligen Drei Könige wird Bezug auf die wichtigsten Heiligen des Kölner Domes genommen. Die Immaculata ist Patronin des Erzbistums Köln. Vermutlich wurde der Stern in seiner heutigen Form 1731 durch den Erzbischof Clemens August für die Mitglieder des Domkapitels gestiftet.

Lit.: Torsy. Achthundert Jahre Dreikönigenverehrung in Köln, in: Hoster, J. (Hg.): Achthundert Jahre Verehrung der Hl. Drei. Könige in Köln 1164 - 1964 (Kölner Domblatt 23/24), Köln 1964, S. 25

(M.St.)

D 15 Dompropst Franz Wilhelm von Oettingen

Abb. S. 92

Kupferstich von R.W. Schwarz (1792) nach einem Gemälde von Beer (1790), Reproduktion

LG.: Köln, Historisches Archiv des Erzbistums

Die Abbildung zeigt den Kölner Dompropst Franz Wilhelm regierender Graf von Oettingen, Baldern, Katzenstein und Soeteren (* 08.09.1725 †14.11.1798) mit Kapitelstern. Der Dompropst blieb bis zum Frühjahr 1795 in Arnsberg. Er ließ sich dann wegen der bedrohlichen militärischen Lage von seiner Residenzpflicht beim Kapitel in Arnsberg entbinden und zog sich in seine Heimatresidenz Baldern zurück, wo er 1798 starb)

(O.K.-B.)

D 16 Sedisvakanzsiegel des Kölner Domkapitels

Abb. S. 96

Siegelstempel (Messing?), Dm. 5,5 cm

LG.: Münster, Nordrhein-Westfälisches Staatsarchiv, Siegelstempelsammlung A 59

Nach dem Tod des Kölner Kurfürsten Maximilian Franz († 27. Juli 1801) übernahm das in Arnsberg residierende Domkapitel die Regierungsgeschäfte „sede vacante", solange der erzbischöfliche Stuhl unbesetzt (vakant) war. Zur Untersiegelung der offiziellen Schreiben und Dokumente in landesherrlichen Angelegenheiten mußte ein besonderes Siegel - ein Sedisvakanzsiegel - jeweils neu gestochen werden. Das Siegel war bis zur hessischen Zivilbesitzergreifung im Oktober 1802 in Gebrauch.

(O.K.-B.)

D 17

D 17 Kurkölnisch-Westphälischer Staats- und Landkalender auf das Jahr... 1802

Abb. S. 104, 253
Druck, Original (Arnsberg 1801) H 19,2 cm, B 16,2 cm/ Faksimile-Nachdruck (Arnsberg 1974)
LG.: Paderborn, Erzbischöflich Akademische Bibliothek AV 2608/ Arnsberg, Stadtarchiv Z 128

Im „Kurkölnisch-Westphälischen Staats- und Landkalender auf das Jahr... 1802", Arnsberg (1801), findet sich ein Widmungsblatt auf den in Arnsberg im Oktober 1801 vom Kölner Domkapitel zum neuen Landesherrn und Erzbischof von Köln gewählten Erzherzog von Österreich, Anton Viktor. Das Titelblatt zeigt unter einer Kurfürstenkrone das Monogramm mit den verschlungenen Initialen A und V. (M.G.)

D 18 Erzherzog Anton Viktor von Österreich (1779-1835)

Abb. S. 102
Punktierstich, Porträt im Oval mit Unterschrift: „Monsorno pinx(i)t D. Weiss sculp(si)t / ANTON-VICTOR Erzherzog von Oesterreich Hoch- und Deutsch-Meister p.p. / Wien bey Artaria et Comp.", nach 1804; H 37 cm, B 26 cm;
LG.: Arnsberg, Sauerland-Museum des Hochsauerlandkreises

Erzherzog Anton Viktor von Österreich, hier als Hochmeister des Deutschen Ordens dargestellt (seit 1804), war ein Neffe des Kölner Kurfürsten Maximilian Franz. Nach dessen Tod am 27. Juli 1801 in Hetzendorf bei Wien wurde Anton Viktor in Arnsberg vom hier residierenden Kölner Domkapitel zum neuen Kurfürsten und Erzbischof von Köln gewählt (7. Oktober 1801). Die vom kaiserlichen Kommissar bestätigte, rechtlich einwandfreie Wahl wurde vor dem Hintergrund der geplanten Säkularisationen von den Großmächten, besonders Preußen, nicht mehr anerkannt. Anton Viktor bat das Domkapitel, die Regentschaft „sede vacante" weiterzuführen.

(M.G.)

D 19 Abhandlungen und Urkunden betreffend Überbringung der Reliquien der Hl. Drei Könige von Köln nach Arnsberg

Abb. S. 150
Fadengeheftete Sammelakte, 1794-1808
LG.: Köln, Historisches Archiv des Erzbistums, Domarchiv A II 36

Die Anfang des 20. Jahrhunderts zusammengestellte Sammelakte enthält in der Hauptsache Niederschriften vom E. des 18./A. des 19. Jhs. Die Akte vereinigt Originalurkunden, Abschriften und Drucke im Zusammenhang mit der Flüchtung der Reliquien der Hl. Drei Könige nach Arnsberg (1794) und ihrer Rückführung nach Köln (1803/04). U.a. enthält sie Ausfertigungen des Protokolls über die Öffnung und Inventarisation des Reliquienkastens am 10.12.1803 in Arnsberg mit den Unterschriften aller beteiligten Zeugen.

(M.G.)

D 19/D 20

Mit Silberfadenstickerei verzierter Buchdeckel der „Geschichte der ersten Überbringung..." von Wilhelm Heinrich Boecker (D 20) in der Sammelakte des Historischen Archivs des Erzbistums Köln (D 19)

D 20 Wilhelm Heinrich Boecker: Geschichte der ersten Überbringung, der durch Kriegsgefahren 1794 veranlaßten Wegführung, und nachherigen Zurückkunft der Reliquien der h.h. drey Könige in die Domkirche zu Köln, Köln 1810

Titelblatt in Kopie; H 18,5 cm; B 11,5 cm
LG.: Arnsberg, Stadtarchiv

Der Kanoniker am St. Andreas-Stift zu Köln, Wilhelm Heinrich Boecker (1767 - 1846) rettete - laut Angaben auf seinem Totenzettel - *„mit eigener Lebensgefahr sämmtliche General-Vikariats-Archive"* vor den heranrückenden Franzosen. Als Sekretär am General-Vikariat war er von 1794 bis Ende 1804 in Arnsberg tätig. Im Jahre 1810 ließ er in Köln eine *„Ueberbringungsgeschichte"* der Reliquien der Hl. Drei Könige drucken. Ein Exemplar dieses Werkes - in schwarze Seide eingebunden und mit drei aufgestickten Kronen und einem Stern (Silberfäden) verziert - befindet sich in der Akte Domarchiv A II 36 des Historischen Archivs des Erzbistums Köln (vgl. D 19). (M.G.)

D 21 Johann Wilhelm Frenken: Das Schicksal der im Jahre 1794 über den Rhein geflüchteten Wertgegenstände des Cölner Domes, insbesondere die Zurückführung der Manuscripten-Bibliothek. Aktenmässige Denkschrift. Köln und Neuss 1868

Abb. S. 156

Titelblatt; H 22,5 cm; B 15,0 cm;
LG.: Köln, Erzbischöfliche Diözesan- und Dombibliothek, Cc 167

Im „Bruderkrieg" 1866 gegen Österreich und seine Verbündeten, unter ihnen Hessen, blieb das Königreich Preußen siegreich. Der mit dem Großherzogtum Hessen geschlossene Friedensvertrag vom 3. September 1866 legte im Artikel 17 fest, die seit 1802/03 in hessischem Besitz befindliche Kölner Dombibliothek von Darmstadt nach Köln zurückzuführen. Der Kölner Domkapitular Dr. Johann Wilhelm Frenken wurde vom preußischen König mit der genauen Ermittlung des Verbleibs und des Umfanges der kostbaren Kölner Pergamenthandschriften beauftragt. Frenken konnte in den Sammlungen des Museums und der Hofbibliothek zu Darmstadt zahlreiche Handschriften Kölner Provenienz feststellen. Die Ergebnisse seiner Recherchen, die nach 73 Jahren die Rückgabe von 193 Codices zur Folge hatten, veröffentlichte er 1868 in dieser *„Denkschrift"*. (M.G.)

D 22 Hessen-darmstädtisches Okkupationspatent, 1802

Abb. S. 80

Druck, Darmstadt 6.12.1802
LG.: Arnsberg, Stadtarchiv, Bestand Arnsberg 18/ 8

Mit der Säkularisation (1803) begann eine in ihrem Ausmaß bis dahin nicht gekannte Umschichtung der Besitzverhältnisse. Die jahrhundertealten reichen geistlichen Besitzungen und die Territorien geistlicher Landesherren wurden entschädigungslos eingezogen. In Westfalen war der geistliche Besitz besonders umfangreich, er machte hier ca. 2/3 der Gesamtfläche aus. Mit ihm wurden weltliche Herrscher für die an Frankreich verlorenen linksrheinischen Besitzungen entschädigt. Das Herzogtum Westfalen erhielt der Landgraf von Hessen-Darmstadt. Schon im September 1802 wurde es von hessischen Truppen *„provisorisch"* besetzt. Das in Arnsberg residierende Kölner Domkapitel regierte einstweilen ohne Änderungen weiter. Die ungeklärten Verhältnisse führten jedoch zu Schwierigkeiten, so daß Landgraf Ludewig X. von Hessen-Darmstadt mit dem Okkupationspatent auch die Zivilbesitznahme *„auf ewige Zeiten"* anordnete. Erst 1803 erfolgte die Sanktionierung durch den Reichsdeputationshauptschluß. Fast alle Klöster ließ der Landgraf aufheben, ihre Besitzungen fielen dem Staatsvermögen zu. Arnsberg wurde Sitz der Provinzialregierung, der Hofkammer, des Kirchen- und Schulrates, des Hofgerichtes und des Medizinalkollegiums. Die Stadt erhielt Militär in Bataillonsstärke, eine Strafanstalt wurde eingerichtet. Bis zum Übergang an Preußen 1816 wurde Hessen-Darmstadt damit in Südwestfalen dominierend.

Lit.: 750 Jahre Arnsberg, Arnsberg 1989, Abb. S. 109; Kat. 175 Jahre Regierungsbezirk Arnsberg, Arnsberg 1991, Abb. S. 45 (M.G.)

D 23 Johann Georg Freiherr von Schaeffer-Bernstein (1757-1838)

Abb. S. 222

Gemälde, Pastellkreide, 1. Viertel 19. Jh.; H 60 cm; B 52 cm (mit Rahmen)
LG.: Arnsberg, Sauerland-Museum des Hochsauerlandkreises

Oberst Johann Georg Freiherr von Schaeffer-Bernstein (1757-1838) war Kommandeur der hessischen Truppen im Herzogtum Westfalen. Er hatte von Landgraf Ludewig X. von Hessen-Darmstadt den Befehl zur militärischen Besetzung des kurkölnischen Territoriums erhalten. Umsichtig führte er das Unternehmen durch und berichtete ausführlich über die Aktionen nach Darmstadt. Bis 1816 hat er - mit dienstbedingten Unterbrechungen - als Befehlshaber der hessischen Truppen in Arnsberg gewohnt. (M.G.)

D 24 Maria Theresia Johanna Caroline von Schaeffer geborene Harbert (1778-1854)

Gemälde, Pastellkreide, 1. Viertel 19. Jh.; H 60 cm; B 52 cm (mit Rahmen)
LG.: Arnsberg, Sauerland-Museum des Hochsauerlandkreises

Im Jahre 1809 heiratete der Kommandeur der hessischen Truppen im Herzogtum Westfalen, Oberst Johann Georg Freiherr von Schaeffer-Bernstein (1757-1838) in Darmstadt die Arnsbergerin Maria Theresia Johanna Caroline Harbert (1778-1854). Nach der preußischen Besitzergreifung des Herzogtums Westfalen im Jahre 1816 folgte sie ihrem Gatten an seinen neuen Dienstort Worms. (M.G.)

D 24

D 25 Berührungsreliquie und Dankschreiben an den Balver Bürgermeister, 1807

Abb. S. 23

Stich (Druck) mit handschriftlichem Dankschreiben; 1807
LG.: Wesel, Forstmeister i.R. Heinz Glasmacher

Bei der Rückführung der Reliquien der Hl. Drei Könige und der Hl. Gregor von Spoleto, Felix und Nabor von Arnsberg nach Köln wurde in der Nacht vom 11. auf den 12. Dezember 1803 die erste Rast in Balve eingelegt. Auf dem großen Saale im Hause des Bürgermeisters Johann Heinrich Glasmacher ruhten die Gebeine während der Nacht. Die Nachricht muß sich wie ein Lauffeuer verbreitet haben, und viele Einwohner aus Balve und der Umgebung kamen, um die Reliquien zu verehren. Als Dank für die gewährte Hilfe erhielt der Bürgermeister Glasmacher im Jahre 1807 ein von dem Kölner Domsakristan und Vikar Heinrich Nettekoven und dem Rektor der Domschule Friedrich Josef Richarz unterzeichnetes, Dankschreiben mit dem Bild einer Anbetung der Könige. Der Stich war vorher mit den Reliquien in Berührung gebracht worden und wird als sogenannte „Berührungsreliquie" seitdem im Hause Glasmacher verehrt. (M.G.)

RAUM E

E 1 Hitda-Codex aus Meschede

Abb. S. 130

Pergamentcodex (Köln, um 1000) in der Landes- und Hochschulbibliothek Darmstadt, Hs 1640; 219 Bll. (Faksimile); H 41,0 cm; B 30,0 cm (Original: H 29,0 cm; B 21,8 cm)
LG.: Arnsberg, Sauerland-Museum des Hochsauerlandkreises

Das Evangeliar mit Capitulare (Capitula = Kapitelchen mit numerierten Inhaltsangaben der einzelnen Evangelien) ist eine Stiftung der Äbtissin Hitda, die zeitlich zwischen die Äbtissinnen Thiezswied (978 erwähnt) und Gerbirgis (1042 genannt) einzureihen ist. Der Codex befand sich nachweislich bis um 1500 in der Bibliothek des Stiftes Meschede, das 1804 von Landgraf Ludewig X. von Hessen-Darmstadt säkularisiert wurde. Vielleicht schon vorher gelangte der Codex in die Bibliothek des Klosters Wedinghausen und wurde schließlich nach Darmstadt gesandt. Die

Pergamenthandschrift zeigt eine in Gold und Purpur gefaßte Darstellung der Anbetung der Drei Weisen (fol. 22r), über 150 Jahre bevor die Reliquien der Hl. Drei Könige von Mailand nach Köln gelangten.

Lit.: A. von Euw: Evangeliar der Äbtissin Hitda von Meschede, in: Vor dem Jahr 1000. Abendländische Buchkunst zur Zeit der Kaiserin Theophanu, Kat., Köln 1991, S. 40-45 (mit weiteren Literaturangaben). (M.G.)

E 2 Missale Diocesis Coloniensis, Köln 1520
Abb. S. 259
Frühdruck auf Pergament, altkoloriert; H 36,0 cm; B 24,0 cm;
LG.: Köln, Erzbischöfliche Diözesan- und Dombibliothek, Hs. Nr. 217

Dieses auf feinem Pergament gedruckte *„Meßbuch für das Bistum Köln"* zeigt auf seinem altkolorierten Titelblatt (fol. 5r) neben verschiedenen Stadtheiligen Kölns die Hl. Drei Könige. Das Titelblatt wiederholt sich am Schluß des Bandes in anderer Kolorierung (fol. 315r). Auf dessen Rückseite (fol. 315v) findet sich noch ein zweifarbiger Titel mit zwei Adlern. Die folgenden Blätter (fol. 316 ff.) enthalten den handschriftlichen Text einer Urkunde des Kölner Domkapitels, die mit den Worten: *„Wyr dechant unnd capittel des dhomstiffts zto collen doin kundt und bekennen..."* beginnt (vgl. Abb. unten!).

Lit.: Verweyen, Annemarie: Das Bild der Hl. Drei Könige, Köln 1989, Nr. 10, Text S. 16 (M.G.)

E 3 Aegidius Gelenius: De admiranda, sacra, et civili magnitudine Coloniae..., Köln 1645
Abb. S. 138, 258
Buchdruck; H 21 cm; B 17 cm
LG.: Köln, Erzbischöfliche Diözesan- und Dombibliothek

Das Buch *„De admiranda, sacra, et civili magnitudine Coloniae Claudiae Agrippinensis*

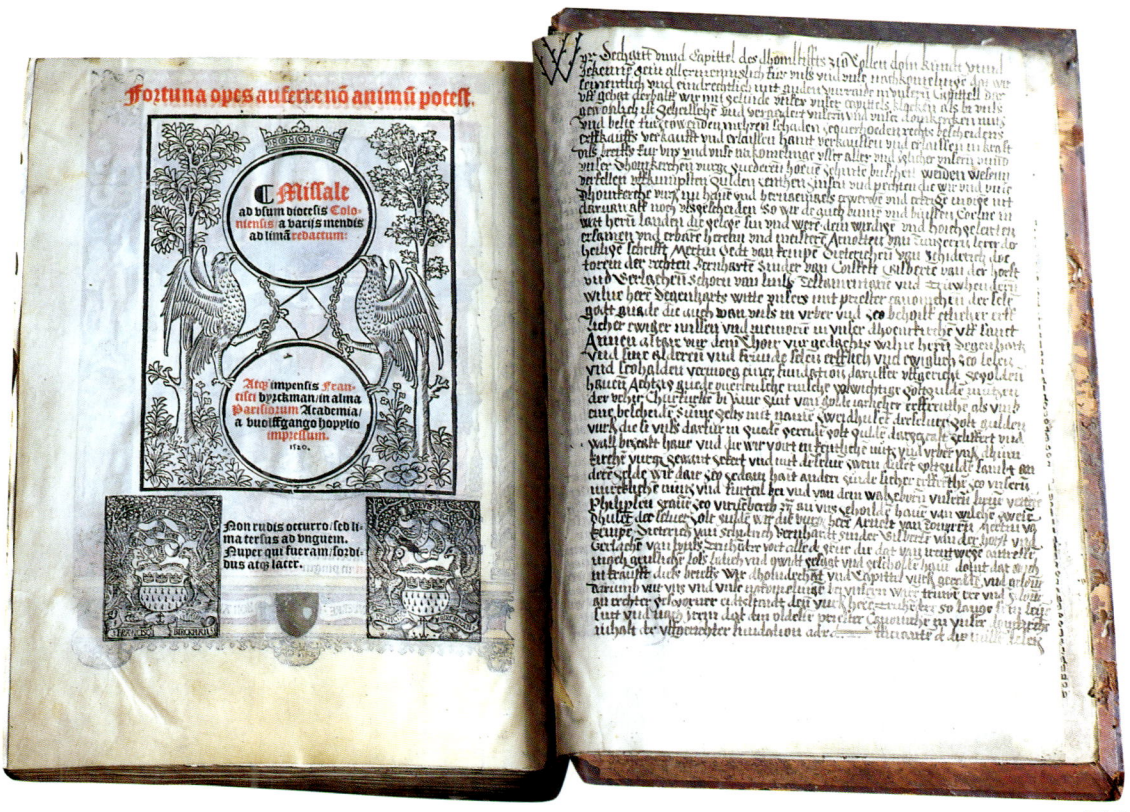

E 2

augustae ubiorum urbis" (Über die bewundernswerte, heilige und weltliche Größe Kölns...), Köln 1645, stellt das Hauptwerk des Aegidius Gelenius (1595-1656) dar. Gelenius, Kanoniker an St. Andreas, kirchlicher Rat und erzbischöflicher Historiograph, stellt im dritten Buch den *„Thesaurus sacer"*, den heiligen Schatz, umfassend dar. Es sind die berühmtesten und verehrungswürdigsten Kostbarkeiten, die sich ehemals vor der Flüchtung im Jahre 1794 und vor der späteren teilweisen Vernichtung in Kölner Kirchenschätzen befanden. Die Stadt Köln erhält im Titelkupfer des Werkes den von Engeln über der Stadtansicht getragenen Ehrentitel *„Sacrarium"* (heilige Stätte, Sakristei, Tempel). Um diese Ansicht gruppieren sich die wichtigsten in Köln verehrten Heiligen. Oben, an exponierter Stelle, sind die Hl. Drei Könige und die Hll. Felix und Nabor zu erkennen.

Lit.: Orn. Eccl. 2. Bd., Köln 1985, Abb. S. 182 und S. 184 E 8 (M.G.)

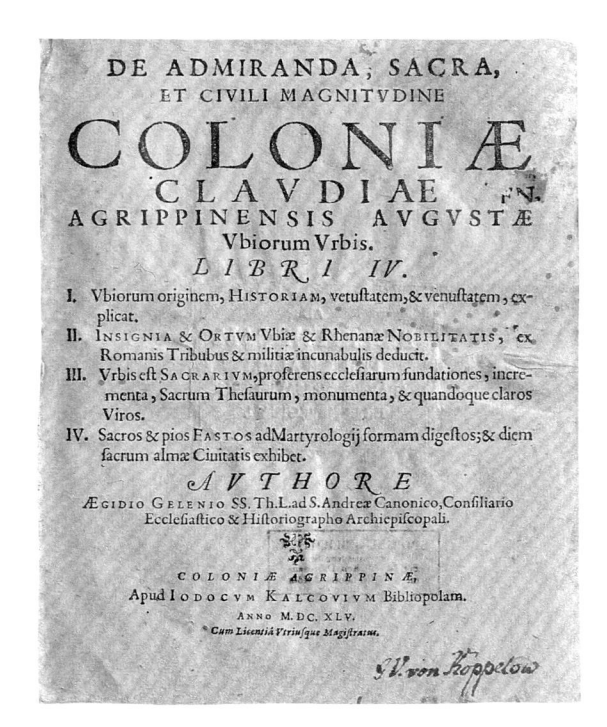

E 3

E 4 Hermann Crombach, S. J.: Primitiae gentium seu Historiae sanctorum Trium Magorum, 1-3, Köln 1654

Abb. S. 86

Buchdruck; H 31,8 cm; B 20,3 cm
LG.: Köln, Erzbischöfliche Diözesan- und Dombibliothek, Col. f. 11

Hermann Crombach (1598-1680), Kölner Jesuitenpater, veröffentlichte 10 Jahre vor der 500-Jahr-Feier der Übertragung der Reliquien nach Köln dieses umfangreiche Werk über die Hl. Drei Könige und ihre Verehrung. Er widmete sich den Heiligen Drei Königen nicht nur in dieser *„Geschichte der drei Weisen"*, sondern auch noch in mehreren anderen Schriften.

Lit.: Budde, R./Wallraf-Richartz-Museum (Hgg.): Die Heiligen Drei Könige. Darstellung und Verehrung, Kat., Köln 1982 S. 253, Nr. 160; Abb. des Titelblattes in Hoster, Joseph (Hg.): Achthundert Jahre Verehrung der Hl. Drei. Könige in Köln 1164 -1964 (Kölner Domblatt 23/24), Kat. Köln 1964 S. 117, Tafel 1 (M.G.)

E 5 Hermann Crombach S.J.: Cultus et icones sanctorum Trium Regum, Köln 1672

Abb. S. 260

Buchdruck; Ledereinband; H 11,0 cm; B 6,5 cm
LG.: Köln, Erzbischöfliche Diözesan- und Dombibliothek, Col. 123

Der Kölner Jesuitenpater Hermann Crombach (1598-1680) berichtet in diesem winzigen Gebetbuch zu den Hl. Drei Königen über Wunder, die durch diese Heiligen geschehen sind, und über die Gnaden, die bußfertige Pilger an ihrem Grab erlangen. Auf dem Titelblatt erfährt der Leser, daß die Verehrung dieser Drei Heiligen Könige und Heiligenbilder von ihnen gegen Krankheiten, Gewitter sowie (See-)Räuber Schutz bieten. Reisenden und Wallfahrern wird die mächtige Fürsprache der drei Weisen besonders empfohlen.

Lit.: Verweyen, Annemarie: Das Bild der Hl. Drei Könige, Köln 1989, S. 19f., Nr. 18 (M.G.)

E 6 Missale Cisterciense juxta novissimam romani recogniti editionem..., Antwerpen 1688

Abb. S. 260

Buchdruck,
LG.: Köln, Erzbischöfliche Diözesan- und Dombibliothek, Past. f. 180

Missale Diocesis Coloniensis: de nouo recognitum: adauctum quoq; et in alium ordinem redactum.

Uenditur Colonie in pingui gallina. 1520.

FORTVNA OPES AVFERRE NON ANIMVM POTEST

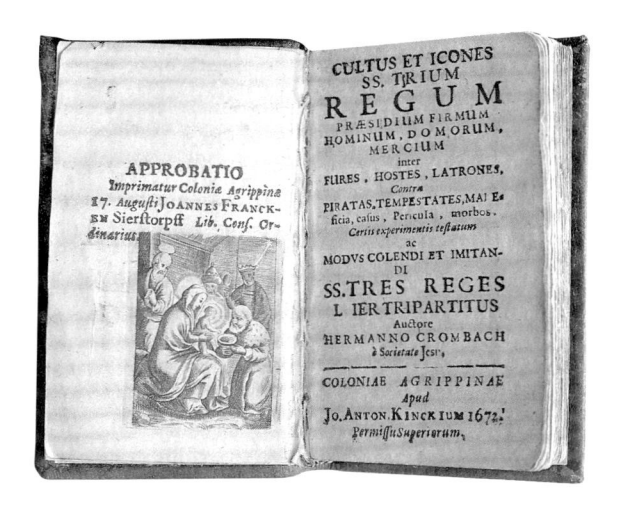

E 5

Meßbuch für den Zisterzienser-Orden, Antwerpen 1688. Neben der Seite zum Fest der Erscheinung des Herrn (Epiphanie) steht links ein ganzseitiger Kupferstich von C. Galle nach Rubens. Anbetung der Könige, im Hintergrund Soldaten aus dem Gefolge der Weisen. Unten rechts der Hund, der die Magier nach der Legende tagsüber nach Bethlehem führte. Über der Szene schweben zwei barocke Engel. (M.G.)

E 7 Peter Sömer: Hageröschen aus dem Herzogtum Westfalen, Paderborn 1892

o. Abb.

Buchdruck; H 15,0 cm; B 15,0 cm,
LG.: Arnsberg, Stadtarchiv

Aufgeschlagen ist das Gedicht „Heilige drei Könige". Noch heute wird das Gedicht oder werden Verse daraus von den Sternsingern am Dreikönigstag vorgetragen.

Lit.: Padberg, Magdalene: Drei Könige kamen ins Sauerland, Brilon 1985, S. 30 (M.G.)

E 6

RAUM F

F 1 Christusmedaillon

Kupfer, graviert und vergoldet; Köln um 1190; Dm. 7,5 cm. Zwei Löcher von der späteren Befestigung am Kreuz von B. Hardy im Domschatz (1804).
LG.: Köln, Hohe Domkirche, Schatzkammer

Das Medaillon zeigt die gravierte Halbfigur Christi, bekleidet mit Tunika und Pallium. Die rechte Hand ist im Segensgestus erhoben, in der linken hält er ein aufgeschlagenes Buch. Rechts und links neben dem Kreuznimbus Alpha und Omega. Die Herkunft der Scheibe ist unklar. Stilistisch schließt die Figur in dem ausgeprägten Muldenfaltenstil an die Prophetenfiguren des Nikolaus von Verdun am Dreikönigenschrein an. Deshalb wurde immer eine Zugehörigkeit zum Schrein vermutet. Sie müßte dann an den Dachflächen angebracht gewesen sein, deren Schmuck nach 1794 weitgehend verloren ging. Schulten hat darauf hingewiesen, daß auf dem 1781 angefertigten Kupferstich des Schreins innerhalb des Apokalypsezyklus' der oberen Dachschräge ein rund gerahmtes Brustbild Christi wiedergegeben ist. Im Kupferstich hebt es sich deutlich von der - nicht gedeuteten - Szene ab. Allerdings befremdet die Technik der Gravur. Wahrscheinlich handelt es sich nämlich bei den Apokalypsedarstellungen um Reliefs, in die das Medaillon als Fremdkörper eingelassen worden wäre.

Lit.: Kdm. Rh. VI/III, Köln I/III, S. 354; Schulten, W.: Domschatz, Nr. 67; Kat. Der Meister des Dreikönigen-Schreins, Nr. 1.; Orn. Eccl. 2. Bd., S. 186 E 19, Abb. S. 225; Hoster, Joseph (Hg.): Achthundert Jahre Verehrung der Heiligen Drei Könige in Köln 1164 - 1964 (Kölner Domblatt 23/24), Kat. Köln 1964 S. 516 Abb. 48 (R.L.)

F 2 Büste des Kölner Erzbischofs Reinald von Dassel

siehe Abb. S. 183
Silber getrieben, vergoldet, Köln ca. 1200 (Kopie);
LG.: Köln, Hohe Domkirche, Schatzkammer

Das Original der Büste des Überbringers der Reliquien von Mailand nach Köln befindet sich an der hinteren Stirnseite des Dreikönigenschreins.

F 1

Lit.: Torsy, Jakob: Achthundert Jahre Dreikönigenverehrung in Köln, in: Hoster, Joseph (Hg.): Achthundert Jahre Verehrung der Heiligen Drei Könige in Köln 1164 - 1964 (Kölner Domblatt 23/24), Kat. Köln 1964, S. 15-162, dort auch Abb. auf der Umschlagseite. (M.G.)

F 3 Kästchen mit Reliquien der Hl. Drei Könige

Messing (?) vergoldet; H 16 cm, L 19,5 cm, B 12 cm, keine Marken/ Köln (?), Ende 19. Jh.
LG.: Köln, Hohe Domkirche, Schatzkammer

Das aus glatten Messingplatten zusammengesetzte und mit schlichten Gravuren verzierte Reliquienkästchen steht auf vier massiven Löwenfüßen, die ebenfalls aus Messing bestehen. Die Dachfläche der Vorderseite, die von einem einfachen Zinnenkamm bekrönt wird, trägt die Inschrift: *„Reliquiae SS. Magorum"*, während auf der darunterliegenden Längsseite des Kästchens Abkürzungen für die Namen der drei Könige: S.C.(aspar), S.M.(elchior) und S.B.(althasar) eingraviert sind. Die übrigen Seitenteile des Kästchens sind mit jeweils drei Kronen verziert.

Das Reliquienkästchen enthält ein in Seide eingeschlagenes und mit dem Siegel des Domkapitels versehenes Päckchen. Daran hängt ein Pergamentzettel mit der Aufschrift: *„Quinquaginta phalanges manum et pendum SS. trium magum."*

F 3

Lit.: Borger, H. (Hg.): Der Kölner Dom im Jahrhundert seiner Vollendung, Ausstellungskatalog (1980), Bd. 1, S. 400, Nr. 2624 + Abb.

(M.W.)

F 4 Altarleuchter mit Relief der Anbetung der Könige

Silber, getrieben, ziseliert, punziert, 1719; H 71,5 cm
LG.: Köln, Hohe Domkirche, Schatzkammer

Durch das Meisterzeichen IR ist der Silberleuchter als Werk des Goldschmiedes Johann Rütgers ausgewiesen. Der Leuchter ist einer von insgesamt sechs, die 1719 für den Kölner Dom gestiftet wurden. Die drei Seiten sind gleichmäßig mit floralen Motiven und an den Ecken mit Engelsköpfen geschmückt. Die Seiten unterscheiden sich nur durch die in ihrer Mitte angebrachten Motive:
1. Eine Anbetung der Heiligen Drei Könige
2. Das Wappen der Familie Bequerer, aus der der Stifter stammte
3. Die Inschrift: *„JOHANNES GODEFRIDUS BEQUERER SERENISSIMI ET REVERENDISSIMI ARCHIEPISCOPI ET ELECTORIS COLONIENSIS CONSILIA-*

F 4

F 5

RIUS INTIMUS ET OFFICIALIS METROPOLITANAE ELECTORALIS COLONIENSIS ET SANCTI MARTINI IN OPPIDO KERPENSI RESPECTIVE PRAEPOSITUS DECANUS ET PRESBYTER CANONICUS CAPITULARIS SENIOR ANNO 1719 D.D."

Lit.: Schulten, W.: Der Kölner Domschatz, Köln 1980, S. 150 Kat.-Nr. 231; Witte, F.: Schatzkammer 1927, Nr. 105 (M.St.)

F 5 Büstenreliquiar des Hl. Gregor von Spoleto
Abb. S. 263
Silber teilvergoldet, getrieben, ziseliert und graviert; H 44 cm, Köln um 1500
LG.: Köln, Hohe Domkirche, Schatzkammer

Im Bestand des Kölner Domschatzes ist das Büstenreliquiar des Hl. Gregor von Spoleto das einzige erhaltene von ehemals vier Stücken dieser Art. Auf dem Pilgerblatt von J. E. Löffler aus dem Jahre 1671, sind neben der Büste des Hl. Gregor (Nr. 7) noch die heute verlorenen Büstenreliquiare eines Papstes (Nr. 6) sowie die zweier Ritterheiliger (Nr. 8 und Nr. 9) abgebildet.

Das ausgestellte Stück wird in der Literatur u.a. auf Grund der eindrucksvoll herausgearbeiteten, ausgesprochen lebensechten Züge des Gesichts als eines der *"eindrucksvollsten Reliquiare der Spätgotik"* bezeichnet. Der Heilige ist in der Tracht eines Priesters mit Schultertuch und Kasel dargestellt. Über dem mit Zinnen besetzten unteren Profilrand erkennt man Teile des unten etwas angeschnittenen Kaselkreuzes. Diese sind im Bereich der horizontalen Kreuzarme auf der Vorderseite mit Ranken verziert. Auf der Brust ist das von einem Helm mit Helmzier bekrönte Wappen des im Jahre 1504 verstorbenen Stifters der Büste, Dr. Menchen, eingraviert. Unter dem Halstuch schaut der Kragen/Amikt hervor, an dem ein goldener Ring mit Rubin befestigt ist. Zwischen Haaransatz und dem kunstvoll gefalteten Schultertuch gibt es auf der Rückseite der Büste eine Schmuckborte, auf der das von zwei Engeln gehaltene Wappen des Metropolitankapitels eingraviert wurde.

Die Reliquien des Hl. Gregor von Spoleto, der zu Anfang des 4. Jh. unter Kaiser Diokletian den Martertod erlitt, wurden unter Erzbischof Bruno (+ 965) nach Köln geholt. Das Haupt des Heiligen befindet sich im oben aufklappbaren Kopf der Reliquienbüste, während die übrigen Reliquien des Hl. Gregor im Dreikönigsschrein aufbewahrt werden.

Lit.: Fritz, J.M.: Gestochene Bilder (1966), S. 491, Nr. 353; ders., in: Herbst des Mittelalters (Ausstellungskatalog)(1970), S. 119, Nr. 248, Abb. 89; Schulten, W.: Der Kölner Domschatz (1980), S. 107, Nr. 46, Abb. S. 56; Fritz, J.M.: Goldschmiedekunst der Gotik in Mitteleuropa (1982), S. 314, Abb. 926f.; Witte, F.: Domschatz (1927), S. 19f. und S. 32, Nr. 115, Abb. S. 59, Nr. 24 (M.W.)

F 6 J.(ohannes), P.(hillipus), N.(erius), M.(aria), V.(ogel): Geschichtenmäßige Einleitung und verzeichnete Sammlung deren prächtigen Edelsteinen, womit der Kasten der Dreyen Heiligen Weisen Königen in der Hohen Erz=Domkirche zu Köln ausgezieret ist, ...
Abb. S. 147, 265
Gestochener Titel, 36 Seiten Text und 12 Kupfertafeln (vier gefalten), gestochen von C. Dupuis, Druck: Kurfürstliche Hofbuchdruckerei Bonn (1781), klein Folio, kartoniert in Halbleder nachgebunden (H 25 cm; B 20 cm; vgl. ebenfalls unten S. 276).
LG.: Köln, Hohe Domkirche, Schatzkammer, sowie Köln, Erzbischöfliche Diözesan- und Dombibliothek, Dom HS 420

Dieser Bericht, der u.a. auch Einzelheiten zur Geschichte der Reliquien der Heiligen Drei Könige und des Schreines beinhaltet, wurde im Auftrage des Kurfürsten Maximillian Friedrich von Königsegg-Rothenfels (1761-1784) verfaßt. Er enthält die erste eingehende Bestandsaufnahme der Inschriften und des Edelsteinschmucks am Dreikönigsschrein. 1775 hatte Vogel ein erstes Manuskript vorgelegt, welches nach dem Willen des Domkapitels noch einmal überarbeitet werden mußte. Die Vorlagen für Dupuis' Kupferstiche vom Schrein wurden auf ausdrücklichen Wunsch des Kurfürsten schon 1773 angefertigt. Vogels Buch, das gleichzeitig in der vorliegenden deutschen und einer noch selteneren französischen Ausgabe erschien, hat für die Forschung eine so große Bedeutung, weil es den Bestand des Schreines vor der Verlagerung des Domschatzes nach Kloster Wedinghausen bei Arnsberg im Jahre 1794 dokumentiert.

Lit.: Weyand, K.: J.P.N.M. Vogels Buch über den Dreikönigsschrein von 1781 und drei zeitgenössische Handschriften (Teil 1), Kölner Dom-

Längsseite des Dreikönigenschreines F 6

blatt 50 (1985), S. 157ff.; Hoster, J. (Hg.): Achthundert Jahre Verehrung der Heiligen Drei Könige in Köln 1164 - 1964 (Kölner Domblatt 23/24), Kat. Köln 1964, Abb. S. 335, Nr. 38 und S. 421

(M.W.)

F 7 Dachfüllungen vom Dreikönigenschrein

Öl auf Kupfer, Köln 1807; H 19 cm, B 18 cm
LG.: Köln, Hohe Domkirche, Schatzkammer

Nach seiner Irrfahrt auf der Flucht vor den französischen Revolutionstruppen kehrte der in Einzelteile zerlegte Dreikönigenschrein 1803 nach Köln zurück. 1807 baute der Goldschmied Pollack den Schrein wieder auf. Hierbei wurde der Verlust einiger Teile festgestellt, so daß der wiederhergestellte Schrein ein Joch kürzer war als vor der Flucht. Verschwunden blieben auch die von Dreipässen gerahmten Silberreliefs auf dem oberen Dach. Die Dreipaßarkaden wurden auf den unteren Dachflächen angebracht. Als Füllung dienten Kupferbleche mit einer Ölbemalung, die der Maler Kaspar Benedikt Beckenkamp (1747-1828) ausführte.

Auf der Salomonseite des Schreins befanden sich acht Szenen aus dem Alten Testament:
1. Erscheinung der drei Engel vor Abraham.
2. Moses vor dem brennenden Dornbusch.
3. Das Schlangenwunder des Moses vor dem Pharao.
4. Die Rotte Kora versinkt vor Moses.
5. Einsturz der Mauern Jerichos.
6. Die Bundeslade im Hause des Obededom.
7. Einzug der Bundeslade in Jerusalem.
8. Königin von Saba vor Salomon.

Die Bilder auf der Davidseite des Schreins zeigten einen Dreikönigszyklus:
1. Verkündigung an die Hirten.
2. Die Heiligen Drei Könige sehen den Stern.
3. Die Heiligen Drei Könige vor Herodes.
4. Anbetung des Jesuskindes.
5. Die Heiligen Drei Könige predigen den Völkern.

F 7 Anbetung des Jesuskindes

F 7 Verehrung der Reliquien durch Könige

6. Auffindung der Gräber der Könige durch die Kaiserin Helena.
7. Übertragung der Gebeine nach Köln.
8. Verehrung der Reliquien durch Könige. Die Könige haben ihre Kronen vor den Stufen des Schreins niedergelegt. Am rechten Bildrand kniet die Personifikation der Stadt Köln.

Für den Dreikönigszyklus wurde neben dem Neuen Testament auf Legenden und historische Ereignisse zurückgegriffen. Der aus Koblenz stammende und von Januarius Zick ausgebildete Beckenkamp hat die letzte Szene signiert. Bei der letzten Restaurierung 1961-72 wurden die beiden gemalten Zyklen entfernt und die Dreipaßrahmen wieder auf den oberen Dachflächen angebracht.

Lit.: Schulten, W.: Kostbarkeiten in Köln, Köln 1978, S. 110; Zehnder, F.G., in: Budde, R. / Wallraf-Richartz-Museum (Hgg.): Die Heiligen Drei Könige. Darstellung und Verehrung. Kat., Köln 1982, Nr. 103, S. 220f.
(M.St.)

RAUM G

G 1 Evangeliar, Nordfrankreich (St. Amand?), um 860/ 870

Abb. S. 267, 268
Pergamenthandschrift; 215 Bll.; H 30,5 cm; B 23 cm; Karolingische Minuskel mit dunkelbrauner Tinte, Anfangsbuchstaben in Gold, Initialzierseiten in Gold, Silber und Deckfarbenmalerei
LG.: Köln, Erzbischöfliche Diözesan- und Dombibliothek, Dom Hs. 14

Die Handschrift aus karolingischer Zeit ist eine der ältesten, die 1794 mit der Flüchtung der Dombibliothek von Köln nach Arnsberg gelangten. Sie enthält Vorreden zu den Evangelien, Inhaltsübersichten und Kanontafeln sowie die vier Evangelien, die doppelseitig jeweils mit einer Darstellung des schreibenden Evangelisten mit Symbol (Matthäus fehlt!) und einer Titelseite in goldenen Buchstaben eingeleitet werden. Auf fol. 1v ist ein Autorenbild des hl. Kirchenvaters Hieronymus (um 347-419 oder 420) wiedergegeben,

Der Hl. Hieronymus sitzt vor seinem Schreibpult
und hält eine Feder in der Hand (fol. 1v/2r)

G 1

der um das Jahr 405 eine Bibelübersetzung, die sog. Vulgata, vollendete. Dazu kommt auf fol. 15v die Darstellung Marias und Johannes des Täufers. Der Codex ist in Schrift und Schmuck sehr kostbar und qualitätsvoll ausgestattet. Nach Anton von Euw gehört er zur sog. *„franco-sächsischen Gruppe spätkarolingischer Handschriften, deren Zentrum wahrscheinlich die Benediktinerabtei Saint-Amand war... Die auf pergamentausgespartem Grund gestalteten Initialzierseiten bilden sich aus geometrischen, vegetabilischen und zoomorphen Elementen sowie Flechtbandfüllungen. Sie sind von der vorkarolingischen insularen Epoche geprägt, geben aber im Gegensatz zu ihr die Initien klar lesbar in römischen kapitalen Buchstaben wieder."* „Wann und auf welchem Wege der Codex in die Kölner Dombibliothek kam, ist unbekannt.

Lit.: Jaffé-Wattenbach, Codices manuscripti No XIV; Goldschmidt, A.: Die deutsche Buchmalerei I, Firenze-München 1928, S. 48, Taf. 49; Ehl,

Buchmalerei, S. 32ff.; Bloch-Schnitzler, Malerschule II, S. 14, 145.; Schulten, W., Domschatz (1980), Nr. 2, S. 10f.; C. Nordenfalk, Buchmalerei, in: Das Frühe Mittelalter, Genf 1957, S. 157 f.; Euw, A. von, in: Orn. Eccl. 1. Bd., Köln 1985, Nr. C 10, S. 426ff.; Euw, A. von: Das Buch der vier Evangelien. Kölns karolingische Evangelienbücher, Kat. Köln 1989 (= Kölner Museums-Bulletin, Sonderheft 1/1989), Nr. 5, S. 47-49   (M.G.)

G 2   Sakramentar mit Kalendar, Fulda oder Mainz, letztes Viertel 10. Jh. und Köln, 10. Jh.
Abb. S. 269
Pergamenthandschrift, 179 Bll., H 28,0 cm; B 23,5 cm; Karolinigische Minuskel mit brauner Tinte; Initialen in Gold, Zierseiten in Deckfarbenmalerei, mit Goldinitialen sowie gelber und weißer Schrift auf Purpurgrund.
LG.: Köln, Erzbischöfliche Diözesan- und Dombibliothek, Dom Hs.88

G 1 Der Hl. Johannes als schreibender Evangelist, dargestellt mit seinem Adler-Symbol (fol. 160v)

Auch diese Handschrift wurde 1794 nach Arnsberg geflüchtet. Das Sakramentar faßt Texte zusammen, die der Priester während der Messe oder anderen Kulthandlungen sprechen muß. Früh lassen sich zwei Redaktionen, das gelasianische und das gregorianische Sakramentar - zu dem das vorliegende zählt - unterscheiden. Daneben enthält der Codex ein Kalendar (Verzeichnis kirchlicher Gedenk- und Festtage) mit für Köln typischen Einträgen, wie z.B. das Kirchweihfest des von Erzbischof Willibert (870-889) im Jahr 870 geweihten Kölner Domes oder eine Litanei mit Anrufungen von Kölner Heiligen. Verschiedene Meßformulare mit den Namen der Heiligen Maximin, Bonifaz, die Translatio Martins, Gallus' und Remaklus' deuten zudem auf eine Verwendung für die Erzbistümer Mainz oder Trier hin.

Der Hauptteil des Codex, das *„Sacramentarium Gregorianum"*, wird der Fuldaer Schule zugeschrieben, wobei nicht zu entscheiden ist, ob es in dem Fuldaer Skriptorium oder in Mainz von einem Fuldaer Schreiber und Maler erstellt wurde. Fraglich bleibt, wie und wann das Sakramentar in Köln mit dem Kalendar vereint wurde.

Lit.: Jaffé-Wattenbach, Codices manuscripti, No. LXXXVIII; Zilliken, G.: Der Kölner Festkalender, in: Bonner Jbb. 119/1910, S. 25f.; Amiet, R.: Les Sacramentaires 88 et 137 du Chapitre de Cologne, in: Scriptorium 9, 1955, p. 78 ss.; Bloch, P.: Das Sakramentar Col. Metr. 88 in der Schatzkammer, in: Kölner Domblatt 21/22. 1963. S. 81ff.; Schulten, W.: Domschatz, Nr. 40; Deshusses, J.: Le Secramentaire Grégorien III, Fribourg 1982, p. 46s.; Euw, A. von, in: Orn. Eccl. 1. Bd. (1985), Nr. C 18, S. 437ff. und 442 (M.G.)

G 3 Sakramentar, Lüttich (?) um 1160-1170
Abb. S. 270
Pergamenthandschrift, 207 Bll., H 24,5 cm; B 16,5 cm; Karolingische Minuskel mit schwarzer Tinte; Initialen in rot mit pergamentausgesparten Ranken, goldene Spangen, grünem und blauem Grund, ebenso die Miniaturen in schwarz und Zierseiten.
LG.: Köln, Erzbischöfliche Diözesan- und Dombibliothek, Dom Hs. 157

Vermutlich entstand die Handschrift in Lüttich, da im vorangehenden Kalendar (fol. 3v - 9r) Heilige wie z.B. Lambertus, Servatius, Paulus, Remaclius oder Trudo genannt werden, die für die Kathedrale St. Lambert zu Lüttich typisch sind. Es handelt sich um ein in der Schriftgestaltung und im Miniatur- und Ornament-Schmuck qualitätvolles Werk. Besonders hervorzuheben sind das Majestasbild mit nachfolgender Zierseite zur Präfation (fol. 17v - 18r) und das Kreuzigungsbild mit vorhergehender Zierseite zum Kanon (fol. 18v - 19r).

Lit.: Jaffé-Wattenbach, Codices manuscripti, No CLVII.; Usener, K.H.: Kreuzigungsdarstellungen in der mosanen Miniaturmalerei und Goldschmiedekunst, in: Revue Belge d'Archéologie et d'Histoire de l'Art 4, 1934, p. 201-209; Schnitzler, Schatzkammer (1959), Nr. 18; Euw, A. v., in: Rhein und Maas 1, S. 294, J 21.; Kötzsche, D.: Die Kölner Niello-Kelchkuppa und ihr Umkreis, in: Year 1200, Symposium, p. 141; Staufer I. Nr. 556 (D. Kötzsche); Lapiere, M.R.: La Lettre

Auf Purpur und teilweise mit Gold und Weiß geschriebener Text,
mit aufwendig verzierten Initialen „V" und „T" (fol. 25v/26r)

G 2

ornée dans les manuscrits mosans d'orgine bénédictine (XIe - XIIe siécle), Paris-Liége 1981, p. 159, n. 60, 356s.; Euw, A. von, in: Orn. Eccl. 1. Bd., Nr. C 19, S. 442ff. (M.G.)

G 4 Liturgisches Gesangbuch, Graduale des Johannes von Valkenburg, Köln 1299

Abb. S. 152

Pergamenthandschrift, 323 Bll.; H 44,1 cm; B 30,5 cm; neuer Einband
LG.: Köln, Erzbischöfliche Diözesan- und Dombibliothek, Hs. Nr. 1 b

Ein Graduale beinhaltet in der Messe oder während des Stundengebetes vorgetragene Gesänge. Der Name leitet sich ab von der Stufe (gradus), von der aus der Subdiakon zwischen Lesung und Evangelium den Zwischengesang vorträgt.

Direkt am Anfang der reich ausgestatteten Handschrift erfährt der Leser, wer dieses Buch geschaffen hat. Auf fol. 2r ist folgender Eintrag zu lesen (übersetzt): *„Ich, Frater Johannes von Valkenburg, habe dieses Graduale geschrieben, mit Musiknoten und Miniaturen versehen und zu Ende gebracht im Jahre 1299."*

Blatt 27v zeigt zum Fest der Epiphanie eine Darstellung der Anbetung der Könige. Sie wird von der zweizeiligen in Mauve und Blau auf Goldgrund gemalten Initiale „E" (Ecce) eingefaßt. Unter einer gotischen Bogenarchitektur sitzt Maria auf dem Thron und umfaßt mit der rechten Hand das Jesuskind, in der linken Hand hält sie eine Rose. Vor ihnen kniet der älteste König Melchior, der eine Schale übergibt. In der Mitte weist König Caspar auf den Stern und reicht dem Kind seine Gabe. Dahinter steht König Balthasar und hält sein Geschenk, eine goldene Schale, abwartend in der Rechten.

Lit.: Verweyen, A.: Das Bild der Hl. Drei Könige, Nr. 1, Text S. 8, Abb. S. 9; Budde, R./Wallraf-Richartz-Museum (Hgg.): Die Heiligen Drei Könige. Darstellung und Verehrung. Kat. Köln 1982, S. 149, Nr. 12 (M.G.)

G 3 Majestasbild mit nachfolgender Zierseite (fol. 17v/18r)

Kreuzigungsbild mit vorhergehender Zierseite (fol. 18v/19r)

RAUM H

H 1 Sogenanntes „Friedrich-Lektionar", Köln, um 1120-1130

Abb. S. 272, 273
Pergamenthandschrift, 171 Bll.; H 34 cm; B 25 cm; Karolingische Minuskel. Titelzierseite in Blau, Grün und Rot, in diesen Farben auch das Titelbild mit blau-grünem Grund in Deckfarbenmalerei.
LG.: Köln, Erzbischöfliche Diözesan- und Dombibliothek, Dom Hs. 59

Lektionare beinhalten Lesestücke aus der Bibel - Lektionen - die zu bestimmten Festzeiten und Anlässen als Lesung vorgetragen wurden. Die Reihenfolge der Texte orientiert sich am Festkalender. Die vorliegende Handschrift, das sogenannte „Friedrich-Lektionar", beinhaltet dagegen Briefe und Streitschriften des hl. Hieronymus (um 347-419/420). Die einzige Miniatur der Handschrift findet sich ganzseitig auf der Titelseite (fol. 1r). Sie stellt eine Summe des Inhaltes des Werkes dar. Der Kölner Erzbischof Friedrich von Schwarzenburg (1099-1131) thront frontal in der unteren Hälfte der Miniatur. Er ist umgeben von Bücherkisten, der Dombibliothek, und weist sich damit als Hüter der Heiligen Schrift aus. In den Händen hält er ein Spruchband mit den Psalmversen: *„Quomodo dilexi legem tuam domine tota die meditatio mea est"* (Psalm 118,97) das besagt, daß sein tägliches Besinnen dem Gesetz gilt, das er liebt. Die vier Kardinaltugenden - Tapferkeit, Gerechtigkeit, Mäßigkeit und Klugheit - sind personifiziert in den Eckmadaillons und symbolisieren das Gesetz des Alten und Neuen Testamentes. Sieben Propheten und sieben Apostel in den Rahmenfeldern halten Spruchbänder mit mahnenden Inschriften. Über dem Erzbischof thront der segnende Christus.

Erzbischof Friedrich I. von Schwarzenburg (+ 1131) ist für die Landesgeschichte des südlichen Westfalens bemerkenswert. Er führte im Jahre 1102 eine Fehde gegen den Arnsberger Grafen Friedrich den Streitbaren (+ 1124). Graf Friedrich wehrte sich gegen die Schenkung seines Onkels Graf Liupold von Werl, der der Kölner Kirche seine Ansprüche an der Grafschaft Werl/Arnsberg vermacht hatte. Der Erzbischof vergrößerte damit die Machtstellung der Kölner Kirche in Westfalen erheblich. Er erwarb u.a. die Burgen Hachen und Padberg, erbaute die Burg Volmarstein und legte so den Grund für das spätere kurkölnische Herzogtum Westfalen.

Lit.: Euw, A. von: Zur Buchmalerei im Maasgebiet von den Anfängen bis zum 12. Jahrhundert, in: Rhein und Maas 2, S. 350, Abb. 18f.; Jaffé-Wattenbach, Codices manuscripti, No. LIX; - Schnitzler, H.: Schatzkammer II, Nr. 23; Euw, A. von, in: Rhein und Maas, Nr. J 41; Plotzek, J.M.: Rheinische Buchmalerei, S. 323. - Schulten, W.: Domschatz, Nr.56; Euw, A. von, in: Orn. Eccl. 1. Bd., Köln 1985, Nr. A 20, S. 73 und 76 (M.G.)

H 2 Verkaufsurkunde der Grafschaft Arnsberg an das Erzstift Köln, 25. August 1368

Abb. S. 161 und Umschlagrückseite
Pergamenturkunde, latein., mit 15 an grünen und roten Seidenfäden hängenden Siegeln; H 53 cm; B 50 cm
LG.: Köln, Historisches Archiv der Stadt, Domstift Urk. Nr. K/1260

Nachdem auch der letzte mögliche Erbe der Grafschaft Arnsberg, Graf Christian von Oldenburg, Neffe des letzten, kinderlosen Arnsberger Grafen Gottfried IV., verstorben war, kamen der Graf und seine Gemahlin Gräfin Anna von Kleve mit ihren gräflichen Räten, Burgmannen und Städten überein, die gesamte Grafschaft an die Kölner Kirche zu verkaufen. Die Verkaufsurkunde stellt ein *„Musterbeispiel für die Beschreibung einer Landesherrschaft"* dar. Detailliert werden die gräflichen Besitzungen und Rechte aufgelistet und die Bedingungen des Verkaufs festgelegt. Für 130.000 Gulden fielen alle Eigengüter des Grafen von Arnsberg, seine Reichslehen, seine Kölner Lehen, acht Landesburgen, fünf Städte, neun Freiheiten, 24 Pfarrdörfer, die Gerichtshoheit, alle Patronate und das alte Arnsberger Ehrenrecht eines *„Vorstreiters zwischen Rhein und Weser"* an das Kölner Erzstift. Nachfolgeverträge lassen jedoch erkennen, daß noch nicht einmal ein Bruchteil der 130.000 Gulden bezahlt worden ist. Der „Verkauf" trug in Wirklichkeit den Charakter einer Schenkung.

An die Urkunde sind 15 Siegel angehängt:
Das Grafenpaar:
  1. Reitersiegel Graf Gottfrieds IV. von Arnsberg; 2. Gräfin Anna von Kleve;
Die Ritter:
  3. Anton von Reigern; 4. Rutger Ketteler;
Die Knappen, Burg- und Lehnsmannen:
  5. Heidenreich genannt der Wolf; 6. Arnold Hake; 7. Wilhelm Quatterlant; 8. Arnold

H 1 Titelseite des „Friedrich-Lektionars" (fol. 1r)

IN NOMINE
DOMINI IN
CIPIUNT EPISTO
LAE SANC
TI IERONIMI
PRESBITERI
DIVISAE PROP
TER GRAVITA
TEM PONDERIS

Anfang der Episteln des Hl. Hieronymus (fol. 1v)   H 1

H 3 Grabfigur Graf Gottfrieds IV. von Arnsberg
im Kölner Dom mit Schwert (rechts) und Dolch (links)

von Beringhausen; 9. Johannes Schürmann;
10. Konrad Wrede;
Die Städte:
11. Arnsberg; 12. Eversberg; 13. Neheim;
14. Grevenstein; 15. Hirschberg.

Die Urkunde ist ein Schlüsseldokument zur Landesgeschichte Südwestfalens. Mit dem Erwerb der Grafschaft Arnsberg, die laut einer Formulierung in der Urkunde *„wie der Mittelpunkt in einem Kreis (utpote centrum in circulo)"* von kölnischen Besitzungen umgeben war, verschmolzen diese isolierten kölnischen Lande im südlichen Westfalen erst zu einem abgerundeten Territorium. Arnsberg als Hauptstadt und Grafensitz wurde bevorzugter Residenzort der Kölner Kurfürsten und nach der Soester Fehde (1444/49) dauernder Sitz der Regierung des gesamten Herzogtums Westfalen.

Die vorliegende Urkunde, von der noch eine zweite Ausfertigung im Staatsarchiv Münster existiert, kam mit der Flüchtung des Domarchivs im Jahre 1794 nach Arnsberg. (M.G.)

H 3 Grabmal Graf Gottfrieds IV. von Arnsberg

Grafengrab, Ansicht, SW-Abbildung
LG.: Arnsberg, Sauerland-Museum des Hochsauerlandkreises

Als einziger weltlicher Fürst liegt Graf Gottfried IV. von Arnsberg († 21. Februar 1371) in der Marienkapelle des Kölner Domes begraben. Für ihn wurde ein prächtiges Tumbengrab errichtet. Die lebensgroße Steinfigur weist noch Reste der ursprünglichen Farbfassung auf. Die beiden Waffen der Liegefigur entstanden wahrscheinlich im Zusammenhang mit der Wiederherstellung des Grabmals durch den Bildhauer Christoph Stephan. Abgeschlossen waren diese Arbeiten im Jahre 1849. Der gußeiserne Dolch ist an der rechten und das gleichfalls gußeiserne Schwert an der linken Körperseite befestigt. (M.St.)

RAUM I

I 1 Rechtfertigungsschrift des Gebhard Truchseß von Waldburg, 1583

Buchdruck mit handschriftlichen Ergänzungen, 1583; H 22 cm; B 18 cm
LG.: Arnsberg, Sauerland-Museum des Hochsauerlandkreises

Auſſchreiben
Vnd
Gründlicher warhaffter Bericht
Vnſer Gebhardts/
von Gottes Gnaden erwehlten vnd
beſtetigten Ertzbiſchoffs zu Cölln/des heyligē Rö-
miſchen Reichs durch Italien Ertzcantzlers vnd Churfürſten/
Hertzogen zu Weſtphalen vnd Engern/Warumb wir vns mit
etlichen Soldaten/zu beſchützung vnſerer Land/Leuth/vnd eigenen Perſon/auch folgends in weitere Kriegsrüſtung/wider
vnſere Feind vnd widerwertige/zubegeben genottrangt/ auch
auß was Chriſtlichen/rechtmäſſigen/ vnd notwendigen vrſa-
chen wir/die freylaſſung der wahren Chriſtlichē Religion Augs-
ſpurgiſcher Confeſſion verſtattet/vnnd was vns in Ehelichen
ſtand zubegeben bewegt/mit angehaffter außführung/daß damit von vns/vnſer widerwertigen/vngegründetē angeben
nach/wider die gülden Bull/Religion frieden/Churfürſtliche
Brüderliche verein/Landeinigung/vnnd andere gethane Ge-
lübt/nichts vngebürlichs gehandlet/ſondern dasjenige allein/
ſo wir vnſers Stands/Gewiſſens/vñ Ehren halben anzuſtel-
len ſchuldig geweſen/ vnd gegen Gott vnd der Welt
verantworten können/vorgenommen
ſey worden.

Pſalm. 54.
Hilff mir Gott/durch deinen Namen/vñ ſchaffe mir recht/durch deinen
gewalt.
Dann Stoltze ſetzen ſich wider mich/vnd Trotzige ſtehen mir nach meiner Seele/vnd haben Gott nicht für Augen.
Sihe/Gott ſtehet mir bey/Der HERR erhelt meine Seele/Er wirt
die boßheyt meinen Feinden bezahlen.

M D. LXXXIII.

I 1

Gebhard Truchseß von Waldburg († 1601), Kölner Erzbischof von 1577-1583, bekannte sich 1582 zur evangelischen Lehre und heiratete die Stiftsdame Agnes von Mansfeld. Sein Versuch, das Erzbistum Köln in ein weltliches Fürstentum zu verwandeln, scheiterte vor allem am Widerstand des Kölner Domkapitels. 1583 wurde Gebhard exkommuniziert und Ernst von Bayern sein Nachfolger. Im Kölnischen Krieg von 1583 bis 1588, der sich besonders im Raum Bonn und in Westfalen abspielte, versuchte Gebhard, sich als weltlicher Landesherr durchzusetzen. Während der Truchsessischen Wirren wurde das Kloster Wedinghausen bei Arnsberg von seinen Söldnern besetzt, geplündert und stark verwüstet.

Der weitschweifige Titel des Buches gibt eine Vorstellung von seinem Inhalt. Es ist eine Recht-fertigung des Kurfürsten Gebhard Truchseß von Waldburg: „*Außschreiben und gründlicher warhaffter Bericht unser Gebhardts/ von Gottes Gnaden erwehlten und bestetigten Ertzbischoffs zu Cölln/ des heyligen Römischen Reichs durch Italien Ertzcantzlers und Churfürsten/ Hertzogen zu Westfalen und Engern/ Warumb wir uns mit etlichen Soldaten/ zu beschützung unserer Land/ Leuth/ und eigenen Person/ auch folgends in weitere Kriegsrüstung/ wider unsere Feind und widerwertige/ zu begeben genottrangt/ auch auß was Christlichen/ rechtmässigen/ und notwendigen ursachen wir/ die freylassung der wahren Christlichen Religion Augspurgischer Conffession verstattet/ unnd was uns in Ehelichen stand zu begeben bewegt/ mit angehaffter außführung/ daß damit von uns/ unser widerwertigen/ ungegründetem angeben nach/ wider die gülden Bull/ Religionfrieden/ Churfürstliche Brüderliche verein/ Landeinigung/ unnd andere gethane Gelübt/ nichts ungebürlichs gehandlet/ sondern das jenige allein/ so wir unsers Stands/ Gewissens/ und Ehren halben anzustellen schuldig gewesen/ und gegen Gott und der Welt verantworten können/ vorgenommen sey worden.*" In der Rechtfertigungsschrift fehlen einige Seiten, die handschriftlich nachgetragen sind. Auf der letzten Seite endet der Bericht mit der Datumsangabe: „*Dat(um) in unserem Schloß zu Statt Arnsberg den 10. Märtz a(nn)o 1583*"

(O.K.-B.)

I 2 Apologia des Ertzstiffts Cöllen, Bonn 1659

Abb. S. 50

Buchdruck mit Titelkupfer, 349 S.; H 31 cm; B 20 cm

LG.: Köln, Erzbischöfliche Diözesan- und Dombibliothek Ae 110

Das Titelblatt zeigt das Kurkölnische Wappen, den Hl. Petrus, den Kölner Kurfürsten Maximilian Heinrich (1650-1688) und Ansichten der erzstiftischen kurkölnischen Städte.

Lit.: Kurköln, Land unter dem Krummstab. Katalog, Kevelaer 1985, Abb. S. 144 u. S. 170

(M.G.)

I 3 Decreta et Statuta Dioecesanae Synodi Coloniensis, Köln 1667

Abb. S. 239

Buchdruck mit Titelkupfer, 210 S., in umfangreicheren Konvolut; H 29 cm; B 18 cm

LG.: Köln, Erzbischöfliche Diözesan- und Dombibliothek Ae 37

Die Beschlüsse und Statuten der unter Kurfürst Maximilian Heinrich 1667 stattgefundenen Kölner Diözesansynode finden sich im vorliegenden Druck. Der Titelkupfer zeigt den Hl. Petrus, umgeben von heiligen Kölner Erzbischöfen, unter dem von Engeln getragenen kurkölnischen Wappen. Darüber, in den Wolken schwebend, die Anbetung der Hl. Drei Könige. (M.G.)

I 4 Religionsgeschichte der kölnischen Kirche, unter dem Abfall der zweien Erzbischöfen und Churfürsten Herman Grafen von Wied und Gebhard Grafen von Truchseß, Köln 1764
Abb. S. 177
Buchdruck mit Titelkupfer;
LG.: Arnsberg, Histor. Bibl. Gymnasium Laurentianum, XVI K 42

Das Buch schildert die Religionswirren und die durch den Abfall der Kölner Kurfürsten Hermann von Wied (1515-1547) und Gebhard Truchseß von Waldburg (1577-1584) vom katholischen Glauben ausgelösten Auseinandersetzungen. Der Titelkupfer zeigt unter der Kurfürstenkrone und den drei weiblichen Personifikationen der geistlichen und weltlichen Macht sowie der Stadt Köln das Brustbild des Kölner Kurfürst-Erzbischofs Maximilian Friedrich von Königsegg (1761-1784) und eine Ansicht des Mausoleums der Hl. Drei Könige im Kölner Dom. Ein Kartenausschnitt stellt den Verlauf des Rheines und kurkölnische Städte zwischen Bonn und Kempen dar.
Lit.: Arnsbergs Alte Schriften, Arnsberg 1988, Abb. S. 93 (M.G.)

I 5 Prunkmonstranz des Erzbischofs Maximilian Heinrich

Gold, teils Silber vergoldet, getrieben, gegossen, graviert, emailliert, punziert, ziseliert. Gefaßte Edelsteine und Perlen; H 52,5 cm; Köln 1657/58
LG.: Köln, Hohe Domkirche, Schatzkammer

Die ausgestellte Monstranz ist eine Totalrekonstruktion, die 1978-87 von Peter Bolg nach Fotos und photogrammetrischen Aufnahmen angefertigt wurde. Die Orginalmonstranz fiel 1975 einem Raub zum Opfer. Die wiederbeschafften Teile (über 90% der Edelsteine und kleinere Teile) wurden bei der Rekonstruktion verwendet. Über dem Fuß und dem durch einen Nodus verzierten Schaft ist ein mit Edelsteinen besetztes, wangenverziertes Bergkristallgefäß (ursprünglich um 1400; 1975 zerstört) angebracht. Den Abschluß der Monstranz bilden zwei Kronen von unterschiedlichem Durchmesser. Erinnern Fuß und Schaft noch an gotische Monstranzen, so sind der überreiche Edelsteinschmuck und die beiden Kronen neue Stilelemente des Barock. Eine Inschrift auf der Rückseite des Smaragdanhängers nennt den Kölner Erzbischof Maximilian Heinrich als Stifter - wohl für die eigentliche Monstranz - im Jahre 1658. Zwei weitere Inschriften auf den Kronen bezeichnen Franz Egon von Fürstenberg (Kurkölnischer Minister; seit 1663 Bischof in Straßburg) ebenfalls als Stifter, aber schon für das Jahr 1657.

Es ist nicht auszuschließen, daß die beiden Kronen ursprünglich für eine Muttergottes mit Jesuskind gestiftet und dann ein Jahr später zur Bekrönung der Monstranz verwendet wurden.

Weder Meisterzeichen noch Inschrift, die Aufschluß über den Künstler geben, sind vorhanden. Durch einen stilistischen Vergleich mit der Goldenen Limburger Dommonstranz (1667 für den Trierer Schatz geschaffen), zu deren Entstehen schriftliche Quellen vorhanden sind, läßt sich die Prunkmonstranz dem in Köln tätigen Goldschmied und Juwelier Christian Schweling (1616-1675) zuschreiben.
Lit.: Clasen, C.-W.: Die Goldene Dommonstranz von 1657/58. Ihr Schicksal und ihr Meister Christian Schweling, in: Kölner Domblatt 54, 1989, S. 123-158; Rheinische Goldschmiedekunst der Renaissance und Barockzeit, Bonn 1975, Kat. Nr. 21, S. 55f; Schulten, W.: Der Kölner Domschatz, Köln 1980, Kat. Nr. 71, S. 117f.
(M.St.)

I 6 J.(ohannes), P.(hillipus), N.(erius), M.(aria), V.(ogel): Sammlung der prächtigen Edelsteinen, womit der Kasten der Dreyen Heiligen Weisen Königen in der Hohen Erz=Domkirche zu Köln ausgezieret ist..., Bonn 1781
Abb. S. 147, 265
Buchdruck, gestochener Titel, 36 Seiten Text und 12 Kupfertafeln (vier gefaltet), gestochen von C. Dupuis; Klein Folio,
LG.: Köln, Erzbischöfliche Diözesan- und Dombibliothek, Dom Hs. 421

Aufgeschlagen ist die Ansicht des Dreikönigenschreins, vgl. Erläuterungen unter Katalognummer F 6, S. 264!

Prunkmonstranz des Erzbischofs Maximilian Heinrich

I 7 „Pilgerblatt"; Thesaurus SS. Reliquiarum Templi Metropolitani Coloniensis von Johann Löffler, Köln 1671

Abb. S. 144

Kupferstich; H 45,7 cm; B 32,7 cm; von Johann Löffler, Köln 1671

LG.: Hohe Domkirche Köln, Schatzkammer

Der Kupferstich gibt, eingefaßt von architektonischer Rahmung, die 35 herausragendsten Stücke des Kölner Domschatzes wieder. In der Literatur wird er fälschlicherweise immer wieder als „Schonemann Blatt" bezeichnet; dabei war der aus Rotterdam stammende Petrus Schonemann nur der Domgeistliche, der dem Kölner Kupferstecher Johann Löffler im Jahre 1671 mit Genehmigung des Rates der Stadt Köln den Auftrag erteilte, dieses Blatt in Kupfer zu stechen.

Es entstand nach dem Muster vergleichbarer Blätter mit Darstellungen des Trierer bzw. des Aachener Domschatzes. Kupferstiche dieser Art werden auch als „Pilgerblätter" bezeichnet. Mit einer beigegebenen gedruckten Beschreibung der dargestellten Reliquien und Erläuterungen zur Verehrung der einzelnen Stücke in deutscher und lateinischer Sprache dienten sie nicht nur als Andenken für Pilger, die Köln und seinen „Thesaurus SS. Reliquarium" besucht und verehrt hatten, sondern sie trugen durch ihre weite Verbreitung u.a. auch dazu bei, diesen Heiligen Schatz der Hohen Domkirche zu Köln über die Grenzen des Rheinlandes hinaus bekannt zu machen.

Nach der ersten Auflage des Jahres 1671 erschien im Jahre 1745 ein Neudruck dieses Kupferstichs, der von der Witwe Rieger am Domhof verkauft wurde. In der zweiten Hälfte des 18. Jh. gehörte der Stich zum Angebot des Kölner Kupferdruckers J. P. Goffart und noch zu Beginn des 19. Jh. wurden Abzüge von Teilen der alten Kupferplatte als Illustrationen in A. E. d'Hame's: Historische Beschreibung der berühmten Hohen Erz-Domkirche zu Cöln am Rhein (1821) verwendet.

Das „Pilgerblatt" ist insbesondere auch deshalb von großer Bedeutung, weil es die Hauptstücke des Kölner Domschatzes in der Zeit vor der Zerstörung wiedergibt. Vergleicht man den Bestand der dargestellten Objekte mit den heutzutage in der Schatzkammer gezeigten Stücken, so wird deutlich, welche Verluste dem Kölner Domschatz infolge der Französischen Revolution entstanden. Abgesehen von der Prunkmonstranz (Nr. 1) und der Kußtafel (Nr. 27), die nach dem Diebstahl 1975 heute, wenn auch fragmentarisch erhalten und rekonstruiert, wieder in der Schatzkammer aufbewahrt werden, befinden sich von den dargestellten Stücken noch der Dreikönigenschrein (Nr. 3 u. 4), der Engelbertschrein (Nr. 5), das Büstenreliquiar des Gregor von Spoleto (Nr. 7), der Petrusstab (ohne gotische Hülle) (Nr. 14), die Mailänder Madonna (Nr. 17), die Kreuzreliquiare (Nr. 18, 28 u. 30) sowie das Bartholomäusreliquiar (Nr. 31) im Besitz des Domes.

Lit.: Hoster, J.: Der Dom zu Köln (1964), S. 55, Abb. Fig. 5; Schulten, W.: Der Kölner Domschatz (1980), S. 12, Abb. S. 333; Bodsch, I.: Ornamenta Ecclesiae 2. Bd., Köln, S. 180 Nr. E 4 und Abb S. 156; o.V.: Von Verehrung der Reliquien, Köln Edition (o.J.) Bd. III, KE 01034; Abb.: Budde, R./ Wallraf-Richartz-Museum (Hgg.): Die Heiligen Drei Könige. Darstellung und Verehrung. Kat., Köln 1982, S. 275, Nr. 259; Hoster, J. (Hg.): Achthundert Jahre Verehrung der Heiligen Drei Könige in Köln 1164 - 1964 (Kölner Domblatt 23/24), Kat. Köln 1964, S. 335, Nr. 40 und S. 420 (M.W.)

RAUM K

K 1 Engelbertschrein

Abb. Umschlagseite und S. 184

Silber teilvergoldet, gegossen, getrieben, gepunzt, graviert und ziseliert; Köln 1633; H 61 cm, B 119 cm, B 42 cm.

LG.: Köln, Hohe Domkirche, Schatzkammer

Der Schrein für die Reliquien des 1225 ermordeten Kölner Erzbischofs Engelbert von Berg ist eines der wichtigsten Werke des Frühbarock im Rheinland. Geschaffen wurde er von dem inschriftlich genannten Goldschmied Conradt Duisbergh. Die Modelle für die vollplastischen Figuren stammen von dem Bildhauer Jeremias Geisselbrunn und die Vorlagen für die Reliefs erstellte der Maler Augustin Braun. Der 1633 vollendete Schrein wurde von dem Kölner Erzbischof Ferdinand von Bayern für den Kölner Dom gestiftet; sein Wappen befindet sich an der linken Schmalseite des Schreines.

Über dem rechteckigen Unterbau liegt ein kissenartiger Deckel, der von einer auf der Seite liegenden Figur des Erzbischofs Engelbert bekrönt wird. An den Langseiten wechseln, von Säulen getrennt, Reliefs und vollplastische Standbilder von insgesamt zehn heiligen Kölner Erzbischöfen ab. Die linke Stirnseite zeigt eine Anbetung

Schauseite des Engelbertschreines

der Hl. Drei Könige, die rechte den Salvator mundi, flankiert von Petrus und Maternus.

Die Reliefs auf den Langseiten schildern Episoden aus der Vita Engelberti. Auf den ovalen Reliefs des Deckel werden Wunder, die sich nach Engelberts Tod - meist an seinem Grab - ereignet hatten, dargestellt. Das Bildprogramm des Schreins wurde wahrscheinlich von den Brüdern Johannes und Aegidius Gelenius entworfen. Bei der Darstellung der Erzbischöfe wurde teilweise auf mittelalterliche Vorbilder zurückgegriffen, so bei Bruno, der seinen Fuß auf den besiegten Herzog Kuno von Lothringen stellt. Lediglich Erzbischof Heribert ist nicht mit Pontifikalgewändern, sondern mit dem Ornat eines Kurfürsten bekleidet.

Die Form des Engelbertschreines läßt sich von italienischen Grabdenkmälern mit auf der Seite liegenden Figuren und mittelalterlichen Reliquienschreinen herleiten. An Schreine erinnert der Unterbau mit seinem umlaufenden Sockel, die durch Säulen getrennten Felder und die Gliederung der Schmalseiten, an denen je zwei kleine Bögen einen größeren flankieren. Gegenüber den mittelalterlichen Schreinen finden sich dagegen eine Reihe untektonischer Elemente. So tragen die Säulen keine Architekturelemente, sondern Engel und an den Schreinsecken befinden sich anstelle von Säulen barocke Zierformen.

Stilistisch konnte U. Weirauch den Schrein auf Grund seiner barocken Schmuckformen und seiner Ähnlichkeit im Gesamtaufbau mit dem Würzburger Kilianschrein (1593 entstanden; 1794 eingeschmolzen; Stich aus dem Jahre 1741) aus Süddeutschland herleiten. Die Inschriften der Szenen nach Schulten:

K 1 Stirnseite des Engelbertschreines

Am Unterbau
1. NASCITUR Ao 1185 (Geboren 1185)
2. EPISCOPATUM MONASTERIENSEM RESPUIT PROPTER IUVENTUTEM (Wegen seiner Jugend weist er das Bischofsamt von Münster zurück)
3. INAUGURATUR ARCHIEPISCOPUS (Er wird zum Erzbischof geweiht)
4. HENRICUM REGEM ROM: CORONAT (Er krönt den römischen König Heinrich)
5. OPERA MISERICORDIAE S. ENGELBERTI (Werke der Barmherzigkeit des hl. Engelbert)
6. PRO LIBERTATE ECCLESIASTICA ET OBEDIENTIA ROMANAE ECCLESIAE MARTHYRIZATUR (Für die kirchliche Freiheit und aus Gehorsam gegenüber der Römischen Kirche erleidet er das Martyrium)
7. IN COMITIIS REGALIBUS RELIQUIAE EIUS PRAESENTANTUR (Seine Reliquien werden in der königlichen Versammlung gezeigt)
8. IN MOGUNTINO SYNODO MARTYR DECLARATUR (Auf der Synode in Mainz wird er zum Märtyrer erklärt)

Am Deckelrand
1. COMES ARNSBERGENSIS INTESTINA S. ENGELBERTI POST 14 HEBDO(MADES) ILLAESA REPE(RIT) (Der Graf von Arnsberg findet die Eingeweide des hl. Engelbert nach 14 Wochen unversehrt vor)
2. A FEBRIBUS UNDENI, UNUS CALCULO, + HYDROPE ALIUS LIBERAT(UR) (Elf Menschen werden vom Fieber, einer von Nierensteinen, ein anderer von der Wassersucht befreit)
3. UNDECIM CLAUDIO, OCTO CONTRACTI RESTITUUNTUR (Elf Lahme und acht Krüppel werden geheilt)
4. VIRIS RELIGIOSIS EIUS GLORIA REVELATUR (Frommen Menschen wird seine Herrlichkeit offenbart)
5. MIRACULOSIS LUMINIBUS SANCTUS DEMONSTRATUR (Durch wundersame Lichterscheinungen wird er als Heiliger erwiesen)
6. PARTURIENTIBUS, PARALITICIS ET COMITIALI MORBO MEDET(UR) (Gebärende, Lahme und Fallsüchtige werden geheilt)
7. PUERULUS AQUA SUFFOCATUS REVIVISCIT (Ein ertrunkener Knabe kommt wieder zum Leben)

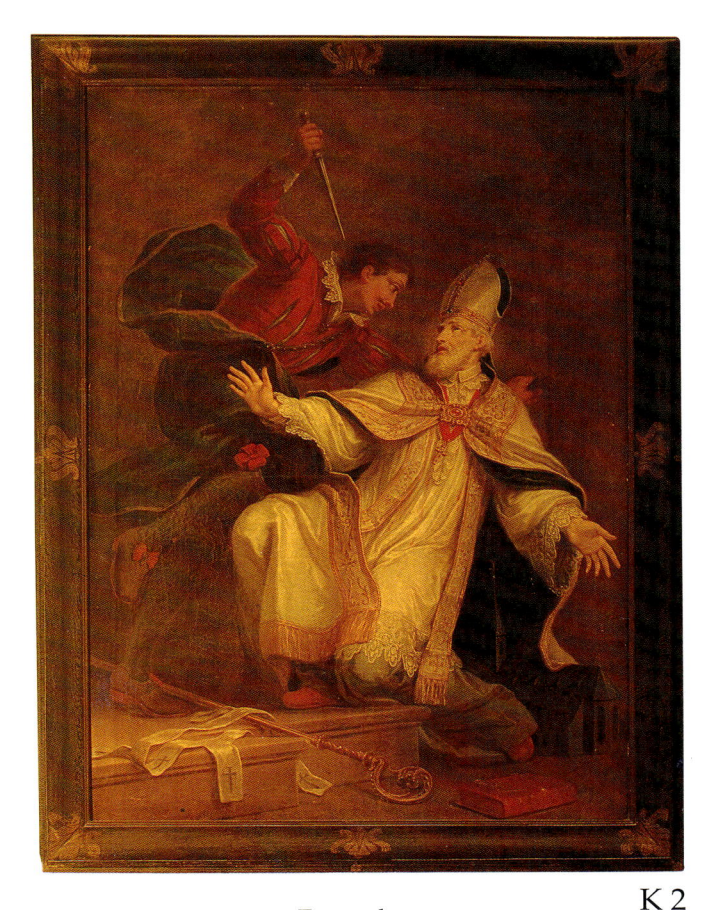

8. 9 CAECI, 4 SURDI; 2 MUTI, 19 MORBIDI SANANTUR (9 Blinde, 4 Taube, 2 Stumme, 19 Sieche werden geheilt)

Lit.: Rheinische Goldschmiedekunst der Renaissance und Barockzeit, Bonn 1975, Kat. Nr. 9, S. 44ff; Schulten, W.: Der Kölner Domschatz, Köln 1980, Kat. Nr. 47, S. 107ff; Weirauch, U.: Der Engelbertschrein von 1633 im Kölner Domschatz, Düsseldorf 1973 (M.St.)

Ermordung des Kölner Erzbischofs Engelbert I. von Berg

K 2

K 2 Ermordung des Kölner Erzbischofs Engelbert I. von Berg

Ölgemälde; H 138 cm; B 92 cm; Westfalen, wohl Mitte 18. Jh.
LG.: Arnsberg, Pfarrgemeinde St. Petri-Oelinghausen

Der Kölner Erzbischof Engelbert I. von Berg wurde am 7. November 1225 in einem Hohlweg bei Gevelsberg erschlagen. Lokaler Tradition zufolge soll er die Nacht vorher im Kloster Oelinghausen, in dem seine Schwester Gisela Nonne war, verbracht haben. Immer wieder hat diese Gewalttat zu Darstellungen Anlaß gegeben. Oft wurde die Szene - getreu dem Bericht über den Tathergang bei Caesarius von Heisterbach (um 1180-nach 1240) - mit vielen Beteiligten lebhaft gestaltet. Das Gemälde aus dem Kloster Oelinghausen stellt dagegen nur den Erzbischof und seinen Mörder dar. Der Neffe Engelberts, Graf Friedrich von Isenburg - durch die Rose (als Wappenzeichen) am Bein erkennbar -, stürzt aus dem Dunkeln mit gezogenem Dolch auf den hell beleuchteten Erzbischof zu. Der kniende Engelbert in bischöflichem Ornat und Mitra, blickt schicksalsergeben zum Himmel. Bischofsstab und Pallium sind schon zu Boden gefallen.

Lit.: Luckhardt, J., in: Kat. Köln-Westfalen 1180-1980, Münster 1980, II. S. 206, Nr. 617 mit Abb. (M.G.)

K 3 Oelinghausener Gnadenbild „Unsere liebe Frauen von Köllen", roman. Madonna mit Kind (A. 13. Jh.)

Abb. S. 227

Romanische Madonna mit Kind, A. 13. Jh.; Leuchtdia des Originals
LG.: Arnsberg, Stadtarchiv

Die Oelinghauser Gnadenmadonna wird in Quellen des 17. Jhs als „Unsere liebe Frau von Köllen" bezeichnet. Das erhärtet die lokale Überlieferung, die Figur sei ein Geschenk des Kölner Erzbischofs Engelbert I. von Berg (1225 ermordet) an seine Schwester Gisela gewesen, die Nonne im Kloster Oelinghausen war. Die Figur ist im Original leider nur in der Krypta der Klosterkirche in Oelinghausen zu sehen. (M.G.)

K 4 Sieben Gemälde von Kölner Kurfürsten

o. Abb.

Einige Gemälde der Kölner Erzbischöfe und Landesherren des kurkölnischen Herzogtums Westfalen sollen sich ehemals im 1762 zerstörten Arnsberger Schloß befunden haben. Später schmückten sie den Rittersaal des Arnsberger Rathauses. Es handelt sich um die lebensgroßen Herrschergemälde der Kurfürsten 1. Ernst von Bayern (1583-1612); 2. Ferdinand von Bayern (1612-1650); 3. Maximilian Heinrich von Bayern (1650-1688); 4. Joseph Clemens von Bayern (1688-1723); 5. Clemens August von Bayern (1723-1761) und 6. Maximilian Friedrich von Königsegg-Rothenfels (1761-1784) sowie 7. ein Brustbild des letzten regierenden Kölner Kurfürsten Maximilian Franz von Österreich (1784-1801). (M.G.)

K 5 Faldistorium des Kurfürsten Maximilian Franz

Abb. S. 98

Holz, schwarz, gold- und silberfarben bemalt, um 1790
LG.: Arnsberg, Propsteigemeinde St. Laurentius

Wahrscheinlich bei seinem letzten Aufenthalt in Arnsberg im Jahre 1795 hat Kurfürst Maximilian Franz diesen klappbaren Reisestuhl als Bischofsstuhl im Kloster Wedinghausen zurückgelassen. Bei Aufhebung des Klosters 1803 gelangte der Stuhl in private Hände und wurde nach einer Restaurierung im Jahre 1845 von den Eheleuten Rimm der Kirchengemeinde geschenkt. Heute dient er dem Zelebranten als Sitzgelegenheit. Der Stuhl zeigt auf der Schauseite das farbige kurkölnische Wappen mit dem Kreuz des Hochmeisters des Deutschen Ordens sowie als Herzschild das Habsburger Hauswappen des Kurfürsten. Auf der anderen Seite ist sein verschlungenes Monogramm M und F zu lesen. (M.G.)

K 6 Kurfürst-Erzbischof Maximilian Franz

Abb. S. 212

Ölgemälde, vor 1786
LG.: Arnsberg, Sauerland-Museum des Hochsauerlandkreises

Das Porträt des Kurfürsten Maximilian Franz befand sich ehemals im Rittersaal („Fürstensaal") des Rathauses der Stadt Arnsberg. Das Gemälde war aus Bonn in die westfälische Residenzhauptstadt geschenkt worden. Der Rahmen wurde von den Landständen angeschafft. Meister Johannes Strattmann in Geseke stellte ihn nach einem zuvor eingesandten Entwurf her (1786/87) und sein Bruder A. Stratmann in Paderborn nahm die Vergoldung vor. (Stadtarchiv Arnsberg, Arnsberg Urk. Nr. 101). (M.G.)

<u>Autoren der Katalogartikel:</u>
Michael Gosmann, Arnsberg (M.G.)
Dr. Ottilie Knepper-Babilon, Meschede (O.K.-B.)
Dr. Rolf Lauer, Köln (R.L.)
Dr. Rudolf Lenz, Köln (R.Le.)
Marc Steinmann, Köln (M.St.)
Dr. Markus Wild, Bonn (M.W.)

ABKÜRZUNGEN:

ADB	Allgemeine Deutsche Biographie
AEK	Historisches Archiv des Erzbistums Köln
AHVN	Annalen des Historischen Vereins für den Niederrhein
BKW	Bau- und Kunstdenkmäler von Westfalen
HAStK	Historisches Archiv der Stadt Köln
HBO	Heimatblätter des Kreises Olpe
HSO	Heimatstimmen des Kreises Olpe
HSTAD	Hauptstaatsarchiv Düsseldorf
KAT.	Ausstellungskatalog
Kdm. Rh.	Clemen, P. (Hg.): Die Kunstdenkmäler der Rheinprovinz
REK	Die Regesten der Erzbischöfe von Köln im Mittelalter (= Publikationen der Gesellschaft für Rheinische Geschichtskunde XXI), Bd. VII, bearb. v. Wilhelm Janssen, Düsseldorf 1982
LThK	Lexikon für Theologie und Kirche
o.A.	Ohne Angabe
ORN.ECCL.	Ornamenta Ecclesia, Katalog, hg. von A. Legner, 3 Bde., Köln 1985
STAAR	Stadtarchiv Arnsberg
STAMS	Staatsarchiv Münster
StA Werl	Stadtarchiv Werl
WZ	Westfälische Zeitschrift
ZAGV	Zeitschrift des Aachener Geschichtsvereins

LITERATUR:

Arnsberger Heimatbund (Hg.)
750 Jahre Arnsberg. Zur Geschichte der Stadt und ihrer Bürger, Arnsberg 1989

Attendorn
Alte Kunst im kurkölnischen Sauerland von der Romanik bis zum Barock, Attendorn 1972

Bernards, Matthäus
Der Domherr Joseph Klemens von Gudenau, in: Colonia Sacra. Festgabe für Wilhelm Neuss zur Vollendung seines 65. Lebensjahres, hg. von Eduard Hegel, Köln 1947, S. 251-302

BJB (Brökelmann, Jaeger und Busse)
Im Mittelpunkt das Licht. 125 Jahre Einbindung in die Industriegeschichte Neheims. Selbstverlag, Arnsberg 1992

Bloch, P./H. Schnitzler
Die ottonische Kölner Malerschule, Bd. I und II, Düsseldorf 1967/70

Blotevogel, Hans H.
Zentrale Orte und Raumbeziehungen in Westfalen vor der Industrialisierung, Münster 1975

Boecker, Wilhelm Heinrich
Geschichte der ersten Überbringung der durch Kriegsgefahren 1794 veranlaßte Wegführung und nacherigen Zurückkunft der Reliquien der h.h. drey Könige in die Domkirche zu Köln, Köln 1810

Boos, Karl
Der Fluchtweg des Dreikönigsschreins, in: Unser Sauerland, Heimatbeilage der Westfalenpost Nr. 1, Januar 1954

Boos, Karl
Die Heiligen drei Könige im Sauerland, in: Bartmeier, Josef (Hg.), Färber (Bearb.): Eine Heimatkunde für den Kreis Olpe, Heft 2 Geschichtsbilder, S. 25f.

Borger, H. (Hg.):
Der Kölner Dom im Jahrhundert seiner Vollendung, Ausstellungskatalog, Köln 1980

Bott, Gerhard/Udo Arnold (Hgg.)
800 Jahre Deutscher Orden. Katalog der Ausstellung im Germanischen Nationalmuseum Nürnberg, Gütersloh/München 1990

Brach, Karl Heinz
Die Reform des Gerichtswesens im Erzbistum Köln unter Max Franz, (Beiträge über die Geschichte Niedersachsens und Westfalens, 24. Heft), 1910

Braubach, Max
Die erste Bonner Hochschule, Maxische Akademie und kurfürstliche Universität 1774/77 bis 1798 (Academia Bonnensia. Veröffentlichungen des Archivs der Rheinischen Friedrich-Wilhelms-Universität zu Bonn) Bonn 1966

Braubach, Max
Die Lebenschronik des Freiherrn Franz Wilhelm von Spiegel zum Diesenberg, zugleich ein Beitrag zur Geschichte der Aufklärung in Rheinland-Westfalen, Münster 1952

Braubach, Max
Die politische Neugliederung Westfalens 1795-1815, in: Der Raum Westfalen II, 2, Münster 1934

Braubach, Max
Die vier letzten Kurfürsten von Köln, Bonn 1931

Braubach, Max
Verschleppung und Rückführung rheinischer Kunst- und Literaturdenkmale 1794 bis 1815/16, in: AHVN, Heft 176, Bonn 1974, S. 93-153

Braubach, Max
Maria Theresias jüngster Sohn Max Franz. Letzter Kurfürst von Köln und Fürstbischof von Münster, Wien-München 1961

Braubach, Max
Max Franz von Österreich, letzter Kurfürst von Köln und Fürstbischof von Münster, Münster 1925

Braudel, Fernand
La Méditerranée et le monde méditerranéen à l'epoque de Philippe II, 2. erweiterte Auflage, Paris 1949

Breuer, Karl
Beiträge zur Schulgeschichte. a) Molinari, der letzte Frankfurter Scholaster der Stiftsschule des St. Bartholomäusstiftes, in: Selektenschule. Ehemalige Domstiftsschule Frankfurt a.M., gegründet 876, Bericht über das Schuljahr 1927/28, Frankfurt a.M. 1928, S. 5-11.

Brüggemann, Clemens/Richtering, Helmut
Abtei Wedinghausen, Propsteikirche St. Laurentius (Städtekundliche Schriftenreihe über die Stadt Arnsberg, Heft 6), Arnsberg 1971

Bruns, Alfred (Bearb.)
Die Straßen im südlichen Westfalen (=Veröffentlichungen aus dem Archiv des Landschaftsverbandes, Bd. 1), Münster 1992

Budde, Rainer/Wallraf-Richartz-Museum (Hgg.)
Die Heiligen drei Könige. Darstellung und Verehrung. Katalog der Ausstellung in der Johann-Haubrich-Kunsthalle, Köln 1982

Cardauns, Hermann
Aus dem alten Köln vor 60 und 120 Jahren, Köln 1920

Clemen, P.(Hg.):
Die Kunstdenkmäler der Rheinprovinz, 16 Bde, Düsseldorf 1891-1937

Correns, Theodor
Abhandlung über den vorzüglichen Unterschied zwischen den ehemaligen Landrechten, Gewohnheiten, der landständischen und unterherrschaftlichen Verfassung des Kurfürstentums Köln, Herzogtum Jülich und Berg und Successionsrechte der ehemaligen Reichsstadt Köln, Köln 1826

Cronau, Günter
Domkapitel und Heilige Drei Könige in Arnsberg, in: Jahrbuch Hochsauerlandkreis 1994, Brilon 1993, Seite 44-48

Cronau, Günter
Domkapitel und Heilige Drei Könige in Arnsberg, in: Westfalen Jahrbuch 1994, Münster 1993, Seite 44-48

Der Meister des Dreikönigen-Schreins, Katalog der Ausstellung im Erzbischöflichen Diözesan-Museum in Köln, Köln 1964

Die Heiligen Drei Könige - Darstellung und Verehrung s. Budde, Rainer/Wallraf-Richartz-Museum (Hgg.)

Dieterich, J. R.
Die Politik Landgraf Ludwig X. von Hessen-Darmstadt von 1790-1806, in: Archiv für Hessische Geschichte und Altertumskunde, N.F. 7, Darmstadt 1910, S. 430ff.

Dreikönigsbräuche in Westfalen, in: Ruhrwellen Heft 11/12, VIII. Jg. 1931

[Dupuis, Bartholomäus]
Bemerkungen und Uebersicht über den Zustand des Archiv- und Registraturwesens im Herzogthum Westfalen im Jahre 1816, in: Zeitschrift für vaterländische Geschichte und Alterthumskunde (= Westfälische Zeitschrift) 51 1893, II. Abt., S. 97-120

Esser, Anna
Chronik der Familie Esser in Rheinland und Westfalen und deren verwandten Zweige, Paderborn 1916

Essers, Karl
Zur Geschichte der kurkölnischen Landtage im Zeitalter der französischen Revolution 1790/97, 1909

Eversmann, Friedrich August Alexander
Einige statistische Bemerkungen über das Herzogtum Westfalen, Arnsberg 1804

Féaux de Lacroix, Karl
Geschichte Arnsbergs, Arnsberg 1895 (ND Werl 1971)

Festschrift zur 500jährigen Wiederkehr der Verleihung der Stadtrechte an Allendorf, Allendorf 1924, S. 56

Fischer, Ferdy
Drei Könige und ein Stern. Ein Sternsingerbuch, Düsseldorf 1987

Frenken, Johann Wilhelm
Das Schicksal der im Jahre 1794 über den Rhein geflüchteten Werthgegenstände des Cölner Domes, insbesondere die Zurückführung der Manuscripten-Bibliothek. Aktenmäßige Denkschrift, Cöln-Neuss 1868

Friedrich, Rudolf
Der Raum Sundern: Einst bedeutendes Zentrum der deutschen Eisen- und Stahlindustrie, in: Jahrbuch Hochsauerlandkreis 1990, S. 78-89

Gebauer, Johannes Heinrich
Das kurkölnische Herzogtum Westfalen im Jahre 1802. Nach einer Denkschrift von Dohm, in: AHVN, Heft 142/143, 1943 S. 242-255

Glasmacher, Engelbert
Die Heiligen Drei Könige in Balve, in: Balve, Buch vom Werden und Sein der Stadt, Balve 1930, S. 243f.

Goldschmiedekunst
vgl. unter: Heppe, Karl Bernd/Helmut Knirim (Hg.): Goldschmiedekunst...

Grimme, Friedrich Wilhelm:
Das Sauerland und seine Bewohner, Paderborn 1886

Grinten, Ludwig van der
Beiträge zur Gewerbepolitik des letzten Kurfürsten von Köln und Fürstbischof von Münster Max Franz 1784-1801 (Beiträge für die Geschichte Niedersachsens und Westfalens, 5. Band, 14. Heft), Hildesheim 1908

Groeteken, F.A.
Sagen des Sauerlandes, 2. Aufl. Schmallenberg 1926 (3. Aufl. hg. v. M. Padberg, Schmallenberg-Fredeburg 1983)

Gruner, Justus Karl
Meine Wallfahrt zur Ruhe und Hoffnung, oder Schilderung des sittlichen und bürgerlichen Zustandes Westphalens am Ende des 18. Jahrhunderts, Teil 1 und 2, Frankfurt 1802/03

Hansen, Josef
Quellen zur Geschichte der Rheinlande im Zeitalter der Französischen Revolution 1780-1801, Bde. 1-4, Bonn 1931-38

Harleß, Waldemar
Ueber die letzten Schicksale des Cölnischen Erzstiftes und Domkapitels, mit besonderer Beziehung auf das Archiv des letzteren, I. Das Archiv des Cölner Domkapitels bis 1794; II. Das Cölner Domkapitel und dessen Archiv 1794 - 1798, in: Zeitschrift für preußische Geschichte und Landeskunde 11 (1874), S. 432-451 und III. Das Cölner Domkapitel in der Periode vom Rastatter Congresse bis zum französischen Suppressions-Decrete, 1798 - 1802, in: Zeitschrift für preußische Geschichte und Landeskunde 12 (1875), S. 1-38

Hecker, Hermann Joseph
Chronik der Regenten, Dozenten und Ökonomen im Priesterseminar des Erzbistums Köln 1615-1950 (Studien zur Kölner Kirchengeschichte 1), Düsseldorf 1952

Hegel, Eduard
Das Erzbistum Köln zwischen Barock und Aufklärung. Vom Pfälzischen Krieg bis zum Ende der französischen Zeit 1688-1814 (= Geschichte des Erzbistums Köln, Bd. 4), Köln 1979

Heppe, Karl Bernd
Gotische Goldschmiedekunst in Westfalen vom zweiten Drittel des 13. bis zur Mitte des 16. Jahrhunderts, phil. Diss. Münster 1973, Münster 1977

Heppe, Karl Bernd/Helmut Knirim (Hgg.)
Goldschmiedekunst im Kurkölnischen Sauerland aus 8 Jahrhunderten. Katalog, Arnsberg 1977

Herbold, Hermann
Die städtebauliche Entwicklung Arnsbergs von 1800 bis 1850 (Städtekundliche Schriftenreihe über die Stadt Arnsberg 1), Arnsberg 1967

Heymer, Heribert
Dei Hiligen Drei Künige, in: Schieferbergbau- und Heimatmuseum Schmallenberg-Holthausen (Hg.): Patrone und Heilige im kurkölnischen Sauerland, Katalog der Ausstellung, Schmallenberg-Fredeburg 1993, S. 121-122

Höing, Norbert
Vom kurkölnischen Herzogtum Westfalen zu Preußen. Jahresgabe 1991 des Fördervereins für das Sauerland-Museum e.V., Arnsberg 1991

Hömberg, Albert Karl
Siedlungsgeschichte des oberen Sauerlandes (=Veröffentlichungen der Historischen Kommission Westfalens, Bd. 22), Münster 1938

Höynck, Franz Anton
Geschichte der Pfarreien des Dekanats Arnsberg, Hüsten o.J. (1907)

Höynck, Franz Anton
Die Wahl des letzten Kurfürsten und Erzbischofs von Köln, in: Zeitschrift für vaterländische Geschichte und Altertumskunde Westfalens (= Westfälische Zeitschrift), 58/1900, Münster 1900, S. 210-222

Höynck, Franz Anton
Köln in Arnsberg. Aus den letzten Zeiten des alten Erzbistums Köln, in: Der katholische Seelsorger. Wissenschaftlich-praktische Monatsschrift für den Klerus Deutschlands. 13. Jg. Paderborn 1901, S. 429-436, 473-478, 524-528, 574-580

Hoster, Joseph (Hg.)
Achthundert Jahre Verehrung der Hl. Drei. Könige in Köln 1164 - 1964 (Kölner Domblatt 23/24), Köln 1964

Hüffer, Hermann
Aus den Jahren der Fremdherrschaft, in: AHVN, Heft 61, Köln 1895, S. 1-56

Hüffer, Hermann
Rheinisch-Westfälische Zustände zur Zeit der französischen Revolution, in: AHVN, Heft 26/27, Köln 1874, S. 1-115

Hüffer, Johann Hermann
Lebenserinnerungen, Briefe und Aktenstücke, unter Mitwirkung von Ernst Hövel bearbeitet und herausgegeben von Wilhelm Steffens, o.O. 1952

Hüser, Matthias Werner
Chronik der Stadt Arnsberg, Arnsberg 1820

IHK für das Südöstliche Westfalen zu Arnsberg u.a. (Hg.)
Die Industrie-Region Mitte-West. Eine Initiative der Industrie- und Handelskammern Arnsberg, Dillenburg, Gießen, Hagen, Kassel, Koblenz, Limburg, Siegen und Wetzlar, Arnsberg 1994

Ilisch, Peter
Die Verehrung kölnischer Heiliger in Westfalen, in: Köln Westfalen 1180 - 1980. Landesgeschichte zwischen Rhein und Weser, Band I., S. 354-357, Münster 1980

Jaffé, Ph./G. Wattenbach (Hg.)
Ecclesiae Metropolitanae Coloniensis Codices Manuscripti, Berlin 1874

Jansen, Gerhard Josef
Kurfürst-Erzbischof Max Franz von Köln und die episkopalistischen Bestrebungen seiner Zeit. Nuntiaturstreit und Emser Kongreß, Diss., Bonn 1933

Janssen, J. und Friedrich Wilhelm Lohmann
Der Weltklerus in den Kölner Erzbistums-Protokollen 1661-1825, Köln 1935/36

Janssen, Wilhelm
Das Erzstift Köln in Westfalen, in: Peter Berghaus, Siegfried Kessemeier (Hg.): Köln-Westfalen 1180-1980. Landesgeschichte zwischen Rhein und Weser, Bd. 1, Münster 1980, S. 136-142

Janssen, Wilhelm
Das Erzstift Köln im geschichtlichen Überblick (seit 1288), in: Klaus Fink (Red.): Kurköln, Land unter dem Krummstab, 1. Aufl., Kevelaer 1985, S. 28-43

Karenberg, Dagobert
Die Entwicklung der Verwaltung in Hessen-Darmstadt unter Ludewig I. 1790-1830 (Quellen und Forschungen zur hessischen Geschichte Bd. 20), Darmstadt 1964

Keinemann, Friedrich
Westfalen um 1800. Ausgewählte Quellen zur gesellschaftlichen Struktur, zur Kultur und alltäglichem Leben sowie zur Entwicklung des politischen Bewußtseins, Teil I, Hamm 1978

Kessemeier, Carl
Dreikönigstag in Oeventrop, in: Die Ruhrdörfer, Arnsberg 1982

Klueting, Harm
Die Säkularisation im Herzogtum Westfalen 1802-1834. Vorbereitung, Vollzug und wirtschaftlich-soziale Auswirkungen der Klosteraufhebung (Kölner historische Abhandlungen 27), Köln/Wien 1980

Klueting, Harm
Statistische Nachrichten über das Herzogtum Westfalen aus dem Jahre 1781, in: Westfälische Forschungen 30/1980, S. 124-141

Köster, Ludwig Albert Wilhelm
Etwas über die Verfassung des Herzogtums Engern und Westfalen, 1802

Kohl, Wilhelm (Hg.)
Westfälische Geschichte, 3 Bde. und Bild- und Dokumentarband, Düsseldorf 1982-1984

Kohl, Wilhelm, Helmut Richtering (Bearb.)
Behörden der Übergangszeit 1802-1816 (= Das Staatsarchiv Münster und seine Bestände 1), Münster 1964

Koppel, Heinrich
Der Kölner Dreikönigsschrein im Sauerland, in: Sauerland, Zeitschrift des Sauerländer Heimatbundes, Dez. 1976, Schmallenberg-Fredeburg 1976

Koppel, Heinrich
Der goldene Schrein zu Köln mit den Reliquien der Heiligen Drei Könige und deren Auslagerung in Arnsberg 1794-1803, in: Koppel, Heinrich: 775 Jahre Wennigloh. Kleine Heimatkunde, Arnsberg 1979, S. 149-164

Korte, L.
Mine hielligen Drei, in: Arrendorn - gestern und heute. Mitteilungsblatt des Vereins für Orts- und Heimatkunde Attendorn e.V. Nr. 8, Attendorn 1984

Kurköln, Land unter dem Krummstab. Essays und Dokumente. Katalog (Red.: Klaus Fink), Kevelaer 1985

Lahrkamp, Monika
Die französische Zeit, in: Kohl, Wilhelm (Hg.): Westfälische Geschichte II, Düsseldorf 1982, Seite 1 - 43

Lamers, Johannes
Die Industrieschulen des Herzogtums Westfalen um die Wende des 18. Jahrhunderts, Diss. 1918

Legner, Anton (Hg.)
Ornamenta Ecclesiae, Katalog zur Ausstellung des Schnütgen-Museums in der J.-Haubrich-Kunsthalle Köln, 3 Bde., Köln 1985

Lohmann, Friedrich Wilhelm
Das Ende des alten Kölner Domkapitels nach der Säkularisation des Kurstaats, (Diss. Bonn 1918), Köln 1920 (auch erschienen in: Beiträge zur Kölnischen Geschichte/Sprache/Eigenart, Bd. 3, Heft 17/18 (1920), S. 245-402)

Lohmann, Friedrich Wilhelm
Das historische Archiv des Erzbistums Köln, in: Karl Hoeber (Hg.): Volk und Kirche. Katholisches Leben im deutschen Westen, Essen 1935, S. 175-178

Lohmann, Friedrich Wilhelm
Das Kölner Erzbistum vor hundert Jahren, in: Kölnische Volkszeitung Nr. 425 vom 11.06.1925 und Nr. 427 vom 12.06.1925

Lohmann, Friedrich Wilhelm
Die Verlegung des kölnischen Vikariats von Arnsberg nach Deutz. Zu Hermann von Caspar's hundertstem Todestage, in: Kölner Seelsorgeblätter I, Heft 2 (1923), S. 41-45

Matthäy, Heinrich
Nekrolog zu Erzherzog Anton Viktor von Österreich, in: Neuer Nekrolog der Deutschen, XIII. Jg., Weimar (Voigt) 1835, S. 357-373

Mayr, Alois
Die Wirtschaftsräume Westfalens im Überblick, in: Wilhelm Kohl (Hg.): Westfälische Geschichte, Bd. 3, Düsseldorf 1984, S. 1-39

Meister, Alois
Das Herzogtum Westfalen in der letzten Zeit der kurkölnischen Herrschaft, in: Zeitschrift für vaterländische Geschichte und Altertumskunde Westfalens (= Westfälische Zeitschrift), Bd. 64 II, S. 96ff. und Bd. 65 II, Seite 211ff, Münster 1906/07

Menne, Ferdinand
Arnsbergs Bürgerschaft aus drei Jahrhunderten, Arnsberg 1938

Menne, Ferdinand
Das kurkölnische Sauerland um 1800 (Das Sauerland in vergangenen Zeiten. Quellenschriften zur sauerländischen Geschichte. Besonders zum Gebrauch in den Schulen, Heft 1, hg. v. Geschichtsausschuß des Sauerländer Heimatbundes), Antfeld 1931

M., F. (Menne, Ferdinand?)
Landesvater wog vier Zentner. Kaiserin Maria Theresias 16. Kind letzter Herzog von Westfalen, in: De Suerlänner 1966, S. 106f.

Müller, Hans
Säkularisation und Öffentlichkeit am Beispiel Westfalen, Münster 1971

Müller-Wille, Wilhelm
Westfalen. Landschaftliche Ordnung und Bindung eines Landes, Münster 1952

Naarmann, Friedrich
Die Reform des Volksschulwesens im Herzogtum Westfalen unter dem letzten Kurfürsten von Köln, in: Zeitschrift für vaterländische Geschichte und Altertumskunde Westfalens, (= Westfälische Zeitschrift), Bd. 61. II, 1903, Seite 2ff.

Nattermann, Johannes Christian
Das Ende des alten Kölner Domstiftes (Veröffentlichungen des kölnischen Geschichtsvereins e.V. 17), Köln 1953

Niedieck, Josef
Das Erziehungs- und Bildungswesen unter dem letztregierenden Kurfürsten von Köln Maximilian Franz im Erzstift Köln und im Vest Recklinghausen, Köln 1910

Nowak, Bernd
Aktenstücke zur Rückführung der Reliquien der Hl. Drei Könige von Wedinghausen nach Köln im Jahre 1804 (nach Protokollen des Generalvikariats in Arnsberg von 1803), in: Kölner Domblatt 26/27, Köln 1967, S. 135-139

Oediger, Friedrich Wilhelm
Kurköln (Landesarchiv und Gerichte), Herrschaften, Niederrheinisch-Westfälischer Kreis, Ergänzungen zu Band I (= Das Hauptstaatsarchiv Düsseldorf und seine Bestände Bd. 2), Siegburg 1970

Padberg, Magdalena
Drei Könige kamen ins Sauerland, Brilon 1985

Padberg, Magdalena
„Die heiligen Drei Könige mit ihrem Stern...", in: Schieferbergbau- und Heimatmuseum Schmallenberg-Holthausen (Hg.): Patrone und Heilige im kurkölnischen Sauerland, Katalog der Ausstellung, Schmallenberg-Fredeburg 1993, S. 115-120

Pütter, Josef
Sauerländisches Grenzland im Wandel der Zeit, Balve 1965

Rhein und Maas, Kunst und Kultur 800-1400, Katalog der Ausstellung Kunsthalle Köln, Köln 1972 und 2. Berichte, Beiträge und Forschungen zum Themenkreis der Ausstellung und des Katalogs, Köln 1973

Riering, Bernhard
Chronik der Stadt Allendorf, Dortmund 1972

Rohe, Julius (?)
Die Heiligen Drei Könige in Arnsberg, in: Norbertus-Blatt des Kirchenbauwerkes der Propsteigemeinde Arnsberg Nr. 11, Dezember 1952

Rüden, Wilfried von
Die Flucht der Reliquien der Heiligen Drei Könige von Köln nach Arnsberg im Jahre 1794, in: Paul Engelmeier (Hg.): Die Weihnachtskrippe, 30. Jahrbuch, Köln 1963, S. 55-57

Runde, Justus Friedrich
Über die Erhaltung der öffentlichen Verfassung in den Entschädigungslanden, 1805

Runte, A.
Der Dreikönigstag, in: Weihnachten in Westfalen um 1900, Volkskundliche Kommission für Westfalen, Münster 1976

Schauerte, Heinrich
Brauchtum des Sauerlandes, Meschede 1938

Schauerte, Heinrich
Köln und die Sauerländer, in: De Suerlänner 1967, S. 69

Schazmann, Ferdinand (anonym: F. Sch...nn)
Beiträge für die Geschichte und Verfassung des Herzogtums Westfalen, Darmstadt 1803

Schnitzler, H.
Rheinische Schatzkammer I., Düsseldorf 1959; Rheinische Schatzkammer II. Die Romanik, Düsseldorf 1959

Schöne, Manfred
Das Herzogtum Westfalen in der Sicht eines Preußen (1797), in: Westfälische Forschungen 20/1967, S. 194-208

Schöne, Manfred
Das Herzogtum Westfalen unter hessen-darmstädtischer Herrschaft 1802-1816 (Landeskundliche Schriftenreihe für das kölnische Sauerland 1), Olpe 1966

Schotte, Heinrich
Die rechtliche und wirtschaftliche Entwicklung des westfälischen Bauernstandes bis zum Jahre 1815 in Beiträgen zur Geschichte des westfälischen Bauernstandes, Berlin 1912

Schröder, August
Friedrich Adolf Sauer, ein Beitrag zur westfälischen Bildungsgeschichte des 18. Jahrhunderts, in: Aus westfälischer Geschichte. Festgabe für Anton Eitel, Münster 1947, S. 102-117

Schulten, Walter
Der Schrein der Hl. Drei Könige im Kölner Dom, Köln 1974

Schulten, Walter
Kostbarkeiten in Köln, Erzbischöfliches Diözesanmuseum, Katalog, Köln 1978

Schulten, Walter
Der Kölner Domschatz, Köln 1980

Schulten, W., Zielskiewicz, P. Wagner, H.:
Der Kölner Dreikönigenstoff, in: Beyer-Berichte Heft 42, Köln 1982

Schumacher, Elisabeth
Das kurkölnische Westfalen im Zeitalter der Aufklärung. Unter besonderer Berücksichtigung der Reformen des letzten Kurfürsten von Köln Max Franz von Österreich (Landeskundliche Schriftenreihe für das kölnische Sauerland 2), Olpe 1967

Sch(umacher), F(ritz)
Vor 175 Jahren. Da kamen die Heiligen Drei Könige, in: Sauerländer Heimatkalender (Hinkender Bote, De Suerlänner) 109. Jg./1970, S. 57-59

Schwittmann, H. (Bearb.)
Unsere Heimat im Wandel der Jahrhunderte, 4. Teil: Das Sauerland unter den letzten Kölner Kurfürsten (Plümpe/Wiemann [Hgg.]: Beiträge zur Heimatkunde des Kreises Arnsberg, Heft 9), Arnsberg o.J.

Scotti, J.J.
Sammlung der Gesetze und Verordnungen, welche in dem vormaligen Churfürstentum Cöln über Gegenstände der Landeshoheit, Verfassung, Verwaltung und Rechtspflege ergangen sind, 1. Abt. 2. Teil: vom Jahre 1750-1802, Düsseldorf 1830

Seibertz, Johann Suibert
Die Statutar- und Gewohnheitsrechte des Herzogtums Westfalen, Arnsberg 1839

Senger, Michael
Das Sauerland im 19. Jahrhundert. Ausgewählte Aspekte der wirtschaftlichen und sozialen Entwicklung, in: Hochsauerlandkreis (Hg.): Neukonzeption des Sauerland-Museums im Hochsauerlandkreis, masch. schr. Manuskript, 2. Aufl., Meschede 1984, S. 142-197

Senger, Michael
Hinweise auf den Transport der Reliquien der 'Heiligen Drei Könige' im Raum Sundern, in: Schieferbergbau- und Heimatmuseum Schmallenberg-Holthausen (Hg.): Patrone und Heilige im kurkölnischen Sauerland, Katalog der Ausstellung, Schmallenberg-Fredeburg 1993, S. 105-111

Statistik/Kaiserliches Statistisches Amt (Hg.)
Statistik des Deutschen Reiches, NF, Bd. 2: Berufs- und Betriebszählung vom 5.6.1882, Berlin 1884

Stelzmann, Arnold
Franz Carl Joseph von Hillesheim. Ein Beitrag zur rheinischen Geistesgeschichte des 18. Jahrhunderts, in: AHVN, Heft 149/150, Köln 1950/51, S. 181-233

Tacke-Romanowski, Elke
Wasserkraft im Hochsauerlandkreis. Wassermühlen - Nicht nur auf den Spuren der Technikgeschichte, in: Jahrbuch Hochsauerlandkreis 1990, S. 90-97

Torsy, Jakob
800 Jahre Dreikönigenverehrung in Köln, in: Kölner Domblatt 23/24, 1964, S. 15-162

Verweyen, Annemarie/Juan Antonio Cervello-Margalef
Das Bild der Heiligen Drei Könige. Von der Handschrift bis zum modernen Bilderbuch, Köln 1989

Wahle, Walter
Die Hessen besetzen Arnsberg. Die Besitzergreifung im Herzogtum Westfalen 1802, in: Westfälischer Heimatkalender, Jg. 36, 1982, S. 67-72 und auch in: ders., Beiträge zur Geschichte der Stadt Arnsberg, Geseke-Störmede 1988, S. 263-268

Walter, Kurt
Hessen-Darmstadt und die katholische Kirche in der Zeit von 1804-1830, in: Quellen und Forschungen zur hessischen Geschichte 14, 1933

Weczerka, Hugo
Mittelalterliche Verkehrswege, in: Peter Berghaus, Siegfried Kessemeier (Hgg.): Köln-Westfalen 1180-1980. Landesgeschichte zwischen Rhein und Weser, Bd. 1, Münster 1980, S.- 297-304

Wenzel, H.-J.
Strukturzonen und Funktionsbereiche im Iserlohner Raum (Märkisches Sauerland) in Gliederung, Aufbau und Dynamik und in ihrer Bedeutung für die Planung, Gießen 1970 (= Giessener Geographische Schriften, H. 22)

Wischermann, Clemens
An der Schwelle der Industrialisierung (1800-1850), in: Wilhelm Kohl (Hg.): Westfälische Geschichte, Bd. 3, Düsseldorf 1984, S. 41-162

Witte, Fritz
Die Schicksale des Domschatzes zur Zeit der französischen Invasion um 1800, in: Erich Kuphal (Hg.), Der Dom zu Köln, Festschrift zur Feier der 50. Wiederkehr des Tages seiner Vollendung am 15. Oktober 1880 (= Veröffentlichungen des Kölnischen Geschichtsvereins e.V. 5), Köln 1930, S. 144-176

Witte, Fritz
Die Schatzkammer des Domes zu Köln. Ein Führer auf wissenschaftlicher Grundlage (Deutsche Kunstführer an Rhein und Mosel Band 2), Augsburg, Köln, Wien 1927

Zur Bonsen, Friedrich
Die Gebeine der Hl. Drei Könige im Sauerland, in: De Suerlänner. Heimatkalender für das kurkölnische Sauerland 1932, S. 81.

Autoren:
Friedhelm Ackermann, Arnsberg (Fotos)
Gerhard Brökel, Brilon
Dr. Horst Conrad, Münster
Dr. Günter Cronau, Arnsberg
Heinrich Josef Deisting, Werl
Michael Gosmann, Arnsberg (M.G.)
Otto Höffer, Attendorn
Dr. Norbert Höing, Arnsberg
Peter M. Kleine, Arnsberg
Sabine Kleine, Arnsberg
Prof. Dr. Harm Klueting M.A., Münster/ Köln
Dr. Ottilie Knepper-Babilon, Meschede (O.K.-B.)
Carl-Matthias Lehmann M.A., Erlangen
Dr. Rolf Lauer, Köln (R.L.)
Dr. Rudolf Lenz, Köln (R.Le.)
Joachim Oepen M.A., Köln
Heinz Pardun, Arnsberg
Dr. Günter Sandgathe, Warstein
Werner Saure, Arnsberg
Gerd Schäfer, Arnsberg
Michael Schmitt, Arnsberg
Dr. Manfred Schöne, Düsseldorf
Marc Steinmann, Köln (M.St.)
Fritz Timmermann, Arnsberg
Hans-Josef Vogel, Arnsberg
Christiane Vollmer, Arnsberg
Walter Wahle, Paderborn
Dr. Markus Wild, Bonn (M.W.)

Unser Dank gilt folgenden Institutionen, Personen und Firmen, die Katalog und Ausstellung tatkräftig unterstützten:

Leihgeber:
Arnsberg
Sauerland-Museum des Hochsauerlandkreises
Stadt- und Landständearchiv
Stadt Arnsberg
Städtisches Gymnasium Laurentianum
Pfarrgemeinde St. Petri Oelinghausen
Propsteipfarrgemeinde St. Laurentius

Köln
Schatzkammer der Hohen Domkirche
Erzbischöfliche Diözesan- und Dombliothek
Historisches Archiv der Stadt
Historisches Archiv des Erzbistums

Münster
Nordrhein-Westfälisches Staatsarchiv

Paderborn
Erzbischöfliche Akademische Bibliothek

Wesel
Forstmeister i.R. Heinz Glasmacher

Erzbischof Joachim Kardinal Meisner, Köln
Dompropst Bernard Henrichs, Köln
Metropolitankapitel der Hohen Domkirche, Köln

Arbeitsamt, Meschede;
Blume Bauunternehmung GmbH, Arnsberg;
Dresdner Bank, Arnsberg;
Erco-Leuchten, Lüdenscheid;
Handwerkskammer, Arnsberg;
Hoevel Autohaus, Arnsberg;
Hochsauerlandkreis, Meschede;
Keßler August GmbH & Co. KG Bauunternehmung, Arnsberg;
Landschaftsverband Westfalen-Lippe, Münster;
NW-Stiftung Naturschutz, Heimat- und Kulturpflege, Düsseldorf;
Radio Sauerland;
Regionalverkehr Ruhr-Lippe GmbH Arnsberg, ein Unternehmen der WVG-Gruppe;
Sauerländer Heimatbund e.V., Brilon;
Sparkasse Arnsberg-Sundern, Arnsberg;
Stoll GmbH, Studio für Fotografie, Arnsberg;
C. & A. Veltins-Brauerei, Grevenstein;
Westermann Schulbuchverlag, Braunschweig;

Johannes Balkenohl, Arnsberg; Dr. Manfred Balzer, Münster; Christine Becker, Arnsberg; Günther Becker, Lennestadt; Peter Blume, Arnsberg; Michael Busemann, Arnsberg; Cordula Cibis-Spicale, Köln; Dr. Günter Cronau, Stadtdirektor a.D., Arnsberg; Frhr. Alexander v. Elverfeldt, Marsberg-Canstein; Reinhard Feldmann, Münster; Ferdy Fischer, Arnsberg; Heinz Glasmacher, Wesel; Peter Glasmacher, Balve; Michael Glück, Arnsberg; Eva Haberkorn, Darmstadt; Volker Harms-Ziegler, Frankfurt; Werner Hille, Architekt, Arnsberg; Michael Jolk, Werl; Gerd Kessler, Arnsberg; Ingrid Marie-Theres Knierbein, Köln; Dr. Michael Kuzma, Arnsberg; Gerd Lohage, Arnsberg; Kurt Martin, Münster; Dr. Adalbert Müllmann, Brilon; Karl-Heinz Prescher, Witten; Sibylle und Magdalena Reuther, Arnsberg; Christoph Rudolph, Lüdenscheid; Karl-Ullrich Scheele, Arnsberg; Friedhelm Scheiwe, Eslohe-Reiste; Hermann Josef Schmalor, Paderborn; Wolfgang Schmitz, Köln; Dr. Manfred Scholle, Münster; Katharina Sperling, Werl; Dr. Kurt Hans Staub, Darmstadt; Gerd Stuppard, Arnsberg; Elisabeth Thiell, Balve; Christiane Vollmer, Arnsberg; Frhr. Georg v. Weichs, Haus Wenne, Eslohe; Josef Wermert, Olpe; Hildegard Westermann, Münster; Hans Wevering, Arnsberg; Dr. Jürgen Rainer Wolf, Darmstadt;

und den vielen freiwilligen Helfern, die bei der Sicherung und Überwachung der Ausstellung Tag und Nacht im Einsatz sind.

Index

Michael Gosmann

* = Anmerkung auf der Seite

Aachen, Stadt S. 22, 26, 34, 37f., 98, 148, 165, 168, 179, 199
- Bischof von S. 128
- Bistum S. 39, 166
- Departementalarchiv S. 168
- Dom S. 21
- Domschatz S. 278
- Karlsschrein S. 182
Aamühle S. 125*
Aaron S. 246 Abb.
Abels, Johann, Blankenheim S. 246
Ablaßwesen S. 145
Absolutismus S. 32f.
Abtritte S. 64
Abtsinsignien S. 251
Ackerbau S. 42, 67
Ackerbürgerstädte S. 45
Adel S. 92, 101
Aderlassen S. 134
Adolf von Schaumburg, Erzbischof von Köln (1552) S. 159
Agnes von Mansfeld S. 275
Ahnenprobe S. 90
Ahr S. 42
Ahrgebirge S. 42
Akademierat, kurköln. S. 230
Akten S. 159ff.
Albanus, Casparus, Dominikanermönch (1614) S. 22
Albringhausen S. 174
Alfter, Bartholomäus Joseph Blasius († 1808), Vikar S. 155, 165, 171*
Allendorf S. 19f., 99, 174f., 176*
Alliierte S. 37
Alme S. 122f.
Alpen S. 46
Alpen, Ort S. 42
Altarleuchter (1719) S. 262 Abb. (F 4)
Altenberger Hof in Köln S. 150
Altenbüren S. 122
Altenkleusheim S. 142
Altenrüthen S. 57
Altenstein, preuß. Kultusminister S. 169*
Altenweid, Amt S. 165
Altgriechisch S. 140
Altona S. 34
Alumnen S. 128
Alzen S. 206
Alzey S. 34
Ambrosianischer Lobgesang S. 110, 115
Amecke S. 233
Amelung, W. S. 55
Amerika S. 223, 229 siehe auch Nordamerika!
Amorbach S. 167
Amtsbücher S. 159ff.
Anagramm (Wortspiel) S. 115
Andernach S. 27, 42
Andersen, Hans Christian (1805-1875) S. 192*,
Anna, Gräfin von Arnsberg, geb. von Kleve (1368) S. 271
Annoschrein, Siegburger S. 182
Anthée, Friedrich Kanzlist und Archivar S. 164, 197
Anton Viktor von Österreich (1779-1835), erwählter Kurfürst v. Köln S. 12, 21, 39, 95f., 99ff., 100, 102 Abb., 107ff., 148, 189, 254 (D 18)
Anton von Reigern, Ritter (1368) S. 271
Antwerpen S. 245
Apokalypse S. 180
Apologia (1659) S. 275 (I 1)
Apoplexia (= Schlaganfall) S. 123
Apostelfiguren S. 148
Apotheker S. 54, 134
Appellationen S. 211
Archive S. 146f., 159ff., 197; erzbischöflich-kölnisches S. 70; Domarchiv Köln S. 154; kurfürstliches S. 148; Archiv des Fürsten zu Wied in Neuwied S. 168
Archivalien S. 92, 159ff.
Archivdepot Arnsberg S. 168

Ardeygebirge S. 42
Arenberg/ Aremberg S. 43, 155, 165, 168, 238, 244
Armee, kaiserliche S. 146
Armenfonds, Peterscher S. 220
Arndt, Ernst Moritz (1769-1860) S. 215
Arndts, Arnsberger Familie S. 60f., 218, 237f.
Arndts, Antonetta geb. Cosmann, verw. Ulrich, Brilon S. 124
Arndts, Engelbert (1750-1819) S. 92, 220, 221*, 225
Arndts, Dr. Johann Wilhelm (1710-1771) S. 221*
Arndts, Friedrich (1753-1812) S. 66
Arndts, Wilhelm Anton (1765-1830), Hofkammerrat S. 117, 120, 122, 124
Arnold von Looz, Graf (1295) S. 191
Arnold von Beringhausen (1368) S. 271ff.
Arnold Hake (1368) S. 271
Arnsberg, Stadt, S. 8ff., 20, 34, 38, 44f., 47, 52ff., 57ff., 63f., 66, 70ff., 81, 92, 97ff., 115, 117, 120, 123, 128, 131, 135, 137, 140, 143, 145f., 150, 153, 156, 159, 166ff., 172ff., 187, 197, 204, 210, 214, 234, 237, 255, 274f.
- Alte Burg S. 62
- Alter Markt S. 60, 103, 218, 224
- Ansicht von 1810 S. 55
- Appellationsgericht S. 63
- Archivdepot S. 168
- Badehaus S. 69
- Bataillon S. 71
- Beckermann-Tafel S. 72
- Bibliothek S. 54
- Brigadestab S. 71
- Brücken S. 65
- Buchhandlung S. 54f.
- Bürgerrechte S. 53, 72, 234
- Bürgerschaft S. 103, 108
- Bürgerschule S. 72
- Dikasterien S. 115
- Dückerscher Hof S. 201
- Eichholz S. 71
- Einwohner S. 53f., 56
- Englischer Garten S. 72, 237
- Englischer Hof S. 60
- Feuerspritze S. 62
- Freiball S. 109
- Garnison S. 72, 115
- Gemälde Ludewigs I. von Hessen-Darmstadt S. 207
- Glockenturm S. 24, 70f.
- Grafen von S. 61f., 70, 72, 281
- Graf Konrad († 1092) S. 73
- Graf Gottfried IV. von (1296-1371) S. 12, 64, 68, 132, 271, 274 Abb. (H 1)
- Graf Friedrich der Streitbare († 1124) S. 73, 271
- Grafschaft S. 12, 44, 64, 68, 70, 72, 244, 252, 271, 274; Verkaufsurkunde (1368) S. 161 Abb., 169, 271f. (H 2)
- Gymnasiasten S. 220
- Gymnasium Laurentianum S. 54, 68, 72f., 75f., 203, 225, 230
- Handwerkskammer S. 242
- Heimatbund S. 242
- hessische Rentkammer S. 201
- Hofgericht S. 71
- Hofkammer S. 68
- Honcampsches Haus S. 21
- Honningscher Hof S. 21, 24 Abb., 157*
- Honoratioren S. 65
- Illuminierung S. 103
- Jäger S. 69
- Journalzirkel S. 68
- Karneval S. 218
- Kanzlei S. 56
- Kaserne S. 64, 83
- Kasino S. 68f.
- Kasinogesellschaft S. 55, 192
- Kirchen- und Schulrat S. 71
- Klosterberg S. 66
- Klub S. 65, 67
- Komödiantentruppe S. 65
- Kreis S. 44, 47
- Kreiskulturgesellschaft S. 192
- Landsberger Hof S. 60, 64, 82, 102, 208 Abb., 209
- Lazarett S. 83
- Lesegesellschaft S. 68
- literarische Gesellschaft S. 55

- Magistrat S. 85, 108, 207
- Marktplatz S. 60, 103, 218, 224
- Maximiliansbrunnen S. 85, 103
- Oberfreistuhl S. 61, 70, 73
- Oberkellnerei S. 56
- Parkanlage S. 68
- Pfarrer S. 203
- Prälatur S. 20, 38, 56, 75f., 82
- Promenade S. 60, 72, 237
- Propsteikirche S. 18, 100 Bischofsstuhl S. 98, 100 Relief „Anbetung der Könige" S. 9 Abb.
- Provinzialbibliothek S. 155
- Provinzialkollegium S. 67
- Rathaus S. 55, 82ff., 109, 200, 207, 282 kleine Ratsstube, Sitzungssaal S. 84 Kanzleizimmer im unteren Stock S. 84 Rittersaal S. 84, 224, 242
- Regierungsbezirk S. 44
- Rentkammer S. 71
- Schloß S. 56, 59, 61ff., 67, 72, 237, 275, 282
- Schloßberg S. 70f.
- Schloßbrunnen S. 64
- Schloßkapelle (1114) S. 73
- Schützen S. 193, 225
- Seminar S. 61, 72
- Stadtbefestigungen S. 70
- Stadtbrand S. 52f., (1799) S. 62, 71
- Stadtkapelle S. 70
- Stadtkommandant S. 96
- Stadtmodell S. 244 (C 6)
- Stadtrat S. 85, 108, 207
- Straßenpflaster S. 71
- Theater S. 68
- Verbindungswege S. 65
- Verpflegungsmagazin S. 83
- Viehbestand S. 65
- Vogeliushaus S. 234
- Wasserkunst S. 65, 73
- Weichs'scher Hof S. 232 Abb., 234
- Weinschenke S. 65
- Wiederaufbauplan (1799) S. 244 (C 6)
- Zeughaus S. 84
- Zuchthaus S. 61f., 64, 82ff.
Arnsberger Intelligenzblatt S. 84, 107ff., 109 Abb., 124, 135, 137, 251 (D12)
Arnsberger Wald S. 61, 69
Arolsen S. 229
Arrest S. 133
Artillerie S. 82f.
Artois, Graf von S. 30
Ärzte S. 134
Astronomie S. 140
Attendorn S. 42, 53, 63, 83, 126ff., 174
- Dekanat S. 127
- Franziskanerkloster S. 127
- Kreisheimatmuseum S. 127
- Nikolausbruderschaft S. 127
- Pfarrkirche S. 127
- Rathaus S. 127
- Stadtarchiv S. 127
- Stadtbrand S. 127
Auerbach S. 205
Aufklärung S. 53, 99, 214, 225, 229, 242
Augsburg S. 97, 172
Augsburger Religionsfrieden (1555) S. 28, 275
Aulendorf S. 97

Bäcker S. 132
Bademeister S. 69
Baden S. 35, 37, 141, 205
Bailerhof bei Hövel S. 20
Baldern S. 20, 22, 45, 60, 83, 111, 174, 176*, 244; Bürgercompagnie S. 111; Stadthaus S. 111
Balzac, Honoré de (1799-1850) S. 192*
Bamberg S. 21, 146, 154, 157*, 162, 165f., 168, 174, 213
Bartholomäusreliquiar S. 278
Basel, Separatfrieden von (1795) S. 21, 37, 157*
Bastille, Gefängnis in Paris S. 29
Bataillon S. 71
Batavische Republik S. 37
Bauern S. 132, 207
Baukunst S. 141
Baum, Beatrix, Kellnerin in Oelinghausen S. 193

Baumzucht S. 65, 209
Bayern S. 25, 97, 142, 205
Beckenkamp, Kaspar Benedikt (1747-1828), Maler S. 265f. (F 7)
Beckermann, Eberhard, hessischer Generalmajor (1634) S. 72
Bedburg, Gymnasium S. 199
Beethoven, Ludwig van (1770-1827) S. 237
Beinbrüche S. 134
Belderbusch, Caspar Anton von S. 213
Belecke S. 83, 134, 237
Belgien S. 25, 33, 36f., 160, 192*
Bellisomi, päpstl. Nuntius S. 214
Benediktiner S. 68
Benninghausen, Kloster S. 164, 167f., 191
Bentheim-Tecklenburg, Grafschaft S. 28
Bequerer, Johann Gottfried, Stifter S. 262
Berg, Herzogtum S. 165, 173
Berg, Karl, Abt in Wedinghausen (1715-1724) S. 250
Bergamt, kurfürstliches S. 141
Bergbau S. 46, 230
Berghausen S. 203
Bergheim S. 34
Bergisches Land S. 42, 48, 62, 175
Bergluft S. 65
Bergmann, Fuhrmann S. 19
Bergpartei S. 31
Bergstraße S. 65
Bering, Kunibert († 1766), Wedinghauser Konventuale S. 251
Beringhausen, Arnold von (1368) S. 271
Berleburg S. 46
Berlin S. 26, 28, 159, 190
Berswordt, von der S. 234
Bertrand, Maria Caecilia, aus Maastricht (1801) S. 221*
Berührungsreliquie S. 176*, 256
Besitzergreifung, hessische (1802) S. 80, 83f., 136, 142, 148, 255 (D 22); preußische (1816) 198
Besnard, Regierungsrat von S. 83
Besserer, Leutnant von S. 81
Besteuerung S. 92
Bethlehem S. 260
Bettenhausen S. 224*
Beuel S. 46
Bevölkerung des Kölner Kurstaates S. 45
Bibliothek, kurfürstliche S. 157*
Biegeleben, Arnsberger Familie S. 60, 67, 218, 238
Biegeleben, Margarethe geb. Haas, verw. Cramer von Clauspruch († 1799) S. 187
Biegeleben, Marianne geb. von Braumann (1783-1843) S. 187
Biegeleben, Engelbert Caspar Anton (*1798), Hofgerichtsrat S. 187
Biegeleben, Caspar Josef (1766-1842), Geheimrat S. 82, 117, 123f., 186 Abb., 187f.
Biegeleben, Engelbert Theodor (1732-1799), kurk. Rat, Archivar S. 187, 237
Biegeleben, Hermann († 1687), Landschreiber und -pfennigmeister, S. 187
Bigeleben, Maria Barbara aus Arnsberg S. 219
Bigeleben, Kellnerin in Oelinghausen S. 193ff.
Bielefeld S. 163
Biertrinken S. 56, 63
Bigge S. 139
Billard S. 65
Billung, Hermann († 973), Sachsenherzog S. 70
Bilstein S. 45, 82, 244
Bingen S. 206
Bio-Chemie S. 14
Bio-Technologie S. 14
Bischof, Glühweinart S. 61, 218
Bistumsverwaltung S. 91
Blanc, Louis Ammy (1810-1885) Maler S. 242ff.
Blankenheim S. 246
Bleierz S. 46
Blondellit, Philipp, französ. Priester († 1795) S. 140
Blücher, General von S. 105, 135, 224
Bocarmé, Ida du Chasteler, Comtesse de (1797-1872) S. 192*
Bock, Hermann gen. S. 248
Bock, Johannes gen., Propst in Wedinghausen (1511-1515) S. 248
Boecker, Wilhelm Heinrich (1767-1846), Generalvikariatssekretär S. 162, 254f. (D 19/ D 20)
Bogenschütze S. 247 Abb.
Böhmen S. 25f., 104, 162, 213
Boisserée, Sulpiz (1783-1854) S. 166f., 171*

Bolg, Peter (1978/87) S. 276
Böller S. 109ff.
Bonn S. 19f., 27, 34, 37f., 42, 44, 56, 60, 67, 70, 99ff., 117ff.,121, 129, 139ff., 140f., 148, 151*, 153, 159f., 163ff., 168, 173ff., 187, 197, 201, 209f., 213ff., 217, 229, 234, 237, 242, 275ff.
- *Akademie S. 199, 214*
- *Fischergasse S. 214*
- *Gudenauer Hof S. 210*
- *Güldener Kopf S. 217*
- *Gymnasium S. 197, 230*
- *Hospitalgasse S. 210*
- *Jesuitengymnasium S. 229*
- *Lesegesellschaft S. 214*
- *Mastiauxsches Haus S. 214*
- *Münsterkirche S. 214*
- *Münsterschatz S. 147*
- *Promenade S. 214*
- *Remigius-/Römerplatz S. 217*
- *St. Cassius-Stift S. 98*
- *St. Gangolph-Pfarrei S. 199*
- *St. Martin S. 129*
- *Universität S. 91, 121, 123, 128, 141, 148, 199, 214, 237f.*
Booz, Bonner Notar S. 151*
Börde, Soester S. 244
Bordeaux-Wein S. 61
Borg, Haus bei Münster S. 233
Borkeloh, Herrschaft S. 252
Bornstedt, Luise von S. 192
Boten S. 175
Boxtel S. 223
Brabanter Revolution S. 33
Brabanter Auswanderer S. 60
Brabeck, Familie von, Letmathe S. 151*
Brandenburg S. 25f., 46
Branntwein S. 125*
Branntweinbrennereien S. 133
Braubach, Max S. 214f.
Braudel, Fernand S. 41
Brauindustrie S. 48
Braumann, Franz von, Landrentmeister S. 187
Braumann, Franz Liborius von († 1802) S. 117, 123
Braumann, Hermann Franz (Anton?) von S. 117
Braun, Augustin, Maler (1633) S. 278
Braunschweig S. 64, 71ff.
Braunschweig, Karl Wilhelm Ferdinand von (1735-1806) S. 35 Abb.
Bredelar, Kloster S. 125*
Bremen S. 164, 167
Brennholz S. 46, 119
Brentano, Bankhaus S. 149
Breslau S. 97
Bretagne S. 31
Breviergebet S. 90
Brienne, Loménie de, Erzbischof von Toulouse S. 28
Brigade „Erbprinz" S. 223
Brigadestab S. 83
Brilon S. 28, 38, 42, 44ff., 53, 57, 61, 63f., 75, 81, 99, 111ff., 139, 141, 187, 201, 220, 230, 244
- *Bittschriften S. 120*
- *Einquartierungen S. 121*
- *Eisengewerker S. 118*
- *Gildehaus S. 116*
- *Glockengeläut S. 111*
- *Hofkammerpersonal S. 113*
- *Illuminierung S. 111*
- *jüdische Gemeinde S. 112f., 125**
- *Kämmereibuch S. 120f.*
- *Kreis S. 44, 47*
- *Magistrat S. 113*
- *Minoritenkloster S. 122*
- *Oberbergamt S. 123*
- *Pfarrkirche S. 111*
- *Poststation S. 117*
- *Quartiergelder S. 120*
- *Rathaus S. 111, 116 Abb., 118ff., 123*
- *„Rebellion" (1795/97/98) S. 122*
- *Schützenbruderschaft S. 120*
- *Stadtarchiv S. 119*
- *Stadtrat S. 120*
Briloner Hochfläche S. 118
Brisken, Ferdinand S. 203f.
Britannien S. 153
Briten S. 28

Bruchsal S. 141
Bruchschäden S. 134
Bruno von Sachsen, Erzbischof von Köln (953-965) S. 180, 264, 279
Brüssel S. 33, 160
Brustkreuz S. 65, 251, 242
Brutus, M. Iunius (85-42 v.Chr.), Cäsarmörder S. 66
Buchweizen S. 46
Budde, Chorschwester in Oelinghausen S. 194
Büderich S. 251
Büren, Jesuiten S. 234
Bürgerrechte S. 8ff.
Burgfrieden S. 9
Burghagen (= Hachen) S. 60
Burgmann (Bergmann?), Fuhrmann S. 146, 176*
Burgmänner S. 70
Burgund S. 104
Burtscheid S. 98
Butter S. 65

Calle S. 20, 203f., 233
Calonne, Charles Alexandre de (1734-1802) S. 28
Campe, Joachim Heinrich S. 34
Campo Formio, Friede von (1797) S. 37f., 142, 210, 219
Canstein bei Marsberg S. 75, 118, 123f., 228ff.
Carnot, frz. Offizier S. 37
Cäsarius von Heisterbach (um 1180-nach 1240) S. 245, 282
Caspar'sche Schul- und Hochschulstiftung S. 189
Caspars zu Weiß, Johann Hermann Josef Frhr. v. (1744-1822) Generalvikar S. 21, 83ff., 95f., 98, 101, 103, 148ff., 167, 189ff., 191, 198
Caspars zu Weiß, Franz Frhr. v., Kölner Stimmeister S. 189
Cervelló-Margalef, Dr. Juan Antonio S. 158*
Champagne S. 35
Chargaff, Ernst S. 14
Charmatillen S. 60, 218
Chasteler de Moulbaix, Gérard Marquis du S. 191
Chaussee S. 71, 139, 142 vgl. auch unter Straßen!
Chemieindustrie S. 48
Cheveauxlegers S. 81
Chiemsee S. 97
Chirurgus S. 134
Chordienst S. 90
Christentum S. 12, 42
Christian, Graf von Oldenburg (1368) S. 271
Christophorus, Hl. S. 248
Christusmedaillon (um 1190)S. 261 Abb. (F 1)
Chronogramme S. 110, 112
Chruschtschow, Nikita, sowjet. Politiker (1894-1971) S. 13
Classen, Maria Katharina Felicitas (1750-1825) S. 199
Classen, Johannes, Stadtrentmeister zu Bonn S. 199
Claudius, Matthias (1740-1815) S. 238
Claudy, Kölner Schreinermeister S. 19, 146
Clemens August von Bayern, Kurfürst von Köln (1723-1761) S. 25, 27, 71, 99, 103, 253, 282
Clerfayt, Graf de, österr. General S. 210
Clute-Simon s. Simon(s)
Coburg, Prinz S. 19
Codices S. 153ff.
Colonatgüter S. 207
Cosmann, Antonetta S. 124
Cramer von Clauspruch, Margarethe geb. Haas († 1799) S. 187
Cramer von Clauspruch, Dr. Peter Josef Franz Xaver Johannes Nepomuk v. (1752-1820) S. 92, 96, 98, 103
Crombach, Hermann (1598-1680), Kölner Jesuit S. 85, 258 (E 4; E 5)
Custine, frz. General S. 36, 154
Czernowitz, Stadt in der Bukowina S. 25

d'Alquen, Johann Peter Cornelius (1800-1863) Arzt und Komponist S. 191
d'Alquen, Maria Josephine Ida Elisabeth gen. Phina (1802-1869) S. 191

d'Alquen, Franz Hermann Josef (* 1808) S. 192
d'Alquen, Karl Franz (1811-1814) S. 192
d'Alquen, Caroline Franziska Helene (1819-1888) S. 192
d'Alquen, Franz Adam Maria (1804-1877) S. 191
d'Alquen, Karl Anton (1815-1886) S. 192
d'Alquen, Franz Adam (1763-1838), Aufhebungskommissar S. 22, 190 Abb., 191ff.
d'Alquen, Ida Maria Josepha gen. Jutta (1806-1825) S. 192
d'Alquen, Friedrich Arnold Engelbert (1809-1887), Komponist S. 192
Dalquen, Johann Peter, Gastwirt in Seligenstadt S. 191
Dalquen, Valentin (um 1649), Wollweber S. 191
Dalquen, Franz Josef, München S. 192*
Dahrendorf, Ralf S. 14
Dampfmaschine S. 49
Daniels, hzgl.-arenbergischer Besitznahmekommissar (1802) S. 238
Dänemark S. 223
Dankschreiben aus Köln S. 176*
Danton, George († 1794) S. 31f.
Danzig S. 142
Darmstadt S. 12, 63, 76, 96ff., 137, 142, 148, 150, 155ff., 165f., 168, 187, 197f., 205f., 223, 242, 255ff.
- *Gasthof zur Traube S. 165f.*
- *Hofbibliothek S. 155ff., 206*
- *Ludwig-Monument S. 207, 242*
- *Luise Caroline Henriette v. S. 205*
- *Museum S. 155ff., 206*
- *Theater S. 206*
David, alttestamentl. König S. 179
Decreta et Statuta (1667) S. 275f. (I 2)
Deisting, Heinrich Josef, Werl S. 224*
Demarkationslinie (1795/96) S. 21, Verlauf S. 37, 60, 121, 135, 157*
Democrat S. 117
Departements, frz. S. 30
Desenberg S. 117
Deutscher Bund S. 231
Deutscher Orden S. 20, 99, 105, 107, 213, 215, 240, 242, 251, 282
Deutscher Zollverein S. 206
Deutsches Reich S. 9, 25ff., 37, 100, 105, 123, 153, 174, 205, 214
Deutschland S. 33, 191, 224, 229, 244
Deutz, S. 20, 22, 98, 150, 165, 167, 174, 189
Dezi-Ruegenberg, Doppelhaus in Olpe S. 141
d'Hame, A.E. S. 278
Dhemer, N.N. S. 194
Diderot, Denis (1713-1784) S. 205
Diedrich, C. Lithograph, Berlin S. 190
Dienstleute S. 70
Diesenberg S. 229
Dietmannsried, Bayern S. 97
Dietz, Cäcilie († 1825) S. 193
Dietzgen, Peter Ignatz, Olper Lehrer, Anwalt und Schöffe S. 140
Dikasterien S. 108, 118
Diokletian, röm. Kaiser S. 264
Diözesanklerus S. 128
Diözesanrechte, linksrheinische S. 96
Direktorialverfassung S. 32
Direktorium S. 32
Dispenserteilung S. 213
Distichon S. 278
Dohm, Geheimrat von, preuß. Gesandter S. 41, 46f., 100f., 108
Doktor der Rechte S. 90
Dominikaner S. 163
Domkapitel - Hildesheim S. 209, 229
- *Köln siehe unter Köln!*
- *Münster S. 95, 100ff., 107, 229*
- *Trier S. 209*
Domkapitelstern, Kölner S. 90 Abb., 253 (D 14)
Donau S. 209
Donnersberg, Departement S. 205
Dornen S. 115
Dornenkrone Christi S. 179
Dörner, Hamburger Bürgermeister S. 238
Dorsten S. 38, 45, 100, 118, 230, 238
Dortmund S. 26, 45, 47, 62
Drachenfels S. 209f.
Dragoner S. 81f.

Drei Könige, Hll., S. 4ff. u.ö., 92, 99, 127, 148, 150, 152 Abb., 173, 191, 254, 256ff., 269, 276
- *Schrein S. 146ff., 147 Abb. (Vogel, 1781), 174, 178 Abb., 179ff., 180 Abb., 181 Abb., 183 Abb., 198, 242 (A 2), 265f., 266 Abb. (F 7) 278*
- *Dreikönigsaltar in der Wedinghauser Klosterkirche S. 21*
- *Dreikönigsbrücke S. 174*
- *Dreikönigsorte S. 174*
- *Dreikönigsreliquiar S. 261, 262 Abb. (F 3)*
- *Dreikönigstag S. 175*
Dreißigjähriger Krieg S. 46, 142
Drolshagen S. 139, 220, 237
Droste-Hülshoff, Annette v. (1797-1848) S. 192*
Drostenhof, Burghaus in Neheim S. 131
Dücker, Caspar Ignatz von (1759-1839) S. 201
Duisbergh, Conradt, Goldschmied (1633) S. 278
Duisburg S. 37
Duodezstaaten S. 57
Dupuis, Simon Stephan Bartholomäus (1769-1816), Archivar S. 22, 148ff., 155f., 157*, 158*, 163ff., 166f., S. 196, 196 Abb., 197f., 238
Dupuis, C., Kupferstecher S. 264 (F 6)
Düren S. 34
Düsseldorf S. 167ff., 211, 244

Edelherren S. 89
Edelkanonikat S. 89
Egels, Rumbecker Propst S. 219
Eger in Böhmen S. 162
Ehrenrecht S. 271
Ehrensalut S. 151
Eichholz, Gut im Paderbornischen S. 234
Eichholz bei Arnsberg S. 20
Eier S. 65
Eifel S. 27, 42, 237
Eigenwirtschaft S. 133
Eingemachtes S. 175
Einquartierungen, militärische S. 92, 135, 142
Eisenbahnnetz S. 49
Eisenstraße S. 139
Eisenverhüttung S. 46f.
Elbe S. 164
Ellingen in Mittelfranken S. 38, 100
Ellwangen S. 97
Elsaß S. 38, 205
Emanzipation S. 13, 15
Emden S. 163
Emigranten S. 30f., 34, 53, 56, 60, 122ff., 135, 139f., 142, 175, 210, 215, 218, 221*, 226
Emscher S. 27, 42
Emser Punktation (1786) S. 214
Engelbert I. von Berg, Erzbischof von Köln († 1225) S. 227, 278ff., 281 Abb. (K 2)
Engelbertschrein (1633) S. 146, 278ff., 279 Abb., 280 Abb. (K 1)
Engels, Dr., Darmstadt S. 73*
Engern S. 104, 252, 275
England S. 19, 125*, 205, 223, 229
Enkhausen, Pastor zu S. 193
Entschädigungsland S. 81, 100, 142
Enzyklika „Libertas praestantissimum" (1888) S. 13
Erbfolgekrieg, bayerischer S. 213
Erblandesvereinigung (1463) S. 70, 91
Erbprinz, hessische Brigade S. 223
Erbsälzer S. 248
Erbschenk-Hofamt S. 64
Erbvogtei über Kloster Ewig S. 127
Ernst, Pastor zu Rumbeck S. 193
Ernst von Bayern, Kölner Kurfürst (1583-1612) S. 275, 282
Erwitte S. 45
Erzbergbau S. 46
Erzkanzler des Hl. Röm. Reiches S. 104, 153
Erzkapläne S. 153
Eschenbrender/Eschenbrendisch, Kölner Familie S. 175
Esel S. 60, 65f., 167
Eslohe S. 233f., Beckers Behausung (1673) 234, 235
Essen, Fürststift S. 26
Esser, Maria Josepha Gertrud Theresia (*1781) S. 199
Esser, Wilhelm (1707-1761), Ortsrichter zu Garzweiler S. 199

Esser, Petrus Antonius Josephus (1787-1841) S. 199
Esser, Maria Elisabeth Walburga (1785-1792) S. 199
Esser, Joseph Ignatz (1782-1856) S. 199
Esser, Reiner Josef (1747-1833), Hofkammerrat S. 117, 121, 163 199ff., 200 Abb.
Esterhazy, Fürst S. 215
Europa S. 13, 28, 32, 244
Europäische Union (EU) S. 44
Evangeliar (um 860/870) S. 266, 267 Abb., 268 Abb. (G 1)
Eversberg, Stadt (1368) S. 274
Ewig, Augustinerchorherrenkloster bei Attendorn S. 126 Abb., 127ff., 129, 191
Exequien S. 107ff., 204
Eyssermann, Johann Nicolaus, kurköln. Soldat S. 140
Eyssermann, Josef Philipp, kurköln. Soldat S. 140
Eyssermann, Johann Philipp, kurköln. Soldat S. 140
Eyssermann, Franz Carl (1767-1822), kurköln. Hauptmann S. 140f.

Fast- und Abstinenzgebot S. 91
Fastenverordnung (Arnsberg 1803) S. 188 Abb.
Faulebutter S. 174
Faustrecht S. 70
Féaux de Lacroix, Karl S. 203
Feldaufseher S. 134
Feldmann, Reinhard S. 73*
Felix, Hl. S. 19, 174, 176*, 180, 256ff.
Felmicke, Olper Vorort S. 139, 141
Femegericht S. 61, 70
Ferdinand von Mailand, Erzherzog von Österreich S. 107, 215
Ferdinand von Bayer, Kölner Kurfürst (1612-1650) S. 278, 282
Ferrandus-Codes S. 153
Feuereimer S. 234
Fichte, Johann Gottlieb (1762-1814) S. 34
Fickermann, Priester, Vorsteher in Oelinghausen S. 194
Fickesbohnen S. 193
Fischer, Georg S. 203
Fischer, Franz Josef (1740-1806), Wedinghauser Abt S. 20, 75, 97, 103, 167, 176*, 202 Abb., S. 203f. (D 11)
Flaesheim S. 125*
Flandern S. 125*
Flavius Josephus S. 246 (D 4)
Fleischbedarf S. 68
Fleischgenuß S. 91
Fleurus, Schlacht von (1794) S. 37, 92, 146, 160
Flöcker, Joseph Arnold, kfstl. Richter in Brilon (um 1750) S. 124
Flockhütchen S. 65
Florenz S. 104
Floret, Chorschwester in Oelinghausen S. 194f.
Flüchtlinge S. 139f., 142, 175 s. auch Emigranten!
Fluchtwege S. 173ff.
Foerster, designierter Präses des Priesterseminars in Ewig S. 129
Fonds S. 128
Forster, Georg S. 34
Forstkolleg, hessisches S. 68, 124, S. 201
Forstwesen S. 47, 91, 124, 230
Fortschritt S. 10, 14
Franken S. 100
Frankfurt, Stadt S. 21, 28, 38, 47, 65, 68, 75, 139, 140, 142, 147ff., 150, 154, 162, 165, 174, 198, 215
- Bartholomäusstift S. 147
- Deutsches Haus S. 100
- Römer S. 150
Frankfurter Allgemeine Zeitung S. 12
Frankreich S. 21, 27ff., 32, 35, 38, 43, 81, 96, 105, 119, 121f., 125*, 135, 146, 155, 162, 165, 205, 215, 218, 219, 242
Franz zu Dürresbach, Dr. Johann Gabriel Bernhard Frhr. v. († 1812) S. 83ff., 94, 96ff., 101f., 129, 151*
Franz I. von Lothringen, Dt. Kaiser S. 25, 99, 213

Franz II. von Österreich, Dt. Kaiser (bis 1806) als Franz I. Kaiser von Österreich (seit 1804) S. 25, 34 Abb., 35, 39, 96, 101, 105
Franz Wilhelm Graf von Oettingen (1725-1798), Kölner Dompropst S. 21, 92 Abb., 97, 253 (D 15)
Franziskanerkloster Attendorn S. 127
Franzosen S. 21, 119, 128, 146, 160, 166, 168, 210, 237
Franzosentreppe in Alme S. 123
Frauenkleidung S. 65
Fredeburg S. 45f., 244
Freienohl S. 59, 83, 220
Freigerichte S. 70
Freiligrath, S. 68
Freimaurerloge „Zur goldenen Kugel" S. 238; „Zu den drei Flammen" S. 229
Frenken, Dr. Johann Wilhelm, Kölner Domkapitular S. 145, 156ff., 168, 255 (D 21)
Freseken, Burghaus in Neheim S. 131
Freund, Susanne S. 192*
Freusberg, Johann Adolph Geistlicher Rat S. 129
Freybütter, Theresia Barbara (1755-1825) S. 217
Freybütter, Franz Caspar, († 1772) Bonner Platzmajor, S. 217
Frieden S. 9ff.
Friedrich II. (1712-1786), preuß. König S. 26f., 32f., 100, 213, 215
Friedrich der Streitbare († 1124), Graf von Arnsberg S. 271
Friedrich von Schwarzenburg († 1131), Erzbischof von Köln S. 271 (H 1)
Friedrich Graf von Isenberg (1225) S. 281 Abb., 282 (K 2)
Friedrich-Lektionar (um 1120-1130), S. 271, 272 Abb., 273 Abb. (H 1)
Friedrich Wilhelm II. (1744-1797), preuß. König S. 27, 30, 33f.
Friedrich Wilhelm III. (1770-1840), preuß. König S. 27, 165, 220
Friedrich von Saarwerden, Erzbischof von Köln († 1414) S. 64
Fröndenberg S. 187, 219
Fronfuhrdeputation S. 197
Füchte(n) S. 62
Fuhr, Sekretär S. 83
Fuhrdienste S. 92, 146; Fuhrleute S. 68, 132, 162, 173ff.; Fuhrwerke S. 63, 146, 163
Fuhrer, Johannes, Zimmergeselle (1814) S. 166
Fulda S. 147, 162, 174, 223, 268
Fünfhausen, Theodora S. 223
Fürstenberg, Freiherren von (1674) S. 127
Fürstenberg, Franz von, münster. Minister S. 213
Fürstenberg, Franz Egon v., Bf. v. Straßburg (1657/1663) S. 276
Fürstenberg-Stammheim, Theodor Reichsfrhr. v. S. 135
Fürstenrat S. 26
Füsiliere S. 82, preußische S. 121, 135

Gabriel, Erzengel S. 180
Galiläa, Dominikanerinnenkloster S. 220
Galizien S. 25
Galle, C. Kupferstecher S. 260
Gallenberg bei Olpe S. 141
Garnison in Arnsberg S. 82
Gärten S. 68
Gärtnerei S. 65
Garzweiler S. 199
Gasthäuser S. 64
Gastronomen S. 54
Gebhard Truchseß von Waldburg, Kölner Kurfürst (1577-1584) S. 274ff.
Gedichte S. 103, 110, 112ff., 137
Gegenrevolution S. 35
Geheime Kanzlei in Bonn S. 160
Geisselbrunn, Jeremias, Bildhauer (1633) S. 278
Geldern S. 37, 100
Gelenius, Aegidius (1595-1656) S. 257f. (E 3), 279
Gelenius, Johannes S. 279
Gelnhausen S. 224*
Gemüse S. 65, 68
Generalstände, frz. S. 28ff.
Generalvikariat, Kölner S. 91, 153, 159ff., 167, 198, 219, 255

Genetik S. 14
Gengenbach, Reichsstadt S. 26
Geologie S. 59
Gerber S. 139
Gerbirgis, Mescheder Äbtissin (1042) S. 256
Gerling, Pastor in Winterberg S. 114
Germanus, Pater, Emigrant in Brilon S. 122
Gerolseck S. 97
Gerste S. 46, 65
Gerwin (Grewin?), Eleonora v., Priorin in Oelinghausen S. 193
Gesangbuch des Johannes von Valkenburg (1299) S. 152
Gesangbuch S. 269 (G 4)
Geseke, Stadt 44f., 53, 112, 117, 282
- Ämter S. 112
- Glockengeläut S. 112
- Innungen S. 112
- Rathaus S. 112
- Stadtkirche St. Peter S. 112
- Stadtrat S. 112
Gesellschaft S. 8ff.
Gesinde S. 132
Gesundheitsball S. 67
Gesundheitswesen S. 134
Getreideanbau S. 46
Gewaltenteilung, Prinzip der S. 30
Gewerbe S. 42
Geyr zu Schweppenburg, Dr. Maximilian Joseph Johann Nepomuk Frhr. v. (1746-1814) S. 92, 98
Gibraltar S. 223
Gierse, Franz, Fuhrmann aus Arnsberg S. 176*
Gießen, Hofgericht zu S. 69
Gillet, J.P., Kommissar S. 210
Girondisten S. 31f., 35f.
Gisela, Gräfin von Berg, Nonne im Oelinghausen S. 227, 282
Glasmacher, Johann Heinrich, Balver Bgmstr. S. 22f., 174, 176*, 256 Abb. (D 24)
Glasmacher, Heinz, Forstmeister i.R. S. 256 (D 25)
Glaubensspaltung S. 12
Gleierbrück S. 174
Glockengeläut S. 95, 151
Glühwein S. 218
Godesberg S. 159, 209
Goes, Matthias van der (1486) S. 245 (D 1)
Goethe, Johann Wolfgang von (1749-1832) S. 8, 32f., 36, 165, 206f., 229
Goffart, J.P., Kölner Kupferdrucker S. 278
Goldene Bulle (1356) S. 25, 275
Golzische Husaren S. 61
Görres, Joseph S. 34
Gosmann, Michael, S. 129*, 192*
Gott S. 9
Gottesdienst S. 65, 71, 89ff.
Gottfried II. Graf von Arnsberg (1226) S. 281
Gottfried IV. Graf von Arnsberg (1296-1371) S. 132, 271, 274 Abb. (H 3)
Göttingen S. 187, 209, 229, 237
Gottschalk, Sekretär in Brilon S. 123
Grabeler, Maria Philippina Odilia S. 237
Graduale (1299) S. 152 Abb., 269 (G 4)
Grafenstand, erzstiftischer S. 217
Gransau, Burghaus in Neheim S. 131, 135, 136
Gratulationscour S. 95
Graudenz S. 224
Gregor von Spoleto, Hl. S. 19, 151*, 174, 176*, 180, 256ff., 264 (F 5), 278
Greve, Pastor in Neheim (1802) S. 135ff.
Grevenbrück S. 47, 81, 174
Grevenstein S. 48, 234, 274
Greving siehe Gerwin
Grewin siehe Gerwin
Grimm, Hermann S. 192*
Grimm, Wilhelm S. 192*
Grolmann, Ludwig von S. 81ff.
Großbritannien S. 25, 27, 32f., 37
Grote, August Otto Graf von S. 238
Grotewiese, Kapelle bei Valbert S. 174
Gruner, Justus Karl (1777-1820) S. 54f., S. 62 Abb., 62ff., 64, 66ff.
Guardini, Romano (1885-1968) S. 14
Gudenau, Burg S. 209f.; Frau von S. 60
Gudenau, Clemens-August v. Lombeck- (1734-1817), Gerichtspräsident S. 82, 208ff., 217f.
Gudenau, Joseph Clemens Frhr. v. Lombeck- (* 1768) S. 209f.

Gudenau, Karl Otto Anton Frhr. v. Lombeck- (* 1771) S. 210
Gudenau, Maximilian Friedrich Frhr. v. Lombeck- (* 1767) S. 209ff.
Gudenhagen S. 125*
Guillotine S. 31
Gurk, Fürstbischof von S. 97
Gymnasien S. 66, 167

Haar S. 40, 42, 46, 62, 244
Haardörfer S. 83
Habsburg S. 25, 101, 104, 148, 214, 217, 230, 238; Familiengruft S. 100
Hachen S. 60, 174, 271
Hafer S. 45f., 65, 82, 127
Hagen a.d. Lenne S. 176*
Hageröschen S. 260 (E 7)
Hake, Arnold (1368) S. 271
Halbzeug S. 46
Haldenweg, S. 55
Hallberg, Anna Maria Gudula v. (1701-1744) S. 217
Hallenberg S. 44, 81
Hambach S. 97
Hamburg S. 26, 28, 34, 154, 157*, 159, 163f., 168, 174, 197, 236f.
Hammerwerk S. 46 Abb.
Hanau-Lichtenberg, Grafschaft S. 205
Handelsstraßen S. 47; Handelsverkehr S. 175
Händler S. 132
Handschriften S. 153ff.
Hannover S. 25, 33, 244
Hanse S. 46, 63, 70f., 73, 127
Harbert, Maria Eva Catharina (1722-1785), aus Arnsberg S. 221*
Harbert, Ferdinand Leopold (1732-1805), S. 82
Harbert, Maria Theresia Johanna Caroline (1778-1854) S. 223, 256 Abb. (D 24)
Harnischmacher, Attendorner Bürgermeister S. 127
Hartung, H., Arnsberger Maler S. 251
Hartzheim, Joseph, Jesuit in Köln S. 153, 156
Hatry, frz. General S. 211
Haude & Spener, Berliner Buchhandlung S. 55
Hausmachtterritorien S. 25
Hebamme S. 134
Hébert, Jacques René S. 32
Hébertisten S. 32
Hegel, Georg Wilhelm Friedrich (1770-1831) S. 7f., 10
Heidelandschaft S. 42
Heidenreich gen. der Wolf (1368) S. 271
Heidenstraße S. 173
Heiliger Schatz („Thesaurus sacer") S. 145, 258
Heimtextilgewerbe S. 47
Heine, Heinrich (1797-1856) S. 10
Heinrich der Löwe, Herzog von Sachsen (1180) S. 44
Heinrich, Dt. König S. 281
Hellefeld S. 82, 233
Heller sen., Bote S. 175
Heller jun., Bote S. 175
Hellinger, Philipp S. 22, 191
Hellweg S. 27, 40, 42, 46f., 244
Helmarshausen S. 44
Hemden S. 60, 133
Hemer, Schloß S. 151*
Henke, Theresia, aus Remblinghausen S. 220
Henkel, Engelbert Joseph S. 204
Herbold, Dr. Hermann S. 53
Herder, Johann Gottfried S. 33
Herford S. 163f.
Heribert, Erzbischof von Köln (999-1021) S. 279
Heribertschrein, Kölner S. 182
Herken, Arnsberger Druckerei S. 251
Hermann Graf von Manderscheid und Blankenheim S. 246
Hermann von Wied, Kölner Kurfürst (1515-1547) S. 276
Herrschaft, politische S. 8ff.
Herten S. 67, 236f.
Hessen S. 44, 81, 119, 155f., 165, 198, 206, 223, 235
Hessen-Darmstadt, Wilhelmine von S. 205
Hessen-Darmstadt S. 21, 43, 63, 76, 81, 96, 104, 115, 135, 139, 142, 148ff., 155, 164f., 174, 191, 201
Hessen-Kassel S. 21, 26, 35, 37, 223
Hessen-Nassau S. 205

Hessenlöwe S. 142f.
Hetzendorf bei Wien S. 38, 100, 107, 148, 215, 254
Heu S. 127
Heusgen, Paul (1933) S. 157
Heve S. 69
Hexameter S. 112
Heyendahl, Maria Sophia, aus Welkenraedt bei Lüttich (1801) S. 221*
Hieronymus, Hl. (um 347-419/420) S. 266, 267 Abb.(G 1), 273 (H 1)
Hildebald, Erzbischof von Köln (789-819) S. 153
Hildesheim S. 27, 209, 229, 233
Hillerbrand, Regierungsrat S. 69
Hillesheim, Dr. Franz Karl Josef Frhr. v. (1730-1803), S. 20f., 90, 93, 97, 140 Abb., 141
Hillesheim, Johann Theodor, Rotgerbermeister in Olpe S. 140
Hillesheim, Katharina Elisabeth geb. Liese, Olpe S. 140
Himmelpforten, Zisterzienserinnenkloster S. 220
Hinterpommern S. 26
Hirschberg S. 83, 274
Hirschberger Tor in Arnsberg S. 20
Hirsinger, frz. Resident in Frankfurt S. 149
Hirten S. 133
Hitda, Mescheder Äbtissin (um 1000) S. 256 (E 1)
Hobbes, Thomas (1588-1679) S. 11
Hochadel S. 101
Hochmeister des Deutschen Ordens S. 99, 105
Hochsauerlandkreis S. 40, 44, 244
Hofgericht in Köln S. 97
Hofhaltung S. 214
Hofkalender, kurkölnischer (1761) S. 209; (1791) 117; (1794) 88, 104 Abb., S. 252 Abb. (D 13)
Hofkammer, kurkölnische S. 27, 38, 96, 99, 117ff., 160, 164, 201, 230
Hofrat, kurkölnischer S. 27, 38, 99, 118, 120, 160
Hoftrauer S. 107
Hohenholte S. 233
Hohenlohe, Kölner Domherr (1801) S. 215
Hohenlohe-Bartenstein, Joseph Christian Fürst v. (1740-1817) S. 97, 213
Hohenlohe-Bartenstein, Ernst Christian Armand Fürst v. (1742-1819) S. 97, 101
Hohenlohe-Schillingsfürst, Franz Xaver Karl Joseph Fürst v. (1745-1819) S. 97
Hohoff, Werler Stadtmusikus S. 111
Höing, Dr. Norbert S. 115*, 203
Holland S. 33, 37, 125*, 142
Hollenhorst, Arnsberger Kaufmann S. 60f., 218
Hollenhorst, Dr. Johann Caspar Anton Joseph S. 221*
Holstein, Herzogtum S. 163, Großherzogtum S. 238
Holzen S. 219
Holzfuhren S. 122
Holzkohle S. 46f., 121
Holzschindeln S. 70
Horn-Goldschmidt, Dr. Johann Philipp v. (1724-1796), Generalvikar S. 92ff., 94 Abb., 97, 189
Horstkamp, Gehöft im Vest Recklinghausen S. 163f.
Hövel S. 20
Hugenottenkriege S. 11
Huldigungseid S. 204
Hunde S. 60
Husaren S. 121, 135
Hüser, Anton Joseph Maria (1760-1840), Arnsberger Bürgermeister S. 82
Hüsten S. 48f., 61, 68, 73, 193f., 251
Huxol, Maler S. 199

Ilbenstadt, Wetterau S. 195*
Imberg bei Olpe S. 139, 141f.
Immenstadt S. 97
Imperium S. 9
Indien S. 28
Industrialisierung S. 48f.
Industrie- und Handelskammer S. 44
Industriearbeiterschaft S. 49
Industriegarten S. 72
Infrastruktur S. 46ff.

Ingelheimische Besitzungen S. 206
Intelligenzblatt, Arnsbergisches S. 84, 107ff., 109 Abb., 124, 135, 137, 251 (D 12)
Inventarlisten S. 150, 145, 147
Investiturstreit (1057-1122) S. 12
Irland S. 25
Irmensul-Tempel S. 61
Isabelle, Prinzessin S. 70
Isenberg, Graf Friedrich von (1225) S. 281 Abb., 282 (K 2)
Isenburg S. 70, 206
Iserlohn S. 47, 111, 209
Iskenius, Chorschwester in Oelinghausen S. 194
Italien S. 25, 104, 153, 192*
Iven, designierter Präses des Priesterseminars in Ewig S. 129

Jacobi, Ludwig Hermann Wilhelm S. 54, 57
Jaffé, Philipp S. 157
Jagd S. 91, 214
Jägerkorps, hessen-kasselsches S. 223
Jakobiner S. 11, 30f., 34, 36, 204
Jassy, Frieden von (1792) S. 33
Java S. 192*
Jemappes, Schlacht von (1792) S. 36
Jerusalem S. 246
Jesuiten S. 153, 229, 233, 234
Joanvahrs, Attendorner Gograf S. 127
Johann N.N., Fuhrmann S. 176*
Johann von Cornwall S. 245
Johannes Paul II., Papst S. 13
Johannes der Täufer, Hl. S. 267
Johannes Evangelist S. 268 Abb.
Johannes Schürmann (1368) S. 274
Joppen, C.O., Domkellner, Köln S. 128
Josaphat, König S. 246, 247 Abb.
Joseph II. von Österreich († 1790), Dt. Kaiser S. 25, 28, 33, 99, 104f., 230
Joseph ben Mathitjahu, Rabbi S. 246 (D 4)
Joseph Clemens von Bayern, Kurfürst von Köln (1688-1723) S. 71, 282
Josua S. 246 Abb.
Jourdan, frz. General S. 146
Juden S. 68, 112, 125*
Jügesheim S. 192*
Jülich S. 249
Junkerodt S. 246
Jura S. 140
Justizwesen S. 61, 99, 127, 214

Kabale S. 201
Kaffee S. 65, 125*, 175, 194, 201
Kahler Asten S. 42, 189
Kaiser, römisch-deutscher S. 9, 25ff.
Kalendar S. 267f.
Kalender S. 117, kurköln.-westfälischer Staats- und Landkalender S. 104 Abb., 253 Abb.; kurköln. Hofkalender (1761) S. 209; (1791) 117; (1794) 88, Abb., 104 Abb., S. 252 Abb. (D 13)
Kalkgewinnung S. 48
Kallenhardt S. 83
Kalt, Hofkammerrat S. 117f., 123
Kanonen S. 81
Kanoniker S. 89
Kanonisches Recht S. 140
Kanp Le Camüs, Johann Dionys, Bf. v. Aachen S. 128
Kant, Immanuel (1724-1804) S. 61, 66f.
Kanzlisten S. 84
Kapuzinerkloster in Werl S. 163, 238
Karl der Große S. 70, 153
Karl Albrecht von Bayern, Kurfürst S. 25
Karl Theodor Pfalzgraf bei Rhein, Herzog in Ober- und Niederbayern S. 217
Karl VII., Hochmeister des Deutschen Ordens S. 107, 210, 213, 215
Karl IV. von Luxemburg, Dt. Kaiser S. 64
Karl X., frz. König S. 30
Karlsschrein, Aachener S. 182
Karneval S. 12, 60f.
Kärnten S. 97
Karten S. 43, 244 (C 1; C 2; C 3; C 4; C 5); Karte: Aufteilung des kurkölnischen Staatsgebietes (1803) S. 43; vgl Kartenverzeichnis!
Kartoffeln S. 65
Kassel S. 47, 147, 162f., 224*
Katalog S. 242ff.

Kathedralkirche S. 89
Katholiken S. 71
Katzenstein S. 97, 253
Kaufleute S. 54, 132
Kaufmann, Franz Wilhelm August Nepomuk (1809) S. 217
Kaunitz-Rietberg, Wenzel Anton Fürst v. (1711-1794), österr. Staatskanzler S. 35, 213
Kelche S. 146, 248 (D 6), 249 Abb.
Kellerbetriebe S. 48
Kellnerin S. 193
Kempen S. 276
Kerckering zur Borg, Jobst von, münster. Obristmarschall S. 233
Kerckering zur Borg, Theodore Elisabeth von S. 233
Kesselstadt, münster. Domkapitular von (1801) S. 215
Ketteler, münster. Domkapitular v. (1801) S. 215
Ketteler, Rutger, Ritter (1368) S. 271
Kilianschrein, Würzburg (1593) S. 279
Kirche S. 9, 13
Kirchen- und Schulrat S. 68
Kirchenbücher S. 138, 218
Kirhn, Franz, Prager Kaufmann S. 163
Kisky, W. Archivar S. 169
Klagenfurt S. 97
Klarinetten S. 112
Klee S. 65
Kleidung S. 65, Kleidungsstoffe S. 125*
Kleinbauern S. 133
Kleinbetriebe S. 48
Kleine, Ordenspriester in Oelinghausen S. 193f.
Kleineisenindustrie S. 46
Kleist, General von, kurköln. Oberkommandierender S. 83, 139
Klerus S. 92
Kletterer S. 247 Abb.
Kleve S. 26, 34, 37f., 100, 271
Klopstock, Friedrich Gottlieb (1724-1803) S. 34, 238
Klosterneuburg S. 181f.
Klubisten S. 204
Klueting, Harm S. 53, 56
Knebelinghausen S. 57
Knechte S. 132f.
Kneer, Neheimer Stadtförster S. 136
Knesebeck, Karl Friedrich von dem (1768-1848) S. 61, 118
Knierbein, Ingrid Marie-Theres, Köln S. 170*
Koadjutor S. 213
Koalitionskriege S. 19, 35, 38, 135, 146, 219, 230
Koblenz S. 30, 34, 37f., 67, 168, 192*, 209, 211, 238, 266
Koch, Hofgerichtsrat S. 69
Koch, Heinrich, aus Jülich, Abt in Wedinghausen (1653-1663) S. 249
Köhler, hessischer Rittmeister S. 142
Köhlerei S. 121
Köln, Domkapitel S. 12, 19, 27, 38, 53, 63, 70, 75, 81ff., 89ff., 99ff., 105, 128f., 135, 146ff., 153ff., (1825) S. 156, 197, 204, 213, 226, 230, 242, 255
- Archivalien S. 92
- Archive S. 159ff., 168
- Besitz und Vermögen S. 91
- Chorbischof S. 89
- Dechant S. 89
- Diakonus junior S. 89
- Diakonus senior S. 89
- Domherren S. 89
- Domherrenstern S. 90 Abb. (D 14)
- Domizellare S. 90
- Domkapitelstern S. 90 Abb., 253 (D 14)
- Erzstift S. 27, 38, 42, 64, 68, 103, 105, Auflösung S. 201, 215
- Generalkapitel S. 91
- Kapitel S. 89
- Kapitulare S. 89ff.
- Kapitularvikar S. 95
- Kapitularbevollmächtigte S. 107
- Mitglieder S. 97f.
- Präbende S. 89
- Prälaturen S. 89
- Präsenzgelder S. 90
- Propst S. 89

- Residenz S. 90
- Scholaster S. 89
- Scholasterwahl (1796) S. 95
- Schriftgut S. 160
- Sedisvakanz-Siegel S. 96 Abb., 253 (D 16)
- Siegel S. 84
- Vicedechant S. 89
Köln, Stadt S. 7, 21, 25ff., 34, 37, 44, 47, 68, 89f., 93f., 97, 99, 105, 140, 146, 149f., 153, 159, 169, 172ff., 189, 192*, 203, 237, 257ff., 267, 275f.
- Altenberger Hof S. 150
- Appellationsgerichtshof S. 238
- Dom S. 4ff., 7, 21, 38, 145ff., 159
  - Archive S. 4ff., 146, Bauarchiv S. 162, 165
  - Fassadenplan S. 165ff., 166 Abb.
  - Kapitelhaus S. 160
  - Marienkapelle S. 274
  - Sakristei S. 160, 175
  - Schatzkammer S. 145ff., 160
  - Sakramentskapelle S. 160
- Dombibliothek S. 4ff., 92, 146, 197, 153ff., 255 (D 21)
- Domschatz S. 4ff., 145ff., 153
- Domschule S. 89, 153
- Domvikare S. 89
- Dreikönigenkapellenarchiv S. 146
- Erzbistum S. 12, 42, 129, Archiv S. 167f., Wiedererrichtung (1821) S. 189
- Erzstift, S. 101, 115; Archive S. 159ff., 168
- Groß St. Martin S. 246
- Historisches Archiv des Erzbistums S. 167f.
- Hofgericht, weltliches S. 160
- Jesuiten S. 153
- Kantoren S. 89
- Montaner Gymnasium S. 199
- Muttergotteskapelle S. 146
- Priesterseminar S. 97, 160, 162, 164f.
- Provinzialarchiv S. 168
- St. Andreas S. 258
- St. Aposteln S. 97
- St. Georg-Stift, S. 98, 147, 162, 164f.
- St. Gereon S. 97, 189, 213
- St. Kunibert S. 97, 147, 162, 164f.
- St. Maria im Kapitol S. 98, 162, 189
- St. Maria im Pesch, Archiv S. 146
- St. Pantaleon S. 246
- St. Ursula S. 97f.
- Wappen S. 179
- Universität S. 97, 140
- Zoll S. 151
Kölner Bucht S. 42
Kölner Krieg S. 275
Kölner Kurhut S. 103, 213, 251
Kölner Kurstaat S. 26f., 37, 45, 81, 99, 103, 122f., 135, 139, 165, 173, 197, 204, 211, 214, 226, 244
Kölner Kurwürde S. 95, 99
Kommunismus S. 10f., 13f.
Königsegg, Grafen von S. 89ff.
Königsegg-Rothenfels, Meinrad Karl Anton Eusebius Graf v. (1737-1803), Domdechant S. 75, 83, 92, 95f., 97, 101
Königsegg-Rothenfels u. Immenstadt, Ernst Adrian Graf v. (1759-1819) S. 92f., 97
Königsegg-Rothenfels, Karl Aloys Graf v. (1726-1796), Domdekan S. 21f., 97, 204
Königsegg-Rothenfels, Christian Franz Fidelis Graf v. (*1734) S. 61, 75, 93, 97, 101
Königsegg-Rothenfels, Maximilian Friedrich († 1784), Kölner Kurfürst, siehe unter Maximilian Friedrich!
Königsegg-Rothenfels-Aulendorf, Maria Aloys Graf v. S. 101
Königsegg-Rothenfels, Maximilian Joseph Julius Maria Graf v. (1757-1831), S. 97
Königswinter, Amt S. 165
Konkordat S. 21, (1801) S. 39
Konrad, Graf von Arnsberg S. 73
Konrad Wrede (1368) S. 274
Konstanz S. 97
Konvent S. 31, 37
Korbach S. 47
Kornmärkte S. 46
Kosmos S. 9
Köster, Theodor, Wedinghauser Konventuale S. 226
Kreuzaltar in der Wedinghauser Klosterkirche S. 21

Kreuzigung S. 270 Abb. (G 3)
Kreuznach, S. 34; Salinen S. 206
Kreuzreliquiar S. 146, 278
Kriegfuhren S. 133
Kriegsführung S. 91
Kriegskommissar S. 96
Kriegskommission, hessische S. 238
Kriegssteuer S. 92, 127, 210
Kriegstrompete S. 61
Kroatien S. 223
Krombacher Höhe S. 81, 142
Krüper, Maria Norberta, aus Brilon S. 220
Kühe S. 66
Kulturkampf S. 9, 158*
Kulturlandschaften S. 41
Kuno von Lothringen, Herzog S. 279
Küntrop S. 173f.
Kupferbergbau S. 139
Kupferstiche S. 145
Kurfürsten S. 25f., 90, 94, 148,
Kurfürstenwahl in Arnsberg S. 21, 96ff.
Kurie, römische S. 96
Kurkölnisches Reichskontingents-Bataillon S. 135
Kurtzrock, Maximilian von S. 233
Kußtafel S. 278
Küsteramt S. 134
Kuzma, Dr. Michael S. 115*

L'Hopital, Michel de S. 11
Laasphe S. 46
Lachesis, antike Schicksalsgöttin S. 112
Laer bei Meschede S. 63
Lahr, Herrschaft S. 165
Laienheiler S. 134
Lamben, Nicolaus, französ. Priester († 1795) S. 140
Lambertus, Hl. S. 268
Lampions S. 103
Landau S. 34, 223
Landdrost S. 96, 234
Landdrost und Räte, kfstl. Regierung in Arnsberg S. 27, 68, 70, 137
Länderschacher S. 101
Landeskulturgesellschaft S. 192
Landesverteidigung S. 92
Landfrieden S. 9
Landkomture S. 107
Landschreiber des Herzogtums Westfalen S. 24
Landschulkommission S. 217
Landsknechthorden S. 142
Landstände, westfälische S. 27, 47, 83, 91f., 108f., 231; 282, Aufhebung S. 207
Landstände, münsterische S. 108
Landstände, erzstiftische S. 159ff.; 217
Landständepokal des Herzogtums Westfalen S. 242
Landstraßen S. 63
Landtag in Arnsberg S. 27, 56, 91f., 214, 234
Landtagsakten der westfälischen Städte S. 117
Landwirtschaft S. 42, 65, 71, 133, 230
Langenberg, Maria Benedicta (1716-1801), aus Waldbröhl S. 221*
Langenberg S. 42
Lapostolle, Johann Franz († 1800) Hofkammersekretär in Brilon S. 120, 123
Laudemialgelder S. 234
Laurentius, Hl. S. 251
Laval, frz. General S. 224
Lazarett S. 139
Le Mire, Aubert (1573-1640) S. 249f.
Lebensbilder S. 185ff.
Lechenich S. 34
Ledebour, Oberstleutnant von S. 82f.
Lefebvre, Pierre Francois Joseph, frz. General S. 142
Legenden S. 173
Lehnarchiv in Bonn S. 160
Lehnregistrator S. 197
Lehrbach, Oberstleutnant Graf von, hess. Kommandant S. 81, 123
Leibeigenschaft S. 206f.
Leichenzug S. 107
Leiden, Universität S. 205
Leien und Gerolseck, Damian Friedrich Graf v. u. zu der (1738-1817) S. 97
Leinen S. 133
Leinen, Matthias Joseph (1740-1812), Protonotar S. 22, 167, 175f., 176*, 191
Leinen, Margarethe S. 175

Leipzig S. 28, 38, 215, 242
Lemberg S. 25
Lenne S. 81
Lenscheid S. 174
Lenta tabes (= Tuberkulose) S. 123
Lenz, Franz, Arnsberger Bürger S. 93
Leo XIII. (1810-1903), Papst S. 13
Leopold II. von Österreich, Dt. Kaiser († 1792) S. 25, 28, 30, 33ff., 104f.
Leuchter S. 146
Leussler, hess. Regierungsrat S. 83f., 136
levée en masse S. 37
Lex, Briloner Gastwirt S. 111
Lezay-Marnesia, Adrian Graf, Präfekt d. Rhein- und Moseldepartements S. 209
Liese, Katharina Elisabeth S. 140
Limburg S. 28, 276
Lindt, hessischer Beamter S. 136
Lingen, Grafschaft S. 26
Linhoff, Arnsberger Wirt S. 61
Linz, Amt S. 165
Lippe S. 27, 42, 164, 189
Lippstadt S. 42, 55, 163; Kreis S. 44
Liquidationskommission, preußische S. 201
Listerscheid S. 174
Literarische Gesellschaft in Arnsberg S. 55
Lizentiat der Theologie S. 90
Lodomerien S. 25
Löffler, Johann Eckhard, Kölner Kupferstecher (1671) S. 145, 264, 278 (I 7)
Löffler-Pilgerblatt S. 144 Abb.
Loire S. 31
Lombardei S. 25
Lombeck siehe unter Gudenau bzw. Vorst!
London S. 30, 157*
Lothringen S. 104
Lotterie, kurkölnische S. 199
Löwe, Darmstädter S. 137, 143
Löwen, Hochschule S. 229
Lowis de Alken, Ritter (1295) S. 191
Lübert, Friedrich aus Iserlohn, Seidenfabrikant in Menden S. 111
Lüdenscheid S. 20, 47, 173f.
Ludewig X. von Hessen-Darmstadt (1753-1830), ab 1806 Großherzog Ludewig I. S. 38, 67f., 72, 80f., 103f., 123, 136f., 142, 155, 174, 187, 191, 204ff., 206 Abb., 231, 235, 238, 242 (A) 243 Abb., 255ff.,
Ludger, N.N. Fuhrmann aus Salwey S. 20, 176*
Ludger, Hl. S. 101
Ludwig von Hessen-Darmstadt, preuß. Oberst S. 205
Ludwig XIV. (1638-1715), frz. König S. 28ff.
Ludwig XVI. (1754-1793), frz. König S. 28, 31 Abb., 35f.
Lüerwald, Schwestern in Neheim S. 237
Luigs, Anna Maria S. 203
Luna S. 179
Lunéville, Friede von (1801) S. 21, 38, 68, 81, 95f., 105, 142, 144, 155, 205, 219
Lustgarten bei Haus Wenne S. 234
Luthertum S. 28
Lüttich S. 19, 33, 97, 146, 191, 221*, 268
Lüttke-Fastnacht S. 61
Luxemburg S. 25

Maas S. 26, 44, 146, 237
Maastricht S. 191, 221*
Madonnenfigur S. 148
Mägde S. 132
Magdeburg, Herzogtum S. 26
Mähren S. 25, 209
Mailand S. 25, 107, 179f., 257
Mailänder Madonna S. 278
Main S. 28, 140, 162, 191
Mainz S. 22, 25f., 28, 34, 36ff., 47, 97, 154, 165, 187, 206, 211, 223, 267f., 281
- Erzbischof von S. 191, 214
- Jakobinerklub S. 204
- Universität S. 191, 237
Mainz, Vikar († 1798) S. 175
Majestasbild S. 268, 270 Abb. (G 3)
Mandeln S. 234
Manderscheit S. 246
Mannheim S. 217
Manöver, frz. S. 61
Mansbach, Luise von und zu, verw. von Trümbach S. 224*
Mansbach S. 224*

Mansfeld, Agnes von S. 275
Marburg S. 237
Marchand, hessischer Hauptmann S. 136
Marcus, Dr., Arzt des Herzogtums Westfalen S. 60, 210
Maria Luise Ludowica von Spanien S. 104
Maria Theresia von Österreich (1717-1780), Dt. Kaiserin S. 19, 25, 28, 99, 210, 213, 242
Maria, Gottesmutter S. 267, 269
Marie Antoinette von Österreich (1755-1793), frz. Königin S. 28, 99
Mark, Grafschaft S. 26, 37, 45f., 59, 165, 173
Märkischer Kreis S. 40, 44, 244
Märkisches Sauerland S. 48, 62
Mars, antiker Kriegsgott S. 179
Marsberg S. 46, 53, 229 siehe auch Obermarsberg!
Marschallamt des Herzogtums Westfalen S. 70
Martini, Karl Anton von, österr. Staatsrat S. 99
Martinsabend S. 61
Marx, Dr., Kölner Dompfarrer S. 22
Marx, Karl (1818-1883) S. 10, 13
Massada, jüd. Festung am Toten Meer S. 246
Maternus, Hl., Erzbischof von Köln (313/314) S. 279
Mathematik S. 141
Maurer S. 132
Mautern an der Donau S. 209
Maximilian Friedrich von Königsegg-Rothenfels, Kurfürst von Köln (1761-1784) S. 27f., 55f., 68, 99, 155, 199, 213, 230, 234, 237, 253, 264, 276, 282
Maximilian Franz von Österreich (1756-1801), Kurfürst von Köln S. 12, 19, 21, 25, 28ff., 38, 46, 53, 66, 67, 72, 75ff., 90, 95, 99ff., 120, 122, 139, 141, 148, 153ff., 162ff., 187, 189, 199, 212 Abb., 213ff., 230f., 234, 236f., 240 Abb., 242 (A 1), 253, 282; - Bischofsstuhl S. 98 Abb., 100, 282 (K 5); - Kleidung S. 214; - Wappen S. 106 Abb., 109 Abb.
Maximilian Heinrich von Bayern, Kölner Kurfürst (1650-1688) S. 275ff., 282
Maximilian Joseph von Österreich, Erzherzog S. 107
Maxische Akademie, Bonn S. 199
Mechanik S. 141
Mechelen S. 148
Medebach S. 44f., 53
Medizinalkommission S. 207, 214
Mehlem S. 209
Meiners, Christoph (1747-1810) S. 66
Meinerzhagen S. 20, 173f.
Meiste S. 57
Memel S. 26
Menchen, Dr. († 1504), Stifter S. 264
Menden S. 44f., 111, 131, 187, 244; Seidenfabrik S. 111
Menne, Ferdinand S. 53f.
Menschenrechte S. 8ff.
Mergentheim S. 20f., 38, 75, 100, 141, 213, 215, 230, 242
Merle, Dr. Klemens August Maria Frhr. v. (1732-1810), S. 93 Abb., S. 97, 128, 189
Meschede S. 46, 59, 64, 110, 220, 221*, 233, 256
- Bürgermeister S. 110
- Glockengeläut S. 110
- Illuminierung S. 110
- Kreis S. 44, 47
- Rathaus S. 110
- Schützenkompanie S. 110
- Stift S. 191
Mesmecke S. 235
Meßbuch für den Zisterzienserorden S. 258 (E 6)
Meßbuch für das Bistum Köln S. 257 Abb., 259 Abb. (E 2)
Metallindustrie S. 46, 48
Meteorologie S. 140
Metzen S. 127
Metzger S. 68
Michael, Erzengel S. 180
Michaelsberg, Benediktinerabtei in Bamberg S. 21, 162
Mietkutscher S. 66
Mikrobiologie S. 14
Milch S. 60
Milchviehwirtschaft S. 49

Militär S. 82ff., 135; hessisches S. 148; kurkölnisches S. 139ff., 223f.
Militäradministration, frz., im Rheinland S. 37
Militärverpflegung S. 127
Miliz S. 81
Minden S. 26, 162ff., 168, 174, 196f.
Mineralogie S. 59
Minnigerode, Ludwig, hess. Hofrat S. 83, 123, 238
Minoriten S. 122, 128, 147, 163
Miraeus, Aubertus (1573-1640) S. 249f.
Mirbach zu Harff, Auguste Freifrau v. S. 209
Mirbach-Harff, Ottilie Freiin v. S. 209
Mist S. 63f., 131
Mitra S. 242, 251
Mittelalter S. 145, 153, 157, 179, 234, 246
Mittelbetriebe S. 48
Mitteleuropa S. 159
Mittelmeerraum S. 41
Mittelrhein S. 27, 36, 42
Mode S. 65
Moder, kfstl. Hofbedienter, Bademeister S. 69
Moderantisten S. 32
Moderne S. 7ff.
Moers, Fürstentum S. 26, 37
Möhne S. 42, 69, 131
Molinari, Franz Stephan Anton (1749-1828), Scholaster, Frankfurt S. 21f., 149, Abb., 147ff., S. 198
Moller, Georg, Darmstädter Baurat S. 166
Mönchtum S. 66
Mondorf S. 217
Mons, Belgien S. 191
Monschau S. 34
Monstranz S. 248 Abb. (D 5), 251 Abb. (D 10)
Montagnards (Bergpartei) S. 31
Montesquieu, Charles de Secondat (1689-1755) S. 30
Morpheus, Gott des Schlafes S. 66
Moseldepartements S. 209
Moses S. 246 Abb.
Mues, Barbara S. 219
Mues, Maria Josepha, aus Münster S. 219f.
Mühlengraben in Neheim S. 131f.
Muldenfaltenstil S. 182, 261
Mülheim S. 20, 210
Mülheim a.d. Möhne S. 83
Müller, Clara, aus Meschede S. 221*
Müller, Jakob, Geheimrat S. 218
München S. 14, 142
Münster, Stadt S. 20, 38, 45, 47, 95, 99ff., 104f., 108, 148, 157*, 163f., 167f., 197, 199, 213ff., 219, 233, 242
- Bispinghof S. 108
- Bistum S. 27f., 100f., 105, 213
- Dom S. 108
- Domhof S. 108
- Fürstbischof S. 148, 240
- Hauptwache S. 108
- Jesuiten S. 233
- Kapitelhaus S. 108
- Residenzschloß S. 108
- Rothenburg S. 108
- Sigillerathaus S. 108
- Staatsarchiv S. 168
Münsterland S. 108, 121
Münzkunde S. 140
Muretus (Muret) frz. Kommandant v. Schloß Arnsberg (1762) S. 72
Mylius, Maria Eva von S. 189
Mylius, Dr. Balthasar Josef Frhr. v. (1743-1816) S. 92ff., 96, 98, 128, 148, 151*, 162, 215
Mylius, Dr. Georg Friedrich Frhr. v. (1741-1816) S. 98

Nabor, Hl. S. 19, 174, 176*, 180, 256ff.
Nachtwächter S. 134
Nagel zu Badinghagen, Adolf von S. 233
Nagel, Mendener Bürger S. 111
Napoleon I. (1769-1821) S. 22, 31ff., 38f., 100, 105, 142, 148, 151, 155, 205, 211, 224, 231, 238, 242
Nassau-saynsches Gebiet S. 81
Nassau-Usingen S. 43, 128f., 155, 165, 168, 238, 244
Nationalgarde, frz. S. 31
Nationalkonvent, frz. S. 31
Nationalsozialismus S. 7, 11
Nationalversammlung, frz. S. 29
Nattermann, Johannes Christian S. 56, 92, 94, 146
Naturforscher S. 69

Naturheiler S. 134
Naturlandschaften S. 41
Naturrecht S. 99
Nazareth, Kloster S. 191
Neapel S. 37
Necker, Jacques (1732-1804) S. 28f.
Neerwinden, Schlacht (1793) S. 36
Neesen, Balduin, kurköln. Kommissar (1789) S. 194f., 203, 219, 225f.
Neheim, Stadt S. 46, 48f.,62, 64, 69, 131ff., 135, 237, 274
- Archivalien S. 134, 136
- Archivkiste S. 136
- Ausgaben und Einnahmen S. 135
- Beilieger S. 132
- Besitzergreifung S. 136
- Bevölkerung S. 132
- Burg S. 131
- Burghaus Schüngel S. 131
- Burghaus Gransau S. 131, 135f.
- Burghaus Freseken S. 131, 136
- Drostenhof S. 131, 136
- Etat S. 134f.
- Friedhof S. 131f.
- Handwerker S. 132
- Hauptstraße S. 131
- Kirche S. 131f.
- Magistratsgericht S. 133f.
- Mendener-Straße S. 131
- Mühlen S. 132
- Mühlengraben S. 131f.
- Nahrungserwerb der Bevölkerung S. 132f.
- Ohlbrücke S. 131
- Polizeidiener S. 134
- Rathaus S. 131, 136
- Schullehrer S. 134
- Solstätten S. 132
- Stadtbrand (1807) S. 69, 131f.
- Stadtrechte S. 132
- Stadtsekretär S. 134, 136
- Stadttore S. 131
- Stadtverfassung S. 134
- Tuchmachermanufaktur S. 132
- Waldschenkung S. 132
Nero, Claudius Drusus Germanicus (37-68), röm. Kaiser S. 179
Nesselrode, Graf, erzstift. Regierungspräsident S. 237
Nestor, antiker griech. Held S. 114f.
Nettekoven, Heinrich, Kölner Domvikar S. 22f., 150, 174, 256
Neuenglandstaaten S. 223
Neuer Nekrolog der Deutschen S. 191
Neuerburg, Amt S. 165
Neumann, Balthasar (1687-1753) S. 79, 144
Neuss, Stadt S. 45, 127, 147, 162, 165; St. Quirin, Schatz S. 147, 162, 164
Neutralitätskonvention Hessen-Darmstadts mit Frankreich (1799) S. 205
Neuwied S. 168, 199, 239
Nicolaihof bei Mautern S. 209
Nicolaus N.N. Fuhrmann S. 176*
Niederense Gft. Waldeck S. 235
Niederhammerstein S. 239
Niederhelden S. 174
Niederlande S. 25, 30, 33, 36f., 139, 146, 160, 191, 223
Niederrhein S. 27, 42
Niederstift Köln S. 42
Niederwesel S. 199
Niehl, Dorf nördl. Köln S. 140
Niel S. 97
Nierhof bei Valbert/Attendorn S. 20, 127, 174
Nikolaus von Verdun S. 181ff., 261
Norbert von Xanten, Hl. S. 72, 219, 250
Norbertiner siehe auch Prämonstratenser S. 68, 107, 219
Nordamerika S. 28, 223
Nordpol S. 67
Nordrhein-Westfalen S. 12
Nose, Carl Wilhelm (1753-1835) S. 59
Nuklearreaktoren S. 14
Nuklearwaffen S. 14
Nuntiaturstreit S. 214
Nuntius, päpstlicher S. 230
Nürburg S. 27
Nurk, M. Margaretha, aus Salinghausen S. 220
Nürnberg S. 141, 248
Nuttlar S. 46

Oberappellationsgericht, kurkölnisches S. 38, 56, 96, 118, 160,, 187, 217
Oberbergamt in Brilon S. 123
Obereimer S. 54
Oberense, Gft. Waldeck S. 235
Oberforstmeister S. 96
Oberhessen S. 193
Oberjägermeister S. 96
Oberkellnerei Arnsberg S. 56
Obermarsberg S. 44ff., 123
Oberrhein S. 36
Oberstift Köln S. 42
Oberthür, Prof. B.A. S. 217
Obst S. 65, 68
Obstbäume S. 65
Obstgarten bei Haus Wenne S. 234
Odacker, Benediktinerinnenkloster bei Hirschberg S. 191, 220
Odenhausen, Burg S. 210
Odenwald S. 167
Ödingen, Gerichtsherrschaft S. 233, 235
Oediger, Friedrich Wilhelm, Archivar S. 167f.
Oekonomen des Priesterseminars S. 128, 162
Oelinghausen, Kloster S. 54, 147, 151*, 193, 203, 219, 225f., 281f.; Gnadenmadonna S. 227 Abb., S. 282 (K 3)
Oelsner, Konrad Friedrich S. 34
Oepen, Joachim, Köln S. 43, 168, 244 (C 2; C 4)
Oettingen und Baldern, Franz Wilhelm Graf v. (1725-1798), Dompropst S. 21, 92, Abb., 97, 253 (D 15)
Oettingen S. 97, 253
Oettingen-Wallerstein, Friedrich Karl Alexander Graf v. (1756-1806) S. 97
Oeventrop S. 220
Offizialat, Kölner S. 63, 91, 160, 164; Werler S. 167
Offizianten S. 94
Okkupationspatent, hessen-darmstädtisches (1802) S. 136, 255 (D 22)
Ökologie S. 41
Ökonomie S. 41
Oldenburg, Graf Christian von (1368) S. 271
Olivenöl S. 125*
Olmütz S. 97
Olpe, Stadt S. 21, 44, 46f., 53, 81, 83, 93, 139ff., 187, 217
- Brocke, Gasthaus S. 142
- Elber Weg S. 139
- Gefängnisturm S. 143
- Handwerker S. 139
- Hexenturm S. 139, 142 Abb.
- Kreis S. 40, 44, 244
- Kreuzkapelle S. 139
- Lüttgen Pörtgen S. 139
- Marktplatz S. 139
- Oberste Pforte S. 140f.
- Pfarrkirche S. 139
- Rathaus S. 139
- Richterhaus S. 139
- Rochuskapelle S. 139
- Sage vom goldenen Seraph S. 141
- Stadtarchiv S. 141
- Stadtbefestigungen S. 139
- Stadtbrand S. 139 (1795) S. 140f.
- Unterste Pforte S. 139
- vorderste Straße S. 141
- Wetterfahne S. 143
- Wiederaufbau S. 141
- Wüstenpforte S. 141f.
Olpebach S. 139
Olympiade S. 159
Oranien S. 81
Orden S. 187, 192, 201, 224f., 235, 238
Organisationskommission, hessen-darmstädtische S. 84f., 137, 143, 148ff., 201
Orgelspiel S. 95
Osmanisches Reich S. 33
Osnabrück S. 27, 47
Osterrath, Pedell in Brilon S. 123
Österreich S. 19, 25f., 30ff., 35ff., 101, 104, 111, 148, 156, 160, 192*, 205, 209
Osthelder, Neheimer Pfarrer (1798) S. 132
Ostentrop S. 82
Ostpreußen S. 25, 26
Otterstedde, Haus in Neheim S. 131
Otto IV., Dt. Gegenkönig (1198-1215) S. 179ff.
Overbach, N.N. (1798) S. 175

Padberg, Heinz-Josef S. 204*
Padberg, Burg S. 271
Paderborn, Stadt S. 21, 45, 115*, 147, 163, 174, 260, 282
Paderborn, Erzbistum S. 12, 27, 105, 129, 234; Erzbistumsarchiv S. 218
Pape, Caspar Theodor, Abger Kanzleidirektor S. 82
Pape, Georg Friedrich, Konventual in Wedinghausen S. 34, 204, 226
Papierherstellung S. 48
Papst S. 9, 213, 230
Paradeformation S. 83
Paramente S. 72, 204, 250f.
Paris S. 29, 32f., 35, 141, 154, 159, 166, 192*, 224; Ste. Chapelle S. 179; Kommune S. 31
Paternität S. 203, 226
Patronanzen S. 201
Pauken S. 110
Paul von Rußland, Zar S. 205
Paulus, Hl. S. 268
Pauperismus S. 47
Pelzer, Franz Josef Aloysius Maria von (* † 1780) S. 217
Pelzer, Maria Anna Johanna Margaretha von (1781-1788) S. 217
Pelzer, Gottfried Antonius von (* 1778) S. 217
Pelzer, Maria Josephine Maximiliane (1785-1847) S. 217
Pelzer, Jakob Tillmann Joseph Maria v. (1738-1798), Geheimrat S. 60, 175, 209ff., 216ff.; Sterbeeintrag 218 Abb., Wappen 216 Abb.
Pelzer, Maria Katharina S. 217
Pelzer, Matthias Franz (1705-1748), Zollschreiber S. 217
Pentameter S. 112
Pergamenthandschriften S. 242
Peters, Maria Franziska (1747-1830), Priorin in Rumbeck S. 193, 219ff., 220 Abb.
Petersburg S. 141
Petersche Armenfonds S. 220
Petrus, Hl. S. 146, 276, 279
Petrusstab S. 146, 278
Pfalz S. 25, 154, 223
Pferd, Westfälisches S. 137
Pferde S. 65, 133; Pferdediebe S. 61
Pharao, Gesellschaftsspiel S. 60, 218
Philipp von Heinsberg, Erzbischof von Köln (1167-1191) S. 73, 182
Philologie S. 140
Philosophie S. 140
Philosophisches Studium S. 76
Physik S. 14
Pilger S. 145
Pilgerblatt des Petrus Schonemann/Löffler (1671/1745) S. 144 Abb., 179, 278 (I 7)
Pillnitz S. 34
Pillnitzer Erklärung (1791) S. 30, 34f.
Pius VI., Papst S. 204
Pius VII., Papst S. 39, 101, 204
Plinius, Gaius Publius Caecilius (61/62-um 113), röm. Schriftsteller S. 113
Polen S. 25, 33, 36f.
Polizeistunde S. 133
Pollack, Kölner Goldschmied (1807) S. 265
polnische Teilung (1794) S. 37
Pommer Esche, A. von, Oberpräsident der Rheinprovinz S. 168
Pommersfelden bei Bamberg S. 157*
Poncet, Maria Constantia Adolphine († 1765) S. 217
Poppelsdorf bei Bonn S. 159
Portugal S. 37
Postillon S. 164
Postmoderne S. 15
Poststraßen S. 41, 117
Präfekt des Rhein- und Moseldepartements S. 209
Prag, S. 21, 97, 146f., 151*, 154, 157*, 159, 162ff., 165f., 168, 174
Prämonstratenser, s. auch Norbertiner S. 65, 72, 159f., 219, 226, 249f.
Prämonstratenserchronik S. 249f. (D 8)
Präsenzgelder S. 90f.
Prémontre S. 219
Prenzlau S. 205
Preußen S. 12, 19, 21, 25f., 31ff., 35ff., 54, 61, 81, 96, 100ff., 105, 121, 135, 155ff., 205, 207, 213, 219, 224, 231, 238, 255
Priesterherren S. 89

Priesterkanoniker S. 90
Priesterseminar, Kölner S. 20f., 128, 162
Priesterweihe S. 90
Privilegien S. 92
Profeß S. 219
Proletarisierung S. 28
Protestanten S. 71, 91
Provinzialbibliothek S. 155
Prozessionen S. 95, 135, 175
Prügeleien S. 133
Prunkmonstranz (1657/58) S. 276, 277 Abb. (I 5), 278
Psalmen S. 113
Ptolemäerkameo S. 179
Pünder, H.J., Kölner Oberbürgermeister S. 169
Pütter, Johann Stephan, Prof. in Göttingen S. 209
Pyrenäen S. 36

Quacksalber S. 134
Quarantäne S. 60
Quatterlant, Wilhelm (1368) S. 271

Rabner (?*) S. 66
Rainald von Dassel, Erzbischof von Köln (1159-1167) S. 179f.
Ramsbeck S. 46
Raphael, Erzengel S. 180
Rastatt, Friedenskongreß zu (1797) S. 101, 164, 187, 218
Rathaus S. 47
Ratsherrenbaum S. 134
Ratzinger, Joseph Kardinal S. 13
Rauchen S. 56, 63
Raufereien S. 133
Ravensberg, Grafschaft S. 26
Recklinghausen, Vest S. 27, 37f., 42, 45, 99ff., 115, 117, 119, 165, 199, 214, 244; Vestisches Archiv S. 168
Recklinghausen, Stadt S. 20, 38, 45, 57, 75, 99, 117ff., 122, 148, 163, 168, 209, 237f., 244
Reformation S. 12
Reformiertentum S. 28
Reformpolitik S. 28
Regensburg S. 26, 28, 38, 81, 100ff., 142, 187
Registraturen S. 84, 159ff.
Regularkanoniker S. 127
Reichenbach, Konvention von (1790) S. 33f.
Reichsarmee S. 119
Reichsdeputationshauptschluß (1803) S. 38, 81, 100, 105, 123, 142, 148, 164, 220, 238, 242, 244
Reichserzkanzler S. 28
Reichsfrieden S. 9
Reichsfürsten S. 33
Reichshofrat S. 28, 107
Reichskammergericht S. 28, 96, 209, 219, 226
Reichskirche S. 27
Reichskreis, niederrheinisch-westfälischer S. 100
Reichskrieg S. 121, 135
Reichsstädtekurie S. 26
Reichsstände S. 26, 33
Reichsstifte S. 101
Reichstag S. 12, 21, 26, 28, 38, 81f., 100ff., 119, 187
Reichsvizekanzler S. 28
Reigern, Anton von, Ritter S. 271
Reinald von Dassel S. 261 (F 2)
Reisebeschreibungen S. 59, 66, 215
Reißland, Ingrid S. 73*
Reiste, Gut S. 234
Reiterkönig S. 247 Abb.
Rekem, Prämonstratenserinnenkloster bei Maastricht S. 221*
Religion S. 8, 9f., 13
Religionsgeschichte (1764) S. 276 (I 4)
Religiösität S. 65
Reliquien S. 127, 145, 148, 150, 173f., 179, 191, 254 (D 19), 255ff.
Remaclius, Hl. S. 268
Remblinghausen S. 220, 233
Rentkammer, hessische S. 124, 201, 204
Republikanismus S. 31
Residenzpflicht S. 90, 94
Revolution, französische S. 7, 19, 25ff., 31ff., 75, 92, 103, 122, 127, 145, 153, 160, 205, 214, 219, 226, 229f., 278
Revolutionskalender S. 31f.

Revolutionstouristen S. 33
Revolutionstribunal S. 31
Revolutionstruppen, frz. S. 139, 145f., 154, 159, 209, 215, 237
Rhein S. 20, 30, 36, 38, 42, 60, 68, 75, 81, 92, 96, 148, 160, 165, 168, 173, 189, 213, 231, 276
Rhein- und Moseldepartements S. 209
Rheinberg S. 27, 42
Rheinbund (1806) S. 38, 205, 231, 242
Rheinhessen S. 206
Rheinisches Erzstift S. 117
Rheinisches Taschenbuch 1811 S. 55
Rheinisches Schiefergebirge S. 42
Rheinland S. 34, 37, 44, 81, 101, 146f., 159f., 175, 182, 214, 278
Rheinland-Pfalz S. 44
Rheinprovinz S. 168
Rheintal S. 45
Rhode S. 139
Richard von Arnsberg († 1190) S. 245f. (D 1; D 2; D 3), 250
Richartz, Geseker Stadtpastor S. 112
Richarz, Friedrich Joseph, Rektor der Kölner Domschule S. 22f., 150, 174, 256
Rieger, Witwe, Köln (1745) S. 278
Rimm, Arnsberger Ehepaar (1845) S. 282
Rindfleisch S. 60
Rindvieh S. 65f.
Ritterromane S. 61
Ritterschaft, Paderborner S. 234
Ritterschaft, westfälische S. 91, 108, 231, 234
Ritterschaft, Münsterische S. 108
Rittersitze S. 64
Rive, Catharina Bernhardina (1777-1843) S. 238
Rixen S. 122
Robespierre, Maximilien (+1795) S. 31, 32 Abb.
Rochuskapelle in Olpe S. 139
Rockenburg, Oberhessen S. 193
Roidkin, Renier, wallonischer Maler (um 1730) S. 139
Rom S. 12f., 104, 189, 229
Römerweg S. 139
Rönkhausen S. 174
Rosen S. 115
Rote Kapelle, Wedinghauser Paramente (1717) S. 250f. Abb. (D 9)
Rotenburg a.d. Fulda S. 223
Rothaargebirge S. 27, 42
Ruhr S. 21, 37, 42, 59ff., 67, 69ff., 75, 121, 131, 135, 157*, 237
Ruhrgebiet S. 27, 48
Ruhrort S. 199
Ruhrquelle S. 37
Ruhrtal S. 62
Rumbeck S. 193, 238
Rumbeck, Kloster S. 54, 203f., 219ff., 226, 249,
Rumbeck, Pastor Ernst zu S. 193
Rumbeck, St. Nikolaus-Kirche S. 221
Rump, Familie von S. 234
Rump, Maria Margaretha S. 234
Rump, Mechtild von verw. von der Bersvordt († 1685) S. 234
Rump, Franz Wilhelm von († 1673) S. 234
Rurdepartement S. 162, 165
Rußland S. 27, 32f., 35ff., 205
Rußlandfeldzug Napoleons S. 38
Rutger Ketteler, Ritter (1368) S. 271
Rütgers, Johann, Goldschmied (1719) S. 262
Rüthen S. 44f., 53, 57, 109, 117, 235, 237

Saalhausen S. 174
Sacerdotium S. 9
Sachsen S. 25, 33, 42, 72
Sage, Olper S. 141
Sakramentar (um 1160-1170) S. 268f., 270 Abb. (G 3)
Sakramentar mit Kalendar (10. Jh.) S. 267 (G 2), 268, 269 Abb.
Sakristei der Wedinghauser Klosterkirche S. 21f.
Säkularisation S. 12, 13, 37, 81, 93, 95ff., 100ff., 105, 128, 219f., 226, 230, 255
Salentin von Isenburg, Kurfürst von Köln S. 70
Salinen S. 206
Salinghausen S. 220

Salm-Reifferscheid, Franz Xavier Graf v. (1749-1822), Fürstbf. v. Gurk S. 97
Salm-Salm, Wilhelm Florenz Johann Felix Fürst Wild- u. Rheingraf v. (1745-1810) S. 97, 162f.
Salomon, alttestamentl. König S. 179
Salwey S. 20
Salz S. 47
Salzburg S. 97
Salzgewinnung S. 46
Sammelakte S. 254 (D 19)
Samt S. 125*
Sandfort, H., Artillerie-Major (1802/03) S. 76
Sansculotten S. 31
Sardinien S. 37
Sauer, Friedrich Adolph, Arnsberger Pfarrer S. 22, 62, 69, 72, 191, 237
Sauerland S. 122, 169, 173, 175, 226, 230, 237, 244; kurkölnisches S. 12, 42, 48, 103, 105, 122, 140, 147, 164f.
Savoyen S. 36
Schaaf, Visitator in Oelinghausen S. 194
Schade zu Grevenstein, Gebrüder von (1673) S. 234
Schade, Ferdinand Frhr. von, Propst in Scheda S. 225
Schaeffer-Bernstein, Maria Theresia Johanna Caroline v., geb. Harbert S. 256 Abb. (D 24)
Schaeffer-Bernstein, Friedrich Wilhelm von (1789-1861) S. 224*
Schaeffer-Bernstein, Johann Georg Frhr. v., Oberst (1757-1838), S. 81ff., 142, 222 Abb., S. 223ff., 255f. (D 23)
Schaeffer-Bernstein, Eduard S. 223
Schafwolle S. 60
Schall, landständischer Marschkommissar von (1794) S. 237
Schankwirtschaften S. 133
Schatzverzeichnisse S. 145
Schauspiel S. 55, (1769) 203, 225
Schauspielergesellschaft, böhmische S. 68
Schazmann, Ferdinand Rudolf Christoph David (1767-1845) S. 41, 47, 63
Scheda, Kloster S. 219, 225
Schelle, Augustinus Johann Melchior (1726-1795), Propst in Oelinghausen, Siegel S. 203, 219, 193ff.; 225f., 226 Abb.
Schelle, Hermann, Arnsberger Bäcker S. 225
Schiefer S. 46, 48
Schiller, Friedrich von (1759-1805) S. 33, 205
Schinken, westfälischer S. 175
Schlaganfall S. 123, 218
Schlaun, General von, Münster S. 219f.
Schleier S. 65
Schlesien S. 26, 32
Schlick, Graf von, ksl. Wahlkommissar S. 103, 109
Schloßmacher, Maria Gertrud (1728-1792) S. 199
Schmale, Amtsverwalter in Eslohe S. 233
Schmalkalder, Leutnant von S. 136
Schmallenberg S. 44, 46
Schmalor, Hermann-Josef S. 115*
Schmidt, kurkölnischer Hauptmann (1802) S. 82
Schmiede S. 47, 132, 139
Schmitz, Protonotar (1820) S. 189
Schneider S. 132
Schnellenberg S. 174
Schöffen S. 92
Schönartz, Wilhelm S. 155
Schöne, Dr. Manfred S. 73*
Schonemann, Petrus S. 179
Schonemannsches Pilgerblatt S. 144 Abb., 145
Schönholthausen S. 82
Schönstein, Herrschaft S. 165
Schorlemer-Herringhausen, Rat von S. 234
Schott, Frankfurter Silberhändler S. 149
Schücking, Levin (1814-1883) S. 192*
Schuhe S. 60, 133
Schuhmachers, Angela S. 199
Schumacher, Elisabeth S. 53, 91
Schüngel, Burghaus in Neheim S. 131f.
Schürmann, Johannes (1368) S. 274
Schuster S. 132
Schwaben S. 89
Schwarze Hand S. 245
Schwarzkoppen, Oberforstmeister von S. 238

Schwarzrheindorf S. 98
Schweine S. 66; Schweinefleisch S. 175; Schweinemast S. 60
Schweiz S. 30
Schweling, Christian (1616-1675), Goldschmied in Köln S. 276
Schwindsucht S. 123
Scriverius, D., Archivar S. 167f.
Sebastian, Hl. S. 248
Sediskanz S. 90, 95, 159
Sedisvakanzsiegel S. 96, 253 (D 16)
Seeräuber S. 258
Seibertz, Engelbert, Gerichtsschreiber S. 119
Seibertz, Familie in Brilon, Wohnhaus S. 119 Abb.
Seibertz, Johann Suibert (1788-1871) S. 118, 121f.
Seide S. 125*
Seilermeister S. 120
Selbstbegrenzung S. 15
Seligenstadt S. 165f., 191; Gaststätte Zum goldenen Löwen S. 191
Servatius, Hl. S. 268
Seutter, Matthäus Karthograph in Augsburg S. 172
Sibylle, antike Seherin S. 114
Siebenbürgen S. 25
Siebengebirge S. 209
Siebenjähriger Krieg S. 26, 28, 32, 56, 64, 72, 121
Siegburg S. 182
Siegel, arnsbergisches S. 85
Siegel, domkapitularisches S. 84, 96 Abb.
Siegel, hessen-darmstädtisches S. 84
Siegen S. 92
Siegen-Wittgenstein S. 40
Siegerland S. 42, 46
Silbermedaillon S. 174
Silberplakette S. 127Brote S. 127
Simonetta, Bolongaro, Frankfurter Kaufmann S. 162
Simon(s), Friedrich (1762-1842), Allendorfer Fuhrmann S. 19f., 22, 99, 175f., 176*
Singspiele S. 68
Sistowa, Frieden von (1791) S. 33
Sittlichkeit S. 215
Skandinavien S. 125*
Slowakei S. 27
Sobbe, Major von, kommandierender preuß. Offizier in Arnsberg S. 210
Soest, Stadt S. 21, 42, 44, 47, 59, 69f., 98, 168, 174, 244
 - Dominikanerkloster S. 163
 - Kreis S. 40, 44, 244
 - Minoritenkloster S. 163, 147
Soester Börde S. 42
Soester Fehde (1444-1449) S. 132, 274
Soeteren S. 97, 253
Sol S. 179
Solms-Rödelheimische Besitzungen S. 206
Sömer, Peter (1892) S. 260 (E 7)
Sontag, Rentmeister S. 210
Sowjets S. 159
Sozialismus S. 7, 13f.
Spanien S. 37, 224
Spanischer Erbfolgekrieg S. 25
Sparr zu Oppenheim und Partenheim, Carl von S. 233
Spaziergänge S. 60
Spediteure S. 175
Speyer S. 34, 36, 213
Spiegel, Ferdinand August Frhr. v. (1764-1835), Kölner Ebf. S. 108, 169*
Spiegel, Franz Wilhelm Frhr. v. (1752-1815), Landdrost, Hofkammerpräsident S. 54, 75, 91, 96, 117f., 123f., 201, 203, 217, 219, 228 Abb., S. 229ff., 234
Spiegel, Theodor Hermann, Landdrost S. 201
Spiess-Büllesheim, Maria Anna Freiin v. S. 209
Splinter, Reiner, kfstl. Ökonom S. 20, 162, 170*
St. Amand, Benediktinerabtei in Nordfrankreich S. 266
St. Quentin, frz. Stadt S. 123
Staat S. 8ff.
Staats- und Landkalender, kurköln.-westfäl. (1802) S. 253 Abb. (D 17), 254
Staatsbürgerrechte S. 206
Stablo-Malmedy, Fürstabtei, Archiv S. 140f.

Städte S. 44
Städte, arnsbergische S. 273; münsterische S. 108; westfälische S. 91;
Stadtfrieden S. 9
Stahl, Philipp Georg Ritter von (* 1760) S. 141f.
Stahl, Johann Adam (1758- um 1813), Baumeister S. 141
Stände S. 9, 206, 214, siehe auch Landstände!
Standesherrschaften S. 81
Starkenburg, Fürstentum S. 187
Stasiakten S. 159
Stauffen S. 97
Stein, Karl Reichsfrhr. vom (1757-1831) S. 192, 229
Steinheim, Oberamt S. 191
Steinkohle S. 47
Stempelpapier S. 84
Stenger, Maria Elisabeth, Seligenstadt S. 191
Stephan, Christoph (1849) S. 274
Steuererhebung S. 92, 242
Steuerfreiheit des Adels, Aufhebung S. 207
Stiftsfähigkeit S. 90
Stockebrand, Neheimer Bürgermeister S. 135
Stockfisch S. 125*
Stockhaus S. 92
Stockhausen S. 220
Stockhausen, von, Olper Richter S. 81, 141
Stolberg S. 34
Stoll, Familie von S. 238
Störmede S. 191
Stötchen bei Olpe S. 141
Strack, Anton Wilhelm (1758-1829) S. 69ff.
Stralsund S. 224
Straßburg S. 97, 141, 276
Straßen S. 41, 71, 117, 131, 139, 142, 172 vgl. auch unter Chaussee!
Stratmann, A., Paderborn (1786/87) S. 282
Strattmann, Johannes, Geseke (1786/87) S. 282
Strecker, Regierungsrat S. 83
Stromberg, Burggraf zu S. 104, 252
Sturmglocke S. 60
Subdiakonatsweihe S. 90
Süddeutschland S. 27
Südpol S. 67
Sundern S. 46, 48f., 174

Tabak S. 65
Tagelöhner S. 132
Tannberg bei Rumbeck S. 238
Tanzvergnügungen S. 133
Te Deum S. 95, 102, 108, 110ff.
Tee S. 125*
Teilungsfürsten S. 155, 244
Tempelherren S. 70
Temple, Pariser Gefängnis S. 30
Territorium S. 4
Textilindustrie S. 47f.
Theater S. 55, 206, 225
Theologie S. 128, 140
Thermidorianer S. 32
Thesaurus sacer siehe Heiliger Schatz
Thespiskarren S. 68
Thiezwied, Mescheder Äbtissin (978) S. 256
Thomas von Aquin S. 245
Tillmann, Sekretär des Kölner Domkapitel S. 84f., 164
Tinne, Adelssitz in Alme S. 123
Tirol S. 25, 104
Titus, röm. Kaiser S. 246
Toleranz S. 91, 99, 225
Tollwut S. 60f., 209
Tonsur S. 90, 105, 209
Toskana S. 104
Totalitarismus S. 11
Totenohl bei Saalhausen S. 174
Toulouse S. 28
Tourismus S. 41
Tournai S. 182
Tournie, Joseph († 1800), Kalkulator in Brilon S. 123
Transporte S. 162
Trauchburg S. 97
Trauer S. 107
Traian, Marcus Ulpius (53-117) röm. Kaiser S. 113
Trier S. 25, 34, 37f., 97, 146, 209, 223, 276; Erzbischof S. 214; Domschatz S. 278
Triest S. 223
Trompeten S. 61, 110
Truchsessische Wirren S. 245 (D 2)
Trudelwind, Maria Agatha, aus Stockhausen S. 220

Trudo, Hl. S. 268
Trümbach, Ernst von S. 224*
Truppen, französische S. 71, 142
Truppen, hessen-darmstädtische S. 71, 123, 135f., 205, 223f., 242
Trütschler, Hauptmann von S. 122
Tuberkulose S. 123
Tübingen S. 14
Tuilerienpalast in Paris S. 30f., 35
Turgot, Anne Robert Jacques, Baron (1727-1781) S. 28
Turin S. 30
Türkenkrieg S. 25, 33f., 205

Ubaghs, Maria Josephina S. 191
Ubaghs, Helena Sybilla (1774-1852) S. 191
Uckermark S. 205
Ukraine S. 25
Ulrich, Adam Gaudenz, Kaufmann in Brilon S. 124
Ulrich, Beichtvater in Oelinghausen S. 193
Unabhängigkeitskrieg, amerikanischer S. 223
Ungarn S. 25f., 33, 99, 104, 233
Universität, Bonner S. 89, 199
Unkel S. 97
Unkel, Karl S. 128
Untertanen S. 91
Urkunden S. 92, 140, 159ff.
Utrecht S. 33

Valbert S. 20, 173f., 244
Valkenburg, Johannes von (1299) S. 152, 169, 269 (G 4)
Valmy, Ort in Frankreich S. 8, 32, 35f.
van Hagel, Wedinghauser Konventuale, Priester in Oelinghausen S. 193, 226
Varennes S. 30
Vatikanisches Konzil, Zweites (1965) S. 13
Vendée, frz. Landschaft S. 31
Venus, antike Göttin S. 179
Verbindungswege Rheinland-Sauerland S. 172
Verdun S. 181
Vereinigte Staaten von Amerika (USA) S. 14, 25
Verfall S. 91
Verfassung S. 206
Verfügungen, landesherrliche S. 92
Verkaufsurkunde der Grafschaft Arnsberg (1368) S. 161 Abb., 169
Verkehrspolitik S. 127
Versailles S. 29
Versehgefäß S. 249 Abb. (D 7)
Verträge S. 91
Verwaltung, kurkölnische S. 214
Vetternwirtschaft S. 89
Viehhaltung S. 46, 133
Vilich, Amt S. 165
Ville S. 42
Villip S. 209f.
Vincke, Ludwig Freiherr von (1774-1844) S. 73, 199, 224, 235
Violinen S. 60
Visitation S. 193, 225
Vogel, Johannes Phillipus Nerius Maria (1773/1781) S. 147, 180, 264 (F 6), 65 Abb., 276 (I 6)
Vogeliushaus in Arnsberg S. 234
Vogelsberg bei Lüdenscheid S. 174
Volk, erzstiftischer Archivar (1789) S. 160
Volkmarsen S. 40, 44, 53, 244
Volksarmee, frz. S. 37
Volkssouveränität S. 29
Vollmer, Bernhard, Archivar S. 167, 169
Volmarstein, Burg S. 271
Vorspannfuhrleute S. 164
Vorst-Lombeck, Karl Georg Anton Frhr. v. S. 209

Waal S. 162
Wachstum S. 11
Waffenschmiede S. 70
Wahlfeierlichkeiten S. 103
Wahlkapitulationen S. 90
Wahlkommissare S. 100
Wahlmänner S. 95
Wailly, frz. Architekt, Kommissar für Beschlagnahmen S. 166
Waldbott-Bassenheim, Maria Alexandrine Ottilie Freiin v. S. 209
Waldbröhl S. 221*
Waldeck, Grafschaft S. 28, 118
Waldgebirge S. 42
Waldhörner S. 60, 110, 112
Waldnutzung S. 42, 46, 49, 124
Wallfahrt S. 145, 258
Wallraf, Anton Joseph (+ 1840), Kölner Domarchivar S. 19, 146, 154, 160, 162
Wappen, hessen-darmstädtisches S. 85, 136f., 143
Wappen, isenbergisches S. 281 Abb., 282
Wappen, kölnisches S. 179
Wappen, kurkölnisches S. 64, 85, 251f., 276, 278, 282
Wappen, münsterisches S. 252
Warendorf S. 164
Warstein S. 42, 44, 46, 48, 83, 111
Wasserkraft S. 46
Wasserlos, Schloß bei Aschaffenburg S. 191
Wassersucht S. 215
Wattenbach, Wilhelm S. 157
Wedinghausen, Abtei S. 12, 20f., 34, 38, 53, 56, 61, 65, 67ff., 70, 72f., 75ff., 81ff., 92ff., 99ff., 107ff., 127, 140, 145ff., 150, 153, 155, 159f., 164, 167, 169, 174, 191, 193, 197, 203f., 218f., 225, 237f., 245 (C 7), 257, 264, 275, 282
- Abt vgl. unter Franz Josef Fischer!
- Abtsinsignien S. 204
- Archiv S. 22, 78, 84, 154, 174, 191
- Auflösung S. 204
- Bibliothek S. 79, 154 Abb., Bibliothekszimmer S. 164
- Bierkeller S. 78
- Garten S. 62, 65
- Kapitelhaus/Kapitelsaal S. 68, 78, 95, 100
- Kirche, Hochaltar S. 78
- Klubisten (oppositionelle Mönche) S. 204
- Kreuzgang S. 78, 167, 204
- Küche S. 78
- Paternität über Oelinghausen S. 203, 226
- Prälatur S. 78, 204
- Prior S. 203
- Refektorium S. 76
- Sakristei S. 78, 174
- Speisekeller/ -kammer S. 78
- Studierstube S. 78
- Weinkeller 78
Wegebau S. 207, 209
Wehrpflicht, allgemeine S. 37, 119, 242
Weiberintrigen S. 201
Weichs zur Wenne, Clemens Maria Frhr. v. (1736-1815) S. 73, 83ff., 135, 233ff.
Weichs zur Wenne, Engelbert August Frhr v. S. 234f.
Weichs zur Wenne, Ignaz Engelhardt Gaudenz Frhr v. S. 234
Weichs zur Wenne, Maximilian Friedrich Adam Frhr v. (1767-1846) S. 235
Weichs zur Wenne, Caspar Ernst Frhr v. († 1739) S. 233
Weichs zur Wenne, Caspar Bernhard Franz Frhr v. (1695-1736) S. 233
Weichs zur Wenne, Maximilian Franz Anton Frhr v. († 1739) S. 233
Weichs zur Wenne, Anna Theresia Franziska (* 1734) S. 233
Weichs zur Wenne, Maria Agnes Bernhardine Antoinette (* 1731) S. 233
Weichs'scher Hof in Arnsberg S. 232 Abb., 234
Weidewirtschaft S. 42, 46
Weierhohl, Olper Vorort S. 139, 141
Weihehandlungen S. 91
Weimar, Karl August von, Herzog S. 36
Weimar, Hof zu S. 205
Wein S. 42, 65, 125*, S. 142, 175, 234
Weinbrand S. 125*
Weinhaus S. 60
Weiskirchen S. 192*
Weizen S. 65
Weke, Heinrich (1420) Attendorner Kaufmann S. 127
Welkenraedt bei Lüttich S. 221*
Wellington, Herzog von S. 224
Weltordnung, -bild S. 8ff.
Weltstaat S. 15
Wendezeit S. 13ff.
Wendland, J. Drucker, Berlin S. 190
Wenne, Haus S. 233f.
Wennigloh S. 174

Werbungen S. 215
Werden, Reichsabtei S. 26
Werdohl S. 174
Werhahn, Ort oder Herberge bei Wipperfürth (?) S. 174, 176*
Werhahn, Kottstelle, Westerbauerschaft in Hagen a.d. Lenne (A.19.Jh.) S. 176*
Werl, Stadt S. 44f., 53, 59, 63f., 66f., 72, 110f., 117, 131, 163f., 167f., 191f., 244, 248
- Ämter S. 110
- Glockengeläut S. 110f.
- Graf Luipold von S. 271
- Grafen von S. 73
- Kapuzinerkloster S. 163, 238
- Kirchturm S. 110
- Pfarrkirche S. 110
- Rathaus S. 110
- Stadtmusikus Hohoff S. 111
- Stadtrat S. 110
Werra S. 164
Werth, Herrschaft S. 252
Wesel S. 256
Weser 44
Westermann, Fr. W., Neheimer Stadtsekretär S. 134, 136
Westerwald S. 189
Westfalen S. 30, 44, 66, 103, 139, 159, 175, 197f., 207, 214, 231, 274; Archivwesen in S. 197
Westfalen, Herzogtum S. 21, 24, 27f., 37f., 40 Karte, 41ff., 53, 56, 59, 61, 63f., 66, 91, 96, 81ff., 103, 105, 115, 117ff., 121, 123, 132, 134, 142, 148, 153, 155, 165, Karte 172, 191, 197, 199, 205, 214, 220, 242, 244 (C 3), 271; Besitzergreifung 96, 81ff., 105, 187, 223f., 238; Wappen S. 252
Westfälische Bucht S. 42
Westfälischer Frieden (1648) S. 25f., 28
Westfälischer Anzeiger, Dortmund S. 62, 115, 231
Westfranken S. 153
Westhessisches Bergland S. 42
Westig, Dorf bei Fröndenberg S. 187
Westmünsterland S. 42
Westphalen, Graf von, ksl. Wahlkommissar S. 63, 101, 108
Wetterau S. 195*
Wetzlar S. 28, 96, 209, 226
Weydlich, Dr. Josef (1758-1819), Hebammenlehrer aus Wien S. 134
Whist, Gesellschaftsspiel S. 94
Widukind, Herzog von Sachsen S. 72
Wied, Fürst zu S. 168
Wied-Runkel S. 43, 155, 165, 168, 238, 244
Wieland, Christoph Martin S. 33
Wien S. 28, 34, 38, 96ff., 100ff., 105, 107ff., 134, 141ff., 148, 157*, 159, 210, 213, 215, 223, 242, 254
- Deutschordenshaus S. 215
- Hof S. 213
- Hofburgpfarrkirche S. 107
- Hoftheater S. 107
- Hofzeitung S. 109
- Kapuzinerkirche S. 100, 107
- Kunsthistorisches Museum S. 179
Wiener Kongreß S. 155, 165, 205, 224, 231
Wilhelm Quatterlant (1368) S. 271
Wilhelm, Landgraf von Hessen-Kassel S. 223
Wimpfen S. 97f.
Winter, Agathe aus Jügesheim, Pfarrei Weiskirchen S. 192*
Winterberg S. 44, 48 Abb., 81, 114f.; Junggesellen-Kompagnie S. 114
Wintersaat S. 65
Wipperfürth S. 20, 173f.
Wirte S. 66, 132
Wirtschaft S. 41, 44, 214
Wirtshäuser S. 64
Witte, Chorjungfrau in Oelinghausen S. 194
Witte, Fritz S. 146, 154
Wittelsbacher S. 27, 103
Wittgenstein-Berleburg, Grafschaft S. 28
Wittgenstein-Wittgenstein, Grafschaft S. 28
Wittgensteiner Land S. 42
Wohlfahrtsausschuß S. 31f., 37
Wohlfahrtspolitik S. 214
Wohlstand S. 63
Wolf, Heidenreich genannt der (1368) S. 271
Wolfenbüttel S. 157*
Wollweber S. 191

Worms S. 34, 36, 206, 223f., 256
Wortspiel S. 115
Wrede zu Amecke, Engelbert v. (1760) S. 234
Wrede zu Amecke, Freiherr von, westfälischer Landhauptmann S. 82
Wrede zu Amecke, Philippine Bernhardine v. († 1804) S. 233, 235
Wrede, Infanterie-Bataillon von S. 223
Wrede, Konrad (1368) S. 274
Wulf, jüd. Schullehrer in Brilon S. 112f.
Wulff, Friedrich, Geometer (1800) S. 52
Wülfte S. 122
Wundarzt S. 134
Württemberg S. 26, 48, 205
Württemberg, Dorothea Auguste Prinzessin v. S. 205
Wurzach S. 93, 97
Würzburg S. 140, 279
Wurzer, Ferdinand (* 1765), Prof. in Marburg S. 237
Wurzer, Joseph (1770-1860) S. 67ff., 125*, 163f., 196, 236ff.
Wurzer, Johannes Nepomuk Maria Joseph, kurköln. Offizier S. 237

Z
Zahnziehen S. 134
Zehenbeißen S. 61
Zehntablösung S. 206
Zeil-Trauchburg, Sig. Chr. Erbtru. Gf v. († 1805), Fürstbf. v. Chiemsee S. 97
Zeil-Wurzach, Thomas Ludwig Joseph Erbtruchseß Graf v. (1747-1810) S. 93, 97, 101
Zeil-Wurzach, Joseph Franz Anton Erbtruchseß Graf v. (1748-1813) S. 93, 97
Zeitgeist S. 95
Zeitschichten S. 41
Zell am Harmersbach S. 26
Zensur S. 84
Zeppenfeld, Maria Anna (1740-1815) aus Olpe S. 187
Ziadlowitz, Herrschaft in Mähren S. 209
Zick, Januarius S. 266
Ziegen S. 47, 65
Zimmerer S. 132
Zimt S. 61
Zinkerz S. 46
Zinshäuser S. 78
Zisterzienser S. 125*; Meßbuch S. 258, 260 Abb. (E 6)
Zölibat S. 90
Zolleinigung Hessens mit Preußen (1828) S. 206
Zollwesen S. 230
Zuchthaus S. 195
Zuchtlosigkeit S. 91
Zucker S. 65, 125*, 175
Zülpich S. 34
Züschen S. 113
Zweibrücken-Birkenfeld, Henriette Christine Caroline Louise S. 205
Zweiter Weltkrieg S. 44

Abbildungen:

Arnsberg
Sauerland-Museum: S. 52, 71, 102, 130, 275
Stadtarchiv: S. 23, 26, 27, 31, 32, 34, 35, 48, 50, 55, 58, 62, 80, 86, 93, 94, 106, 109, 131, 133, 136, 137, 140, 149, 172, 173, 184, 200, 206, 216
Historische Bibliothek des Gymnasium Laurentianum: S. 177

Attendorn
Kreisheimatmuseum: S. 127, 129

Darmstadt
Hessische Landes- und Hochschulbibliothek: S. 74, 76/77, 78
Hessisches Staatsarchiv: S. 186

Köln
Historisches Archiv des Erzbistums: S. 92, 236
Erzbischöfliche Diözesan- und Dombibliothek: S. 138, 152, 156, 158, 196 o.
Dombauverwaltung, Archiv: S. 90, 144, 166, 178, 180, 181, 183, 261, 262 o., 263, 265, 266: 2x, 274, 277, 279, 280

Münster
Nordrhein-Westfälisches Staatsarchiv: S. 96, 226

Olpe
Stadtarchiv: S. 139

Paderborn
Archiv des Erzbistums: S. 196 u., 218
Erzbischöfliche Akademische Bibliothek: S. 104, 253

Friedhelm Ackermann, Arnsberg: S. 18, 20, 24, 85, 88, 98, 116, 124, 126, 147, 150, 154, 161, 188, 202, 208, 212, 222, 227, 228, 232, 240, 243, 245, 246, 247: 3x, 248, 249: 2x, 250: 2x, 251, 252: 2x, 254, 256, 257, 258, 259, 260: 2x, 267, 268, 269, 270: 2x, 272, 273, 281, Umschlagrückseite
Gerhard Brökel, Brilon: S. 119
Franz Josef Dalquen, München: S. 190
Michael Gosmann, Arnsberg: S. 239
Peter M. Kleine, Arnsberg: S. 40, 46
Prof. Dr. Harm Klueting, Münster: S. 36
Prof. Winfried Michel, Arnsberg: S. 194
Joachim Oepen, Köln: S. 43, 168
Dr. Manfred Schöne, Düsseldorf: S. 142
Marc Steinmann, Dombauarchiv Köln: S. 262 u.
Fritz Timmermann, Arnsberg: S. 220

Karten:

1. Das Herzogtum Westfalen und die heutigen Kreisgrenzen: S. 40
2. Aufteilung des kurkölnischen Staatsgebietes 1803 (Entwurf: Joachim Oepen, Köln 1994): S. 43
3. Die Industrie-Region Mitte-West: S. 45
4. Wiederaufbauplan des 1799 abgebrannten Arnsberger Stadtteiles: S. 52
5. Kloster Wedinghausen, Grundrisse 1803: S. 74, 76/77, 78
6. Verbindungswege zum Rheinland im Herzogtum Westfalen, in: Ducatus Westphaliae nova mappa Geographica... von Matthäus Seutter, Augsburg, vor 1740 (Ausschnitt): S. 172
7. Verbindungswege zwischen Köln und Arnsberg 1804, in: Charte vom Westphälischen Kreise von Daniel Gottlob Reymann, Weimar 1804 (Ausschnitt): S. 173